젊은 과학의 전선

SCIENCE IN ACTION

How to Follow Scientists and Engineers through Society

by Bruno Latour

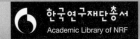 한국연구재단총서 학술명저번역 589

젊은 과학의 전선

테크노사이언스와 행위자-연결망의 구축

SCIENCE IN ACTION

브뤼노 라투르 지음 | 황희숙 옮김

아카넷

일러두기

▶ 원주는 ──────── 밑에 *, **, ***, ⋯⋯로, 역주는 ──────── 없이 1), 2), 3), ⋯⋯으로
표기하였다.

미셸 칼롱에게,
이 책은 7년에 걸친 우리 토론의 결실이다.

차례

| 감사의 말 |

영어가 모국어가 아닌 나로서는 이 글의 초고를 성공적으로 수정하는 작업에 친구들의 도움이 필요했다. 존 로(John Law)와 페넬로페 덜링(Penelope Dulling)은 초반에 원고를 수정하는 데 큰 힘이 되어 주었고, 스티븐 섀핀(Steven Shapin), 해리 콜린스(Harry Collins), 돈 매켄지(Don MacKenzie), 론 웨스트럼(Ron Westrum), 그리고 레이 스타(Leigh Star)는 각각 한 장(章)씩 수정을 맡아 주었다. 제프리 보커(Geoffrey Bowker)에게는, 이 책의 전반적인 편집 작업을 맡아 '결함을 수정하고' 여러 가지 중요한 변화를 준 점에서 깊은 감사의 마음을 가지고 있다.

이 책을 쓰기 위한 리서치 작업의 일부는 CNRS-Programme STS에서 지원해 주었다. 내 새로운 직장인, 파리 국립광업대학의 혁신사회학센터(Centre de Sociologie de l'Innovation at Ecole Nationale Supérieure des Mines de Paris)의 격려, 환경, 호의, 그리고 물질적 지원이 없었다면 이 책은 만들어질 수 없었을 것이다.

판도라의 블랙박스 열기

장면 1 　1985년 10월, 춥지만 맑았던 어느 날 아침, 존 휘태커(John Whit-taker)는 파리의 파스퇴르 연구소(Institute Pasteur)에 위치한 분자 생물학 건물 안의 자기 연구실에 들어섰고, 이클립스(Eclipse) MV/8000 컴퓨터의 전원을 켰다. 자신이 만든 특별한 프로그램을 작동시킨 지 불과 몇 초 만에 DNA 이중 나선의 3차원 영상이 화면 위에 나타났다. 컴퓨터 과학자인 존은, DNA 나선의 3차원 이미지를 만들고 그것을 매년 학술지와 데이터 은행으로 쏟아져 들어오는 수천 개의 핵산 서열과 연관시켜 데이터베이스에 입력시키는 임무를 수행하기 위해 연구소에 초빙된 사람이었다. "사진 근사하네요." 존의 상사인 피에르(Pierre)가 연구실로 들어서며 말했다. "네. 장치도 훌륭하고요." 존이 대답했다.

장면 2 　1951년, 영국 케임브리지의 캐번디시연구소에서 DNA 결정의 X선 이미지가 컴퓨터 스크린에 그리 '근사하지' 못하게 나타났다. 그 이미지들은 젊은 과학자 짐 왓슨(Jim Watson)과 프랜시스 크릭(Francis Crick)*이 런던의 모리스 윌킨스(Maurice Wilkins)와 로잘린드 프랭클린(Rosalind Franklin)

으로부터 고생 끝에 얻어 온 것이었다. 아직은, 핵산이 이중 나선인지 삼중 나선인지, 인산염 뼈대가 분자의 바깥에 있는지 안에 있는지, 도대체 핵산이 나선형인지 등에 대해 확정짓는 것조차 불가능했다. 그런데 이는 그들의 상관인 로렌스 브래그(Lawrence Bragg) 경에게는 별문제가 아니었다. 왜냐하면 왓슨과 크릭이 애초부터 DNA 연구를 맡기로 되어 있지는 않았기 때문이다. 그러나 막상 당사자인 두 과학자로서는 그 문제가 크게 신경 쓰였다. 왜냐하면 저명한 화학자 라이너스 폴링(Linus Pauling)이 몇 달 안에 DNA의 구조를 밝힐 수 있을 거라는 소문 때문이었다.

장면 3 1980년, 매사추세츠의 웨스트보로 495번가에 위치한 데이터 제너럴(Data General)사 건물에서 톰 웨스트(Tom West)와[**] 그의 연구팀은 이글(Eagle)이라 이름 붙인 시제품 원형 컴퓨터에서 결함을 제거하기 위해 애쓰고 있었다. 애당초 이글은 회사에서 만들 계획이 없었는데, 마케팅 부서에서 점차 관심을 보이고 있었다. 하지만 이 결함 제거용 프로그램 제작은 원래의 계획보다 1년이나 늦어져 있었다. 뿐만 아니라 웨스트가 새 반도체 칩 PAL을 사용하기로 한 것도 장비 —이때쯤 이클립스 MV/8000으로 이름이 바뀌었다— 제작을 지연시키고 있었다. 왜냐하면 반도체 칩 제조 회사 측에서 데이터 제너럴이 요구하는 시한까지 칩을 공급할 수 있는지에 대해 확신할 수 없었기 때문이다. 그 사이에 데이터 제너럴의 경쟁 업체인 덱(DEC)은 자신들이 개발한 VAX 11/780을 대량 판매함으로써 두 회사 간

---

[*] 여기에서 나는 제임스 왓슨(James Watson)의 설명(1968)을 따르고 있다.

[**] 여기에서 나는 트레이시 키더(Tracy Kidder)의 책(1981)을 따른다. 이 책은 왓슨의 책과 마찬가지로, 만들어지고 있는 과학에 관심을 갖는 모든 사람들이 의무적으로 읽어야 할 책이다.

의 매출 격차를 벌리고 있었다.[1]

1. 입구를 찾다

과학과 기술에 대한 공부는 어디에서부터 시작되어야 할까? 거기에는
타이밍 감각이 절대 필요하다. 1985년 파리에서 존 휘태커는 DNA의 '근사
한 영상'들을 '훌륭한 장치'를 통해 얻었다. 1951년 케임브리지에서는 왓슨
과 크릭이 윌킨스의 연구소에서 들여다본 이미지와 잘 들어맞는 DNA의
모양을 찾아내기 위해 노력했었다. 1980년, 어떤 건물의 지하에서는 한 연
구팀이 DEC 회사를 따라잡기 위해 새로운 컴퓨터 작업을 하려고 애쓰고
있었다. 이들 장면은 영화 용어를 쓰자면 '플래시백(flashback)'인데, 그 의
미는 무엇일까?[2] 그것들은 우리가 시공간을 거슬러 가게 해 준다.

우리가 타임머신을 타고 도달한 그곳에서는 DNA의 형태가 제대로 확
립되지 않았으며, 따라서 스크린의 영상으로 나타날 수가 없었다. 컴퓨터
프로그램도 전혀 없었다. 지금처럼 해마다 수백 개의 핵산 염기 서열 정보

---

1) VAX는 미국의 DEC(Digital Equipment Corporation)이라는 회사에서 만든 중형 컴퓨터 시
   리즈였다. 이것은 PDP-11의 후속 기종으로 1978년에 발표되었으며, 새로운 운영 체계인
   VMS를 탑재하고 있었다. 또 32비트 프로세서와 가상 메모리를 포함했다. VAX는 중소 규모
   의 기업 및 대학, 과학 기술 연구소 등의 시장에서 HP, IBM 등에서 발표한 컴퓨터들과 경쟁
   하던 기종이었다. 한편, DEC 출신의 엔지니어들이 설립한 회사가 데이터 제너럴이고, 여기
   에서 소형 미니 컴퓨터 Nova가 개발된다.
2) 영화·텔레비전의 다른 장면들을 차례차례 필름 단편으로 연결한 몽타주 기법. 2컷 정도의 순
   간적인 것부터 길어도 1초 정도까지이고 그 이상이 되면 컷백이 된다. 플래시백은 컷백과 마찬
   가지로 과거 기억의 재생 또는 설명의 수단으로 사용되어 왔으나, 현실의 1점을 고조하는 수법
   으로 쓰이게 되어 빠른 템포, 사건의 긴박감, 감정의 고조 등을 표현하는 데 큰 역할을 한다.

가 쏟아져 나오지도 않았다. 단 하나의 핵산도 알려져 있지 않았으며 사실 염기 서열이라는 개념 역시 확실하지 않았다. 왜냐하면 당시 누구도 DNA 가 유전 물질을 한 세대에서 다음 세대로 전달하는 데 중요한 역할을 담당한다고 확신하지 못했기 때문이다. 왓슨과 크릭은 두 번씩이나 DNA에 대한 수수께끼를 풀었다고 자부하였지만 그 자부심은 두 번 다 재로 변해 버렸다. '훌륭한 장치', 이글과 관련해서 이 플래시백들은 이글이 어떤 프로그램도 구동시킬 수 없었던 시점으로 우리를 데려간다. 이글은 존 휘태커가 스위치를 넣을 수 있을, 루틴 프로그램을 갖춘 완성 장비(routine piece of equipment)가 아니었다. 그것은 다른 두 대의 컴퓨터에 의해 관측되면서, 다만 몇 분간 이상이라도 안정적으로 작동하게 만들려고 애쓰는 엔지니어들에 둘러싸여 있던, 그저 케이블과 반도체 칩의 엉성한 조합이었을 뿐이다. 그들 중 어느 누구도 이 프로젝트가, 수년간 개발되다가 경영진 손에 폐기되었던 EGO 컴퓨터와 같이 또 하나의 완전 실패가 되지 않을 것이라고 확신할 수 없었다.

존 휘태커의 연구 프로젝트에는 여러 가지 불안 요소가 있었다. 그는 자신이 얼마 동안 연구소에 머물러 있을지, 특별 방문 연구원으로서의 자격이 유지될지, 그리고 그가 만든 프로그램이 생물학적으로 중요한 방식으로 염기쌍들을 다루고 비교하는 일에 기여할 수 있을지 등등을 모른다. 하지만 그에겐 이제 아무 문제도 일으키지 않는 최소 두 가지 요소가 있었다. DNA의 이중 나선 구조와 데이터 제너럴의 컴퓨터였다. 왓슨과 크릭이 맹렬히 도전할 때 미심쩍었던 문제이자 훗날 그들에게 노벨상을 안겨준 것이 이제 휘태커의 프로그램에서는 기본적인 원리가 되었고, 수천 줄로 그 프로그램 속에 잘 장착되어 있었다. 웨스트의 팀을 수년간 밤낮으로 일하게 만들었던 그 장치는 더 이상 문젯거리가 아니라 연구실 한쪽에서 윙윙거리는 일종의 가구가 되어 있었다. 데이터 제너럴의 정비공이 매주 연구소에 들러 기계의 소소한 문제점들을 체크하기는 했지만, 그와 정비공은 그 누구도 그 컴퓨터를 분해 검사하거나 새로운 제품들을 개발하도록 회사를 설득할 필요가 없음을 알고 있었다. 휘태커도 생물학의 중심 가설(Basic Dogma)에 많은 문제점들이 있음을 잘 알지만 —몇 주 전, 이제 나이가 든 크릭이 연구소에 와서 그와 관련한 강연을 했었다— 그렇다고 존 휘태커 자신이나 자기 상사가 이중 나선에 대한 완전히 새로운 모형을 생각해 내거나 새로운 가설을 만들어야 한다고는 생각지 않는다.

인공두뇌 연구자들은 어떤 기계 장비의 부품이나 일련의 작업 명령이 너무 복잡할 때마다 **블랙박스**(black box)라는 단어를 사용한다.[3] 그 자리에 작은 상자를 그리고, 상자에 대해서는 오직 그 입력(input)과 출력(output)만 알면 된다. 존 휘태커에게는 이중 나선과 그 장치가 두 가지 블랙박스다. 즉 그 블랙박스의 역사가 얼마나 논쟁적이었는가, 내부 작동이 얼마나 복잡한가, 그것들을 유지시켜 준 상업적·학문적 네트워크가 얼마나 방대한가 하는 문제들은 전혀 상관없고, 오직 입력과 출력 요소들만 중요하다.[4] 이클립스의 스위치를 켜면, 그것은 당신이 입력한 프로그램을 작동시킨다. 핵산 서열을 비교하려면, 당신은 이중 나선의 구조에서부터 시작한다.

1985년 10월 파리, 케임브리지의 1951년 가을, 또는 매사추세츠 웨스트보로의 1980년 12월의 플래시백은 이중 나선과 관련한 과학적 사실, 그

---

3) 블랙박스는 제어 공학 용어로서, 어떤 입력을 주면 그에 맞는 출력을 주는 장치를 말한다. 장치의 내용이나 실태는 문제 삼지 않고, 입력과 출력의 관계만을 논하는 추상적 개념으로서 사용된다. 즉 이용자에 있어서의 기능만을 문제시하고, 내부의 구성·구조 등은 몰라도 된다는 식의 장치·시스템계의 요소다.
4) 라투르의 '연결망(network)' 개념은 3부에 본격 등장하며, 'network'는 여기에서는 일반적 의미로서 '네트워크'로 번역한다.

리고 이글 소형 컴퓨터와 관련한 기술적 인공물이라는 두 가지 대상 각각에 대한 상이한 장면을 우리에게 보여 준다. 첫 장면에서 존 휘태커는 두 개의 블랙박스를 사용하는데 그것들이 이제 명백하고 확실하기 때문이다. 플래시백의 과정에서 그 상자들은 다시 한 번 열리게 되고 밝은 빛이 상자들을 비춘다. 첫 번째 영상에서 이중 나선의 인산염 뼈대를 어디에 둘지 —우리가 알고 있듯, 그것은 분자의 밖 어딘가에 있다— 고민할 필요가 없다. 이클립스가 다른 NOVA 컴퓨터[5]와 연결될 때 32바이트의 호환성 장치인지에 대해 알아내려고 노력할 필요가 없다. 플래시백 중에는 그 시대를 살았던 많은 사람들이 과거의 순간에 다시 등장하며, 그들 중의 많은 이들은 자기들이 내렸던 **결정**에 자기들의 경력이 걸려 있다. 로잘린드 프랭클린은 짐과 프랜시스처럼 모델 구조를 규명하는 일을 선택하지 않고, 그 대신 더 나은 X선 사진을 얻기 위해 X선 결정학에 집중하기로 했었다. 한편 웨스트는, 동료 연구원들이 비판했듯이 서투른 '클러지(kludge)[6]'를 만들면서 그의 일류 조력자들을 여럿 잃는 과정을 겪으면서도, 32바이트의 호환성 장치 개발에 매진했었다.

파스퇴르연구소에서 존 휘태커가 3차원 구조의 이중 나선을 믿고, 또 그의 소형 컴퓨터 이클립스에 자기 프로그램을 작동시킬 때 그가 무슨 큰 위험을 감수하고 있는 것은 아니다. 이제 이클립스나 이중 나선은 상례적인 것이 되었기 때문이다. 휘태커와 그의 상사가 하는 모험은 이제 다른 어딘가에, 전 세계의 분자 생물학자들이 생성한 모든 염기쌍(base pairs)을 비교하는 거대한 프로그램 어딘가에 있다. 하지만 우리가 30년을 거슬러 케임

---

5) 데이터 제너럴에서 개발한 소형 미니 컴퓨터로, 나중에 스티브 워즈니악(S. Wozniak)이 개발한 애플I의 모티브가 된다.
6) 조화롭지 못한 요소로 구성된 컴퓨터 장치를 일컫는 말이다.

브리지로 돌아간다면 누구를 믿어야 할까? DNA의 구조가 삼중 나선 형태일 것이라 주장하는 로잘린드 프랭클린? 왓슨과 크릭에게 희망 없는 일은 집어치우고 더 중요한 프로젝트를 시작하라고 지시한 로렌스 브래그? 그 전까지 알려진 모든 화학 법칙을 위반하는 구조를 밝힌 세계 최고의 화학자 폴링?[7] 이와 비슷하게 불확실한 일은 몇 년 전 웨스트보로에서 다시 일어났다. 웨스트의 상사인 데 카스트로(De Castro)가 회사의 모든 연구는 노스캐롤라이나로 옮겨져 계속될 것이므로 새로운 연구 프로젝트를 시작하지 말라고 지시하였을 때, 웨스트가 그 말에 복종하였어야 할까? 웨스트는 자기가 새 컴퓨터를 개발하는 작업에 착수했다는 사실을 얼마나 오랫동안 숨겨야 할까? 마케팅 전문가들이, 소비자들은 경쟁 업체의 DEC 컴퓨터처럼 '문화적인 호환성'(예전의 소프트웨어를 사용할 수 없고 기본 제어판만 유지된) 장치를 원하지 않고, 충분한 호환성 장치(예전의 소프트웨어를 그대로 사용할 수 있는)를 원한다고 말했을 때, 그들의 말을 웨스트가 귀담아 들었어야 했을까? 웨스트는 EGO 프로젝트의 실패로 사기를 잃은 그의 연구진에게 어떠한 기대를 할 수 있을까? 그는 오래됐지만 더 안전한 것 대신, 새

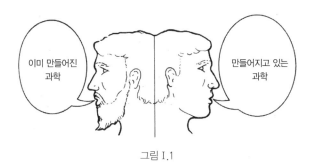

그림 I.1

---

7) 이 부분은 DNA 삼중 나선 구조를 주장한 폴링의 실수를 비꼬는 의미를 담고 있다.

로운 PAL 칩을 사용하는 모험을 해야 할까?

불확실성, 직장 동료, 결정, 경쟁, 그리고 논쟁이 바로 우리가 확실하고, 냉엄하고, 명확한 블랙박스로부터 가까운 과거로 플래시백할 때 대면하는 것들이다. 우리가 두 장면, 즉 공개적인 논쟁의 장면과 블랙박스로부터 나온 장면을 비교하였을 때 그 둘은 완전히 다르다. 그것들은 두 얼굴의 야누스(Janus), 마치 한쪽은 생동감 있고 한쪽은 엄정한 양면처럼 다르다. '만들어지고 있는 과학(science in the making)'이 오른쪽 면에, '만들어진(완성된) 과학(all made science)', 또는 '기성 과학(ready made science)'이 왼쪽 면에 있다. 야누스의 두 얼굴(bifrons)은 우리가 떠나는 여정 벽두에서 우리가 만나는 첫 번째 인물이다.[8]

휘태커의 연구실에서는 그의 블랙박스들이 다시 열릴 수도 없고 다시 열려서도 안 된다. 그에 반해 캐번디시와 웨스트보로에서 진행되었고 논란을 일으켰던 두 연구에 대하여, 블랙박스는 당시 작업 중인 과학자들에 의해 열려진 상태다. 불가능해 보였던 블랙박스를 여는 작업은 시공간을 거슬러 이동함으로써, 과학자들과 엔지니어들이 작업 중인 논쟁점을 찾을 수 있게 함으로써 (비록 쉽지는 않지만) 가능해졌다. 우리가 내려야 하는 첫 번째 결정은 이것이다. 우리가 과학과 기술로 들어가는 길은 '만들어진(기성) 과학(ready made science)'이라는 웅장한 입구가 아니라, '만들어지고 있는 과학(science in the making)'이라는 후문을 통해서다.

들어갈 입구가 정해진 지금, 우리가 과학과 기술의 세계로 입장하기 전에 어떤 예비 지식을 겸비하여야 할까? 존 휘태커의 사무실에서 이중 나선

---

8) 야누스는 그리스 신화에는 없고 로마 신화에만 나오는 문의 수호신이다. 로마 인들은 문에 앞뒤가 없다고 생각하여 야누스가 양쪽을 향한 두 얼굴을 가지고 있다고 여겼다. 문은 시작을 나타내기에, 야누스는 모든 사물과 계절의 시초를 주관하는 신으로 숭배되었다.

의 구조와 컴퓨터는 휘태커의 다른 걱정거리와 비교했을 때 명확히 구분된다. 그 두 가지는 휘태커의 심리 상태, 연구소의 재정 문제, 휘태커의 상사가 지원한 연구비와 관련 없었다. 또는 분자 생물학자들 (휘태커를 포함한) 대부분이 관여되어 있던 거대한 분자 생물학 자료 은행을 프랑스에 설립하기 위한 정치적 싸움에도 상관없었다. 이중 나선 모델과 컴퓨터는 뒷배경에 조용히 자리 잡고 있었을 뿐이고, 그 과학적 또는 기술적 내용들은 휘태커가 관여하고 있는 혼란스러운 여러 가지 일들로부터 명확히 경계를 두고 있다. 휘태커가 DNA의 구조나 이클립스 컴퓨터에 대해 뭔가를 알고 싶으면 그는 『유전자의 분자 생물학』이나 『사용 설명서』라는 제목의 책을 책장에서 꺼내어 읽을 것이다. 하지만 우리가 웨스트보로나 케임브리지로 거슬러 돌아갈 경우, 이 맥락(context)과 내용(content) 사이의 깔끔한 구분은 사라진다.

장면 4   톰 웨스트는 어느 날 밤, VAX 컴퓨터를 보기 위해 친구의 도움으로 한 건물의 지하실로 잠입한다. 웨스트는 주형 회로 판을 꺼내 들고 그의 경쟁자의 컴퓨터를 분석한다. 그의 첫 번째 분석에서부터, 기술적이고 빠른 경제적 계산과 이미 내려진 전략적 결정들이 합쳐진다. 몇 시간이 흐르고, 그는 안심한다.

"나는 1년 동안 VAX 컴퓨터를 두려워하며 살아 왔다." 나중에 웨스트가 말했다. "그것을 직접 보고 그것이 얼마나 복잡하고 값비싼지 알게 된 순간, 난 날아갈 것 같았다. 우리 팀이 이전에 내렸던 몇 가지 결정이 잘했던 일임을 깨달았다."

곧, 웨스트의 분석은 점점 복잡해지고 사회적 · 미적 · 구조적 부분들에 대해 언급한다.

VAX를 들여다보며 웨스트는 자신이 DEC 회사 조직의 배치도를 보는 듯한 상상에 빠졌다. 웨스트는 VAX가 너무나 복잡하다고 느꼈다. 예컨대 컴퓨터의 여러 부분이 서로 통해져 있는 시스템이 마음에 들지 않았고, 그의 취향으로 볼 때 너무 많은 프로토콜이 연루되어 있었다. 웨스트는, VAX가 DEC 회사 조직의 결함들을 구현해 보여 준다고 판정을 내렸다. 그 컴퓨터는 커다란 성공을 거둔 DEC의 신중하면서도 관료적인 스타일을 표현하고 있었다. 그게 사실일까? 웨스트는 그게 한 가지 유용한 설명일 터, 그 사실 여부는 별로 중요하지 않다고 말했다. 그러고는 표현을 달리해서 말했다. "VAX를 갖고서 DEC이 위험을 최소로 하려고 하는 거야"라고 웨스트가 운전 중 차 한 대를 또 빗겨 가며 말했다. 웨스트는 싱글거리면서 말을 계속했다. "우리 회사는 반대로, 승률을 최대화하려 노력하고 있고 약탈당한 원숭이만큼 이글 컴퓨터를 빨리 움직이게 할 계획이지."[키더(Kidder): 1981, p.36]

경쟁 상대에 대한 웨스트의 이와 같은 이질적 평가는 진체 사안에서 시소한 부분이 아니다. 이 사건은 웨스트가 2년의 계획 지연, 노스캐롤라이나 그룹의 반대, EGO 프로젝트의 실패에 굴하지 않고 이글 개발 프로젝트를 이끌어 나가도록 결정하게 해 준 중요한 에피소드다. '조직', '취향', '프로토콜', '관료주의', '위험의 최소화'는 반도체 칩을 설명하기 위해 통상적으로 사용되는 전문 용어가 아니다. 일단 반도체 칩이 소비자들에게 팔리는 하나의 블랙박스가 되고 나면, 어쨌든 그런 표현들이 전문 용어가 아니라는 말이 맞다. 하지만 반도체가, 웨스트가 했던 것과 마찬가지로 경쟁자의 시험에 부쳐질 때 온갖 이상한 이들 용어는 전문적 평가의 본질적 부분, 요점이 된다. 맥락과 내용이 합쳐진다.

장면 5 짐 왓슨과 프랜시스 크릭은 DNA 구조에 대해 라이너스 폴링이 쓴 연구 자료의 사본을 그 아들로부터 입수하게 된다.

문으로 들어오는 피터(Peter)를 본 순간, 그의 표정이 무언가 중요한 것을 무심코 드러내고 있었기에, 나의 가슴은 모든 것을 잃었다는 상실감과 불안감에 쿵 하고 내려앉았다. 프랜시스와 내가 더 이상 긴장감을 참을 수 없는 것을 보자, 피터는 재빨리 우리에게 DNA가 삼중 나선형을 띠고 있고 인산 뼈대는 분자 구조의 한가운데에 위치한다고 말해 주었다. 이것은 우리가 작년에 접었던 연구 결과와 의심스러울 정도로 닮아 있었기 때문에, 나는 우리 상관인 브래그가 막지 않았더라면 우리가 위대한 발견을 이루는 영예를 이미 안게 되었을지도 모른다고 생각했다.(왓슨: 1968, p.102)

왓슨과 크릭이 위대한 발견을 놓치게 만든 것이 브래그일까? 아니면 라이너스 폴링이 입을 다물고 있음으로써 좋은 기회를 결국 놓친 것일까? 프랜시스 크릭과 짐 왓슨은 폴링의 연구 결과를 검토하고 당(糖) 인산염(塩) 뼈대가 DNA 구조 전체를 지탱할 만큼 견고한지 들여다보았다. 놀랍게도, 폴링이 주장한 삼중 나선은 나선의 세 사슬을 묶어 놓을 수소 원자들을 지니고 있지 않았다. 화학의 원리가 틀리지 않았다면, 수소 원자 없이 삼중 나선 구조를 지탱하기는 불가능하였다.

라이너스 폴링은 의심할 바 없이 세계에서 가장 존경받는 현명한 화학자 중한 명이었고, 지금 우리와 정반대의 결론에 이르렀다. 프랜시스가 폴링의 정통이 아닌 화학에 아연하고 있을 때, 나는 가만히 숨을 죽이고 있었다. 그 순간 나는 아직 우리에게 승산이 있다는 걸 깨달았다. 하지만 나와 프랜시스는 무엇이 라이너스를 대실수로 이끌었는지에 대해 감조차 잡을 수 없었다. 만일 어떤 학생이 비슷한 실수를 범했다면, 그 학생은 칼텍(Cal Tech)의 화학 교수진에게 배울 자격이 없다고 여겨질 터였다. 그래서 우리는 라이너스의 모형이 고분자들이 갖는 산-염기적(acid-based) 특징들에 대한 획기적인 재평가로부터 도출된 것이 아닌지에 대하여 논의하고 우려할 수밖에 없었다. 하지만 라이너스의 원고는 화학 이론의 그러한 어떤 진보에 대해서도 반론을 펴는 어조를 띠고 있었다.(왓슨: p.103)

자신들에게 아직 승산이 있는지를 판단하기 위해 왓슨과 크릭은 라이너스 폴링의 명성, 일반 화학, 논문의 어조, 칼텍 학생들의 수준 등을 고려해야 했다. 그들은 어떤 혁명적인 발견이 진행 중인지(이 상황대로라면 그들은 패배한 것이다), 또는 라이너스 폴링이 커다란 실수를 범한 것인지, 이 경우 폴링이 머지않아 알아차릴 것이므로 그들은 더 서둘러 연구를 진행해야 하기에, 이런 것들 여부를 알아내야 했다.

라이너스가 자기 실수에 대해 깨닫게 되면 올바른 구조를 찾아낼 때까지 연구를 멈추지 않을 것이었다. 지금 상황에서 우리가 할 수 있는 것이라고는 라이너스의 동료 화학자들이 그의 지성에 절대적인 경의를 표하며 그의 삼중 나선 구조의 세부적인 부분들을 의심하지 않도록 기도하는 것이었다. 하지만 그의 논문이 이미 미국 국립《학술원 회보(*Proceedings of the National Academy*)》로 급히 발송됐기 때문에 늦어도 3월 중순이면 그의 연구 자료가 온 세계로 퍼질 터였다. 그러면 라이너스의 오류가 발견되는 것은 시간 문제일 것이다. 우리에겐 라이너스가 전속력으로 DNA 구조를 다시 연구하기 전까지 최대 6주간의 시간이 있었다.(왓슨: p.104)

'불안', '승부', '어조', '출판의 지연', '경의', '6주의 지연'은 분자 구조를 설명하는 데 일반적으로 쓰이는 단어가 아니다. 이는 일단 DNA 구조가 알려지고 모든 학생들이 배우는 것이 되고 나면, 사실 그러하다. 하지만 경쟁 연구자들이 DNA 구조를 밝혀내려고 노력하는 한, 이 이상한 단어들은 연구되고 있는 바로 그 화학 구조의 본질적인 요점이 되어 버린다. 여기에서 또다시 맥락과 내용이 서로 합쳐진다.

과학과 테크놀로지를 관통해 나가는 데 필요한 장비는 가벼운 동시에 다양하다. 장비가 다양함을 보이는 이유는 수소 결합을 마감 기한에 맞춰 알맞게 조정하는 것, 돈으로 서로서로의 권력에 대해 알아내려 하는 것, 결함을 고치는 것과 관료적 스타일 등과 연관되기 때문이다. 하지만 그 장비들은 또한 가볍기만 한데, 그 이유는 지식이 끼워 넣어지는 맥락과 그 지식 자체를 구별하는 것에 대한 모든 편견을 다 떨쳐 버릴 수 있기 때문이다. 단테(Dante)의 「지옥편」[9] 도입부에 이런 말이 있다.

이곳으로 들어오는 모든 자여, 희망을 버려라.

우리 여행의 시작점에 우리는 다음 문구를 적어 둘 수 있겠다.

---

[9] 13세기 이탈리아 시인 단테가 쓴 장편 서사시, 「신곡(*La Divina Commedia*)」의 3부 중 1부가 「지옥편(the Inferno)」이다. 제명이 Commedia, 즉 희곡(喜曲)인 것은 「지옥편」을 제외한 「연옥편」, 「천국편」은 즐거운 내용을 다루고 있기 때문이다.

이곳으로 들어오는 모든 자여, 지식에 대한 지식을 버려라.

1985년에 프로그램을 짜기 위해 이중 나선과 이글의 사용 방법을 배우려 하면, 그것들을 구성하고 있는 기묘한 혼합물들에 대해 아무것도 드러내지 않는다. 하지만 이들에 대해 1952년이나 1980년에 연구하면, 그 모든 것을 노출시킨다. 휘태커의 연구소에 놓여 있는 두 블랙박스에는 판도라(Pandora)의 상자처럼 '**위험! 열지 마시오**'라는 경고가 적혀 있다. 캐번디시와 데이터 제너럴 본사에서 주어진 두 가지 과제로부터 열정, 마감일, 결정 등의 요소가 열려진 블랙박스에서 사방으로 튀어나온다. 제우스(Zeus)가 프로메테우스(Prometheus)에게 보낸 신화 속의 인조인간(android) 판도라는, 우리의 여정에서 야누스에 이어 우리를 반기는 두 번째 인물이다.[10] (우리가 목적지에 안전하게 도달하기 위해 어쩌면 한 명의 신이 아닌 여러 신의 가호가 필요할지도 모르겠다.)

2. 이제 그만하면 충분한 것이 아닐 때

과학은 두 얼굴을 가진다. 한 얼굴은 알고, 또 다른 한 얼굴은 아직 모른다. 우리는 그중에 조금 더 모르는 얼굴을 선택할 것이다. 내부자와 외부자는 모두, '만들어지고 있는 과학'에 필요한 성분들에 대해 많은 생각을 가지고 있다. 우리는 과학을 구성하는 요소들에 대해 가능한 한 거의 모르

---

10) 판도라는, 제우스가 프로메테우스의 아우인 에피메테우스에게 보낸 여인이다. 흙으로 빚어진 여신을 닮은 처녀로서, 여러 신들로부터 '모든 선물을 받은 여인'이란 의미를 갖는다. 판도라의 상자는 인류의 불행과 희망의 시작을 나타내는 상징이다.

는 것으로 하자. 하지만 블랙박스는 언젠가 결국 닫혀야 하는데, 이 밀봉에 대해 우리가 어떻게 해석할 수 있을까? 1985년 휘태커의 연구실에서, 이중 나선의 모양은 확정되어 있는 것이다. 이클립스 MV/8000 컴퓨터 경우도 마찬가지다. 그렇다면 그들은 어떻게 1952년 캐번디시 또는 매사추세츠의 웨스트보로에서 1985년의 파리까지 옮겨 왔을까? 논쟁들의 시작을 출발점으로 선택하는 것도 매우 좋은 방식이지만, 우리는 그 논쟁들의 종결까지도 추적할 필요가 있다. 여기에서 우리는 특이한 청각 현상에 익숙해져야 한다. 두 얼굴의 야누스는 동시에 말을 하지만, 두 가지의 완벽하게 다른 이야기를 하고 있기 때문에 우리가 헷갈려서는 안 된다.

야누스의 첫 번째 격언:

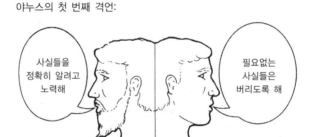

그림 I.2

장면 6 짐 왓슨은 여러 교과서에서 DNA의 염기 모양들을 모사한 후, 그 모양들을 붙여 놓았을 때 좌우 대칭을 만들 수 있는지 조작하고 있었다. 놀랍게도, 아데닌이 아데닌과 맞물렸고, 시토신이 시토신과 맞물렸으며, 구아닌은 구아닌과, 티민은 티민과 맞물려 완벽한 조판이 형성된다. 이 대칭이 당 인산염 뼈대(sugar phosphate backbone)의 모양을 약간 기형적으로 바꾸어 놓은 것이 분명했지만, 이에 아랑곳 않고 짐은 맥박이 고동

쳤고 이에 자기 상사에게 의기양양하게 편지를 썼다.

내가 연구실에 도착해 내 설계에 대해 설명하자마자, 내 말이 끝나기도 무섭게 미국의 결정학자 제리 도노휴(Jerry Donohue)는 내 생각이 적용될 수 없을 것이라고 비판하였다. 제리가 보기에 내가 데이비슨(Davidson)의 책에서 모사한 토토메리형(tautomeric forms)은[11] 부정확하게 할당되어 있었다. 내가 여러 교과서들이 티민과 구아닌을 엔올형(enol form)으로 그리고 있다고 대답했음에도 불구하고 제리는 한 발짝도 물러서려 하지 않았다. 그는 이제껏 유기 화학자들이 확실한 근거 없이 다른 것들에 비해 토토메리형을 선호해 왔다고 당당하게 주장하였다. (…) 나는 제리가 헛된 주장을 펼치고 있기를 간절히 바랐지만, 한편으로 제리의 주장을 귀담아 들었다. 제리는 전 세계에서 라이너스 다음으로 수소 결합에 대해 잘 알고 있었다. 그가 칼텍에서 수년간 작은 유기 분자들의 결정 조직에 대해 연구하였기 때문에 제리가 문제를 잘못 이해했다고 볼 수는 없었다. 그가 우리 연구실에서 일한 지난 6개월 동안 나는 한번도 그가 자신이 모르는 주제에 대해 떠들고 다니는 것을 본 적이 없었다. 나는 수심에 찬 상태로 내 자리로 돌아가서 이 쌩쌩한 의견 내립을 잠재워 줄 장치가 나타나기를 희망했다.(왓슨: 1968, pp.121-122)

교과서로부터 사실들을 그대로 가져왔음에도 불구하고 짐은 하나의 근

---

11) 토토메리 현상(tautomerism)은 어느 유기 화합물의 여러 이성질체(異成質體)가 혼합한 채 서로 변환하여 평형을 유지하는 현상을 말한다. 케토형(keto form)과 엔올형(enol form)은 계속 양쪽 이성질체 사이를 왕복하며, 그 구조가 양성자와 결합 전자의 이동에 의해 빠르게 형이 상호 전환되는 관계에 있다. 이 특수한 구조 이성질체를 토토머(호변 이성질체, tautomer)라 한다.

사한 블랙박스와 맞닥뜨렸다. 엔올형[12]이 그것이다. 이 경우, 엔올형은 무시되어야 하거나 의문의 대상이 되어야 한다. 적어도 도노휴의 생각은 그렇다. 짐은 무엇을 믿어야 할까? 유기 화학자들의 일치된 의견을 믿어야 할까, 아니면 바로 이 화학자를 믿어야 할까? 짐은 그의 모형을 지키기 위해 '사실을 정확히 하기'라는 방식에서 '취약 지점 찾기'와 '누구를 믿을 것인지 결정하기'라는 다른 방식으로 옮겨 간다. 도노휴는 폴링과 함께 공부하였고, 작은 분자들에 대해 연구하였으며, 6개월간 한마디의 실언도 하지 않았다. 규율, 동맹, 이력서, 심리적 평가 등의 요소가 짐의 결정 과정에 섞여져 있다. 그런 것들을 희생하고 또 근사한 대칭 모델을 희생하는 편이 도노휴의 비판을 듣게 되는 것보다 낫다. 사실(fact)은, 얼마나 '정확한(straight)' 것인가와 상관없이 폐기해 버려야 했다.

제리 도노휴가 프랜시스, 피터, 그리고 나와 같은 연구실을 사용하게 되면서 우리가 뜻하지 않게 얻게 된 이득이 분명 있었으나 그 누구도 입 밖에 내지 않았다. 만약에 제리가 우리와 함께 케임브리지에 있지 않았다면 나는 여전히 '대칭 구조'를 고수하고 있을지도 모른다. 모리스의 실험실에는 구조 화학자가 없었기 때문에, 교과서의 그림들이 전부 다 틀렸다는 걸 그에게 말해 줄 사람이 없었다. 하지만 제리 도노휴가 보기에, 오직 폴링만이 옳은 결정을 내릴 수 있었을 것이고, 그 결과를 고수할 수 있었을 것이라고 생각되었으나, 사실은 그렇지 않았다.(왓슨: p.132)

야누스의 왼쪽 얼굴이 해 주는 충고는 모든 일들이 해결되었을 때 따르

---

12) 탄소-탄소 이중 결합에 한 개의 탄소 원자에 하이드록시기(水酸基)가 결합한 결합 양식이다.

기 쉽지만, 그렇지 않을 때에는 어렵다. 왼쪽에서는 화학의 보편적이고 잘 알려진 사실들이, 오른쪽의 관점에서 봤을 때는 전 세계에서 두 사람에 의해 발언되는 희귀한 선언이 된다. 그것들은 어떤 장소에 속해 있는가, 어떤 계제인가, 또 사람들과 그들의 말의 가치를 어떻게 동시에 평가하는가에 따라 결정적으로 달라지는 그런 속성을 가지고 있다.

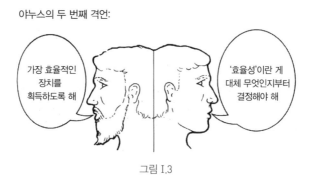

그림 I.3

장면 7　톰 웨스트와 그의 공동 연구자인 알싱(Alsing)은 컴퓨터의 결함 제거(debugging) 프로그램 문제를 어떻게 다룰까에 대해 논의하고 있다.

"톰, 나는 시뮬레이터를 만들어 보고 싶어."
"알싱, 그건 너무 오래 걸릴 거야. 네가 시뮬레이터의 결함을 수정하는 동안 장치의 결함 제거 자체가 다 끝날 거라고."
하지만 알싱은 이번에는 의견을 굽히지 않았다. 그들이 이글 컴퓨터의 시제품 원형(prototype)에서 마이크로코드의 결함을 모두 제거하려면 이글을 완성하기에 1년은 턱없이 부족할 터였다. 만약 그들이 저 방법대로 실행해 나간다 쳐도, 그들은 한두 개의 원형이 더 필요할 것이고, 그것은 곧 컴퓨터 기관들의 데이터를 갱신하는 지루하고도 고된 작업을 두 배로 늘려야 한다는 뜻이었다. 알싱은 완성된 이글과 똑같이 작동하는 프로그램을 원했고, 그 프로그램을 가지고 개발 중인 하드웨어와 별도로 마이크로코드의 결함을 제거할 수 있길 바랐다.

웨스트가 이렇게 말했다. "맘대로 해 보게. 내가 장담하는데, 네가 그 일을 마칠 때쯤이면 이미 모든 것이 끝나 있을 거야."(키더: 1981, p.146)

웨스트와 알싱은 모두 최고의 컴퓨터를 만들고 싶어 하기 때문에 야누스의 오른쪽 얼굴이 해 주는 충고를 따른다. 하지만 이는, 효율적 장치를 어떻게 미리 본뜬 것인가에 대해 두 사람 사이에 시작된 새로운 논쟁을 예방하지 못한다. 만약 알싱이 그의 동료 펙(Peck)에게 1년 반이 걸릴 시뮬레이터의 설계를 6주 만에 완성하도록 지시할 수 없으면, 웨스트가 옳은 셈이 된다. 시간을 많이 허비하게 하는 시뮬레이터는 이글 개발 과정에서 효율적인 방법이 아니다. 하지만 만약 알싱과 펙이 성공한다면, 웨스트의 '효율성(efficiency)'이라는 개념이 잘못된 것이라고 볼 수 있다. 여기에서 효율성은 어느 편이 성공하느냐에 따라 결정된다. 효율성은 자체적으로 누가 옳고 누가 그른지 판단하는 데 도움을 주지 못한다. 야누스의 왼쪽이 해 준 충고는 이글이 완성된 후 제조 과정에 들어가면 매우 좋은 것이다. 하지만 그 전에 우리는, 오른쪽의 혼란스러운 전략적 충고를 따라야만 한다.

장면 8　웨스트(West)는 자기 연구진을 회사 전체로부터 2년간 격리시켜 놓았다. 그가 말했다. "몇 사람은, 이 모든 일의 배후에 회사가 있다는 사실을 알아차리지 못한다. 우리가 하는 일을 CIA가 지원해 주고 있을 수도 있다. 아니면 심리학 연구의 일부일 수도 있는 것이다."(키더: 1982, p.200)

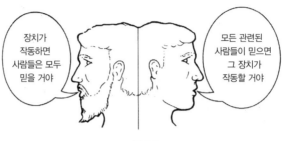

야누스의 세 번째 격언:

장치가 작동하면 사람들은 모두 믿을 거야

모든 관련된 사람들이 믿으면 그 장치가 작동할 거야

그림 I.4

하지만 이 기간 내내 웨스트는 이글과 관련하여 그의 회사에 압력을 가해왔다. 그는 중재인으로 활동하면서, 향후 장치(machine)의 개발 과정에 제한을 가하는 요인들, 즉 데 카스트로(de Castro, 최고 상사), 홍보 부서, 노스캐롤라이나의 다른 연구팀, 컴퓨터 박람회에 진열된 다른 장치들 등을 걸러내었다. 이제껏 한번도 지켜지지 않았던 마감 기한을 협상하고 조정해온 것도 웨스트였다. 하지만 그가 힘들게 로비해 온 부서들 모두가 웨스트에게서 무언가 기대하며 웨스트에게 으름장을 놓는 경우도 있었다. 노스캐롤라이나 그룹이 장치를 배달하지 않겠다고 하고, 라이벌 회사인 DEC가 자기네 VAX 컴퓨터를 마치 팬케이크 팔 듯 팔아 치우고, 소비자들이 모두 데이터 제너럴로부터 32바이트의 호환성 컴퓨터를 기대하자, 상황은 더욱더 악화되었다. 이 시점에서 웨스트는 자신의 연구진 주위로 쳐 두었던 보호막을 없애야 했다. 그는 분명 회사의 다른 부서들의 이해관계를 고려해서 장치를 설계하였지만, 그들의 태도에 대해 정확하게 이해하지 못했고, 컴퓨터 연구가 갑자기 중단될 경우 그의 팀원들의 반응도 예상할 수 없었다.

여름이 다가오자 진단 프로그래머, 소프트웨어(Software)사에서 온 프로그래머 등 연구실을 찾아오는 방문객 수가 늘어났다. 일부 젊은 연구진(Hardy Boys)[13]은, 우리가 어릴 때부터 길러 온 애완견이나 화분에게 그렇듯, 이글 컴퓨터의 원형에 대해 점점 애착을 드러냈다. 곧, 라살라(Rasala)가 우리 연구진에게 특정 시간에는 이글 개발을 중단하도록 지시하여 소프트웨어사 쪽에서 이글을 사용할 수 있도록 했다. 이 지시에는 부연 설명이 따랐다. 이글 프로젝트는 미래가 불투명한 상태였다. 소프트웨어사에서 만약 이글에 대해 열정적으로 말해 주지 않거나 이글에 대해서 잘 모르기라도 한다면 프로젝트는 파멸할 것이었다. 그러므로 우리 연구진은 소프트웨어사에서 이글 원형을 사용하고 싶어 하는 것에 감사해야 했으며, 앞으로도 계속 그 회사를 만족시키려 노력해야 했다.(키더: p.201)

웨스트가 만족시켜야 하는 건 소프트웨어사뿐만 아니라 제조업체, 마케팅 부서의 사람들, 기술적 문건을 작성할 사람들, 컴퓨터를 세련되고 멋지게 포장하여 상자에 넣어야 하는 디자이너들(이 상자는 블랙박스가 아니다!) 이외에도 주주들과 소비자들도 있었다. 비록 웨스트가 이글을 고안했다 할지라도, 위에 언급된 사람 모두를 만족시키기 위해 수많은 협상을 거치면서 이 프로젝트가 원활히 진행될 수 있을지 그도 확신할 수 없었다. 각각의 이해 관련 그룹은 이글을 자신들의 방식으로 테스트하고 테스트에 어떻게 버텨 내는지를 확인하려 했다. 이 과정에서 톰 웨스트에게 최악의 상황은 컴퓨터에 필요한 PAL 칩을 제조하는 회사가 파산해서 연구 팀이 일종의 산후우울증(post partum depression)을 겪고 있었고, 컴퓨터의 결함 제거를 끝내

---

13) Hardy Boys는 청소년 탐정 소설에 등장하는 탐정 형제 캐릭터로 프랭크(Frank)와 조(Joe Hardy)를 말한다. 우리말로 용감한 형제들쯤에 해당될 수 있을 것이다.

지 못했다는 것이었다. "우리의 신용(credibility)이 점점 바닥나고 있는 것 같아." 웨스트가 그의 조수들에게 말했다. 이글은 여전히 작동된 후 몇 초 만에 오류 사인을 내 보이곤 했다. 그러면 연구진은 고심 끝에 결함의 위치를 확인하고 없앤 후 더 강력한 결함 퇴치 프로그램을 설치하곤 했다.

이글은 불가사의하게도, 멀티프로그래밍 신뢰성 테스트(MRT)를 통과하지 못하고 있었다.[14] 컴퓨터는 네 시간마다 또는 여러 시간 동안 정상적으로 작동하다가도 갑자기 끊어지고, 붕괴되고, 다시는 돌아올 수 없는 세계로 도망치고, 세계에서 분리되는 등 이상한 행동을 일삼았다.

"최근에 맞닥뜨린 극심한 결함들(bugs) 때문에 장치가 매우 취약한 상태다."라고 알싱이 설명하였다. "큰소리가 오가기 시작하고, 이 프로젝트가 절대 성공하지 못하리라는 등의 말도 나온다. 이사들과 조력 팀도 비슷한 말을 하기 시작한다. 측근들은 '나는 당신이 이 일을 훨씬 더 빨리 끝낼 줄 알았는데요'라고 말한다. 이쯤 되면 사람들은 전체를 새로 기획하는 일에 대해 이야기하기 시작한다."

"이젠 톰을 주시해야 합니다." 알싱이 덧붙였다.

웨스트는 그의 연구실에 앉아 있었다. "나는 연구실에서 모든 사람들을 쫓아내고 라살라와 함께 장치를 고치는 상상을 합니다. 정말입니다. 나는 이 고약한 장치에 대한 모든 세부 사항을 파악하지 못하고 있습니다. 하지만 나는 해낼 것이고, 이것이 제대로 작동되게 만들 것입니다."

---

14) multiprogramming이란, 두 개 이상의 프로그램을 주기억 장치에 기억시키고, 중앙 처리 장치(CPU)를 번갈아 사용하면서 처리하여 컴퓨터 자원을 최대로 활용하는 처리 기법이다. 하나의 프로그램이 처리되다가 주변 장치의 처리를 기다리는 시간을 활용하여, 다른 프로그램을 수행하는 방법을 사용한다.

라살라가 말한다. "며칠 시간을 더 주십시오."(키더: p.231)

　그로부터 몇 주가 지난 후, 이글이 '모험(Adventure)'이라는 컴퓨터 게임을 성공적으로 작동시킨 순간, 연구진 전원은 그들이 대충 막바지에 이르렀다고 생각했다. "이제 컴퓨터가 됐군요." 라살라가 말했다.(키더: p.233) 10월 8일 월요일, 정비 팀이 곧 블랙박스가 될 것을 점검하기 위해 왔다. 왜 블랙박스가 되었느냐? 그 이유는 이글이 훌륭한 장치이기 때문이라고 우리의 친구 야누스의 왼쪽 얼굴이 말한다. 하지만 이것은 작동하기 전까지는 훌륭한 장치가 아니었다. 그러므로 이 장치가 만들어지는 과정에서 이 장치는 어느 누구한테도 그 훌륭한 성능으로 인한 감명을 줄 수 없다. 매번 새로운 결함이 나올 때마다 새 사람들이 연구에 합류하여 결함을 퇴치한 후에야 비로소, **점차적으로** 완성이 되었다. 완성되고 난 후에야 알 수 있는 작동의 이유는, 엔지니어들이 장치를 개발하는 동안은 아무런 도움이 되지 않는다.

　장면 9　이중 나선의 이야기는 어떻게 끝이 났을까? 짐 왓슨과 프랜시스

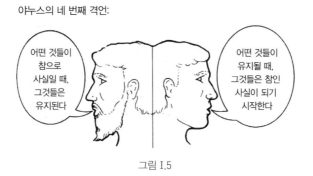

그림 I.5

크릭은 잇따라 사람들에 의해 새 모델에 가해진 여러 가지 시도에서, 이들과 같은 생각을 갖기도 하고 반대하기도 했다. 짐은 현재 마분지로 만든 염기쌍 모형을 가지고 이리저리 맞춰 보며 제리 도노휴가 암시한 것처럼 케토형으로 만들어 보려 하고 있다.[15] 짐은 아데닌을 티민과, 구아닌을 시토신과 연결하였을 때 구조가 딱 들어맞는다는 놀라운 사실을 발견한다. 이중나선 사슬은 똑같은 모양을 지닌다. 그가 이전에 주장했던 구조와 달리, 이번 구조는 '대칭' 모양이 아니라 상보성 구조를 띤다. 짐은 이러한 상보성의 이유를 처음에는 알 수 없었기 때문에 잠시 망설인다. 곧, 짐은 그가 이전부터 알고 지녀 왔던 많은 경험적 사실 중 '샤가프 법칙(Chargaff laws)'이라 불리던 것을 기억해 낸다.[16] 이 법칙은 어떤 DNA에서도 항상 같은 양의 아데닌과 티민, 같은 양의 구아닌과 시토신이 존재한다는 것이었다. 이전의 구조에서 아무런 의미가 없던 이 법칙이 그가 방금 고안해 낸 구조에 막강한 힘을 부여했다. DNA 염기(塩基)쌍이 들어맞을 뿐만 아니라, 이 법칙은 짐이 고안해 낸 구조를 설명해 주기도 했다. 이 구조에 힘을 실어 줄 또 하나의 특징이 발견되었다. 이 구조대로라면 하나의 유전자가 두 부분으로 나누어진 후, 각 사슬은 스스로 복제하여 상보(相補)적인 유전자를 만들어 냈다. 하나의 나선은 두 개의 동일한 나신을 만들어 낼 수 있다는 얘기였다. 이리하여 새로 고안된 구조는 생물학적 의미를 띨 수 있었다.

---

15) 케토형은, 케토-엔올 토토메리 현상에서 엔올의 이성질체로 화합물 내에 카보닐기($C=0$)를 가진 것이다.

16) 1950년대 초 샤가프가 발견한 것으로 DNA의 디옥시뉴클레오티드 조성에 대한 규칙성을 나타낸 법칙이다. 즉 염기인 아데닌(A)과 티민(T)의 함량이 항상 같고, 또 구아닌(G)과 시토신(C)의 함량이 항상 같다. 따라서 A+G=C+T라는 관계가 성립되며, DNA에서는 퓨린 염기와 피리미딘 염기가 등량으로 존재한다는 것을 나타낸다. 또 A+C=G+T의 관계도 성립하는데, 이것은 DNA에서 6-아미노 염기와 6-케토 염기의 각각의 합이 같다는 것을 뜻한다.

짐이 마분지로 만든 모델은 이러한 세 가지 장점을 가졌음에도 불구하고 못 쓰게 될 수도 있었다. 아마도 도노휴가 며칠 전 시도했던 것처럼, 그것을 태워 재로 만들어 버릴 수 있을 것이다. 짐은 그런 일을 막고자 미리 도노휴를 불러 의견을 물었다. "도노휴가 비판할 것이 없다고 하자, 내 사기는 하늘을 찔렀습니다."(왓슨: 1968, p.124) 이번엔 프랜시스가 연구실에 도착해 '염기쌍들을 이리저리 만지작거렸다.' 새 모델이 이번에는 프랜시스의 회의론에 저항한다(resist). 이제는 새 구조에 의해, 그리고 새 구조와 함께 연결될 여러 가지 확고한 요소가 존재한다.

하지만 이제껏 새 구조를 검토하고 믿게 된 모든 사람들이 같은 연구실에서 일을 하고 있고, 그들이 옳다고 믿는데도 불구하고, 그것은 어쩌면 망상일 수도 있었다. 브래그를 비롯한 결정학자들(crystallographers)은 이 구조에 대해 뭐라고 할 것인가? DNA의 X선 사진을 가지고 있는 유일한 사람들, 즉 모리스 윌킨스와 로잘린드 프랭클린은 어떤 반론을 펼 것인가? 그들은 새 구조를, 로잘린드가 찍은 X선 사진들 속에 보이는 형태를 설명할 수 있는 유일한 것이라고 생각할 것인가? 짐과 동료들은 그 사람들의 의견을 한시라도 빨리 듣고 싶지만, 이제껏 몇 차례 자신들의 노력을 허사로 만들어 버린 그들에게 마지막으로 연구 결과를 공개하기가 몹시 두려웠다. 게다가 또 다른 동료는 시험을 해 보는 데 실패하고 있었는데, 그는 분명히 겸손한 사람이었지만 동시에 필요한 존재였다. "그 모든 것에도 불구하고 우리는 그날 밤 이중 나선의 구조를 확정지을 수 없었다. 금속판 염기 모형이 있을 때까지 어떤 구조도 그리 설득력 있지 않았다."(왓슨: p.127) 샤가프 법칙이 뒷받침해 주고, 생물학적으로 의미도 있고, 또 도노휴가 인정하고, 모두가 환호하고, 염기쌍이 제각각 들어맞아 모든 것이 지지를 해 줌에도 불구하고 나선형 구조는 아직도 어딘가 엉성했다. 경쟁자와 동료 학자들의 시험을 무사히 통과하려면 이 구조를 오랫동안 버티게 해 줄, 금속판 모형을 마련할 필요가 있었다.

이중 나선 이야기의 마지막 부분은 마치 대통령 선거의 결선을 보는 듯하다. 이제 새 모델이 조립된 연구소에는 모든 경쟁자들이 방문하고, 구조의 여러 부분을 비판해 보다가 결국은 승복하고 구조에 대한 전폭적인 지지를 맹세한다. 브래그는 한편으론 조금 걱정이 되지만 세상 그 누구보다 진지한 짐과 프랜시스가 이중 나선 구조를 면밀히 검토하였을 것이라고 믿는다. 이제 크게 승부를 가리게 되는데, 그것은 이 모델과 지난 수년간 DNA의 영사 사진을 손에 넣고 있었던 사람들과의 대면에서 결정된다. "모리스가 이 모델을 보고서 마음에 들어 하는 데 1분도 채 걸리지 않았다." "그는 런던으로 돌아간 후 이틀 만에 전화를 걸어서 자신과 로잘린드 둘 다 자기들의 X선 자료가 이중 나선을 강력히 뒷받침해 주는 것을 발견했다고 말했다."(p.131) 곧 폴링 자신도 구조에 매달리고, 그 다음엔 《네이처(Nature)》지의 심사위원들 차례다.

'물론!' 야누스의 왼쪽 얼굴은 말한다. '짐과 프랜시스가 올바른 구조를 찾아냈기 때문에 모든 사람들이 설득당한 것이다. DNA의 모형 자체만으로도 사람의 이목을 끌어모으기에 충분하다.' 그러나 야누스의 오른쪽이 반박한다. '아니다! 이 구조에 동의하는 사람이 한 사람 한 사람 늘어날수록 이 구조는 점점 더 옳은 것이 된다.' 이만하면 됐다, 충분하다고 할 수 없다(enough is never enough)는 점을 다음 사실들이 보여준다. 몇 년 뒤 인도와 뉴질랜드의 연구자들이 이중 나선의 모든 특징에 덧붙여 추가적인 요소를 지닌 '휜 지퍼(warped zipper)'* 모델을 연구하였다. 애초에 폴링은

---

* 이 에피소드에 관해서는 T. D. Stokes(1982)를 참조하라.

나중에 완전히 빗나간 것으로 밝혀진 자신의 원래 모델을 완강하게 고집했었다. 짐은 그의 '같은 염기쌍들끼리 맞추는(대칭, like-with-like)' 구조에서 생물학적 중요성을 발견했지만, 그것은 고작 몇 시간 동안 유효하였다. 그보다 몇 년 전, 로잘린드 프랭클린은 DNA의 구조가 삼중 나선이라고 굳게 믿었다. 윌킨스는 제리 도노휴가 발견한 케토형을 무시하였다. 샤가프 법칙은 별 의미 없는 것으로 여겨져 오랜 시간 동안 뒷배경에 묻혀 있었다. 장난감 같은 그 금속 원자 모형물들은, 그동안 수없이 제시되었으나 결국 틀린 것으로 판명된 원자 모델에 힘을 실어 준 것뿐이라는 사실을 알 수 있었다. 이 모든 동맹자는 일단 그 DNA 구조가 '블랙박스'화가 된 순간 결집한다. 그러나 블랙박스가 되기 직전까지는 짐과 프랜시스가 동맹자들을 추가적으로 규합하려 노력할 것이고 모두의 맘에 들 때까지 DNA 구조를 계속해서 개선하려고 할 것이다. 짐과 프랜시스가 일을 끝마치면, 그들은 야누스의 왼쪽 얼굴의 충고를 들을 것이다. 그러나 그들이 DNA의 올바른 구조를 여전히 찾고 있는 한, 그들은 오른쪽 얼굴의 헷갈리는 충고를 따르는 편이 차라리 낫다.

우리는 열린 논쟁이 어떻게 종지부를 찍는지에 대한 여러 의견을 재검토해 볼 수 있겠으나, 재검토 과정에서 논쟁이 어떻게, 왜 종결되었는가를 두고 새로운 논쟁에 부딪힐 것이다. '만들어지고 있는 과학(science in the making)'을 주장하는 한쪽과 '기성 과학(ready made science)'을 주장하는 다른 쪽 둘의 모순된 의견을 동시에 듣는 것에 익숙해져야 한다. 후자인 왼쪽 얼굴은 '그냥 이렇게 하면 되고 그냥 저렇게 하면 돼'와 같은 말을 할 것이고, 전자인 오른쪽 얼굴은 '아직도 충분치는 않아'와 같은 말을 할 것이다. 왼쪽 얼굴은 사실들과 장치들이 충분히 잘 확정된다고 여긴다. 오른쪽 얼굴은 이와 달리, 만들어지고 있는 사실들과 장치들이 언제나 **충분히**

확정되지 못한다[미결정적이다(under-determined)]*고 여긴다. 블랙박스를 영원히 닫아 버리기에는 항상 무언가가 부족하다. 만일 웨스트가 소프트웨어사 사람들의 이해관계를 유지시키고 또 결함 제거 팀에 계속 압박을 가하고, 또 마케팅 부서에 이글을 선전하고 하는 등의 일에 충분히 용의주도하지 않다면, 마지막 순간까지도 이글은 실패할 수 있다.

3. 첫 번째 방법의 규칙

우리는 사실과 장치가 만들어지고 있는 동안 그들의 세계로 진입할 것이다. 우리는 지식을 구성하는 것에 대해 어떤 편견도 지니지 않을 것이다. 우리는 블랙박스들이 닫히는 것을 지켜볼 것이며, 그리고 이 종결에 대한 상반된 설명, 즉 종지부에서 들려오는 설명과 아직 시도되는 도중에 들려오는 다른 설명을 구분하기 위해 주의할 것이다. 이 행동은 우리 여행을 가능하게 해 주는 **첫 번째 방법의 규칙(first rule of method)**을 구성하는 요소가 될 것이다.

이 책의 전반적인 모양을 그려내자면, 다음과 같이 만화를 사용하는 것이 최선일 듯하다. 우리는 제작, 구성, 저작권의 흔적이 전혀 없는 교과서의 한 구절로 시작한다. 우리는 이 구절에 따옴표를 붙이고 말풍선 속에 집어넣어, 입을 열고 말하는 듯한 동작을 취하는 사람 옆에 가져다 놓는다. 그리고 이 사람 옆에 이 사람이 말하고 있는 대상인 또 다른 사람을 세

---

* 미결정성(under-determination)이란 개념은 뒤엥-콰인 원칙(Duhem-Quine Principle)이라 불린다. 어떤 단일한 요인도 과학자들에 의해 획득된 확실성이나 논쟁의 종결을 설명하기에 충분치 않다는 주장이다. 이 원칙은 과학 사회학의 대부분의 사회사에 대한 철학적 기초를 이룬다.

위 놓는다. 그리고 이 사람들을 알맞은 상황, 동료, 장치와, 기구들에 둘러싸여 있는 알맞은 시간과 공간에 집어넣는다. 그리고 논쟁이 뜨거워질 무렵 이 사람들이 **어떤 요소들**을 가지고 **어떤 방향**으로 나아가고 어떤 방식으로 동료들을 규합하고 부추기며 설득하는지 지켜본다. 그 후 우리는 설득당한 사람들이 어떻게 서로 간의 대화를 멈추는지 알아본다. 상황, 장소, 그리고 사람들까지 모두 점점 희미해지기 시작한다. 만화의 마지막 칸에서 따옴표 없이 초반에 우리가 보았던 것과 유사하게 교과서에 적혀 있는 새로운 구절을 발견한다. 이 만화는 앞으로 우리가 이 책에서 반복하여 탐구할 내용의 전반적인 흐름을 보여 준다. 즉 과학을 바깥에서 꿰뚫어 보고, 과학자들과 동행하여 논란의 끝까지 가 보며, 점차적으로 '만들어지고 있는 과학(science in the making)'에서 빠져나오는 과정을 나타내고 있다.

방대하고, 헷갈리며, 모호하고, 그러면서도 황홀한 장면이 이런 과정을 거쳐 공개되지만, 바깥으로부터 과학과 기술의 내부 작동을 꿰뚫어 보고, 밖으로 빠져나와 그것이 전부 어떻게 작동하는지를 외부자들에게 설명해 줬던 사람은 놀랍게도 거의 없었다. 분명, 수많은 젊은이들이 과학에 입문하였지만, 그들은 과학자나 엔지니어가 되어 내부에 안착한다. 그들이 이룬 성과는 우리가 사용하는 장치, 우리가 보고 배우는 교과서, 우리가 삼키는 알약, 우리가 보는 풍경, 우리 머리 위에서 반짝이는 밤하늘의 위성들 속에서 가시적이다. 그들이 어떻게 그 업적을 이루었는지 우리는 모른다. 어떤 과학자들은 과학에 대해, 그 방식과 수단에 대해 이야기하지만 그들 중 거의 아무도, 그것이 또한 외부자가 되기도 하는 연구 분야라는 것을 받아들이지 않는다.[17] 과학자들이 그들의 거래에 대해 무슨 말을 하

---

17) 과학이 실험실 내부 활동 이외에 로비 등 외부 활동도 포함한다는 의미다. 이는 4장의 주제다.

그림 I.6

는지 따로 조사하지 않으면 거듭 확인하기 어렵다. 과학자가 아닌 다른 일
반인들은 과학과 과학의 견고함, 토대, 발달, 그리고 위험성에 대하여 이
야기한다. 슬프게도, 그중에 '만들어지고 있는 과학'에 흥미를 느끼는 사람

은 찾아볼 수 없다. 그들은 만들어지고 있는 과학이 드러내는 무질서한 혼합물을 두려워하며, 과학적 방식과 합리성이 보여 주는 질서 정연한 패턴을 더 선호한다. 이들 대부분은 가짜 과학, 사기, 비합리성으로부터 과학과 이성을 방어하는 데 너무 분주하여 과학을 공부할 수가 없다. 수백, 수천만의 외부자들은 과학과 기술을 그 대중화(popularization)를 통해서만 알아 간다. 그것들이 생산하는 사실과 인공물들은 외재적 운명처럼 여겨지는데, 그것은 마치 로마 인들의 운명(Fatum)이라는 개념만큼 낯설고, 비인간적이고(inhuman), 예측 불가능하다.[18]

　과학을 만들고, 공부하고, 보호하거나 그에 승복하는 사람들을 제외하고도, 다행스럽게도 과학자로 훈련받았건 받지 않았건 간에, 블랙박스들을 열고 외부인들이 그 안을 들여다볼 수 있게 해 주는 사람들이 있다. 그들은 다양한 이름으로 불리며(과학 기술사가, 경제학자, 사회학자, 과학 교사, 과학 행정 분석가, 기자, 철학자, 관련된 과학자와 시민들, 인지 인류학자와 인지 심리학자 등), 거의 모두 '과학 기술과 사회(STS)'라는 일반적 라벨로 분류된다. 이 책은 그들의 활동에 근거하여 만들어졌다. 그들이 연구한 수많은 결과물과 업적은 요약할 가치가 있는 것들이지만, 그것은 내 지식의 한계를 넘어선다. 나는 그들의 방법만을 요약하고 그들 모두가 우연히 사용한 공통되는 토대에 대해 묘사하길 희망하였다. 이 과정에서 나는 '과학 기술과 사회' 연구의 영향력을 떨어뜨리는 것으로 보이는 두 가지 한계점을 ―연구 분야(discipline)와 연구 대상(object)으로 이루어진 구성에서 나오는― 극복하는 데 이바지하고자 했다.

---

18) 그리스·로마 신화에서 운명은 세 여신에 의해 관장되는 것으로 생각되었다. 인간의 탄생을 지배하며 생명의 실을 잣는 클로토(Klotho), 인간의 일생을 조종하는 라케시스(Lachesis), 죽음을 관장하여 그 생명의 실을 끊어 버리는 아트로포스(Atropos)가 세 여신이다.

기술 혁신을 연구하는 경제학자들은 기술을 연구하는 사회학자들을 무시한다. 인지 과학자들은 과학에 대한 사회 연구의 도움을 절대 받지 않으려 한다. 민속 과학(ethnoscience)은 교육학과 많은 거리를 둔다. 과학사가들은 레토릭과 문학적 연구에 별다른 관심을 두지 않는다. 과학 사회학자들은 자신들의 학문적인 작업이, 관련 과학자나 시민들에 의해 수행되는 생체 실험(in vivo experiment)[19]과 아무런 관련이 없다고 생각한다. 기자들은 과학의 사회학과 관련된 학문적 업적에서는 인용하길 꺼린다. 이 밖에도 많은 예를 들 수 있다.

분과들의 바벨탑(Babel)[20]은 만약 각 연구자들의 연구 대상에서 발생한 또 다른 분열로 인해 위태로워지지 않았더라면 별문제가 되지 않았을 것이다. 18세기 화학이나 독일의 세기 전환기[21]의 물리학을 공부하는 역사학자들은 분명 존재한다. 심지어 시민 단체들도 원자력에 관련하여 투쟁하거나, 제약 회사와 맞서며, 새로운 수학 교육 제도에 반대하는 등 전문화되고 있다. 어떤 인지 과학자들이 임상 환경에서 어린이들을 연구하는 동안, 다른 인지 과학자들은 성인들의 일상적인 추리력에 관심을 기울인다. 과학 사회학자들 사이에서도, 몇몇이 거대한 공학 프로젝트와 씨름할 동안 나머지는 과학과 관련한 극소 부분의 연구에 집중한다. 기술 사학자들은 전문 공학 분야로 취급되고, 그중 몇몇이 항공 산업을 공부할 동

---

19) 살아 있는 생물 안에서 직접 생화학, 생물학 실험을 하는 것을 일컫는다. 라틴어 in vivo는 'in life'의 의미이며, in vitro는 'in glass'의 의미로 시험관 실험을 의미한다.
20) 노아의 후손들이 야훼의 심판을 피하기 위해 세운 것이 바벨탑(Tower of Babel)이다. 야훼는 탑을 건축하는 사람들의 마음과 언어를 혼동시켜 멀리 흩어지게 함으로써 탑 건축을 중단되게 했다고 『창세기』 11:9는 기록한다. 위 맥락에서 바벨은 언어가 혼잡한 것, 즉 분과들 간의 장벽으로 인해 소통이 안 되는 것을 가리킨다.
21) 문맥상 20세기 전환기를 의미하는 듯하다.

안 몇몇은 전기 통신학이나 증기 기관의 발달을 연구하는 것을 선호한다. 원주민의 '미개한' 추리력(savage reasoning)을 연구하는 인류학자들 중 소수만이 현대 지식을 다룬다. 이렇게 연구 분야와 연구 대상의 분산이, 공통적인 문제와 방법의 핵심에서 우러나오는 필수적이고 다채로운 **전문화**(specialisation)를 보증해 주는 것이었다면 별문제가 되지 않았을 것이다. 하지만 이 가정은 사실과 거리가 멀다. 연구를 필요로 하는 과학들과 기술들이, 아무렇게나 되는 대로 증식되는 이해관계와 방법론을 결정지은 주요 요인이다. 나는 이제까지 '과학 기술 사회학(STS)' 분야의 정의에서 서로 일치하는 두 사람을 만나 본 적이 없다 —사실, 나는 저 이름 자체에 동의하거나 그런 영역이 존재한다고 동의하는 사람조차 만나 본 적이 없다!

나는 그 연구 영역이 존재하고, 중심을 이루는 공통된 문제점과 방법이 있으며, 이것이 중요하기도 하며, 또 'STS'에 대한 연구의 모든 분과와 대상이 연구를 도울 전문적 자료로 사용될 수 있다고 주장한다. 이 영역 내에서 어떤 면이 위태로운지 정의하기 위해서 우리가 필요로 하는 것은 오직 이 모든 많은 연구 분야, 시기, 그리고 대상 들을 관통하는 여행을 견뎌 낼 수 있을 정도로 충분히 견고한 몇 가지 개념뿐이다.

나는 내가 선택했던 개념들보다 더 세련되고, 더 미묘하고, 더 고정적이며 강력한 개념들이 많다는 것을 알고 있다. 하지만 그 개념들이 절대 무너지지 않을 것인가? 그들이 끝까지 버텨 낼 것인가? 그들이 충분한 경험적 사실들을 연관지을 수 있을까? 그들은 실제적 연습을 하기에 충분히 편리할까?* 이들 질문은 나에게 문헌 중 **방법의 규칙**(rules of method)과

---

* 이 책은 원래 각 장마다 연습 문제가 계획되어 있었다. 지면 부족으로, 이런 실천적 작업은 두 번째 책의 목표가 되었다.

원칙(principles)을 추려 내고, 각 쌍에 한 장(章)씩 할애하게 만들었다.* 규칙과 원칙의 지위는 다소간 서로 명백한 차이를 보이기 때문에, 나는 이 두 개념을 하나의 방식으로 평가하려 하지 않았다. 나는 '방법의 규칙'이라는 표현을 빌려 '과학 기술과 사회'의 영역 내의 전문화된 분야가 부여하는 경험적 사실들을 모두 반영하기 위해서 어떠한 연역적 결정이 내려져야 하는지에 대해 설명하고자 한다. '원칙'이라는 표현은 이 분야와 관련된 10년 여간의 연구 끝에 얻은, 가까운 경험적 사실에 대한 내 개인적 요약이 무엇인지에 대해 설명하고자 사용되었다. 그러므로 나는 이들 원칙이 논쟁의 대상이 되고 왜곡되고, 새로운 요약으로 인해 대체되리라 예상한다. 하지만 한편으로, 방법의 규칙은 내가 보여 주고자 한 공통적 토대를 무너뜨리지 않고서는 쉽게 협상될 수 없는 하나의 꾸러미라고 생각된다. 이 점들로 비춰 볼 때 여기에서 당신이 직면한 문제는 모두를 택하느냐 모두를 버리느냐를 택하는 것이고, 오로지 다음 근거에서만 판단되어야 한다고 본다. 이것(방법의 규칙, 원칙)이 다른 것들보다 더 많은 요소들을 이어 주는가? 이들은 외부자들이 과학과 기술을 더 깊게, 더 오래, 더 자주적으로 이해하도록 허용하는가? 이 점이 우리가 이 책으로의 여정을 시작하는 데 필요한 단 하나의 '메타' 규칙, 즉 이 게임의 유일한 규칙이 될 것이다.

---

* 위에 정의된 첫 번째 규칙을 포함해서 이들 규칙과 원칙에 대한 요약은 책 뒤에 있다.

1부
더 강력한 레토릭을 향해

1장
문헌

 과학적 사실과 기술적 인공물의 구성을 연구하기 위한 여러 가지 방법
이 있다. 어쨌든 앞의 서문에서 우리가 정했던, 그 방법의 첫 번째 규칙은
제일 단순한 것이다. 우리는 컴퓨터, 핵 발전소, 우주론, 이중 나선의 모
양, 피임약 상자, 경제학 모델 같은 (과학과 기술의) 최종 산물들을 분석하
려고 들지 않을 것이다. 대신, 과학자와 기술자가 핵 발전소를 계획하고,
어떤 우주론을 망치고, 피임법을 위해 호르몬 구조를 변형하고, 경제학의
새 모델에 쓰이는 숫자들을 분산시키기도 하는, 그 시간과 장소에서의 과
학자와 기술자를 쫓을 것이다. 최종 산물로부터 생산 과정으로, '냉엄한'
그리고 안정된 대상으로부터 '온기 어린' 그리고 불안정한 대상으로 우리
의 초점을 옮길 것이다. 과학의 전문적 측면을 블랙박스에 집어넣고(black
boxing) 그런 다음 그 사회적 영향이나 편향들을 찾는 것이 아니다. 우리가
앞의 서문에서 살펴본 것처럼, 그 상자가 닫히고 고착되기 이전에는 실제
현장의 과학과 기술이 얼마나 더 단순했을 것인가를 깨닫는 것이다. 우리
는 이 단순한 방법을 써서 최고의 안내자, 즉 과학자들을 쫓아가면 되고,
특히 그들이 한 개의 블랙박스를 닫고 다른 것을 여는 노력을 기울이는 것

을 쫓기만 하면 될 것이다. 이 상대주의적, 그리고 비판적 관점은 우리가 연구하는 과학자들에 대해 우리가 부과한 것이 아니다. 그것은 과학자들 그 자신이 행하는 바다. 최소한, 테크노사이언스(technoscience)의 작은 부분에서 그들은 그렇게 한다.

우리의 탐구를 시작하기 위해, 모든 가능한 상황 중에서 가장 단순한 것에서 시작할 예정이다. 즉 어떤 사람이 한 진술을 말할 때, 다른 사람들이 그것을 믿거나 믿지 않는다면 무슨 일이 생겨나는가 하는 문제에서 시작한다. 가장 일반적인 이 상황에서 출발해, 더 특별한 배경으로 점차 옮겨갈 것이다. 이 장에서는 그 다음 장과 마찬가지로 한 인물을 쫓아갈 것인데, 당분간 그 인물에 대해 우리는 '반대자(dissenter)'라는 이름을 붙일 것이다. 이 책 1부에서는 어떤 한 문장을 불신하고자 하는 순진한 외부자가 어떤 극단에 이르게 되는지를 살펴볼 것이다.

1. 논쟁

1.1 긍정적 양태와 부정적 양태(positive and negative modalities)

어떤 사람이 한 문장을 믿지 않을 때 무슨 일이 생기는가? 세 가지 간단한 사례를 가지고 실험을 해 보겠다.

(1) 미국의 미니트맨(Minuteman) 격납고를 겨냥하는 소련의 신종 미사일은 오차 100미터 명중도를 갖는다.[*1]

(2) [소련의 미사일들이 오차 100미터 명중도를 지닌다]라는 것이 미니트맨

이 더 이상 안전하지 않다는 것을 의미하므로, 이것은 또한 왜 MX 무기 체계가 필요한가에 대한 주요 이유가 된다.[2]

(3) 미국 국방부의 MX 미사일 주창자들이 [소련의 미사일들이 오차 100미터 명중도를 지닌다]라는 정보를 교묘하게 흘리고 있다.

(2)와 (3)의 진술 속에 동일한 문장인 (1)이 삽입되어 있는 것을 알 수 있다. 이들 문장은 다른 문장을 수정(또는 한정)하므로 **양태(modalities)**라고 부르겠다. (2)와 (3) 진술 속의 양태의 효과는 완전히 다르다. (2)에서 (1) 문장은 MX의 개발을 필요하게 만들 만큼 충분히 확고한 것으로 상정된다. 반면 (3)에서 똑같은 문장은 그 타당성이 의심받고 있기 때문에 약화되었다. 한 가지 양태는 말하자면, 정확한 소련 미사일의 존재로부터 MX 개발의 필요성으로, 우리를 '하향(downstream)' 인도한다. 반면 다른 양태는, 같은 문장 (1)에 대한 믿음으로부터 소련 미사일의 정확성에 대한 우리 지식의 불확실성으로, 우리를 '상향(upstream)' 인도한다.[3] 우리가 만일 더 고집한다면 다음과 같은 문장처럼 더욱더 거슬러 가게 된다.

---

(4) 노보시비르스크(Novosibirsk)에 있던 첩보원 009는 죽기 직전 가정부에게 다음의 말을 속삭였다. 어떤 소련 관리들이 소련 [미사일] 일부가 이상적인 시험 조건하에서는 [100]에서 1000[미터] 사이의 [명중 정도(accuracy)를 지닐] 것이라고 생각한다는 정보를, 자기가 술집에서 들었다는 것이다. 이것이 최소한 그 보고가 워싱턴에 전달된 경위다.

이 예에서, (1) 문장은 더 이상 다른 구절 속에 삽입되어 있지 않다. 그 문장은 미사일/100/미터/명중 정도라는 몇 부분으로 나뉘었다. 위에서 인용 부호로 표시한 각 부분은 그것들이 추출되어 나왔던 복합적인 구성 과정으로 되돌려진다. 문장 (2)와 (4)를 읽은 독자들이 초대되어 가게 되는 방향은 완전히 다르다. 첫 번째 경우에는 미국의 네바다 사막으로 이끌려 가게 돼서, MX에 적합할 부지를 물색하게 된다. 두 번째 경우에는 미국 국방부로 향하게 될 것이고 CIA의 첩보망과 그릇된 정보를 엄밀히 조사하게 된다. 이 두 경우에 그들은 상이한 일련의 질문을 묻게 될 것이다. (1) 문장을 따라서, MX가 잘 고안되었는지, 비용은 얼마나 들 것이며, 어디에 설치할 것인지를 물을 것이다. 반면 (2)를 믿는가, 아니면 (4)를 믿느냐에 따라서, CIA가 어떻게 조직되어 있는지 왜 정보가 새어 나갔는지, 누가 첩보원 009를 죽였는지, 러시아의 미사일에 대한 시험 조건은 어떻게 구성되는지 등등을 질문할 것이다. 어떤 문장을 믿을지 모르는 사람이라면 두 가지 태도 사이에서 망설일 것이다. 즉 러시아에 대항해 MX의 필요성을 지지하는 시위를 하거나, 아니면 CIA를 비판해 첩보 체계에 관한 청문회의 필요성을 지지하는 시위를 할 것이다. 이 문장들을 읽는 독자가 러시아에 반대하거나 CIA에 반대하도록 원하는 사람이라면 그 문장들 중 하나를 다른 것보다 더욱 신빙성 있게 만들어야만 할 것이라는 점은 명백하다.

우리가 긍정적 양태(positive modalities)라고 부를 문장이란, 어떤 한 문장을 그 만들어진 조건에서 떼어 내서, 다른 귀결들이 자연스레 도출되게끔 그 문장을 확실한 것으로 만들어 주는 그런 종류의 문장이다. **부정적 양태(negative modalities)**란 한 문장을 반대 방향으로, 즉 그 산출 조건 쪽으로 이끄는 문장이다. 부정적 양태는 어떤 한 문장이 다른 귀결들을 더 낳게끔 그 문장을 쓰지 않고, 대신 그것이 왜 견실한지 아니면 허약한지 자세하게 설명한다.

부정적 양태와 긍정적 양태는 정치에만 특유한 것이 결코 아니다. 두 번째의 더욱 심각한 예들이 그런 점을 명백히 보여 줄 것이다.

(5) 성장 호르몬 분비 호르몬(Growth Hormone Releasing Hormone, GHRH)의 1차 구조는 Val-His-Leu-Ser-Ala-Glu-Glu-Lys-Glu-Ala이다.[*]

(6) 샐리 박사가 [GHRH의 1차 구조]를 발견했기에, 왜소증(dwarfism)의 특정 사례들을 치료하기 위해 병원에서 임상 연구를 개시하는 것이 가능해졌는데, 왜냐하면 부족한 성장 호르몬을 이 GHRH가 촉발시켜 줄 것이기 때문이다.[4]

(7) 샐리 박사는 수년간 뉴올리언스의 실험실에서 [GHRH의 구조는 Val-His-Leu-Ser-Ala-Glu-Glu-Lys-Glu-Ala이다]라고 주장해 왔다. 그러

---

[*] 이 예는 니콜라스 웨이드[Nicholas Wade(1981)]에게서 가져왔다. 논쟁의 나머지는 그 책에서 고무되었지만, 부분적으로는 허구다.

[4] 성장 호르몬은 뇌하수체 전엽에서 분비되는 호르몬으로서, 뼈와 연골의 성장뿐 아니라 지방 분해와 단백질 합성을 촉진시키는 작용을 하는 물질이다. 왜소증 치료에 사용된다. 나중에 '성장 호르몬 촉진 인자 GRF'와 '성장 호르몬 분비 억제 인자 GIF'가 발견, 추출된다.

나 난처하지만 우연의 일치로, 이 구조는 헤모글로빈의 구조이기도 하다.[5] 실제로 그것은 혈액의 공통 성분에, 능숙지 못한 검사원이 정화된 뇌수 추출물을 다룰 경우 빈번히 생기는 오염 물질이 더해진 것이었다.

(5)에는 문장 저작권, 구성, 시간과 장소에 대한 하등의 흔적도 없다. 성장 호르몬의 구조에 대한 사실은 십계명과 함께 신에게서 전수되어서 몇 세기 동안 알려져 왔을 수도 있다. 그것은 말하자면, 하나의 사실(fact)이다. 그것으로 종지부다. 소련 미사일의 명중도에 대한 문장 (1)과 같이, (5)도 다른 수정 없이 다른 문장들 속에 삽입될 수 있다. 더 이상 GHRH에 대해 아무것도 말해지지 않는다. 새 문장 속에서 (5) 문장은 닫힌 파일, 논의 여지가 없는 주장, 즉 하나의 블랙박스가 된다. 더 이상 그것에 대해 말해질 필요가 없기 때문에, 그 문장은 독자를 어디론가 데려가는 데 사용될 수 있다. 예를 들어 (6)처럼 하향(downstream) 방향이면, 독자는 난쟁이가 더 성장하도록 돕는 병원의 병동으로 안내될 수 있다. (7) 문장에서 원래의 사실은 다른 종류의 변형을 겪는다. 이것은 (3)과 (4) 문장에서 소련 미사일의 정확성에 대해 일어난 일과 유사하다. 여기에서는 원래 문장 (5)가 시공간의 특정 상황에 저한 사람에 의해 말해진다. 더 중요하게는 그것은 복잡한 일에서 추출된 무엇으로, 즉 신으로부터의 선물이 아니라 사람이 만든 산물로서 간주된다. 그 호르몬은 여러 가지 성분으로 이루어진 뇌수액에서 분리된다. 샐리 박사가 오염 물질을 진짜 새로운 물질로 오해했을 수도 있을 것이다. GHRH 서열과 헤모글로빈의 베타 사슬의 서열 사이의 '난처한 우연의 일치(troubling coincidence)'가 그런 점을 증명한다. 그들은 동명

5) 헤모글로빈은 척추동물의 적혈구 속에 다량으로 들어 있는 색소 단백질로, 혈색소라고 한다.

이물(homonyms)[6]일 것이다. 그러나 '성장 호르몬을 분비하라!'라는 명령과 '너의 탄소산화물을 내게 달라!'라는 명령을 혼돈할 사람이 있을 것이라고 상상할 수 있겠는가?[7]

어떤 문장을 믿기로 하는가에 따라, 독자인 우리는 또다시 상반되는 방향으로 안내받게 된다. 만일 우리가 GHRH를 사실로 간주하는 문장 (6)을 따른다면 우리는 이제 왜소증에 대한 가능한 치료 방법에 대해 조사하게 되며, 다량의 GHRH를 산업적으로 생산할 방법을 찾아볼 것이며, 약을 이중 맹검법으로 실험하기 위해 병원에 갈 것이다. 만일 우리가 (7)을 믿는다면 우리는 뉴올리언스에 있는 샐리 박사의 실험실로 돌아갈 것이며, 뇌수 추출물을 어떻게 정화할 것인가를 배우고, 어떤 장해에 주목하지 못했는가를 기술자에게 물어볼 것이다. 어떤 방향으로 갈 것인가에 따라서, 원래 문장 (5)는 지위가 변화할 것이다. 즉 블랙박스가 되거나 격렬한 논쟁이 될 것이다. 확고하고 영원한 확실성을 누리거나 실험실의 작업에서 나타나는 수명 짧은 인공물 중 하나가 될 것이다. 문장 (6)에 삽입되어서 (5)는 다른 무엇인가를 하기 위한 확고한 발판을 제공할 것이다. 하지만 (7) 속에 들어간 그 동일 문장은, 그로부터는 아무 결론도 나올 수 없는 또 하나의 공허한 주장에 불과할 것이다.

세 번째 예를 보면, 이 두 가지 근본적인 방향이 기술자들의 작업에서도 마찬가지로 발견된다는 것을 알 수 있다.

---

6) 여기에서는 동일 이름을 갖는다는 뜻은 아니고, 동일 구조를 가진 다른 물질.

7) 헤모글로빈은 산소와 가역적으로, 일산화탄소와 비가역적으로 결합한다. 산소와 결합한 결합물을 산소 헤모글로빈(oxyhemolgobin), 적혈구가 이산화탄소를 옮기기 위한 형태가 카르바미노헤모글로빈(carbaminohemoglobin)이다.

(8) 효과적인 연료 전지(fuel cell)를 빨리 생산하기 위한 유일한 길은 전극(electrode)의 특성에 대하여 집중적인 연구를 수행하는 것이다.[*8]

(9) [우리 회사로서는 효과적인 연료 전지로 결말을 볼 유일한 길은 전극 특성을 연구하는 것]이기 때문에, 그리고 그 작용은 너무나 복잡하기 때문에, 내년 우리 실험실에서는 단공 모델(one-pore model), 즉 다공 전극이 아닌, 단일 전극 모델에 집중할 것을 제안한다.

(10) 당신은 [전극] 문제에 매달려 [연료 전지] 건을 다룰 수 있다고 믿도록 훈련을 받은 야금 기술자임에 틀림없다. 그러나 다른 많은 방법이 있다는 것을 그들은 꿈조차 못 꾸는데, 그것은 야금 기술자가 고체 물리학을 모르기 때문이다. 예를 들어 한 가지 분명한 방식은 촉매 작용(electrocatalysis)을 연구하는 것이다. 야금 기술자들이 전극에 매달려 있다가는 조금도 진전을 이루지 못할 것이다.

문장 (8)은 하나의 사실로서 한 가지 연구 방향만을 제시한다. 이것이 회사를 연료 전지로 이르게 할 것이며, 그럼으로써 미래의 전기 엔진에 이르게 할 것인데 회사의 눈으로 보면, 이것들은 종국적으로 대부분의 —전부는 아니라도— 내연 기관을 대체하게 될 것이다. 이 입장은 문장 (9)에 의해 채택되고, 그로부터 연구 프로그램, 즉 단공 모델 계획이 만들어진다. 어쨌든 문장 (10)에서는 (8)의 사실적 어조는 차용되지 않고 있다. 더 정확

* 이 예는 미셸 칼롱[Michel Callon(1981)]에게서 가져왔다.

8) 연료 전지는 연료의 산화에 의해서 생기는 화학 에너지를 직접 전기 에너지로 변화시키는 전지로, 전형적인 것은 수소-산소 연료 전지다. 일종의 발전 장치라 할 수 있고, 이것을 동력원으로 하는 것이 연료 전지 차(fuel cell vehicle)다.

히 말해 (10)이 보여 주는 것은, (8)이 항상 사실의 문제였던 것은 아니며, 야금 기술의 훈련을 받고 또 다른 분야에는 무지한 특정인에 의해 채택된 결정의 결과라는 것이다. 동일한 문장이 같은 회사 내의 다른 실험실과 다른 학문 분야를 사용하는 또 다른 연구 전략을 제안한다.

우리가 알아 둬야 할 것은, 문장 (10)이 빠르고 효율적인 연료 전지를 회사가 개발해야 한다는 사실에 대해 결코 시비하지 않는다는 점이다. 그 문장은 문장 (8)의 부분 중 사실로 간주하는 그 부분은 따로 떼어 놓고, 그 논쟁 여지가 없는 목표에 도달하는 최선의 방법으로서 전극을 연구하자는 개념에 대해서만 따진다. 만일 독자가 (9)의 주장을 믿는다면, (8)에 대한 믿음은 보강된다. 전체가 한 묶음으로 연결되며, 그 문장들은 회사의 야금 기술 부서 내부 깊숙이에서, 단공 모델을 바라보면서 성공을 기대하며 세월을 보내는 연구 프로그램으로 안내한다. 만일 독자가 (10)의 주장을 믿는다면, 원래 문장 (8)이 한 개의 블랙박스가 아니었고 최소한 두 개였다는 점이 인식될 것이다. 첫 번째 블랙박스는 닫혀 있다— 연료 전지는 올바른 목표다. 다른 블랙박스는 열려졌다 —단공 모델은 어리석은 것이다. 첫 번째 목표를 유지하기 위해 회사는 양자 물리학에 흥미를 가져야 하고 새 직원들을 모집해야 한다. 누구를 신뢰하느냐에 따라서 회사는 파산할 수도 있고 그렇지 않을 수도 있다. 소비자는 2000년에 연료 전지로 된 전기차를 몰게 되거나 그렇지 않을 수 있다.

이상의 세 가지 예는 서문에서 본 것보다는 더 간단하고 덜 유명한 것인데, 이로부터 다음과 같은 결론을 끌어낼 수 있다. 한 문장은 다른 문장에 어떻게 삽입되는가에 따라서 더욱 사실(fact)에 가까운 것이 되거나 더욱 인공물(artefact)에 가까운 것이 되거나 한다. 어떤 주어진 한 문장은 그 자체로는 사실(fact)도 아니고 허구(fiction)도 아니다. 그것은 나중에, 다른 문장들에 의해 그렇게 된다. 만일 그 문장을 닫히고, 명백하고, 확고하고, 잘 묶인 전제로 삼아서, 어떤 다른 덜 닫히고, 덜 명백하고, 덜 확고하고, 덜 연결된 결론을 이끌어내도록 다른 문장에 삽입하면, 원래 문장은 더욱 사실적인 것이 될 수 있다. (2) 문장에서 MX의 최종 모양은 소련 미사일의 명중도보다 덜 확정적이다. (6) 문장에서 왜소증의 치료는 GHRH 구조보다는 아직은 덜 확실하다. 문장 (9)에서는 연료 전지를 향한 올바른 길이 전극에 주목하는 것임은 확실하나, 단공 모델은 그 논쟁의 여지가 없는 사실보다는 덜 확실하다. 그 결과 만일 듣는 사람이 문장들을 그 발생처, 즉 그것을 만든 사람의 입이나 손으로 거슬러 올라가면, 그것들은 아직 사실에 미치지 못한다(less of a fact). 반대로 만일 듣는 사람이 그것을 써서 다른, 더욱 불확실한 목표에 닿게 한다면, 그것은 더 사실적인 것(more of a fact)이 된다. 그 차이는 강을 거슬러 올라가는 것과 강을 따라 내려가는 것만큼 크다. 하향해 내려가면 청자들은, (2)에서 보듯이 러시아에 대항해 MX 개발을 증명하는 데 이르고, 또 (6)에서 보듯이 왜소증에 대한 임상 연구를 지지하게 되고, 또 (9)에서 보듯이 야금학에 이른다. 상향해 거슬러 올라가면, (3)에서 보듯이 CIA를 조사하는 것으로 향하고, (7)에서 보듯이 샐리 박사의 실험실에서 뇌 추출물에 대한 세성에 관련된 조사를 하게 될 것이며, (10)에서 보듯이 양자 물리학이 연료 전지에 대해 무엇을 말해 주는가를 연구하게 될 것이다.

이제 우리는 사실과 장치가 만들어지는 더욱 초기 단계를 고찰하는 것이 마지막 단계에 머물러 있는 것보다 왜 더욱 바람직한가를 이해할 수 있다. 앞에서 말한 양태(modalities)의 두 가지 종류에 의존해서, 사람들은 완전히 다른 경로를 따라가도록 만들어진다. (2), (6), (9) 같은 주장을 듣고 그것을 믿었던 사람을 상상해 보면, 그들의 행동은 다음과 같은 것이 될 것이다. 그는 MX를 지지하는 하원 의원에게 투표를 했을 것이며, GHRH

를 생산하는 회사의 주식을 샀을 것이며, 야금 기술자를 채용했을 것이다. (3), (4), (7)과 (10)의 주장을 믿는 사람은 CIA에 대해 조사를 했을 것이고, 뇌 추출물의 세정에 의문을 표시했을 것이고, 양자 물리학자를 채용했을 것이다. 이토록 크게 다른 결과를 고려해 볼 때, 가장 격렬한 논쟁을 발견하는 것은 양태를 둘러싼 곳임을 쉽게 알 수 있는데, 그 까닭은 이것이 다른 사람들의 행위가 형성되는 곳이기 때문이다.

사실이 구축되는 더욱 초기의 시기를 쫓아가는 것은 두 가지 다른 보너스를 우리에게 더해 준다. 첫째, 과학자와 기술자와 정치인들은 서로의 진술들을 사실의 방향 또는 허구의 방향으로 변형시킴으로써 우리에게 계속적으로 풍부한 자료들을 제공해 준다. 그것들이 우리의 분석을 시작하게 한다. 우리는 문외한, 외부자, 그리고 시민이기에, 소련 미사일의 명중 정확성에 대한 (1) 문장, 또 성장 호르몬 분비 인자의 아미노산 구조에 대한 (5) 문장, 연료 전지를 만드는 올바른 방법에 대한 (8) 문장에 대해 토론할 수 없을 것이다. 그러나 다른 사람들이 그것들에 대해 토론하고 처음 그 문장이 만들어졌던 조건으로 되돌려 놓기 때문에, 우리는 별다른 노력 없이도 스파이와 뇌수액, 그리고 전극에 대한 정보를 추출하는 일같이 전에는 결코 생각해 본 적도 없었던 작업에 이르게 된다. 둘째로, 논쟁이 과열되면 전문가들은 왜 자기들의 반대자가 달리 생각하는가를 설명할 것이다. 문장 (3)은, MX 지지자들이 소련 미사일의 정확성을 믿는 일에 **이해관계를 갖고 있다**고 주장한다. 문장 (10)에서는, 부조리한 연구 프로젝트를 주장하는 사람들의 소신을 그들이 야금 기술자로 훈련받은 탓으로 돌린다. 바꿔 말해 우리가 어떤 논쟁에 더욱 가까이 접근하면, 그 신념 배후의 이유를 해석하는 일의 절반은 이미 다 이루어져 있는 셈이라는 것이다!

1.2 사실 만들기(fact-making)의 집단적 운명

만일 앞에 설명한 두 가지 방향이 사실의 구축에 대해 접근하는 사람의 눈에 명백히 보이면 대부분의 논쟁은 빠르게 종료될 것이다. 그러나 문제는 우리가 그런 명확한 교차점을 결코 대면할 수 없다는 것이다. 나는 오직 두 가지의 판연히 다른 경로를 보여 주기 위해서, 내가 선택했던 세 가지 예들을 논의 도중에 일부러 멈추게 했다. 더 진행되도록 계속 내버려 둔다면, 이야기가 더욱 풍부하게 진행될 것이며 해석은 더욱더 복잡해질 것이다.

문장 (3)과 (4)는 소련 미사일의 정확성에 대한 보고를 부정했다. 그런데 (4)는 CIA 내부의 공작을 드러내는 경찰 수사 내용을 사용함으로써 그렇게 했다. 그런 폭로에 대해 쉽게 떠올릴 수 있는 응수는 다음과 같다.

(11) 러시아 미사일의 오차 100미터 명중도에 관한 CIA의 확신은 첩보원 009의 보고에 바탕을 두고 있지 않으며, 다섯 가지 독립된 출처에 근거한다. 소련에 매수된 단체들만이, 그렇게 틀림없는 사실에 대해 의문을 던지는 일에 관심을 가질 것이라고 생각한다.

이제 독자들은 어느 방향으로 가야 할지 더 이상 감을 잡을 수 없을 것이다. 문장 (1)의 진실성을 부정하는 문장 (4)가 이제는 문장 (11)에 의해 부정되는데, 독자가 어떻게 할 수 있겠는가? KGB에 매수된, 문장 (4)를 만든 허위 정보 전문가들에 대해 항의하면서 MX 프로젝트를 더욱 단호히 옹호할 것인가? 반대로, CIA의 보수를 받는, 문장 (11)을 날조해 낸 허위 정보 전문가들에 대해 항의하면서 CIA의 정보 수집 체계에 대한 청문회를 더욱 단호하게 계속할 것인가? 두 가지 경우에 모두 결단을 내려야 할 사항이 증가하지만, 불확실성 또한 마찬가지다! 매우 신속하게, 그 논쟁은 마치 군비 경쟁(arms race)처럼 복잡한 양상을 띤다. 미사일[논쟁]은 탄도탄 요격 미사일[반대 논증]에 의해 반격을 받고, 이것은 또 다른, 즉 더 정교한 스마트 무기[논쟁]에 의해 공격을 받는다.

앞의 두 번째 사례로 돌아가서, 샐리 박사의 GHRH에 대한 처리를 비판했던 문장 (7) 이후로 논의를 계속하고 반박하는 것은 아주 쉬운 일이다.

(12) 만일 '난처한 우연의 일치(troubling coincidence)'라는 것이 있다면, 그 것은 샐리 박사의 GHRH 발견에 대한 비판이 그의 오랜 적수인 기유맹 박 사(Dr. Guillemin)에 의해 다시 퍼부어졌다라는 사실에 있다. 헤모글로빈과 GHRH 사이의 동명이물(homonymy)[9]에 대해서라면, 그래서 어떻단 말인 가? 그것이 샐리 박사가 오염 물질을 진짜 호르몬으로 잘못 보았음을 증명 하지는 않는다. '그 사람이 발작을 일으켰다(he had a fit)'라는 문장이, 'fit' 라는 동음이의어가 사용된다고 해서, '그는 건강이 좋다(he was fit)'라는 말 로 오해될 리 없는 것처럼 말이다.

GHRH의 존재를 주장하는 (6) 문장을 읽고 나서 당신은 제약 회사에 돈 을 투자하려고 결심했을 수도 있다. (7)을 알고 나서는 그런 모든 계획을 취소하고, 재향군인협회에서 어떻게 그런 열악한 작업에 공적 자금을 투자 해 후원했을 수 있는지에 대해 조사를 시작하였을 수도 있다. 그러나 (12) 의 반대 주장을 읽고 나서는, 과연 어떤 행동을 하게 되는가? 마음을 정

9) 여기서는 동일 구조의 다른 물질이다.

하기 위해 이제 당신은 기유맹 박사의 인간성을 평가해야 할 것이다. 그는 순전히 질투심에서 경쟁자의 발견을 의문시할 만큼 사악한 사람인가? 그가 사악한 사람이라 믿는다면 (7)은 버려지고, 원래 문장 (5)는 의심에서 풀려난다. 반대로 기유맹 박사의 정직성을 믿는다면, 위태롭게 되는 것은 문장 (12)이고, 원래 주장 (5)는 또다시 위험에 처한다.

위 예에서 확고한 상태로 있던 유일한 것은 동명이물에 대한 사항이다. 이 점에 대해 결정을 내리기 위해서는 생리학에 대해 더욱 깊게 살펴보아야만 한다. 혈액이 신체를 엉망으로 만들지 않으면서 두 가지 같은 뜻의 메시지를 세포에 전달하는 일이 가능하겠는가?

기유맹 박사의 성실성과 생리학의 원리에 대한 두 가지 질문을 하면서 다시 반박(반박에 대한 재반박)의 말을 듣게 될 것이다.

(13) 불가능하다! 그것은 동명이물일 수가 없다. 그것은 그저 샐리 박사의 단순한 실수다. 어쨌든 기유맹은 샐리보다 언제나 더 신망이 있었다. 나는 이 GHRH를 조금도 믿을 수 없고, 설사 그것이 이미 제조되어 의학 잡지에 광고되고, 심지어 내과 의사에게 판매가 된다 하더라도 믿지 않을 것이다!

이런 문장을 보면 이제 독자는 당구 게임을 관전하는 셈이다. (13)이 참이라면, (12)는 완전히 틀린 것이고, 또 그 결과 샐리 박사가 발견한 물질의 존재를 의문시한 (7)이 옳게 되며, 또 이것은 원래의 주장 (5)가 인정되지 않음을 의미한다. 자연스럽게 논쟁은 이제, 위 (13) 문장의 신빙성을 평가하는 일에 이르게 된다. 그 문장이 기유맹을 맹종하는 찬미자에 의해서 또는 생리학에 대해 무지한 사람에 의해서 발언된 것이라면, (12)가 꽤 믿을 만한 것으로 바뀌며, 이는 (7)을 패퇴시켜 버리고, (5)를 확인된 사실로서 확립시켜 줄 것이다!

독자의 인내심을 자꾸 더 요구하지 않기 위해 일단 여기에서 이야기를 중단하겠지만, 그 논쟁이 계속 진행될 수 있음은 이제 분명하다. 여기에서 얻을 수 있는 첫 번째 중대한 교훈은 다음과 같다. 만일 논쟁이 계속된다면 우리는 생리학에 대해 더욱 탐구하게 되고, 샐리와 기유맹의 인간성도 탐구하게 되고, 호르몬 구조가 획득되는 세부 사항에 대해 더욱더 탐구하게 된다. 이렇게 계속 산출되는 새 문장들을 따져봐야 할 텐데, 그 문장들의 새로운 조건들의 수효는 우리를 난쟁이나 병원 병동에서 멀리멀리 떨어져 나가게 할 것이다. 두 번째 교훈은, 매번 새로운 반박이 논쟁에 덧붙여짐으로써 (5)의 주장 속의, 샐리 박사에 의해 이루어진 원래 발견의 입지가 수정될 것이다는 사실이다. 그 발견은 (6)에 삽입됨으로써 더욱 하나의 사실이 되었고, (7) 속에 위치할 때에는 덜 사실적으로 되었고, 반면 (7)을 공격한 (12)와 함께는 더욱 사실이 되었고 다시 (13)과 함께는 덜 사실적인 것으로 변했고 이는 계속된다. 문장의 운명, 즉 한 문장이 사실인가 허구인가 여부에 대한 결정은, 그 다음의 후속 논쟁에 의존한다. 그런 일은, 내가 논쟁의 원천이라고 인위적으로 선택했던 (5)에 대해서만 발생하는 것이 아니라, 그것을 한정짓고 수정하는 다른 문장들 각각과 더불어 일어난다. 예를 들어 샐리 박사의 능력을 의문시했던 (7)은 기유맹 박사의 정직성을 확립했던 (13)과 더불어 그 자체가 더욱 사실인 것이 되나, 기유맹 박사의 판단을 의심했던 (12)와 더불어서는 덜 사실적인 것이 된다. 이 두 가지 교훈은 너무나 중요해서 이 책은 이 본질적인 요점, 즉 **한 진술의 지위는 나중의 진술들에 의존한다**는 주장에 대한 전개일 뿐이라고 말할 수 있다. 한 문장은 그것을 채택하는 다음번 문장에 따라서 더 확실한 것이 되거나 덜 확실한 것이 된다. 이 소급적 귀속은 이 다음번 새 문장에 대해서도 반복되고,

이 새 문장은 세 번째 것에 의해 더욱 사실적인 것이 되거나 더욱 허구가 되거나 할 것이며, 이 일은 계속된다.

세 번째 예에서도 똑같은 본질적 현상을 볼 수 있다. 장치가 만들어지기 전에 그 형태와 기능 또는 가격을 결정하기 위해 많은 논쟁이 벌어진다. 연료 전지에 대한 논쟁은 쉽게 다시 불붙일 수 있다. 문장 (10)은 연료 전지로 향한 올바른 길이 단공 전극 방식이었다는 것을 문제 삼았으나 연료 전지가 전기 자동차의 미래를 향한 올바른 길이었다는 점을 논박하지는 않았다. 여기에 반박이 등장할 수 있다.

(14) 아니, 도대체 왜 양자 역학이 끼어드는가? 물리학자들이 각별히 선호하는 프로젝트를 수행하게 하는 데 수백만 달러를 쓰기 위해?[10] 그것은 기술적 혁신이 아니라 트릭일 뿐이며, 이게 바로 진상이다. 전기 자동차의 유일한 미래는 극도로 단순하다. 즉 배터리에 있다. 배터리는 믿을 만하고, 싸고, 이미 존재한다. 유일한 문제는 무게인데, 물리학이 아니고 이 문제에 연구가 집중된다면, 배터리는 금세 더 가벼워질 것이다.

새로운 길이 회사에 제안되있다. 문장 (10)에서 성공을 위한 동로였던 물리학이 이제 전형적인 막다른 길이다. 문장 (8), (9)와 (10)에서 전기 자동차와 함께 블랙박스 안으로 묶여져 들어갔던 연료 전지의 미래는 이제 의문 앞에 열려져 있다. 연료 전지는 배터리에 의해 대체된다. 그런데 문장 (14)에서 전기 자동차는 아직도 논쟁의 필요가 없는 전제로서 용인되고 있다. 이런 입장은 다음의 주장에 의해 부정된다.

10) pet projects는 개인적 취향으로 진행되는 활동, 프로젝트를 말한다.

(15) 보세요, 사람들은 정유의 가격에 상관없이 내연 기관(internal combustion engine)을 항상 사용할 것입니다.[11] 왜 그런지 아십니까? 왜냐하면 그것이 성공을 거뒀기 때문이죠. 전기 자동차는 느려서 사람들이 결코 구매하지 않을 것입니다. 사람들은 그 어떤 것보다도 강력한 가속을 선호합니다.

당신이 연료 전지에 투자를 해야 할지 여부를 결정해야 하는 회사 중역의 위치에 있다고 가정해 보자. 이제는 아주 당혹스러운 지경일 것이다. (9) 문장을 믿었을 때는 단일 전극(단공) 모델이 야금가에 의해 설득력 있게 정의되었기 때문에 그 모델에 투자할 태세가 되어 있었다. 그러다가 야금 기술자를 비판한 (10) 문장을 듣고 변심을 해서 양자 물리학에 투자하기를 원하게 되었고 새 물리학자를 고용하고 싶어 했다. 그러나 (14)를 듣고 나서, 전통적인 배터리를 제조하는 회사의 주식을 사기로 결정했다. (15)를 듣고 나서는, 그것을 믿는다면, 제너럴 모터스 주식을 팔아치우지 않는 것이 나을 것이다. 누가 옳은가? 당신은 누구를 믿어야 하는가? 이 질문에 대한 답은 그 문장들 하나에 놓여 있지 않고, 모든 사람들이 나중에 그것을 갖고 할 일들에 달려 있다. 만약 당신이 차를 사려고 한다면, 높은 휘발유 가격 때문에 중단하게 될까? 더 느리지만 더 싼 전기 자동차로 관심을 돌릴까? 당신이 만일 그렇게 된다고 하면, 문장 (15)는 틀린 것이며 (8), (9)와 (10)은 모두 전기 자동차를 원하고 있기 때문에 올바르다. 만일 소비자가 아무런 망설임이나 의심 없이 내연 기관 자동차를 구입한다면, (15)는 올바르고, 다른 모든 문장은 장래도 없고 쓸모도 없는 기술에 수백만 달러

---

11) 내연 기관은 연료의 연소가 기관 내부에서 이루어져 열에너지를 기계적 에너지로 바꾸는 기관으로, 사용 연료에 따라 가스 기관, 가솔린 기관, 디젤 기관으로 분류된다. 이 문맥에서는 각 엔진을 단 자동차를 가리킨다.

를 투자하도록 만드는 잘못된 것들이다.

이런 식으로 더 앞의 문장들에 진리치가 소급적으로 배당되는 것은, 줄 맨 끝에 있는 보통 소비자가 관여될 때에만 일어나는 일이 아니다. 그것은 이사회가 연구 전략을 결정지을 때도 일어난다. 예를 들어 당신이 문장 (10)에 나타나 있는 '논증에 찬성한다'라고 해 보자. 당신은 전기 자동차에 동조하는 것이고, 전기 자동차를 얻게 하는 유일한 길로서 연료 전지와 양자 물리학을 신뢰한다. 모든 다른 문장은 이 결정에 의해 **더욱 그릇된 것으로 만들어진다**. 자동차, 전기 엔진, 연료 전지의 미래와 전기 물리학 사이의 연관은, 회사의 어느 누구도 문제 삼지 않을 단 한 개의 블랙박스 속에 융합되어 들어가 있다. 회사의 모든 사람은 '(10) 문장이 옳으니, 수백만 달러를 투자합시다'라는 생각에서 출발한다. 다음 3장에서 보게 되겠지만, 이것이 당신의 회사가 승리하리라는 것을 의미하지는 않는다. 그것이 의미하는 것은, 과거의 장치와 사실을 조성하여 당신이 이기도록 했다는 것이다. 즉 당신의 결정으로 인해 내연 기관은 약화되었고 더욱 진부한 기술이 되었다. 같은 방식으로 전기 물리학은 강화되었고, 반면에 회사의 야금 부서는 중요 상황에서 슬그머니 배제된다. 연료 전지는 이제 이사회라는 또 하나의 강력한 동맹자(ally)를 갖게 된다.

내가 또 논쟁을 돌연히 중단시킨 것은 실제적 이유에서다. 회사는 파산할 수도 있고, 21세기의 IBM이 되거나, 질질 끌면서 연명할 수도 있다. 앞의 세 가지 예의 요점은, 우리가 말하고 만든 것의 운명은[12] 다음 사용자의 손에 달려 있다. 의문 없이 장치를 구입하거나 의문 없이 사실을 믿는 것은 동일한 귀결을 갖는다. 그것은 구매하거나 믿은 것의 실상(the case)을 강

---

12) 문장과 장치에 대한 평가, 즉 진리치와 효능 등을 가리킨다.

화하고, 더욱 블랙박스로 만든다. 장치를 '불매(dis-buy)'하거나 사실을 불신하는 일은 그 실상을 약화시키고, 그 확장을 방해하고, 그것을 막다른 길로 몰고 블랙박스를 개봉해서 파편화하고, 그 구성 요소들을 다른 곳으로 재배치한다. 어떤 한 진술, 기계 장치 한 조각, 한 과정은 그 자체로는 길을 잃은 것이다. 그것들만을 바라보고 그 내부의 성질을 봄으로써는 그것들이 참인지 거짓인지, 효율적인지 헛된지, 비싼지 싼지, 강한지 허약한지 결정할 수 없다. 그런 특성들은 다른 문장들, 장치의 부분이나 과정들에 합병(incorporation)됨으로써만 획득된다. 그런 합병은 우리들 각자에 의해 계속적으로 결정된다. 어떤 블랙박스를 대면했을 때, 우리는 일련의 결정을 내린다. 그것을 채택할 것인가? 그것을 거절할 것인가? 그것을 재개봉할 것인가? 이해관계가 없기 때문에 탈락시킬 것인가? 더 이상의 토론 없이 그것을 즉각 받아들임으로써 더욱 확고한 것으로 만들 것인가? 옛 모습을 찾아볼 수 없을 만큼 그것을 변형할 것인가? 이런 것들이 남의 문장이 우리 손에 있을 때 일어나는 일이고, 또한 우리의 문장이 남의 손에 있을 때 일어나는 일이다. 요약하면 사실(facts)과 장치(machines)의 구축은 **집단적(collective)** 과정이다.(이것이 내가 당신이 믿어 주기를 바라는 문장이다. 이 문장의 운명은 다른 모든 진술과 마찬가지로 당신의 손에 달려 있다.) 이것은 우리가 테크노사이언스(technoscience)[*]로의 여행을 지속하는 데 아주 본질적이므로, **첫 번째 원칙(first principle)**이라고 부르고자 한다. 이 책의 나머지 부분은, 조금은 이상한 이 이름을 정당화하는 작업 이상이 될 것이다.

---

* 끊임없이 '과학과 기술'이라고 쓰는 것을 피하기 위해, 이 단어를 만들었다. 이 단어는 4장에 가서야 충분히 정의가 될 것이다.

2. 논쟁이 불붙을 때 문헌은 전문적이 된다

사실과 장치가 만들어지는 현장에 접근할 때, 우리는 논쟁의 한복판으로 들어가게 된다. 우리가 더 가까이 다가갈수록 그것들은 더욱 물의를 빚고 논쟁적이 된다. 우리가 '일상생활'에서 과학적 활동으로 갈 때, 또 거리의 일상인에서 실험실의 과학자로 갈 때, 또 정략에서 전문가 의견으로 갈 때, 우리는 소음에서 정적으로, 또 열정에서 이성으로, 흥분에서 냉정으로 가는 것이 아니다. 단지 논쟁에서 더 격렬한 논쟁으로 갈 뿐이다. 그것은 마치 법률 책을 읽고 있다가 법정에 가서, 서로 모순되는 증거들의 영향을 받고 배심원이 동요하는 것을 보게 되는 것과 같다. 더 낮게 표현하면, 법률 책으로부터, 아직 법률이 법안으로 상정되어 있는 의회로 옮겨 가는 것과 같다. 그렇게 옮겨 가면 소음은 줄어드는 것이 아니라 더 커진다.

앞부분에서 나는 논쟁들이 증식되기 전에 중단시켰다. 실제 생활에서 당신은 논쟁들을 중단시키거나 원하는 대로 이루어지도록 할 수 없다. MX를 만들거나 만들지 않거나 결정해야만 한다. GHRH가 투자 가치가 있는지를 알아야만 한다. 연료 전지의 미래에 대해 결정해야만 한다. 배심원을 설복시키고, 논쟁을 종식시키고, 증인이니 뇌수 추출물을 교차 검사하는 일에는 여러 가지 방법이 있다. 레토릭(rhetoric)이란 수천 년간, 사람들이 어떻게 믿고 행동하게 되는가를 연구하고 어떻게 남을 설득하는가를 가르쳐 온 분과 학문의 이름이다. 레토릭은 경멸받아 온 분야지만 매혹적이다. 논쟁들이 너무나 격화되어서 학술적(scientific)이고 전문적(technical)이 될 때, 레토릭은 더욱 중요한 것이 된다. 이 말은 약간 직관에 어긋나는 것으로 보이지만, 내가 앞에서 말한 내용에서 나온다. 앞의 세 가지 예에서 우리는, 논쟁이 계속 진행되도록 내버려 둘수록 우리가 '전문성(technicalities)'

이라 부를 수 있는 것에 더욱 빠져들게 된다는 사실을 알아챘다. 이것은 납득할 수 있는 일인데, 그 이유는 사람들이 불일치를 보일 때, 더욱더 블랙박스를 열고 더욱더 상향해(역행시켜, upstream), 즉 그 진술들을 산출했던 그 조건들로 거슬러 올라가기 때문이다. 어떤 논쟁에서는 언제나, 그 관련 논쟁의 국소적인 자원들이 한 개의 블랙박스를 열거나 닫기에 충분치 못한 그런 시점이 있다. 그러면 다른 장소나 시기로부터 더 나아간 자원들을 불러와야 할 필요가 생긴다. 사람들은 책, 파일, 서류, 논문 들을 사용하기 시작해서, 남들로 하여금 처음에는 하나의 의견이었던 것을 사실로 바꾸게 만든다. 만일 토론이 계속되면 말로 논쟁하던 경쟁자들은 전문적 책이나 보고서의 독자로 바뀐다. 양측이 더욱더 의견을 달리할수록 읽는 문헌은 더욱더 학술적이고 전문적이 된다. 예를 들어 CIA에 대한 고발을 의심했던 (11) 문장을 읽은 후에도 MX가 아직 논쟁 중이라면,[13] '반대자(the dissenter)'는 보고서와 청문회, 기록, 연구서의 상자들을 대면하게 될 것이다. 만일 당신이 샐리 박사의 발견을 믿지 않을 만큼 완강한 경우에도 마찬가지 일이 벌어질 것이다. 수천 편의 신경 내분비학 논문이 당신을 기다릴 것이다. 당신이 포기하든지, 아니면 그것을 읽어야 한다. 연료 전지에 대해서도 반대자들은 특허를 빼고서도 색인 명부가 3만 가지가 넘는 연구 자료실을 소유하고 있다. 이것이 바로, 동의를 하지 않기 위해 당신이 넘어야 할 장벽들이다. 학술적이거나 전문적인 책은 —이제 두 용어를 서로 교환해 쓸 것이다— 서로 다른 부류의 저술가들에 의해 다르게 쓰이지 않는다. 당신이 그런 책을 볼 때, 그로써 당신이 더 조용한 순수 이성의 영역에 머물기 위해 레토릭을 버렸음을 의미하지 않는다. 그것이 의미하는 것

---

13) 원서에는 (12)로 되어 있으나 내용상 (11)이다.

은, 레토릭이 과열되었거나 활성화되어서, 논쟁이 지속되게 하기 위해서는 더 많은 자원이 인용되어야 한다는 것이다. 이 점을 설명하기 위해 나는, 모든 레토릭의 수단 중에서 가장 중요하면서도 가장 덜 연구되어 온 것, 즉 과학 논문들에 대해 면밀히 분석해 보려 한다.

2.1 자기편 끌어들이기

말로 하는 논쟁이 지나치게 가열되면, 궁색해진 반대자들은 다른 사람들이 썼거나 했던 말을 재빨리 언급할 것이다. 그런 대화 하나를 예로서 살펴보자.

(16) 갑(예전 논쟁을 재개하는 듯이 대화한다): 왜소증에 대한 새로운 치료법이 있다는데, 너는 어떻게 생각해?

을: 새로운 치료법? 어떻게 알아? 그냥 네가 지어낸 거잖아.

갑: 잡지에서 읽었다고.

을: 설마! 컬러판 부록에 있었나 보구니.

갑: 아니, 《타임스(*The Times*)》였고, 기사를 쓴 사람은 기자가 아니고 박사학위 소유자였어.

을: 그게 무슨 상관이야? 그 사람은 RNA와 DNA의 차이도 모르는, 어쩌면 직장을 못 구한 물리학자일 수도 있어.

갑: 그렇지만 그 사람은 노벨상을 받은 앤드류 섈리와 여섯 명의 동료들이 《네이처(*Nature*)》에 쓴 논문을 인용했어. 그것은 국립보건원(NIH)과 국립과학재단(National Science Foundation)같이 거대 기관들의 지원을 받은 대규

모 연구였어. 그 논문은 성장 호르몬을 분비하는 호르몬의 염기 서열이 무엇인지를 밝혀냈어. 이건 의미 있는 일 아닌가?

을: 어, 그럼 처음부터 네가 그렇게 말했어야지. 그렇다면 달라지지. 그래, 뭔가 의미 있는 일이겠네.

위에서 갑의 견해는 쉽게 무시될 수도 있었다. 그래서 신문에 실린 기사의 힘을 빌린 것이다. 그것이 을에게 큰 효과를 발휘한 것은 아니다. 신문은 너무나 일반적이고 또 기사 작성자가 '박사'이긴 했어도, 《타임스》에 글을 싣는 것이 전부일 뿐이고 아직 직장이 없는 과학자임에 틀림없다. 이 상황이 갑자기 역전된 것은, 갑이 자기 주장을 뒷받침하기 위해서 일단의 동맹자들을 끌어들였을 때다. 《네이처》라는 학술지와 노벨상 수상자, 여섯 명의 공저자, 그리고 연구비를 주는 기관들이 그것이다. 독자가 쉽게 상상할 수 있듯이, 을의 어조는 바뀌었다. 갑은 더 이상 혼자가 아니라, 말하자면 한 그룹을 동반하고 있기 때문에, 그의 말은 진지하게 고려된다. 단독이었던 갑은, 다중 씨(Mr. Manybodies)가 되었다!

이런 식으로, 더 지위가 높고 더 많은 동맹에 호소하는 것은 흔히 '**권위로부터의 논증**(argument from authority)'이라고 불린다. 이것이 철학자와 과학자들로부터 똑같이 비웃음을 받는 까닭은, 이 논증이 하나의 다수파를 만들어서 반대자에게 영향을 주는데, 사실은 반대자가 '옳을 수도 있을' 것이기 때문이다.[14] 과학은 권위로부터의 논증과 정반대의 것이라고 보인

---

14) 오류 논증 중, 다수의 믿음에 호소해 논증을 펴는 것은 '여러 사람으로부터의 논증' 또는 '군중에의 호소'라 한다. 한편 논점과 관련이 없는, 즉 다른 분야의 '부적합한' 권위(자)에 호소하는 것을 '권위로부터의 논증(권위에의 호소)'이라 부른다. 그러므로 여기에서 라투르가 말하는 것은, '권위로부터의 논증'이라기보다는, 적합한 다수의 전문가들을 끌어들이는 대인 논증으로서, '여러 사람으로부터의 논증'에 가깝다.

다. 소수가 다수를 이길 수 있는데, 그것은 진실이 소수 편일 때다. 갈릴레오(Galileo)가 레토릭과 참된 과학 사이의 차이를 주장했을 때, 그는 바로 이런 비웃음의 고전적인 형태를 보여 준 것이다. 갈릴레오는 과거의 현란한 레토릭을 조롱하고, 그것과 물리학에서 일어나는 일을 대조시켰다.[*]

그러나 물리 과학의 경우, 결론이 명확하고 필연적이면서 인간의 선호와 관련이 없을 때, 나서서 오류를 방어하는 일이 없도록 우리는 주의해야 한다. 왜냐하면 물리학에서는, 수천 명의 데모스테네스(Demosthenes)와 수천 명의 아리스토텔레스(Aristotles)도, 혼자 힘으로 진리를 우연히 발견해 낸 보통 사람에 의해 참패해서 궁지에 빠질 수 있기 때문이다.

이런 주장은 일견 너무나 명백해 보여서, 토를 달 수 없어 보일 것이다. 그렇지만 위 문장을 주의 깊게 살펴보면, 두 가지 완전히 다른 논증이 섞여 있는 것을 알 수 있다. 여기에서 또다시, 우리가 서문에서 만났던 야누스의 두 얼굴이 나타나서 동시에 말을 할지라도 혼란스러워 해서는 안 된다. 한 얼굴은 말한다. '과학은 권위가 압도할 수 없는 진리다.' 반면 다른 얼굴은 묻는다. '어떻게 당신은 천 명의 정치인과 천 명의 철학자보다 더 강력할 수 있겠는가?' 왼쪽에 의하면 권위가 이성에 반대되듯이 레토릭은 과학에 반대된다. 그러나 오른쪽에 의하면 과학은 레토릭이며, 굳이 수를 세자면, 단 한 사람이 2000명의 유명한 권위자들을 이길 수 있게 허락할 정도로 충분히 강력한 레토릭이다.

'권위', '명성', '신분'이라는 말은 섈리가 《네이처》에 쓴 논문이 무명 기고

---

[*] 드레이크[S. Drake(1970, p.71)]에서 인용.

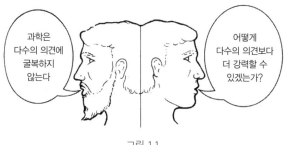

그림 1.1

자인 어떤 박사의 《타임스》 기사보다 왜 더 강력한가를 설명해 주기에는 너무 모호하다. 실제로 앞에서 을의 마음을 바뀌게 한 것은, 갈릴레오의 주장과는 정반대다. 왜소증에 대한 치료법의 존재를 의심하기에 을은 처음에는 자기 친구의 견해, 미심쩍은 박사의 견해, 여기 또 덧붙여진 신문의 권위에도 저항했다. 그것은 쉬운 일이었다. 그렇지만 마지막에 보면, 그가 얼마나 많은 사람에 반대해야만 하는가? 한번 세어 보자. 샐리와 그의 동료 더하기, 샐리에게 교수직을 준 뉴올리언스 대학의 이사진 더하기, 그의 연구에 최고의 상을 준 노벨상 위원회 더하기, 위원회에 조용히 자문을 해 준 수많은 사람들 더하기, 네이처의 편집진과 논문을 선택한 심사 위원들 더하기, 연구비를 준 국립과학재단과 국립보건원의 위원진들 더하기, 그가 감사의 말을 통해 거명한 수많은 기술자와 조력자들. 그것은 수많은 사람들이고, 얼마나 많은 사람들이 그 논문의 출판에 연루되어 있는가를 그저 셈해 봄으로써, 모든 것이 논문을 읽기 이전에 결판이 난다. 을로서는 일개 개인인 갑의 견해를 의심하는 일은 그냥 어깨를 으쓱해 보이는 것처럼 쉬운 일에 불과하다. 그렇지만 수십 명의 주장을 논쟁에 부치려면 그 전에 그들의 정직, 훌륭한 판단, 그리고 노고 등을 약화시켜야 할 텐데, 어떻게 그들을 전부 무시해 버릴 수 있겠는가?

'과학적'이라는 형용사는 어떤 신비로운 능력 덕택에 다수의 견해에 반대할 수 있는 **고립된**(isolated) 문서에 갖다 붙일 수 있는 단어가 아니다. 어떤 문서가 과학적으로 되는 것은, 그 주장이 고립된 채 있기를 멈추고 그 출판에 개입된 사람들의 숫자가 많고 또 텍스트 안에서 명백히 드러날 때다. 그 문서를 읽을 때, **고립되는** 것은 거꾸로 독자다. 자기편의 존재를 주의 깊게 표시하는 것이, 이제 전문적인 문서가 만들어질 만큼 논쟁이 가열되었음을 알리는 첫 번째 징후다.

2.2 선행 문헌들 인용하기

말로 토론할 때는 다른 문서에 호소하는 것이 반대자의 마음을 돌리는 데 충분치 않은 경우가 있다. 문서 자체를 가져와서 읽어 봐야 한다. 그 텍스트에 동반되는 외부 동료의 수가 그 문서의 힘을 잘 보여 주지만, 그보다 더 확실한 징표가 있는데, 바로 다른 문서들에 대한 참고 문헌(reference)이다. 참고 문헌, 인용문, 그리고 각주의 존재 여부는 그 문서가 진지한지 그렇지 않은지에 대한 확실한 징표가 되기 때문에, 참고 문헌들을 더하거나 제외시킴으로써 사실을 허구로 또는 허구를 사실로 변형할 수도 있다.

참고 문헌이 설득에 미치는 영향은 '명성'이나 '허세'의 효과에 국한되지 않는다. 다시 말하지만, 그것은 **숫자**(numbers) 문제다. 참고 문헌이 없는 문서는 낯선 대도시를 밤에 에스코트 없이 걸어가는 어린아이와 같다. 고립되고, 길을 잃고, 무슨 일이 일어날지 모른다. 반대로, 각주를 잔뜩 갖춘 문서를 공격하는 일은, 그 반대자가 그 다른 문서들 각각을 모두 무력화시켜야만 하고, 그렇게 함으로써 최소한 위협을 받게 될 것임을 의미한다.

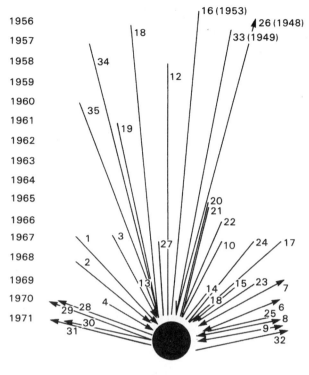

1956				16 (1953)
1957		18		↑26 (1948)
1958	34			33 (1949)
1959			12	
1960	35			
1961		19		
1962				

Schally's article

- 텍스트로 들어가는 (화살표)항목들은, 거기에서 패러다임을 끌어온 경우를 표시한다.
- 텍스트에서 나오는 (화살표)항목들은, 그 인용 문서들에 대해 논의하는 경우를 나타낸다.(단 하나, 32번만 비판하고 있다.)
- 양 방향 (화살표)항목들은 동일한 문제에 대해 동일 연구자 그룹에 의해 수행된 선행 연구를 나타낸다.

그림 1.2

반면 각주가 없는 문서를 공격하는 것은, 독자와 저자가 일대일로 붙을 수 있는 동량급임을 의미한다. 여기서 전문적 문헌과 비전문적 문헌의 차이는 사실에 대한 것과 허구에 대한 것의 차이가 아니다. 비전문적 문헌은 입수할 수 있는 몇 가지 자원을 끌어모으는 반면, 전문적 문헌은 멀리 떨어진 시공간일지라도 그곳으로부터 많은 자원들을 모은다. 그림 1.2는 섈리가

쓴 다른 논문을 강화해 주는 참고 문헌들을 보여 준다.[*]

원 텍스트가 무엇을 말하든, 그것은 이미 1948~1971년의 16개 학회지와 서적들로부터, 35개 문서 이상의 콘텐츠에 연결되어 있음을 우리는 알 수 있다. 만일 당신이 이 텍스트를 문제 삼으려 하고, 또 그 논증을 제거할 다른 방식이 없다면, 우리가 이 모든 문서들과 겨뤄야만 한다는 것과, 때를 맞춰 필요한 만큼의 여러 해로 거슬러 가야만 한다는 것을 미리 알게 된다.

어쨌든 만일 대담한 반대자와 대면하게 될 경우엔, 참고 문헌의 더미를 쌓아 올리는 행위만으로는 강력해지기에 충분치 않다. 오히려 그것은 약점의 원천일 수도 있다. 당신이 끌어다 붙인 문서들을 명백히 나타낼 경우, 독자로서는 각 참고 문헌을 추적해서, 당신의 주장에 어느 정도 부합하는지를 면밀히 조사하는 것도 가능하다. 그래서 만일 독자가 용맹한 사람이라면, 그 결과는 저자에게 재앙이 될 수도 있다. 첫째, 많은 참고 문헌이 잘못 인용되거나 틀린 것일 수 있다. 둘째, 언급된 많은 논문이 저자의 주장에 아무 상관이 없거나 그냥 과시하기 위해 적힌 것일 수 있다. 셋째, 다른 종류의 참고 문헌이 있을 수 있는데, 저자의 논문들마다 그것들이 항상 나타나는 경우다. 이는 저자의 주장이 무엇이든 간에, 자신이 어떤 과학자 그룹과 동일시되는가를 보여 주고 제휴 관계를 표시하기 위해서다. 이런 인용을 겉치레(perfunctory)라고 부른다.[**] 이런 모든 사소한 결함은,

---

[*] 여기에서 나는 다음 논문을 사용했다. A. V. Schally, V. Baba, R. M. G. Nair, C. D. Bennett(1971), "The amino-acid sequence of a peptide with growth hormone-releasing isolated from porcine hypothalamus," *Journal of Biological Chemistry*, vol. 216, no. 21, pp. 6647-6650.

[**] 인용 연구 영역은 하나의 독립적인 하위 분과가 되었다. 논평(review)에 대해서는 E.

저자의 논제에 명백히 정반대 주장을 펴는 논문들을 인용하는 실수에 비하면 훨씬 덜 위협적이다. 예를 들어 그림 1.2는 샐리 박사가 다음 논문(참고 문헌 번호 32)을 참조하고 있음을 보여 준다.

(17) 32. Veber, D. F., Bennett, C., Milkowski, J. D., Gal, G., Denke-walter, R. D., and Hirschman, R., in *Biochemistry and Biophysics Communication*, 45, 235(1971).

만일 위 논문의 저자들이 그 주장을 지지한다면, 상당히 인상적인 동맹자들이 되었을 것이다. 그렇지만 저자는 용감무쌍한 독자가 홀로 32번 참고 문헌을 살펴보게 놔둬서는 안 될 것이다. 왜 그러면 안 되는가? 왜냐하면 위 논문에서 베버(Veber, D. F.)와 저자들이 샐리의 GHRH 구조를 헤모글로빈의 베타 사슬 구조와 연결시키고 있기 때문이다. 이것은 우리가 문장 (7)에서 이미 살펴본 비판과 정확하게 같다. 반대자의 손에 위험한 연결고리가 쥐어져 있는 것이다. 이를 막기 위해, 샐리는 자신의 텍스트 안에서 그 논문을 인용하되 다음과 같이 제한하고 있다.

(18) [증명에 추가된 노트] 베버 등은 데카펩티드(decapeptide) 구조와 돼지의 헤모글로빈의 베타 사슬의 말단 아미노산(amino-terminal) 사이의 유사성을 지적했다.(참고 문헌 32) 이러한 관찰이 의의가 있는가에 대해서는 더 입증해야 한다.

Garfield(1979)를 참조하거나, 더 최근, 그리고 전문적인 예를 위해서는 Scientometrics의 논평을 참조하라. 인용의 맥락과 관련해서는 M. H. MacRoberts와 B. R. MacRoberts(1986)를 참조하라.

베버의 그 논문은 인용되었을 뿐만 아니라 수식이 붙어 있고, 또는 우리가 앞에서 말했듯이 양태화(modalised)되어 있다.[15] 위의 경우 독자는 베버의 논문을 사실로서 받아들이지 말도록 경고 받는다. 아직 그 의의가 확립되어 있지 않았기 때문에, 샐리 자신의 GHRH를 무효로 하는 데 사용될 수 없다.(만일 베버의 주장이 사실로 판명난다면, 샐리의 논문은 단지 허구에 불과하게 될 것임을 상기하라.) 샐리가 문장 (17)에 대해 한 것은 모든 논문이 자기들의 참고 문헌에 대해 하는 일이다. 자신의 운명을 다른 문서들에 수동적으로 연결시키는 대신, 논문은 그 논문의 지위를 적극적으로 한정짓는다. 자신들의 이해관계(interests)에 따라 문서들을 더 사실로도 만들고 허구로도 만들며, 자기편인지가 불확실한 무리들을 잘 정렬된 순종적 지지자 집합으로 바꿔 놓는다. 우리가 인용의 **맥락(context of citation)**이라 부르는 것은, 주장이 서로 잘 맞아떨어지는 것으로 만들기 위해 어떻게 한 텍스트가 다른 텍스트들을 사용하는가를 보여 준다.

문장 (18)에서 샐리는 (17)에 인용된 다른 논문을 덧붙임으로써 그것을 사실과 허구의 중간 단계에 머물게 한다. 그러나 자기의 논문이 남이 감히 열어 보지 못할 블랙박스와 함께 시작되게 하기 위해서 그 역시 잘 확립된 사실이 필요하다. 그 견고한 토내는 당연하게도, ⊥의 논문 서두에서 제공되고 있다.

(19) 시상하부(hypothalamus)가 뇌하수체 전엽샘(anterior pituitary gland)으로부터 성장 호르몬의 분비를 통제한다.(참조 1. Pend Muller, E.E., *Neuroendocrinology*, 1, 537, 1967) 이 통제는 시상하부 물질을 지정하는,

---

15) 라투르는 앞 1절에서 다른 것을 긍정적 또는 부정적으로 한정하는 문장을 양태(modalities)라 불렀다.

성장 호르몬 분비 호르몬(GHRH)에 의해 중재된다.(참조 2. Schally, A. V., Arimura, A., Bowers, C. Y., Kastin, A. J., Sawano, S., and Redding T. W., *Recent Progress in Hormone Research*, 24, 497, 1968)

첫 번째 참고 문헌은 의심이나 불확실성에 대한 아무런 표시 없이 그대로 차용되었다. 게다가 이는 5년이나 해묵은 인용으로, 유효 기간이 짧은 이러한 저작물을 인용하기에는 매우 긴 기간이다. 만일 독자인 당신이 시상하부의 이러한 통제에 대해 의심한다면, 그것은 말도 안 되는 짓이고, 승부는 완전히 끝이 나 버린 격이다. 내분비학 내에서 그것은 가장 확실한 사항이고, 흔히 불리듯 패러다임(paradigm)이다.*16) 두 번째 참고 문헌은 첫 번째 것보다 약간 약한 것임에도 역시 당연한 사실로 인용되어 있다. 참고 문헌 1은 최소한 내분비학자에게서 나온 것이기 때문에 반대가 불가능하다. 참고 문헌 2에 대해서는 동료가 흠을 들추는 것이 가능하다. 예컨대 다음과 같은 식이다. 아마도 그 통제는 호르몬 아닌 다른 것에 의해 중재될 것이다. 또는 비록 그것이 호르몬이라 하더라도 그것은 성장 호르몬을 유발하기보다는 봉쇄할 것이다. 또는 가능성은 낮지만, 그 물질에 샐리 박사가 붙인 이름이 비판될 수 있다.(기유맹은 예컨대, 그것을 GRF라 불렀다.) 어떤 논쟁이 여기에서 시작될 수 있건 간에, 샐리는 위의 참고 문헌을 하나의 사실로서 필요로 했다. 왜냐하면 그것 없이는 자기의 전체 논문이 무의미하게 될 것이기 때문이다. 즉 그것이 존재할 가능성이 부정된다면, 무엇 때문에 그 물질

---

* 이 표현은 토마스 쿤[Thomas Kuhn(1962)]의 저작 이래 전통적인 것이 되었다.

16) 과학 사학자 토마스 쿤이 처음 제시한 개념으로서, 한 시대를 지배하는 과학적 인식, 이론, 관습, 사고, 관념, 가치관 등이 결합된 총제적인 틀 또는 개념의 집합체로 정의했다.

을 찾겠는가? 우리의 첫 번째 원칙에 따라, 1과 2라는 참고 문헌을 사실 문제로 빌려 옴으로써 그는 그것들을 더욱 확실한 것으로 만들었고, 자기 것과 마찬가지로 그것들의 논거도 탄탄하게 만들었음을 잊지 말도록 하자.

샐리 박사의 논문이 당연히 차용할 필요가 있는 문서들은 또 많이 있다. 그 중에서도 각별하게는, 일반적인 펩티드 서열을 결정하는 데 사용되는 방법을 기술하는 논문들이 있다. 이런 점은 같은 논문의 또 다른 인용에서 보인다.

(20) 이번 작업에서 사용된 돼지의 펩티드는 예전에 보고된 방식으로 분리된 균질 샘플이었다.(참고 문헌 5, 9) (…) 어떤 경우, 카복시펩티다제 (carboxypeptidase) B의 산물은 벤슨(Benson), 고든(Gordon)과 패터슨 (Patterson)의 리튬 완충제(lithium buffer) 체제로 분해되었다.(참고 문헌 10) (…) 에드먼 분해법(Edman degradation)은 고틀리브(Gottlieb) 등에 의해 보고된 대로 수행되었다.(참고 문헌 14)[17] 그레이(Gray)와 스미스(Smith)의 방법도 역시 사용되었다.(참고 문헌 15)

위의 참고 문헌 어느 것도 다른 것들과 달리, 긍정적으로든 부정적으로든 평가되지 않았다. 필요하다면 독자들에게, 샐리의 통제하에 있는 기술적 자원들을 가리키는 많은 표시판처럼, 그것들은 그냥 거기 있을 뿐이다. 호르몬의 염기 서열을 의심하는 독자는 또 일군의 사람들, 즉 벤슨, 에드먼, 고틀리브, 그리고 그레이와 스미스 등을 겨냥해야 한다. 이 사람들의 작업은 텍스트에 나와 있지는 않지만, 필요하다면 즉시 가동될 수 있음을 가리킨다. 말하자면 그것들은 비축되어 있어서, 샐리가 자신의 논점을 강

---

17) 에드먼(P. Edman)이 개발한 아미노산 배열 분열법을 말한다. 이것 외에, 독일 화학자인 베르크만(M. Bergmann)이 발견한 폴리펩티드의 단계적 분해법은 '베르크만 분해'라 불린다.

고하게 하기 위해 필요한 많은 기술적 지원을 즉시 조달해 줄 수 있다.

비록 한 텍스트가 한 가지 사례를 강화시키는 일을 도울 참고 문헌들을 차용하는 것이 편리하긴 하지만, 자기의 주장을 명백히 반대하는 참고 문헌들을 인용해서 공격하는 것도 역시 필요하다. 문장 (18)에서 우리는 어떻게 참조된 논문이 사실과 허구의 중간 상태에 놓이는지를 보았다. 그러나 새로운 논문을 위해 장애를 치우려는 목적이었다면 그것을 완전히 파괴해 버리는 편이 나았을 것이다. 그러한 파괴는 분야나 저자에 따라서 여러 가지 방식으로, 즉 직접적으로 또는 완곡하게 자행된다. 다음에 볼 것이 우리에게 교훈적인 부정적 양태의 예다. 우리가 방금 살펴본 샐리의 논문을 비롯한 일련의 논문에 대해, 기유맹이 제시한 것이다.

(21) 시상하부에 의해서 뇌하수체 전엽의 분비가 신경 체액적으로 통제된다는, 이제는 잘 확립된 개념은 시상하부의 성장 호르몬 분비 인자(growth-hormone-releasing-factor, GRF)의 존재를 나타내고(참고 문헌 1), 그에 대응되는 억제 인자(inhibitory counterpart)로서 소마토스타틴(somatostatin)을 말한다.(참고 문헌 2)[18] 그러나 아직까지는 시상하부의 GRF는, 정반대의 초기 주장들에도 불구하고(참고 문헌 3), 분명하게 특성이 규명되어 있지 못하다.

이 인용문은 기유맹의 최근 논문에 나오는데, 여기에서 그는 자신이 GRF라고 부르는 바로 그 동일한 GHRH에 대해서 새로운 구조를 제시하고 있다. 참고 문헌 3은 샐리의 논문이다. 초록 (21)의 앞부분은, 샐리의 글에 나온 (19)와 동일하다. 시상하부의 통제라는 관념은 모든 블랙박스들

---

18) 소마토스타틴은 성장 호르몬 분비 억제 인자(growth hormone release inhibiting factor, GIF)다.

중에서도 가장 단단히 닫혀 있다.(the blackest of all black boxes) 샐리와 기유맹이 서로 논쟁을 할 때조차 두 사람은, 어느 누구도 자신을 내분비학자로 부르면서 동시에 그 통제 개념을 문제 삼을 수는 없으리라는 것을 인정한다. 그렇지만 샐리의 논문은 기유맹의 관점에서 전혀 블랙박스가 아니다. 샐리의 호르몬 염기 서열이 만일 사실이라면, 기유맹이 1982년에 쓴 논문은 무의미할 것이다. 만일 샐리의 서열이 기유맹의 것과 어떤 관계가 있다 해도, 또한 무의미해질 것이다. 그 경우, 기유맹의 연구는 샐리의 연구에 부언하는 것이 되고 만다. 기유맹의 논문은 (21) 문장으로, 샐리의 서열을 밀어내 버린다. 그 서열은 분명한 사실이 아니고, 매우 모호한 하나의 '주장'일 뿐이라는 것이다. 그 주장은 중요하게 고려될 수 없다. 그것은 막다른 골목이었다. 실제 연구는 기유맹의 그 1982년 논문에서 시작되고, (샐리가 GHRH라고 잘못 불렀던) 진짜 GRF는 이 서열에서 시작된다.

논문들은 이전의 문헌을 자기들에게 유리하게 변환시키는 데 한 발 더 나갈 수 있다. 그것들은 긍정적 양태와 부정적 양태를 결합하기도 한다. 그럼으로써, 가만 놔둔다면 그들의 주장에 반대되는 논문일 Y를 약화시키기 위해, 예컨대 X라는 논문을 강화시킨다. 그런 수법의 예는 다음과 같다.

(22) GRF에 대해 하나의 구조가 제안되었었다.[샐리의 논문에 대한 참조] 그렇지만 최근에 입증되었다시피[베버 등에 대한 참조], 그것은 GHRH가 아니었고, 경미한 오염 물질, 아마도 헤모글로빈 조각이었다.

샐리도 (18)에서 인용한 베버의 논문이, (22)에서 말한 듯 되어 버린(made to say) 내용을 꼭 그대로 말했던 것은 아니다. 또한 샐리의 논문은 어떤

가 하면, 그것도 GHRH 구조를 발견했다고 틀림없이 바로 꼭 그렇게 주장했던 것은 아니다. 이런 것들은 (22) 문장을 지어낸 사람에게는 하등 문제되지 않는다. 그는 단지 샐리의 논문을 더욱더 공허한 주장으로 만들기 위해, 하나의 확립된 사실로서의 베버를 필요로 했을 뿐이다. 그렇게 해서 한번 반향을 울리면, '정반대의 초기 주장들에도 불구하고' 새로운 진짜 물질을 제안하는 기유맹 자신의 (21) 문장이 더욱 견고해질 것이다.

또 하나 자주 쓰이는 수법은 두 개의 논문을 대립시킴으로써, 그것들을 무력하게 하는 것이다. 두 개의 위험한 반대 주장들이 무능한 것으로 바뀌게 된다. 샐리는 연구 논문에서 GHRH를 평가 분석하기 위해 하나의 시험을 사용했다. 그의 주장을 반복 실험하려던 다른 저자는 방사 면역 측정법(radioimmunoassay)이라 불리는 다른 종류의 시험을 사용했고, 샐리의 주장을 반복해 실험하는 데 실패했다. 그것은 샐리로서는 중대한 문제이기에, 출구를 찾기 위해 그는 다음과 같이 반박했다.

(23) 이 합성 데카펩티드(decapeptide) 물질 또는 자연 물질은 시험에서는 미약하게만 반응했다.[원문 그대로(sic.)][19] 그 시험에서 성장 호르몬 분비는 쥐의 성장 호르몬에 대한 방사 면역 측정법을 통해 측량되었다.(두 개의 참고 문헌) 그렇지만 혈장(plasma)에서 쥐의 성장 호르몬을 측정하기 위한 방사 면역 측정법의 타당성은 최근 의문시되고 있다.(참고 문헌 8)[20]

19) 두 개 이상의 아미노산이 사슬 모양의 펩티드 결합으로 길게 연결된 것을 폴리펩티드라 하고, 구성 아미노산 수가 열 개일 때 데카펩티드라 부른다.
20) 방사 면역 측정법은 항원 또는 항체를 방사성 동위 원소로 표지하여, 항원 항체 반응을 이용하여 생체 내 미량 물질을 시험관 내(in vitro)에서 정량하는 방법이다.

그 측정법으로 GHRH의 결과가 없었다는 점이 샐리의 주장을 위태롭게 하지 않는가? 전혀 아니다. 왜냐하면 바로 그 측정법을 의문시하는 다른 논문이 사용되고 있기 때문이다. GHRH의 부재는 아무것도 증명하지 못한다. 샐리는 구제되었다.

'인용의 맥락(context of citation)'과 관련해, 권모술수적인 정치적 도식 (Byzantine political schemes) 안에서 한층 더 멀리 나아가는 것도 가능한 일이다. 능숙한 당구 선수처럼, 영리한 저자는 공이 세 번, 네 번 또는 다섯 번 리바운드하도록 예측해서 조준할 수 있다. 수법이 무엇이든, 일반적인 전략은 파악하기 쉽다. 필요한 바를 선행 문헌에 대해 행함으로써, 당신의 주장을 위해 그 문헌이 가능한 한 도움이 되도록 만들 것. 이 규칙은 아주 단순한 것이다. 적을 약화시키고, 약화시킬 수 없는 적은 무력화시킨다.[문장 (18)에서처럼] 공격받고 있는 동맹자는 돕고, 논의의 여지가 없는 도구를 제공하는 저자들과는 안전한 의사소통을 확보해야 한다.[문장 (20)에서처럼]

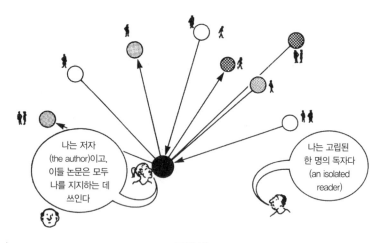

그림 1.3

또 적들은 서로 싸우게 만들어 버리고(문장 23), 이길 가망성이 없으면, 겸손하고 삼가서 말해야 한다. 이것들은 정말로 단순한 규칙들, 최고 오래된 정치의 규칙들이다. 저자가 이렇게 인용 문헌을 텍스트의 필요에 적응시킨 결과는 독자들에겐 인상적인 것이다. 독자들은 단지 참고 문헌의 진짜 분량에 감동할 뿐 아니라, 또한 그 모든 참고 문헌이 구체적 목표를 향해 있고 한 가지 목적, 즉 저자의 주장에 지지를 표하기 위해 배열된 데 대해 감동한다. 독자들은 무질서하고 많은 인용에는 저항할 수도 있다. 그러나 저자가 이용한 논문들의 의미를 전문적으로 바꿔 버린 문서에 저항하는 것은 훨씬 어렵다. 과학 논문의 이러한 활동은 그림 1.3에서 볼 수 있다. 그림에서 연구되는 논문은 검은 점이고, 화살표로 다른 논문들에 연결되며, 화살표의 모양은 문헌 속에서 역할의 종류를 나타낸다.[21]

2.3 나중 문헌에 인용되기

비록 저자가 높은 지위를 갖고, 인용문들이 잘 배열되고, 또한 반대되는 증거들이 완전히 실격된다 하더라도, 독자를 확신시키려는 목표는 자동적으로 달성되지 않는다. 한 가지 이유로, 이 모든 작업이 충분치 않은 것이 되고 만다. 왜냐하면 어떤 문서가 선행 문헌에 대해 가했던 모든 것을, 이번에는 나중 문헌이 그 문서에 대해 할 수 있기 때문이다. 어떤 진술은 그 자체로 사실이나 허구가 되는 것이 아니라, 나중에 다른 문장들에 의해 그렇게 만들어지는 것임을 앞에서 살펴보았다. 사실로 남거나 사실로 변하

---

21) 화살표 방향에 대해서는 그림 1.2 아래의 설명을 참조.

기 위하여, 한 진술은 다음 세대(next generation)의 논문을 필요로 한다.['세대'란 첫째 순배(round)의 문서들을 인용하는 다른 순배의 문서들이 출판되는 데 필요한 시간 범위를 말하며, 그것은 2년에서 5년 사이다.] 은유적으로 말하자면, 진술이란 첫 번째 원칙에 의거해, 나중의 생물체에 자신을 넘기는 데 실패할 경우 존속할 수 없는 유전자와 같은 것이다. 앞에서 우리는 샐리의 논문이 어떻게 다른 논문들을 끼워 넣어 명예와 오욕을 배정하고, 어떤 것은 무력화시키고, 다른 것들은 강화시키고, 그리고 더 많은 논문들로부터 무조건 차용하는지 등등을 살펴보았다. 인용된 논문 모두는 샐리의 논문에서 생존하며, 그 인용 행위에 의해 바뀐다. 그러나 어떤 논문도 논쟁을 중단시킬 만큼 강하지는 않다. 정의상 사실이란, 잘 확립된 것이어서 그를 위해 어떤 지지도 더 이상 필요하지 않은 그런 것일 수 없다. 그렇게 말한다면, 어떤 유전자가 너무나 잘 적응해서, 존속하기 위해 새 개체를 필요로 하지 않는다고 말하는 셈이다! 샐리는 문헌들을 자기 목적에 적응시켰다. 그러나 그의 주장 각각은, 이번에는 **차례로**, 그것을 더욱 사실로 만들어 줄 나중의 다른 문헌들이 필요하다. 그가 인용했던 문서들이 만약 그가 그것들을 채택하지 않았다면 존속될 수 없었던 것처럼, 샐리 자신도 그것을 피할 수는 없다.

문장 (18)에서 어떻게 샐리가, (17)에 인용된 베버의 논문에서 만들어진 호된 공격을 아직 불분명한 상태인 것으로 만들 필요가 있었는지, 그럼으로써 자신의 주장이 치명적인 일격을 당하는 것을 보호할 수 있었는지에 대해 살펴보았다. 그러나 (17)을 그런 상태로 유지하기 위해서 샐리는 다른 사람들이 자기의 행동을 확증해 주는 것이 필요했다. 비록 샐리가 자기 논문에 쓰는 대부분의 것들을 통제할 수 있었지만, 다른 사람들이 하는 것에 대해서 그는 약하게 통제할 수 있을 뿐이다. 그들은 그를 따르려 할까?

이 물음에 대답하는 길은, 샐리의 논문 뒤에 나왔던 다른 논문들에 있는 참고 문헌을 조사하고, 그것들의 인용 맥락(context of citation)을 살펴보는 것이다. 그것들은 샐리가 했던 것에 대해 무엇을 또 하는가? 과학 논문 피인용 지수(Science Citation Index)라는 참고 문헌 계량 도구를 통해 이 물음에 답할 수 있다.* 예를 들어 문장 (17)은 나중 논문들에 의해 사실과 허구 중간에 있는 것으로 유지되지 않는다. 거꾸로, 그것을 인용한 나중의 모든 저자들은 그것을 하나의 잘 확립된 사실로 간주한다. 그들은 모두, 헤모글로빈과 GHRH는 동일 구조를 갖는다고 말하면서, GHRH를 '발견했다'(이제 이것에 인용 부호를 붙여야 한다)라는 샐리의 주장을 손상시키는 데 이 사실을 사용한다. 만일 첫 번째 세대에서는 (18)에서 보듯, 샐리가 베버보다 강력했다면, 그 강함을 유지하게 해 줄 동료가 나중에는 없었기 때문에 다음 세대에서는 강자가 베버였으며, 하찮은 오염 물질을 오래 희구되었던 호르몬으로 간주함으로써 큰 실수를 했던 것은 샐리였다. 이러한 반전은 다른 논문들과, 그 논문들이 이번에는 자기들의 필요에 따라서 그 이전의 문헌들을 변형시키는 방식에 의해 부과된다. 우리가 그림 1.3에 세 번째 세대를 덧붙이면, 그림 1.4에 보이는 것을 얻게 된다.

나중 논문을 덧붙임으로써 우리는, 한 논문의 행동이 어떻게 다른 논문들에 의해 지지되거나 지지되지 않는지를 지도에 나타내 보일 수 있다. 그 결과는 일종의 변형(transformation)의 캐스케이드(cascade)로서, 그 각각은 다른 논문들에 의해 나중에 확증되기를 기다린다.[22]

---

* 과학 논문 피인용 지수(Science Citation Index)는 필라델피아의 과학정보협회(Institute for Scientific Information)에 의해 산출되며, 과학 정책에서 많은 연구의 토대가 되어 왔다.

22) 캐스케이드 개념은 6장 2절에서 본격 등장한다.

어떤 논쟁이 자라난다는 것이 무엇을 의미하는지를 우리는 이제 이해하게 된다. 만일 우리가 논쟁을 계속 연구하고 싶다면, 하나의 논문만을 읽거나 또 그것이 인용하는 논문을 포함해서 읽는 데 그쳐서는 안 될 것이다. 첫 번째 논문에 의해 수행된 작업 각각을 사실의 상태나 허구의 상태로 전환시키는 다른 모든 논문을 읽어야만 할 것이다. 논쟁은 팽창한다. 더욱더 많은 논문들이 치고받는 난투에 연루되며, 그 각각은 다른 모든 것을 자리매김한다.(사실, 허구, 전문적인 세부로) 그러나 그 어떤 것도 다른 것들의 도움 없이는 이런 위치를 고정시킬 수 없다. 그래서 더욱더 많은 논문들을 가입시키고 있는(enrolling)[23] 더욱더 많은 논문들이 토론의 각 단계에서 필요하고, 혼란은 비례적으로 증가한다.

어쨌든 다른 논문들에 의해 비판받는 것보다 더 나쁜 일도 있다. 그것은 잘못 인용되는 일이다. 만약 인용의 맥락이 내가 기술한 바와 같다면, 이런 불운은 아주 자주 일어남에 틀림없다! 각각의 논문이 선행 문헌들을 제 필요에 맞게 적응시키기 때문에, 모든 변형(deformation)은 공정하다. 어떤 주어진 논문은 그 고유의 이해 관계와 동떨어진 방식으로, 완전히 다른 이유에서 다른 것에 의해 인용될 수 있다. 읽지 않고서 인용하는 문헌도 있는데, 그것이 겉치레(perfunctorily) 인용이다. 심지어 저자가 의도하는 것과 정반대의 주장을 지지하는 데 인용되기도 한다. 또는 원래 저자의 관심을 끌지 못했던 너무나 미세한 전문적 세부를 위해 인용되기도 한다. 텍스트에는 명백히 기술되지는 않았던, 저자에게서 기인하는 의도들 때문에 인용될 수도 있다. 기타 다른 이유들이 많다. 이런 변형들이 공정치 못하며, 모든 글은 그 자체 그대로 거짓 없이 읽어야 한다고 말할 수는 없다. 이런 변

---

23) 라투르에게 'enroll'은 역할 부여, 수용을 통해 각 행위자, 요소가 연결망(network)에 가입되는 과정을 가리키며, 3장과 4장을 통해 자세히 설명된다.

형들은 논문들이 참고 문헌에 대해 하는 행위라고 내가 칭한 것의 결과일 뿐이다. 그것들은 모두, 가능한 한 자기들의 주장을 유리한 상태에 놓기 위해, 문헌들을 어떻게 해서든지 자르고 깎는다. 만일 이런 작업들 중 일부가 선택되고, 다른 것에 의해 사실로 수용된다면, 그것으로 다 됐다. 저자가 얼마나 크게 항의하건 간에, 그것은 변형(deformation)이 아니고 하나의 사실(fact)이다.(어떤 분야에서 인용 가치 있는 논문을 쓴 적이 있는 독자는 내 말의 의미를 이해할 것이다.)

비판을 받거나 부주의한 독자에 의해 분해되어 버리는 것보다 더욱 나쁜 일이 있는데, 그것은 **무시되는** 일이다. 한 주장의 지위는 나중 사용자가 끼워 넣은 것에 의존하는데, 만일 나중의 사용자가 아무도 없다면 어떻게 되겠는가? 이러한 사항은, 과학의 날조(구성, fabrication)를 가까이 접해 본 적이 없는 사람들이 이해하기에 너무나 어려운 점이다. 그들은 모든 과학

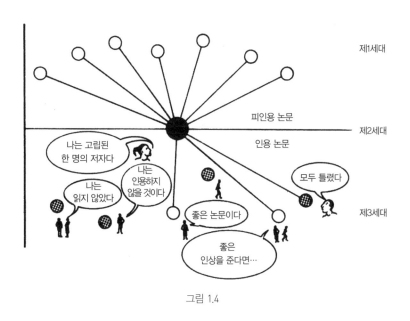

그림 1.4

논문들이 대등하고 군인들처럼 줄 맞춰 서 있고, 하나씩 하나씩 주의 깊게 검사되어야 한다고 상상한다. 어쨌든 대부분의 논문들은 전혀 읽히지 않는다. 한 논문이 이전 문헌들에 어떤 일을 하건, 만약 누구도 그 논문을 가지고 아무것도 하지 않는다면, 그 논문은 마치 전혀 존재하지 않았던 것과 같다. 당신이 격렬한 논쟁을 단번에 잠재우는 논문을 썼을 수도 있다. 그러나 독자가 그것을 무시한다면, 그것은 사실이 될 수가 없다. 절대 될 수 없다. 그 부당함에 대해 항의할 수도 있다. 당신은 마음속 깊이 당신이 옳다는 것을 담아 두고 있을 수 있다. 그러나 그것은 당신의 마음속을 넘어서지 못할 것이다. 다른 이의 도움 없이는 확신을 진전시킬 수 없을 것이다. 사실 구축(fact construction)은 아주 집단적인 과정이므로 고립된 한 사람은 단지 꿈이나 주장, 그리고 느낌을 만들 수 있을 뿐이며, 사실을 만들지는 못한다. 3장에서 보게 되겠지만, 풀어야 할 주요 문제 중 하나는, 다른 사람이 하여간 읽게 만들 만큼 충분히 흥미를 끄는 일이다. 이 문제에 비교하면 신뢰를 받는 문제는, 말하자면 사소한 문제다.

더욱더 많은 논문들에 작용하는 더욱더 많은 논문들에 의해 만들어지는 혼란 속에서, 모든 것이 요동친다고 상상하는 것은 잘못일 것이다. 국부적으로 보아 약간의 논문들은 나중 논문에 의해 언제나 인용되는 일이 일어날 텐데, 한 세대 논문뿐 아니라 여러 세대에 걸쳐 비슷한 긍정적 양태로 인용될 것이다. 모든 기준에 의해 극도로 희귀한 이런 사건은, 한 논문에 의해 만들어진 주장이 다른 많은 논문들에 의해 무조건적으로 차용될 때마다 볼 수 있다. 이 말은, 그것이 이전 문헌들에 대해 했던 것이 나중에 그것을 차용하는 누구에 의해서든 사실로 되었음을 의미한다. 최소한 이 점에 대해서는 토론은 끝났다. 블랙박스가 만들어졌다. 진술 (8), (9), 그리고 (10) 내에 삽입된, '연료 전지(fuel cell)가 전기 차의 미래다'라는 문장의 경우가 그러하다. 시상하부에 의한 성장 호르몬 통제의 경우도 마찬가지다. 샐리와 기유맹이 많은 점에서 불일치했지만, 문장 (19)와 (20)에서 볼 수 있듯이, 두 사람은 어떤 조건이나 불안 없이 그 주장을 차용한다. 인용의 맥락을 그려 보여 주는 그림 1.5에서 그러한 사건은, 점점 더 많은 논문들에 이르게 하고 또 모두 같은 방향으로 정렬되어 있는 화살표들의 정연한 흐름으로 보일 것이다. 논쟁에 끼어든 모든 새 논문은 논쟁을 한 단계 멀리 밀어 나가고, 조류를 역전시키기보다는 이미 확립된 사실의 힘에 자기의 작은 힘을 덧붙인다.

이 진기한 사건이 바로 사람들이 '사실(fact)'에 대해 이야기할 때 통상 생각하는 바다. 이 사건은 허구(fiction)와 질적으로 차이가 나는 것이 아니라는 사실이 지금쯤 분명해졌기를 나는 희망한다. 사실이란, 논쟁의 와중에서 나중 논문들이 비판이나 변형뿐 아니라 확증이라는 행동도 할 때, 집단적으로 안정화된(collectively stabilized) 것이다. 원래 진술의 힘은 그 자체

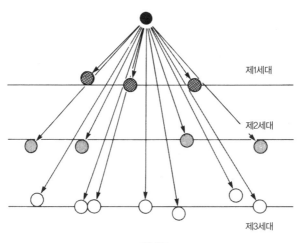

그림 1.5

에 달려 있지 않고, 그것을 통합한 모든 논문으로부터 이끌어져 나온다. 원칙적으로 어느 논문이든 그 진술을 거부할 수 있다. 시상하부에 의한 성장 호르몬의 통제는 문제가 될 수 있고, 그랬었고, 미래에도 논란거리가 될 수 있다. 그러나 그렇게 함으로써 반대자는 한 논문 속의 한 개 주장에 대면하게 되는 것이 아니라, 수백 개 논문에 통합된 그 주장과 대면하게 될 것이다. 그것이 원칙상 불가능한 것은 아니다. 다만 실제에서 터무니없이 힘든 일일 뿐이다. 모든 주장은 그 역사를 지니고서 미래의 저자에게 다가온다. 그 역사는 그 자체에, 그것과 더불어 또는 그것에 무엇인가를 행했던 논문들을 더한 것을 의미한다.

어떤 한 논문을 강화시켜 주는 다른 논문들 각각의 활동이 어떤 비판에 의해 가시적인(visible) 것이 되는 것은 아니다.[24] 이 경우 그런 비판이 없기 때문이다. 그것들의 활동은 원래의 진술이 녹슬어 감(erosion)에 따라 눈에 보이게 된다. 어떤 진술이 이후의 많은 텍스트들에 의해 잇따라 신뢰되고, 사실로서 차용되는 희귀한 경우에서조차, 그것은 동일하게 머물러 있지 않다. 더 많은 사람들이 믿고 그것을 블랙박스로서 사용하면 할수록 그것은 더욱 변형을 겪게 된다. 이 변형 중 첫 번째가 극도의 양식화(stylization)다. 성장 호르몬 통제에 대한 다량의 논문이 있고, 내가 인용했던 기유맹의 논문은 5페이지 분량이다. 그의 논문을 하나의 사실로 간주하는 이후 논문들은 그것을 단 한 개 문장으로 바꾼다.

(24) 기유맹 외(참고 문헌)는 다음과 같은 GRF 서열을 확정지었다. H Tyr Ala Asp Ala Ile Phe Thr Asn Ser Tyr Arg Lys Val Leu Gly Gln Leu Ser

24) visible이란 단어는 책 전반에 걸쳐 사용되지만, 특히 4장 2절에서 과학자와 그의 주장의 가시성 문제가 다뤄지고 있다.

Ala Arg Lys Leu Leu Gln Asp Ile Met Ser Arg Gln Gln Gly Gly Ser Asn Gln Glu Arg Gly Ala Arg Ala Arg Leu NH2

나중에 이 문장은 그 자체가 단 한 개의 단순화된 긍정적 양태를 지닌, 'X(저자)가 Y를 증명했다'라는 한 줄짜리 진술로 바뀐다. 더 이상 어떤 논쟁도 없다.

(5)와 달리 문장 (24)가 계속 신뢰된다면, 이후에 이어지는 각 논문은 이 양식화를 불릴 것이다. 모든 나중 논문의 활동은 저자의 이름을 곧 **빼** 버리는 결과를 낳을 것이고, 기유맹의 논문에 대한 인용은 단지 서열의 기원을 표시할 것이다. 다음 차례로서, 이 서열로 말하자면 그것은 쓰기에 너무 길기도 하다. 그것이 사실이 되었다면, 너무나 많은 다른 논문들에 포함되게 될 것이다. 그래서 곧 그 서열을 여하튼 기록하거나 그렇게 잘 알려진 논문을 인용하는 것은 불필요한 일이 될 것이다. 수십 가지 논문들이 문장 (24)를 논쟁의 여지가 없는 사실로서 사용한 후에는, 다음과 같은 형태로 바뀔 것이다.

(25) 우리는 생후 20일 된, 백피증(albino)을 앓는 스위스산 생쥐 수컷 60마리에게 합성 GRF를 주사했다….

말하자면 수용된 진술들은 그것을 받아들인 사람들에 의해 부식되고 윤색된다. 내가 이 장을 시작할 때의 (1), (5)와 (8)같이, 한 개 문장으로 된 진술로 우리는 돌아가게 된다. 이제 거슬러 생각해 보면, 이 양식화에 많은 작업이 들어가 있고, 한 구절로 된 사실은 (논의를 진행시키기 위해 내가 함축했던 것처럼) 결코 과정의 초입에 있지는 않으며, 이미 준결승의 산물이라

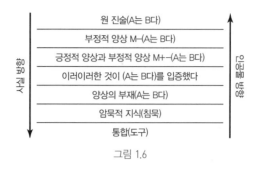

그림 1.6

는 것을 깨닫게 된다. 어쨌든 곧 인용 자체가 군더더기가 된다. 물에 대해 H_2O식을 쓸 때 누가 라부아지에(Lavoisier)의 논문을 언급하겠는가? 긍정적인 양태들이 같은 문장 (24)에 계속 작용하면, 그것은 너무 잘 알려진 것이 되어서, 언급하는 일조차 불필요하게 될 것이다. 원래의 발견은 **암묵지**(tacit knowledge)가 될 것이다.[25] GRF는 대학 1학년 학생이 학문적인 훈련을 받는 중 어느 시점에서 선반에서 꺼내 볼, 많은 유리병에 든 화학물 중 하나가 될 것이다. 앞과 같은 부식과 양식화는 모든 것이 잘 진행될 때만 일어난다. 즉 뒤이은 논문들이 원래 문장을 사실로 간주하고, 그것을 캡슐로 싸고, 그럼으로써 그것을 한 단계 더 멀리 내밀어 보낼 때다. 이와 반대되는 일은 앞에서 보았듯이 부정직 양태들이 증식할 때 일어난다. 새로운 GHRH에 대한 샐리의 문장 (5)는 양식화되지 않았고, 암묵적 실천 속에 훨씬 덜 통합되었다. 거꾸로 (7) 문장과 같은 정화 과정, 또 (13)에 언급된 샐리의 이전 실수 등과 같이, 그로서는 암묵적인 것으로서 건사하고 싶었을 더욱더 많은 요소들이 떠오르고 논의된다. 그러므로 다른 논문들이 주어

---

25) 영국의 철학자 마이클 폴라니(M. Polanyi)가 구분한 지식의 한 종류다. 학습과 경험을 통해 습득함으로써 개인에게는 체화되어 있지만, 언어나 문자로 표현하기 어려운, 겉으로 드러나지 않는 지식을 말한다.

진 진술을 하향(downstream) 또는 상향(upstream)하도록 유인하는가에 따라서, 그것은 누군가에 의해 산출되었다는 표시도 없는 암묵적 지식으로 통합되거나, 다시 개봉되어 많은 특별한 산출 조건들이 덧붙여질 것이다. 이 두 가지 방향은 이제 우리에게 친숙한데, 그림 1.6에 요약되어 있다. 그 그림을 통해 우리는, 우리가 출발점으로 선택한 진술이 어떤 단계에 현재 놓여 있는가, 그리고 다른 과학자들은 어느 방향으로 그것을 밀고 나가려 하는가에 의존해서, 논쟁의 방향을 정해 볼 수 있다.

이제 우리는 과학 문헌 또는 전문적 문헌의 독자가 점차 어떤 세계에 도달하게 될지를 이해하기 시작한다. (1)의 소련 미사일의 정확성 또는 (5)의 샐리의 GHRH 발견, 또는 (8)의 연료 전지를 만드는 최선의 길에 대해 의심하는 것은 일견 쉬운 임무로 보인다. 그러나 만약 논쟁이 지속되면, 더욱더 많은 요소들이 반입되고, 이제 그것은 더 이상 간단한 언어적 도전이 아니다. 우리는 몇 사람 사이의 논쟁으로부터 다른 많은 동맹자들을 가입(enroll)시킴으로써 반대를 받아넘기면서 자신들을 곧 요새화하는 텍스트들로 옮겨 가게 된다. 이들 동맹자 각각은 논쟁에 편입된 다른 많은 텍스트들에 서로 다른 많은 전술을 구사한다. 만일 아무도 그 논문을 돌아보지 않으면 그 논문은 무엇을 했든 무슨 희생을 치렀든 간에, 영원히 없어진다. 만일 한 논문이 논쟁을 단호하게 종식시킨다고 주장하면, 그것은 즉각 해체되어 완전히 다른 이유들로 인용되고, 그 혼란 속에 공허한 주장을 또 하나 더하게 될 것이다. 그러는 동안 수백 개의 요약, 보고서, 포스터가 논쟁에 끼어들게 될 것이며 혼란을 부추길 것이다. 반면에 오래 논평되는 논문은 논쟁에 어떤 질서를 집어넣으려고 애쓰겠지만, 종종 거꾸로 불에 기름을 끼얹는 격이 되고 만다. 가끔은 몇 개의 안정된 진술들이 많은 논문들에서 자꾸자꾸 차용된다. 이런 진귀한 경우에서 그 진술들은 천천히 부식되어 그 원래의 형태를 잃어 가고, 더욱더 낯선 진술들 속에 캡슐처럼 들어간다. 그래서 너무나 친숙하고 관례적인 것이 되면, 암묵적인 관행의 일부가 되어 시야에서 사라져 버리는 것이다!

　이것이 토론에서 반대를 하고 기여를 하고자 하는 사람이 대변하게 될 세계다. 그가 읽고 있는 논문은 이 세계에서 생존을 위해 단단히 대비해 왔다. 논문이 읽히기 위해, 신뢰되기 위해, 또 오해, 파멸, 해체, 무시 등을 피하기 위해 무엇을 해야 할까? 어떻게 해야 다른 사람에게 선택되어, 사실로서 나중 진술들에 통합되고, 인용되고, 기억되고, 인정받는 일이 보장될까? 이것이 새로운 전문적 논문의 저자들이 간구해야 할 바다. 그들은 가열된 논쟁에 이끌려 더욱더 많은 논문을 읽게 된다. 이제는 그들이 출발했던 그 논점을 종식시키기 위해 새로운 글을 **써야만** 한다. MX 사태, GHRH 실책, 또 연료 전지의 실패 같은 것에 대해. 말할 필요도 없이, 지금쯤은 대**부분의 반대자들이 포기할 것이다.** 친구들을 불러들이고, 참고 문헌들을 내세우고, 이 모든 피인용 논문에 작용을 하고, 이 전장에서 부대를 전개하는 일은 사람들을 위협하고, 내빼게 만들기에 이미 충분하다. 예를 들어 우리가 (1)에서처럼 소련 미사일의 명중도, (5)에서처럼 GHRH의 발견, 또는 (8)에서처럼 연료 전지를 얻는 올바른 방법에 대해 의문을 표시하려 한다면, 우리는 매우 심하게 고립될 것이다. 문헌이 너무나 **전문적이라** 사람들을 밀쳐 낸다고 말하는 것이 아니라 그 거꾸로다. 더 많은 자원들을 끌어들임으로써 독자를 고립시키게 된 문헌을, 전문적이거나 과학적 문헌이라고 부르는 것이 필요하다고 우리가 느낀다는 점이다. 갈릴레오가 순진하게 상정했던 '진리에 우연히 맞닥뜨린 보통 사람'은 수천 개의 논문, 심사 위원, 지지자, 그리고 그의 주장에 반대하는 연구비 지원 기관들을 이길 수 있는 기회가 없다. 레토릭의 힘은 반대자를 외롭게 느끼게 만드는 데 있다. 우리가 그토록 순진하게 다루며 출발했던 그 논쟁들에 대한 보고서 더미를 읽고 있는 '보통 사람'에게 진짜로 일어나는 일은 바로 이것이다.

3. 적대적인 공격에 버티는 텍스트 쓰기

대부분의 사람들이라면 텍스트가 불러온 외부의 동맹자들에 의해 내몰리겠지만, 어떤 사람들은 포기하려 들지 않을 것이라는 점에서 갈릴레오가 여전히 옳다. 그들은 자기 입장을 고수하고, 또 학술지의 제목, 저자 이름, 참고 문헌의 수 같은 것에 영향받지 않는다. 그들은 논문들을 읽을 것이나 여전히 그것들을 문제 삼는다. 레토릭의 골리앗과 싸우는 과학적인 다윗의 이미지가 재등장하고, 갈릴레오의 입장을 어느 정도 믿게 만든다.[26] 과학적 텍스트의 동맹자들이 얼마나 인상적이든 간에, 이것으로는 납득시키기에 충분치 않다. 다른 무엇인가가 더 필요하다. 이 무엇인가를 발견하기 위해 과학 논문에 대한 해부를 계속해 보자.

3.1 논문들은 스스로 요새화한다

완강한 독자들을 상대하기에는 기존의 출판 논문으로 충분치 않다. 다른 요소들을 더 끌어들여야 한다. 이런 새 요소들의 동원(mobilization)이

---

26) 골리앗은 『구약 성서』에 나오는 블레셋군의 장군으로 키가 약 2.9m인 거인이다. 블레셋이 이스라엘을 침공했을 때 사울 왕국의 양치기 소년 다윗이 골리앗과의 단판 싸움에 나서, 물맷돌을 던져 그의 이마에 적중시킴으로써 그를 쓰러뜨리고 승리한다.

텍스트가 쓰이는 방식을 철저히 바꾼다. 텍스트는 더욱 전문적으로 되고, 은유를 쓰자면 성층화(成層化)된다(stratified). 나는 문장 (21)에서 기유맹이 썼던 논문의 서두를 인용했다. 첫째, 이 문장에는 시상하부에 의한 성장 호르몬 분비의 통제라는 20년 묵은 사실이 동원되었고, 또한 성장 호르몬의 분비를 억제하는 소마토스타틴이라는 물질의 존재라는 10년 묵은 사실도 동원되었다. 덧붙여서 새로운 물질에 대한 샐리의 주장은 기각되어 버렸다. 그렇지만 이로써, 기유맹이 샐리보다 더 나은 일을 했고, 기유맹의 주장이 샐리 주장보다 더 진지하게 고려되어야 한다고 믿기에는 충분치 않다. 기유맹 논문의 시작이 내가 앞에 분석했던 방식으로 기존 문헌을 이용한 것이라면, 뒤로 가면 곧 아주 달라진다. 예를 들어 텍스트는 이런 파악하기 어려운 물질을 추출해 낼 더 많은 소재를 발표했다. 저자들은 선단 비대증(acromegaly) 같은 희귀병을 앓다가 거대한 종양이 생긴 환자를 발견했다. 이 종양은 지금 찾고 있는 물질을 다량 생산해 낸다.[*][27]

(26) 수술해 보니 두 개의 다른 종양이 췌장에서 발견되었다.(참고 문헌 6) 종양 조직은 주사위 모양으로 잘라졌고, GRF를 추출하려는 의도에서 절제 후 2 내지 5분간 질소 용액에 넣어졌다. (…) 두 종양의 추출물은 시상하부의 GRF의 추출 용량과 동일한 양으로 성장 호르몬을 분비하는 활동을 포

---

[*] 나는 여기에서 다음 논문을 사용했다. R. Guillemin, P. Brazeau, P. Böhlen, F. Esch, N. Ling, W. B. Wehrenberg(1982), "Growth-hormone releasing factor from a human pancreatic tumor that caused acromegaly," *Science*, vol. 218, pp. 585-587.

[27] 선단 비대증 또는 말단 거대증은 손, 발, 코, 턱, 입술 등 신체의 말단이 비대해지는 만성 질환이다. 원인은 뇌하수체 전엽의 호산성 세포 종양에서 성장 호르몬이 다량으로 분비되기 때문이다.

함하고 있었다.[Kav = 0.43, 여기에서 Kav는 추출 상수이다.(참고 문헌 8) GRF 활동의 양(참고 문헌 9)은 한 개 종양에서는 미세했고(정미 중량[net weight] – 밀리그램당, 0.06 GRF 단위), 다른 종양에서는 극도로 높았다.(정미 중량 – 밀리그램당, 1500 GRF 단위)] 이것은 쥐의 시상하부에서 우리가 발견했던 것보다 5000배나 크다.(참고 문헌 8)

이제 만반의 준비가 끝났다! 문장 (26)은 이제까지 우리가 분석해야만 했던 것 중 가장 어려운 문장으로 보인다. 이 어려움은 어디에서 오는가? 저자가 막아야 했던 반대들의 숫자에서 온다. 다른 문장들 다음에 이 문장 (26)을 읽으면, 의견과 논쟁에서부터 사실과 전문적 세부 사항으로 갑작스레 이동하게 되지 않는다. 토론이 너무 팽팽해서 논의되는 단어들이 가능한 어떤 치명적 타격을 받아넘기는 그런 상태가 있는데 우리가 거기 도달했다. 다른 논쟁으로부터 이런 논쟁으로 옮겨 가는 것은, 리그의 첫 번째 토너먼트에서 윔블던 테니스 대회의 결승전으로 옮아가는 것 같다. 각각의 단어는 그것이 '전문적(technical)'이어서가 아니라 그렇게 많은 경합 이후의 최종 시합이기 때문에, 긴 해설이 필요한 하나의 경기 동작이라 볼 수 있다. 이 점을 이해하기 위해 물음에 대한 답변이기도 한 각 문장에 대해, 독자들의 논박을 덧붙여야만 하겠다. 이 덧붙임은 문장 (26)을 다음과 같은 대화로 바꾼다.

(27) – 해마에 있는 그렇게 작은 양의 물질을 가지고, 어떻게 당신이 섈리보다 더 잘해 낼 수 있었습니까?
– 우리는 섈리 박사가 할 수 있었던 것보다 더 쉽게, 분리가 되는 물질 덩어리를 산출하는 종양을 발견했습니다.

– 장난하십니까? 그것들은 췌장의 종양이었고, 당신들이 찾던 것은 뇌에서 나온다고 생각되던 시상하부 물질이었습니다!

– 많은 참고 문헌들이 가리키듯, 때로는 시상하부로부터 나오는 물질이 췌장에서도 역시 발견됩니다. 어쨌든 그것들은 동일한 추출 용량을 지닙니다. 이것은 확정적인 증거는 아니지만, 종양을 그러한 것으로서, 즉 시상하부보다 5000배나 더 큰 활동을 보이는 것으로서 받아들이기에 충분한, 꽤 좋은 증거입니다. 그것이 하늘의 선물이라는 것을 누구도 부정할 수 없을 것입니다.

– 기다려요! 그 5000배를 어떻게 그리도 확신하십니까? 그냥 숫자를 생각해 내지 그러세요? 건조시킨 뒤의 중량입니까, 아니면 물기 있을 때의 중량입니까? 그 기준은 어디서 옵니까?

– 예. 우선 첫째, 그것은 건조 시의 중량입니다. 둘째, 한 개의 GRF 단위는 쥐의 뇌하수체를 원료로 한, 정화된 GRF 조제(조합제, purified GRF preparation)의 양입니다. 그것은 뇌하수체 세포 분자막 생물 검정(bioassay)에서 성장 호르몬을 극점의 절반만큼(half-maximal) 자극해서 산출합니다. 이 설명에 만족합니까?[28]

– 대충 … 그런네 이 종양이, 수술 후 질이 저하되지 않았다고 어떻게 확신할 수 있지요?

– 그것들을 조각낸 뒤 2분에서 5분 동안 질소 용액에 담가 두었다고 말씀드렸습니다. 더 나은 오염 방지가 어디 있겠습니까?

---

28) 생물 검정은 생물 정량법, 생물학적 분석이라고도 하며, 생물에 생물 활성 화합물을 투여하고, 그 반응을 관찰하여 물질을 검정하는 일이다. 비타민이나 호르몬과 같이 극히 소량으로 생물의 발육이나 기능의 발현에 효력이 있는 물질은, 화학적 또는 물리적인 수단을 이용하기보다 직접적인 생물학적 효과에서 정하는 것이 편리할 때가 많으므로 생물 검정을 실시한다.

독자의 반론을 상상하지 않고, 논문의 문장들을 읽는다는 것은 테니스 결승에서 한 선수의 스트로크만을 보는 것과 같다. 그것들은 마치 많은 헛손짓과 몸짓으로 보일 것이다. 전문적인 세부로 보이는 것들의 축적은 무의미하지 않다. 적을 더 공격하기 어렵게 만드는 것일 뿐이다. 저자는 독자의 힘으로부터 자기의 텍스트를 보호한다. 과학 논문은 마치 요새가 차폐물과 버팀벽으로 보강되듯이, 재미를 위해서가 아니라 공격과 약탈을 피하기 위해 더욱 읽기 힘들게 바뀐다.

　또 하나의 심한 변형은 반대에 저항할 만큼 강하게 만들고 싶은 텍스트에서 일어난다. 이제까지 우리가 살펴본 문장들은, 눈앞에 있지 않은 (absent) 논문이나 사건들에 연결시켰다. 반대자들이 의문을 품기 시작할 때마다 그 반대자는 다른 문헌들에게로 돌려 보내지는데, 참고 문헌이나 때로는 인용에 의해 연결되기 때문이다. 그렇지만 훨씬 더 강력한 책략이 존재하는데, 독자가 텍스트에서 믿어 주기를 바라는 바로 그것을 눈앞에 보이는(present) 것이다. 예를 들면 다음과 같다.

　(28) 분석적 역상(analytical reverse-phase) HPLC에 의한 이 물질의 최종 정제는, GRF 활동성이 있는 세 가지 고도로 정제된 펩티드를 산출한다.(도표 1)[29]

　저자들은 당신이 그들을 믿어 주기를 요청하지 않는다. 그들은 당신을 텍스트 밖으로, 즉 도서관에 가서 참고 문헌 더미를 읽는 숙제를 하러 내

---

29) HPLC는 고성능 액체 크로마토그래피다. 크로마토그래피는 시료들이 섞여 있는 혼합액을 이동상과 함께 정지상에 흘려보내면 시료의 특징에 따라 통과하는 속도가 다르다는 점을 이용해 시료를 분리해 내는 방법이다. 보통의 액체 크로마토그래피에서 입자를 더 작게 하고 가는 분리관을 사용해 알맞은 압력을 가하여 용매를 흘리면 더 고속의 분리 기능을 얻을 수 있고, 이것이 HPLC다.

보내지 않는다. 논문 안의 도표 1로 보낼 뿐이다.

(29)

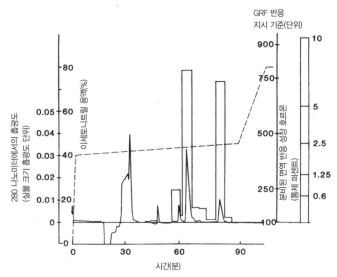

Science, vol. 218, pp.586(by permission of *Science Magazine* and of the author)

이 도표는 텍스트가 말하는(says) 바를 보여 준다(shows). 하지만 그것이 모든 독사, 아직 논란을 벌이고 있는 몇 사람에게도 분명한 것은 아니다. 다른 텍스트인 설명문이, '설명문(legend, 범례)'이라는 말이 가리키듯 도표를 어떻게 읽어야 하는지를 설명한다.

(30) 역상 HPLC(고성능 액체 크로마토그래피)에 의한 hpGRF(시상하부의 성장 호르몬 촉진 인자)의 최종 정제. 분리관(Ultrasphere C18), 25 by 0.4cm, 입자크기 5-(pu)m가, 유속 0.6ml/min으로, 0.5퍼센트(부피당) 헵타 불소 낙산 속에서 아세토니트릴 용액의 변화도(표)를 보이며 용리된다. 소량(2.4ml)

이 기준 좌표 위에 지시된 것처럼 수집된다. 또한 부분들은 생물 검정에 쓰인다. 수직 막대기들은 유출물의 각 파편에 대한 검정에서 분비된, 성장 호르몬의 양을 나타낸다. 이것은 아무 처치도 받지 않은 뇌하수체 세포에 의해 분비되는 성장 호르몬의 양에 대한 퍼센티지로 표현된다. AUFS는 실물 크기 흡광도 단위(absorbance units full scale)다.

독자는 진술 (28)에서 (29) 요약문으로 보내지고, 또 거기에서 설명문 (30)으로 보내진다. 텍스트는 '세 개의 정화된 펩티드가 GRF 활동을 한다'라고 말한다. 그림 1에서 보이는 것은 뾰족한 봉우리들과 수직 막대들의 이중 인화다. '뾰쪽 봉우리'와 '막대'는 설명문에서는 '순도(purity)'와 '활동(성)(activity)'의 시각적 동치(등가물)로 표현된다. 저자가 쓰는 단어에 대한 믿음은 '숫자(figures)'의 검사로 대체된다. 도표가 어디에서 유래했는지에 대해 의구심이 생긴다면, 설명문인 문장 (30)이 새로운 노선의 지원을 제공할 것이다. 뾰족한 봉우리는 우연히 선택된 시각적 표시가 아니다. 그것은 기구[고성능 액체 크로마토그래피(High Pressure Liquid Chromatograph)]가 그린 그림이다. 만일 독자가 그 기구에 대해 뭘 좀 알고, 얼마나 다른 그림들이 그로부터 얻어질 수 있는가를 안다면, 그 그림 이미지를 불변의(안정된) 것으로 유지하기 위해 세부 사항들이 제공될 것이다. 예컨대 입자의 크기, 타이밍, 선을 긋는 규약 등등.

요약문 (28)과 (29), 그리고 (30)을 층층이 줄로 배열함으로써 설득 면에서 어떤 효과가 있을까? 반대자는 이제 저자의 의견뿐만 아니라, 또 낡은 논문들의 입장뿐만 아니라 텍스트가 말하고 있는 바로 그것과 대면하게 된다. 우리는 말할 때 보통, 지금 눈앞에 없는 사물을 지시한다. 이것을 말의 지시체(외연, referent)라 한다. '꽃이 핀 여섯 그루 복숭아나무'는 내가 지금 보여 줄 수 없는 나무에 대한 구절이다. 문장 (28)이 세 개의 활동성이 있고, 정제된 물질이 존재한다고 주장할 때 상황은 완연히 다르다. 이문장의 지시체는 주석에 즉각 덧붙여진다. 그것은 (29)에 보이는 그림이고, 이 지시체의 지시체는 또한 설명문 (30)이다. 보통 문헌의 이런 변환은 우리가 지금 전문적이거나 과학적인 텍스트에 대면하고 있다는 확실한 표식이다. 이런 종류의 문헌에서는 당신은 케이크를 먹을 수도 있고, 그러면서남길 수 있다.[30] 설득의 효과는 막대하다. '우리가 GRF를 발견했다'라는주장은 **홀로** 유지되지 않는다. 그것은 첫째, 다른 많은 텍스트들에 의해 지지되고, 저자의 주장에 의해 둘째로 지지된다. 이것으로 좋지만 충분치는않다. 만일 지지자들이 텍스트 자체 안에 배열되어 있다면 훨씬 강력하다. 진술 (28)을 어떻게 부정할 수 있겠는가? 당신 스스로 (29)의 뾰족 봉우리를 봐라! 도표의 의미를 의심하는 것인가? 좋다, 그럼 설명문을 읽어라. 당신 눈으로 본 증거를 믿기만 하면 된다. 이것은 무슨 믿고 말고의 문제도아니다. 이것은 **보는**(seeing) 문제다. 믿지 못하는 토마스(Thomas)조차 의심을 버릴 것이다.[31] 물론 당신이 비록 GRF를 만져볼 수는 없겠지만 ─그렇지만 다음 장까지 기다려라….

논쟁의 강도에 의해 우리가 이끌려 간 텍스트들이 과학 문헌이라는 것을 이제 우리는 알게 되었다. 지금껏 저널리스트, 외교관, 리포터, 법률가들은 참고 문헌을 붙여서, 그리고 저자의 역할, 제목, 그리고 연구 지원처(source of support) 등을 주의 깊게 표시해서 텍스트들을 쓸 수 있었다. 여

---

30) 다른 경우 보통 양자택일만 가능하다. 먹으면 남길 수 없는 법이다.
31) 이 정도로 스스로 요새화된 논문들 앞에서는 독자가 아무리 회의론자라도 설득될 것이라는 의미다. 이 '의심하는 토마스(doubting Thomas)'라는 표현은 예수의 12사도 가운데 예수의 부활을 믿지 않았던 사도의 이야기에서 나왔다. 토마스(또는 도마)는 직접 예수의 몸을 만져 보고서야 믿게 되었다. 참조: 『요한복음』 20: 24-29.

기에서 우리는 완전히 다른 게임에 들어서게 된다. 이야기가 외계인에 의해서 갑자기 기록되었기 때문이 아니라, 그것이 텍스트 안에 가능한 많은 지지자들을 채워 넣으려 하기 때문이다. 흔히 '전문적 세부 묘사'라고 불리는 것이 증식하는 이유다. 산문으로 된 보통 텍스트와 전문적 문서 사이의 차이점은 바로 후자의 성층(stratification)이다. 그런 전문적 텍스트는 층으로 배열되어 있다. 각각의 주장은 텍스트 바깥 또는 내부에서, 다른 부분, 숫자, 칼럼, 표, 설명문, 그래프 등에 대한 참조에 의해 중단된다. 이 각각은 또 같은 텍스트의 다른 부분으로, 또는 더 바깥의 참고 문헌으로 당신을 보낼 것이다. 그런 성층화된 텍스트에서 독자가 그것을 일단 흥미 있게 읽는다면, 미로에 놓인 쥐처럼 마음대로 갈 데가 많을 것이다.

단선적인 산문이 연속적인 방어 전선들의 겹쳐진 배열로 바뀌는 것은 한 텍스트가 과학 문헌이 되었다는 가장 확실한 신호다. 참고 문헌이 없는 텍스트는 가리개가 없어 공격받기 쉽다고 말한 바 있다. 그러나 참고 문헌을 갖춰도 성층화되지 않은 한, 허약한 것이다. 견실성에서의 이 변화를 입증하는 가장 간단한 방식은, 20년 간격으로 발표된 동일 분야의 두 논문을 살펴보는 것이다. 20년 전에 영장류학의 선구자가 쓴 첫 번째 논문과 영장류 연구에 사회 생물학을 적용하는 패커(Packer)의 논문을 비교해 보자.[*] 시각적으로도, 논문을 정밀하게 읽지 않았을 때조차, 차이는 현저하다. 둘 다 비비(baboons)에 대한 것인데도, 첫 번째 논문의 산문은 간간이 나오는 참고 문헌과 몇 장의 비비 사진(저널리스트들의 여행담에서 볼 수 있듯이) 외에는

---

[*] 여기에서 언급된 것은 다음 논문이다. C. Packer, "Reciprocal altruism in papio P.", *Nature*, 1977, Vol. 265, no. 5593, pp. 441-443. 문헌의 이러한 변형은 더 하드한(역주: 자연 과학에 가까운) 분야와 소프트한(역주: 사회 과학에 가까운) 분야 사이의 차이를 폭로해 주는 것이겠지만, 이런 측면에 대한 체계적인 연구에 대해 나는 들은 바 없다. 다른 접근 방식과 물리학에서의 논문들에 대해서는 C. Bazerman(1984)을 참조하라.

중단 없이 흘러간다. 반면 패커의 글은 많은 층들로 성층화되어 있다. 비비에 대한 각각의 관찰은 그 통계적 의의가 가려지고 해독된다. 그래프와 그림이 칼럼을 요약 설명한다. 논문의 어떤 부분도 홀로 있지 않고, 각각은 다른 층위들(방법, 귀결, 토론)에 대한 많은 참조들로 연결되어 있다. 홀(Hall)과 패커의 논문을 비교하는 것은 구식 소총을 기관총에 비교하는 것과 같다. 산문의 차이를 봄으로써 그들이 글을 쓰면서 속해 있는 그 세계의 종류를 상상할 수 있다. 홀은 혼자였고, 첫 번째 비비 관찰자들 중 하나였다. 패커는 일군의 과학자들과 같이 있었고, 비비들만 아니라 상호간에도 가까이 관찰할 수 있는 위치에 있었다! 그의 글은 그들의 반대를 견뎌 내기 위해 많은 방어적 단층 속에 끼워 넣어져 있다.

패커의 논문, 또 기유맹과 샐리의 논문 어디에서도 '비비'라 불리는 실제 털 난 짐승이나 'GHRH'를 볼 수 없다는 사실에 주목해야 한다. 그럼에도 불구하고 성층을 통하여 이들 논문은 **통찰력의 깊이**(depth of vision)에 대한 인상을 독자들에게 준다. 서로를 지지해 주는 그렇게 많은 단층들은 덤불처럼 엉켜 있고, 불굴의 노력 없이는 그것을 부술 수 없다. 이 인상은, 텍스트가 나중에 동료에 의해 인공물로 바뀌더라도 존속된다. GRF 업무나 비비 연구에 연루된 어떤 사람도, 그가 무엇을 보고 원하든 긴에, 순전히 가리개 없이 노출된(naked) 산문을 쓸 수는 없다. 그것은 칼을 가지고 탱크와 싸우는 격이다. 사기 행위를 하려는 사람의 경우에도, 실재와 닮은 그런 깊이를 보여 주려면 막대한 대가를 지불해야만 한다. 젊은 생물학자인 스펙터(Spector)는 자료를 날조한 죄를 깨닫고서, '물질과 방법'에 대한 네 페이지에 이르는 긴 절에서 자기의 부정을 숨겨야 했다.[*] 수백 가지 방

---

[*] 다음 논문. M. Spector, S. O'Neal, E. Racker(1980), "Regulation of phosporylation of the

법론적 경계를 늘어놓아 보인 후, 그 속에서 단 한 개의 문장을 조작했다. 말하자면 악덕이 덕목에게 바치는 공물인 셈인데, 그런 종류의 사기는 어떤 사기꾼의 힘도 미치는 곳에 있지 않기 때문이다!

이 절을 시작하면서, 의견을 달리하는 사람을 이기려면 단순한 참고 문헌이나 권위보다 '어떤 다른 것'을 필요로 한다고 말했다. 이제 우리는, 논문의 외부 단층에서 내부 단층으로 옮겨 가는 것은, 권위에의 호소(argument of authority) 논증에서 자연으로 가는 것이 아님을 이해할 수 있다. 그것은 권위에서 더 많은 권위로 가는 것이며, 동맹자들과 자원의 숫자에서 더욱 많은 숫자(greater numbers)로 가는 것이다. 기유맹의 발견을 불신하는 사람은 대가들의 이름과 긴 참고 문헌 목록만 대면하는 것이 아니고, 'GRF 단위', '용리량(elution volume)', '뾰족 봉우리와 막대', '역위상 HPLC' 등과 대면해야 한다. 불신은 다량의 참고 문헌과 용감하게 싸우는 것만을 의미하지 않는다. 그것은 기구와 숫자와 텍스트를 함께 묶어 주는 끝없는 새로운 연결들을 푸는 일임을 의미한다. 더 곤란한 것은, 반대자가 텍스트를 저기 바깥(out there)에 존재하는 실제 세계에 대조시킬 수 없다는 점이다. 왜냐하면 그 텍스트가 내부에다 '저기 안에(in there)' 존재하는 실제 세계를 가져다 놨기 때문이다. 반대자는 정말로 고립되었고, 지시체 자체가 저자의 캠프로 이동했기 때문에 혼자다. 논문 내부에 있는 이런 새로운 모든 자원 사이의 동맹 관계를 깨는 것을 기대해 볼 수 있을까? 불가능하다. 모든 부분을 연결시키면서 텍스트가 방어적으로 지니고 있는, 중첩되고, 둘둘 감기고, 층을 이룬 그 형식 때문에. 누가 요약문 (29)에서 도표 1을 의심한

ß-subunit of the Ehrlich Ascites tumor Na→ K → -ATPase by a protein kinase cascade," *Journal of Biological Chemistry*, vol. 256, no. 9, pp. 4219-4227. 이것을 비롯해 다른 많은 경계 사례에 대해서는 W. Broad and N. Wade(1982)를 참조하라.

다면, 역상 HPLC를 의심해야만 한다. 누가 그렇게 하려 하겠는가? 물론 어떤 연결이든 풀릴 수 있고, 어떤 기구든 의심받을 수 있고, 어떤 블랙박스든 재개봉될 수 있고, 어떤 그림이든 내버려질 수 있다. 그러나 저자의 캠프에 있는 동맹자들의 축적은 정말로 만만치 않다. 반대자들 역시 인간이다. 그렇게 높은 승산을 가진 강적과는 맞설 수 없는 그런 지점이 있기 마련이다.

과학적 레토릭에 대해 해부하면서 나는, 전문 문헌을 대면하고 있는 고립된 독자로부터, 거부하거나 무관심한 독자들의 무리 한가운데로 자기 문헌을 내놓으려 하는 고립된 저자로 이동해 나갔다. 그것은 상황이 대칭적이기 때문이다. 저자가 고립되었다면, 그는 독자를 확신시키기 위해 새로운 자원을 발견해야만 한다. 저자가 만일 성공한다면, 다량의 새 자원에 자신을 연결시키는 과학 논문에 의해 이번에는 독자가 완전히 고립된다. 실천적 측면에서는 갈릴레오에 의해 기술된 바와는 정반대의 상황, 즉 가역적인 단하나의 상황만이 존재한다. 1명과 2000명이 맞붙으면 어떻게 되겠는가.

3.2 포지셔닝 전술(positioning tactics)

논쟁에 의해 생성된 이 이상한 문헌으로 들어가면 갈수록, 그것은 더욱 읽기가 어려워진다. 이 난점은 한 점으로 동시에 모아진 요소들의 숫자에서 기인한다. 가능한 한 빨리 최대 숫자의 자원들을 텍스트 안에 쌓아 올리기 위해 사용된 머리글자 약어, 기호, 속기 등에 의해 그 난점은 고조된다. 그러면 남은 대여섯 명의 독자들을 확신시키기에 숫자로 충분할까? 충분치 않다. 머릿수는 전쟁에서와 마찬가지로 과학 문헌에서도 충분치 않다. 더 필요한 것이 있다. 즉 인원수는 배열되고(arrayed), 훈련되어야 (drilled) 한다. 그것에는 포지셔닝이라 불리는 것이 필요하다.[32] 이상하게 도 이것은, 우리가 이제껏 기술한 것보다 이해하기가 더 쉽다. 보통 레토릭 이라 부르는 것과 훨씬 가깝기 때문이다.

(1) 겹쳐 쌓기(stacking)

그림, 숫자, 번호, 그리고 이름을 텍스트 안에 도입하고 그것들을 포개 는 것은 힘의 원천이지만, 주요한 약점으로 바뀔 수도 있다. 인용 문헌들 처럼(앞의 2절, 2. '선행 문헌들 인용하기'를 보라.) 그것들은, 그 진술이 무엇 을 하려고 하는지를 독자에게 보여 준다. 이것이 의미하는 바는, 독자 또 한 자기들이 그 문장을 풀어 내고자 하면 어디를 당기는지 안다는 것이다. 각 단층은 틈새를 피하면서 이전 것 위에 조심스럽게 쌓아 올려져야 한다. 이 작업을 특히 어렵게 만드는 것은, 실제로 많은 틈새가 있다는 것이다. (29)의 도표는 GRF를 보여 주지 않는다. 그것은 1982년의 한 실험실에서 한 개의 실험 계획안(protocol)에서 나온, 이중 인화된 두 개의 그림을 보여 준다. 이들 그림은 리옹(Lyon) 병원에 있던 프랑스 인 환자로부터 나온 두 개의 종양과 관련이 있다고 한다. 그래서 무엇이 보이는가? GRF? 아니면, 환자에게 설치된 기구의 인쇄물 위에 있는 무의미한 낙서 자국? 첫째도 아 니고, 둘째도 아니다. 그것은 텍스트에 나중에 무슨 일이 일어나는가가 달 려 있다. 보이는 것은 단층의 집적이고, 각 층은 이전 층에 무엇인가를 덧붙

---

32) 포지셔닝은 군사적 의미의 '배치' 또는 '위치 정하기'로 이해될 수도 있다. 마케팅에서는 잠재 고객의 마인드에 자사 제품의 바람직한 위치를 형성하기 위해 노력하고 커뮤니케이션하는 활동을 말한다. 1972년 광고 회사 간부인 앨 리스(Al Ries)와 잭 트라우트(Jack Trout)가 도 입한 용어로 '정위화(定位化)'라고도 한다.

인다. 그림 1.7에서 다른 사례를 이용해 이 겹쳐 쌓기를 보여 주겠다. 맨 아래 단층은 세 개의 햄스터 신장으로 만들어진다. 가장 높은 단층은 제목인데, '포유동물 신장의 역류 구조'를 보여 준다고 주장한다. 짙은 선은 한 층으로부터 다른 층으로의 수확을 나타내기 위한 것이다. 어떤 텍스트는 은행과 같다. 금고에 갖고 있는 것보다 더 많은 돈을 빌려 준다. 이 은유가 훌륭한 이유는, 모든 예금자가 은행에 대한 신뢰(confidence, 수신)를 모두 다 동시에 철회할 경우 은행처럼 텍스트도 파산할 수 있기 때문이다.

모든 것이 잘되어 가면, 그림 1.7에 스케치된 그 논문은 포유동물의 신장 구조를 보여 준다. 모든 것이 잘 안 되면, 그것은 1984년의 어떤 실험실에 있던 세 마리 햄스터로 축소되어 버린다. 단지 몇 명의 독자만이 신뢰를 거두면, 텍스트는 중간 단계 어디에서 서성거린다. 아마 햄스터의 신장 구조나, 설치류 신장 구조 또는 낮은 단계 포유류의 신장 구조를 보여 줄 것이다. 여기에서 우리는 앞에서 논의했던 사실 구축(fact-building) 또는 사실 파괴(fact-breaking)에서 두 가지 방향을 알아볼 수 있다.

한 논문의 하위, 그리고 상위 단층들 사이의 이러한 극단적인 변화를 철학자들은 가끔 귀납(induction)이라 부른다. 몇 개의 단편적 증거들로부터 가장 거대하고 대담한 주장으로 넘어가는 것이 허용되겠는가? 세 마

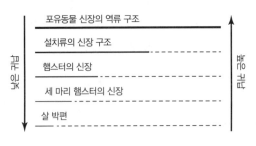

그림 1.7

리 햄스터에서 포유류로? 한 개 종양에서 GRF로? 이런 물음에는 원칙상 정답이 없다. 왜냐하면 다른 저자들과의 논쟁의 강도에 의존하기 때문이다. 만약 당신이 지금 샐리의 논문을 읽는다면, GHRH를 볼 수 없을 것이며, 몇 개의 무의미한 막대기와 점만을 볼 것이다. '이것이 GHRH 구조다'라는 그의 주장은 문장 (5)의 내용이었는데, 그것은 부도난 개인 수표처럼 이제 공허한 허세로 보일 것이다. 반면 기유맹의 논문을 읽으면서, 당신은 문장 (24)에 표현된 그의 주장을 믿기 때문에, 텍스트에서 GRF를 알아본다. 두 가지 경우에서 신뢰와 불신은 나중에 그 주장을 더 실제적으로 또는 덜 실제적으로 만든다. 현장에 따라, 그리고 경쟁의 강도에 따라, 화제의 난이도에 따라, 저자의 양심에 따라, 쌓아 올리기는 달라진다. 우리가 얼마나 다른 경우들을 보든지, 게임의 이름은 간단하기 그지없다. 첫째 규칙: 다른 것 바로 꼭대기에 하나를 놓도록 두 단층을 겹쳐 쌓지 말아라. 그렇게 하면 얻는 것도 느는 것도 없고, 텍스트는 자가 반복을 할 뿐이다. 둘째 규칙: 첫 번째 층위에서 마지막 층위로 곧장 진행하지 말아라.(당신의 허세에 도전할 다른 사람이 현장에 아무도 없다면 몰라도.) 세 번째 규칙(가장 중요하다): 상황을 고려하면서, 될 수 있는 한 최소의 것을 가지고 가능한 한 최대를 입증하라. 너무나 소심하면 당신의 논문은 없어질 것이고, 지나치게 대담해도 마찬가지다. 한 논문의 겹쳐 쌓기는 돌 오두막집을 짓는 일과 흡사하다. 각각의 돌은 그 전의 것보단 더 나가야 한다. 만일 너무 나가면 아치형 천장 전체가 무너진다. 충분히 앞으로 나가지 못하면, 아치형 천장을 만들 수가 없을 것이다!! 귀납의 문제에 대한 실제적 답은 철학자들이 원하는 것보다 훨씬 세속적이다. 어떤 논문이 독자의 적의에 맞설 수 있는 힘은 대부분 이런 답변에 의지한다. 그것이 없으면, 우리가 앞에서 분석했던 많은 자원들은 쓸모없는 것이 된다.

(2) 상연(staging)과 프레이밍(framing)

자원들이 얼마나 많고 또 얼마나 잘 겹쳐 쌓아 올렸건 간에, 그냥 어떤 뜨내기 독자만이 읽었다면 그 논문은 아무 기회도 얻지 못한다. 자연스럽게 독자층 대부분은 매체, 제목, 참고 문헌, 도표, 그리고 전문적인 세부 등에 의해 이미 한정되어 있다. 그렇지만 그 밖의 사람들이 있기에 그것은 여전히 악의 있는 독자들에 좌우된다. 스스로 방어하기 위해서라도 텍스트는 어떻게 읽어야 할지, 또 누가 읽어야 할지를 설명해야 한다. 말하자면 텍스트는 사용자 통지 또는 설명서를 지니고 있다.

텍스트에 새겨져 있는 이상적인 독자의 이미지는 검색하기가 쉽다. 저자의 언어 사용에 의거해, 그가 누구에게 이야기하고 있는가를 즉각 파악할 수 있다.(대부분의 경우 당신에게 이야기하고 있지 않다는 것을 최소한 깨닫게 된다!) 문장 (24)는 GRF의 아미노산 구조를 규정하고 있는데, 아래 문장의 독자와 동일한 독자층을 겨냥하지 않는다.

(31) 몸의 성장을 조절하는 물질이 존재한다. 이 물질은 GRF라 불리는 또 다른 물질에 의해 통제된다. GRF는 44개 아미노산 서열로 이루어져 있다.(아미노산은 모든 단백질의 구성물이다.) 이 서열은 노벨상 수상자인 로제 기유맹에 의해 최근에 발견되었다.

이런 문장은 완전히 다른 청중을 위한 것이다. 문장 (24)나 (26)에 비해 더 많은 사람들이 읽을 수 있다. 더 많은 사람, 그러나 자원은 더 적게 갖춘 사람들이다. 대중화(popularization)는 논쟁과 같은 길을 가지만, 반대 방향이라는 점에 유의하자. 논쟁의 강도 때문에, 우리는 비전문적인 문장들로부터, 자원을 제대로 못 갖춘 수많은 논쟁자들을 통해 논문을 쓰고 자원을 잘 갖춘 소수의 논쟁자들에게로 천천히 이끌려 간다. 만일 독자의 수를 다시 늘리기를 원한다면, 논쟁의 강도를 줄여야만 하고 자원들도 축소해야 한다. 이 말은 유용하다. 왜냐하면 과학에 대해 대중적인 글을 쓰기 어려운 것은, 자원이 소수 과학자들의 수중에 축적되어 있는 상당한 정도를 나타내기 때문이다. 과학은 첫째로 대중을 밀어내려고 고안된 것이기 때문에 대중화하기는 어렵다. 과학에서 제외된 독자층을 다시 불러들이고자 할 때 교사들, 저널리스트, 그리고 대중화 작업을 하는 사람들이 어려움에 직면하는 것은 당연하다.

저자가 사용하는 말의 종류가 그들이 겨냥하는 이상적 독자를 결정짓는 유일한 방법은 아니다. 다른 방법은 독자의 반론을 미리 예상하는 것이다. 이 비결은 과학적이든 아니든 간에 모든 레토릭에 흔한 것이다. '나는 당신이 이에 반대할 줄 알았다. 하지만 그에 대해 이미 생각했었고, 이것이 나의 답변이다.' 독자는 미리 선택되었을 뿐 아니라, 그것이 말하려고 한 바도 그것의 입에서 끄집어내어졌는데, 이는 문장 (27)의 대화에서 예시한 바와 같다. [나는 '그 또는 그녀(he or she)' 대신 '그것'이란 말을 썼는데, 이 독자가 육체를 지닌 인간이 아니라 지면 위의(紙上) 인간, 즉 기호적 인물(semiotic character)이기 때문이다.]* 이 과정 덕택에 텍스트는 주의 깊게 목표를 잡는다. 텍스트는 모든 잠재적 반론을 미리 소진시키고 독자를 침묵에 빠지게 한다. 독자는 그 문장을 사실로서 받아들일 수밖에 없다.

저자는 어떤 종류의 반론을 고려해야만 할까? 이것은 또한 철학자들이 원칙적으로 대답하려고 애쓰는 물음이지만, 전장에 따라 다른 실제적 답변들만이 있을 뿐이다. 유일한 규칙은 (가상, imaginary) 독자들에게, 저

---

* 더 포괄적인 소개를 위해서는 M. Callon, J. Law and A. Rip(eds)(1986)을 보라.

자를 믿기 이전 어떤 종류의 시험(trials)을 요구하겠느냐고 물어보는 것이다. 텍스트는 작은 이야기를 구성해 내는데 그 속에서, 믿을 수 없는 것[영웅(the hero)]은 점점 더 끔찍한 시험들을 견뎌 내기 때문에 점차 더욱 믿을 수 있는 것으로 바뀐다. 그러면 저자와 독자 사이의 암암리의 대화는 다음과 같은 형태를 띤다.

(32) - 만일 내가 말한 이 물질이 세 가지 다른 분석법에서 성장 호르몬을 유발한다면, 이것이 GRF라고 믿겠습니까?

- 아니, 아직 충분치 못합니다. 췌장 종양에서 추출한 그 물질이 시상하부에서 나오는 진짜 GRF와 동일한 것임을 내게 보여 주기를 바랍니다.

- '동일한'이란 말이 무슨 의미입니까? 그 물질이 '진짜 GRF'로 인정받기 위해서 그 물질이 어떤 시험을 거쳐야 하겠습니까?

- 도표에서 췌장의 물질이 그리는 커브와 시상하부의 GRF는 겹쳐서 인화해 봐야 합니다. 당신을 믿기 전에 내 눈으로 확인하고 싶은 것이 이 시험입니다. 그렇지 않고서는 동조할 수 없습니다.

- 그것이 원하는 바입니까? 그 다음엔 포기하겠지요? 약속합니까? 자, 여기 있습니다. 그림 2, 완벽한 이중 인화입니다!

- 잠깐만요! 아직 아닙니다! 이것은 올바르지 않습니다. 두 개를 맞추기 위해 커브에다 무슨 짓을 했습니까?

- 통계학의 현재 지식과 오늘날의 컴퓨터를 가지고 할 수 있는 모든 것을 했습니다. 데이터 각각에 대해 네 개의 매개 변수 논리 방정식으로부터, 그 선들이 이론적으로 또 컴퓨터에 의해 계산되고 그려졌습니다. 이제 포기하십니까?

- 예, 예. 물론이죠. 당신을 믿습니다.

달인(마스터)인 저자가 예상했던 반론과 요구를 가진 가상적 독자, '그것 (it)'은 포기한다!

과학 문헌은 가장 피상적인 관점에서 보면 지루하고 생기가 없어 보인다. 만일 독자가 그들이 응하는 도전을 고쳐 만든다면, 문헌들은 이야기 꾸미기처럼 스릴 만점일 것이다. '영웅에게 무슨 일이 일어날까? 이 새로운 시련을 견뎌 낼까? 아니지. 최고수에게조차 너무 심해. 아, 정말 이겨 냈나? 믿을 수 없어. 독자는 믿을까? 아직 아냐. 아, 어머나, 여기 새 시험이 있네. 이 요구에 맞추기는 불가능해. 너무 어려워. 부당해, 이것은 부당해.' 환호하는 군중과 야유 소리들을 상상해 보라. 연극 무대 위의 어떤 인물도, 예컨대 이 GRF처럼 그렇게 우호적으로 관람되고, 훈련과 연습을 요청받지 않는다.

과학 문헌의 미묘한 점을 알면 알수록 그것은 더욱 특이해진다. 그것은 이제 하나의 진짜 오페라다. 군중의 떼는 참고 문헌에 의해 동원된다. 무대 뒤에서 수백 가지 장식품이 들어온다. 가상적 독자들이 호출되어서 저자를 믿기만 해 달라고 요청받지 않는다. 영웅들이 영웅으로서 인정받으려면, 어떤 고문, 시련, 시험을 겪어야만 하는지를 똑똑히 설명해 줄 것을 요청받는다. 그러면 텍스트는 이 시험에 대한 드라마틱한 이야기를 펼친다. 정말로 영웅들은 「마술 피리(The Magic Flute)」에서의 왕자처럼 모든 어둠의 세력을 이겨 낸다.[33] 저자는 더욱더 불가능한 시험을 많이 덧붙이는데, 그것은 영웅이 그것을 극복하는 것을 지켜보는 즐거움을 누리기 위

---

33) 「마술피리」 혹은 「마적」은 모차르트가 죽기 두 달 전에 완성한 오페라다. 이 작품의 기본적인 갈등 구조인 자라스트로와 밤의 여왕의 대결은 빛과 어둠 또는 선악의 대비를 상징한다. 마침내 자라스트로가 밤의 여왕을 물리친다는 결말은, 모차르트가 가담했던 프리메이슨의 근본 사상인 선의 승리를 암시하고 있다.

해서다. 저자는 새로운 악당, 폭풍, 악마, 저주, 용을 보내서 청중과 그들의 영웅을 시험하고, 영웅은 그들과 싸운다. 끝에서 독자는 그들이 일찍이 의심했던 것을 부끄러워하면서, 저자의 주장을 받아들인다. 이런 오페라들이 수천 번, 《네이처》나 《물리학 평론(Physical Review)》 속에서 펼쳐진다.(그것도, 아주아주 적은 관객들을 위해서라고 나는 말할 수밖에 없다.)

과학 문헌의 저자가 저술 속에 단지 독자, 영웅, 그리고 시험을 만들어 넣기만 하는 것은 아니다. 그들은 자신들이 누구인가를 명백히 한다. 육체를 지닌 저자들은 지면상의 저자가 되고, 논문에 더 많은 기호적 인물, 더 많은 '그것들'을 덧붙인다. 내가 기유맹의 논문이라고 부른 것의 여섯 저자들은 물론 그것을 쓰지 않았다. 그 누구도 논문이 얼마나 많은 수정 원고를 거쳤는지 기억하지 못한다. 논문을 이 여섯 저자에게 귀속시키는 것, 공저자들의 이름 순서를 정한 것도 모두 주의 깊게 각색된 것인데, 이는 플롯을 쓰는 하나의 부분이기 때문에, 그것이 과연 누가 플롯을 썼는지를 말해 주지는 않는다.

이 명백한 상연하기(staging)가 저자의 존재에 대한 유일한 표시는 아니다. 전문적인 문헌은 비인격적이라고 일컬어지는데, 사실은 전혀 그렇지 않다. 저자는 텍스트 안에 짜 넣어진 채 모든 곳에 두루 있다. 과학적 스타일을 정의하는 주요 특징으로 일컬어지는 수동태가 사용된 경우에도 그것을 입증할 수 있다. '각 종양으로부터 일부 조직이 추출되었다'라고 쓸 때에도, '샐리 박사가 추출했다' 또는 '내 젊은 동료인 지미가 추출했다'라고 쓰는 경우와 마찬가지로 저자의 사진을 그릴 수 있다. 그것은 단지 또 하나의 사진일 뿐이다. 무대 위의 회색빛 배경 막도 색깔 있는 것인 만큼 하나의 배경 막이다. 그것은 그가 청중에게 불러일으키기를 바라는 효과들에 전적으로 의존한다.

저자에 대한 묘사가 중요한데, 그것은 독자에 대한 가상적 대응물을 제공하기 때문이다. 그것은 독자가 어떻게 읽고, 반응하고 믿어야 하는지를 통제할 수 있다. 예를 들어 종종 그것은 이미 토론을 예상하고 있던 하나의 계보도 위에 자신을 위치시킨다.

(33) 햄스터의 신장 구조에 대한 우리의 관념은 최근에 비르츠(Wirz)의 관찰에 의해 급격히 변경되었습니다.(참고 문헌) 새로운 부가적 관찰을 보고하고자 합니다.

이 문장의 저자는 자신을 혁명적인 사람으로 그리지 않고 추종자로서 묘사한다. 이론가가 아니라 겸허한 관찰자로 그린다. 만일 독자가 그 주장이나 이론을 공격하고자 한다면, 비르츠가 가한 '급격한' 변형과 그가 가진 '관념(conception)'에 공격 방향이 다시 맞춰진다. 그런 문장이 어떻게 저자의 특정 이미지를 만들어 내는가를 보기 위해 다음과 같이 고쳐 보자.

(34) 비르츠(참고 문헌)는 신장 구조에 대한 고전적 틀로 해석할 수 없었던 당혹스러운 현상을 최근 발견했다. 우리는 그의 데이터에 대한 새로운 해석을 제안하고자 한다.

이 논문은 즉각 방침을 바꿨다. 그것은 이제 혁명적인 논문이며, 이론적인 것이 된다. 비르츠의 입장은 변경되었다. 과거에 그는 마스터였으나 지금은 자기가 무엇을 했는지를 확실히 알지 못하는 선구자다. 독자의 기대는 저자가 어떤 버전을 선택했느냐에 따라 달라질 것이다. GRF 발견을 공포하기 위해 기유맹이 썼던 논문의 서론인, 문장 (21)을 가지고 우리가 손을 보더라도 동일한 변화가 일어날 것이다. (21)에서 샐리의 이전 노력들은 다음 문장으로 버려졌다는 것을 기억해야 한다. '아직까지는 시상하부의 GRF는, 정반대의 초기 주장들에도 불구하고(참고 문헌 3), 분명하게 특성이 규명되어 있지 못하다.' 문장 (21)을 다음과 같이 변형시킨다면, 독자는 무엇을 느낄 것인가?

(35) 샐리(참고 문헌)는 일찍이 시상하부 GRF의 특성을 설명했었다. 현재의 연구들은 이 초기의 특성에 대한 기술이 갖는 난점을 해결할 수 있는, 상이한 서열(아미노산 서열)을 제안하고 있다.

문장 (21)의 독자는 GRF를 발견하려는 무의미한 많은 시도 이후에 마침내 발견될 진리를 기대할 것이다. 반면 (35)의 독자는, 자신을 그 이전의 것과 같은 계통에 위치시키는, 새로운 잠정적 명제를 읽을 준비를 하고 있을 것이다. 첫 번째 경우에 샐리는 하잘것없는 사람이며, 두 번째 경우엔 명예로운 동료다. 텍스트에서 저자의 위치를 조금이라도 변화시키면, 독자의 잠재적 반응도 달라진다.

가장 중요한 섬은 무엇을 토론해야 하는가, 무엇이 정말로 흥미로운가(무엇이 특히 중요한가!), 그리고 무엇이 논의 여지가 있는 것이라 인정되는가 등을 저자가 상연하는(staging) 일이다. 숨겨진 이 아젠다(hidden agenda)는 텍스트 속에 끼워 넣어져 토론을 가능하게 한다. 예컨대 내가 이제껏 사례로서 사용해 왔던 논문 말미에서 샐리는, 갑작스레 모든 확신을 잃고서 다음과 같이 쓴다.

(36) 이 분자가 생리학적 조건 아래 분비되는 성장 호르몬의 자극에 원인이

되는 호르몬을 나타내는가의 여부는, 나중 연구들에 의해 밝혀질 수 있을 뿐이다.

이것은, 사실이 인공물로 인해 예상치 않게 변환되는 것에 대비해 보험을 드는 것과 같다. 섈리는 자신이 '바로 그' GHRH를 발견했다고 말하지 않고 GHRH로 보이는 '하나의' 분자를 발견했다고 말했다. 그래서 나중에, 그의 실수에 대해 격렬하게 비판을 받자, GHRH가 주장 (5)에 인용된 그 분자라고 자신이 주장한 바가 없다고 말할 수 있었다.

이런 신중함은 과학적 스타일에 대한 표시로 종종 간주된다. 과소 진술(寡少陳述, understatement)은 그러면 규칙이 될 것이고, 전문적 문헌과 일반 문헌 사이의 차이는 전자에서는 부정적 양태가 증식하는 현상이라 할 것이다. 그렇게 구분짓는 일은, 오직 왼발로 걷는다고 말하는 것이 불합리한 것과 같이 불합리함을 이제 우리는 안다. 긍정적 양태는 부정적 양태와 마찬가지로 필요하다. 저자들은 각각 논의될 수 없을 것과 논의해야만 하는 것을 할당한다.[(21)을 보라] 하나의 블랙박스를 의심할 여지가 없을 때는 하등의 과소 진술도 없다. 저자가 위험한 처지에 있을 때 과소 진술이 급격히 늘어난다. 이 절에서 우리가 본 모든 효과와 같이 모든 것은 상황에 의존한다. 전문적인 문헌이 항상 지나치게 신중하다고 말하는 것은 불가능하다. 지나치게 대담하기도 하다. 또는 그것은 과오를 범하지 않기도 하고, 장애를 요리조리 피하기도 하고, 할 수 있는 최대한, 위험을 평가한다. 예컨대 기유맹은 자기 논문의 말미에서 대범하기도 하고 동시에 신중하기도 했다.

(37) 확실하게 말할 수 있는 것은, 성장 호르몬을 분비하는 것으로서 우리가 오래 찾아 왔던 시상하부의 인자가 갖는다고 생각되는 모든 속성을, 우

리가 지금 규정했던 이 분자가 갖는다는 사실이다.

샐리 같은 신중함은 없다. 위험을 무릅쓰지만 확실성은 그들 편이다. 새 물질은 GRF가 하는 모든 것을 한다. 저자는 '이것이 바로 GRF다'라고 말하는 데까지는 안 가고 멈추었을 뿐이다.(저자가 그의 승리를 요약해 말할 때 '우리'와 능동태를 흔쾌히 사용하는 점에 주목하라.) 그러나 다음 구절에서는 완전히 다른 작전이 구사된다.

(38) 과거의 다른 경험에 비추어 볼 때 GRF의 아마도 가장 흥미로운 역할, 효과 또는 쓸모는 현재로는 완전히 의심되지 않는 것이다.

이것은 정말로 미지의 것에 대비한 보험용이다. 그 누구도 비전이 결여되어 있다는 이유로 저자를 비판할 수 없을 것이다. 왜냐하면 예기치 않은 일들이 예기되기 때문이다. 저자는 저렇게 정식화함으로써 과거에 다른 물질, 즉 소마토스타틴에 일어났던 일로부터 자신을 보호한다.* 성장 호르몬의 분비를 억제하기 위해 시상하부에서 원래 분리되었던 그것은, 췌장에 존재하며 당뇨병에 치료 역할을 담당하는 것으로 드러났다. 그러나 기유맹의 연구팀은 이 발견을 놓쳤고, 다른 사람들이 그들의 물질로 해냈다.[34] 그러면 저자는 신중한 것인가, 그렇지 않은 것인가? 둘 다 아니다. 그것(저

---

* 소마토스타틴의 에피소드에 대해서는 Wade(1981, 13장)를 참조하라.

34) 1977년 미국의 보이어(H. W. Boyer) 교수 등이 화학적으로 합성한 소마토스타틴 유전자를, 유전 공학 기술을 이용하여 대장균의 플라스미드에 짜 넣어 대장균의 체내에서 소마토스타틴을 만드는 데 성공했다.

자)은 자기 주장을 최선을 다해 보호하고 독자의 반대를 물리치기 위해 조심스럽게 쓴다.

일단 글이 쓰인 후에는 논문을 구성한 주의 깊은 전술을 정정하는 것이 매우 어렵다. 그렇지만 과학 논문의 초고들을 살펴보면, 실제 저자들이 이런 모든 점을 스스로 잘 의식하고 있다는 것을 알 수 있을 것이다. 고쳐 쓰기(rewriting)나 포지셔닝 전법이 없다면, 텍스트 속의 저자와 독자가 서로 어울리지 못할 것이기 때문에, 논문이 힘을 못쓰게 되어 버릴 것이라는 점을 그들은 알고 있다. 모든 것이 몇 개의 잘못 선택된 단어에 좌우된다. 거친 주장을 하면 논문은 논쟁의 대상이 될 것이다. 반대로 너무나 소심하고 과도하게 신중하고, 너무 예의바르고 유순하면, 다른 사람들이 주요 발견의 공을 올릴 것이다.

(3) 장악(captation)

우리 중에서 강력한 텍스트를 쓰고 싶어 하는 사람이 논쟁에도 영향을 미칠 수 있다는 사실에 용기가 꺾일 수 있다. 그러나 앞에서 보인 막대한 작업량조차 충분치 않다! 여전히 무엇인가가 빠져 있다. 저자가 얼마나 많은 참고 문헌을 모을 수 있든지 간에, 얼마나 많은 자원, 도구와 사진을 한 장소에 동원할 수 있든 간에, 그 모든 무리가 얼마나 잘 정렬되고 훈련되었든 간에, 독자가 무엇을 할 것이며 그 표현을 어떻게 교묘하게 할지에 대해 얼마나 솜씨 있게 예측해 내든 간에, 어떤 견지는 고수되고 어떤 견지는 포기되어야 하는지 얼마나 독창적으로 선택하든 간에, 이 모든 전략에 상관없이 실제 독자, 살아 있는 독자, 즉 '그' 또는 '그녀'는 여전히 저자와는 다른 **결론에 도달**할 수 있다. 대여섯의 독자가 남아서 논문을 처음부터 끝까지 읽는다 하더라도 독자들은 교활한 사람들이고, 완고하고 예측 불가하다. 저자의 동맹자들에 에워싸여, 고립되고 포위되었어도 그들은 여전히 빠져나갈 수 있고, 소련의 미사일이 오차 100미터 명중도를 가질 만큼 정확하고, 저자인 당신이 GHRH나 GRF의 존재를 입증하지 못하고, 연료 전지에 대한 당신의 논문은 엉망이라고 주장할 수 있다. 예를 들어 문장 (32)에서의 지면상의 독자인 '그것(it)'은 토론을 멈추고, 저자의 신뢰성을 받아들일 수 있다. 그러나 실제 독자의 경우는 어떠할까? 그 또는 그녀는 한 구절을 완전히 빼먹을 수 있고, 저자에게는 주변적인 세부에 초점을 맞출 수도 있다. (21)에서 저자는 시상하부의 성장 호르몬 통제는 의문의 여지가 없다고 말했다. 그들이 따라올까? 저자는 (36)에서 앞으로 논의될 것이 무엇인가를 말했다. 독자들이 그 의제를 받아들일 것인가? 저자는 한 장소에서 다른 곳으로 가는 수많은 길들을 그리고 나서, 독자들에게 따라올 것을 요청한다. 독자들은 이 길을 가로지르고 빠져나가 버린다. 갈릴레오의 문장으로 돌아가서, 단 한 명의 독자가 이탈해서 도망치게 된다면, 2000명의 데모스테네스(Demosthenes)와 아리스토텔레스(Aristotles)가 있어도 여전히 허약하다. 독자가 배회하고 헤매도록 허용된다면, 전문적 문헌에 긁어모은 모든 숫자가 충분치 않은 것이다. 반대자들의 모든 움직임이 통제되어야만 하고, 그래서 그들이 막대한 숫자와 대면하고 패배하게 되어야 한다. 반대자들의 움직임에 대한 이 미묘한 통제를 나는 장악 (captation, 전통 수사학에서의 'captatio')이라 부른다.[*]

저자들은 독자들이 기꺼이 자기들의 주장을 사실로 만들어 주었으면 한다는 사실을 기억하자.(1절, 2 참조) 독자들이 억지로 떠맡겨지면, 주장을

---

[*] 수사학에의 훌륭한 입문 또는 과학 이외의 다른 배경에서의 레토릭에 대해 알아보려면 C. Perelman(1982) 참조.

화제로 선택하려고 하지 않을 것이다. 그러나 그들이 주장에 대해 자유롭게 토론하도록 남겨지면, 주장은 크게 바뀔 것이다. 과학적 텍스트의 저자는 진퇴양난에 빠지게 된다. 어떻게 독자를 완전히 자유롭게 놔두는 동시에 완전히 복종하도록 만들 것인가. 이 패러독스를 풀 최고의 방법은 무엇인가? 텍스트를 독자가 있는 어느 곳에나 그렇게 배치하기 위해서는, 딱 하나의 **방법**만이 남아 있다.

정의상 실제 독자는 모든 것을 문제 삼고 어느 방향으로든 갈 수 있는데, 어떻게 이런 결과를 달성할 수 있겠는가? 독자들이 다른 모든 길로 가는 것을 더욱 어렵게 만듦으로써 가능하다. 이것은 어떻게 이루어지겠는가? 더 많은 블랙박스, 덜 쉽게 의심될 논증을 주의 깊게 쌓아 올림으로써 가능하다. 게임의 본질은 댐을 쌓는 것과 꼭 같다. 댐 기술자가, 물이 자기의 희망에 잘 따르고, 범람하지 않거나 바닥에서 위까지 얌전히 흘러내릴 것이라고 생각한다면 어리석다. 반대로 어떤 기술자든 만일 물이 새어 나갈 수 있다면, 그렇게 되리라는 원칙을 갖고 출발해야만 한다. 독자에 대해서도 비슷해서, 당신이 만일 극히 작은 배수구를 열어 두면, 독자들은 밀려 나갈 것이다. 만일 그들을 상향하도록 강요하면 그들은 그렇게 하지 않을 것이다. 그러므로 당신이 해야 할 것은, 독자가 언제나 자유롭게 흐르되 **충분히 깊은 계곡** 속에서 흐르도록 확실히 하는 일이다. 이 장이 시작된 이후 우리는 이런 종류의 파기(digging), 도랑 파기(trenching), 댐으로 막기(damming)를 여러 번 거듭 관찰해 왔다. 모든 사례는 더 잘 알려진 진술에서 덜 알려진 진술로 움직인다. 그것들 모두는 토론을 시작할 때 덜 쉽게 의심될 주장을 사용했고, 토론을 멈출 때는 쉽게 의심할 수 있는 진술에서 했다. 각각의 논쟁은 부정적 양태와 긍정적 양태를 바꿈으로써 흐름을 뒤집는 것을 목표로 한다. 장악이란, 독자들이 처음에 쉽게 받아들일 것으로부터 그들을 멀리 이동시키려고 유인하는, 동일한 현상에 대한 일반화다. 파기와 댐으로 막기가 제대로 짜맞춰지면, 독자는 비록 수용되어 있어도 완전히 자유롭게 느낄 것이다.(그림 1.8을 보라)

수력의 은유가 여기에 적절하다. 진행될 공공사업의 범위는 물을 얼마나 멀리 가게 만들고 싶은가, 흐름의 강도, 경사면, 어떤 경관 위에 댐과 수송관을 지지시킬 것인가에 따라 달라진다. 설득의 경우도 마찬가지다. 만일 당신이 몇 명을 거의 명백한 것에 대해 확신시키기를 원한다면 그것은 쉬운 일이다. 많은 사람들을 그들의 현재의 신념과 많이 다르거나 상반된 것에 대해 납득시키려 한다면 그것은 훨씬 어려운 일이다.(5장, 3절 참조) 이 은유는 작업의 양과 설득의 관계가 상황에 따라 달라진다는 것을 보여 준다. 설득시킨다는 것은 단어를 뿌려 던지는 문제가 아니다. 그것은 독자와 저자가 상대방의 움직임을 서로 제어하려는 경주다. '보통 사람(average man)' 하나가, 처음 보기에 모든 방향이 다 가능할 것 같은 문제를 놓고,

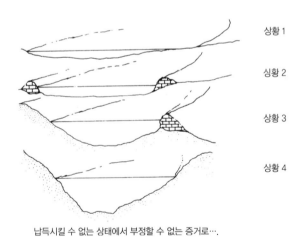

납득시킬 수 없는 상태에서 부정할 수 없는 증거로….

그림 1.8

'2000명의 데모스테네스와 아리스토텔레스'의 진로를 막아 내는 일은 엄청나게 어려울 것이다. 어려움을 더는 유일한 방법은 둑을 쌓아 모든 대안적 수로를 막는 것이다. 독자가 텍스트 중 어디에 있든지 그는 논의하기 어려운 도구, 의심하기 더 어려운 숫자, 의심하기 어려운 참고 문헌, 그리고 높이 쌓아 올린 블랙박스들의 배열에 부딪히게 된다. 그러면 그는 마치 두 개의 인공 둑 사이를 흘러가는 강처럼 서론에서 결론까지 흘러간다.

매우 드문 일이긴 하지만 그런 결과가 얻어질 때 문헌은 논리적(logical)이라고 불린다. '과학적' 또는 '전문적'이란 말과 같이 '논리적'이란 말은 다른 방법 또는 더욱 엄정한 기준을 따르는 정신을 가지기 때문에, 사람들이 쓴 비논리적 문헌과는 다른 문헌을 의미하는 것처럼 보인다. 그렇지만 논리적 텍스트와 비논리적 텍스트 사이에 절대적인 단절은 없다. 저자와 마찬가지로 독자에 따라서도 달라지는 온갖 뉘앙스들이 있다. 논리란 새로운 주제를 가리키는 것이 아니고, 단순한 실천적 도식을 가리킨다. 과연 독자가 빠져나올 수 있을까? 그는 이 부분을 쉽게 건너뛸 수 있을까? 거기에서 독자는 다른 길을 취할 수 있을까? 결론은 피할 수 있을까? 계산은 물 샐 틈이 없는가? 증명은 충분히 엄밀할까? 저자는 수중에 있는 것은 무엇이든 층층으로 배열해서, 이런 물음들이 실천적 답변을 찾도록 만든다. 스타일(style)이 중요해지기 시작하는 지점이 여기다. 훌륭한 과학 저술가는 다른 저자보다 '더 논리적인' 사람이 되는 데 성공한다.

독자와 저자 사이에 벌어지는 경주에서 가장 현저한 측면은 한계에 도달했을 때 나타난다. 물론 원칙적으로 한계는 없다. 왜냐하면 한 진술의 운명은 전에도 말했듯이 나중 사용자의 손에 달려 있기 때문이다.(2장, 3절 참조) 어떤 논문, 도구, 도표 등을 문제 삼는 것은 언제나 가능하다. 살아 있는 실제 독자가 텍스트 속의 (가상) 독자에게 기대되는 길에서 이탈하는 것도 언제나 가능하다. 그러나 실제로는 한계에 이르른다. 저자는 이 결과를 수많은 블랙박스들을 층층이 쌓아 올려서 얻는다. 그래서 어느 한 지점에서 독자는 반대할 만큼 충분히 완강한 사람이지만, 너무나 오래되고 너무나 만장일치로 받아들여지기 때문에 계속 의심하다가는 그 혼자 남겨질 것 같은 그러한 사실들을 대면하게 될 것이다. 견고한 암반 위에 댐을 건설하기로 마음먹은 영리한 기술자처럼, 작가도 논문의 운명을 더욱 견고하고 견고한 사실의 운명에 연결시키려고 애쓸 것이다. 보통 사람인 반대자가 더 이상 저자의 의견에 맞서지 않고, 무수한 사람들이 생각하고 주장할 바에 대면할 때, 실제적인 한계가 도달된다. 논쟁도 결국 끝이 있다. 그 결말은 자연적인 것이 아니고, 연극이나 영화처럼 주의 깊게 꾸며진 것이다. MX가 건설되어야 한다[문장 (1)], GHRH가 샐리에 의해 발견되었다[문장 (5)], 연료 전지는 전기 엔진의 미래다[(8)번 문장]라는 사실을 여전히 의심한다면, 당신은 혼자가 될 것이다. 그리고 아무런 지지나 동맹자 없이, 직업에서도 혼자고, 더 나쁘게도 공동체에서도 고립되고, 더욱 두렵게도 아마도 수용소에 보내질 것이다! 강력한 레토릭은 반대자를 미친 사람으로 몰고 갈 수 있다.

3.3 두 번째 방법의 규칙

이 장에서 우리는 활동 중인 과학과 기술(science and technology in action)을 연구하도록 요구하는 첫 번째 규칙과 더불어 두 번째 방법적 규칙(second rule of method)을 배웠다. 이 두 번째 규칙은 어떤 주어진 진술이 갖는 본래적인 성질을 찾지 말고 그 대신, 나중에 다른 사람들을 거칠 때 겪을 모든 변형을 살펴보라고 요구한다. 이 규칙은 우리의 첫 번째 원칙(first principle), 즉 사실과 장치의 운명은 나중 사용자에게 달려 있다는 원칙의 귀결이다.

이 두 가지 방법적 규칙은 전문적인 문헌으로 인해 위협받는 일 없이 과학 기술로의 여행을 계속할 수 있게 해 준다. 우리가 어떤 논쟁에서 출발했건 간에, 언제나 다음 방법으로 우리 위치를 발견하고 형세를 살필 수 있다.

(a) 출발점으로서 선택했던 주장이 놓여 있는 단계를 봄으로써,

(b) 이 주장을 더욱 사실로 만들려고 애쓰는 사람과 덜 사실적인 것으로 만들려고 애쓰는 사람을 찾음으로써,

(c) 그 두 그룹의 사람들이 취하는 상반된 행동에 의해 어느 방향으로 그 주장이 밀려가는가를 확인함으로써. 그림 1.6의 사다리 위쪽 방향인가, 아니면 아래쪽 방향인가?[35]

이런 첫 번째 탐구로 우리의 위치(말하자면 위도)를 알아내야 한다. 그 다음 만일 우리가 따르는 진술이 쉽게 몰락해 버리면, 그것이 어떻게 변형되었는지, 그리고 그 새 버전에 무슨 일이 일어나는지를 살펴봐야 한다. 그것은 더 쉽게 받아들여질까 또는 그렇지 않을까? 이 새로운 탐구로 다음과 같은 것을 알아내야 한다.

(d) 원래 주장과 새 주장 사이에 있는 간격의 크기. 예를 들어 1971년 샐리가 GHRH에 대해 말한 문장 (5)와, 기유맹이 GRF라는 동일 물질에 대해

---

35) 원서에는 1.5로 되어 있으나, 1.6의 오식으로 보인다.

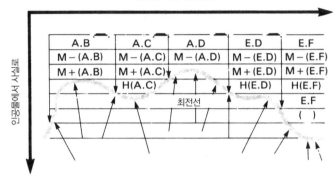

한 진술에서 다른 진술로

그림 1.9

1982년에 완전히 다른 아미노산 서열로 제시한 주장 사이의 간격. 이 이동은 우리의 두 번째 위치, 즉 경도를 보여 준다.

마지막으로 두 가지 차원을 묶으면, 다음 결과를 얻는다.

(e) 그림 1.9에 보이는 것과 같은 논쟁의 최전선(front line of controversy).

결론: 숫자, 더 많은 숫자

이 장의 마지막에 이르렀기에, 왜 대부분의 사람들이 과학 문헌을 쓰지 않고 읽지 않는지가 이제 명백해졌을 것이다. 이상한 일도 아니다! 냉혹한 세계에서 이뤄지는 특유의 거래다. 차라리 소설을 읽어라! 내가 소설-쓰기(fiction-writing)와 대조해 사실-쓰기(fact-writing)라 부른 것은, 가능한 독서의 수를 세 가지로 제한한다. 즉 포기하기(giving up), 따라가기(going along), 몸소 해 보기(working through)다. **포기하기는** 제일 흔하다. 사람들은 포기하고, 저자를 믿건 안 믿건 텍스트를 읽지 **않는다.** 논쟁에서 밀려나와 있기 때문이기도 하고, 논문을 읽는 데 관심이 없기 때문이기도 하다.(이 숫자는 독자 중 90퍼센트에 해당한다.) **따라가기는** 드문 반응이지만 과학적 레토릭이 낳는 정상적인 결과이기도 하다. 독자는 저자의 주장을 믿고 의문 없이 그것을 더 사용함으로써, 저자 주장이 사실로 전환되는 것을 돕는다.(독자의 약 9퍼센트?) 또 하나의 가능한 결과가 있지만, 너무나 드물고 또 비용이 드는 것이라, 숫자에 관한 한 무시해도 좋을 정도다. 저자가 수행했던 모든 작업을 다시 **행하는**(re-enacting) 것이다. 아무리 잘 쓴 과학 문헌이라 하더라도 최소한 하나의 결함은 항상 있는 것이기 때문에, 이 마지막 화제는 미결 상태가 된다. 텍스트에 동원되었던 많은 자원들은 도구, 동물, 사진에서 온 것이고, **텍스트 바깥**의 사물로부터 온 것이라 말할 수 있다. 완강한 반대자는 이 배급 라인을 떼어 놓음으로써 텍스트를 위태롭게 만들려고 해 볼 수 있다. 그 다음에 독자는 텍스트로부터 텍스트의 주장이 연유한 원천, 즉 자연이나 실험실로 인도된다. 이것은 한 가지 조건에서 가능하다. 즉 반대자가 실험실을 갖추고 있거나, 저자와 다소간 유사한 방식으로 자연에 대면하는 방법을 알고 있을 때다. 이런 방식으로 과학 문헌을 읽는 것이 드문 것은 당연하다! 당신이 소유하는 전체 기계 장치가 있어야만 될 것이다. 논쟁을 다시 시작하고, 블랙박스를 재개봉하는 것은 이런 대가를 치러야만 가능한 일이다. 다음 장에서 살펴볼 것이 바로 이 마지막 남은 진기한 전략이다.

과학 문헌의 특색은 이제 분명하다. 단 세 가지의 가능한 읽기가 모두 텍스트의 소멸에 이른다는 점이다. 독자가 포기를 하면, 텍스트는 고려되지 않고, 전혀 쓰이지 않았던 것과 같다. 독자가 그냥 따라가면, 너무 믿는 나머지, 재빨리 발췌되고, 축약되고, 양식화되어서 암묵적 관행으로 가라 앉고 만다. 마지막으로 저자가 했던 시도를 몸소 해 보면, 텍스트를 덮고 실험실로 가는 것이다. 그래서 과학 문헌은 성공적이든 아니든 독자를 쫓아 버리고 만다. 공격과 방어를 위해 만들어졌기에, 요새나 벙커와 마찬가지로 한가하게 머물 곳이 못된다. 그래서 성서나 스탕달(Stendhal)의 소설 또는 엘리엇(T. S. Eliot)의 시를 읽는 것과는 아주 다르다.

그렇다. 갈릴레오가 한쪽에 많은 사람들, 그리고 다른 한쪽에 우연히 '진리와 조우한' 한 명의 '보통 사람(average man)'을 갈라놓음으로써 레토릭과 과학을 대비시키려고 했을 때, 그는 분명 실수를 한 것이다. 처음부터 우리가 살펴본 모든 것은 그와 정반대를 가리킨다. 어떤 논쟁에서 출발한 보통 사람은 다량의 자원들, 2000명이 아니라 수만 명과 조우하게 되고야 만다. 그러면 그토록 경멸받는 레토릭과 그토록 존경받는 과학의 차이가 무엇인가? 레토릭이 경멸받은 이유는 열정, 스타일, 감정, 이해관계, 변호사의 책략 등등과 같은 **외부의 동맹자**를 논증을 옹호하기 위해 동원했기 때문이다. 레토릭은 아리스토텔레스 시대 이래로 미움을 받아 왔는데, 열정과 스타일에 호소했던 뜨내기 소피스트들에 의해 이성의 정규 행로가 부당하게 왜곡되고 전복되었기 때문이다. 이성적 추리의 행로를 뒤집기 위해 열정과 스타일 이외에 더 많은 외부 동맹자들에 호소하는 사람들에 대해 뭐라고 하면 좋겠는가? 옛날 레토릭과 새것 사이의 차이는, 후자가 사용하기를 꺼리는 외부 동맹자들을 전자가 사용한다는 것에 있지 않다. 차이점은 전자가 **몇** 가지만을 사용하는 데 비해 후자는 매우 **많이** 사용한다는 점이다. 이 구분이, 이 장에 대해 그릇되게 해석하는 것을 피하게 해 줄 것이다. 우리가 전문적 문헌의 '수사적 측면'에 대해 탐구해 왔고, 마치 다른 측면들은 이성, 논리, 그리고 전문성에 맡겨질 수 있는 것처럼 해석하는 것은 잘못이다. 내 주장은 그 반대로서, 예전 것(레토릭)보다 더 많은 자원들을 한 지점에서 동원할 수 있는 그런 레토릭을 우리는 마침내 과학적이라고 칭해야만 할 것이라는 내용이다.(6장 참조)

동맹자의 숫자에 의한 이런 규정 때문에 나는, 이 과학 문헌을 그 가장 분명한 특성들, 즉 숫자, 기하학 도형, 방정식, 수학 등등의 존재에 의해 정의하는 일을 삼가 왔다. 이런 대상들의 존재는 나중에 6장에서나 설명될 것이다. 왜냐하면 레토릭의 강도에 의해 필요하게 된 이 동원(mobilization) 과정으로부터 분리되었을 때, 그들의 형식(form)은 이해가 불가능할 것이기 때문이다.[36] 그러므로 전문적인 문헌에서 숫자가 있건 없건 걱정할 필요가 없다. 이제까지는 그것이 유관한 특성이 아니다. 우리는 어떤 논쟁에 얼마나 많은 요소들이 영향을 미치는지를 먼저 이해하면 된다. 이것이 이해되면, 다른 문제들은 더 쉽게 풀릴 것이다.

어떻게 논쟁이 격화되는가를 이 장에서 살펴봄으로써 전문적인 문헌에 대해 해부를 했다. 그렇게 하는 것이 **사회적인**(social) 요소와 같이 테크노사이언스(technoscience)를 구성하는 이질적인 요소들을 보여 주겠다는 나의 원래 약속을 성공시키는 편리한 방법이라고 주장했다. 그러나 나는 오히려 나의 (기호적) 독자로부터 받을 반론을 예상하게 된다. 독자는 분연히 말한다. "'사회적'이란 말이 무엇을 의미하는가?" "자본주의, 프롤레타리아 계급, 성의 갈등, 인종 해방을 위한 투쟁, 서구 분화, 사악한 다국적기업의 전략, 군사적 조직, 전문 로비의 의뭉스런 이해관계, 과학자들 사이의 명예와 보상을 둘러싼 투쟁은 어디에 있는가? 이런 모든 요소가 사회적이다. 당신은 자신의 텍스트, 수사적 책략, 전문성을 모두 가지고서도, 이것들을

---

36) 형식에 대한 논의도 6장 2절에서 세밀하게 전개된다.

보여 주지 않았다!"

　그런 종류에 대해 살펴보지 않았다는 점에 나는 동의한다. 어쨌든 내가 보여 준 것은 그런 전통적인 사회적 행위자보다 훨씬 더 명백하고, 훨씬 덜 에두른 것이고, 훨씬 더 널리 퍼져 있는 무엇이다. 한 문헌이 더욱 많은 자원들을 끌어들임으로써 더욱 전문적으로 되는 것을 보았다. 특히 과학 논문의 저자들이 자기들 편에서 소집한 요소들의 숫자 때문에 한 반대자가 고립되는 것을 보았다. 어떤 문헌이 더욱 전문적으로 되고 특수화될수록, 그것이 더욱 '사회적'으로 된다는 주장은 처음에는 반직관적으로 들린다. 그러나 그렇게 말할 수 있는 이유는 독자를 내몰고, 저자의 주장을 사실로 받아들이게 강요하는 데 필요한 **결합의 숫자**(number of associations)가 증가하기 때문이다. 무명씨의 주장은 쉽게 부정될 수 있으나, GHRH에 대한 샐리의 논문, 문장 (16)을 경시하는 것은 훨씬 어렵다. 전자가 사회적이고 후자가 전문적이기 때문이 아니다. 전자는 한 사람의 말이고, 후자는 매우 잘 준비된 사람들의 말이기 때문이다. 전자는 몇 개가 결속해 만들어졌으나, 후자는 두터운 결속으로 이루어져 있다. 더욱 터놓고 말하자면, 전자는 약간 사회적이고, 후자는 **극도로** 사회적이다. 이 점은 훨씬 나중에 이해할 만해질 것이다. 그렇지만 동맹자니 지지자 없이 남겨져서 고립되고 포위되어 있는 것이 만일 하나의 사회적 행동(social act)이 아니라면, 어떤 것도 사회적 행동이 아니라는 사실은 이미 명백하다. 전문 문헌과 나머지를 구별짓는 것은 자연적인 경계선이 아니다. 불균형을 이루는 양의 연관 관계, 그리고 국지적으로 입수 가능한 자원과 동맹자들에 의해서 창조된, 하나의 국경선이다. 이런 문헌은 읽고 분석하기 매우 어려운데, 그것이 모든 정상적인 사회적 고리에서 빠져나가기 때문이 아니고, 그것이 이른바 정상적인 사회적인 끈들보다 **더욱** 사회적이기 때문이다.

2장
실험실

우리는 앞 장의 끝에서 우리가 떠난 지점에서 탐구를 중단할 수 있다. 일반인들에게는 과학 기술에 대한 연구가 과학자들의 담론 분석을 하거나, 인용 빈도를 측정하거나, 여러 가지 서지 측정학적 계산을 하거나, 과학 텍스트나 그것들의 도상(iconography)에 대한 기호학적 연구를 행하는 것으로,* 즉 문헌 비평을 전문적 문헌들에까지 확대하는 작업으로 보일 것이다. 그러한 연구는 분명 흥미롭고 필요하지만 우리의 목표가 과학자들과 기술자들을 현장에서 추적하려는 것이라면 그것만으로는 불충분하다. 그들이 하루 24시간 내내 논문만 읽거나 쓰고 있지는 않다. 과학자와 기술자들은 전문적 텍스트 뒤편에 무엇인가가 있고, 그것이 그들이 쓰고 있는 것보다 훨씬 더 중요하다고 계속 주장해 왔다.

앞 장의 끝 부분에서 우리는 논문들이 어떻게 독자로 하여금 세 가지 가능한 이슈 사이에서 선택하게 하는지를 살펴보았다. 즉 포기하기(giving

---

* 서지 측정학의 입문과 인용 연구를 위해서는 E. Garfield(1979) 참조. 공통어(co-words) 분석을 위해서는 M. Callon, J. Law and A. Rip(eds)(1986)을, 기호학 입문을 위해서는 F. Bastide(1985)를 참조.

up, 가장 흔한 결과), 따라가기(going along), 저자가 한 것을 다시 해 보기 (working through)가 그것이다. 우리가 1장에서 고안한 수단들을 이용한다면 앞의 두 가지 이슈는 쉽게 이해될 수 있다. 그러나 세 번째 것은 아직은 이해할 수 없다. 나중에, 이 책의 2부에서 우리는 세 번째 선택지를 피하고 결국 논쟁을 이기는 여러 가지 방법들을 보게 될 것이다. 그러나 지금 이 장에서는 어쨌든 명확성을 위해, 반대자(dissenter)는 논문의 저자가 한 일을 다시 해 보는 길 이외의 다른 선택을 할 수 없다고 가정해 둔다. 그렇다면 흔한 일은 아니겠지만 그들 논문이 처음 만들어진 장소를 방문하는 것이 필수적이다. 테크노사이언스의 형성을 쫓는 우리의 여정에서 이 새로운 단계는 더욱 어렵다. 왜냐하면 전문적 문헌들은 도서관이나 문서 보관소나 특허청, 기업의 서류 보관 센터 등에서 접할 수 있지만, 그 문서들이 만들어진 장소로 숨어들어 가는 것, 그리고 사실들이 만들어지는 과정을 그 가장 자세한 세부까지 추적하는 것은 절대 쉽지 않기 때문이다. 그러나 우리가 첫 번째 방법론적 규칙을 지키기로 한다면, 이를 피할 수는 없다. 우리가 추적하는 과학자들이 실험실로 들어간다면, 아무리 어려운 여정이 될지라도 우리 역시 가야 한다.

1. 텍스트에서 사물로: 결판

"당신이 내가 쓴 것을 의심한다고? 그렇다면 보여 주겠소." 과학 텍스트에 의해 설복당하지 않은, 그리고 저자를 제거해 버릴 다른 방법을 찾지 못한 완고한 반대자들은 텍스트가 만들어진 장소로 들어가 볼 수밖에 없다. 나는 그 곳을 실험실(laboratory)이라고 부를 것이다. 그 뜻인즉 이름이 암시하듯 과학자들이 일하는 장소라는 의미다. 사실 실험실은 앞 장에서 우리가 연구했던 텍스트 안에 존재한다. 논문들은 '환자', '종양', 'HPLC(고성능 액체 크로마토그래피)', '러시아 스파이', '엔진' 등을 언급한다. 그리고 실험 일자도 기록되며, 기술자들의 이름도 표기된다. 하지만 이 모든 언급은 서류의 세계에서 만들어진 것이다. 그것들은 텍스트 안에서 존재하는 기호론적 행위자들(actors)일 뿐 실제로 존재하지 않는다.[1] 그들은 텍스트와 독립적으로 존재하는 것처럼 언급된다. 그러나 그것들은 만들어질 수 있었던 것들이다.

1.1 기입(inscription)

우리가 거울 유리를 통해[2] 보는 데서 나아가, 우리의 완고한 반대자와 함께 텍스트로부터 실험실로 직접 들어간다면 무엇을 보게 될까? 우리가

---

[1] 행위자와 행위소 개념은 본서 2장 2절 2.2와 2.3에 본격 설명되어 있다. 행위자는 어떤 행위를 하는 실체를 가리키는데, 라투르는 세계 내의 구성 요소인 실체에서 출발하지 않고, 한 행위자가 존재하기까지 겪는 논쟁적 과정에 초점을 맞춘다. 행위자란 다양한 시험들(trials)을 통해 그 행위자가 나타내는 성취(performance)에 의해 정의되고, 이로부터 그 행위자의 능력(competence)이 도출된다. 행위자는 인간에 국한되지 않기 때문에 비인간도 함께 지칭하기 위해 라투르는 기호학의 '행위소(actant)' 개념을 차용한다. 김환석(2006), 『과학사회학의 쟁점들』, 70-71쪽 참조.

[2] 이 모호한 구절은 아마도 『고린도 전서』 13장 12절의 첫 구절을 암시하는 문구라고 생각한다. 거울을 통해 파편적이고 희미한 거울 이미지만을 보다가, 얼굴을 맞대고 대면한다는 의미. 잉그마르 베르히만의 「거울을 통해 어렴풋이(Through A Glass, Darkly)」(1961년) 역시 이 구절을 차용했다. "우리가 이제는 거울로 보는 것같이 희미하나 그때는 얼굴과 얼굴을 대하여 볼 것이요 이제는 내가 부분적으로 아나 그때에는 주께서 나를 아신 것같이 내가 온전히 알리라." 『고린도 전서』 13장 12절.

과학 잡지에서 다음 문장을 읽었다고 하자. 그리고 어떤 이유에서건 그것을 믿지 않는다고 가정해 보자.

(1) 도표 1은 전형적 패턴을 보여 준다. 엔도르핀의 생물학적 활동은 두 부분에서 발견되었다. 이때 두 번째 부분의 활동은 낼럭손(naloxone)에 의해서 전적으로 가역적(reversible)이거나 또는 통계적으로 가역적이다.[3]

우리 반대자는 도표 1에 대해 상당한 의구심을 갖는다. 그래서 저자의 실험실로 들어가 본다.(나는 이 저자를 '교수'라고 부를 것이다.) 우리는 시원하고 조명이 밝은 방으로 안내될 것이다. 교수는 많은 장치들 앞쪽에 앉아 있다. 이 시점에서 장치들은 우리의 주의를 끌지 않는다. "당신이 내가 쓴 것을 의심한다고? 그렇다면 보여 주겠소." 마지막 문장은 이들 장치에 의해 만들어진 이미지를 가리킨다.(그림 2.1)

(2)

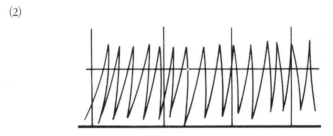

그림 2.1 '이것이 기선(基線, base line)이다. 지금 내가 엔도르핀을 투입할 것이다. 어떤 변화가 일어나는지 봐라.'

3) 엔도르핀은 동물의 뇌 등에서 추출되는 모르핀과 같은 진통 효과를 가지는 물질의 총칭이다. 낼럭손은 모르핀 등의 마약에 대한 길항제다.

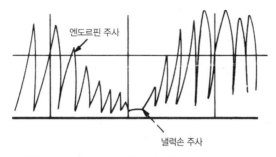

엔도르핀 주사

낼럭손 주사

그림 2.2 '선들이 즉각적으로 급격히 하강한다. 이제 낼럭손을 주시해 봐라.
기선으로 돌아간다. 완전히 가역적이다.'

　우리는 이 시점에서 교수가 우리에게 관찰하도록 요청한 것이 문장 (1)
에서 말한 그림과 관련 있음을 알게 된다. 그리고 이들 그림이 어디에서 온
것인지도 알게 된다. 그 그림은 이 방 안의 도구들(instruments)로부터[4] 추출
되고(extracted), 다듬어지고(cleaned), 다시 그려져서(redrawn), 나타난(displayed)
것이다. 여기에서 우리는 텍스트 안에서 보았던 모든 이미지의 출처에 이
른 듯 보인다. 이들 이미지는 1장에서 모든 주장의 결정적 증명처럼 여겨
졌던 것이다. 우리는 텍스트의 마지막 층위였던 이미지들이 우리가 관찰한
실험실에서 긴 과정을 통해 생겨난 결과물이었음을 알게 된다. 생리 기록기
(physiograph)로부터 서서히 나타나는 그래프 용지를 보고 있노라면, 우리
는 두 세계의 교차점에 있음을 깨닫게 된다. 우리가 방금 떠나온 논문의 세
계와 이제 막 들어가려는 장치들의 세계. 그 접면에서 하나의 잡종(hybrid)
이 만들어진다. 이것은 뒷날 논문에서 사용될, 이들 장치로부터 튀어나온
가공되지 않은 이미지들이다.

4) 여기에서 instruments는 '실험 기구'나 '기기'로 번역되는 것이 좋을 듯 보이지만, 바로 몇 페
　이지 뒤에서 라투르는 instrument를 연구자나 통계국까지 포함하는 것으로서 정의를 내리
　고 있다.

잠시 우리는 규칙적으로 진동하며 잉크를 묻혀 종이 위에 암호 같은 부호들을 갈겨 놓는 기록침(stylus)에 집중한다. 우리는 텍스트와 실험실 중간쯤에 위치한 이 여린 박막에 매혹되어 있다. 곧 교수는 종이 위의 자국들로부터 천천히 이미지들을 방출하고 있는 생리 기록기로 우리의 주의를 이끌어 간다. 기록침 너머에서는 엄청난 전자기적 하드웨어들이 다른 장치로부터 나오는 신호들을 기록하고 측정하고 증폭시키며 조절한다. 교수는 거품 방울들이 마치 탄성 물질처럼 보이는 어떤 조각들 주위를 돌아 규칙적으로 흘러나오는 유리관(glass chamber)을 가리킨다. 교수가 강조하듯 그것은 정말 탄성 물질이었는데, 다름 아니라 내장, 기니피그의 내장이었다. 교수의 표현으로는, '기니피그 회장(ileum)의 근육층 신경 얼기-세로힘살'이다.[5] 살아 있다면 이 내장은 규칙적으로 수축하는 속성을 갖는다. 이 규칙적인 박동(pulsation)은 여러 가지 화학 물질에 의해서 쉽게 교란된다. 만약 우리가 내장의 수축이 전기적 펄스를 방출하도록 장치하고, 그 펄스가 그래프 종이 위로 기록침을 움직이게 한다면, 기니피그의 내장은 상당 시간 동안 규칙적인 자국들을 만들어 낼 것이다. 그때 유리관 안에 화학 물질을 투입한다면 우리는 잉크를 묻힌 기록침이 천천히 하강 또는 상승하는 것을 보게 된다. 유리관에서는 보이지 않는 이 요동이 종이 위에서는 보인다. 그것이 무엇이든 간에 화학 물질은 종이 위에서 어떤 **형태**를 갖게 된다. 그 형태가 화학 물질에 대한 무엇인가를 알려 준다. 이런 실험 설비 아래 우리는 새로운 물음을 제기할 수 있게 된다. 만약 내가 두 배의 화학 물질을 투입한다면 최고점(peak)이 두 배로 감소할 것인가? 만약 세 배

---

5) 기니피그(guinea pig)는 페루가 원산지로, 쥐와 비슷한 동물이며 주로 실험 동물로 널리 쓴다. '기니피그'를 일상적으로 '모르모트(marmotte)'라 부르는데 사실 '모르모트'는 기니피그가 속한 과의 명칭이다.

를 투여한다면 무슨 일이 일어날 것인가? 이제 나는 그래프 종이 위에 자 국들로부터 투입량과 반응 사이의 정량적 관계를 정의할 수 있게 된다. 첫 번째 화학 물질을 투여한 다음, 그것에 역작용(counteract)한다고 알려져 있는 다른 물질을 첨가하면 어떻게 될까? 고점이 정상으로 돌아갈까? 얼 마나 빨리? 만약 하나는 알려져 있고 다른 하나는 아직 알려지지 않은 두 가지 화학 물질이 종이 위에 동일한 곡선을 그려 낸다면, 그것들을 동일한 화학 물질이라고 간주해도 될까? 이런 질문이 엔도르핀(아직 알려지지 않은 물질)과 모르핀(잘 알려진 물질), 낼럭손(모르핀 해독제로 알려진 물질)을 가지 고 씨름하고 있는 교수가 맞닥뜨리는 물음이다.

우리는 이제 (대)자연(Nature)에서 읽어 낸 텍스트를 믿으라고 요구받는 것이 아니다. 대신 우리는 스스로의 눈을 믿도록 요구받는다. 그 눈을 통 해 엔도르핀이 모르핀과 똑같이 움직이는 것을 볼 수 있었다. 우리가 텍스 트 안에서 보았던 대상과 우리가 지금 생각하고 있는 것, 이 두 가지는 한 부분만을 제외하고는 완전히 동일하다. 텍스트의 가장 구체적이고 시각적 인 부분이었던 문장 (1)의 그래프는 이제 (2)에서는 혼란스럽게 널려져 있 는 장치들 안의 가장 추상적이며 텍스트적인 부분이 되었다. 우리는 전보 다 더 잘 보게 된 걸까? 아니면 그 반대일까? 한편으로는 우리가 더 많은 것을 본다. 우리는 그래프만이 아니라 생리 기록기, 그리고 전자기적 하드 웨어, 유리 제품들, 전극들, 산소 방울들, 박동하는 회장(回腸, ileum)까지 보기 때문이다.[6] 우리는 또한 주사기를 가지고 유리관 안으로 화학 물질 을 주입하고, 그 투입량과 시간, 반응 등을 실험 노트(protocol book)에 써

6) 소장은 십이지장, 공장, 회장의 세 부분으로 이루어져 있다. 소장의 마지막 부분인 회장은 굴곡이 심하고, 복강의 중앙부에서 우측에 위치하며, 다시 골반 내에까지 이른다. 회장은 맹 장과 연결된다.

넣는 교수도 본다. 우리는 분명히 더 많이 본다. 전에는 이미지만을 보았지만, 이제는 이미지들을 만들어 내는 것들도 볼 수 있다.

다른 한편 우리가 더 적게 본다고도 말할 수 있다. 왜냐하면 마지막 그래프를 만든 요인들 각각은 다른 시각적 결과를 낳도록 수정될 수도 있기 때문이다. 몇 가지 일로도 그래프의 최고점들(peaks)을 바꿀 수 있고, 규칙적인 기록을 무의미한 낙서로 바꿔 버릴 수 있다. 우리가 우리 믿음에 대해 안도하고 이미지를 보는 우리의 눈을 완전히 신뢰하기 시작한 그 순간, 우리는 갑자기 이 전체 실험 장비의 취약성을 깨닫고 불편해진다. 예를 들어 교수가 준비된 내장에 대해 "이건 상태가 나쁘다"라고 판정한다고 해 보자. 기니피그를 처리했던 기술자에게 책임을 물으면서, 새 동물을 가지고 실험을 다시 시작하기로 결정할 수도 있다. 증명 과정은 중지되고 새로운 장면이 펼쳐진다. 기니피그가 실험대 위에 올려져 외과 조명 아래에서 마취되고 절단되며 조각난다. 내장이 확인되고 아주 작은 부분이 추출될 것이다. 쓸모없는 부분들은 버려진다. 실험용 부분은 두 개의 전극에 연결되어 계속 살아 있도록 영양액 속에 담긴다. 갑자기 우리는 논문이라는 종이의 세계로부터 아주 멀리 떨어져 나온다. 우리는 이제 피와 장기들, 그리고 작은 털북숭이 짐승으로부터 회상을 추출하며 느끼는 약간의 욕지기가 범벅된 세계로 들어선다. 앞 장에서 우리는 교수의, 저자로서의 레토릭 능력에 감탄했다. 우리는 이제 교수가 설득력 있는 논문들을 써 내기 위해서는 레토릭 능력 외에도 근육을 쓰는 다른 많은 능력들이 필요하다는 것을 깨닫는다. 기니피그만으로는 엔도르핀과 모르핀의 유사성에 대해 어떤 것도 말해 줄 수 없다. 그것은 텍스트로 옮겨질 수도 없고 우리를 설득할 수도 없다. 유리병 속에 담겨져 생리 기록기에 연결되어 있는 내장의 부분들만이 텍스트로 옮겨질 수 있고 증거 자료가 될 수 있다. 따라서 독자들을 설득시키는 교수의 재주는 종이의 세계를 넘어서 회장을 준비하고 그래프의 최고점들을 측정하며 생리 기록기를 조정하는 것까지 확장된다.

새로운 기니피그가 마련되고 엔도르핀의 새로운 샘플이 정리되는 등 실험이 재개되기를 기다리는 몇 시간 동안 우리는 저자의 초대("그렇다면 보여 주겠소")가 생각했던 것만큼 단순하지 않다고 깨닫는다. 그것은 한 명의 관객을 놓고 조그만 이미지들을 서서히 펼쳐 가는 간단치 않은 과정이다. '보여 주는 것', '보는 것'은 순간적인 직관 같은 것이 아니다. 실험실에서는 한번도 우리가 그 존재를 의심하는 엔도르핀이 직접 제시되지 않는다. 우리에게는 진짜 엔도르핀의 시각적 이미지를 준비하는, 즉 초점 맞추고 수정하고 다시 맞춰 보는 다른 종류의 세상이 펼쳐진다. 우리는 논문에 대한 우리의 의심을 해소하기 위해 실험실에 갔다. 그러나 우리는 미궁으로 빠져들 뿐이다.

이런 예기치 않은 상황이 우리를 긴장하게 만든다. 왜냐하면 이 상황으로부터 우리가, 교수가 생리 기록기로부터 만들어 낸 궤적(traces)을 믿지 않는다면 이 문제 자체를 포기하거나, 아니면 이 고단한 실험을 우리 스스로 똑같이 반복해야 함을 깨닫기 때문이다. 우리가 과학 논문을 읽은 이래로 부담은 계속 늘어나기만 했다. 그 부담이란 저자에게로 돌아가 더 읽거나 더 쓰는 그런 문제가 아니다. 문제에 대하여 계속 따져보고 싶다면 우리에게는 메스를 다루고 기니피그의 회장을 벗겨 내고 그래프의 감소하는 최고점들을 해석하는 등 수공적 기술이 절대 필요하다. 논쟁을 계속하기 위해 우리는 여러 가지 힘든 순간을 겪어 내야 한다. 우리는 지금까지 우리가 해 왔던 일들이 우리가 앞으로 해야 할 일에 비하면 아무것도 아니라는 것을 깨닫는다. 1장에서는 텍스트를 논박하려면 좋은 도서관이 필요하다고 말했다. 그것은 꽤나 비용이 들고 나름대로 쉽지 않기도 하겠지만,

그렇지만 아예 못할 일은 아니었다. 그러나 현시점에서 계속하기 위해서는 기니피그가 필요하고 외과 램프, 기술자, 모르핀, 정제된 엔도르핀 등이 모두 필요하다. 또한 이 모든 것을 다룰 줄 알아야 하고, 그것들을 교수의 주장에 대한 강력한 반대로 바꾸어 내는 기술도 필요하다. 4장에서 더 분명해지겠지만, 실험실을 찾고 장비들을 사고 기술자를 고용하고, 회장 검정(assay)에 익숙해지기 위해서는 길고 긴 여정이 필요하다. 엔도르핀에 대한 교수의 첫 번째 논문에 대해 설득력 있는 반대 논변을 만들기 위해서는 이 많은 일들이 이뤄져야 한다.(우리가 이 긴 여정을 다 밟아서 상당히 믿을 만한 반대 의견을 만들어 냈다고 하자. 그때 교수는 어디에 있을까?)

우리가 과학 텍스트를 의심할 때, 우리는 문헌의 세계에서 있는 그대로의 (대)자연(Nature)으로 가지 않는다. (대)자연은 과학 논문 바로 아래 놓여 있지 않다. 그것은 기껏해야 간접적으로만 거기에 있다.(뒤 3절을 보라) 논문에서 실험실로 옮겨 가는 것은 레토릭적 자원들로부터, 문헌에 가장 강력한 수단을 제공하도록 고안된 새로운 자원들로 옮겨 가는 것이다. 바로 시각적 디스플레이(visual display)다. 논문에서 실험실로 옮겨 가는 것은 문헌으로부터 그 문헌을 얻어 낸 뒤엉킨 방법들로 옮겨 가는 것이다.

이로부터 나는 도구(instrument)를 정의할 수 있다. 나는 그 크기, 비용, 기능과 무관히 과학 텍스트에서 어떤 종류라도 시각적 디스플레이를 제공하는 어떤 것을 도구[또는 기입 장치(inscription device)]라고 부를 것이다. 이 정의는 우리로 하여금 과학자들의 움직임을 따라갈 수 있게 해 주기에 충분하다. 예를 들면 광학 현미경(optical telescope)은 도구다. 또한 일련의 전파 망원경(radio-telescope)도 도구다. 그 하나하나의 전파 망원경들이 수천 마일씩 떨어져 있더라도 그렇다. 일군의 전파 망원경이나 스탠퍼드 선형 가속기(Stanford linear accelerator) 등과 비교할 때 대단히 작고 저렴하다 해도, 기니피그 회장 검정(분석, assay) 또한 도구다. 이 정의는 비용이나 복잡성과는 무관하며, 오직 그것이 과학 문헌의 마지막 층으로서 사용될 기입을 제공해 준다는 특성에만 의거한다. 이 정의에 따르면 정보를 제공해 주는 조그만 창을 가진 모든 장치가 도구는 아니다. 온도계, 시계, 가이거 계수기(Geiger counter) 등은 모두 어떤 정보를 제공하지만, 그 정보들이 전문적 논문들의 마지막 층(layer)으로 사용되지 않는다면 도구가 될 수 없다.(단, 6장을 봐라) 많은 기술자들이 만든, 매개적 정보를 제공하는 복잡한 고안물들을 생각해 볼 때 이 점이 대단히 중요하다. 논문에서 시각적 증명으로 사용되는 것은, 매개적 정보를 제공하는 방대한 출력물들이 아니라, 거품 상자(bubble chamber) 속에 나타난 몇 개의 선이다.

도구에 대한 이러한 정의는 상대성을 갖는다는 점을 명심해야 한다. 그것은 우선 시간에 상대적이다. 온도계는 18세기에 대단히 중요한 도구였으며, 가이거 계수기도 양차 세계 대전 사이의 기간 동안 그랬다. 그것들은 당대의 논문에서 결정적인 자료로 사용되었다. 그러나 오늘날 그것들은 최종적으로 제시될 시각적 증명을 제공하는 더 큰 장비들의 부분일 뿐이다. 또한 이 정의는 전문적 논문들 내의 '윈도(window)[7]'로부터 만들어진 용도에 상대적이다. 그것은 논쟁의 강도와 성격에 따라 달리 적용된다. 예를 들어 기니피그 회장 분석에서는 내가 매개물이라고 칭한 수치 정보를 제시하는 일련의 전자기적 하드웨어들이 있다. 그것들을 '매개물(intermediate)'이라고 하는 이유는, 그것들이 논문에 최종적으로 사용될 시각적 디스플레이로 사용되지는 않기 때문이다. 누구도 이에 대해 이의를 제기할 것 같지는 않다. 왜냐하면 전자기적 신호의 측정은 이제 기업에서 생산되어 수천 명

---

7) 라투르는 컴퓨터 디스플레이의 화면을 나눈 공간, 즉 화면 창의 비유를 사용하고 있는 듯하다.

이 구입한 블랙박스를 통해 이루어지기 때문이다. 그러나 태양 중성 미자(neutrinos)를 탐지하기 위해 레이먼드 데이비스(Raymond Davis)*에 의해 60만 달러(1964년 시가)의 비용으로 사우스다코타(South Dakota)의 오래된 금광 안에 설치된 거대한 탱크의 경우에는 사정이 다르다. 어떤 의미에서 전체적 실험 장비는 천체 물리학자들에게 태양에서 방출되는 중성 미자의 숫자를 읽게 해 주는 마지막 윈도[8]를 제공하는 하나의 도구로 간주될 수 있다. 이 경우 그 이외의 다른 정보들은 매개물인 것이다. 논쟁이 더 격렬해지면, 이 실험 장비는 각각 독립적으로 평가되어야 할 특정한 시각적 디스플레이를 제공하는 여러 개의 도구로 분해된다. 논쟁이 뜨거워졌을 때, 우리는 태양으로부터 중성 미자가 방출되는 것을 볼 수 없다. 우리는 단지 '아르곤 37'이 붕괴할 때마다 가이거 계수기의 클릭 소리를 들을 뿐이다. 아무런 논쟁이 없을 때에는 우리에게 단지 매개적 정보를 준다고 여겨지던 가이거 계수기가, 논쟁이 격화되는 순간 그 자체 하나의 도구가 된다.

　내가 사용한 정의는 또 다른 장점이 있다. 그것은 도구가 어떤 재료로 만들어졌는지에 대해서 아무런 제한을 두지 않는다. 그것은 망원경처럼 일종의 하드웨어일 수도 있지만, 소프트웨어로 이루어질 수도 있다. 경제 현상에 대한 자료를 수집하는 수많은 여론 조사자, 사회학자, 컴퓨터 과학자들을 고용하는 통계국은 하나의 도구다. 왜냐하면 그것이 경제 잡지에 실린 논문들을 위한 기입 ―예를 들면 월별·산업 분야별 물가 상승률 그래프 같은 것들― 을 산출하기 때문이다. 그 이미지 자료를 만들기 위해 얼마나 많은 사람들이 개입되었든, 얼마의 비용이 들었든, 얼마의 기간이 소

---

* 나는 여기에서 트레버 핀치(Trevor Pinch, 1986)를 따랐다.

8) 활성 창 화면.

요되었든 간에 전체 통계국은 하나의 도구로 사용된다.[물론 그것의 중간 해석(readings)을 문제시하는 논쟁이 발생하지 않는 한.]

다른 한편 오직 망원경과 연필, 하얀 종이만을 가지고 사바나에서 비비 원숭이를 관찰 중인 젊은 영장류 연구자도 하나의 도구로 볼 수 있다. 왜냐하면 비비 원숭이의 행태에 대한 그녀의 기록이 그래프로 요약될 수 있기 때문이다. 만약 당신이 그녀의 주장을 부인하고 싶다면, 당신 스스로 사바나로 걸어 들어가 똑같은 제약 조건 아래에서 동일한 시련을 거쳐야 할 것이다. 만약 당신이 월별·산업별 물가 상승률을 의심한다 해도 또는 회장 분석을 통해 엔도르핀을 탐지하는 것에 의심을 가져도 마찬가지다. 그것이 무엇이든 간에 도구는 당신을 논문으로부터 그 논문을 지지해 주는 것으로, 텍스트에 동원된 많은 자원들로부터 텍스트의 시각적 디스플레이를 만들기 위해 사용된 또 다른 자원들로 옮겨 가게 한다. 도구에 대한 이 정의를 가지고 많은 것을 묻고 비교할 수 있게 된다. 그것들은 얼마나 비싼가? 얼마나 오래되었는가? 얼마나 많은 매개적 정보들이 도구를 이루는가? 하나의 정보를 얻기 위하여 얼마나 시간이 걸리는가? 얼마나 많은 사람들이 동원되는가? 그들 논문에서 제공된 기입들을 얼마나 많은 저자들이 사용하는가? 이들 정보는 얼마나 논쟁적인가? 등. 이 정의 아래에서 우리는 앞에서보다 훨씬 정확하게 실험실을 정의할 수 있다. 하나 또는 여러 개의 도구를 모아 놓은 곳.

과학 텍스트 뒤편에는 무엇이 있는가? 기입들(inscriptions)이 있다.[9] 그것들은 어떻게 얻어지는가? 도구(instrument)를 설치함으로써. 텍스트 아래

---

9) 기입은 어떤 실체가 기호, 기록, 문서, 논문 등으로 구현되면서 겪는 모든 변형을 가리킨다. 행위자들은 매개자에 '기입'을 함으로써 자신의 의지를 다른 행위자에게 번역하려고 시도한다. 김환석(2006), 앞의 책, p.76 참조.

의 이 세계는 논쟁이 발생하지 않는 한 보이지 않는다. 달의 계곡, 산에 대한 사진은 그것을 우리가 직접 보는 것처럼 제시된다. 그러나 그것들을 보이는 것으로 만들어 준 망원경은 보이지 않는다. 몇 세기 전 갈릴레오가 달의 이미지를 만들어 내기 위해 벌였던 격렬한 논쟁도 보이지 않는다. 똑같이 1장에서 소련 미사일의 정확성은 확고한 사실이었다. 그것은 오직 논쟁이 시작된 후에 위성, 스파이, 크레믈린 연구자, 컴퓨터 시뮬레이션 등으로 이뤄진 복잡한 시스템의 산물로서 나타난다. 일단 사실이 구성되고 나면, 도구는 더 이상 고려되지 않는다. 이것이 도구를 조정하기 위해 필요한 힘든 일들이 대중 과학에서는 종종 사라지는 이유다. 반면 활동 중인 (활성 상태의) 과학(science in action)을 추적할 경우 도구는 전문적 텍스트에 바로 뒤따라 나타나는 필수적인 요소다. 그것이 있는 곳으로 모든 반대자들이 이끌려갈 수밖에 없다.

기입 장치들의 의의가 논쟁의 강도에 따라 달라진다는 이 주장에는 따름 정리가 있다. 만약 당신이 오직 충분히 숙성된(full-fledged) 사실만을 고려한다면, 모든 사람들이 그것을 완전히 일치하여 동의하거나 반대할 것이라고 기대할 수 있다. 그것들을 수락하거나 반대하는 데에는 전혀 비용이 들지 않는다. 그러나 당신이 좀 더 따지려 한다거나, 사실이 만들어지는 최전선으로 나가 보려 한다면, 도구가 보이게 되고, 그와 함께 토론을 계속하기 위한 비용이 상승하게 된다. 따지는 것은 상당한 비용이 드는 일이 된다. 모두가 나름의 의견을 가질 수 있는 시민들의 평등한 세계가, 갑자기 관련된 기입들을 만들 수 있게 해 주는 방대한 자료의 축적 없이는 어떤 찬성이나 반대도 불가능해지는 불평등한 세계로 변한다. 저자와 독자를 구분하는 것은 앞 장에서 말했던 레토릭 자원을 사용하는 능력만이 아니다. 텍스트에서 사용될 시각적 디스플레이를 만들기 위해 필요한 많은 장비, 인원을 동원할 수 있는 능력 또한 중요하다.

1.2 대변인(spokesmen and women)

저자와 반대자(the dissenter)가 조우하는 지점의 정확한 배경 상황을 살펴보는 것이 중요하다. 우리가 과학 문헌을 믿지 않게 되면, 우리는 도서관으로부터 그 문헌들이 생산되는 곳으로 가 봐야 한다. 거기에서 우리는 그 그림들이 어디에서 왔는지를 보여 주는 저자를 만나게 된다. 일단 도구 앞에 가게 되면 누가 말하는가? 맨 먼저는 저자다. 저자는 방문객에게 무엇을 봐야 하는지 말해 준다. "엔도르핀 효과를 봐라." "중성 미자를 봐라." 그러나 저자가 방문객에게 강의를 해 주는 건 아니다. 방문객은 도구쪽으로 얼굴을 돌리고 있으며, 사물이 그 스스로 기록하는 것 —샘플이나 그래프, 사진, 지도 등의 형식을 띤 기입들— 을 본다. 반대자가 과학 문헌을 읽을 때 그것을 의심하는 것은 쉽지 않다. 그러나 상상력이나 통찰력 또는 노골적인 반감을 가지면 불가능한 일은 아니다. 그러나 실험실에 이르면 반대는 더 어려워진다. 왜냐하면 반대자가 직접 눈으로 보고 있기 때문이다. 실험실에서 단지 따라다니기를 멈추는 여러 가지 방법은 이후 논의하겠지만, 일단 실험실에서 반대자는 논문이나 저자의 말을 믿을 필요가 없다. 저자는 은근한 자세로 옆에 비켜서 있을 뿐이다. 과학자들은 나직하면서도 야릇한 미소를 띠며 이렇게 말하곤 한다. "당신이 직접 보세요", "이제 납득했나요?" 전문적 논문이 언급하는 대상을 직접 본 반대자는 이제 사실을 인정하거나, 아니라면 자신의 건전성을 의심할 수밖에 없게 된다. 물론 후자는 아주 어려운 일이다.

만약 반대자에게 논박할 아무것도 남아 있지 않다면, 모든 가능한 논쟁의 종착점에 이르렀다고 할 수 있다. 반대자는 믿지 않을 수 없는 대상 바로 앞에 정면으로 서 있다. 대상과 사람 사이에는 어떤 인간 매개자가 존재하지 않는다. 반대자는 사건이 발생하는 바로 그곳, 그 시점에 서 있다. 이 지점에 이르면 더 이상 '신용(confidence)'에 대해서는 이야기할 필요가 없을 것 같다. 사물이 직접적으로 우리에게 다가온다. 그러한 상황이 만들어진다면 의심의 여지없이 논쟁은 완전히 종식될 것이다. 그러나 다시 말하지만 그런 경우는 거의 없다. 어쨌든 반대자는 이제 믿는 사람으로 변하여 실험실 밖에서 저자의 주장을 사용하는 한편, "X는 A가 B임을 논박 불가능한 방식으로 증명했다"라고 털어놓게 된다. 이후 논쟁들의 결과에 영향을 미칠 새로운 사실이 만들어진 것이다.(2절, 3 참조)

만약 이렇게 토론을 종식시킬 수 있다면 이 책은 더 이상 할 말이 없다. 그러나 누군가가 "잠깐만…" 하고 나서면, 논쟁이 재개된다. 우리가 기니피그 회장 검정을 지켜봤을 때, 우리에게 각인된 것은 무엇일까? "당연히 엔도르핀이지"라고 교수는 말할 것이다. 그러나 우리가 그것을 봤던가?

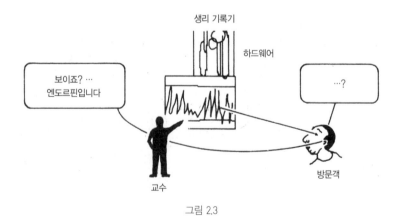

그림 2.3

1부 더 강력한 레토릭을 향해

약간의 훈련을 거치며 우리도 최고점을 볼 수 있다. 우리는 기선(base line)을, 그리고 시간 축을 따라 감소하고 있는 그래프를 본다. 그러나 이 것은 아직 엔도르핀이 아니다. 데이비스의 금광에 갔을 때도 마찬가지다. 그는 우리가 지금 태양으로부터 방출되어 거대한 탱크에서 포착된 중성 미 자를 본다고 말해 준다. 그러나 우리는 무엇을 봤나? 가이거 계수기로부터 의 클릭 소리를 종이 위에 기록한 것. 중성 미자는 아니다.

우리가 도구와 맞닥뜨릴 때, 우리는 '시청각적' 스펙터클을 만난다. 도구 에 의해 만들어진 **시각적**(visual) 기입들과 과학자가 거드는 **언어적**(verbal) 해설이 있다. 우리는 두 가지를 한꺼번에 얻는다. 이 두 가지가 우리 신념 에 미치는 효과는 놀랍다. 그러나 그것들은 혼합되어 있기 때문에 우리 는 기입된 사물로부터 온 것과 저자로부터 온 것을 구분하기 어렵다. 분명 히 과학자가 우리에게 영향을 미치려 하지 않았다. 그는 단지 코멘트했으 며, 강조하거나 가리켰을 뿐 어떤 것도 더하지는 않았다. 다른 한편 그래 프와 클릭만으로 뇌로부터 나온 엔도르핀의 이미지 또는 태양으로부터 분 출된 중성 미자의 이미지를 형성해 낼 수도 없다. 그렇다면 이상한가? 과 학자들은 기입된 것 이상의 어떤 것도 말하지 않았다. 그러나 그들의 코 멘트 없는 기입들이 말하는 게 놀라울 정도로 빈약하다. 이 기이한 상 황을 설명해 줄 하나의 단어, 이후의 논의에서 대단히 중요한 단어가 하나 있다. 바로 **대변인**[spokesman 또는 여성 대변인(spokeswoman) 또는 대표자 (spokesperson) 또는 대변자(mouthpiece)]이다. 저자는 마치 도구의 창에 기 입된 것의 대변인처럼 행동한다.

대변인은 말하지 못하는 무엇인가를 위해 대신 말하는 사람이다. 예를 들어 노조 대표(shop steward)는 대변인이다. 노동자들이 모여서 동시에 떠 든다면 거기에는 듣기 싫은 불협화음만 생겨난다. 그 시끄러운 소란으로부터는 어떤 의미도 전달되지 않는다. 조용한 침묵이나 다름없다. 그래서 노동자들은 그들을 대표해서 발언하는 대리인을 지명한다. 대리인 —그를 빌(Bill)이라 부르자— 은 그 자신의 이름으로 말하지 않는다. 경영자와 만날 때 빌이 아니라 '노동자들의 목소리'로서 만난다. 빌이 신형 일본 차를 좋아한다거나 귀갓길에 어머니를 위해 피자를 사려 한다는 등의 주제들은 회합에 적절치 않다. 빌이 노동자를 대신해서 경영자에게 말한다. "3% 임금 인상, 그들은 아주 심각합니다. 필요하면 파업도 불사할 것입니다." 경영자는 의심해 볼 수 있다. "정말 그걸 노동자들이 원하는가? 전혀 협상의 여지가 없는가?" 빌이 대답한다. "만약 저를 믿지 못하겠다면 직접 보십시오. 그러나 빠른 타결을 기대하지는 마십시오. 그들은 이미 파업할 준비가 되어 있습니다. 당신이 생각하는 것 이상의 사태가 벌어질 것입니다." 그러나 경영자가 본 것은 무엇인가? 그는 빌이 말한 것을 보지 못한다. 다만 사무실 창 너머로 웅성거리며 복도에 모여 있는 집단을 볼 뿐이다. 경영자가 그들 얼굴에서 분노와 결단을 짐작해 내는 것은 빌의 해석 덕분이다.

이후 논의에서 대변인(spokesperson)의 개념을 한정하지 않는 것, '사람 (people)'과 '사물(things)'을 미리 구분하지 않는 것이 대단히 중요하다. 예를 들어 빌은 말할 수 있지만, 현실적으로 모두가 한꺼번에 말할 수는 없는 사람을 대표한다. 데이비스는 원리상 말할 수 없는, 그러나 데이비스에 의해 설치된 장치를 통해 쓰고 어떤 신호를 남기도록 만들어진 중성 미자를 대표한다. 실제에서 사람과 사물 사이의 차이는 거의 없다. 그것들 모두 대신 말해 줄 누군가를 필요로 한다. 대변인의 관점에서 사람을 대표하는 것과 사물을 대표하는 것 사이에는 아무런 차이가 없다. 대변인은 말할 수 없는 사람이나 사물을 위해 대신 말해 줄 뿐이다. 실험실의 교수는 엔도르핀을 위해 말하고, 데이비스는 중성 미자를 위해, 빌은 노동자들을 위해 말한다. 우리 정의에서 대변되는 것들의 질은 중요치 않다. 중요한 건 대변자들(representatives)의 숫자이며 단합이다. 대변인을 만나는 것이 일개 개인을 만나는 것이 아님을 유의해 둬야 한다. 우리는 빌이나 교수 한 사람을 만나는 것이 아니라 그들 각자와 그들이 대변하는 것들을 함께 만나는 것이다. 아무개 씨(Mr. Anybody), 또는 무명씨(Mr. Nobody)와 이야기하는 것이 아니라, 다중씨(Mr., Messrs Manybodies)와 이야기하고 있는 것이다. 문헌에 관한 장에서 보았듯, 한 사람의 말을 의심하는 것은 쉽다. 그러나 대변인의 말을 의심하는 것은 훨씬 고된 노력이 필요하다. 왜냐하면 그때 만나고 있는 상대는 군중(crowd)으로서의 저자이기 때문이다.

다른 한편 대변인 개인으로서의 힘은 크지 않다. 정의상 그는 무시될 수도 있는 한 사람에 불과하기 때문이다. 하나의 빌, 하나의 교수, 하나의 데이비스. 힘은 그들이 대표하는 것들로부터 나온다. 거기에서 반대자는 대변인과 그들이 대변하는 것들을 동시에 맞닥뜨린다. 교수와 기니피그 검정에서 가시화된 엔도르핀, 빌과 똘똘 뭉친 노동자들, 데이비스와 태양 중성 미자. 대변인이 말한 내용을 견고하게 지지해 주는 것은, 침묵하지만 더 능변인 피대변자들의 존재다. 그러한 설정으로 인해, 대변인이 '실제로 말하는' 것이 아닌 것처럼 보인다. 그 사람은 당신이 직접 보고 있는 것에 대해 코멘트할 뿐이다. 당신이 이후 사용할 단어들을 '단지' 제공해 줄 뿐이다.

여기에서 중대한 약점의 원천이 나타난다. 누가 말하고 있는가? 대변인의 목소리를 통해서 사람이? 또는 사물이? 대변인은 무엇을 말하는가? 그들이 대변하는 것들이 원래부터 말하고 싶어 했던 것. 중요한 점은 절대 그런 일은 없다는 것이다. 반대자가 현실에서 보는 것은 대변인이 말하는 것과 상당히 다르다. 예를 들어 빌은 노동자들이 파업하려 한다고 말한다. 그것은 빌 자신의 희망 사항일 수도 있지만 조합의 결정일 수도 있다. 그러나 창을 통해 쳐다보는 경영자는 무료하게 시간을 때우는, 위협을 약간만 가해도 뿔뿔이 흩어질 것 같은 노동자들의 무리를 볼 뿐이다. 어쨌든 그들이 2% 임금 인상도 아니고 4%도 아닌 정확히 3%를 원하는 걸까? 혹시 빌에게, 그가 아주 좋아하는 일본 차를 줄 수 있을까? 만약 그럴 경우 이 '노동자의 목소리'가 의견을 바꿀 수도 있을까? 엔도르핀의 예를 들어보자. 우리가 실제로 본 것은 기선을 형성하는 규칙적인 최고점들의 작은 하강이었다. 그것은 모르핀에 의해 야기된 것과 동일한가? 그럴 수도 있다. 그러나 그것을 어떻게 입증하는가? 모든 종류의 화학 물질이 특별한 분석에서는 그런 파형을 내놓을 수 있다. 또는 교수가 너무나 모르핀 비슷한 물질을 원했기 때문에 부지불식간에 두 주사기를 혼동하여 동일한 모르핀을 두 번 주입했을 수도 있지 않을까? 그럴 경우 두 파형이 진실로 동일할 수밖에 없을 것이다.

어떤 일이 발생했을까? 대변인이 반대자에게 그들이 대표하고 있는 것들을 보여 주거나 이야기해 준 다음에도 논쟁이 불붙을 수 있다. 이 논쟁이 확산되시 않고 끝나는 방법은 무엇일까? 대변인이 불리 모은 힘은 어떻게 복구될 수 있을까? 대답은 어렵지 않다. 사물들, 사람들로 하여금 직접 대변인이 말한 내용이 그들이 말하고 싶었던 바로 그 내용이라고 말하게 하는 것. 물론 이런 일은 가능하지 않다. 정의상 그런 종류의 직접적 커뮤니케이션이 가능하지 않기 때문에 대변인을 지명한 것 아닌가? 그러나 어쨌든 이 비슷한 상황이 멋지게 마련되는 경우도 있다.

경영자가 빌을 믿지 않기에 빌은 사무실을 나와 연단에 올라 확성기를 잡고 군중에게 "3% 인상을 원하지요?"라고 묻는다. "맞소 3%! 우리에게

3%!"라는 엄청난 굉음이 사무실의 유리창을 넘어 경영자의 귀를 먹먹하게 만든다. "들었지요?" 다시금 협상 테이블에 앉은 빌은 점잖게, 그러나 의기양양한 태도로 이렇게 말한다. 노동자들이 그들의 대변인이 말한 그대로 똑같이 말했으니 이제 경영자는 더 이상 빌을 그가 대표하는 집단과 분리시킬 수 없다. 한 사람처럼 움직이는 집단을 만나게 된 것이다.

엔도르핀 검정에서도 비슷한 일이 일어난다. 반대자가 더 이상 참지 못하고 교수에게 사실을 조작했다고 비난한다. "그럼 직접 해 보세요." 몹시 짜증난, 그러나 최대한 공정한 목소리로 교수가 말한다. "주사기를 들고 스스로 검정 반응을 확인해 보세요." 그 제안을 받아들인 방문객은 조심스레 두 약병의 표지를 확인한다. 그러고는 먼저 모르핀을 유리관 속으로 주입한다. 몇 초 후부터 파형이 기울기 시작하고 1, 2분 후에는 다시 기선으로 돌아온다. 엔도르핀이라는 표지가 붙은 약병을 가지고서도 동일한 시간 내에 동일한 결과를 얻었다. 오해의 여지도 없고, 논란의 여지도 없는 대답이 반대자 스스로에 의해 얻어진 것이다. 교수가 검정에서 나타날 것이라고 말했던 것이 검정에서 직접 나타났다. 다시 '협상 테이블'로 돌아온 방문객은 이제 개인적 소망을 가진 일개 교수가 아니라 엔도르핀이 무엇인지를 진짜로 전달해 주는 교수를 만나게 된다.

과학 논문이 얼마나 많은 자원들을 동원했건 간에 그것들은 권력(power)의 증명에 비하면 아무것도 아니다. 주장했던 저자는 옆으로 비켜나고, 의심하는 사람이 직접 기입된 사물들 또는 무리 지은 사람들로부터 저자와 동일한 주장을 보거나 듣거나 만져 본다.

1.3 힘겨루기(trials of strength)

  단지 활동 중인 과학자를 따라가기만 하는 우리에게는 이러한 실험 장비로부터 탈출할 아무런 출구도 없으며, 논박 불가능한 증거를 우회할 뒷문도 없다. 우리는 이미 반대를 위한 모든 자원을 소모했다. 논쟁이 여전히 가능하다고 주장할 에너지도 고갈되었다. 우리 일반인들에게 서류철은 이제 닫혔다. 1장에서부터 우리가 함께해 왔던 반대자는 이제 포기할 수밖에 없다. 사물이 과학자와 동일하게 말한다면, 그들의 주장을 어떻게 부정할 수 있을 것인가? 더 나갈 방법이 없는 것 같다.

  그러나 반대자는 우리와 달리 더 완고하게 버틸 수 있다. 대변인의 말과 대변되는 이들의 대답이 동일하다는 것은 주의 깊게 설정된 상황의 결과였을 것이다. 도구가 제대로 작동했으며, 정교하게 조절되었을 것이다. 적절한 시점에 적절한 형식으로 물음이 제시되었을 것이다. 반대자는 계속 따져 묻는다. 만일 쇼가 끝난 후에도 우리가 남아서 무대 뒤로 들어가 본다면, 무슨 일이 벌어질 것인가? 또는 전체 도구를 구성하는 데 필요한 요소들 일부를 변경시켜 본다면 어떻게 될 것인가? 대변인과 대변되는 이들 간의 일치는 검열 일정이 미리 공표된 다음, 병원이나 감옥을 방문하는 검열관의 경우와 같은 것이다. 만약 검열관이 그 일정을 벗어나 대변인과 그들이 대변하는 이들 사이의 연계를 조사하게 된다면 어떻게 될까?

  예를 들어 보자. 경영자는 빌이 우레와 같은 박수로 환영받는 것을 본다. 그러나 그 후 그는 우두머리의 다른 의견을 듣는다. "우리는 파업을 원하지 않는다. 2%면 타결될 것이다. 그것이 조합의 의견이다. 노동자들이 빌에게 환호하는 것은 현장의 행동 방식으로 보면 된다. 그러나 임금 인상이 아주 적게 이뤄지고 주모자들을 해고시킨다면 그들 모두는 상당히 달라질 것이다." 경영자는 결집된(assembled) 노동자들이 내놓았던 일치된 답변 대신 가능한 대답들의 **집합(aggregate)**을 만나게 된다. 그는 이제야 앞서 빌을 통해 들었던 대답이 보이지 않는 복잡한 배경으로부터 나온 것임을 깨닫는다. 또한 뭔가 변경해 볼 여지가 있다고, 빌과 다른 방식의 압박을 가한다면 노동자들도 달리 나올 것 같다고 깨닫게 된다. 다음번 빌이 "당신들은 3%를 원하고 있지요?"라고 외칠 때, 대다수는 침묵하고 몇몇만이 별로 내키지 않게 동의하면서 고함치는 것을 기대할 수도 있다.

이번에는 과학사로부터 다른 예를 가져와 보자. 금세기 초엽, 낭시(Nancy) 출신의 물리학자 블론로(Blondlot)는 X레이와 비슷한, 대단한 것을 발견했다.* 그는 그것을 그의 고향을 기려 'N레이(N-rays)'라고 이름 지었다. 몇 년 동안 N레이에 대해 수많은 이론적 진전들, 그리고 질병 치료 같은 여러 가지 실천적 응용에서의 발전이 있었다. 그리고 낭시는 국제적 명성을 가진 과학 도시가 되었다. 블론로의 논문이 저명한 저널에 실렸음에도 불구하고 미국의 과학자 로버트 우드(R. W. Wood)는 그것을 의심했다. 그리고 블론로의 실험실을 방문하기로 결심했다. 우드는 낭시의 실험실에서 논박 불가능한 증거를 직접 봤다. 블론로는 옆에 비켜서 있었고, N레이는 우드 앞의 스크린에 스스로 궤적을 그려 내고 있었다. 그러나 이 정도로 우드를 해치워 버릴 수는 없었다. 우드는 실험실에 계속 남아서 다른 실험을 보여 달라고 요구했으며, 그 스스로 N레이 조작기를 다뤄 보기도 했다. 어느 날 그는 은밀히 N레이를 발생시키는 알루미늄 프리즘을 제거해 봤다. 그런데 놀랍게도 실험의 가장 핵심적 요소로 간주되는 것이 제거된 상태였음에도, 어둑한 조명의 방 저편에 서 있던 블론로의 스크린에서는 동일한 결과

---

* 나는 여기에서 Mary Jo Nye(1980, 1986)의 연구를 따랐다.

가 나타났다. 그렇다면 N레이가 그렸던 궤적은 다른 것에 의해 만들어졌다고 해야 한다. 일순간에 만장일치의 지지가 반대의 불협화음으로 변해 버렸다. 프리즘을 제거함으로써 우드는 블론로와 N레이를 묶어 주던 단단한 연결 고리를 잘라 버렸다. 우드의 해석은 다음과 같다. 블론로가 너무나 광선을 발견하고 싶어 했고, 그래서 부지불식간에 N레이와 그것을 기입하는 도구 모두를 만들어 냈다.(그 당시 유럽의 거의 모든 연구소가 새로운 광선을 찾아 명명하고 있었다.) 앞서 예에서의 경영자처럼 우드는, 그가 처음에 조우했던 일관적인 어떤 것이 사실상 달리 작동하도록 유도될 수 있는 많은 요소들의 집합에 불과했음을 깨닫는다. 우드의 발견 이후 블론로가 N레이의 증거로 제시했던 사진 건판(plate) 위의 얼룩은 남아 있었지만, 아무도 더 이상 N레이를 '볼' 수 없었다. 사람들은 물리학에서 N레이가 갖는 의의보다 실험에서 자기 암시(auto-suggestion)가 어떤 역할을 하는지 궁금해 했다. 새로운 사실이 인공물로 변해 버렸다. N레이는 그림 1.9의 사다리를 내려가지 않고 오히려 위로 올라갔으며, 결국 시야에서 아예 사라져 버렸다.

반대자를 위한 출구는 전문적 논문이 불러 모은 많은 지지자들을 흩뜨리는 것만이 아니다. 그래프와 궤적들을 제공하는 실험실 내의 복잡한 실험 장비들을 흔들어서 저자가 모든 이들을 설득하기 위해 동원했던 전열이 얼마나 견고한가를 테스트해 보는 것도 방법이다. 문헌을 의심하는 일이 이제는 하드웨어를 조작하는 어려운 일이 되었다. 우리는 저자의 주장과 불신자 사이의 상호 논박이 또 다른 단계, 즉 전문적 문헌에 사용된 기입을 만들어 내는 것들의 세부로 깊숙이 들어가는 단계에 이르게 되었음을 깨닫는다.

앞에서 이뤄졌던 교수와 반대자 간의 문답 과정을 지금 상황에서 계속해 보자. 방문자는 그 스스로 모르핀과 엔도르핀을 투입하여 조작이 있었는지 체크해 보라고 요구받는다. 그러나 방문자는 좀 더 교활해졌으며 전혀 공손하지 않다. 그는 엔도르핀이라 이름 붙여진 약병이 어디에서 왔는지 알아내려고 한다. 교수는 침착하게 약병에 있는 것과 동일한 분류 번호 —즉 뇌 추출물의 정제된 샘플에 표시하는 분류 번호— 를 가진 실험 노트(protocol book)를 보여 준다. 그러나 이것 또한 하나의 텍스트이며 또 다른 문헌이다. 변조되거나 우연히 잘못 이름 붙여질 수도 있는 회계 장부 같은 것일 뿐이다.

지금쯤 우리는 반대자가 모든 이를 조사하면서 어느 누구도 믿지 않는 경찰같이 거칠어지는 것을 상상해 볼 수 있다. 그는 진짜 엔도르핀을 자신의 눈으로 직접 보고 싶어 한다. 그가 묻는다. "책 속의 라벨이 아니라 약병의 내용물이 어디에서 왔는지 보려면 어디로 가야 하느냐?" 꽤나 화난 교수는 그를 실험실의 다른 파트, 다양한 크기의 유리 분리관(유리 칼럼, glass column)들이 가득 차 있고, 그 유리 분리관을 통해 액체들이 서서히 여과되고 있는 작은 방으로 데려간다. 분리관 아래쪽에서는 여과된 액체들이 몇 분 간격으로 수집되도록 작은 기구가 플라스크 랙을 움직이게 하고 있었다. 분리관 상부에는 끊임없이 액체가 흐르며, 분리관 아래쪽에는 일정 간격으로 분리관을 통과한 액체들이 수집되는 구분된 플라스크들이 놓여 있다.

(4) - 가이드가 말한다. 여기 엔도르핀이 있습니다.

- 반대자가 말한다. 무슨 소리입니까? 어디에 엔도르핀이 있나요? 나는 볼 수 없네요.

- 뇌 시상하부 추출물은 세파덱스(Sephadex) 분리관의 상층부에 투입됩니다. 일종의 수프지요. 우리가 분리관에 무엇을 넣느냐에 따라 분리관은 혼

합물을 분리시킵니다. 중력 또는 전하(electric charge) 같은 것으로요. 최종적으로는 분리관에서 똑같이 반응한 샘플들을 수집한 랙을 얻게 되지요. 이것을 분류 수집기(fraction collector)라고 부릅니다. 각각의 분류물은 그 순도에 의해 검사됩니다. 엔도르핀 **약병**은 이틀 전 이 랙에서 가져온 것입니다. N_0 23/16/456.

— 그러면 이것이, 당신이 순수하다고 말하는 그것입니까? 그러나 내가 그것이 순수한지 어떻게 알 수 있나요? 동일한 속도로 분리관을 통과해 플라스크에 쌓이는 무수한 뇌 추출물이 있을 텐데 말입니다.

긴장감이 고조된다. 실험실의 모든 사람들이 격노의 고함 소리를 예상하고 있었다. 그러나 교수는 점잖게 방문자를 실험실의 다른 편으로 이끌어간다.

(5) — 이게 우리의 새로운 고압 액체 크로마토그래피(HPLC)입니다. 작은 분리관들을 보세요. 당신이 아까 본 것과 같은 것들입니다. 분류물들은 여기에서 강한 압력을 받게 됩니다. 분리관이 흐름을 지연시키는데, 이때 압력에 의해 분자들이 세분됩니다. 동일한 시간에 동일한 지점에 도착한 것들은 동일한 분자들입니다. 각각의 분류물은 광학 스펙트럼을 측정하는 장치를 통해 검사됩니다. 여기에 차트가 있습니다. 보세요. 만약 이때 하나의 최고점이 나타난다면, 그것은 그 물질이 순수하다는 뜻입니다. 대단히 순수한 겁니다. 만약 100개 중 하나라도 다른 아미노산 분자가 포함된다면 또 다른 최고점이 생깁니다. 설득력 있지 않습니까?

— (반대자가 조용하다.)

— 그래요. 알겠습니다. 당신은 내가, 당신이 본 바로 그 엔도르핀 약병을

가지고 실험했는지를 의심할 수도 있습니다. 그렇다면 HPLC 기록부를 보세요. 동일한 분류 번호, 동일한 시간인지 확인하세요. 혹시 이 기록부가 변조된 것은 아닌지, 다른 물질로 이 최고점을 얻어 낸 것은 아니냐고 묻고 싶으세요? 과학 스펙트럼의 측정도 의심할 수 없는 건 아니겠죠? 혹시 그것은 이미 폐기된 물리학 아니냐고 말씀하실지도 모르겠습니다. 그러나 그럴 수는 없습니다. 뉴턴이 오래전 이 현상을 정확히 기술했으니까요. 그러나 이 모든 것도 당신에게는 충분치 않을지 몰라요.

교수의 목소리는 더 이상 억누르기 힘든 분노로 떨리고 있었다. 물론 반대자는 HPLC를 의심하거나 분류 수집기를 의심해 볼 수도 있다. 그 모든 것을 블랙박스로부터 꺼내 논쟁의 대상으로 만들어 버릴 수 있다. 그러나 그건 원리상 그럴 뿐이지 현실적으로는 가능하지 않다. 왜냐하면 이미 시간이 너무 흘렀고 모든 이의 목소리에서 어떤 적개심이 느껴지기 시작했기 때문이다. 도대체 어떤 사람이 감히 HPLC 프로토타입을 고안한 수자원협회(Water Associate)와의 논쟁을 시작하려 할까? 지난 300년간 의심 없이 받아들여졌고, 현대의 수많은 과학 도구들 속에 구현된 지식을 감히 의심할 수 있을까? 그가 원한 것은 엔도르핀을 보는 것이었다. 그러나 관련된 많은 것들은 논박 불가능한 것들이었다. 반대자는 세파덱스 분리관, HPLC는 의심의 여지가 없다고 인정하여 타협할 수밖에 없다. 풀이 죽은 목소리로 그는 말할 것이다.

(6) – 인상적입니다. 그러나 약간의 실망이 없지 않다고 말씀드리지 않을 수 없습니다. 제가 여기에서 본 것은 뇌 추출물이 순수하다고 알려 주는 최고점입니다. 그러나 이 순수 물질이 엔도르핀이라고는 어떻게 확신하죠?

한숨 소리와 함께 방문자는 기니피그 내장이 규칙적으로 수축하고 있는 분석실로 인도된다.

(7) – HPLC에 의해 순수하다고 판정된 분류물들은 검정(assay)을 통해 테스트됩니다. 모든 순수 분류물 중 단 두 개만 반응을 보입니다. 단 둘뿐입니다. 더 순수한 물질을 얻기 위해 전체 과정이 되풀이된다면, 결과는 더 분명해질 것입니다. 이 형태를 상업적으로 사용 가능한 모르핀의 형태 위로 중첩시켜 봅니다. 이게 무의미합니까? 우리는 그 작업을 32회 반복했습니다. 이게 아무것도 아닙니까? 그래프의 기울기에 대한 모든 수정은 통계적 유의미성의 관점에서 점검되었습니다. 오직 엔도르핀과 모르핀만이 유의미한 결과를 보입니다. 이걸 무시할 수 있습니까? 당신이 그렇게 대단하다면 모르핀과 이 순수 물질 X가 동일하게 반응하는 현상에 대해 다른 설명을 해보십시오. 다른 설명을 상상할 수나 있을까요?
– 아닙니다. 인정하겠습니다.(이제 반대자는 거의 속삭이듯 말한다.) 매우 인상적입니다. 진짜 순수한 엔도르핀 같네요. 감사합니다. 너무 마음 쓰시지 마십시오. 가겠습니다.(반대자 나간다.)

이 종결은 1장의 기호적 인물(semiotic character)의 그것과 같지 않다. 이번에는 해피엔딩이다. 반대자는 교수를 그의 엔도르핀으로부터 분리시키려 시도했고, 실패했다. 왜 실패했는가? 교수의 실험실에서 만들어진 엔도르핀이 달리 해석해 보려는 반대자의 시도에 **저항했기** 때문이다. 방문자에게 설명이 주어지는 매 순간, 그는 멈추거나 아니면 아주 오랫동안 일반적으로 승인되고 있는 사실에 대한 새로운 논쟁을 시작해야 했다. 교수의 주장은 뇌, HPLC, 기니피그 회장 검정과 연결되어 있다. 그것은 또한 생리학, 약학, 펩타이드 화학, 광학 등의 고전적 주장과도 연계되어 있다. 이는 만일 누군가가 이들 연관을 의심한다면, 이 모든 사실, 과학과 블랙박스들이 교수를 구하러 달려온다는 뜻이다. 엔도르핀을 의심하는 반대자는 세파덱스 분리관, HPLC 기술, 내장 생리학, 교수의 정직성, 실험실의 모든 것 등등을 다 의심해야만 한다. "어떤 것도 절대 충분할 수는 없다(enough is never enough)"지만, 반대자가 아무리 멍청하다 해도 충분하다고 인정하지 않을 수 없는 지점이 있다. 계속 반대하기 위해서는 반대자에게 더 많은 시간, 더 많은 동맹, 자원이 필요하다. 그러니 반대자는 교수의 주장을 확립된 것으로 받아들이며 멈추게 된다.

N레이를 믿지 않았던 우드(Wood) 또한 블론로와 N레이 간의 연관을 흔들어 봤다. 앞서의 반대자와 달리 우드는 성공했다. 블론로에 의해 한 덩이가 된 블랙박스를 해체하기 위하여 우드는 물리학 전체가 아니라 실험실 전체만을 상대하면 됐다. 노동자들의 결의를 의심했던 경영자는 그들 노동자와 조합 대표 간의 연관을 테스트해 보았다. 그 연관은 몇 개의 교묘한 술책에 제대로 저항하지 못했다. 이 세 가지 경우에 반대자들은 주장으로부터 그 주장을 지지하는 것까지를 모두 펼쳐 본다. 그러한 **힘겨루기(trial of strength)**를 통해 반대자들은 대변인, 그리고 그들이 대변하는 것들을 만나게 된다.[10] 어떤 경우에는 반대자가 대변인과 이른바 그의 '유권자들(constituency)'을 분리시켜 버린다. 그러나 그러한 분리가 불가능한 경우도 있다. 전 챔피언을 굴복시키지 않고는 세계 챔피언이 될 수 없는 것처

10) 이 번역어는 다른 학자의 것을 차용한 것이다. 김환석(2006), 앞의 책, p.12 참조. 라투르가 1장과 2장에서 말하듯이, 어떤 주장의 운명은 그 자체의 본래적 성질 때문이 아니라 이후 다른 이들을 거칠 때 겪는 모든 변형 때문이라는 점에서, 즉 지식들 간의 '힘겨루기'라는 의미에서 이는 좋은 번역어로 생각한다. 다른 부분에서, 연결 요소들 간의 강도에 대한 비교, 대조라는 의미로 사용되는 경우 등에서는 '강도'라는 표현을 살려 두었다.

럼, 힘겨루기 분리는 있을 수 없다. 반대자가 성공하면, 대변인은 누군가를 대표하는 입장으로부터 그 자신, 즉 그의 소망이나 공상을 변호하는 입장으로 전환된다. 반대자가 실패할 경우 대변인은 일개 개인이 아니라 어떤 스스로 말 못하는 것들을 대신해 주는 입이 된다. 힘겨루기를 통해 대변인은 주관적(subjective) 개인이 될 수도 있고, 객관적(objective) 대표자가 될 수도 있다. 객관적이라는 것은 누군가와 그들이 대변하는 것들 간의 연관을 아무리 끊어 내려 해 봐도 저항을 이겨 내지 못한다는 뜻이다. 주관적이라는 것은 당신이 다른 사람들 또는 사물들 대신 말한다 해도 듣는 사람들은, 당신은 오직 당신 자신만을 대표하고 있다고 받아들인다는 뜻이다. 그럴 경우 당신은 다수들의 대표에서 누군가로 바뀐다.

이 두 개의 관형사('객관적', '주관적')가 힘겨루기가 주어지는 상황에 따라 상대적임을 알아 두는 것이 중요하다. 그것들은 대변인이나 그들이 대변하고 있는 것들을 궁극적으로 판정하는 데 사용될 수 없다. 1장에서 보았듯, 모든 반대자는 진술을 객관적인 것으로부터 주관적인 것으로 변형시킬 수 있다. 예를 들자면 N레이에 대한 물리학적 관심을 조야한 실험실의 자기 암시에 대한 관심으로 변형시킨다. 엔도르핀 예에서 반대자는 교수의 주장을 주관적 공상의 비약으로 격하시키려 애써 봤다. 그러나 결국에는 반대자의 순진한 질문들이 오히려, 모든 곳에서 협잡과 실수를 찾아 내려고 하는 강박적 충동은 아닐지라도, 쓸데없는 공상의 비약으로 치부되었다. 힘겨루기를 통해 교수의 엔도르핀은 좀 더 객관적인 것이 되었고, 반대자의 반대 주장은 좀 더 주관적인 것이 되었다. '객관성', '주관성'은 힘겨루기와 관련하여 상대적인 개념이다. 그것들은 마치 마주선 두 군대의 힘의 균형처럼, 점진적으로 변화하여 한쪽에서 다른 쪽으로 이동해 갈 수 있다. 저자에 의해 주관적이라고 비난받은 반대자가 고립되거나 조롱받게 되는

데, 그렇지 않고 반대를 계속하기 위해서는 다른 싸움을 시작해야 한다.

2. 대항 실험실(counter-laboratory) 구축하기

1장부터 지금까지 이뤄진 우리의 논의를 요약해 보자. 주장 뒤편에는 무엇이 있나? 텍스트(text). 텍스트 뒤에는? 또 다른 텍스트들. 그것들은 더 많은 논문들을 끌어들여 더욱 전문적으로 된다. 논문들 뒤에는? 층층이 진열된 그래프, 기입(inscription), 표식, 도표, 지도 등. 이들 기입 뒤에는? 도구들(instruments). 그 모양이나 연식, 비용과 무관하게 다양한 궤적(trace)을 기록하고 남겨 주는 모든 것. 도구 뒤에는? 그래프에 대해 설명해 주거나 또는 '단지' 그것의 의미를 말해 주는 모든 종류의 대변인들(mouthpieces). 그것들 뒤에는? 도구들의 배열(array). 그것 뒤에는? 대변인(representatives)과 그들이 대표하는 것들 간의 연관의 강도를 평가하기 위한 힘겨루기(trials of strength). 반대자(dissenter)에게 맞서기 위해 도열하는 것은 말들뿐이 아니다. 말들을 지지해 주는 그래프들, 참고 문헌들, 그리고 더욱 새롭고 선명한 기입을 수없이 산출해 내는 도구들, 그리고 이들 도구 뒤편에는 시험에 대한 저항에 의하여 정의되는 대상들(objects)이 있다. 반대자들은 주장 배후에 모여 있는 이런 것들을 불신하고 흐트러뜨리고 분산시키기 위해 할 수 있는 모든 일을 했다. 1장의 첫 번째 토론에 개입한 이후 반대자들은 먼 길을 지나왔다. 그들은 전문적 문헌의 독자가 되었다. 그리고는 논문들이 생산되는 실험실의 방문자이기도 했다. 실험실의 도구들이 저자에게 얼마나 충성스러운지 점검하기 위해 여러 조작을 가해 보는 무례한 조사관이기도 했다.

이 지점에서 그들은 또 다른 단계로 들어가야 한다. 포기하거나, 아니면 저자의 주장을 이겨 내기 위한 새로운 자원을 찾아야 한다. 이 책의 2부에서 우리는 실험실의 결과들을 거부할 수 있는 여러 가지 방법이 있음을 알게 될 것이다. 그러나 여기에서는 다른 조건이 같을 경우, **또 다른 실험실**을 세우는 것 이외에 반대자에게 가능한 다른 방법이 없다는 흔치 않을 가정을 해 두자. 반대자의 비용은 놀라운 속도로 증가한다. 그에 따라 계속 반대할 수 있는 사람의 숫자도 급격히 줄어든다. 비용의 크기는 전적으로 그들이 논박하고 싶어 하는 주장의 저자에 의해 결정된다. 반대자가 저자보다 덜 쓸 수는 없다. 대변인과 그들의 주장을 묶어 주는 고리를 풀어 버리기 위해서는 더 많은 세력들(forces)을 모아야 한다. 모든 실험실이 사실상 **대항 실험실**인 이유가 그것이다. 그것은 마치 모든 논문이 대항 논문인 것과 마찬가지다. 반대자는 단순히 실험실을 갖기만 해서는 안 된다. 더 좋은 실험실을 가져야 한다. 그러니 비용이 점점 높아지며, 실험실의 조건은 더욱 특별해진다.

2.1 더 많은 블랙박스 빌려 오기

더 좋은 실험실을 가지려면, 즉 더 논박의 여지가 없는 주장을 생산해 내고, 또 계속 믿지 못했던 반대자 —이제는 실험실의 실장— 로 하여금 믿을 수 있게 해 주는 그런 실험실을 가지려면 어떻게 해야 하나? 교수의 실험실에서 방문자가 겪었던 일들을 기억하라. 방문자가 따질 만한 흠결이 발견될 때마다 교수는 그에게 새로운, 그리고 좀 더 논박의 여지가 없는 블랙박스를 들이밀었다. 세파덱스 분리관, HPLC 장비, 기초 물리학, 고전 생리학 등. 이것들을 하나씩 논박해 보는 것은 원리적으로 불가능하지

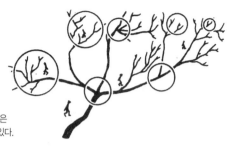

이 주장은 반대자가
모두 풀기에는 너무 많은
블랙박스들에 얽매여 있다.

그림 2.4

않다. 그러나 전혀 현실적이지는 않다. 왜냐하면 이들 블랙박스를 한 개씩 열 때마다 똑같은 에너지가 필요하기 때문이다. 아니, 실제로는 더 많은 에너지가 필요할 것이다. 블랙박스를 하나씩 열어 갈 때마다 더 단단히 봉인된 블랙박스를 만나게 될 테니 말이다. HPLC의 데이터를 처리하는 마이크로프로세서, 분리관 내에서 젤의 제조, 동물 구역에서의 기니피그 양육, 엘리릴리(Ely-Lily) 공장에서 이뤄지는 모르핀의 생산 등. 이 모든 사실은 새로운 논쟁의 출발점일 뿐이며, 그 논쟁은 다시 더 단단한 다른 사실들을 끌어들여 무한히(ad infinitum) 벌어진다.

그리하여 반대자는 그림 1.8에서 제시된 것과 비슷한, 지수 함수적 곡선을 만나게 된다. 새 실험실의 실장이 된 반대자가 그의 실험실을 더 나은 것으로 만들기 위해서는 그래프의 기울기를 평탄하게 만들거나, 아니면 그의 반대자들이 더 가파른 기울기의 그래프를 맞닥뜨리게 해야 한다.

예를 들어 섈리는 그의 불운한 GHRH를 지원하기 위해서 —1장의 문장 (5)— 쥐 경골 연골 조직 검정(rat tibia cartilage assay)이라 불리는 생물학적 검정을 사용했다. 그러나 GHRH에 반대하는 기유맹은, 앞서의 반대자가 스스로 기니피그 회장 검정을 시도한 것처럼 경골 검정을 다시 해 보려 했다.* 이 시도 앞에서 샐리의 경골 검정은 기유맹에게 다른 것을 말하기 시작했다. 쥐의 경우 경골 연골 조직의 성장은 성장 호르몬에 의해 자극받지만, 다른 여러 종류의 화학 물질에 의해서도 자극받을 수 있으며 어떤 경우에는 전혀 발생하지 않기도 한다. 여러 편의 가혹한 논문을 통해 기유맹은 "결과가 너무 오류투성이라 샐리의 주장은 극도의 경계심을 가지고 받아들여져야 한다"고 결론지었다. 그로부터 샐리는 후원자들을 잃게 되었다. 그는 GHRH의 존재를 주장했지만, 아무도 그를 따르지 않았다. 그의 주장은 반대자의 행동을 통해 고립되어 더 주관적인 것으로 격하되었다.

그렇다면 왜 사람들은 샐리의 주장보다 기유맹의 반대 주장을 더 믿게 되었을까? 한 가지 분명한 방법은 생물학적 검정으로부터 기유맹과 다른 결과를 이끌어 낼 수 없도록 변경시키는 것이었다. 기유맹은 쥐 경골 검정을 버리고 쥐 뇌하수체 세포 배양물로 옮겨 갔다. 육안으로 연골의 성장을 보는 대신, 이제는 배양액에서 보존된 뇌하수체 세포에서 분비되는 호르몬 양을 '볼 수 있다.' 그리고 그 양의 측정은 방사선 면역학 검정(radio-immunoassay)라고 불리는 도구 —이 용어의 의미는 앞에서 설명되었다— 에 의해 이뤄진다. 새로운 검정은 샐리의 것보다 훨씬 복잡하다. 방사성 면역학 검정은 여러 명의 기술자와 일주일의 기간이 필요하다. 그리고 거기에서는 훨씬 선명한 또는 문자 그대로 배경으로부터 형태를 완전히 분리해 낸 기입이 얻어진다. 다시 말해 이슈에 대한 다른 지식 없이도 지각적 판단에서 하나가 다른 하나를 압도한다.

제시된 대답이 연골 검정에서 얻어졌던 '오류투성이의' 것보다 훨씬 명료하여 반대자들로 하여금 따져 물을 여지를 주지 않았으며, 전체 도구들

---

* 이에 관해서는 N. Wade(1981, 13장)를 참조하라.

이 손쉽게 논박하기 어려운 성격의 것이었다. 복잡하긴 했지만, 세포 배양 검정(cell culture assay)은 GHRH의 양을 읽을 단 하나의 원도(표시 화면)를 제공하는 단 하나의 블랙박스로 간주될 수 있었다. 물론 그것도 원리적으로는 논박 가능하다. 그러나 현실에서는 대단히 어렵다. 모든 생리학자가 약간의 훈련만 거치면 연골 검정(tibia assay)이나 경골의 성장 정도에 대해 따져볼 수 있다. 그러나 기유맹의 것을 논박하기 위해서는 훈련 이상의 것이 필요하다. 그의 검정은 분자 생물학, 면역학, 방사능 물리학의 발전과 연관되어 있다. 기유맹의 기입을 흠잡는 것은 가능하긴 하지만, 현실적이지 못하다. 그러려면 훨씬 많은 자원이 필요하고 자칫 고립될 수도 있다. 이득은 분명하다. 샐리가 처음 GHRH에 대해 말하자마자, GHRH의 존재를 입증한다고 제시된 검정에 대하여 격렬한 논박들이 시작되었다. 그러나 기유맹의 반대 논문에 대해서는 논박의 여지가 상당 부분 봉쇄되었다. 탐지 시스템이 논박 불가능한 형식이었으며, 그리하여 가능한 논박의 영역은 주장의 다른 측면으로 전이되었다.

또 다른 예는 중력파 탐지(gravitational waves)에 대한 논쟁에서 찾을 수 있다.[*] 웨버(Weber)라는 물리학자는 알루미늄 합금으로 만들어지고, 무게가 수 톤에 이르며, 일정한 빈도로 진동하는 거대한 안테나를 세웠다. 중력파를 탐지해 내기 위해서는 안테나가 가능한 모든 외부 영향으로부터 차단되어야 한다. 이상적으로는 안테나가 진공 속에, 어떤 지층의 진동이나 전파 간섭도 받지 않은 채, 절대 온도 0에 근접하는 등의 조건에서 세워져야 한다. 하나의 도구(instrument)로 여겨져서, 이 장비 전체는 중력파의

---

[*] 여기에서 나는 H. Collins(1985)가 연구한 경험적 사례를 따른다. 하지만 논쟁 해결 방식에 대한 그의 기술은 좀 다르며, 이 책의 2부에서 분석될 것이다.

존재를 읽게 해 주는 윈도를 제공한다. 문제는 소음 수준(noise threshold)을 넘어서는 그래프의 최고점이 너무 작아 누구라도 웨버의 주장을 논박해 볼 수 있었다는 점이다. 누구라도 웨버의 도구를 꺼 버릴 수 있었다. 웨버는 그 최고점이 중력의 표현이라고 주장했지만, 모든 반대자들은 그것이 다른 어떤 것의 표현일 수 있다고 반박했다. '일 수 있다'고 말할 수 있는 한, 안테나를 통해 중력파로부터 웨버로 이어지던 확고한 연관은 사라진다. 웨버가 제시한 그림은 '중력파'를 표현할 수도 있지만, 지상의 어떤 소음을 기록한 무의미한 끄적거림일 수도 있다. 논쟁을 끝장내며 웨버의 주장을 단번에 일개의 의견으로 격하시켜 버릴 여러 가지 방법이 있다. 여기에서 특히 관심을 갖는 방법은 또 다른 안테나, 즉 웨버의 것보다 수천만배 민감해서 어떤 반박의 여지도 허용치 않는 안테나를 세우는 것이다. 이 새로운 안테나의 목적은 회의론자들에게 논박 불가능한 블랙박스를 미리제시하려는 것이다. 물론 이 이후에도 회의론자들은 중력의 양에 대해, 또는 그것이 상대성 이론이나 천체 물리학에서 갖는 의의 등에 대해 계속 따져 물을 수 있다. 그러나 적어도 지상의 어떤 간섭에 의한 것도 아닌, 최고점이 있음에 대해서는 아무도 덤벼들 수 없다. 첫 번째 안테나만으로는 웨버가 이상한 놈이었고 반대자들이 사려 깊은 전문가들이었다. 그러나 두번째 안테나가 나타나면, 최고점의 존재를 부정하는 사람들이 고립되기시작하고, 대신 웨버가 사려 깊은 전문가가 된다. 다른 사정이 동일하다면, 힘의 균형이 변해 버린 것이다.

더 많은 블랙박스를 빌려 오고 그것들을 모든 과정의 앞부분에 배치하는 것은 더 좋은 대항 실험실을 만드는 첫 번째의 확실한 방법이다. 그러면 토론이 굴절하여 방향을 바꾼다. 만일 모든 가능한 토론을 최대한 지연시키는 방법을 발견해 낸다면, 그걸 발견한 실험실이 다른 실험실을 이기는 것이다. 초창기의 미생물 배양에서 미생물들은 오줌과 비슷한 액체 속에서 배양되었다. 그것들은 플라스크 안에 있었고, 그것들을 탐지해 내려면 예리하고도 훈련받은 시력이 필요했다. 다른 모든 이슈 이전에 도대체 플라스크 안에 미생물이 있는지 자체가 논란거리였기 때문에 논박이 거셀 수밖에 없었다. 코흐(Koch)가 고체 배양법(solid milieu culture)을 발명한 이후 더 이상 미생물을 보기 위해 예리한 시력이 필요하지 않았다. 코흐의 배양법 덕분에 미생물들은 색깔을 가진 조각으로 변해 하얀 배경 위에 선명히 드러나게 되었다. 가시성은 더욱 놀랍게 향상되었는데, 그것은 특별한 염료로써 미생물 또는 미생물의 어떤 부분을 착색시킬 수 있게 된 이후였다. 이런 기술을 가진 실험실은 반대를 무력화할 수 있었다. 논쟁거리가 될 다른 측면들은 여전히 존재했지만, 미생물의 존재만은 더 이상 논박 가능하지 않았다.

여기에서 좋은 실험실과 나쁜 (대항) 실험실의 차이를 확대해 보는 것은 어렵지 않다. 경골 연골 검정이나 웨버의 안테나, 액체 미생물 배양법에 기반하여 무엇인가를 주장하는 실험실을 상상해 보라. 만약 이들 실험실의 실장이 좀 더 신뢰를 얻고 싶어 한다면 그는 무한한 과제를 떠맡게 된다. 그가 입을 떼자마자 수많은 학자들이 고개를 젓고 다른 가능한 해석들을 마구 내놓을 것이다. 약간의 상상력만 있으면 그렇게 할 수 있다. 이 도전자들은 제논 패러독스(Zenon's paradox)의 아킬레스(Achilles)처럼 절대 종착점에 도달하지 못한다. 왜냐하면 모든 논박이 언제나 또 다른 논박의 시작점이 되는 무한 소급에 빠지기 때문이다. 대조적으로 좋은 실험실의 주장에는 약간의 상상력만으로 덤벼들 수 없다. 저자가 동원한 블랙박스의 숫자에 비례해 반대의 비용이 상승한다. 뇌하수체 배양 검정, 수천만 배 정밀한 안테나, 고체 배양법과 맞닥뜨리게 되면 반대를 포기하거나 반대를 주장의 다른 측면으로 **전환**시킬 수밖에 없다. 언제나 논쟁에서 이길 수는 있다. 그러나 그러기 위해 필요한 동원(mobilization)의 크기는 점점 막대해 진다. 더 많은 블랙박스를 가진 더 좋은 장비를 갖춘 실험실이 있어야 한다. 그로써 반대를 가능한 한 지연시켜야 한다. 실험실 만들기의 악순환은 이제 시작되었을 뿐이다. 아예 주장하기를 포기하거나 더 강한 동맹자를 소집하는 방법 외에 달리 빠져나갈 출구는 없다.

2.2 행위자(actor)로 하여금 대변인을 배반하게 만들기

이 절에서 내가 저자, 반대자로 사용할 두 과학자들은 상대방의 주장을 주관적 의견으로 격하시키려 한다. 그들의 경쟁은 가능한 한 토론의 초기 단계에 배치될 더 많은 블랙박스를 가진 값비싼 실험실로 이어진다. 그러나 단지 현존하는 블랙박스만을 동원하는 한 이 게임은 조만간 중단된다. 서로가 **동일한** 장비를 사용하고, 그들의 주장을 단단하고 오래된 동일한 사실들에 연계시켜 놓는 한 누구도 상대방을 이길 수 없다. 그럴 경우 그들의 주장은 불구 상태, 즉 사실(fact)과 인공물(artefact), 객관성(objectivity)과 주관성(subjectivity)의 중간 상태로 남겨지게 된다. 이 교착 상태를 깨는 유일한 방법은 새롭고 예상치 못했던 자원을 발견하거나, 아니면 반대자의 동맹자들을 전향하도록(change camp) 하는 것이다.

예를 들어 우리 앞 이야기의 경영자가 파업의 지속 여부에 대한 비밀 투표를 실시해 낸다면, 바로 이런 경우가 된다. 빌(Bill)이 "모든 노동자는 3% 임금 인상을 요구한다"고 주장했음을 기억해라. 회합에서 노동자들이 동일하게 말할 때, 이 주장은 승인받는다. 경영자가 노동자들의 일치단결을 의심한다 해도 모든 공개적 회합에서는 빌의 주장을 승인해 줄 것이다. 그러나 비밀 투표를 실시함으로써 경영자는 동일한 행위자들을 다른 방식으로 테스트할 수 있다. 비밀, 재검표, 감시 등의 수단을 이용하여 그들에게 새로운 종류의 압력을 가할 수 있다. 이런 과정을 통해 노동자들의 단 9%가 파업 지속을 찬성하며, 80%는 2% 인상에 만족하게 된다. 노동자들이 전향했다. 이제 그들은 경영자가 말하는 대로 말한다. 새로운 대변인을 갖게 된 것이다. 물론 이로써 논쟁이 종식되지는 않는다. 논쟁은 점점 선거를 닮아 간다. 빌과 조합은 경영자를 협박과 불공정한 압력, 투표 감행 등으로 비난한다. 그 비난은 대변인의 가장 충실한 지지자들조차 배반했음을 보여 줄 뿐이다.

앞에서 보았듯이 말할 줄 아는 사람도 말 못하는 사물들처럼 대변인을 갖는다.(1절, 1.2 참조) 이제부터 대변되는 것들은 그것이 사람이든 사물이든 간에 모두 행위소(actant)라고 부를 것이다. 경영자가 빌에게 했던 것을, 반대자도 그의 적수의 실험실의 동맹자들에 대해 해 볼 수 있다. 어떤 자연 발생(spontaneous generation)도 없다는 파스퇴르의 주장에 맞서 격렬하게 싸웠던 푸셰(Pouchet)는 훌륭한 대항 실험을 마련한다.* 파스퇴르는 미생물을 발생시키는 것은 언제나 외부로부터의 세균(germ) 때문이라고 주장했다. 살균된 주입물을 담은 백조의 목 모양 유리 플라스크가 낮은 위도 지역에서는 오염되었다. 그러나 알프스 고지대에서는 그렇지 않았다. 일련의 인상적인 증명을 통해 미생물은 주입물 내부가 아니라 외부로부터만 온다는 파스퇴르의 주장과 새로운 행위자, 미생물은 논박 불가능한 연계를 확립하였다. 파스퇴르의 결론을 부정했던 푸셰는 그 연계를 끝장내고 미생물들을 내부로부터 나타나도록 만들려고 했다. 파스퇴르의 실험을 반복

---

* 여기에서 내가 따르는 것은 Farley and Geison(1974)의 연구다.

해 보면서, 푸셰는 살균된 건초 주입물을 담고 있는 유리 플라스크가 피레네 산맥의 '세균 없는(germ-free)' 공기 속에서조차 빠른 시간 내에 미생물로 가득 차게 되는 것을 보여 주었다. 파스퇴르가 의존하던 미생물들이 그를 배반한 것이다. 그것들은 자연 발생하였으며, 그리하여 푸셰의 입장을 지지해 주었다. 이 경우 행위소는 전향한 것이다. 동시에 두 대변인을 지지해 준다. 그러나 이 전향이 논쟁을 종식시키지는 못한다. 푸셰가 모든 것을 살균했다고 말하지만, 그가 자신도 모르는 사이에 외부로부터 미생물을 유입시켰다고 공격하는 것이 불가능하지 않기 때문이다. '살균한(sterile)'의 의미가 점차 모호해지며, 재협상(renegotiation)의 대상이 된다. 이에 파스퇴르는 반대자의 입장에서 푸셰가 사용한 수은이 오염되었음을 증명한다. 그 결과 푸셰는 지원 세력으로부터 차단되며, 그의 자연 발생하는 미생물들로부터 배신당한다. 파스퇴르는 승리한 대변인이 되며, '그의' 미생물들을 정렬시켜 그의 지시에 따라 움직이게 만든다. 푸셰의 반대는 실패했으며 결국 고립되었다. 그의 '자연 발생설'은 파스퇴르에 의해 미생물의 행동 양태가 아니라, '이데올로기'와 '종교'의 영향으로 이해되어야 할 주관적 아이디어로 격하되었다.[*]

동맹자들을 그들의 대변인으로부터 유혹해 내려는 유사한 예가 사모아인들 사이에서 발생했다. 1930년대 마거릿 미드(Margaret Mead)는 한 사모아 소녀를 교육과 성적 태도에 관한 이상형으로 동원했는데, 당시 그 소녀는 서구의 소녀들보다 훨씬 자유로웠으며 사춘기(adolescence)의 위기로부터 해방되어 있었다.[**] 이 사실은 그러나 사모아 인들의 인류학적 대변인이

---

[*] 하지만 더 나중에 논쟁은 재개되었다. R. Dubos(1951) 참조. 마지막 절에서 보여 주겠지만, 언제나 논쟁에서는 실천적이고 임시적인 종결만이 존재한다.

[**] 이 논쟁에 대해서는 M. Mead(1928)와 D. Freeman(1983) 참조.

었던 미드의 것이라기보다는 사모아 인들의 것이라고 여겨져 왔다. 최근 인류학자 데렉 프리먼(Derek Freeman)은 미드를 공격했다. 미드와 사모아 소녀 간의 모든 연관을 끊어 버리려 했다. 그로부터 미드는 사모아와 어떤 깊숙한 접촉도 없었으면서 단지 머릿속에서 '고상한 야만인(noble savage)'에 대한 소설을 쓴, 고립되어 있었으나 자유분방한 미국 숙녀로 변모되었다. 프리먼은 말하자면 사모아 인들의 새로운 대변인이 된 것인데, 그에 따르면 사모아 소녀들은 성적으로 억압받고 있다. 폭행이 저질러지고 강간당하는 등 그들은 끔찍한 성장기를 겪고 있다고 프리먼은 주장한다. 새로운 대변인이 나타나 사모아 인들을 말하자면 '유괴'하는 이런 사태는 물론 논쟁을 종식시키지 못한다. 이제 문제는 프리먼이 사회 생물학에 영향받은 거칠고 둔감한 남성인지, 그리고 그가 사모아 정보원의 미세한 단서들을 놓치지 않던 고상한 여성 인류학자 마거릿 미드보다 더 많은 사모아 인 동맹자를 만들어 냈는지를 판정하는 것이다. 저자와 반대자 간의 힘겨루기에서 상대방과 그들 지지자들 간의 연관을 끊어 냄으로써 급격한 역전이 초래될 수도 있다는 것이 이 이야기의 요점이다.

연관을 끊어 내는 데 프리먼보다 더 세련된 전략이 조지 율(George Yule)의 통계 수치에 대해 논쟁을 벌인 칼 피어슨(Karl Pearson)에 의해 사용되었다.[*] 율은 두 개의 이산 변수(discrete variables) 간의 관련성 정도를 측정할 수 있는 하나의 계수(coefficient)를 고안해 냈다. 이 계수는 그로 하여금, 예를 들면 백신 접종과 사망률 간에는 관련이 있는지 여부를 판정할 수 있게 해 주었다. 율은 연관 자체를 정확히 정의하는 데에는 관심이 없었다.

---

[*] 여기에서 내가 사용한 논문은 D. MacKenzie(1978)다. 같은 논쟁의 더 넓은 배경에 대한 책 D. MacKenzie(1981)를 참조하라.

한편 피어슨은 율의 계수에 반대했다. 왜냐하면 두 개의 변수들이 얼마나 밀접히 연관되어 있는지를 따져 보려 할 때, 율의 계수가 너무나 넓은 범위의 답을 내놓았기 때문이다. 율의 계수를 가지고는 어떤 주장과 데이터들 간의 지지 관계를 전혀 알 수 없다는 것이 피어슨의 주장이었다. 그러나 율은 오로지 이산 변수에 대해서만 관심을 가졌기 때문에 이러한 비판에 대해 별로 고민하지 않았다. 반면 피어슨은 좀 더 야심적이었는데, 그는 연속 변수, 예를 들면 키, 피부색, 지능과 같은 **연속 변수들**(continuos variables)을 동원하고 싶었다. 율의 계수를 가지고는 유전적 변수들 간의 약한 연관만을 정의할 수 있었다. 이는 어떤 반대자라도 손쉽게 율과 그의 데이터들을 갈라놓을 수 있음을 뜻했다. 지금까지 축적되어 온, 유전적 결정론에 대한 가장 인상적인 데이터들을 그 상관관계도 불분명한, 무질서하고 혼잡한 데이터 덩어리로 만들어 버릴 수 있었다. 피어슨은 모든 이산 변수를 연속 분포(continuous distribution)의 어떤 귀결로 변환시켜 주는 상관 계수를 고안해 냈다. 이제 율은 약한 결합(associations) 관계만을 가지게 되었고, 대조적으로 피어슨은 그의 데이터를 '상관관계에 대한 4중주 계수(tetrachoric coefficient)'와 연관시킴으로써 어떤 연속 변수들조차 이산 변수들의 강한 결합으로 변형시키고, 결국에는 지능을 유전에 **견고하게** 부착시켰다. 물론 이것이 논쟁의 끝은 아니다. 율은 피어슨 계수를 흔들어 보려고 했다. 그것이 임의적으로 연속 변수를 이산 변수로 전환시킨다고 주장했다. 만약 그것이 성공적이었다면, 율은 피어슨으로부터 데이터라는 지지자를 **빼앗아** 버릴 수 있었다. 이 논쟁은 거의 백여 년간 계속되었는데, 이로부터 배우게 되는 것은 동일한 장비와 데이터를 가졌을 때, 데이터를 묶어 주는 것을 약간만 수정해도 저자와 반대자 간의 교착 상태가 변동한다는 사실이다.(6장에서 이 현상에 대해 더 많은 이야기가 있을 것이다.)

일련의 예를 통해 우리는 동맹자와 그들의 대표자를 분리시켜 균형을 깨는 방법을 보았다. 그러나 이런 술책이 논쟁을 해결할 수는 없다. 그것은, 다만 경쟁의 영역을 수정해 약간의 시간을 벌어 줄 뿐이다. 물론 승리하기에 충분한 시간은 못된다. 승리하기 위해서는 이 전략과 2.1 부분의 다른 전략 —더 많은 블랙박스를 빌려 와라. 그리고 그것을 되도록 과정의 앞부분에 배치하라— 을 합쳐야 한다. 거기에 이제부터 이야기할 세 번째 부분의 전략이 덧붙여지면 더욱 좋은데, 그 전략은 일반인들로서는 이해하기가 더욱 어렵다.

2.3 새로운 동맹의 형체 짓기

이제 (대항) 실험실의 실장인 반대자는 블랙박스화된 도구들을 가능한 한 많이 들여오며, 또한 상대방의 지지자들을 꾀어 내려고 한다. 이 두 가지 전략을 병행했음에도 불구하고 일이 신통찮은 경우가 적지 않을 것이다. 왜냐하면 모든 과학자가 제한된 도구와 행위소를 가지고 움직이기 때문이다. 몇 단계를 거치고 나면 논쟁은 다시 교착 상태에 빠져든다. 지지자들은 계속 진영을 바꿔 간다. 경영자 편이었다가 아니었다가, 파스퇴르 편이었다가 아니었다가, 마거릿 미드 편이었다가 아니었다가, 피어슨 편이었다가 아니었다가 등등 끝날 전망이 보이지 않는다. 그러한 상황에서는 어떤 신뢰할 만한 사실도 생산되지 않는다. 제삼자들의 경우에도 블랙박스로 사용할 만한 진술들을 얻을 수 없다. 이 교착 상태를 돌파하기 위해서는 지금까지 정의되지 않았던 또 다른 동맹이 도입되어야 한다.

샐리의 쥐 경골 연골 검정을 통해 발견된 GHRH의 예로 돌아가 보자.

우리는 이미 기유맹이 이 '발견'을 거부하면서 뇌하수체 세포 배양이라는 새롭고 좀 더 논박 가능성이 적은 검정을 고안해 냈음을 보았다.(1장, 2절 참조) 그렇게 기유맹은 샐리를 지지하던 GHRH로 하여금 동맹을 변경하게 한다. 샐리가 중요한 호르몬을 새롭게 발견했다고 생각할 때, 기유맹이 끼어들어 그 '새롭고 중요한 호르몬'은 사실상 오염물, 일종의 헤모글로빈임을 보여 주었다는 것을 기억해 보라. 위의 두 전략을 이용해 기유맹이 얻은 것은 부정적 의미의 승리였다. 경쟁자를 격퇴하기는 했지만 GHRH에 대한 기유맹의 주장 —그는 GRF라고 부른다— 이 더 큰 신빙성을 얻은 것은 아니었다. 제삼자의 눈에 이 모든 상황은 여전히 혼란일 뿐이며 그로부터 어떤 신뢰할 만한 사실도 나타나지 않았다. 마지막 일격을 준비하는 반대자에게는 승리를 확고히 하고 제삼자를 확신시키며 논쟁을 종식시킬 그 이상의 무엇인가가 필요하다.

(대항) 실험실에서는 GRF의 정제된 추출물들을 세포 배양물 속으로 투입한다. 결과는 놀랍다. 아무 결과도 나타나지 않는다. 사실은 그보다 더 나쁘다. 아무 결과도 나타나지 않는 게 아니라 오히려 반대 결과가 나타났기 때문이다. GRF가 투입되었을 때 성장 호르몬이 감소했다. 기유맹은 실험을 했던 그의 동료 폴 브라조(Paul Brazeau)를 한참 꾸짖었다.[*] 완벽한 블랙박스로 여겨졌던 도구들이 모두 의심의 대상이 되었으며, 솜씨 좋고 정직했던 기술자 브라조의 경력 전체가 위험해졌다. 반대자/저자의 전쟁은 이제 실험실 내부로 옮겨져 각자 검정, 정제 방식, 방사선 면역학 검정 등을 세밀히 재조사하기 시작한다. 마치 1절, 3에서 방문자가 엔도르핀을 놓고 그랬듯이. 세 번의 시도에서도 브라조는 동일한 결과를 얻는다. 아무리

---

[*] 소마토스타틴의 발견에 대한 이 에피소드는 N. Wade(1981, 13장) 참조.

다시 해 봐도 동일하게 부정적 결과가 나타나는 것이다. 이제 상황은 앞서 1절에서 말했던 궁지에 이른다. 즉 게임을 중지하거나, 아니면 더욱 근본적인, 오래되고 승인되어 온 블랙박스의 검토를 시작하는 수밖에 없다. 혹시 그것이 실험실 전체를 해체시켜 버릴 가능성까지 포함해서 말이다. 여하튼 부정적 결과가 모든 시험을 통해 나타나고 있고, 브라조의 정직성과 기술 또한 의심의 여지가 없으니 다른 문제점을 찾을 수밖에 없다. 그들이 찾고 있는 호르몬은 성장 호르몬을 증가시켜야 한다. 그러나 실제에서는 성장 호르몬을 감소시켰다. 더 이상 실험 기술을 의심할 수는 없으니, 이제 애초의 정의를 의심하거나 게임을 중지할 수밖에 없다. 그들의 손에는 성장 호르몬을 감소시키는 호르몬이 주어져 있다. 다시 말해 새로운 호르몬, 전혀 기대치 않았고 아직 정의되지도 않은 동맹이 나타나 새로운 주장을 지지해 주고 있는 것이다. 몇 달이 지나지 않아 그들은 샐리에 대하여 완전히 우위에 서게 되었다. 샐리는 GHRH를 헤모글로빈과 혼동했을 뿐 아니라 완전히 잘못된 물질을 찾고 있었다.

우리는 지금 이 책의 가장 미묘한 지점에 이르렀다. 왜냐하면 반대하는 과학자들이 내놓는 가장 결정적인 논변 또는 그들 힘의 궁극적인 원천에 접근했기 때문이다. 텍스트 배후에서 그들은 기입들을 동원했고, 때로는 이러한 기입들을 획득하기 위해 거대하고 값비싼 장치들을 동원했다. 그러나 무엇인가가 도구 배후에서 힘겨루기에 저항한다. 그것을 임시적으로 새로운 대상(new object)이라고 부르자. 그것이 무엇인지 정확히 알려거든 과학자의 실천적 관행을 지금까지보다 더 세심히 추적해야 한다. 상식적 의견, 전통, 철학자, 그리고 나아가서는 과학자들이 그들 활동에 대해 스스로 이야기하는 것까지도 모두 무시하고 말이다.(이 장 끝에서 그 이유를 설명하겠다.)

과학자들에게 새로운 대상이란 무엇인가? 기유맹과 브라조가 찾으려 했던 GRF를 놓고 생각해 보자. 그것은 경골 연골 검정과 세포 배양에서의 효과를 통해 정의되었다. 첫 번째 검정에서 그 효과는 불분명했지만, 두 번째에 가서는 분명하게, 그러나 부정적으로 나타났다. 정의를 바꿔야 했다. 도입 초기에 새로운 대상은 정의되지 않은 상태다. 정확히 말하면 그것이 실험실에서의 시련들 앞에서 어떤 일을 해냈는지에 의해 정의된다. 즉 뇌하수체 세포 배양물에서의 성장 호르몬 분비량 증가, 여기에서 '정의(definition)'의 어원이 도움될 수 있다. 무엇인가를 정의한다는 것은 원래 그 무엇인가에게 한계(finis) 내지 형체(shape)를 짓는다는 의미다. GRF는 하나의 형체를 갖게 되었다. 그 형체는 실험실에서 가해지는 일련의 시험에 대해 그것이 드러내는 것, 도구의 윈도(표시 화면)에 기입한 대답에 의해 결정된다. 만약 무시할 수 없을 정도로 대답이 달라진다면 새로운 형체를 부여해야 한다. 아직 지칭된 적이 없는, 그리고 정확히 GRF와 반대로 작용하는 새로운 어떤 것이 나타난다. 실험실에서 새로운 대상은 그것이 하는 일을 따라서 이름 지어진다는 점을 주목해라. '성장 호르몬의 분비를 억제하는 무엇.' 기유맹은 이들 행동을 요약하는 새로운 단어를 만들어 냈다. 그것이 '소마토스타틴(somatostatin)'이다. 몸(정확히는 몸의 성장)을 억제하는 무엇.

일단 소마토스타틴이라고 이름 지어지고 그것이 받아들여진 이후 그 속성은 변화했지만 그것은 우리가 관심 갖는 것이 아니다. 우리에게 중요한 것은 새로운 대상을 그 출현의 순간에서 이해하는 것이다. 실험실에서 새로운 대상은 **시험에 대해 내놓은 대답들의 리스트**다. 오늘날 모든 이들이 효소(enzyme)에 대해 잘 아는 듯 말한다. 그러나 나중에 효소라고 불리는 이상한 물질이 여러 실험실에서 처음 나타났을 때, 과학자들은 그것을 아주

다른 방식으로 불렀다.[*]

(8) 맥아(malt)를 연화시켜 만든 액체로부터 파앤(Payen)과 페르조(Persoz)는 알코올과의 반응을 통해 흰색의 무정형이며 전기적으로 중성인 고체를 추출해 냈다. 그것은 아무런 맛이 없었는데, 알코올에서는 녹지 않으며 대신 물이나 약알코올에서는 용해 가능했다. 그리고 아세테이트에 의해 침전되지 않는다. 그것을 물 속에서 전분(starch)과 함께 65도에서 75도로 가열하면 덱스트린이라는 용해 물질이 분리되어 나온다.

어떤 대상이 처음 나타났을 때 그것이 어떤 것인지 설명하기 위해서는, 말하자면 '구성 작용(constitutive action)'의 리스트를 반복하는 것 이상의 방법이 없다. A와 함께는 이렇게, C와 함께는 이렇게 반응했다. 이 리스트 이상의 어떤 형체도 가질 수 없다. 만일 네가 이 리스트에 무엇인가를 덧붙인다면, 너로 인하여 그 대상은 재정의되는 것이다. 즉 네가 그것에게 새로운 형체를 부여하는 셈이다. 예를 들어 '소마토스타틴'은 이제는 잘 알려진 몇 가지 사실, 즉 시상하부(hypothalamus)로부터 추출되며, 성장 호르몬의 분비를 억제한다는 사실에 의해 정의된다. 위에 소개된 발견은 처음 만들어진 이후 몇 달 동안은 이런 식으로 서술되었다. 그 후 다른 실험실에서 소마토스타틴이 췌장에서도 발견되며, 성장 호르몬뿐 아니라 글루카곤과 인슐린 생성도 억제한다고 덧붙였을 때, 소마토스타틴의 정의는 변화될 수밖에 없다. 브라조가 그의 검정을 통해 긍정적 결과를 얻지 못함으로

---

[*] 이 인용은 다음에서 발췌된 것이다. E. Duclaux(1896), *Traité de biochimie*, vol. II, p. 8. 두 클로는 파스퇴르의 공동 연구자다.

써 GRF의 정의를 바꿔야 했듯이. 새로운 대상은 실험실의 시험에 대한 대답의 리스트에 의해 완전히 정의된다. 이 핵심 포인트는 좀 더 부드럽게 표현하면, 새로운 대상은 언제나 그것이 견뎌 낸 시험을 요약하는 행동의 이름을 따서 명명된다. 마치 옛 인디언들의 명명법, 예컨대 '곰 살인자', '공포초월', '들소보다 강한' 등과 같이.

우리가 지금껏 분석해 온 전략에서 대변인과 행위소(actants)들은 항상 현존하며, 정렬되어 잘 훈련될 수 있다. 그러나 지금의 새로운 전략에서 대변인은 아직 알려지지 않은 행위소를 찾고 있다. 그들이 말할 수 있는 모든 것은 그들 행위소가 시험에 대해 내놓은 대답들의 리스트다.

피에르 퀴리와 마리 퀴리는 그들이 찾으려는 물질 X에 대한 이름을 갖고 있지 않았다. 화학 대학(Ecole de Chimie)의 실험실에서 이 새로운 대상을 구체화하는 유일한 방법은 그것이 통과할 시험들의 숫자를 확대하는 것이었다. 모든 종류의 가혹한 시련(산, 열, 냉각, 압력)으로 그것을 공격해 보는 것.* 그것이 이 모든 시험과 고난을 견뎌 낼까? 만약 그렇다면 그건 새로운 대상이다. 새로운 물질이 견뎌 낸 '고난'의 긴 리스트를 만들어 놓고서야 그들은 새로운 이름 —폴로늄(polonium)— 을 제시했다. 오늘날 폴로늄은 방사능 물질의 일종이다. 그러나 그 탄생 시점에서의 그것은 퀴리의 실험실에서 견뎌 낸 시험들의 긴 리스트였다.

(9) 퀴리 부부: ― 여기 이 혼합물, 우라늄 역청에서 나온 새로운 물질이 있습니다. 보세요. 그것은 공기를 대전시킵니다. 그 작용을 피에르가 만든 도

---

* 여기에서 내가 사용하는 것은 다음 논문이다. Pierre and Marie Curie(1898), "Sur une substance nouvelle radio-active, contenue dans la pechblende," *Comptes Rendus de l'Académie des Sciences*, vol. 127, pp. 175-178.

구, 쿼츠 전위계(Quartz Electrometer)로 측정할 수 있습니다.

반대자: 별로 새롭지 않네요. 우라늄(uranium)과 토륨(thorium)도 그런 작용을 하잖아요?

– 그래요. 그렇지만 이 혼합물을 산에 반응시키면 증류수(liquor)를 얻을 수 있습니다. 그 증류수를 황화수소와 반응시키면 황화물이 침전됩니다. 우라늄과 토륨은 이 증류수와 반응하지 않습니다.

– 그걸로 무엇을 증명할 수 있습니까? 납, 비스무트(bismuth), 구리, 비소(arsenic), 안티몬(antimony) 등이 모두 유사한 반응을 보일 텐데요. 그것들도 침전물을 남깁니다.

– 그러면 그것들을 모두 암모니아 황화물(ammonium sulfide)과 반응시켜 보지요. 그러면….

– 좋아요. 그것이 비소나 안티몬이 아니라는 건 인정하겠어요. 납이나 구리, 비스무트 같은 알려진 다른 것일지도 모르지요.

– 그렇지 않습니다. 납은 황산에서 침전됩니다. 그러나 이 물질은 그대로 녹아 있습니다. 구리는 암모니아에서 침전됩니다….

– 그래요? 그렇다면 이건 비스무트겠네요. 우리가 알고 있는 비스무트로부터 새로운 속성 하나를 발견한 것 같습니다. 이른바 활성화(activity). 새로운 물질을 의미하는 것은 아닙니다.

– 아니라고요? 도대체 당신들에게 어떤 새로운 물질이 있다고 인정받기 위해서는 어떤 증거를 제시해야 하나요?

– 간단합니다. 당신의 것과 비스무트가 달리 반응하는 시험 하나를 보여주면 됩니다.

– 그것을 보헤미아 유리관(Boheme tube) 안에서 진공 상태를 유지한 채 700도 정도로 가열해 보세요. 어떤 일이 발생할까요? 비스무트는 튜브의

가장 뜨거운 곳에 모입니다. 반면 이 새로운 물질은 가장 온도 낮은 곳에 그을음의 형체로 모입니다. 알겠습니까? 만약 이 실험을 여러 번 해 본다면, 여러분이 지금 비스무트와 혼동하는 이 물질이 우라늄보다 400배 더 반응성이 있다(active)는 걸 알게 될 겁니다.

– ….

– 조용하시네요. 그렇다면 우리가 역청으로부터 추출한 이 물질이 아직껏 알려지지 않은 어떤 것이라고 받아들이는 거지요? 이 새로운 물질의 존재를 인정해 준다면, 우리는 그것을 마리의 고향을 기려 폴로늄으로 제안하고자 합니다.[11]

텍스트 배후에 있다고 일컬어지는 이 유명한 것은 무엇으로 만들어진 건가? 그것은 승리의 리스트로 만들어졌다. 황화수소 게임에서 우라늄과 토륨을 물리쳤고, 암모니아 황화물 게임에서 비소와 안티몬을, 그런 다음 납과 구리를 두들겨 내쫓았다. 비스무트만이 준결승까지 남겨졌지만, 그것도 열과 냉각 게임을 통해 격파했다. 정의의 첫 단계에서 '사물(thing)'이란 일련의 시험에 대한 득점 기록(score list)이다. 이때 시험은 과학계의 반대자나 전통 —예를 들자면 금속이란 이래야 한다는— 에 의해 부과되거나, 아니라면 열 시험처럼 저자에 의해 고안된다. 과학 텍스트 배후의 '사물'이란 1장 끝 부분에서 보았던 영웅과 흡사하다. 그것들 모두는 그 성취(performance)에 의해 정의된다. 동화 속의 영웅은 흉측한 머리 일곱 개의 용을 격퇴하거나 갖가지 고난을 넘어 공주를 구출한다. 실험실 안의 영웅들은 탈락하지 않고 버텨 낸 것들이며, 비스무트를 이겨 낸 것이다. 영웅의

---

11) 폴로늄은 조국인 폴란드 국명에서 이름을 따왔다.

본질을 알아내는 다른 방법은 없다. 그러나 그것은 오래가지 않는다. 왜냐하면 모든 성취는 어떤 능력(competence)*을 전제하기 때문이다. 결국에 가서 우리는 영웅들이 그 모든 시련을 어떻게 이겨 냈는지 능력에 의해 설명한다. 그때부터 영웅은 더 이상 반응의 점수 기록이 아니다. 이제 그것은 그 외현(manifestation)을 통해 서서히 드러나는 어떤 본질이다.

이제 독자들은 내가 대변되는 것들에 대해 '행위소(actant)'라는 단어를 도입한 이유를 이해하게 되었을 것이다. 텍스트 아래에서도, 도구 아래에서도, 실험실 안에서도 (대)자연(Nature)은 발견되지 않는다. 우리가 가진 것은 '어떤 것'에 새롭고 극단적인 제약을 부과했던 기록뿐이다. 그 '어떤 것'은 이들 조건에 대한 반응을 통해 점진적으로 형성된다. 모든 논변의 배후에는 바로 이런 것들이 있다. 앞 1절의 1.3에서 반대자에 의해 테스트된 엔도르핀이란 무엇인가? 파형의 중첩, 전기선으로 묶여 정기적으로 자극을 받는 기니피그의 내장, 도살된 양들로부터 여러 번의 시도 끝에 추출되어 고압으로 HPLC 칼럼을 통과한 시상하부 수프.

그것이 이름 지어지기 전, 새로운 대상으로서의 엔도르핀은 교수의 실험실 안에 있는 도구들로부터 읽어 낼 수 있는(readable), 이 리스트다. 그건 미생물도 마찬가지다. 애당초 그것은 파스퇴르의 실험실에서 설탕을 알코올로 변화시키는 무엇이었다. 그 이후 여러 가지 시험을 통해 그 어떤 것은 점점 좁혀져 갔다. 공기가 없을 때 발효가 일어났고, 공기가 재주입되니 그것이 멈췄다. 이 위업을 통해 공기에 의해 소멸되며, 공기가 없을 때에는 설탕을 분해시키는 새로운 영웅이 정의되었다. 그 후 이것은 인디언

---

* 이 단어와 기호학의 모든 개념의 정의에 대해서는 참조, A. Greimas and J. Courtès(1979/ 1983). 영어로 된 기호학 소개는 F. Bastide(1985) 참조.

식으로 '무산소성의(Anaerobic)', '산소 없어도 존속하는 것(Survivor in the Absence of Air)'이라고 이름 붙여졌다. 실험실은 이런 식으로 새로운 대상들을 많이 만들어 낸다. 실험실에서는 극단적인 조건을 만들어 낼 수 있으며, 그에 대한 반응들을 집요하게 기입할 수 있기 때문이다.

이렇듯 새로운 대상들이 반응하는 바에 따라 이름 짓는 방식은 호르몬이나 방사능 물질 같은 행위소, 흔히 '실험 과학(experimental sciences)'이라고 알려진 분야의 실험실에 국한되지 않는다. 수학에서도 마찬가지다. 독일 수학자 칸토르(Cantor)가 그의 초한수(transfinite number)에 처음 어떤 형체를 부여할 때에도 아주 단순하면서도 근본적인 시험을 통하는 절차를 거쳤다.[*] 예를 들면 단위 면적의 사각형 내 모든 점과 0과 1 사이의 점들을 1 대 1 대응 관계를 성립시킬 수 있는가라는 시험. 일견해서 사각형의 한 변에 있는 점들과 사각형 내부의 모든 점이 1 대 1 대응된다는 것은 너무나 불합리해 보인다. 사각형 내 임의의 두 점이 변의 다른 두 점으로 사상되는지(1 대 1 대응), 아니면 어느 한 점으로 사상되는지(2 대 1 대응)를 확인해 보는 시험이 고안되었다. 하얀 종이 위에 쓰인 답은 믿기 어려웠다. "보긴 봤다. 그러나 믿을 수는 없다." 칸토르는 데데킨트(Dedekind)에게 그렇게 썼다. 사각형의 한 변에 그렇게 많은 점들이 있었다. 칸토르는 그의 초한수를 이토록 도저히 상상할 수도 없을 만큼 극단적인 조건 아래에서의 수행을 보고서야 만들어 냈다.

도구의 원도에 기입된 대답을 가지고 새로운 대상을 정의하는 방식이 과학자와 엔지니어들이 가진 힘의 최종적 근원이다. 이것이 우리의 두 번째 근본 원칙(second basic principle)이다. 생성 중인 과학(science in the

---

[*] J. W. Dauben(1974) 참조.

making)을 이해하기 위해서는 이것이 첫 번째 원칙만큼 중요하다. 과학자와 기술자는 그들이 형체를 부여하고 가입시킨 새로운 동맹자(allies)의 이름으로 발언한다. 다른 대표자들 중에서의 대표자들인 그들이 자기들에게 유리하게, 세력의 균형을 기울게 하는 이런 예기치 못한 자원들을 덧붙인다. 기유맹은 엔도르핀과 소마토스타틴을 대변한다. 파스퇴르는 미생물을 대변하고, 퀴리 부부는 폴로늄을 대변하고, 파앤과 페르조는 효소를, 칸토르는 초한수를 대변한다. 그들이 의심받을 때 그들은 결코 혼자가 아니다. 그들 뒤에는 그들을 지지하는 유권자들이 도열해 있으며, 그들은 그들의 대표자와 똑같이 말할 준비가 되어 있다.

2.4 실험실에 대항하는 실험실

우리의 친구, 반대자는 먼 길을 걸어왔다. 그는 더 이상 전문적 강연을 듣고 있는 수줍은 청중도 아니며, 과학 실험을 지켜보는 소심한 구경꾼, 공손한 반박자가 아니다. 그는 이제 가능한 모든 도구를 이용해 상대방을 지지하는 현상들을 자기편으로 끌어들이고, 거칠고 오래 걸리는 시험들을 통해 예상치 않았던 대상들을 만들어 내는 강력한 실험실의 실장이다. 이 실험실의 권력은 그것이 창조해 내는 극단적 조건에 의해 측정된다. 즉 수백만 볼트의 거대한 입자 가속기, 절대 영도에 근접하는 온도, 수 킬로미터에 걸쳐 있는 전파 망원경(radio-telescope), 수천 도까지 가열되는 용광로, 수천 마리의 쥐나 기니피그를 사육하는 동물 양육장, 초당 수천만 번의 계산을 할 수 있는 슈퍼컴퓨터 등. 이들 조건을 수정할 때마다 반대자들은 또 다른 행위소를 동원하는 셈이 된다. 극소에서 극극소로, 백만 볼트에서 억만 볼트로, 몇 미터 직경에서 몇 킬로 직경의 망원경으로, 수백 마리에서 수천 마리의 동물로 등등. 그런 식으로 새로운 행위소가 재정의 된다. 다른 조건이 동일하다면, 실험실의 권력은 그것이 우호적으로 동원할 수 있는 행위소의 숫자에 비례한다. 이 지점부터 아무것도 가진 것 없는 일반인들은 진술을 빌려 올 수도, 변형시킬 수도, 논박할 수도 없다. 그 모든 것은 그들 배後에 실험실을 가진 과학자들이 할 수 있다.

어쨌든 반대편 실험실을 완전히 이기기 위해서는 네 번째 전략이 필요하다. 새로운 대상을 더 오래된 대상으로 변형시키기, 그런 다음 그것들을 다시 실험실에 공급해 주기.

실험실을 이해하기 어려운 것은 그것이 현재 진행하는 일 때문이 아니다. 그것들이 지금까지 해 오던 일 때문에 어렵다. 특히 파악하기 어려운 부분은, 새로운 대상이 즉각 어떤 다른 것으로 변모하는 방식이다. 소마토스타틴, 폴로늄, 초한수, 혐기성(anaerobic) 미생물들이 앞에서 요약했던 시험들의 리스트에 의해 형성되는 한, 그것들이 무엇인지를 파악하기는 어렵지 않다. 네가 겪어 온 것을 내게 말해라. 그러면 네가 누구인지 말해 주겠다. 그러나 이런 상황은 그대로 계속되지 않는다. 새로운 대상들(new objects)은 곧 사물(thing), 즉 '소마토스타틴', '폴로늄', '혐기성 미생물', '초한수'가 된다. '이중 나선(double helix)', '이글 컴퓨터' 등은 그것을 형성시킨 실험실 조건으로부터 벗어나며, 아예 그것과 독립적인 이름을 가진 사물이 된다. 이러한 변형 과정은 매우 일상적으로 발생하며, 과학자뿐 아니라 일반인들에서도 나타난다. 오늘날 모든 생물학자는 '단백질(protein)'을 하나의 대상으로 받아들인다. 그러나 그들은 1920년대 스베드베리(Svedberg)의 실험실에서 단백질이 초원심 분리기(ultracentrifuge)에 의해 처음 분리된 희끄무레한 물질에 불과했을 때를 잊고 있다.[*] 그 당시 단백질은 원심기에 의한 세포 내용물을 세분하는 행위 그 이상의 아무것도 아니었다. 이후 '단백질'이라는 용어는 빈번하게 사용되었고, 그 결과 반응에 따라 이름지었던 일개 행위소는 보통 명사로 변모했다. 여기에 신비한 구석은 하나도 없으며, 이는 과학만의 특별한 모습도 아니다. 우리가 부엌에서 흔히 사용하는 병따개의 경우에도 마찬가지 현상이 발생한다. 우리는 병따개와 그것을 다루는 기술을 일종의 블랙박스로 간주한다. 다시 말해 거기에는 아무런 문젯거리가 없으며, 계획이나 주의 집중이 필요하지 않다고 생각한다. 우리는 그것을 잘 다루기 위해 우리가 겪어 왔던 많은 시험들(피, 상처, 쏟아진 통조림과 라비올리, 소리치는 부모 등)을 잊어버렸다.[12] 그런 과정 이후에야 우리는 통조림의 무게, 병따개의 반응, 주입구의 저항 등을 예견하여 대응할 수 있다. 우리 아이들이 여전히 그 방법을 힘들게 배우고 있는 모습을 지켜본다면, 우리에게 역시 병따개가 얼마나 새로운 대상이었는지, 저녁 식사를 지연시켜 가며 이룬 일련의 시험을 통해 정의된 그런 것이었음을 기억해 낼 수 있다.

이러한 관례화(routinization)의 과정은 아주 흔한 일이다. 흔하지 않은 것은, 논쟁에서 이기려고 새로운 대상을 산출해 내는 그 사람들이, 더 빠르고 완벽한 승리를 위해 산출된 대상들을 상대적으로 오래된 것으로 변형시키는 방식이다. 소마토스타틴이 형체를 갖추자마자 그것에 당시 새로운 문젯거리였던 GRF라는 물질을 추적하기 위한 시험에서 안정적이며 문제의 소지 없는 물질의 역할을 할당하는 생물학적 검정이 고안되었다. 스

---

* 초원심 분리기(ultracentrifuge)에 대해서는 Boelic Elzen(근간)의 훌륭한 연구를 참조하라.

12) 라비올리는 이탈리아의 만두로서, 파스타 반죽을 두 층으로 만들어 그 틈에 고기나 채소 따위의 소를 넣어 만드는 요리다.

베드베리가 단백질을 정의하자마자, 초원심 분리기는 실험실의 관례적 수단이 되었으며, 단백질의 구성 요소들을 정의하기 위해 사용되었다. 폴로늄이 일련의 시험을 통해 나타나자마자, 그것은 곧 멘델레예프 주기율표(Mendeleev's table)에 들어갈 새로운 방사능 물질을 분리해 내는 실험에 사용되는 이미 알려진 방사능 물질의 하나로 변형되었다. 시험의 리스트들이 하나의 사물이 된다. 말 그대로 물화(reification)되는 것이다.

이러한 물화의 과정은 새로운 대상으로부터 오래된 것으로 가 볼 때 잘 드러난다. 그리고 보다 신선한 것으로부터 좀 더 오래된 것으로 가 보면, 아주 뚜렷이 보이지는 않지만 가역적임도 확인할 수 있다. 우리가 앞 절에서 분석한 모든 새로운 대상은 그보다 앞서 새로운 대상이었다가 물화된 안정적인 블랙박스에 의해 형성되고 정의되었다. 엔도르핀은 기니피그가 희생된 이후에도 오랫동안 그 회장(回腸)이 박동을 계속했기 때문에 부분적으로 가시화된 것이다. 그보다 앞서 수십 년간 생리학의 새로운 대상이었던 모르핀이 엔도르핀 검정에서 사용됨으로써 일종의 블랙박스가 된다. 만약 모르핀을 알지 못했다면 우리는 새로운 미지의 물질을 무엇과 비교할 수 있었을까? 한편 모르핀은 1804년 세귄(Seguin)의 실험실에서의 시험에 의해 정의된 새로운 대상이었으며, 그 후 기유맹에 의해 엔도르핀을 정의하기 위한 조건을 설계하는 데 기니피그의 회장과 함께 사용되었다. 이것은 또 19세기 말 프랑스 생리학자인 마레(Marey)에 의해 고안된 생리 기록기(physiograph)에 원용되었다. 그것이 없었다면 내장 박동을 시각적 그래프로 변환시키는 것도 불가능했을 것이다. 신호를 증폭시켜 생리 기록기의 기록침을 작동시키기에 충분할 만큼 강하게 만드는 기술의 경우도 마찬가지다. 새로운 현상들이 많이 창안되던 수십 년간의 전자기학(electronics)이 기유맹에 의해 엔도르핀 검정의 한 부분으로서 동원된다.

이렇듯 모든 새로운 대상은 많은 오래된 것들을 물화된 형체로 도입함으로써 만들어진다. 도입된 대상들은 어떤 경우 신생 학문에서, 아니면 오래된 학문 분야에서 오게 된다. 요점은 새로운 대상들이 침전물들의 복합적 구성으로부터 나타난다는 것이다. 이때의 침전물들은 각각 시공간의 어떤 지점에선가는 나름대로 새로운 대상이었다. 침전된 과거에 대한 계보학 내지 고고학은 이론상 언제나 가능하다. 그러나 시간이 지남에 따라, 관련되는 요소들의 숫자가 증가함에 따라 점점 더 어려워진다.

그것들을 시험하는 것이 그런 것과 마찬가지로, 그것들의 출현 시기까지 거슬러 올라가는 것 역시 어렵다. 독자들은 우리가 이 절의 첫 번째 부분(더 많은 블랙박스 빌려 오기)부터 여기(더 많은 대상을 블랙박스로 만들기)까지 어떤 순환 고리를 만들고 있음을 깨닫고 있을 것이다. 실제로 순환이 없지 않은데, 그것은 되도록 더 많은 대상들을 가능한 한 물화된 형식으로 도입함으로써 더 좋은 실험실을 창조해 가는 일종의 피드백 기작이다. 만일 반대자가 재빨리 소마토스타틴, 엔도르핀, 폴로늄, 초한수 등을 논박 불가능한 블랙박스로 만들어 재수입한다면, 그 상대방들은 크게 약화될 것이다. 왜냐하면 그들은 블랙박스의 두터운 파일에 직면하기 때문이다. 거기에는 아주 많은 요소들(elements)이 있고, 그 일부는 아주 먼 과거에서, 일부는 아주 견고한 학문 분야에서 온 것들로서 대부분 물화된 형체로 제시되어 상호 긴밀하게 연관되어 있기 때문이다. 이들 연관을 모두 끊어 내는 것은 쉽지 않으며, 따라서 상대방의 논박 능력은 감소하게 된다. 변화를 알아차렸는가? 이제 약한 것은 저자이며, 반대자가 더 강해졌다. 반대자의 주장을 논박하고 힘의 균형을 다시 뒤집기 위해서는 저자도 더 좋은 실험실을 갖춰야 한다. 그렇지 않으면 게임이 끝난다.(이 책의 2부에서는 이들 문제를 회피할 수 있는 여러 전술이 제시된다.) 끝없는 나선형의 경쟁이 계속된다. 다시 수입된 것들 덕택으로 실험실은 성장한다. 더 적은 자원을 가지고는 저 자든 반대자든 이 싸움에 끼어들 수 없으므로 이 성장은 비가역적인 것이다. 처음에는 일상적인 몇몇 싸구려 것들로 시작한 실험실들이 몇 번의 경쟁 과정을 거치고 나면 대단히 복잡하고 비싼 장치들을 가지고 일상으로부터 한없이 멀어진다.

이제 분명해지는데, 실험실 벽 안에서 일어나는 일을 이해하기 어려운 이유는 시공간적으로 아주 오래전 실험실에서 이뤄지던 일들로부터 생겨난 침전물들 때문이다. 그들이 형체를 부여한 새로운 대상들이 최근 겪은 시험들에 대해서는 일반인들도 이해하기 어렵지 않다. 자신의 분야가 아닌 한 우리 모두가 비전문가(laypeople)이다. 그러나 많은 도구들 속에서 자본화되어 있는 더 오래된 대상들은 그렇지 않다. 일반인들은 실험실의 장비에 대해 경외감을 갖는다. 그렇게 많은 자원이, 수많은 층으로 침전되어 있으며, 대규모로 활용되는 그런 곳은 태양 아래 흔치 않다. 앞에서 전문적 문헌을 만났을 때 우리는 그것을 옆으로 치워 버렸다. 실험실에 들어섰을 때 우리는 문자 그대로 깊은 인상을 받았다. 우리에게는 아무런 힘이 없다. 경쟁해 볼, 블랙박스를 다시 열, 새로운 대상을 산출해 낼, 대변인의 권위를 논박해 볼 어떤 자원도 가지고 있지 못하다.

실험실은 이제 **실재(reality)**를 정의할 만큼 강한 힘을 갖는다. 테크노사이언스를 관통해 보는 우리의 여행이 실재의 복잡다단한 정의 문제로 질식당해서는 안 된다. 우리에게는 여행을 계속할 수 있을 만큼 단순하면서도 강건한 정의가 필요하다. 실재의 라틴어 res는 저항하는 것을 뜻한다. 무엇에 저항하는가? 힘겨루기(trials of strength). 주어진 상황 내에서 누구도 새로운 대상의 형체를 변경시킬 수 없다면, 그것이 바로 실재다. 단, 힘겨루기들이 수정되지 않는 한까지만. 지금까지의 두 장에서 반대자가 열렬히 주장한 것은 바로 이것이다. 저항은 먹히지 않는다. 주장은 참임이 틀림없다. 경쟁이 멈추고, 내가 '참(true)'이라고 쓰는 순간, 새롭고 가공할 만한 동맹이 갑자기 승리자의 진영에서 나타난다. 그때까지는 전혀 보이지 않던 것이 이제는 마치 언제나 거기에 있었던 것 —(대)자연(Nature)— 처럼 움직인다.

3. 자연에 호소하기

어떤 독자들은 지금이, 내가 텍스트와 실험실 배후에 있는 자연과 실제 대상들에 대해 이야기했어야 할 때라고 생각할 것이다. 그러나 마침내 실재에 대해 이야기함에 있어 늦은 것은 내가 아니다. 오히려 항상 늦게 도착하는 것은 자연이다. 과학 텍스트의 레토릭과 실험실의 건설을 설명하기에는 자연이 너무 늦게 왔다. 늦게 오고, 때로는 성실하고, 때로는 변덕스러운 이 동맹자는 이제껏 테크노사이언스에 대한 연구를 너무나 복잡하게 만들었다. 그러므로 우리가 사실과 인공물의 구성에 대해 추적하는 이 여행을 계속하고 싶다면, 자연을 이해할 필요가 있다.

3.1 '자연은 우리 편(Natur mit uns)'

"늦는다고?" "변덕스럽다고?" 내가 이제껏 어둡게 묘사한 과학자들이 내가 방금 쓴 글귀를 보고, 다음과 같이 격앙하는 소리를 내는 것을 나는 들을 수 있다. "위 모두가 다 어이없다. 왜냐하면 읽기, 쓰기, 스타일과 블랙박스, 실험실의 장비들 —실로 모든 기존 현상— 은 무엇인가를 표현하기 위한 수단일 뿐이고, 이 가공할 동맹자를 전달하는 매개일 뿐이기 때문이다. '기입(inscription)'에 대한 관념, 논쟁에 대한 강조, '동맹자(ally)' 개념, '새 대상', '행위소(actant)', ' 지지자' 등의 개념을 다 받아들일 수 있다. 그러나 당신이 빼놓은 가장 중요한 것, 진짜로 중요한 유일한 지지자는 (대)자연 자체다. 그 존재 또는 부재가 모든 것을 설명한다. (대)자연을 자기 진영에 갖는 자는 누구든 승산이 어떻든 간에 승리한다. 갈릴레오의 문장을 기억해 보라. "1000명의 데모스테네스와 1000명의 아리스토텔레스도 자연을 끌어들이는 보통 사람에 의해 참패할 수 있다." 레토릭의 미사여구, 당신이 기술한 것과 같은 실험실 안에서 조립된 모든 빈틈없는 기구, 이 모든 것은 우리가 자연에 대한 논쟁에서 자연 자체로 갈 때 분해되어 버린다. 실험실과 필리스티아 사람들을(Philistines) 대동한, 레토릭의 골리앗은 자연에 대한 단순한 진리를 새총으로 쓰는 다윗 한 명과 싸움을 하게 된다![13] 당신이 그저 우리를 쫓아 왔을 뿐이라고 억지를 부릴지라도, 당신이 이제까지 100페이지에 걸쳐 써 왔던 모든 것은 부질없으니, 이제 (대)자연과 정면 대면하게 우리를 놔둬 다오."

이것은 참신한 반론이 아닌가? 이것은 갈릴레오가 어쨌든 옳았다고 말한다. 내가 1상과 2상에서 살펴본 그 무서운 존재들은 그들이 짜고 엮고 매듭지은 많은 결합(assocations)에도 불구하고 쉽게 패배할 수 있다. 어떤 반대자도 승기를 잡을 수 있다. 그렇게 많은 과학 문헌과 그렇게 거대한 실험실을 마주하고도 반대자는 이기기 위해 그냥 (대)자연을 보기만 하면 된다. 그것은, 모든 논쟁이 되는 문제를 해결할 수 있는 무엇, 과학 논문 어디

---

13) 필리스티아 인은 펠리시테(Pelishte) 인이라고도 불리는데, 기원전 1200년경 팔레스티나 해안 지대에 정주해 이스라엘 인을 공격했던 종족이다. 펠리시테 인은 블레셋 인이라고 성서에 표기되며, 골리앗은 블레셋군의 장군이었다.

에도, 실험실 어디에도 없는 어떤 **보충물**(supplement)이 있음을 의미한다. 이 반론은 과학자들 스스로에게서 나왔기 때문에 더욱 참신하다. 그러나 이렇게 보통 남자나 보통 여자, 무명인 남녀의 복권은 동시에, 같은 과학자들에 의해 동원되는 수많은 동맹자들에 대한 기소이기도 하다는 점은 분명하다.

이 유쾌한 반론을 받아들이고, 자연에 대한 호소가 어떻게 샐리의 GHRH에 대한 주장과 GRF에 대한 기유맹의 주장을 구분하게 해 주는지를 살펴보자. 두 사람은 설득력 있는 논문을 썼고, 솜씨 있게 많은 자원을 배열했다. 한 사람은 (대)자연에 의해 지지를 받는다. ―그러면 그의 주장은 사실(fact)을 만들 것이다. 그리고 다른 사람은 지지를 받지 못했다. ― 그로 인해 그의 주장은 다른 것들에 의해 인공물로 바뀌는 결과가 나온다. 위의 반론에 따르면, 독자들은 결정권을 행사하기가 쉽다. 그들은 누가 (대)자연을 자기편으로 갖는지를 보기만 하면 된다.

연료 전지의 미래를 배터리의 미래와 떼어 내는 것도 그처럼 쉬운 일이다. 그 둘은 시장의 일정 부분을 차지하고자 노력한다. 그들은 모두 최고이고 가장 효율적이라고 주장한다. 잠재 고객, 투자자, 분석가는 논쟁의 와중에 길을 잃고, 전문화된 문헌 더미를 읽는다. 위의 반론에 따르면, 배터리와 연료 전지 수명을 결정하는 것은 이제 더 쉬워진다. 누구 편에서 (대)자연이 말하는가를 그냥 보기만 하면 된다는 것이다. 『일리아드(*Iliad*)』에서 읊어진 투쟁처럼 단순하다. 여신이 한쪽 또는 다른 쪽 진영을 위해 균형을 기울이기를 기다려라.[14]

---

14) *Iliad* 또는 *Ilias*는 고대 그리스 호메로스의 작품으로 유럽 인의 정신과 사상의 원류가 되는 그리스 최대, 최고의 민족 대서사시다. 그리스 영웅 아킬레우스가 싸움에서 이탈하는 것이 『일리아드』의 주제다. 아킬레우스의 어머니인 바다의 여신 테티스의 간청으로 주신(主神) 제우스는 신들에게 양 군을 원조하지 말도록 명하여 그리스군을 패배케 한다. 여기에서 라투르가 말하는 자연 또는 여신의 균형(기울기)은 이 부분을 가리킨다.

태양에서 방출되는 중성 미자(neutrinos) 수를 계산한 천체 물리학자와 더 작은 수를 얻은 실험가 데이비스(Davis) 사이에 격렬한 논쟁이 있었다. 그 둘을 분간하고, 논쟁을 종식시키는 일도 쉽다. 어느 쪽 진영에 태양이 실제 모습을 보일지를 제힘으로 보기만 하면 된다. 실제 숫자의 중성 미자를 갖는 자연의 태양이 어디선가 반대자의 입을 닫게 할 것이고, 그들로 하여금 이들 논문이 얼마나 잘 쓰였건 간에, 사실을 받아들이게 강요할 것이다.

또 하나의 격렬한 논쟁이 공룡을 냉혈 동물로 믿는(게으르고, 무겁고, 멍청하고, 드러눕는 생물로 보는) 사람과 온혈 동물로 믿는(재빠르고, 가볍고, 영리하고, 뛰는 동물이라고 보는) 사람 사이를 갈라놓는다.[*] 위의 반론을 지지한다면, '보통 사람'이 그 논쟁을 이루는 전문 논문들을 읽을 필요가 없을 것이다. (대)자연이 알아서 분간해 주기를 기다리는 것으로 족하다. (대)자연은 중세에, 무고한 사람을 이기게 함으로써 두 명의 논쟁자를 심판했던 신과 같을 것이다.

위의 네 가지 논쟁 사례는 더욱더 많은 전문적 논문을 생산하고, 더욱더 큰 실험실과 수집물을 낳는데, (대)자연의 음성은 이 소음을 중단시키기에 충분하다. 만일 위의 반론에 대해 바르게 처리하고 싶다면, 내가 물어야할 명백한 질문은, "(대)자연은 뭐라고 말하는가(what does Natrue say)?"다.

샐리는 답을 아주 잘 알았다. 자기의 논문에서 그는, GHRH가 실제로 이 아미노산 서열이고, 그것은 그가 상상했거나 꾸몄거나 또는 헤모글로빈 조각을 오래 희구된 이 호르몬과 착각했기 때문이 아니며, 그것이 그의 소원과는 무관하게 그 분자가 (대)자연에 존재하는 바이기 때문이라고 말했다. 그것은 또한 기유맹이, 단순한 인공물에 불과한 샐리의 염기 서열에

---

[*] 여기에서 내가 암시하는 것은 A. Desmond(1975)의 탁월한 연구다.

대해서가 아니라, 자기의 물질 GRF에 대해 주장한 바이기도 하다. 췌장에서 나온 것과 대조해서 진짜 시상하부의 GRF의 정확한 본성에 대해 의문이 있긴 하지만, 전체적으로 GRF가 진짜로 1장에서 인용된 아미노산 서열이라는 것은 분명하다. 이제 우리는 한 가지 문제를 갖는다. 양쪽의 주장자들은 (대)자연을 자기 진영에 지니고, 그것(자연)이 말하는 것을 말한다. 가만! 도전자들은 (대)자연에 의해 심판받았다고 상정되고, (대)자연의 음성이 실제로 말한 것에 대해 또 다른 논쟁을 시작하지 않아야 한다고 상정된다.

우리가 이 심판에 대한 새로운 논쟁을 중지시킬 수는 없을 것이다. 같은 혼란이 연료 전지와 배터리가 대립했을 때 생겼기 때문이다. 연료 전지 지지자들은 '기술적 결함은 극복할 수 없는 것이 아니다'라고 말한다. '내연기관에 비교해서 그들의 해결에 극소 비용이 지출되었다. 연료 전지는 에너지를 절약하는 (대)자연의 길이다. 돈을 더 투자하면, 성과를 보게 될 것이다.' 잠깐, 잠깐! 우리는 다른 외부자의 관점을 택해 전문 문헌을 판단해야 할 입장이다. 문헌 내부로, 실험실로 더 깊이 들어가서는 안 된다.

그러나 밖에서 대기하는 것은 불가능하다. 왜냐하면 세 번째 예의 경우에도 태양의 모델을 따지고, 방출되는 중성 미자의 수를 수정하는 더욱더 많은 논문이 쏟아지고 있기 때문이다. 실제 태양은, 실수를 범했다는 이유로 이론가들이 실험주의자를 기소할 때 이론가의 편에 있다. 이론가들이 태양 활동에 대한 허구적인 모델을 세웠다고 실험가들이 비판할 때는 바꿔서 그들의 편에 있다. 이것은 너무나 불공정하다. 실제 태양은 두 주창자들에게 따로 말하기를 요청받으며, 분쟁의 씨(bone of contention)가 되기를 요구받지 않는다.

실제 공룡이 캐스팅 보트를 쥘 문제가 들어 있는, 고생물학자들(paleontologists)의 논쟁 속에서도 더 많은 원인이 발견된다. 그게 무엇인지는 누구도 확실히 알지 못한다. 시련은 끝날 것이나, 승자가 정말로 무고하거나 단지 더 강했거나 또는 운이 더 좋은 것일까? 온혈 동물인 공룡이 실제 공룡에 더 가까울까? 아니면, 그 주창자들이 냉혈 동물 주창자들보다 더 강했던 것일까? (대)자연의 음성을 사용함으로서 우리는 최종 답을 기대했다. 그러나 우리가 얻은 것은 그 음성의 구성, 내용, 표현, 그리고 의미에 대한 새로운 싸움이었다. 즉 우리는 더 적은 게 아니라, 더 **많은** 전문 문헌과 더 **커진** 자연사 박물관의 더 많은 수집물을 갖게 되었다. 더 적은 게 아니라, 더 **많은** 논쟁이 생겨났다.

나는 여기에서 연습을 중단시킨다. 어떤 논쟁에든 과학자들의 반론을 적용하는 일은 불에 기름을 쏟는 것과 같아서 새 불꽃을 지핀다는 것이 이제 분명해졌다. (대)자연은 싸우는 진영들 바깥에 있지 않다. 그것은, 그리 오래전이 아닌 전쟁들에서의 신과 마찬가지로, 모든 적군을 동시에 지지해 주기를 요청받는다. '자연은 우리편(우리와 함께하는 자연, Natur mit uns)'은 모든 군기에 장식되어 있고, 한 진영에 승세를 제공하기에 충분치 않다. 그렇다면 충분한 것은 무엇일까?

3.2 두 얼굴의 야누스가 하는 이중적 이야기(double-talk)

내가 과학자들의 반론을 적용하는 데 약간 불성실했다고 비난받을 수 있겠다. 결합(associations)이나 숫자(numbers) 이상의 그 무엇이 논쟁을 종식시키기 위해 필요하고, 모든 인간적인 갈등과 해석 바깥의 무엇, 더 나은 용어가 없어서 '(대)자연'이라고 부른 그 무엇, 승자와 패자를 종국적으로 구분해 줄 그 무엇이 필요하다고 그들이 말했을 때, 우리가 무엇이 그것인지를 안다는 것을 의미한 것은 아니었다. 문헌과 실험실의 시험을 넘어서는 이 보충물(supplement)은 알려지지 않았다. 바로 그 이유에서 그들은 그것을 찾고, 그들 자신을 '탐구자(researchers)'라고 부르고, 그 많은 논문을 쓰고, 또 그렇게 많은 도구를 동원하는(mobilise) 것이다.

"터무니없다." 그들이 또 내게 다음과 같이 따지는 것이 들린다. "(대)자연의 음성을 상상하는 것은 기유맹과 샐리가 싸우는 것을 막을 수 있다. 또 연료 전지가 배터리보다 우월한지를 드러낼 수 있다. 또 왓슨과 크릭의 모델이 폴링의 것보다 나은지도 결정할 수 있다. (대)자연이 여신처럼, 한 진영을 위해 저울 눈금을 표 나게 기울일 것이라고 생각하는 것, 또 태양신(Sun God)이 이론가와 실험가 사이를 이간시키기 위해 천체 물리학의 회의에 끼어들 것이라 생각하는 것은 불합리하다. 실제 공룡이 석고 모델과 비교되기 위해 자연사 박물관을 침입한다고 상상하는 것은 더욱 희극적이다! 레토릭과 블랙박스의 동원에 대한 당신의 강박과 싸울 때 우리가 의미한 것은, 논쟁이 일단 해결되면 그렇게 한 것이 최종 동맹자인 (대)자연이며, 레토릭 책략이나 도구 또는 어떤 실험적 기구가 아니라는 점이다."

만일 과학자와 기술자들이 테크노사이언스를 만들어 가는 과정(in their construction of technoscience)을 따라가 보고자 한다면 우리는 여기에서 중요한 문제를 만난다. 한편으로 과학자들은 어떤 논쟁의 유일하게 가능한 심판관으로서 (대)자연을 광고한다. 다른 한편으로 (대)자연이 스스로 선언하기를 기다리는 동안에, 수도 없는 동맹자들을 모집하고 있다. 때로 다윗은 새총 하나만 가지고서 모든 필리스티아 인들을 물리칠 수 있다. 다른 때에는 검, 전차, 그리고 필리스티아 인들보다 더 많고 더 잘 훈련된 군인들을 갖는 것이 낫다!

테크노사이언스를 이해하려는 우리 일상인들에게는 두 가지 중 어떤 버전이 옳은가를 결정하는 것이 중요하다. (대)자연이 모든 논쟁을 결정짓기에 충분하다라는 첫 번째 버전에서, 우리는 아무것도 할 일이 없다. 왜냐하면 과학자들의 자원이 얼마나 크든 결국엔 그것이 중요하지 않고, (대)자연만이 중요하기 때문이다. 앞의 장들이 모두 그릇된 것은 아닐 수 있다. 그러나 그것들이 하찮은 것, 부록 등을 쳐다보기만 한다면 쓸모없는 것이 될 것이다. 그리고 더욱 하찮은 것들을 찾으려고 다른 네 장을 또 계속하는 것은 소용없는 일이다. 그러나 두 번째 버전에서 우리는 해야 할 일이 많다. 논쟁을 종식시킬 동맹자들과 자원들을 분석함으로써 우리는 테크노사이언스를 이해하기 위해 있는 **모든 것**을 이해하게 되기 때문이다. 만일 첫 번째 버전이 옳다면, 과학의 가장 피상적인 측면을 파악하는 일과 별도의 다른 할 일은 없게 된다. 두 번째 버전이 유지되면, 아마도 과학의 가장 잉여적이고 순간적인 측면들 외에 이해해야 할 모든 것이 존재할 것이다. 구획이 그어졌으므로, 독자는 왜 이 문제가 신중하게 다뤄져야만 하는지를 깨달을 것이다. 이 전체 책은 여기에서 위험에 빠져 있다. 문제는 더욱 더 교묘하게 만들어진다. 왜냐하면 그들을 추적하려는 우리의 모든 노력을 마비시키는 애매성을 발휘하면서, 과학자들은 두 가지 모순된 버전을 **동시**에 주장하고 있기 때문이다.

우리가 만일 이 두 얼굴의 야누스(two-faced Janus, 서론을 보라)나 그의 이중적 이야기(doubl-talk)에 친숙지 않다면, 우리 전임자 대부분처럼 정말로 마비되었을 수 있다. 두 개의 버전은 모순적이지만, 야누스의 한쪽 같은 얼굴에 의해 발화된 것은 아니다. 과학자들이 냉엄하게 확정된 파트(the cold settled part)에 대해 말하는 것과 연구 전선의 온기가 따끈한, 비확정적인 부분(the warm unsettled part of the research front)에 대해 말하는 것

사이에는 명확한 구분선이 있다. 논란이 가득한 동안에는 누구도 (대)자연이 어떠한지, 무엇을 말하는지를 모르기 때문에 그것은 결코 최종 심판자로 사용되지 않는다. 그러나 **일단 논쟁이 종식되면**, (대)자연은 궁극적 중재자다.

중재자로 여겨지는 것(what counts as referee)과 중재될 것으로 여겨지는 것(what counts as being refereed)의 급작스런 역전은 일견 반직관적으로 보이지만, 어떤 새로운 대상(new object)에 주어지는 '작업용 명칭(name of action)'으로부터, 하나의 사물(thing)로서 제 이름이 붙여지는 시점으로의 **빠른** 이동만큼 파악하기 쉽다.(위를 보라) GRF와 GHRH에 대해 내분비학자 사이에 논쟁이 있는 한 그 누구도, '나는 사실을 알아. (대)자연이 그렇게 말해 줬어. 저 아미노산 서열이야'라고 말함으로써 논쟁에 개입할 수 없다. 그런 주장은 조소하는 고함 소리를 듣게 될 것이다. 만일 그 서열의 주창자가 자기의 숫자를 보여 주고, 참고 문헌을 인용하고, 연구 지원처를 말하고, 간단히 말해 우리가 앞에서 연구한 경우와 마찬가지로, 새로운 실험실을 구비하거나 새로운 과학 논문을 쓸 수 있지 못하다면 말이다. 어쨌든 집단적인 결정이 샐리의 GHRH를 인공물로, 기유맹의 GRF를 논쟁의 여지가 없는 사실로 바꾸어 놓았다면, 이 결정의 이유는 기유맹의 탓이 아니라, (대)자연에 있는 GRF의 독립적 존재에 즉각 귀속된다. 논쟁이 존속되는 한 (대)자연에 대한 어떤 호소도 논쟁자의 한쪽 편에 부가적인 힘을 실어 주지 않는다.(잘 봐줘도 그것은 탄원이거나, 최악의 경우 으름장에 불과하다.) 논쟁이 중단되자마자 (대)자연에 의해 제공되는 세력 보충은 왜 그 논쟁이 중단되었는가에 관한 설명으로 만들어진다.(그리고 왜 그 허세, 사기와 실수들이 마침내 폭로되는가에 대한 설명이 된다.)

그래서 우리는 두 개의 거의 동시적인 가정에 대면한다.

(대)자연은 일단 논쟁이 해결되면, 모든 논쟁 해결의 최종 원인이다.

논쟁이 지속되는 한 (대)자연은 단지 논쟁의 최종 결과로서만 보일 뿐이다.

동료의 주장을 반박하거나 세계관을 비평하고 어떤 진술을 양태화 (modalise)하고자 할 때, 자연이 나와 함께한다(자연은 우리편)라고 그냥 말하기만 할 수는 없다. '그냥'은 절대 충분할 수 없다. 자연 이외에 다른 동맹자를 사용해야만 한다. 만일 성공한다면 자연으로 충분하고 다른 동맹자들과 자원들은 잉여적으로 될 것이다. 정치적인 유비가 여기에서 좀 도움이 될 것이다. 과학자에 맡겨져 있는 자연은, 여왕 엘리자베스 2세처럼 입헌 군주와 같다. 여왕은 의회 개원식의 칙어를 같은 어조, 위엄, 확신을 갖고 낭송하지만, 그 연설은 선거 결과에 따라 보수당이나 노동당의 당수가 쓴 것이다. 정말로 여왕이 논쟁에 무엇인가 보태지만, 논쟁이 종료된 이후에나 그렇다. 선거가 진행 중인 한 여왕은 단지 기다리기만 할 수 있을 뿐이다.

자연에 대해 과학자가 갖는 관계와 과학자 상호간의 관계가 이렇게 갑자기 바뀌는 것은, 우리가 과학자들의 활동을 쫓아갈 때 만나게 되는 가장 당혹스러운 현상 중 하나다. 이 간단한 역전을 파악하기 어려웠기에 지금껏 테크노사이언스를 연구하는 것이 그토록 힘들었던 것이라고 나는 믿는다.

야누스의 두 얼굴이 한꺼번에 말할 때, 놀라운 광경이 연출된다는 것을 인정해야 한다. 왼쪽 얼굴로서는 자연이 원인이고, 오른쪽 얼굴로서는 논쟁 종식의 결과다. 왼쪽에게 과학자들은 실재론자(realists)다. 즉 실제로 바깥에 존재하는 것, 유일한 독립적 심판관, 즉 자연에 의거해 재현 (representations)이 분류되고 가려져야 한다고 믿는 사람들이다. 오른쪽에게 같은 과학자는 상대론자(relativists)다. 즉 그들은 재현들이, 자신의 힘을 그 중 하나에 실어 주는 어떤 독립적이고 공평한 심판관 없이 그들 가운데서,

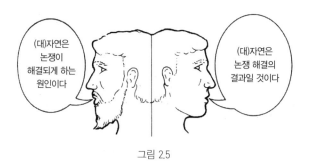

그림 2.5

그리고 그들이 재현하는 행위소 가운데서 분류되어야 한다고 믿는다. 우리는 왜 야누스가 두 언어를 동시에 말하는지 알고 있다. 왼쪽 입은 과학의 정해진(확립된) 부분에 대해 말하며, 오른쪽 입은 미결인(불안정한) 부분에 대해 말한다. 왼쪽에게 폴로늄은 오래전 퀴리 부부에 의해 발견되었다. 오른쪽에게는 길다란 행위 목록이 존재하며, 그것은 퀴리 부부가 '폴로늄'이라 부르자고 제안한, 파리의 화학 대학에 있던 어떤 알려지지 않은 행위소에 영향을 받은 것이다. 왼쪽 얼굴에 따르면, 모든 과학자들은 일치하며, 우리에겐 단지 자연의 단조롭고 명확한 음성이 들린다. 오른쪽 얼굴에 따르면, 과학자들은 서로 불일치하며 그들에게 아무 소리도 들리지 않는다.

3.3 세 번째 방법의 규칙

사실이 구축되는 과정을 추적해 가는 여행을 계속하고 싶다면, 우리의 방법을 과학자들의 이중적 이야기에 적응시켜야 한다. 그렇지 않으면, 우리는 항상 허점을 찔리게 된다. 첫 번째 실재론자 또는 두 번째 상대론자의 반박에 모두 견딜 수가 없게 된다. 테크노사이언스의 확립된 부분 또는 불안정한 부분 중 어디를 고려하는가에 따라 다른 두 가지 담론을 펼칠 필요가 있다. 후자의 경우 상대론자가 될 수도 있고, 전자의 경우 실재론자가 될 수 있다. 우리가 지금껏 한 것처럼 논쟁을 연구할 때, 우리가 수행하는 바로 그 과학자와 기술자들 **못지않게** 우리는 상대주의자가 될 수 있다. 그들은 (대)자연을 외재적인 심판관으로서 **쓰지** 않는다. 그리고 우리로서도 그들보다 우리가 더 영리하다고 상상할 이유도 없다. 과학이 갖는 이런 부분에서 세 번째 방법의 규칙(third rule of method)이 나온다. 어떤 논쟁의 해결은 (대)자연의 재현의 원인(cause)이지 결과가 아니기 때문에, 한 논쟁이 어떻게, 그리고 왜 해결되었는가를 설명하는 데 그 결과, 즉 (대)자연을 절대 사용할 수 없다.

이 규칙은 논쟁이 지속되는 한 적응하기 쉬우나, 논쟁이 종료되면 명심하기 어렵다. 야누스의 다른 편 얼굴이 점거를 하고, 대변하기 때문이다. 그래서 테크노사이언스의 과거에 대한 연구가 그렇게 어렵고 보람 없었던 것이다. 이제는 거의 들리지 않는 오른편 얼굴의 말을 애써 잡아 두어야 하고, 왼편의 불평을 무시해야 한다. 예를 들어 N레이는 섈리의 GHRH와 아주 흡사하게 천천히 인공물로 바뀌어 갔음이 드러났다. '드러났다(it turned out)'라는 순진한 표현을 어떻게 연구할 수 있겠는가? 현대의 물리학을 사용하면, 블론로(Blondlot)가 완전 틀렸다는 데 완전 합의가 있다. 'N레이 배후에 실제로 아무것'도 없어서, 그의 주장을 뒷받침해 줄 수 없었기 때문에 그가 실패한 것이라고 말하는 것은 역사학자에게 무척 쉬운 일일 것이다. 과거를 이런 식으로 분석하는 것이 이른바 휘그 사관(Whig history)이다.[15] 이 역사 기술은 승자에게 그들이 최고이고 제일이라 부르며

---

15) 이는 휘그 계열 학자들의, 사회 발전을 전제로 한 목적론적 역사 해석을 말한다.

영예를 준다. 또한 블론로 같은 패자는 단지 그들이 잘못이었기 **때문에** 실패한 것이라고 말한다. 우리는 여기에서 야누스의 왼쪽 얼굴의 말하는 방식을 알아볼 수 있다. 즉 자연이 나쁜 사람과 좋은 사람을 차별한다는 것이다. 그렇지만 그것이, 파리, 런던, 미국에서 왜 사람들이 N레이를 서서히 인공물로 바꾸었는가에 대한 이유로 사용될 수 있겠는가? 물론 불가능하다. 왜냐하면 그 당시엔 오늘날의 물리학이 시금석으로서 사용될 수 없음은 분명하기 때문이다. 아니, 더 정확히 말하자면, 오늘날의 물리학 상태는 부분적으로는, 그러한 N레이와 같은 많은 논쟁을 해결한 **결과**이기 때문이다!

휘그 당파의 역사학자는 문제를 쉽게 한다. 그들은 전투 이후에 왔고, 블론로의 몰락을 설명할 단 하나의 이유만 있으면 된다. 블론로가 내내 잘못이었기 때문이다라고. 이 이유는 실로, 당신이 논쟁의 와중에 진상을 찾고 있을 때에는 눈꼽만큼의 영향도 못 줄 그런 것이다. 어떤 논쟁이 왜 중단되고 왜 블랙박스가 닫히게 되었는가를 설명해 줄 하나의 이유가 아니라 **많은** 이유가 우린 필요하다.[*]

그렇지만 테크노사이언스의 냉엄한 부분에 대해 이야기할 때는, 고집센 상대주의자였다가 순수한 실재론자로 전향한 과학자들 자신처럼 우리의 방법을 전환해야 한다. 이제 자연은 그녀 자신에 대한 정확한 기술의 원인으로 간주된다. 이 부분에 대해 과학자들이 상대주의자가 아닌 것처럼 우리도 상대주의자가 될 수 없고, 아무도 부정하지 않을 때 증거들을 계속 부정할 수는 없다. 왜 그런가? 논쟁의 대가가 보통 사람인 시민이 감

---

[*] 상대주의(relativism)의 이런 기본적 물음은 해리 콜린스(Harry Collins)의 많은 논문에서 멋지게 요약되어 있다. 특히 그의 최근 저서 H. Collins(1985) 참조.

당하기에, 비록 그가 역사가나 과학 사회학자라 하더라도 너무 높기 때문이다. 만일 사실의 지위에 대해 과학자들 사이에 어떤 논쟁도 없다면, 해석이나 재현, 편향되고 왜곡된 세계관, 약하거나 파괴되기 쉬운 세계상, 성실치 못한 대변인 등에 대해 계속 이야기하는 것은 부질없다. 자연(nature)은 진솔하게 이야기하며, 사실(facts)은 사실이다. 그러면 끝! 더할 것도 **뺄** 것도 없다.

과학에 대한 상대론과 실재론자의 해석 사이에 있는 구분은 분석가들이 균형을 잃게 만들어 버렸다. 그래서 과학의 확립된 부분에 대해서조차 그들이 상대론자로 남아 있게 하였고, 이는 그들을 우습게 보이게 한다. 아니면, 그들은 아직 논쟁 온기로 인해 따끈하고 확실치 않은 부분에 대해서조차 실재론자로 계속 남아 있고, 스스로 바보가 되고 만다. 위에 기술한 세 번째 방법의 규칙은 균형을 맞추게 해 주기 때문에, 우리 연구에 도움이 될 것이다. 우리는 과학의 수용된 부분이 갖는 견고성(solidity)을 손상시키고자 하지 않는다. 우리는 같이 여행하는 사람들만큼, 그리고 야누스의 왼쪽 얼굴만큼 실재론자다. 그렇지만 어떤 논쟁이 시작되면 곧장 우리는 정보 제공자만큼 상대론자가 된다. 그렇지만 수동적으로 따라가지는 않는다. 그 이유는, 우리의 방법이 사실과 인공물, 냉엄한 것과 변동적인 것, 탈양태화 문장과 양태화 문장 두 가지를 모두 재현해 구성하도록 해 주기 때문이다. 그리고 그 방법은 특히, 야누스의 한 얼굴에서 다른 얼굴로의 급작스러운 교체를 정확히 추적할 수 있게 해 준다. 이 방법으로써 우리는 사실 만들기에 대해 이전과 같이 단선율로(monophonic) 묘사하는 대신 입체 음향으로(stereophonic) 묘사할 수 있게 된다!

2부
더 공고한 요새를 향해

3장
장치

머리말: 사실 구축자(fact-builder)의 곤경

1부에서 우리는 전문적인 문헌이나 실험실에 의해서 위협받지 않으면서 어떻게 테크노사이언스(technoscience)를 여행해 나갈 수 있는지 배웠다. 어떤 논쟁이 가열될 때, 축적된 문서들의 고리를 어떻게 추적해 가고, 문서 배후에 있는 실험실들을 관통해 어떻게 방향을 정할지를 안다. 물론 이런 지식을 얻기 위해서는 대가를 치러야만 하는데, 그것은 내가 제시한 세 가지 방법적 원칙에 의해 요약될 수 있다. 첫째, 만들어진 것으로서의 과학에 대한 어떤 담론이나 의견을 포기해야만 하며, 대신 활동 중인 현장 과학자(scientists in action)를 따라가야 한다. 둘째, 어떤 진술에 대한 조사에만 의지해서, 그것의 주관성이나 객관성을 결정하는 일을 포기해야 한다. 대신 우리는, 이 사람 저 사람 거쳐 내려오면서 모두가 그 진술을 더욱 사실로 만들거나 더욱 인공물로 변형하려고 했던, 그 진술의 구불구불한 역사를 추적해야 할 것이다. 셋째, 우리가 논쟁들의 종결을 설명할 때 (대)자연에 의거하는데, 이런 (대)자연에 의한 설명이 충분하다는 생각을 포기해야 한다. 대신 우리는 반대를 불가능하게 만들기 위해 과학자들이 모으는 이질적인 자원과 동맹자의 기다란 목록을 고려해야 한다.

그러한 방법을 통해 드러나는 테크노사이언스는 약한 레토릭의 모습이다. 시간이 흐름에 따라, 또 실험실의 장비가 갖춰짐에 따라, 논문이 출판되고 갈수록 더 어려워지는 논쟁들에 관련되는 새로운 자원들이 나타남에 따라 그 레토릭은 점점 더 강력해진다. 독자들, 저술가들과 동료들은 포기하거나, 명제를 그냥 수용하거나 또는 자신이 직접 실험실을 헤쳐 나가면서 실험 과정을 살핌으로써 그들과 논쟁해야 한다는 압력을 받는다. 이러한 세 가지 가능한 결과는 과학적 문헌과 실험실에 대한 연구들에 의해 더욱 상세하게 파헤쳐질 수 있다.[*] 이런 연구는 얼마나 필요한 것이었든 간에, 이 책의 1부에서 다룬 주요 한계점 하나를 극복할 수 없었을 것이다. 즉 다른 **모든 조건이 동일**하고, 승리자가 더 큰 실험실과 더 나은 논문을 지닌 사람일 정도면, 반대자들이 대결을 하는 경우는 거의 없게 된다는 점이다. 명확하게 하기 위해, 마치 테크노사이언스가 권투 시합과 비슷한 것처럼, 위의 세 가지 결과로부터 시작하고자 한다. 실제로는 네 번째 결과가 있는데, 그것이 훨씬 흔한 것이기도 하다. **모든 조건이 동일하지 않기**에, 논문이나 실험실 말고 다른 많은 자원을 사용해서 이기는 것이 가능하다는 점이다. 예컨대 어떤 반대자도 만나지 않고, 어떤 이의 관심도 끌지 않고, 다른 사람의 더 우월한 힘을 수용하지 않는 것도 가능하다. 말하자면 과학의 더 강력한 레토릭이 적어도 어떤 힘을 얻기 위해서는, 맨 처음 확보해야 할 것이 여러 강한 지점[요새(strongholds)]을

---

* 실험실 연구에 대한 소개는 K. Knorr(1981), K. Knorr and M. Mulkay(eds)(1983), 그리고 M. Lynch(1985) 참조.

소유하는 일이다.

이 예비적 기초 공사를 묘사하기 위해 우리는 먼저, 우리의 첫 번째 원칙을 상기해야 한다. 그것은, 한 진술의 운명은 다른 사람들의 행동에 의존한다는 원칙이었다. 당신은 지구가 속이 비었고, 달은 녹색 치즈로 이루어져 있다는 것을 증명하는 결정적인 논문을 썼을 수 있다. 그러나 다른 사람들이 그 논문을 집어 들고, 그것을 나중에 하나의 기정사실로 사용하지 않는다면 그 논문은 결정적일 수 없다. 당신은 **당신**의 논문을 결정적인 것으로 만들어 줄 **그들**이 필요하다. 만일 그들이 비웃거나, 무관심하거나, 그냥 무시하거나 한다면 당신 논문은 끝장이다. 한 진술은 럭비 게임에서 공과 똑같이, 언제나 위험에 처해 있다. 아무 선수도 공을 집어 들지 않는다면, 공은 그저 풀밭 위에 있을 것이다. 공을 움직이게 하려면 그것을 잡고 던질 누군가의 행동이 필요하다. 그러나 그 던지기는 이번에는, 다른 사람들의 적개심, 속도, 숙련도 또는 전략에 의존한다. 어떤 순간이든 공의 궤도는 다른 팀 ―여기에서는 반대자의 역할을 한다― 에 가로막히고, 빗나가고, 딴 데로 가고 한다. 또 자기 팀의 선수들에 의해서도 마찬가지다. 어떤 공, 진술, 인공물의 전체 움직임은 어느 정도는 당신의 행동에 의존할 테지만, 그보다는 훨씬 더 크게, 당신이 제어할 수 없는 군중의 행동에 의존할 것이다. 따라서 럭비 게임과 마찬가지로 사실의 구축은 집단적 과정인 것이다.

블랙박스를 전달하는 데 필요한 개인들의 연쇄 사슬에서, 각각의 구성 요소는 가지가지 방식으로 행동할 것이다. 어떤 담당자는 그것을 모두 **빼** 버리고 채택하지 않을 것이며, 그대로 받아들이기도 할 것이며, 그것에 동반되는 양태(modalities)를 바꾸기도 할 것이다. 그 진술을 수정하거나, 그것을 전용해 완전히 다른 맥락에 집어넣기도 할 것이다. 전도체

(conductors) 또는 반도체(semi-conductors)가 아니라, 그것들은 모두 **다중
도체(multi-conductors)**이고, 그 점에서 예측 불가능한 것이다. 사실을 확립
하고자 하는 사람의 작업을 그려 보기 위해, 원래의 첫 진술을 블랙박스로
바꾸기 위해 필요한 수천 명의 인간 연쇄 사슬을 상상해 보아야 한다. 그
사슬 속에서 각 사람들은 예측 불가능하게 그 진술을 전달하거나 전달하
지 않고, 수정하고, 바꾸거나, 그것을 인공물로 바꾼다. 이렇게 한 진술의
미래 운명은 불충실한 이 모든 동맹자가 행동한 결과인데, 진술의 미래 운
명을 지배하는 것이 어떻게 가능하겠는가?

이 물음은 더욱 어려운 것인데, 모든 행위자(actors)들이 블랙박스에 대
해 무엇인가를 하기 때문이다. 최상의 경우에서조차, 그들은 단순히 전달
하는 데 그치지 않고, 논증을 수정하고, 강화하고, 그리고 새로운 맥락에
집어넣음으로써 자신의 독자적인 요소를 첨가한다. 럭비 게임이라는 은유
는 곧 무너져 버리는데, 게임에서 공은 약간 마모되는 것 말고는 내내 동
일하게 남아 있기 때문이다. 그러나 우리가 관전하는 이 테크노사이언스
게임에서 대상은 이 사람 저 사람에 전해지면서 수정된다. 한 행위자에서
다른 행위자로 집단적으로 전달될 뿐 아니라, 행위자들에 의해 집단적으
로 **구성된다(composed)**. 이 집단행동이 다른 두 개의 실문을 야기한다. 게
임의 책임은 누구에게 귀속되는가? 계속 넘겨 전해져 온 것은 무엇인가?

한 가지 예가 사실 구축자의 문제를 파악하기 쉽게 만들어 준다. 디젤
(Diesel)은 디젤 엔진의 아버지로 알려져 왔다.[*] 그렇지만 이때의 아버지(임)
는 제우스의 머리에서 나온 아테네(Athena)의 경우에서처럼 그런 직접적인

---

[*] 이런 소개를 하면서 내가 사용하는 것은 다음 논문이다. L. Bryant(1976), 또한 L. Bryant
(1969).

관계가 아니다.[1] 그 엔진은 어느 날 아침 문득 디젤의 마음에서 나온 것이 아니다. 그에게 떠오른 것은 카르노(N. L. S. Carnot)의 열역학 원칙에 따라 작동하는 완벽한 기관의 아이디어다.[2] 이것은 온도 증가 없이도 점화가 일어날 수 있는 엔진이었는데, 이 역설을 디젤은 연료 주입과 연소의 새 방식을 창안함으로써 풀었다. 이야기의 이 지점에서 우리는 그가 출판한 책과 그가 획득한 특허에 대해 알게 된다. 따라서 앞에서 살펴본 사례와 유사한, 서류상의 도면모형도 접하게 된다. 켈빈(Kelvin) 경을 비롯한 몇몇 평론가는 그 가능성을 확신했지만, 다른 사람들은 그 아이디어가 실행 불가능하다고 여겼다.

디젤은 이제 난점에 부딪쳤다. 이차원적인 프로젝트와 특허를 삼차원적인 작업 원형(모델)의 형체로 전환시켜 줄 사람이 필요했다. 그래서 MAN이라 알려진 마시넨파브리크 아우크스부르크뉘른베르크(Maschinenfabrik Augsburg-Nürnberg)와 크루프(Krupp)같이 장비를 생산하는 몇 개 회사를 뒤지고 다녔다. 1890년대에 증기 기관의 효율은 보잘것없을 정도로 낮았기 때문에, 완벽한 카르노 기관이 지닌 증가된 효율과 변통 가능성에 대한 희망에서 디젤은 그 회사들에 관심을 가졌던 것이다. 나중에 알게 되겠지만, 현실은 객관성처럼 많은 양상(hues)을 지니며, 그 주장에 연결된 요소들(elements)의 수에 전적으로 의존한다. 4년간 디젤은 MAN사에서 구한 공작 장치와 몇몇 기술자들 도움으로 한 개의 엔진을 만들고 작동시키려고 애썼다. 엔진이 전진적으로 **실현된**(realization) 것은, 여느 실험실에서처럼 작

---

1) 그리스 신화에서 제우스는 아테네의 어머니인 메티스를 삼켰고, 이후 제우스의 머리에서 아테네가 출산되었다.
2) 카르노는 19세기 프랑스 물리학자이자 열역학 창시자다. '카르노 기관(Carnot heat engine)'은 최대 열효율을 갖도록 고안된 이상적인 열기관으로, 순환의 모든 과정이 가역적 과정으로 이루어져 있다.

업장에 모든 입수 가능한 자원을 가져옴으로써 가능했다. 피스톤과 밸브를 만들기 위한 기술과 도구는 MAN사에서 30년에 걸친 실제 경험의 결과였고, 통상적으로 모두 가까운 현지에서 입수 가능한 것이었다. 연료 연소 문제는 곧 난점이 있는 것으로 드러났다. 공기와 연료가 순식간에 혼합되어야 하기 때문이다. 압축된 공기 주입을 수반하는 해결책이 발견되었으나, 이것은 공기를 위한 새 실린더와 거대한 펌프를 필요로 했다. 또 엔진은 커지고 비싸져서, 작고 변통 가능한 엔진 시장에서 경쟁할 수가 없었다. 엔진의 전체 디자인을 여러 번 바꿈으로써, 디젤은 원래의 특허와 또 자신의 책에 나타나 있는 원칙으로부터 멀리 벗어나게 되었다.

이제 디젤의 엔진에 연결되는 요소의 수가 증가한다. 처음에는 카르노의 열역학(thermodynamics) 더하기, 디젤의 책 더하기, 특허 더하기, 켈빈 경의 격려의 말이 있었다. 이제 우리는 거기에 MAN사 더하기, 크루프사 더하기, 몇 개의 시제품 원형(prototypes) 더하기, 디젤을 도왔던 두 명의 기술자 더하기, 부분적인 노하우 더하기, 관심을 보이는 몇몇 회사 더하기, 새로운 공기 주입 시스템 등등을 덧붙일 수 있다. 두 번째 줄은 훨씬 긴데, 맨 처음의 완벽한 엔진은 도중 변형되었다. 특히 항온은 포기되었다. 그것은 이제 항압 엔진이고, 디젤은 그의 책 새 판본에서, 첫 번째의 더욱 '이론적인' 엔진에서 천천히 실현된 나중의 엔진으로의 표류를 감수하고 조정하는 데 애써야 했다.

그러나 디젤의 엔진이 처한 현실은 얼마나 실재적인가? 1897년 여름, 엔진이 대중에게 엄숙히 공개된다. 블랙박스 건설자의 걱정은 이제 새로운 차원을 맞게 된다. 디젤은 그의 엔진을 택해서 블랙박스로 만들어 줄 다른 사람들이 필요하다. 그러면 그 엔진은 공장, 배, 그리고 화물 자동차에서 아무 문제없는 요소로 통합되어 전 세계에서 수천 개의 복제품이 순조롭게 가동될 것이다. 그런데 그 사람들이 엔진을 가지고 과연 무슨 일을 하겠는가? 아우크스부르크에서 뉴캐슬, 파리 또는 시카고로 옮겨지기(transferred) 전에, 원형은 얼마나 변형되어야(transformed) 할까? 처음에 디젤은, 그것이 전혀 변형될 필요가 없다고 생각한다. 인가를 받고, 사용료를 지불하면, 우리가 설계도를 보낼 것이고, 몇 명의 기술자가 돕고, 몇 명의 정비사가 엔진을 손질하면 되고, 만일 당신이 제품에 만족 못하면, 환불해 줄 것이다! 디젤의 수중에서 그 엔진은 하나의 닫힌 블랙박스다. 그것은 GRF가 섈리 박사에게 결정적으로 확립된 사실이었고, 다른 과학 논문들에 의해 인용되기만을 기다리는 것으로 여겨졌던 것과 똑같다.(1장 참조)

그렇지만 이것은 그 엔진의 원형을 구매했던 회사의 견해가 아니었다. 그들은 그것이 아무 문제가 없기를 바랐는데, 엔진은 멈칫거리고, 멎기도 하고, 부서지기도 했다. 닫힌 채 있는 대신, 그 블랙박스는 열어 젖혀지고, 의아해 하면서 서로 상의하는 정비사와 기술자들에 의해 매일 분해 검사되었다. 이것은 섈리의 독자들이 매번 자기들의 실험실에서 GRF가 정강이뼈(tibias)의 길이를 증가시키도록 하기 위해 애썼던 것과 똑같다. 하나씩 하나씩 판매 인가를 취득한 사람들이 원형을 디젤에게 돌려보내고 환불을 요청했다. 디젤은 파산했고, 신경 쇠약을 앓았다. 1899년 디젤 엔진에 연결되는 요소들의 수는 늘어나지 않고 줄어들었다. 엔진의 현실은 진보하지 않고 떨어졌다. 섈리의 GRF처럼 엔진은 덜 실재하는(real) 것이 되었다. 그것은 사실적인 인공물(factual artefact)에서, 두 개의 의미를 한 번에 쓰자면, 하나의 가공적인 인공물(artefactual artefact)이 되었는데, 그렇게 전락하고야 마는 꿈은 기술의 역사에서 매우 빈번하다.

그렇지만 MAN사의 기술자들은 새로운 원형에 대한 작업을 계속했다. 디젤은 이제 더 이상 그들의 작업을 지휘하지 않았다. 성냥 공장에서 낮

동안 작동하는 한 가지 모델에 엄청난 수의 수정이 가해졌고, 그것은 매일 밤 분해 검사되었다. 모든 기술자가 제각각 디자인에 무엇인가 덧붙였고, 그리고 밀고 나갔다. 엔진은 아직 블랙박스가 아니었지만, 점진적 개량을 거치면서 더 많은 시제품을 더 많은 장소로 이동하게 만드는 일이 가능해졌다. 디자인이 바뀌는 일 없이 이리저리로 이동되었다. 1908년 무렵 디젤의 특허 권리가 소멸되던 해에, MAN사는 디젤 엔진을 시장에 내놓았는데, 하나의 산업 부품으로서 일체화되고, 또 새것이지만 문제없는 장비로서 판매되었다. 그러는 동안 앞서 계획에서 철수한 판매 인가자들이 다시 나타나서, 특정한 목적에 맞춰진(purpose-built) 엔진을 디자인함으로써 각자 기여를 한다.

디젤이 영국으로 가는 배에서 뛰어내려 자살하기 바로 전에 디젤 엔진은 마침내 확산된다. 그러나 그것이 디젤의 엔진이었는가? 너무나 많은 사람들이 1887년의 특허 이후 그것을 수정해 왔기 때문에, 그 엔진을 실현되도록 한 집단적인 행동에 누가 공이 있는가에 대한 논쟁이 이제 전개된다. 1912년 독일의 조선기사협회 회의에서 디젤은 그것이 자신의 원래 엔진이고 다른 사람들에 의해 발전되어 왔을 뿐이라고 주장했다. 그렇지만 바로 그 회의에서 디젤의 여러 동료들은, 새 엔진과 초기의 특허는 기껏해야 약한 관련성만을 가진다고 주장했다. 따라서 대부분의 영예는 실행 불가능한 아이디어를 시장성 높은 제품으로 변형한 수백 명의 기술자들에게 돌려야 한다는 것이다. 그들이 주장하기로, 디젤이 그 집단적 행동에 대해 이름이 붙는 시조(eponym)가 될 수는 있겠으나, 이 행동의 원인이라 할 수는 없다. 즉 디젤은 기껏해야 영감의 원천일 뿐, 그 엔진 배후의 모터는 아니라는 것이다.

이것은 여러 사람을 거쳐 변형되고, 아주 많은 서로 다른 행위자(actors)

에 의해 구성된 일종의 움직이는 대상인데, 우리가 어떻게 추적할 수 있겠는가? 이것들은 마침내 블랙박스가 되어 자동차 엔진 덮개 밑에 안전하게 숨겨지고, 카르노의 열역학이나 MAN사의 기술력이나 디젤의 자살에 대해 아무것도 알 필요 없는 운전자에 의해 자동차 키가 돌아갈 때 활성화되는데, 우리가 그것을 어떻게 추적할 수 있겠는가?

일련의 용어가 이런 이야기들을 말하기 위해 전통적으로 사용되어 왔다. 첫째로 이 모든 디젤 엔진이 아이디어로부터 시장에 이르는 다른 국면들을 지나가는 하나의 궤도(trajectory)를 따라 놓여 있다는 점을 고려할 수 있다. 명백히 모호한 이들 국면에는 서로 다른 이름이 부여된다. 디젤의 마음속에서 완벽한 엔진에 대한 생각은 발명(invention)이라 불린다. 그렇지만 그 아이디어는 실행될 수 있는 원형으로 개발될 필요가 있었기 때문에, 그 새 국면은 개발(development)이라 불린다. 연구(research)와 개발(development)이란 표현은 다음 4장에서 다루겠다. 혁신(innovation)은 그 다음 국면을 위해 사용되는 단어다. 전 세계를 통해 팔릴 수천 개 표본으로 복제되기 위해, 몇 개의 원형이 준비되는 단계를 말한다.

어쨌든 이들 용어는 큰 쓸모는 없다. 시작 단계에서부터 디젤은 자기의 엔진에 대한 개념뿐만 아니라 엔진을 쓸 경제계, 판매 인가를 파는 방식, 연구 조직, 엔진을 만들기 위해 세워져야 할 회사에 대해서도 전반적인 개념을 가졌었다. 다른 책에서 디젤은 연대성에 기반한 사회의 유형에 대해서도 구상하고 있었는데, 그것은 그가 도입하고자 했던 기술 혁신에 가장 잘 들어맞을 수 있는 것이었다. 그러므로 발명과 혁신 사이의 어떤 확연한 구분이 그어질 수는 없다. 1897년에 MAN사의 경영인과 디젤과 첫 번째 투자자는 모두, 개발은 끝났고 이제 혁신이 시작되었다고 생각했다. 그러나 그런 단계에 도달하기에는 10년이 더 걸렸고, 그동안 디젤은 파산했다.

그러므로 국면 사이의 위의 구분은 즉각 주어지는 것이 아니다. 거꾸로 국면 사이의 구분을 짓고, 그것들을 더 강화하는 것은 발명가의 문제 중 하나다. 블랙박스가 정말로 대세인가? 반대하기는 언제 멈추나? 추종자와 구매자를 내가 찾을 수 있을까? 끝으로, 첫 번째 발명이 디젤의 마음속에서 찾아질 수 있는가의 문제도 확실치는 않다. 당시 동시에 수백 명의 기술자가 더욱 효율적인 연소 기관을 찾으려 노력했었다. 직관의 첫 번째 섬광은 한 개인의 마음이 아니라, 많은 사람의 마음에서 일어났을 것이다.

만일 확연히 구분된 국면이라는 개념이 쓸모없는 것이라면, 궤도 개념도 마찬가지다. 그것은 또한 풀어야 할 문제의 하나이기 때문에, 아무것도 기술하지 못한다. 디젤은 자신의 장래성 있는 특허를 실제 엔진에 연결시키는 하나의 궤도가 있다고 주장했었다. 그것이 그의 특허가 '독창적인 (seminal, 생산적인)' 것이 될 수 있는 유일한 길이다. 그렇지만 수백 명의 기술자들은 엔진의 기원(조상)이 다르다고 말함으로써 그런 주장을 의문시했다. 아무튼 디젤이 그렇게나 자신의 소산임을 확신한다면, 왜 그것을 카르노 엔진이라 부르지 않는가? 그가 원래의 아이디어를 차용한 것은 카르노로부터가 아니었던가? 또 원래의 특허는 영향을 미치지 못했으니, MAN 엔진 또는 동일 압력 공기 주입 엔진(constant pressure air injection engine)이라 부르면 왜 안 되겠는가? 하나의 궤적 안에서 국면에 대해 이야기한다는 것은, 수백 조각의 고기로 만들어진 고기 파이(pâté)에서 조각에 대해 말하는 것과 같다는 사실을 알게 된다. 파이 조각이야 맛은 있겠지만, 동물의 자연적 관절 같은 것과는 아무 관계가 없다. 다른 은유를 쓰자면, 위의 용어들을 사용한다는 것은 마치 형광 빛 볼만을 보여 주는 텔레비전으로 럭비 게임을 관전하는 것과 같다. 그렇다면 경기 중의 달리기, 술책, 흥분한 선수들 모두가 지그재그로 움직이는 무의미한 점으로 대체되어 보일 것이다.

이들 전통적 용어가 사실의 구축 과정을 기술하는 데는 얼마나 서투르든 간에 계산, 즉 얼마나 많은 돈이 투자되고 얼마나 많은 인력이 투입되었는가를 재는 데에는 유용하다.(이 문제는 다음 장에서 다룬다.) 발명에서 개발까지, 그리고 거기에서 혁신과 판매에 이르기까지 투자된 돈은 기하급수적으로 증가한다. 각 국면에서 소요되는 시간과 구성에 참여하는 사람 수의 증가도 마찬가지다. 블랙박스의 시공간상의 확산은, 함께 연결되는 요소들의 수(number of elements)에서의 놀라운 증가에 의해 그 값이 치러진다. 브래그(Bragg), 디젤(Diesel) 또는 (서론에서 본) 웨스트(West)는 몇 달 동안 몇몇 동료들을 바쁘게 만들 뿐인, 재빠르고 돈이 안 드는 그런 아이디어를 가졌을 수 있다. 그러나 판매를 위해 컴퓨터나 엔진을 만들려면 더 많은 인력, 시간, 돈이 필요하다. 이 장의 목표는 이러한 수에서의 극적인 증가를 따라가는 것이다.

수의 증가는 사실 구축자(fact-builder)의 문제, 즉 어떻게 시간과 공간에서 확산시킬 것인가 하는 문제에 필연적으로 연결된다. 만일 섈리 박사가 GRF를 믿은 유일한 사람이라면, GRF는 낡은 재판본 책의 많은 단어로 꾸며진 채 뉴올리언스라는 한 장소에 남겨져 있을 것이다. 만일 디젤이 그의 완전한 엔진을 믿은 유일한 사람이라면, 그것은 아우크스부르크의 사무실 장롱 속에 있을 것이다. 공간에서 확산되고 오랜 시간 유지되려면 그것들은 모두 (우리도 모두) 다른 사람들의 행동이 필요하다. 그렇지만 이런 행동은 어떤 것들일까? 그것들은 이동된 대상이나 진술을 변환시킬 많은 일로서, 그 대부분은 예측 불가능하다. 그러므로 이제 우리는 곤경에 빠진다. 다른 사람들이 그 진술을 다루지 않거나 다루거나 둘 중 하나다. 만일 다루지 않는다면, 그 진술은 특정 시점과 공간에 국한되어 나, 나의 꿈, 나의 환상에 불과한 것이 될 것이다. 그러나 그들이 진술을 관심 있게 다룬다면, 그들은 원래의 모습을 찾아 보기 어렵게 변환시킬 것이다.

이런 곤경에서 빠져나오려면, 두 가지 일을 동시에 할 필요가 있다.

다른 사람들을 가입시켜서(enrol),

사실의 구축 작업에 동참하도록 하기.

그들의 행동이 예측 가능한 것이 되도록,

행위를 통제하기(control).

처음 보면 이런 해결책은 모순적이어서 실행할 수 없는 것처럼 보인다. 다른 사람들이 가입되면, 그들은 원래 주장을 알아볼 수 없게 변형시킬 것이다. 그러므로 그들을 연루시키는 바로 그 행동이 통제를 더욱 어렵게 만드는 것 같다. 이 모순에 대한 해결책이 **번역(translation)**이라는 핵심 개념이다. 사실 구축자들이 자기들의 이해관계(interests)와 그들이 가입시킨 사람들의 이해관계에 대해 해석해 바꾼 것을, 나는 번역이라 부른다. 이 책략에 대해 좀 더 자세히 살펴보자.

1. 이해관계의 번역

1.1 번역 1: 당신이 원하는 것을 나도 원한다

우리는 하나의 주장을 사실로 바꾸는 일을 도와줄 다른 사람들이 필요하다. 그 진술을 즉각 믿어 주고 프로젝트에 투자하고, 또는 시제품 원형 모델을 구입할 사람을 찾는 첫 번째이자 가장 손쉬운 길은, 그 사람들의 명시적 이해관계(explicit interests)에 부응하도록 대상물을 손질해 맞추는 것이다. 'inter-esse'라는 이름이 가리키듯, '이해관계(interests)'는 행위자(actors)와 그 목표의 사이에(in between) 놓여 있다. 이것이 긴장을 빚어내 행위자로 하여금 많은 가능성 중에서, 그들의 눈으로 보기에 이런 목표를 달성하도록 돕는 것만을 오직 선택하도록 만든다. 예를 들어 앞의 장들에서 우리는, 논쟁에 연루된 많은 경쟁자들을 살펴보았다. 반대자들의 도전에 저항하기 위해 그들은 거대하고 능률적인 실험실 주위로 모여들어, 논쟁의 여지가 덜한 논증, 더 단순한 블랙박스, 덜 의심스러운 분야에 자신의 위치를 고정시킬 필요가 있었다. 만일 당신이 경쟁자에게 이런 블랙박스 중 하나를 제공할 수 있다면, 그것은 간절히 포착되고, 더욱 신속하게 사실로 변환될 듯하다. 예를 들어 디젤이 자기의 원형을 가지고 땜질을 하듯 만지작거리는 동안, 다른 사람이 새로운 도구를 가지고 나타났다고 가정해 보자. 그 도구는 단순한 내압 표시기 카드에, 피스톤이 실린더 안에서 움직일 때 어떻게 압력이 달라지는 부피와 더불어 변화하는가를 그려 줬기 때문에, 그림 위의 영역이 수행된 일의 척도가 된다. 디젤은 그 사실에 깜짝 놀랐다. 내압 표시기 카드는, 보이지 않는 피스톤이 어떻게 움직이는가를 더 깔끔하게 '보는' 법을 제공하기 때문이다. 그리고 그것은 자기의 엔진이 다른 것들보다 더 넓은 영역을 포괄한다는 사실을 모든 사람이 볼 수 있게 도표로 여실히 그려 주기 때문이다. 요점은 바로 이것이다. 자기의 목표를 진전시키기 위해 내압 표시기 카드를 빌려 옴으로써 디젤은 그 고안자의 목표를 충족시키면서, 그에게 힘을 실어 줬다. 디젤이 자신을 연결시킬 수 있는 그런 요소가 많을수록, 자기의 원형 모델을 작동하는 엔진으로 변환시키는 것이 더욱더 가능해질 것이다. 그런데 이 움직임은 내압 표시기 카드에도 동일한 영향을 미쳐서, 그것은 이제 시험 작업대의 통상적인 부분이 되었다. 두 가지 이해관계가 같은 방향으로 움직인다.

다른 예를 들자면, 미국 인류학자인 보아스(Boas)가 우생학자들을 상대로 격렬한 논쟁을 벌이고 있다고 하자.[3] 우생학자들은 미국 의회에 생물학적 결정론(biological determinism)을 확신시켜서, 의회는 '결함 있는' 유전자(defective genes)를 가진 사람들의 이민을 차단하려고 한다.[*][4] 최소한 어떤 사모아(Samoa) 섬에서는 문화적 결정론(cultural determinism)이 너무나 강력하기 때문에, 생물학이 청소년기 여자가 맞는 위기의 원인이 될 수 없음을 젊은 인류학자가 입증했다고 가정하자. 그러면 보아스는 자기가 미드(Mead)를 거기에 보냈기에 더욱더 그녀의 보고서와 '이해관계'가 있게 된 것이 아닌가?[5] 매번 우생학자들은 그의 문화 결정론을 비판했고, 보아스는 그의 위협받는 입장을 미드의 반박 사례에 붙들어 맸다. 그러나 보아스와 다른 인류학자가 그렇게 할 때마다 매번, 그들은 미드의 이야기를 더욱더 사실로 바꾸었던 것이다. 미드의 보고서는 누구의 관심도 끌지 못하고, 누구에 의해서도 채택되지 않고, 영원히 (태평양의) 잊힌 변방에 남아 있었을 수 있다. 미드는 자기의 논문을 보아스의 투쟁에 연결시킴으로써 모든 다른 문화적 결정론자들을 자신의 동지인 사실 구축자가 되게 만들어 버렸다. 즉 그들 모두는 기꺼이 그녀의 주장을 수십 년간 인류학에서

---

* 이 논쟁에 대해서는 D. Freeman(1983)을 참조하고, 이 일화를 둘러싼 일반적 역사에 대해서는 D. Kevles(1985)를 참조하라.

3) 프란츠 보아스(F. Boas)는 미국 인류학의 시조라고 불리는데, 북아메리카 인디언에 관한 집약적 실지 조사를 해서 많은 업적을 남겼다.
4) 우생학(eugenics)은 인류를 유전학적으로 개량할 것을 목적으로 여러 가지 조건과 인자를 연구하는 학문으로, 1883년 F. 골턴이 창시했다. 우수 또는 건전한 소질을 가진 인구의 증가를 꾀하고 열악한 유전 소질을 가진 인구의 증가를 방지하는 것이 목적이다.
5) 마거릿 미드(M. Mead)는 미국의 문화 인류학자로 1925~1939년 사모아 섬, 발리 섬 등의 미개 민족을 조사했다. 저서로 『사모아의 성년』(1928) 등이 있다.

가장 견고한 사실 중 하나로 만들었다. 다른 인류학자인 프리먼(Freeman)이 미드가 내세운 사실의 토대를 허물고자 했을 때, 그 역시도 자신의 투쟁을 더 폭넓은 것, 즉 사회 생물학자의 주장에 연결시켜야만 했다. 그때까지는 사회 생물학자들이 문화 결정론에 대항해 싸울 때마다 미드의 사실, 즉 인류학자들의 여러 세대의 집단행동에 의해 만만찮은 것이 되어 온 사실에 걸려 비틀거렸었다. 사회 생물학자들은 프리먼의 논제에 열렬히 기뻐했는데, 그것이 그들에게 위의 성가신 반박 사례를 없앨 수 있도록 해주었기 때문이다. 그래서 그들은 프리먼에게 그들의 만만치 않은 힘(그들의 출판사, 언론과의 연결 관계)을 빌려줬다. 그들의 도움으로, '어이없는 공격(ludicrous attack)'이었을 수도 있을 것이, 미드의 평판을 무너뜨리려고 협박하는 '용감한 변혁(courageous revolution)'이 되었다.

2장에서 강조하였다시피 이런 차용 중 어느 것도 논쟁을 혼자서 중단시킬 만큼 충분치는 않을 것이다. 사람들은 여전히, 디젤이 빌려 온 내압 표시기 카드에 대해 또는 미드의 보고서 또는 프리먼의 '용감한 변혁'에 대해서도 의문시할 것이다. 여기에서 요점은 다른 사람들을 사실 구축에 가입시키는(enroll) 가장 쉬운 방법이 자신을 그들에게 가입되게 하는 것이라는 점이다. 그들의 명시적 이해관계를 밀고 나감으로써, 당신은 당신의 것도 전진시킬 수 있다. 이런 편승(piggy-back) 전략의 이점은 한 주장을 사실로 변환시키기 위해 다른 힘을 필요로 하지 않는다는 것이다. 약한 주장자는 막강한 상대로부터 이득을 취할 수 있게 된다.

그렇지만 불이익도 있게 된다. 첫째, 그렇게 많은 사람들이 당신의 주장이 확립되도록 도왔는데, 당신 자신의 공헌은 어떻게 평가될 것인가? 주변적인 것으로 되지 않을까? 아니면 더 상황이 나빠져 디젤의 경우처럼, 자신들이 대부분의 일을 했다고 말하는 사람들에 의해 도용되지는 않을까?

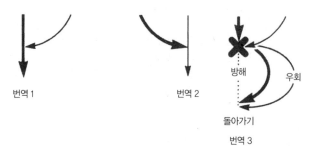

방해

우회

돌아가기
번역 3

번역 1

번역 2

그림 3.1

둘째, 주창자는 다른 사람들의 방향을 쫓기 위해 자기들의 길에서 벗어난 사람이기에(그림 3.1, 번역 1을 보라), 자기들이 따르는 군중이 그들의 주장을 가지고 무엇을 하려 하는지에 대해 통제력을 지니지 못한다. 이것이 특별히 난감해지는 경우는, 다른 사람들이 너무 쉽게 확신을 해서 당신의 잠정적인 진술을 엄청난 주장으로 전환시켰을 때다. 파스퇴르가 가축 콜레라에 대한 백신을 개발해 몇 마리의 암탉을 치료했을 때, 힘 있는 많은 보건 관리 집단, 수의사들, 이해관계가 있는 농가의 관심을 끌어서, 그들은 '이것이 인간과 동물에 있어 모든 전염성 질환의 종말의 시작이다'라는 결론으로 비약했다.[*] 그 새로운 주장은 몇 마리 암탉에 대한 피스퇴르의 연구를 약간 섞고, 가입된 그룹들의 이해관계를 더욱 많이 고려해 만들어진 하나의 혼합물(composition)이었다. 이러한 확장은 파스퇴르의 연구에 기인하는 것이 아니고, 오히려 별도의 이해관계에 기인하는 것이었다. 이 점을 증명하는 것은, 파스퇴르가 아직 관심을 끌지 못한 다른 많은 동업자, 예컨대 보통 의사들은 바로 그 같은 실험이 결함이 있고, 미심쩍고, 미숙하

---

[*] 여기에서 나는 파스퇴르에 대한 J. Geison(1974)의 논문을 따른다.

고 결정적이지도 못함을 발견했다는 사실이다.

편승하는 전략은 그러므로 불안하다. 때로는 다른 그룹들의 무관심을 극복해야만 한다.(그들은 당신을 신뢰하지 않고, 자기들의 힘을 빌려주지 않는다.) 때로는 그들의 갑작스런 열광을 억눌러야만 한다. 예를 들어 파스퇴르에게 설득되지 않던 사람 하나가 그의 독일 경쟁자 코흐(H. H. R. Koch)였다.[6] 그런데 나중에 코흐는 1890년 베를린에서 열린 국제의학협회의 회의에서 강연을 하게 되었다.[*] 그가 결핵(tuberculosis)에 대한 연구로 모든 사람의 관심을 끄는 데 크게 성공했고, 자신의 과학과 윌리엄 황제(Kaiser William)의 국수주의를 교묘하게 연결시켰기 때문에, 모든 사람이 그를 언제라도 믿을 태세였다. 강연 중 그가 결핵에 대한 백신의 가능성을 암시했을 때, 모든 사람은 그가 백신을 이미 갖고 있다고 말하는 것으로 들을 만큼 그를 믿을 준비가 되어 있었다. 모두가 펄쩍 뛰고 미친 듯 박수갈채를 보냈다. 코흐는 자기의 주장을 사실로 만드는 이 집단적 변환에 당황해 자신이 백신을 전혀 갖고 있지 않다는 말을 차마 못했다. 결핵에 걸린 환자들이 주사를 맞으러 베를린에 몰려들었고, 코흐는 자신이 약속한 바를 실제로 내놓을 수 없었기 때문에 그들은 몹시 낙담했다. 다른 편의 명시적 이해관계에 영합하는 것은 안전한 전략이 아니다. 그보다 더 나은 길이 틀림없이 있다.

---

[*] 이 극적인 일화에 대해서는 R. Dubos and J. Dubos(1953) 참조.

[6] 크흐는 독일 세균학자로서 1882년 결핵균, 1885년 콜레라균을 발견했다. 투베르쿨린을 만들었으나, 당초에 그가 기대하던 효과는 거두지 못했다.

1.2 번역 2: 내가 원하는 바대로 당신도 해 주면 안 되겠는가?

만일 우리 주장을 구축하는 데 동원된 사람들이 주변 다른 것 대신 우리를 따라 준다면야 훨씬 좋을 것이다. 그렇긴 해도 왜 사람들이 자기 진로에서 벗어나 당신의 것을 따라야만 하는지에 대한 이유란 게 도무지 없어 보인다.(그림 3.1 번역 2) 만일 당신이 대단찮고 힘없는 반면, 그들 쪽이 막강하고 위세가 있다면 특히 더 그렇다. 실로 그렇게 할, 딱 한 가지 사유가 있다. **그들의 통상 진로가 가로막혀 있을 경우다.**

예를 들어 철학에 관심이 있는 부유한 사업가 하나가 인간의 논리적 능력의 기원을 연구할 재단을 설립하고 싶어 한다고 가정하자. 그가 각별히 관심 갖고 선호하는 이 프로젝트는 귀납과 연역을 관할하는 특수한 신경 세포(neuron)를 과학자가 발견토록 하는 것이다. 과학자들과 대화해 보고 곧 그는, 그들이 자기 꿈을 시기상조로 본다는 것을 깨닫는다. 아직은 그가 목표를 이루도록 그들이 도울 수 없다. 그러나 그들은 그럼에도 불구하고 그가 돈을 투자하기를, 이제 어떤 목표가 없이도 **자기들의** 연구에 투자해 주기를 요청한다. 그래서 그가 사립 재단을 개설하고, 거기에서 사람들은 뉴런, 어린이 행동, 미로 속의 쥐, 열대 우림의 원숭이 등등을 연구한다. 그의 돈을 가지고 과학자들이 하는 것은 그들이 원하는 일이지, 그가 원하던 일이 아니다.

이 전략은 그림 3.1에서 볼 수 있는데, 앞의 것과 대칭적이다. 백만장자는 자기의 이해관계를 치우고 과학자들의 이해관계를 채택한다. 명시적인 이해관계를 그렇게 바꾸는 것은 자주 있을 법한 일이 아니고 드문 경우다. 그런 일이 실제로 일어나려면 다른 무엇인가가 필요하다.

1.3 번역 3: 만일 당신이 약간만 우회해 준다면…

두 번째 전략은 아주 드물게만 쓸 수 있기 때문에, 이브에게 뱀이 했던 충고처럼 저항 불가능한, 훨씬 더 강력한 전략이 고안될 필요가 있다. "당신은 목표에 곧장 닿을 수 없습니다. 그러나 만일 내 방식으로 하면, 더 빨리 도달할 수 있고, 그게 지름길이 될 것입니다." 이렇게 주창자가 다른 이의 이해관계를 새로 해석하는 것은 사람들을 그들 원래의 목표에서 이동시키지 않는다. 단지 그들에게 지름길로 안내하겠다고 제안할 뿐이다. 다음 세 가지 조건이 충족되면 이 방안이 매력적이다. 본선 도로는 분명 막혀 있다. 새 우회로는 도로 표지가 잘 되어 있다. 그 우회로는 짧아 보인다.

앞의 사업가가 물었을 때 뇌 과학자들은 결코 바로 앞에서 내가 제시했던 대로 대답하지는 않았을 것이다.[7] 도리어 그들은, 백만장자의 목표가 정말 도달 가능하지만 지금 당장은 아니라고 말할 것이다. 그가 목표로 하는 귀납과 연역을 관장하는 신경 세포가 마침내 발견되기까지는, 그들의 신경학 연구를 통한 약간의 우회가 몇 년간 불가피하다. 두 개의 시냅스[8]에서 아세틸콜린 작용에 대한 연구에 자금을 대 준다면, 그는 곧 인간의 논리적 능력을 이해하게 될 것이다. 그냥 안내를 따라서 믿고 있으면 된다.

20세기가 시작되자 해군의 설계사들은 더욱더 많은 강철을 사용해 더 크고 더 강력한 전함을 만드는 방법을 알게 되었다. 그런데 이 드레드노트

---

7) 사업가의 목표는 달성 불가능하니, 대신 자신들 과학자의 연구 목표에 투자하라고 말하는 1.2의 전략을 일컬음.
8) 신경 세포의 접합부.

형 군함(dreadnoughts)의 자기 나침반은 주변에 쇠가 너무 많아 제멋대로 돌아갔다. 전함은 더 강력하고 더 커졌지만, 바다에서 방향을 잃었기 때문에 이전보다 전반적으로 더 약해졌다.[*] 바로 이 지점에서 스페리(Sperry)가 이끄는 연구진이 해결책을 제시했다. 그것은 전함 설계자들이 자기 나침반을 포기하고 대신, 자기장에 의존하지 않는 회전 나침반(gyrocompass)을 써야 한다는 것이었다. 그들이 회전 나침반을 갖고 있었을까? 그렇지 않았다. 아직 그것은 팔려고 내놓을 블랙박스가 아니었다. 그렇기 때문에 우회로 채택이 협상되어야 했다. 해군은 스페리의 아이디어가 작동되는 회전 나침반으로 바뀌지도록 하기 위해 그의 연구에 투자해야 하고, 그래야 마침내 해군 전함들은 다시 직선 항로로 항해할 수 있다. 스페리는 자기의 관심사와 해군의 관심사에 대한 공통 번역이 다음과 같이 읽히게끔 자신의 입장을 정했다. "해군은 전함을 제대로 운항케 할 수 없다. 나는 회전 나침반을 만들어 내지 못했다. 조금 기다리고, 내 방식에 따르라. 그러면 잠시 후 전함은 다시 막강한 위력을 모두 쓸 수 있을 것이고, 내 회전 나침반은 굳게 닫힌 블랙박스 방식으로 배와 비행기에 확산될 것이다."⁹⁾

이러한 이해관계 공동체는 어떤 지점에서든 깨질 수 있는 어렵고 긴장된 협상의 결과로 이뤄진다. 특히 그것은, 본래 진로로 반드시 돌아오리라는 것, 또 우회로는 짧을 것이라는 일종의 암묵적 계약에 기초한다. 만일 우회로가 길고 또 너무 긴 나머지, 가입된(enrolled) 그룹의 눈에 지름길이라기보다는 이탈로 보이게 된다면 어떻게 될까? 예의 백만장자가 언젠가 귀납과 연역과 관련된 뉴런이 발견되기를 기대하며 10년간 시냅스의 연결

---

* T. P. Hughes(1971)를 참조했다.

9) 여기에서의 블랙박스는 앞의 1, 2장에서의 의미, 즉 완성된, 기존 과학 기술이다.

에 대한 논문을 계속 읽었다고 상상해 보자. 꿈이 실현되는 것을 보기 전에 그는 지겨워서 죽을 지경일 것이다. 그러고는 이것이 그들이 합의했던 우회로가 아니고 완전 새로운 방향이라고 생각할 것이다. 그는 실행된 것이 세 번째 전략이 아니라 두 번째 전략이라는 점을 깨닫게 되고, 그러면 협상을 깨고 연구비도 자르고, 그를 놀렸을 뿐 아니라 돈까지 쓴 과학자들을 해고하겠다고 결심할 수 있다.

이것이 디젤에게 일어난 일이다. MAN사는 엔지니어들을 빌려주면서 수년간 기다리고자 했고, 그들이 곧 엔진을 제조하는 그들의 통상적인 업무를 좀 더 큰 규모로 다시 시작할 수 있으리라 생각했다. 답례가 늦어지면, 마치 세 번째 번역의 장막 너머로 두 번째 유형의 번역을 감지한 것처럼, 경영진은 속았다고 느낄 수 있다. 그들이 이렇게 생각하기 시작하면 디젤은 자기 본위의 꿈을 이루는 데 회사의 자원을 전용한, 회사의 기생충으로 여겨진다. 이해관계는 탄성이 있지만, 고무줄처럼 끊어지거나 뒤로 튀기는 지점이 있다.

그래서 다른 이의 이해관계를 번역하는 이 세 번째 방식이 둘째 것보다 낫긴 하지만, 역시 결점이 있다. 그것은 미국 과학자들의 표현을 쓰자면, 부틀레그 플레이(bootlegging)[10]라는 죄목을 늘 면할 수 없기 마련이다. 즉 우회로의 크기와 지체 정도도 모호하기 때문에, 우회가 철저한 전환 또는 심지어 하이재킹으로 여겨질 수 있다. 그래서 왓슨과 크릭이 이중 나선 구조를 발견하고, 디젤이 기관을 만들고, 웨스트가 이글 컴퓨터를 만들고, 스페리가 회전 나침반을 만들고, 또 뇌과학자들이 어떻게 시냅스가 연결되는지를 발견할 기회를 갖기 이전에 재정 지원이 끊길 수 있다. 우회로를 측

---

10) 미식 축구에서 쿼터백이 자기 팀 선수에게 공을 넘기는 체하면서 허리 뒤에 감추고 상대 진영으로 달리거나 패스하는 트릭 플레이.

량하기 위한 어떤 용인된 기준은 없는데, 우회로의 '용인 가능한' 길이라는 것이 협상의 결과이기 때문이다. 예를 들어 MAN사는 고작 몇 년 지나 우려를 보이기 시작했다. 반면 버클리 대학교에서 로렌스의 거대한 증폭기 연구에 투자한 사설 의료 재단은 그렇지 않았는데, 심지어 로렌스가 암 치료를 위한 더 큰 (방사)선원(radiation source)을 구축하고 있다고 주장하며 입자 물리학 연구를 진행하고 있을 때도 그러했다.* 협상자들의 수완에 따라 수백 달러의 돈이 견딜 수 없는 낭비로 비칠 수도 있고, 입자 가속 장치를 만드는 일이 암 치료로 가는 유일한 일직선 도로로 보일 수도 있다.

이 세 번째 전략에는 두 가지 제한 사항이 더 있다. 첫째, 통상적 도로가 막혀 있지 않은 경우에는 언제나, 즉 그들이 자기들의 통상 진로로 갈 수 없게 된 사실이 집단의 눈에 명백히 보이지 않을 때는 언제나, 그들에게 우회하라고 설득하기는 불가능해진다. 둘째, 일단 우회로를 통해 다 지나간 후 모두가 만족할 때에 이런 전환이 누구의 공인지 결정하는 것은 매우 어렵다. 해군이 스페리를 후원했으므로, 막연한 스케치나 기술자의 청사진에 불과한 채로 남았을 수도 있었을 회전 나침반 전체에 대해 해군이 공로를 주장할 수 있다. 그러나 스페리의 나침반이 없다면 해군은 전함이 바다에서 항로를 이탈할까 봐 염려했을 것이므로, 스페리는 해군 막후에서 활약한 병력이라 주장해도 마땅하다. 모든 것이 잘 풀릴 때조차, 공로를 나누는 데 험한 다툼이 있을 것이다.

---

* D. Kevles(1978) 참조. 하나의 직업 개발 과정에서 사회의 이해관계, 관심을 유발하기 위한 여러 가지 상이한 책략에 대해 나와 있다.

1.4 번역 4: 이해관계와 목표를 뒤섞기(reshuffling)

세 번째 전략의 단점을 극복하기 위해 다음과 같은 네 번째 전략이 필요하다.

(a) 우회로의 길이는 징병된 사람들 측에서 평가할 수 없어야만 한다.

(b) 비록 다른 사람의 통상 진로가 명백히 막혀 있지 않더라도 그들을 가입시키는(enrol) 것이 가능해야만 한다.

(c) 누가 징병되고(enlisted) 누가 징병을 하고 있는지(enlisting) 정하는 것이 불가능해야 한다.

(d) 그럼에도 불구하고 사실 구축자는 유일한 추진력으로 보여야 한다.

꽤 힘든 임무로 보이는 것을 수행하는 경우 처음에는 넘을 수 없는 것처럼 보이는 장애물이 하나 있다. 그것은 사람들의 **명시적(explicit)** 이해관계다. 이제껏 나는 '명시적 이해관계'를 논쟁적이지 않은 방식으로 사용해 왔다. 즉 해군이 이해관계를 가지고, 백만장자도 그러하며, MAN사도 그러하고, 우리가 쫓은 다른 모든 행위자도 그러하다. 그들 모두는 자기들이 원하는 것을 대략 알고 있고, 그들의 목표 리스트는 최소한 원칙적으로는 그들 자신이나 관찰자에 의해 작성될 수 있다. 이들 행위자의 목표가 명시적인 한, 사실 구축자가 갖는 자유의 여지는 앞의 세 가지 전략에 의해 묘사된 좁은 범위에 제한되어 있다. 동원된 그룹들은 그들이 하나의 그룹임을 알고, 어디로 가고 싶어 하는지도 알고, 그들의 통상 진로가 막혀 있는지 여부를 알고, 거기에서 얼마나 멀리 이탈하려고 하는지도 알고, 원래 진로로 언제 돌아갈지를 알고, 마지막으로는 자신들을 잠시 도왔던 사람들에게 얼마만큼의 공로를 돌려야 할지를 안다. 그들은 많이 안다!* 이 지식이 주창자의 움직임을 제한하고 협상을 무력하게 하기 때문에 그들은 너무 많이 아는 것이다. 어떤 그룹이 그런 지식을 갖고 있는 한, 그 그룹을 사실 구축에 동원하거나 더욱이 그 그룹의 행위들을 통제하는 일이 극도로 어려워질 것이다. 그러면 이 장애를 어떻게 회피할 것인가? 해답은 간단하고 급진적이다. 현장에서 활동 중인 사실 구축자를 추적함으로써 우리는, 그들의 가장 비범한 업적 중 하나를 볼 수 있을 것이다. 그들은 자기들의 보폭 범위를 늘리기 위해 명시적 이해관계를 치워 버리려 한다.

(1) 책략 1: 목표의 위치 이동(전위, displacing)

사람들이 갖는 목표의 의미는, 그것이 명시적인 경우에도 서로 다르게 해석될 수 있다. 해결책을 갖고 있는 어떤 그룹이 문제를 찾고 있는데, 어느 누구도 문제를 갖고 있지 않다. 그렇다면 그들이 문제를 갖고 있는 것으로 하면 왜 안 되는가? 만일 한 그룹이 자기들의 통상 진로가 전혀 차단되어 있지 않다고 생각한다면, 그들이 큰 난관에 봉착하게 되는 다른 시나리오를 제시하는 것은 불가능하겠는가?

1940년대 초반 레오 질라드(Leo Szilard)가 미국 국방부와 처음 논의를 시삭할 때, 장성들은 원자 폭탄을 제조하자는 그의 제안에 관심이 없었다.**11) 그들은 새로운 무기 체계를 만드는 데는 족히 한 세대가 소요될 것

---

* 이 지식은 많은 과학 사회학자에게는 지나친 것으로 보인다. S. Woolgar(1981), M. Callon and J. Law(1982), B. Hindess(1986) 참조. 하지만 그것은 이해관계 이론의 창시자인 Barry Barnes(1971)와 D. Bloor(1976), 또 S. Shapin(1982)에게는 꽤나 합리적으로 보인다.
** L. Szilard(1978, p. 85) 참조.

11) 질라드는 헝가리 출신의 유대계 미국 물리학자다. E. P. 위그너와 함께 아인슈타인을 설득해, 나치스에 대항하기 위하여 원자 폭탄을 개발하도록 루스벨트 대통령에게 진언케 했다.

이고, 이런 프로젝트에 돈을 쓰는 것은 물리학자들로선 물리학 연구를 하는 데에 좋겠지만, 전쟁을 수행하는 군인에게 좋을 것은 없다고 주장했다. 그래서 장성들은 질라드의 제안을 전형적인 부틀레그 플레이, 즉 물리학자들이 구형 무기 체계를 개선하는 일에 더 잘 종사할 수 있으리라는 트릭으로 보았다. 장성들은 무기를 만드는 통상 방식이 막혀 있다고 느끼지 않았기 때문에 질라드의 제안을 어떤 존재하지 않는 문제에 대한 해결책으로 볼 이유가 없었다. 그러자 질라드는 장교들의 목표에 기반해서 풀어 가기 시작했다. '독일군이 원자 폭탄을 먼저 갖게 된다면 어쩔 것인가? 더 낡고 구식인 무기를 갖고 명시적 목표인 전쟁 승리를 어떻게 이루겠는가?' 장성들은 전쟁에서 이겨야만 했다. 이때 통상적인 의미에서 '전쟁'은 고전적(전통적) 전쟁이다. 질라드가 끼어든 이후에도 그들은 여전히 전쟁에서 이겨야만 했으나 이때의 전쟁은 이제 새로운, 원자 폭탄 전쟁을 의미한다. 의미 변천은 미약하지만 원자 물리학자들의 입지를 변화시키기에는 충분해서, 첫 번째 의미의 전쟁에서 그들은 쓸모없지만 두 번째 전쟁에서는 **필수적**이 된다. 원자 폭탄이라는 전쟁 장비는 더 이상 물리학자들이 부틀레그 플레이를 함으로써 끼어들어 온 것이 아니다. 그것은 질라드가 모호한 신안 특허를 그리 모호하지 않은 원자 폭탄으로 점진적으로 현실화시키는 방향으로 전속력을 내도록 연동된 것이다.

(2) 책략 2: 새로운 목표 고안
문제를 창안하기 위해 가입된 그룹의 목표들을 전위시키고 나서 가능한 해법을 제시하는 것은 근사한 일이긴 하지만 원래의 목적에 의해 여전

원자 폭탄 개발 계획인 맨해튼 계획의 발상자다.

히 제한을 받는다. 그러므로 앞의 사례에서 질라드는 핵전쟁을 수행하도록 국방부를 설득할 수 있었지, 전쟁에서 지거나 또는 고전 무용을 지원하도록 달리 설득할 수는 없다. 만일 새 목표가 고안될 수 있다면, (사실 구축자가 누릴 수 있는) 자유의 여지는 훨씬 커질 수 있다.

조지 이스트먼(George Eastman)[12]이 사진 감광판을 파는 사업에 뛰어들려고 했을 때, 장비를 갖춘 소수의 아마추어에게만 자기의 감광판과 인화지를 사도록 설득할 수 있음을 곧 깨달았다.* 그들은 자기 집 안에 꾸민 준전문가 수준의 인화실 안에서 일하곤 했었다. 그들 이외의 다른 사람들은 스스로 사진을 찍는 일에 이해관계가 없었다. 그들은 값비싸고 성가신 블랙박스 —이번에는 문자 그대로의 의미에서— 를 사고자 않았다.[13] 그러자 이스트먼은 '아마추어 사진술'이라는 개념을 고안했다. 그것은 6세에서 96세까지 누구나 직접 사진 찍는 것을 아마도 원할지 모르고, 또 원할 수도 있고, 아니 분명 원해야만 한다는 생각이었다. 이렇게 대량 판로에 대한 생각을 갖고서 이스트먼과 그 동료들은 모든 이에게 사진을 찍도록 설득할 수 있게끔 그 대상물(object)을 규정해야만 했다. 오직 소수의 사람들만이 비싼 인화실이 포함되는 긴 우회로를 수용할 것이다. 이스트먼 회사는 모든 이를 끌어들이기 위해 극도로 짧은 우회로를 만들어야만 했다. 그래서 누구도 사진을 찍는 데 망설일 필요가 없도록 하려면, 대상물은 값싸

---

* 여기에서 나는 논문, R. Jenkins(1975)를 사용했다.

12) 이스트먼은 미국의 사진 기술자로서, 사진 건판을 발명하고, 롤 필름 제작에 성공했다. 1888년 코닥카메라를 고안했고, 이스트먼 코닥 회사를 설립했다.
13) 라투르 자신이 이제까지 말해 온 '블랙박스'가 아닌 검은 상자, 즉 렌즈와 감광판이 붙은 카메라의 '암상자'를 말한다.

고 간편해야 한다. 이스트먼이 "버튼만 누르세요. 나머진 알아서 됩니다"라고 표현했듯이 또는 우리가 프랑스 어로 "찰깍 찰깍, 고마워요 코닥"이라고 말하듯이 그렇게 쉬워야 했다. 아직 카메라는 거기 끼어 있지 않았지만, 이스트먼은 자기 회사를 절대 필요한 것이 되게 해 줄 대상물의 윤곽을 이미 감지하고 있었다. 그 이전에는 거의 아무도 사진 촬영이라는 목표를 갖지 않았었다. 만일 이스트먼이 성공을 거두었다면 그것은, 모든 사람이 사진 찍기라는 목표를 갖게 되고, 이런 열망을 충족할 유일한 방법은 이스트먼 회사의 지점에서 카메라와 필름을 구매하는 일이 되었음을 의미한다.

(3) 책략 3: 새 그룹의 조성

이것은 앞의 것들보다 말하기가 더 쉽다. 이해관계란 그룹들이 이전에 하고 있던 것이 무엇이든 간에 그것들의 결과다. MAN사는 증기 엔진을 만들기에 디젤 엔진을 만드는 데 설득될 수 있지, 요쿠르트를 제조하는 데는 쉽게 설득될 수 없다. 국방부는 전쟁에서 승리를 원하기에, 원자핵 전쟁에서 이기도록 설득될 수는 있지만 무용을 하거나 등등의 일에는 쉽게 설득될 수 없다. 새 목표를 고안하는 능력은 이미 정의된 그룹의 존재에 의해 제한된다. 그러면 새 그룹을 정의하는 편이 더 낫다고 할 수 있는데, 이 그룹은 이제 새 목표를 부여받을 수 있고, 이번에는 그 목표는 주창자가 자기의 사실을 구축하는 것을 도움으로써만 달성 가능하다. 언뜻 보아 새 그룹을 조성하는 것이 불가능해 보이기도 하나, 실제에서는 가장 쉽고 이제까지는 가장 효율적인 전략이다. 예를 들어 이스트먼이 6세에서 96세까지의 아마추어 사진사라는 새 그룹을 처음부터 창안해 내지 않고서는 사진 촬영이라는 새 목표를 제시할 수 없었다.

19세기 중반에 부자와 빈자, 자본가와 프롤레타리아는 계급 투쟁으로 인해 가장 강고하게 정의된 그룹들 중 일부였다. 유럽과 미국의 도시들을 안전하고 위생적으로 만들기 위해 철저히 조사하려고 한 보건부의 직원들은 빈자와 부자 사이의 계급 적대감에 의해서 끝없이 교착 상태에 빠졌었다.* 건강에 대한 가장 간단한 규제가 너무나 급진적인 것으로 간주되거나, 거꾸로 부자들을 위해 가난한 사람을 두드리는 또 하나의 규제 수단으로 여겨졌다. 파스퇴르와 위생학자들이 감염 질환의 근본 원인으로서 세균이라는 개념을 도입했을 때, 그들은 사회가 부자와 빈자로 구성된 것으로서 간주하지 않았다. 대신 상이한 그룹, 즉 병든 감염자, 건강하나 위험한 보균자, 면역자, 접종자 등으로 나눴다. 실로 그들은 그룹의 정의에 많은 비인간 행위자(non-human actors)도 마찬가지로 추가시켰는데, 모기, 기생충, 쥐, 벼룩 또 무수한 효소, 박테리아, 단구균, 그리고 작은 곤충과 같은 것들이다. 이렇게 패를 다시 섞으면, 관련된 그룹은 달라진다. 아주 부유한 사람의 아들은 아주 가난한 하녀가 장티푸스를 옮겼기 때문에 죽을 수 있다. 그 결과 상이한 유형의 연대성이 떠오른다. 사회가 단지 계급으로 구성되어 있는 한, 위생학자들이 사회에 왜 필수 불가결한 존재가 되는지를 알지 못한다. 그들의 충고는 받아들여지지 않고 그들의 해결책은 적용되지 않는다. 새로 형성된 그룹들이 새로 고안된 적에 의해 위협받자마자 공통 이해관계가 만들어지고, 생물학자들의 해결책에 대한 갈망도 생겨난다. 미생물학자와 동맹한 위생학자들이 모든 규제의 중심에 자리잡게 된다. 그때까지는 소수의 실험실에만 국한되어 왔던 백신, 여과기, 살균제, 노하우가 모든 가정에 확산된다.

---

* B. Rozenkranz(1972), 그리고 D. Watkins(1984) 참조.

(4) 책략 4: 우회로를 보이지 않게 만들기

세 번째 책략에도 마찬가지로 단점이 있다. 어떤 새로 꾸려진 그룹이, 비록 전위되긴 했지만 자기들이 갖는 목표와 자기들을 가입시킨 그룹이 갖는 목표 사이에 벌어지는 격차를 탐지해 낼 수 있는 한, 후자의 그룹이 갖는 협상력의 범위는 아주 제한적이다. 사람들은 스스로가 원한 것과 얻은 것 사이의 차이를 여전히 **분간**할 수 있고, 속아 왔다고도 느낄 수가 있다. 우회를 하나의 진취적 이동으로 바꾸고, 그래서 가입된 그룹이 자기의 이해관계를 포기하지 않고 일직선으로 따라가고 있다고 여전히 믿게 할 네 번째 책략이 그래서 필요하다.

1장에서 우린 그러한 표류 이동(drift)에 대해 살펴보았다. 큰 회사의 경영진은 새로운, 더 효율적인 차를 추구한다. 그들은 연료 전지를 사용하는 전기 자동차가 미래의 관건이라는 연구 집단의 말에 설득되었다. 첫 번째 번역이 이루어졌다. '더 효율적인 자동차'는 '연료 전지'와 같다. 그러나 연료 전지에 대해 알려진 바가 없기 때문에 그들은, 풀어야 할 결정적 수수께끼가 전극의 촉매 반응이라는 연구 이사의 주장에 설득된다.[*] 이것이 둘째 번역을 이룬다. 나중에 기술자들에게 들은 바에 따르면 문제는, 전극이 너무 복잡해서 그들이 단일 전극의 단공(single pore)에 대해 연구해야만 한다는 점이다. 이제 세 번째 번역이 이뤄졌다. '촉매 작용 연구'는 '단공 연구'다.[1장 문장 (8)을 보라.] 그런데 이런 일련의 번역이 **전이 관계**(transitive relation)를 가지므로, 이사회에 의해 주장된 마지막 번역본은 이렇게 바뀐다. '새로운 효율적 자동차'는 '단극 모델에 대한 연구'와 같다. 얼마나 멀리 이동(표류)하게 되든지 상관없이, 그것은 이제 우회라고도 생각되지 않는

---

[*] M. Callon(1981) 참조.

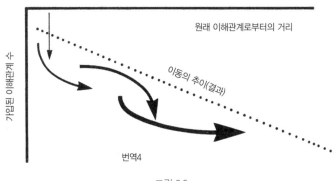

그림 3.2

다. 반대로, 그런 차를 얻기 위한 유일한 **직선로**가 된다. 바늘구멍을 통과하는 낙타와 같이, 이사회의 이해관계는 이 단극 모델을 관철해야만 한다.

다른 예를 들자면, 프로이센·프랑스 전쟁(Franco-Prussian War) 후 1871년에 한 프랑스 칼럼니스트는, 프랑스의 패퇴는 독일 군인의 더 나은 건강 상태에 기인한다고 주장했다.[14] 이것은 군사적 재앙에 대한 새로운 해석을 제시하는 첫 번째 번역이다. 그 다음 그가 계속 주장하기를, 더 우량한 건강은 독일의 **과학에서의** 우위에 기인한다고 했다. 두 번째 번역은 기초 과학의 유용성에 대한 새로운 해석을 내놓는다. 그 다음 그는 독일에서 과학이 연구 기금의 지원을 더 잘 받기 때문에 더 우월하다고 설명했다. 이것이 세 번째 번역이다. 그 다음 그는 독자에게, 당시의 프랑스 의회가 기초 과학의 기금을 삭감했다는 것을 말한다. 이것이 네 번째의 전위(displacement)로 향하게 한다. 우리에게 돈이 없다면 어떤 복수도 가능하

---

14) 프로이센의 주도하에 통일 독일을 이룩하려는 비스마르크의 정책과 그것을 저지하려는 나폴레옹 3세의 정책이 충돌해 일어난 전쟁. 1870년 7월 프랑스가 먼저 선전 포고를 했으나 압도적 열세로 인해 9월 프로이센 독일군에 항복했다.

지 않을 것이다. 왜냐하면 돈 없이는 과학도 없고, 과학 없이는 건강한 군인도 없을 것이며, 군인 없이는 복수 또한 불가능할 것이기 때문이다. 마지막으로 그는 무엇을 해야 하는가를 독자에게 제시한다. 즉 각자의 지역구 의원에게 편지를 써서 의원이 표결을 달리하게 만드는 것이다. 여기에서 모든 미약한 이동이 완만하게 차례대로 포개져 일어난 결과, 장총을 집어 들고 독일군을 무찌르기 위해 알자스 전선으로 행군할 태세가 되어 있던 동일한 독자로 하여금 이제, **동일한 에너지를 갖고**, 원래 목표를 피하지 **않고서도**, 자기의 지역구 의원에게 분노의 편지를 쓰도록 만든다!

이제 왜 내가 **번역**(translation)이라는 단어를 썼는지가 분명해졌을 것이다. 그것은 언어적 의미(한 언어의 버전을 다른 언어의 버전에 연결시키기)에 덧붙여서, (한 곳에서 다른 곳으로의 이동이라는) 기하학적 의미도 역시 갖고 있다. 이해관계를 번역한다는 것은, 이들 이해관계에 대한 새로운 해석을 제공함과 동시에 사람들을 다른 방향으로 돌림을 의미한다. '복수하기'는 '항의 서한 쓰기'를 의미하게 되고, '새로운 자동차 제작'은 '단일 전극의 단공에 대한 연구'를 의미하게 된다. 그런 해석의 결과는 한 곳에서 다른 곳으로의 완만한 이동(movement)이다. 그런 완만한 이동의 주요한 이점은 (과학 예산이나 단극 모델과 같은) 특정 이슈가 이제는 (조국의 생존, 자동차의 미래처럼) 훨씬 더 큰 이슈들에 **단단히 연결된다**는 것이며, 그런 연유로 앞의 것을 위협하는 것은 뒤의 것을 위협하는 것과 동등하게 된다. 그물을 정교하게 엮어 조심스럽게 던지면, 아주 촘촘한 이 그물은 이해관계 그룹들을 그물망 안에 잡아 두는 데 매우 유용하다.

(5) 책략 5: 공적 배분을 판정하는 결승 심리(winning trials)

위의 모든 행보는 주창자가 방향 조종을 할 여지를 극도로 증대시키는

데, 명시적 이해관계 개념을 해소하는 맨 마지막 책략은 특히 그렇다. 이제 더 이상, 누가 가입되고 누가 가입시키고 있는지, 누가 자신의 진로에서 벗어나고 누가 그렇지 않은지를 분간할 수 없다. 그러나 이러한 성공에도 역시 문제가 뒤따른다. 누가 일을 해낸 것인지를 어떻게 우리가 결정할 수 있을 것이며, 또는 마침내 구축된 사실들이 원래 자기들의 것인지 여부를 어떻게 사실 구축자가 결정할 수 있겠는가? 디젤의 엔진, 파스퇴르의 백신, 스페리의 회전 나침반에서도 우리는 이런 문제에 부딪친다. 가입(enrolment)의 전체 과정이 아무리 교묘하게 처리되더라도, 딴 사람들이 그에 대한 공적(credit)을 차지한다면 헛수고한 셈이 될 것이다. 거꾸로, 비록 가입 과정이 조악하게 처리되었다 할지라도 문제 해결만으로도 막대한 소득을 얻을 수도 있다.

발효에 대해 파스퇴르가 쓴 유명한 저술을 읽고 나서 영국의 외과의 리스터(Lister)는 자기 환자 모두는 아니지만 대부분을 사망케 한 상처 감염이 발효와 유사할지도 모른다는 '아이디어를 갖게' 되었다.[*] 리스터는 파스퇴르가 와인을 발효시킨 방법을 모방해서, 상처에서 균을 죽임으로써 또 붕대 부위에 산소를 통과시킴으로써 감염이 중지되고 상처가 깨끗하게 치유될 것이라고 생각하게 되었다. 수년간의 시도 후에 그는 무균 관리(asepsis)와 방부법(antisepsis)을 창안했다.[15] 하지만 잠깐! 리스터가 그것들을 정말 창안했는가? 이를 둘러싼 새로운 논의가 시작된다. 아니, 그는 창안하지

---

[*] 이 '아이디어' 개념에 대해서는 이 3장의 마지막 절을 참조하라.

15) J. Lister는 외과적 질환에서 떼어 놓을 수 없는 화농 문제에 대하여 파스퇴르의 발효·부패에 관한 세균 감염설을 토대로 연구를 진행시켜 1865년 페놀을 이용한 무균 수술법을 고안하였고, 실제적인 응용에도 성공하여 외과 치료에 획기적인 발전을 가져왔다.

않았다. 그 전에도 많은 외과의가 감염과 발효를 연관시키고 붕대에 공기를 통과시키려는 아이디어를 지니고 있었다. 모든 외과 병동에서 무균 관리가 상례적인 블랙박스로 되기 전에 여러 해 동안 많은 동료들이 리스터와 더불어 또는 그에 반대해 작업을 수행해 왔다. 게다가 여러 강연에서 리스터는 정중하게, 자기의 원래 아이디어를 파스퇴르의 연구 보고 덕분으로 돌렸다. 그러므로 어떤 의미에서 리스터는, 말하자면 파스퇴르의 창안(invention) 범위 안에서, 병균 안에 뭐가 있는지 '그저 전개시킨(developed)' 셈이다. 그렇지만 파스퇴르가 무균 관리나 방부법을 외과 수술에서 실행 가능한 조치로 만들었던 것은 아니다. 그러므로 리스터가 창안한 것이다. 그러니 다른 의미에서 리스터가 전부 다한 것이다. 역사가들은 관련 당사자 각자만큼이나, 누가 누구에게 영향을 미쳤고, 누구는 주변적 기여만을 했고, 누구는 가장 중요한 기여를 했는지를 결정하는 일에 즐거움을 느낀다. 각각의 새로운 증언이 나오면, 다른 누군가가 또는 어떤 다른 그룹이 진전된 내용 전부에 대해 또는 일부에 대해 공적을 인정받는다.

혼란을 일으키지 않으려면, 사실이나 장비를 집단적으로 구축하기 위해 동맹자를 모집하는 일(recruiting of allies)과, 대부분의 작업을 한 사람에게 책임을 귀속시키는 일(attributions of responsibility)을 구분해야만 한다. 정의에 따르면 또 우리의 제1원칙에 기초하면[16] 사실의 구축은 집단적이므로, 동맹자들 각자는 다른 누구만큼이나 꼭 필요하다. 그렇지만 이런 필요성에도 불구하고, 각자가 그들의 집단적 작업의 주요 원인으로서 소수의 사람 또는 한 사람만을 용인하게 만드는 것이 가능하다. 예컨대 파스퇴르는 여러 군데의 연구 지원처를 모집했을 뿐 아니라, 자기의 실험실을 많은 과

---

16) 1장의 1 끝 부분에서 나오는 제1원칙은 사실과 장치의 구축이 집단적 과정이라는 라투르의 주장이다.

학자, 관료, 엔지니어, 회사로 이루어진 일반적인 전진의 원천으로서 유지하기 위해서도 노력을 기울였다. 자기의 실험실을 확장하기 위해 비록 그가 그들의 견해를 수용하고 그들의 움직임을 따라야만 했지만, 그들 모두가 그저 그의 견해를 '사용하고' 또 그의 리드를 따랐을 뿐이라고 보이는 결과를 낳기 위해 그는 분투해야만 했다. 두 가지 행동은 조심스럽게 구분되어야 하는데, 그것은 두 가지가 성공적인 전략을 위해 상보적이긴 하지만, 서로 반대 방향으로 나가기 때문이다. 동맹자 모집은, 당신이 가능한 한 멀리 나가고 또 가능한 한 많이 타협할 것을 상정하는 반면, 책임 귀속은 당신이 관련 행위자의 숫자를 가능한 한 많이 제한시킬 것을 요구한다. 누가 추종하고 누가 솔선했는지를 알아내는 문제는 첫 번째 행동이 성공을 거두려면 제기되어서는 결코 안 될 물음이며, 그렇지만 두 번째 행동의 종료를 위해서는 해결되어야 할 문제다. 비록 디젤은 그가 모집한 많은 사람들을 따라갔고, 그들의 공통 관심사를 모호한 혼합물로 번역했지만, 마침내는 **그들**이 추종했던 선도자로 자신의 과학이 인정받게끔 만들었다.

가입(enrolment) 문제 해결을 가능하게 하고 또 많은 사람들의 집단적 행동을 '균'에서 실재에 대한 무균 관리, 회전 나침반, GRF 또는 디젤 엔진으로 향하게 만드는 일을 가능하게 하는 것을 나는 일차적 기작(primary mechanism)이라 부르고자 한다. 이 기작에 이차적 기작(secondary mechanism)이 덧붙여져야 하는데, 이차적 기작은 첫째 기작과는 아무 관계가 없을 수도 있고, 한편 다른 일들처럼 논란을 불러오는 씁쓸한 과정이기도 하다.

군사적 비유가 이 중요한 포인트를 기억하는 데 도움이 될 수 있다. 나폴레옹이 제국 근위대(Great Army)를 **통솔**해 러시아 원정을 했다고 역사가가 말할 때 나폴레옹 혼자서 보로디노 전투(battle of Borodino)에서 이길 만큼 강하지는 않다는 것을 모든 독자가 안다.[*][17] 전투 중 50만 명에 이르는 사람들이 솔선했고, 명령을 뒤섞었고, 지시를 무시했고, 도망치거나 용감하게 전사했다. 이런 거대한 기작은 나폴레옹이 능선의 꼭대기에서 보거나 통제할 수 있는 것보다 훨씬 규모가 크다. 그럼에도 불구하고 전투 이후 나폴레옹의 군인, 러시아 황제, 러시아군 총사령관인 쿠투조프(Kutuzov), 파리의 시민들, 역사가 모두는 승리의 책임(공)을 그에게, 오직 그에게 돌렸는데, 그 승리는 나중에 밝혀지기로는 패배였다. 나폴레옹이 전투 중 한 것과 다른 수십만 명이 한 것 사이에는 **모종의**(some) 관계가 있을 것이라고 모두들 동의한다. 그러나 '나폴레옹이 권력을 가졌고 다른 사람들은 복종했다'라는 문장에 의해 그 관계가 포착될 수는 없을 것이라는 데 역시 모두들 동의한다. 한 줌의 과학자와 수백만 사람들 사이의 관계에 대해서도 똑같은 말을 할 수 있다. 양자 간의 복잡하고 예측할 수 없는 관계는, 기초 과학에서 응용 과학과 개발을 경유해서 나머지 사회로 진행되는 간단한 명령 체계에 의해 포착될 수 없다.

다른 사람들은, 디젤이 그저 선구자일 뿐이라거나, 파스퇴르가 무균 처리에 대한 모든 기초 작업을 했다거나, 스페리는 회전 나침반 개발에 근소한 기여만을 했다고 판정할 수 있다. 이런 모든 문제가 역사가에 의해 나중에 다뤄질 때조차 그들의 조사는 (공로를 가리는) 심리(trial)에 중요한 전문가 증언을 덧붙이긴 하지만, 그것이 심리 자체를 **종결시키는** 것은 아니며 법정 역할을 대신하는 것도 아니다. 어쨌든 실제로는 사람들이 어떤 판

---

* 이 예는 톨스토이의 대작, L. Tolstoy(1869)에서 가져왔다.

17) 1812년 9월 7일 나폴레옹의 모스크바 원정 중에 치러진 최대의 격전으로 양측의 사상자가 각각 4~5만 명이 넘었으며, 톨스토이의 『전쟁과 평화』에 잘 묘사되어 있다.

정을 다른 것보다 더 신뢰하기도 한다. 모든 사람들이 디젤이 그의 엔진에 대한 '아이디어를 가졌다'고, 리스터가 파스퇴르의 연구 보고의 도움으로 무균처리를 '창안했다'고, 또는 나폴레옹이 제국 근위대를 '통솔했다'고 최종적으로 인정할 수도 있다. 뒤의 3절에서 그 이유가 더욱 선명히 밝혀지겠지만, 훈장과 휘장을 배분하는 이 이차적 과정은 일차적 과정과 절대 혼동되어서는 안 된다.

1.5 번역 5: 불가결한(indispensable) 것 되기

주창자들은 자기네 주장의 결과에 대해 사람들이 이해관계를 갖게 하려는 시도를 할 때 위의 다섯 가지 책략을 씀으로써 충분한 자유재량의 여지를 갖게 된다. 꾀와 인내를 발휘하면 한 주장을 시공간에 확산시키고, 그래서 그 주장이 나중에 모든 이의 수중에 상례적인 블랙박스가 되게 하는 데 기여한 모든 이를 알아보는 것이 가능해야 한다. 그러한 지경에 이르면, 더 이상의 전략이 필요하지 않을 것이다. 주창자는 불가결한(없어서는 안 될, indispensable) 존재가 되어 있을 것이다. 주창자들은 첫 번째 번역, 즉 다른 이의 관심사에 응할 필요가 없으며, 두 번째 번역처럼 다른 사람들의 통상 진로가 차단되어 있음을 설득시킬 필요도 없다. 세 번째 번역처럼 약간 우회하자고 그들을 부추길 필요도 없다. 새 집단과 새 목표를 창안하고, 이해관계의 변화를 은밀히 빚어 내고, 책임과 공적의 분배를 위해 힘들게 다툼하는 것도 더 이상은 필요하지 않을 것이다.[18] 주창자들은 특

18) 네 번째 번역의 책략들을 가리킨다.

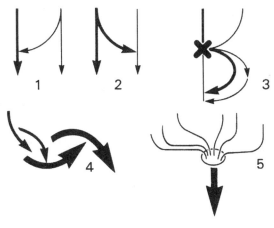

그림 3.3

정한 장소에 그냥 앉아 있을 것이고, 다른 이들은 그들의 주장을 빌리고, 그들의 생산품을 구입하고, 블랙박스를 만들고 확산하는 데 기꺼이 참여하면서, 그들을 스쳐 손쉽게 흘러갈 것이다. 사람들은 몰려들어 가서 이스트먼 코닥의 카메라를 사고, 파스퇴르의 백신 주사를 맞고, 디젤의 새 엔진을 시험해 보고, 스페리의 새로운 회전 나침반을 설치하고, 일말의 의심 없이 섈리의 주장을 믿고, 이스트먼과 파스퇴르, 그리고 스페리와 섈리의 소유권을 정중하게 인정할 것이다.

사실 구축자의 곤경은 단지 불확실하게 기워 맞추기 식으로 수습되는 것이 아니다. 그 곤경은 완전히 해소될 것이다. 어떤 협상(negotiation), 전위(displacement)도 필요하지 않을 것이다. 그 이유는 다른 사람들이 이동을 할 것이고 애걸, 양보, 그리고 협상도 할 것이기 때문이다. 자기 행로에서 벗어나게 되는 자는 그들이다. 그림 3.1과 3.2에서 나는 네 가지 번역을 표시했다. 이들 번역 모두는 다섯 번째 번역으로 이어지는데, 다섯 번째 번역은 문자 그대로 그들 모두를 종합한 것이다. 번역의 기하학적 의미에서 다섯째 번역은, 당신이 무엇을 하건 어디로 가건, 반드시 당신은 주창자의 입장을 관통하게 되고, 그들의 관심사를 더 추구하도록 그들을 돕게 됨을 의미한다. 번역이라는 말의 언어적 의미에서 이 다섯 번째 번역은, 한 개의 버전이 다른 모든 것을 번역하고 일종의 헤게모니(hegemony)를 획득함을 의미한다. 당신이 무엇을 원하든 간에 당신은 이것을 마찬가지로 원하게 된다. 그림 3.3이 보여 주는 것은, 첫 번째에서 마지막에 이르는 동안 주창자는, 자신이 다른 이를 추종하게끔 강요되었던 가장 극도의 취약한 처지에서 다른 모두가 자신을 따르도록 강요할 가장 강력한 처지로 바뀌었다는 사실이다.

그러한 전략이 있을 법할까? 과학자와 기술자들을 그림자처럼 쫓다 보면 알게 되겠지만, 이 전략은 흔한 관행이며, 그러나 이 전략이 성공하기 위해서는 다른 동맹자들을 끌어들여야만 하는데, 동맹자 대부분은 일반 사람들처럼 보이지 않는다.

2. 이해관계 그룹의 정렬

이번 3장의 머리말에서 블랙박스를 만들기 위해서는 두 가지가 필요하다는 점을 살펴보았다. 첫째로 필수적인 것은 다른 사람들을 가입시켜서(enrol), 그들이 그 블랙박스를 믿고, 사고, 또 시공간에 널리 유포하게 해야 한다. 둘째로 필수적인 것은 그들을 통제하여(control), 그들이 차용하고 확산시킨 것이 다소간 동일하게 유지되도록 해야 한다. 사람들이 이해관계를 갖지 못하거나 주장과 완전히 다른 무엇인가를 실행한다면, 사실과 장치를 시공간에 확산시키는 일은 일어날 수 없다. 몇 사람이 어떤 아이디어를 가지고 며칠간 만지작거리지만 그것은 곧 사라지고 다른 아이디어로 대체되어 버린다. 열광을 불러일으킨 프로젝트는 빠르게 서랍 속에 처박힌다. 세계에 영향을 미치고자 나온 이론들은 움츠러들어, 수용 시설의 정신병자들이 지니는 고착 관념(固着觀念, idée fixe)이 되어 버린다. 실험실의 증명에 의거해 '불변적인' 확신을 품어 온 동료들조차 한 달 후에 마음을 바꿀 수 있다. 확립된 사실들은 빠르게 인공물로 바뀌고, 당혹스런 사람들은 "우리가 어떻게 저런 엉터리를 믿어 왔지?"라고 묻는다. 영원히 존속할 듯 보이며 수립되었던 산업들도 갑작스레 시대에 뒤진 것이 되고, 붕괴하기 시작하고, 새로운 것들에 의해 대체된다. 어떤 사실 또는 인공물의 전파를 가로막는 반대자들이 급격히 늘어난다.

앞 '1. 이해관계의 번역'에서 우리는 어떻게 절반의 작업을 해야 하는지, 즉 어떻게 다른 사람의 이해관계를 유인하는지를 살펴보았다. 이제 다른 절반, 즉 어떻게 그들의 행위를 예측 가능하게 만들 것인가의 문제를 살펴봐야 한다. 이것은 훨씬 더 어려운 과제다.

2.1 한 사슬의 강도는 가장 약한 고리에 의해 좌우된다

우선 이 과제의 어려움에 대해 평가해 보자. 디젤이 완전한 엔진을 만들려고 하는 자신의 프로젝트에 대해 MAN사의 이해관계를 유인하는 데 성공했을 때, 그는 연구비와 워크숍, 조수들, 그리고 한동안 보조금도 받았다. 디젤이 직면한 문제는 이런 요소들을 모두, 그가 계약서에 넣으려고 했던 것들, 즉 카르노(Carnot)의 열역학, 항온(constant temperature)에서의 점화 원리, 향후 판로에 대한 자기의 견해 등과 묶는 일이었다. 원래 이런 모든 요소는 아우크스부르크의 한 장소에 그저 **집결되어**(assembled) 있을 뿐이었다. 무엇이 그것들을 더욱 굳게 묶을 수 있었을까? 예를 들자면 잠수함이나 트럭과 같이 가동되는 어떤 원형 모델이 그런 역할을 할 수 있는데, 이 원형은 다른 배경에서는 **단일 품목**의 표준적인 장비로서 나중에 사용될 수 있다. 만약 디젤이 이런 모든 요소를 동시에 유지시키지 못한다면 어떤 일이 벌어질까? 대답은 간단하다. 그것들이 결집된 만큼이나 쉽사리 **해산될** 것이다. 각 요소는 각자의 길로 갈 것이다. MAN사는 증기 엔진을 계속 만들 것이며, 연구 조수들은 다른 일자리로 옮겨 갈 것이며, 연구비는 다른 어딘가로 흘러갈 것이며, 카르노의 열역학은 기초 물리학의 신비스러운 부분으로 남게 될 것이며, 항온에서의 점화는 기술적으로 더 나갈 수 없는 어떤 막다른 지경으로서 기억될 것이며, 디젤은 다른 과제에 매달릴 것이며 역사책에 아무 흔적도 남기지 못할 것이다.

그러므로 징집된 이해관계의 숫자도 중요하지만 그것으로 충분한 것은 아니다. 왜냐하면 이해관계들을 엮어 함께 묶는 일이 아직 덜 되었을 수 있기 때문이다. 파스퇴르는 가축을 기르던 농장주들을 설득할 수 있었는데, 그에 따르면 끔찍한 탄저병을 해결하는 유일한 방법은 파리 울름가(Rue d'Ulm)의 고등사범학교(Ecole Normale Supérieure)에 있는 자기 연구실에 와서 (백신을 맞고) 통과해 나가는 것이었다. 차례로 포개진 수천 가지 이해관계들이 파스퇴르를 바짝 몰아붙이며 감시하고 있었고, 현미경과 세균의 인공 배양과 개발이 약속된 백신을 통해 그가 제시한 지름길을 모두가 받아들일 태세였다. 그렇지만 농장에서 가축을 기르는 이해관계 하나와 페트리 접시(Petri dishes)에서 배양되는 미생물을 관찰하는 것 사이에는 상당한 거리 이동이 있다. 몰려든 군중은 신속하게 해산할 수 있다. 몇 달

동안 기대를 하다가 군중들은 모두 낙담해 떠나고, 파스퇴르가 농장이나 가축과 아무런 상관이 없는 인공물을 연구실에서 제조하면서 자기들을 속여 왔다고 군중은 그를 통렬하게 비난할 수 있다. 그 경우 파스퇴르는 탄저병 백신의 선구자에 지나지 않고, 그에 따라 역사에서 그의 역할도 줄어들었을 것이다. 전용된 자원과 **투자된** 이해관계를 단단하게 연결하기 위해서는 다른 무엇인가가 필요하다.

이스트먼은 사진 찍기에 대해 열망을 갖고 있는 6세에서 96세까지의 새로운 집단을 창안하는 근사한 아이디어를 품었다. 이런 징집(enlistment)은 작동이 쉬운 카메라에 의존했는데, 그것은 당시 사용되던 비싸면서도 약하고 성가신 유리 감광판이 아니라 필름을 쓰는 카메라를 의미했다. 그러나 만일 필름이 너무나 약해 모든 사진이 흐릿했다면 어떤 일이 일어났을까? 현상액을 코팅한 필름 표면에 수포가 있었다면? 얼마나 많은 사람들이 사진술이 매혹적이라는 것을 알게 되었건 간에, 이스트먼 회사가 얼마나 크건 간에, 이스트먼이 얼마나 영리하고 이해관계에 밝건 간에, 결합한 이해관계들(associated interests)은 분리될 것이다. 거대 시장의 꿈을 키우던 이스트먼은 대중 사진술의 긴 역사에서 수많은 선구자 중 하나에 그쳤을 것이다. 다른 사람들이 그의 특허권을 차지했을 테고, 어쩌면 그의 회사를 사들였을지도 모른다.

이해관계의 일시적인 병치 상황을 하나의 항구적인 전체로 바꾸기 위해서는 무엇인가가 더 필요하다. 이 '자그마한 무엇'이 빠진다면, 어떤 주장이 블랙박스로 바뀌는 데 필수적인 결집 군중은 예측할 수 없게 움직일 것이다. 그들은 그 주장에 동의하지 않을 것이고, 그 블랙박스를 개봉해서 어설프게 만지작거릴 것이다. 더욱 나쁜 것은, 그들이 이해관계를 상실하고 모두 버릴 것이라는 점이다. 이 '위험한' 행동은 일어날 수 없는 일로 되어야만 한다. 더 좋게는, 그러한 행동이 상상할 수조차 없는 일이 되어야 한다.

이미 우리는 세 장에 걸쳐 이 문제를 다뤄 왔기 때문에, 해결책이 무엇인가를 안다. 반대자들을 저지시킬 유일한 방법은 그 주장의 운명을 너무나 많은 결집된 요소들(assembled elements)에 연결시킴으로써, 그것을 해체시키려고 하는 모든 시험에 저항케 하는 것이다.

디젤이 결집시킨 첫 번째 원형은 샐리 박사의 GRF나 블론로의 운이 나빴던 N레이와 아주 비슷하다. 그것들은 새로운 시험에 번번이 흔들렸다. 처음에 디젤은 자기 엔진의 운명을 모든 연료의 운명에 옭아맸는데, 연료들이 아주 높은 압력에서 모두 점화하리라고 생각했기 때문이다. 그로서는 이것이 자기 엔진을 아주 다용도로 만드는 것이었다. 그런 결과를 얻기 위해서는 매우 높은 압력이 필요했다. 그리고 피스톤, 실린더, 밸브는 33기압 이상을 견딜 만큼 충분히 강해야 했다. MAN사는 그에게 매우 우수한 장비와 노하우를 제공할 수 있었고, 그래서 곧 그렇게 높은 압력을 획득하는 것이 가능해졌다. 그런데 그래도 아무것도 일어나지 않았다. 모든 연료가 다 점화된 것은 아니었다. 문제를 일으키지 않고 충실할 것이라고 그가 기내했던 이 동맹자는 그를 배신했다. 등유민이 점화되었고, 그것도 일정치도 않게 변덕스럽게만 그랬다. 등유의 점화는 어떻게 해서 이쪽 대열에 서 있게 되었을까? 공기와 연료의 올바른 배합이 관건이라는 것을 디젤은 발견했다. 이 배합을 일정하게 유지하기 위해서는, 연료와 공기를 매우 높은 압력 상태에서 실린더에 주입해야만 했다. 그런데 그런 결과를 얻기 위해서는 강력한 펌프, 튼튼한 밸브, 그리고 많은 배관 공사가 추가로 원래 디자인에 더해져야만 했다. 그 엔진이 작동되긴 하겠지만, 그것은 더 커지고 비싸게 된다.

그래서 무슨 일이 일어난 것인가? 디젤은 자기의 동맹(alliance) 시스템을 변화시켜야 했다. 높은 압력에, 모든 연료에, 고체 연료 분사를 더하면 모두의 이해관계에 맞고 모든 곳에 확산될 모든 사이즈의 엔진을 만들 수 있다. 그러나 이런 일련의 결합(association)은 시도되자마자 아우크스부르크 워크숍에서 와해되어 버렸다. 그 엔진은 가동조차 되지 않았다. 그래서 다른 일련의 동맹 관계가 시도되었다. 높은 압력, 등유, 기체 연료 분사의 조합은 몇 초 동안은 가동되지 않을 크고 값비싼 엔진으로 귀착되는 것이다.

여기에서 독자의 반발이 있을 수 있다. '다른 것들이 어떻게 통제되는가를 이해하기 위해 이런 세부 사항을 정말 다 들여다봐야만 하는가?'라는. 그렇다. 왜냐하면 이런 사소한 세부 사항이 없다면 다른 것들은 통제되지 않을 것이다! 2장의 반대자들과 마찬가지로 그것들은 새 디자인에 압력을 가하고 전체는 와해된다. 반대에 저항하는 것은 무력 테스트에 저항하는 것인데, 그를 위해 디젤은 공기와 등유를 같이 유지시키고, 배합물을 점화시키는 높은 압력을 허용하고, 또 엔진을 가동시키고 MAN사와 협력케 할 그런 연료 분사 펌프를 고안해야 한다. 그러나 만일 등유, 공기, 그리고 MAN사가 모두 같은 대열에 서 있게 된다 해도, 디젤이 예상한 거대 시장의 경우는 그렇지 않다. 그것은 포기되어야 했다. 워크숍에서 암중모색하면서 디젤은 동맹자를 선택해야 했다. 그로서는 자신이 같은 대열에 서 있도록 하는 데 가장 원하는 것이 무엇인지를 결정해야 했다. 공기, 모든 연료, 그리고 모든 이의 수요에 자신을 동맹케 할 수 있는 그런 엔진은 처음에는 없었다. 무엇인가가 양보해야 했다. 연료, 등유, 고체 연료 분사, 카르노의 원리, 대량 시장, 디젤의 체력, MAN사의 끈기, 특허권 … 그 무엇인가가.

파스퇴르의 실험실에서도 마찬가지 선택이 이뤄진다. 농장주들이 비난과 경멸을 하며 모두 떠나가 버리기 전에 그들의 이해관계에 연결하는 데 사용될 수 있을 그 무엇인가가 존재하는가? 소변 배양기 속의 작은 바실루스 균은 비록 그것이 현미경으로 가시적인 것이긴 해도, 그런 역할을 할 수 없다. 그들이 곧 자기들의 농장으로 돌아가서, 더 건강한 암소의 젖을 짜고 더 건강한 양의 털을 깎을 수 있으리라는 약속에 끌려 실험실에 주의를 기울이던 사람들에게 그런 균은 별로 중요하지 않은 이해관계를 갖는다. 만일 파스퇴르가 바실루스 균이 동물인지 또는 이끼 식물인지를 가리면서 생화학이나 분류학을 하는 데 그 균을 사용했다면, 생화학자나 분류학자는 관심을 가졌겠지만 농부들은 그렇지 않았을 것이다. 파스퇴르가 먼저 바실루스 배양균을 먹인 양은 나중에 전염성 강한 배양균을 먹일 경우에도 질병에 저항한다는 것을 보인다면, 그때 생화학자와 분류학자는 그저 어쩌다가 관심을 가질 뿐이겠지만, 농부들은 크게 관심을 가질 것이다. 이해관계를 상실하기는커녕 농부들은 그것을 증진시킨다. 이것이 감염을 막는 백신이고, 바로 이것이 농장 사정에 연결시키기 쉬운 그 무엇의 역할을 한다. 그렇지만 만일 백신이 일정치 않고 변덕스럽게 작동한다면? 또다시 이해관계는 느슨해지고 실망이 찾아올 것이다. 그러면 파스퇴르는 백신 생산을 기계적이고 상례적인 조작으로, 어느 수의사가 주사해도 좋을 하나의 블랙박스가 되도록 하기 위해 새롭고 신빙성 있는 방법을 필요로 하게 된다. 그의 공동 연구자들은 배양균의 온도가 관건임을 발견한다. 44°로 며칠간 유지하면 좋고, 배양균이 숙성되고, 백신으로 사용될 수 있다. 45°에서 바실루스 균은 죽는다. 41°에서는 형체가 바뀌고, 포자 형성을 하고, 백신으로서는 쓸모없게 된다. 이런 사소한 세부 사항이 가입된 농부들의 동요하는 이해관계를 단단히 붙들어 맬 것들이다. 파스퇴르는 농부들과 바실루스 균의 행동 **모두를** 예측 가능하게 할 방법을 발견해야 했다. 그리고 그는 새로운 방식을 계속 발견해 나가야 했고, 아니면 그가 이 농부들과 미생물들을 연결시키고자 원하는 그 기간 동안에는 적어도 그렇게 해야 했다. 이 급한 임시변통(lash-up)* 중에서 가장 사소한 미결 부분을 때우느라고 그의 모든 수고가 허비된다.

사람들이 블랙박스를 구성하는 일을 하도록 만들기 위해 그들의 이해관계와 번역에 아첨하는 것은 하찮은 일이기도 함을 나는 인정해야만 할 것이다. 그러나 우리가 기다란 사슬을 만든다면 그 부분들 일부가 얼마나 웅장하건 상관없이, 사슬은 그것의 가장 약한 연결 고리 딱 그만큼만 강한 채로 있을 뿐이다. 이스트먼이 아마추어 시장을 잡기 위해 자기의 전 회사를 동원한 것도 아무 상관이 없다. 그가 새로운 암상자, 새로운 잉크 롤러, 새로운 필름, 필름 원판을 잡는 새로운 태엽을 위한 새로운 미늘 톱니 장치를 개발해 왔다는 것도 아무 상관없다. 필름의 코팅에 수포가 생기면, 그러면 전체 사업이 끝장난다. 길다란 사슬에 하나의 실종된 고리가 있는 셈이다.** 하찮은 동맹자 하나가 제몫을 이행하지 않고 결장한 것이다. 인화지에서 셀룰로이드로 바꿈으로써 이스트먼은 이 귀찮은 수포 문제를 해결할 수 있었다. 카메라의 이 부분은 적어도 논의의 여지가 없게 되었다. 카메라는 이제 손에서 손으로 하나의 대상(object)으로 움직이며, 관심을 끌고자 고안되어 그 사람들의 관심을 끌기 시작했다. 이제 주의는 또 다른 실종 고리, 즉 셀룰로이드의 긴 띠를 만들기 위해 개발되어야만 하는 새로운 장치로 옮겨간다. 그것을 한쪽에 정렬시키기 위해 다른 동맹자들이 차례로 불려 나오고, 짜 맞춰지고 하는 일이 계속된다.

---

* 이 표현은 J. Law(1986)가 자신의 '이질적 공학(heterogeneous engineering)'이라는 개념과 연결시켜 제안했다.
** 이에 관해 T. Hughes(1983)가 제안한 '역돌출(reverse salient)' 개념을 참조하라.

2.2 새로운 예기치 않은 동맹자들과 제휴하기

우리는 이제 앞 1에서 동원되었던 이해관계 그룹들은, 다른 요소들이 그들과 연결되지 않는다면, 함께 묶을 방법이 없음을 이해하기 시작했다. 피스톤, 공기, 등유, 소변 배양기, 미생물, 잉크 롤러, 현상액 코팅, 셀룰로이드 등이 그것이다. 그렇지만 어떤 요소를 다른 것과 무작위로 연결하는 것은 불가능하다는 점 역시 우리는 이해하고 있다. 선택을 해야만 한다. 디젤이 기체 연료 분사를 선택하기로 결정한 것은 많은 잠재적 고객들이 포기되어야 함을 의미하고, 카르노의 원리가 그렇게 쉽게 적용될 수 있는 것이 아님을 의미한다. 파스퇴르가 그의 백신을 위한 새로운 배양기를 구하는 것은 생화학과 분류학의 다른 이해관계를 포기함을 함축한다. 아마추어 사진사들은 이스트먼의 새로운 코닥 카메라에 끌렸을 테지만, 자신의 사진 건판을 갖고 사진을 현상해 오던 준프로 사진사들은 한쪽 편으로 치이게 되었고, 새로운 필름 코팅은 수포나 생기지 않는 편이 나을 것이었다. 마키아벨리(Machiavelli)의 『군주론(Prince)』에서처럼 제국을 점진적으로 건설하는 일은 동맹자들에 대한 일련의 결정이다. 나는 누구와 협력할 수 있을까? 누구를 단념해 버릴까? 이자를 이렇게 충성스럽게 만들 것인가? 다른 이 사람은 믿음직한가? 이자는 확실한 대변인인가? 하지만 마키아벨리에게 일어나지 않았던 일은 이 동맹자들이 인간과 '사물(things)' 사이의 경계를 질러갈 수 있다는 것이다. 매 순간 하나의 동맹은 포기되고, 교체자가 모집될 필요가 있다. 매 순간 완강한 고리는 유용할 수 있었을 동맹을 분쇄시킨다. 새 요소들이 개입해 동맹을 해체하고 분해된 요소들을 사용하고자 한다. 이 '마키아벨리적인' 책략은 우리가 과학자와 기술자들을 뒤쫓을 때 더욱 잘 보인다. 아니 오히려, 동일한 책략의 목록 속에 인간과 비인간 자원을 포함시키고, 그럼으로 해서 그들의 협상의 여지를 증대시키게 하는, 그럴 만큼 충분히 미묘한 존재를 우리가 '과학자', 그리고 '기술자'라고 부르는 것이다.

예를 들어 벨(Bell)사를 보자.* 초기에 전화선은 음성을 단지 몇 킬로미터만 전달할 수 있었다. 이 한계를 넘으면 음성이 잘못 전달되고, 잡음이 가득해 들리지 않았다. 메시지가 끊겨서 전달되지 못했다. 13킬로미터마다 매번 신호를 '증폭시켜' 거리는 늘어날 수 있었다. 1910년에는 메시지를 중계하기 위해 자동 리피터(재생 중계 장치, repeater)가 발명되었다. 그렇지만 값비싸고 믿을 수 없는 이 리피터는 고작 몇 개 회선에만 장착될 수 있었다. 벨사는 설비를 늘릴 수 있었지만, 아주 먼 거리에 이르지는 못해서 사막을 가로지르지도 못했다. 또 온갖 작은 회사들이 한치 앞을 못 보는 와중에 세워져 번창하고 있던 미국의 대평원에도 도달하지 못했다.[19] 벨 아줌마(Ma Bell)라는 애칭의 이 회사는 사람들을 서로 연결해 주는 일을 맡았다. 그러나 리피터에 의해서는 벨 아줌마의 연결망을 통하고 싶어 했을 많은 사람들이 실제 그럴 수가 없었다.[20] 1913년 샌프란시스코 박람회가 벨사에 도전 기회를 제공했다. 만일 우리가 서부와 동부 해안을 한 개의 전화선으로 연결할 수 있다면 어떨까? 그런 것을 상상이나 할 수 있을까? 미국을

---

* 여기에서 나는 논문, L. Hoddeson(1981)을 사용했다.

19) 로키(Rocky) 산맥 동부의 캐나다와 미국에 걸친 건조 지대를 말하며, 벨사는 텍사스 주에 위치했다.

20) 1875년 알렉산더 그레이엄 벨(Alexander Graham Bell)은 사상 최초로 전화기를 발명, 특허를 내고 투자자들과 함께 1877년 벨전화회사(Bell Telephone Company)를 설립하였다. 당시 경쟁사 웨스턴유니언을 물리치고 전화 사업의 주도권을 잡은 후, 1885년 장거리 전화 설비를 위한 자회사로 AT&T를 설립했다. AT&T는 미국 최대의 유무선 통신 회사로 벨 아줌마(Ma Bell)라는 애칭으로도 불린다.

하나로 묶고, 벨사를 1억 명의 사람들 사이에 없어서는 안 될 중개인이 되게 하고, 모든 작은 (전화)회사들을 제거해 버릴 그런 대륙 횡단 전화선을? 안타깝게도 구형 리피터의 가격 때문에 그것은 불가능했다. 그것은 미국의 모든 시민과 벨 아줌마 사이에 기안된 이 새로운 동맹 관계에 있어 실종 고리가 되었다. 프로젝트는 와해되고, 하나의 꿈이 되었다. 당분간 대륙 횡단 전화선은 불가능했다. 메시지를 보내려면 우체국을 통하는 것이 나았다.

벨사의 중역 주이트(Jewett)가 이 곤경에서 회사를 구할 새로운 동맹 가능성을 찾아냈다. 그는 예전 젊은 강사 시절의 밀리컨(Millikan)에게서 배운 것을 기억해 냈다. 유명 물리학자가 된 밀리컨은 당시에는 새로운 연구 대상인 전자에 대해 연구하고 있었는데, 그것은 우리가 2장에서 본 모든 다른 행위소(actants)처럼 그의 실험실에서 천천히 구축되는 중이었다.[21] 전자의 특성 가운데 하나는 관성을 거의 갖지 않는다는 점이다. 그 자신도 물리학 박사 학위 소지자인 주이트는 약간의 우회를 할 준비가 되어 있었다. 관성을 갖지 않는 것은 에너지를 거의 잃지 않는다. 그러니 새로운 리피터가 가능한지에 대해 어찌 밀리컨에게 묻지 않겠는가? 밀리컨의 실험실은 아직은 내놓을 것이 전혀 없었다. 아직 판매할 준비가 된 것은 없다. 싸고도 확실하게 장거리 메시지를 중계해 줄 블랙박스는 없다. 밀리컨이 해 줄 수 있던 것은 주이트에게 그의 최고 학생들 몇을 쓰게 하는 것이었고, 벨사는 그들에게 설비를 잘 갖춘 실험실을 제공했다. 앞에서 우리가 살펴본 것과 같은 번역의 사슬에 따르면, 이 지점에서 밀리컨의 물리학은 벨사의 운명과 부분적으로 연결되었고, 벨사의 운명은 샌프란시스코 박람회의 기회와 부분적으로 연결된다. 일련의 경미한 전위(displacements)를 거쳐 전

---

21) 2장 2의 2.2, 2.4, 그리고 3의 3.1, 3.2.

자, 벨사, 밀리컨과 대륙 전화선은 그 이전에 비해 서로 더 밀착되었다. 그러나 그것은 아직은 단순한 병치(juxtaposition)에 불과하다. 벨사의 경영진은 기초 물리학이 물리학자에게는 좋겠지만 사업가에게는 그렇지 않다는 점을 곧 깨달을 것이다. 전자는 압력이 너무 높아지면 새로운 3극 진공관의 한쪽 전극에서 다음 전극으로 건너뛰려 하지 않고, 진공관을 푸른 연무로 채울 수도 있다. 이사회는 대륙 횡단 전화선에 대한 충동을 더 이상 느끼지 못할 수도 있다.

이 단순한 병치는 회사에 고용된 물리학자 중 한 명인 아널드(Arnold)가, 다른 발명가가 특허를 낸 3극 진공관을 변형시켰을 때 바뀌었다. 진공도가 아주 높은 경우 매우 높은 전압일지라도, 한쪽 말단에서의 최소로 경미한 진동이 다른 말단에 강한 진동을 촉발한다.[22] 새로 만들어진 실험실에서의 새 시험을 통해 이제 새 대상이 창조된다. 즉 신호를 크게 증폭하는 전자가 그것이다. 이 새로운 전자 리피터(electronic repeater)는 벨 아줌마(AT&T)의 집단적 작업에 의해 곧 하나의 블랙박스로 변형되고, 미국 대륙을 가로질러 가설된 5500킬로미터에 이르는 케이블을 따라 여섯 곳에서 한 개의 상례적인 장비 부품으로서 통합된다. 1914년에는 다른 리피터로는 불가능하던 대륙 횡단 회선이 현실화된다. 알렉산더 벨은 아래층이 아니라 수천 마일 떨어져 있는 왓슨(Watson)에게 전화를 건다. 벨사는 이제 전미 대륙으로 확장할 수 있다. 예전에는 대륙 반대편의 해안으로 전화를 거는 일에 하등의 이해관계도 갖지 않던 소비자들이 이제는 일상적으로 벨의 연결

---

22) 이때 저자가 '아주 높은 진공'이라 표현한 것이 정확히 초고진공인지 극고진공인지는 분명치 않다. 초고진공(ultra-high vacuum)은 고진공보다 더욱 진공도가 높은 상태로 실험실에서 약 10^{-8}Pa의 진공 상태를 말한다. 보통 10^{-5}Pa 이하의 압력이 초고진공이다. 또 10^{-9}Pa 이하의 압력은 극고진공(extra-high vacuum)이라고 한다.

망을 통해서 그렇게 하고 있고, 더불어 벨사의 확장에 기여하고 있다. 이는 앞에서 기술된 다섯 번째 번역에서 예견된 바다. 물리학 역시 바뀌었는데, 그 경계가 대학 내의 간소한 설비를 갖춘 몇 개 실험실에서 산업계의 기금이 충분한 많은 실험실로 변형되었다. 이제부터는 많은 학생들이 공업 물리학 분야에서 경력을 쌓을 수 있게 되었다. 밀리컨의 경우는? 그 역시 변화를 겪었는데, 처음에는 그의 실험실에서 많은 효과가 생겨났지만 이제는 그것이 전화선을 따라 모든 곳에서 일상적으로 사용되게 되었고, 그것은 그의 실험실에 엄청난 팽창을 불러왔기 때문이다. 더불어 다른 하나도 변화되었다. 바로 전자다. 위의 모든 실험실이 전자를 새롭고 예기치 않은 시험에 들게 했을 때, 전자의 존재를 규정하던 행동 목록은 극적으로 증가했다. 가내화된(domesticated) 전자는 벨사가 경쟁사들을 물리치고 승리하게 해 준 회선상(포선형)의 동맹 관계에서 일정 역할을 담당했다. 마침내 이 작은 이야기 속 각각의 행위자들은, 그것들이 들어가게 된 새로운 동맹 관계 때문에 그것의 평소 방식으로부터는 떼밀려 나왔고, 다른 것으로 변했다.

우리 일상인들은 과학의 실천, 그리고 인공물의 느린 구축 방식에 대해 문외한이기 때문에, 과학자들이 보여 주는 동맹 관계의 융통성을 알지 못한다. 우리는 '관련 없는(irrelevant)' 요소들을 제거하는 아주 깔끔한 경계선을 지키고 있다. 전자는 대규모 사업과는 아무 상관이 없다. 실험실의 미생물은 농장과 가축과는 아무 상관없다. 카르노의 열역학은 잠수함과는 한없이 동떨어진 것이다. 그리고 우리가 옳다. 일견 이런 요소들은 서로 아주 동떨어진 것들이다. 처음에 그것들은 완전히 무관하다. 그렇지만 '관련성(relevance)'이란 것도 다른 것들처럼 만들어질 수 있다. 어떻게? 내가 개괄했던 일련의 번역에 의해서. 주이트가 처음 밀리컨을 불러올 때 전자는 벨 아줌마와 쉽게 접속하기에는 너무 허약했다. 종국에는 아널드에 의해 개조된 3극 진공관 안에서 전자는 알렉산더 벨의 명령을 왓슨에게 확실히 전달했다. 더 작은 규모의 회사들은, 대륙 횡단 전화선을 구축하는 일이 불가능했기에, 벨 아줌마가 자기들을 결코 패퇴시킬 수 없으리라고 생각했었을 것이다. 그것은 전자를 빠트리고 한 계산이었다. 동맹자의 리스트에 전자와 밀리컨과 그의 제자들과 새로운 실험실을 가산함으로써 벨 아줌마는 세력 관계를 수정했다. 더 원거리에 도달해야 하는 점에서 약점이었던 부분이 이제 다른 무엇보다도 더 강점이 되었다.

우리는 **동맹 관계의 본질**에 대해 결정하는 것이 중요하다고 언제나 느끼고 있다. 요소들(elements)은 인간인가, 비인간인가? 그것들은 기술적인가, 아니면 과학적인가? 그것들은 객관적인가 또는 주관적인가? 그러나 진짜로 중요한 유일한 물음은 다음과 같은 것들이다. 이 새로운 결합(associations)이 저것에 비해 더 약한가, 아니면 더 강력한가. 파스퇴르가 연구를 시작했을 때, 수의학은 실험실에서 이루어진 생물학과는 눈꼽만큼의 관계도 갖지 않았었다. 그렇다고 그런 연관이 맺어질 수 없다는 의미는 아니다. 동맹자의 길다란 목록을 확보함으로써, 배양에 의해 약화된 조그만 바실루스 균은 농부들의 이해관계에 갑작스레 관계를 맺게 되었다. 이것이야말로 권력의 균형을 확실히 뒤집는 것이다. 자신들 나름의 모든 과학 지식을 갖춘 수의사들은 이제 파스퇴르의 실험실을 통과해야만 하며, 그의 백신을 의심할 수 없는 하나의 블랙박스로서 빌려 써야 한다. 파스퇴르는 없어서는 안 되는 사람이 되었다. 앞 1에서 제시된 책략의 충족은, **관련성이 있는 것으로 만들어진 새로운 예기치 않은 동맹자**에 전적으로 의존한다.

새롭게 형성된 행위자들(미생물, 전자)을 인간의 용무에 가입시키는 이런 대담한 행보의 결과, 이런 '전문적 세부 사항'에 달라붙는 것 이외에는 그에 거스를 방법이 없게 되었다. 1장에서 기술된 증명 경쟁(proof race)과 같이, 일단 이 일이 시작되고 나면 냉엄한 실상을 회피할 방법이 없게 되는데, 이는 그것이 차이를 낳는 중요한 것인 까닭이다. 물리학과 전자를 자기네 편으로 되돌아오게끔 유인하는 시도를 하려면 값비싼 실험실을 마련해야만 하는데, 벨이 몰아낸 작은 회사들은 그럴 여유가 없었기에, 저항할 수 없었다. 2장에서 다뤘던 실험실들이 이제 이런 책략의 중심을 차지하며, 세력의 광대한 저장소를 구성하는 새로운 행위자들은 그 책략을 통해 동원된다. 새롭고 보이지 않는 행위자들을 대표하여 말해 줄 수 있는 대변인들은 이제 힘의 균형이 그에 의지하는 핵심축과 같다. 전자의 새로운 특성, 배양기에서 더 짙은 농도, 그리고 소집된 전체 회중은 흩어져 해체되든지, 아니면 뒤집을 수 없을 정도로 한데 묶여진 것들이다.

잘 알려지지 않았던 과학의 사사로운 세부 사항들이 하나의 전장이 될 수 있는데, 이는 이전의 조그만 마을이 워털루 전장의 무대가 되었던 것과 같다. 예를 들어 19세기 초반 에든버러(Edinburgh)[23]에서는 신흥 중산 계층이 상류 사회의 사회적 우위성에 대해 안달이 나 있었다.[*] 위의 책략을 따라서 그들은 이 상황을 역전시키기 위해 예상치 않은 동맹자를 찾아 나섰다. 그들은 골상학(phrenology)이라 불리는 뇌 과학의 한 가지 동정에 주목했는데, 골상학은 사람들의 두개골의 융기와 얼굴 형태를 주의 깊게 살핌으로써 그들의 특성을 누구라도 읽어 낼 수 있게 해 줬다. 두개골의 특성을 이렇게 사용하는 것은 스코틀랜드 계층 구조를 완전 개편시키는 위협이 되었는데, 이는 앞에서 위생학자들이 미생물을 가지고 했던 바와 똑같다.(232쪽 참조) 어떤 사람의 도덕적 가치를 평가하기 위해 다음과 같은 물음은 더

---

[*] S. Shapin(1979) 참조.

23) 스코틀랜드의 수도.

이상 의미가 없었다. 그의 부모가 누구인가? 그의 가계는 얼마나 유서 깊은가? 그의 사유지는 얼마나 광대한가? 대신 이런 물음만 의미 있다. 그의 두개골은 미덕과 정직을 표현하는 형태를 갖는가? 자신들을 골상학에 동맹 맺게 함으로써 중산 계층은 상류 계층과의 관계에서 자신들의 지위를 바꿀 수 있었다. 그런데 이런 점은 처음에는 뇌 과학과는 무관한 내용이었고 모든 사람을 새롭게 관련 있는(newly relevant) 그룹들로 재배치함으로써 이뤄진 일이다. 이 뇌 과학자들에게 저항하려 한다면, 다른 **입장의** 뇌 과학자들은 손, 주름, 발을 동원해야 했다. 그러므로 논쟁은 사회 계층에 대해서가 아니라 신경학에 관해서 출발했다. 논쟁이 가열되자 토론은 뇌 과학 **내부로** 이동했다. 아니 사실상, 논쟁은 문자 그대로 두뇌 **내부로** 이동했다. 과연 뇌의 내부 구조가 골상학자들이 주장하듯 두개골의 외형으로부터 예측될 수 있는지 여부를 결정하기 위해, 뇌 해부도가 인쇄되고, 두개골은 개봉되고, 절개 시술이 이뤄졌다. 2장의 반대자들과 마찬가지로, 새로 소집된 뇌 과학자들은 골상학자들이 확립한 연관성에 대해 조사했다. 그들이 더 조사를 할수록 뇌 내부로 더 깊이 이끌려가게 되었고, 예컨대 소뇌가 몸의 나머지 부분들과 위에서 아래로 또는 아래에서 위로 연결되는지 여부를 판별하기 위해 그들은 눈을 부릅뜨고 살펴봐야 했다. 여러 가지 번역을 거쳐 느리게 이동하면서, 주창자들은 결국 소뇌에서 끝을 보게 되었는데, 그것은 소뇌가 약한 고리임이 드러났기 때문이다.

2.3 세력의 간계

그러므로 이해관계 그룹은 일련의 번역을 통해 움직이면서, 그 자체가 너무 강력히 매여 있어 절대 분쇄할 수 없을 그런 완벽하게 새로운 요소들에 의해 포위될 때, 그들은 한쪽에 정렬해 있을 것이다. 이 모든 일이 어떻게 일어나는지를 정확히 이해하지 못하면서도 사람들은 대륙 횡단 전화를 놓고, 사진을 찍고, 자기 개와 아이들에게 백신을 맞히고, 골상학을 믿기 시작한다. 사실 구축자의 곤경이 그렇게 해소되는 것은, 이런 모든 사람이 많은 블랙박스들을 더욱 팽창시키는 것에 기꺼이 기여하기 때문이다. 어쨌든 위에 논의된 모든 계획이 성공했다는 바로 그 사실 때문에 새롭고도 더 깊은 문제가 야기된다. 새롭고 예상치 않은 동맹자가 첫 번째 그룹들을 정렬시키기 위해 끌어들여지는데, 그렇다면 이번에는 그들은 어떻게 정렬될 수 있는가? 그들도 또 하나의 곧 해체될, 지지자들의 잠정적 병치 아닌가? 파스퇴르의 백신 플라스크는 못쓰게 될 듯하지 않는가? 새로운 표준 3극 진공관이 몇 시간 후면 교체되어 버리지 않도록 해 준 것은 무엇인가? 만일 소뇌가 뇌 조직의 형태 없는 흐물흐물한 덩어리인 것으로 판명난다면 어떻게 되는가? 디젤 엔진에 관해서는, 그것이 얼마나 믿을 수 없는 것인지 우리는 알고 있다. 그것은 이글 컴퓨터보다 더 긴 세월 동안 결함 제거가 이뤄져야 할 것이다. 어떻게 이런 혼란스러운 집합들이 그렇게 단단하게 부착된 전체로 바뀌어서, 가입된 그룹들을 항구적으로 연결시킬 수 있게 될까? 마키아벨리는 마을과 군주들을 묶는 동맹 관계가 바뀌기 쉽고 불확실하다는 점을 완벽하게 알고 있었다. 그런데 우리가 지금 고찰하고 있는 뇌, 미생물, 전자, 연료 사이의 동맹 관계는 마을과 군주들을 함께 묶는 데 필요한 것보다 훨씬 더 변화하기 쉽고 불확실한 것이다. 만일 새 동맹자들을 예전 것들보다 더 믿음직한 것으로 만들 방법이 없다면 전체 사업은 망쳐지고 주장은 한 장소, 한 시절에 국한된 것으로 움츠러들 것이다.

위 질문에 대한 답은 너무나 당연한 것이어서, 그것이 얼마나 간단하고 독창적인지 더 이상 느끼기 어려울 정도다. 병치된 동맹자 집합을 하나처럼 행동하는 전체로 변형하는 가장 간단한 수단은 소집된 세력들을 서로 묶는 것, 즉 장치(machine)를 만드는 것이다. 장치는 그 이름이 함축하듯이 무엇보다도 간계(machination)이며, 책략(stratagem)이며, 일종의 간지(cunning)로서, 그 속에서 차용된 세력들은 상호 감시를 하며 그 결과 어느 누구도 그룹에서 떨어져 나갈 수 없다. 이 점이 장치를, 어떤 남자나 여자의 수중에 **직접적으로** 소유되어 있는 단일 요소(single element)인, 도구(tool)와 다르게 만든다.* 도구처럼 유용하지만, 장치는 아무개 씨(Mr. or Ms Anybody)를 다중 씨(Mr. or Ms Manybodies)로 변환시키지 않는다! 책략은, 각 도구가 각 사람에게 갖는 연관을 떼어 놓고 대신 도구들을 상호 연결시키는 것이다. 방앗공이는 여자의 손에서 하나의 도구다. 그녀는 이제 곡식을 빻을 수 있기 때문에 손만 갖고 있을 때보다 도구를 지닐 때 더 강력하다. 만일 당신이 맷돌을 나무 틀에 연결하고, 이 틀이 바람의 도움을 받는 분쇄기의 돛(풍차 날개)에 연결된다면, 이것이 장치, 즉 어떤 인간도 필적할 수 없는 힘의 집합을 제분기 업자에게 부여하는 풍차다.

방앗공이에서 풍차로 넘어가는 데 필요한 기술은 우리가 1에서 본 것과 정확히 **대칭적(symmetrical)**이라는 사실을 주목하는 게 가장 중요하다. 바람은 어떻게 차용되었는가? 바람이 어떻게 곡물과 빵에 관계를 맺게 되었는가? 어떻게 바람의 힘이 번역되어서 그 결과, 바람이 무엇을 했든 안 했든, 곡물이 확실히 빻아지게 되었는가? 여기에서도 우리는 번역과 이해관계라는 단어를 사용해도 좋을 것이다. 왜냐하면 백신 제조에서 그룹과 이해관계를 맺는 것이 빵의 제조에 있어 바람과 이해관계를 맺는 것보다

---

* 이것과 이후 것에 관해 A. Leroi-Gourhan(1964) 참조.

더 어렵지도 덜 어렵지도 않기 때문이다. 두 가지 경우에서 모두, 잠정적인 동맹 관계가 깨지지 않으려면 복잡한 협상이 연속적으로 진행되어야 한다.

예를 들어 농부들의 결집 그룹은, 내가 보였듯이 이해관계를 상실할 수 있다. 그러면 바람은 무엇을 하는가? 바람은 단지 약한 풍차를 날려 버리고, 돛과 풍차 날개를 찢어 버린다. 그러면 기술자는, 바람이 방향을 바꾸고 세기가 달라짐에도 불구하고, 바람을 동맹 체계 속에 유지하기 위해 무엇을 해야만 하는가? 그는 협상해야 한다. 그는 바람을 맞으면서도 그 유해한 결과는 받지 않을 그런 장치를 지어내야 한다. 돛의 기작과 제분기가 세워진 망루 사이의 결합(association)을 끊는 것이 효험이 있을 것이다. 제분기의 꼭대기는 이제 회전한다. 물론 치러야 할 대가가 있는데, 그것은 이제 더 많은 크랭크 축과 복잡한 바퀴 체제를 필요로 하기 때문이다. 하지만 바람은 믿을 만한 동맹자가 되었다. 바람이 얼마나 방향이 바뀌든, 바람이 어떤 기세로 불든, 전체 풍차는 한 개(one piece)처럼 행동하며, 그 전체를 구성하는 부분들의 숫자가 늘어남에도 불구하고 와해되지 않으려 한다. 제분업자 주위에 모인 사람들에게는 어떤 일이 일어났을까? 그들 역시 제분기에 분명히 '이해관계'를 갖는다. 그들이 무엇을 원하든, 그들이 방앗공이를 얼마나 잘 다루든, 그들은 이제 제분기를 통과해야만 한다. 따라서 그들은 바람과 꼭 마찬가지로, 일치해서 같이 정렬해 있는 것이다.[*] 만일 바람이 제분기를 쓰러뜨렸다면 그들은 제분업자를 포기하고 각자의 평소 길로 갈 수 있었을 것이다. 이제 제분기 꼭대기가 볼트와 너트의 복잡

---

[*] 말할 수 있고 의지가 부여된 인간과 말을 할 수 없고 의지와 욕구가 부정되는 비인간 사이의 전통적인 구분은, 여기에서는 실체가 없고, 필수적인 균형을 깨기에 충분치 않은 것이다. 이에 관해 M. Callon(1986) 참조.

한 조합 덕에 회전하고, 그들은 그 일로 서로 겨룰 수 없다. 이것은 영리한 간계가 아니겠는가. 그리고 **그런 연유로** 분쇄기는 사람들이, 곡물이, 그리고 바람이 지나가야 할 필수 통과 지점(obligatory passage point)이 되었다.[24] 만일 회전하는 풍차가 혼자서는 그렇게 해내지 못한다면, 누군가 집에서 곡물을 분쇄하는 일을 불법으로 만들어 버릴 수 있다. 만일 새 법이 즉각 작용하지 않는다면, 패션이나 취향, 사람들을 분쇄기에 **익숙하게 만들**고 그들의 방앗공이는 잊게 해 줄 무엇인가를 이용할 수 있다. 요는, 동맹 관계란 '권모술수(machiavellian)'라는 말이다!

풍차와 같이 상대적으로 간단한 간계에 의해 대단히 많은 세력들이 어떻게 한쪽으로 정렬할 수 있는지를 살펴보는 일은 여전히 어렵다. 한 가지 어려움은 금방 눈에 띈다. 동맹자를 모집하고 유지하는 과정이 장치의 복잡성을 증가시켜 버린다. 최고의 정비사라 하더라도 모든 동맹자가 만족할 수 있도록, 바람을 체크하고 돛을 수선하고, 법령을 시행해 장치를 조절하는 일이 어렵다는 것을 알게 될 것이다. 더욱 복잡한 장치를 다루게 되면, 누가 또는 무엇이 먼저 위반하는가가 문제가 될 뿐이다.

만일 집결한 세력들이 정비사의 역할을 서로에게 함으로써 **상호 감시**를 할 수 있다면 더 좋을 것이다. 만일 이런 것이 가능하다면 정비사는 뒤로 철수할 수 있고, 그러면서도 정비사의 목표를 충족하기 위해 서로 공모를 꾸미는 모든 집결 요소의 집단적 작업으로부터 이득을 거둘 수 있을 것이다. 이것은 실제로는, 집결 세력들이 **혼자 힘으로 이동할** 것임을 의미한다!

---

24) 행위자 연결망 이론에서 번역은 권력을 창출하는 정치적 성격의 행위이고, 어떤 행위자에 의해 번역이 성공적으로 이뤄지면 그것은 해당 연결망에서 필수 통과 지점(OPP)이라는 전략적 위치를 차지하게 된다. 이것은 다양한 행위자들 사이에 동맹 형성을 가능하게 하고, 행위자의 목표 성취에 필요한 자원에 대해 통제권을 갖게 하는 것으로, 앞에서 이야기한 파스퇴르의 '실험실'이 대표적 예다.

이 말은 처음엔 우스워 보일 텐데, 인간이 아닌 요소들도 집결 세력을 정렬시키기 위해 검열관, 조사자, 감독관, 분석가, 그리고 리포터의 역할을할 수 있음을 의미하기 때문이다. 이는 경계에 관한 또 다른 융합, 자연에까지 사회적 책략을 확장시킨다는 의미다.

우리는 또 해법을 받아들이는 데 너무 익숙해 자동 장치(automatons)[25]를 생성한 책략이 얼마나 독창적이었는지를 상상하기 어려워진다. 예를 들어 초기의 뉴커먼(Newcomen) 증기 기관에서 피스톤은 압축 증기를 뒤쫓고, 기압에 의해 밀리고, 또 물을 뽑아 올리는 펌프에 힘을 빌려주게 되고, 탄광을 침수케 하고, 채굴장을 못 쓰게 하며 ….* 앞 1에서 살펴보았듯이 기다란 일련의 결합은 탄광의 운명을 증기 기관을 통한 공기의 무게에 연결시키게 된다. 여기에서 요점은, 실린더의 끝에 이르면, 인부가 열었던 밸브를 통해 새 증기가 유입되며, 그 인부는 피스톤이 타력의 정점에 도달하면 밸브를 다시 닫는다는 것이다. 그런데 왜 밸브의 개폐를 지쳐 있고, 불충분한 임금을 받고, 신뢰할 수 없는 인부에게 맡기는가? 피스톤이 오르내릴 때 밸브를 언제 열고 언제 닫을지를 **분간**할 수 있게 피스톤을 만들 수는 없는가? 캠(cam)[26]을 지닌 피스톤을 밸브에 연결한 정비사는 피스톤을 독자적인 검열관으로 변형시킨 것이다. 말하자면 그는 피곤하고 게으른

---

* 뉴커먼 기관(Newcomen engine)에 대해서는 B. Gille(1978) 참조.

25) 오토마톤의 어원은 자동 기계란 뜻의 그리스 어다. 인간이 행하는 어떤 목적에 합당한 약간 복잡한 동작을 기계적인 제어 기구에 의하여 실시하는 장치. 일반적으로 기계에 의하여 동작하는 자동 인형이나 동물, 나아가 자동 장치를 말하며, 수학적으로 추상화된 개념으로 쓰일 경우도 있다.

26) 회전 운동·왕복 운동을 하는 특수한 윤곽이나 홈이 있는 판상 장치(板狀裝置)로서, 이것을 원동체로 종동체(從動體)에 왕복 운동 또는 요동 운동을 하게 한다.

사람이었던 셈이다. 피스톤은 그보다 더 믿을 만하다. 왜냐하면 피스톤은 캠을 통해 증기 흐름의 정확한 타이밍에 **직접적으로 이해관계를** 갖기 때문이다. 분명히 그 피스톤은 어떤 인간보다 더 직접적 이해관계를 갖는다. 기다란 연속물에서 제일 앞선 것 하나로, 자동 작용(자동성, automatism)이 생겨난 것이다.[27]

기술자의 능력은 각 요소를 다른 것들의 작동과 이해관계가 있는 것으로 만들어 주는 책략을 늘리는 데 있다. 이런 요소들은 인간과 비인간 행위자 가운데 자유롭게 선택될 수 있다.* 예를 들어 영국의 면사 방적업 초창기에 노동자는, 조금이라도 한눈을 팔게 되면 생산물의 자그마한 숨길 수 있는 하자가 초래되는 것이 아니라, 삯일의 수당을 잃게 만드는 총체적이고 명백한 혼란이 초래되는 방식으로, 장치에 부착되어 있었다. 이 경우 노동자를 감독하는 데 쓰인 것은 장치의 일부다. 급료, 실수 탐지, 노동자, 면사 방적기 체제는 전체 설비를 부드럽게 잘 작동하는 자동 장치로 변환시키기 위해 모두 서로 묶여 있었다. 그래서 무질서하고 믿을 수 없던 동맹자들의 집합은 하나의 조직화된 전체를 매우 닮은 것으로 서서히 변모했다. 그러한 응집(cohesion)이 이뤄지면 우리는 드디어 하나의 **블랙박스를** 갖게 된다.

이제까지 나는 이 용어를 잘 확립된 사실이나 문제를 일으키지 않는 대상을 의미하는 데 너무 많이, 그리고 너무 느슨하게 사용해 왔다. 힘들의

---

* 이 많은 책략들의 입문과 참고 문헌을 위해 독자들은 다음 책을 살펴보라. D. MacKenzie and J. Wajcman(1985).

27) 오토마티즘은 '자동 현상', '자동 운동' 등의 의미로 심리학과 생리학에서 사용되고, 미술의 경우 초현실주의가 말하는 '자동 기술법'으로서, 심미적인 선입관이나 기성의 표현 기술을 떠난, 무의식 가운데서 이루어지는 표현 행위를 말한다.

모임을, 가입된 그룹들의 행동을 컨트롤하는 데 사용될 수 있을 하나의 전체로 바꾸는 마지막 간계에 대해 살펴보기 전까지는 나는 그 용어를 적절히 정의할 수 없었다. 사실 구축자들이 시공간에 널리 확산시키고자 했던 요소들은, 하나의 자동 장치로 되기 전까지는 블랙박스가 아니다. 그것은 하나로서 행동하지(act as one) 않는다. 그것은 분리되고, 분해되고, 다시 교섭되고, 재전유(reappropriate)될 수 있다.[28] 코닥 카메라는 조각들, 나무, 강철, (현상액의) 코팅, 셀룰로이드로 만들어진다. 당시의 준프로 사진사들은 자기들의 카메라를 열고 직접 현상액을 코팅하여 현상도 하고, 자신의 인화지를 만들기도 했다. 새로운 사진이 찍힐 때마다 매번 대상은 분해되고, 그래서 그것은 하나가 아니라 다른 사람들이 약탈할 수 있는 서로 유리된 자원들의 뭉치에 불과하다. 새로운 자동 코닥 카메라는 이제 고장 나지 않고서는 그 내부가 열릴 수 없다. 그것은 훨씬 더 많은 부분으로 구성되어 있고 훨씬 더 복잡한 상업적 연결망에 의해 통제되지만, 한 개로서 행동한다. 그 내부에 얼마나 많은 부품이 있든 또 이스트먼사의 상업 시스템이 얼마나 복잡하든 상관없이, 확신에 찬 새 사용자에게 그것은 하나의 대상이다. 따라서 그것은 단순히 동맹자들의 숫자 문제가 아니라 하나의 통합된 전체로서의 행동 문제다. 자동 삭용으로 아주 많은 수의 요소가 하나로 행동하게 되고, 이스트먼사는 집합 전체에서 이득을 얻는다. 많은 요소가 하나로 행동하게 되면, 그것이 이제 내가 블랙박스라고 부르려는 것이다.

이제야 납득할 만하게 된 것은, 이 책의 시작에서부터 '과학적' 사실('scientific' fact)이라 불리는 것과 '기술적' 대상('technical' object) 또는 인공물

---

28) 재전유는 재의미 작용(re-signification), 브리콜라주(bricolage)와 동의어로 쓰이는데, 한 기호가 놓인 맥락을 변경함으로써 그 기호를 다른 기호로 작용하게 하거나 다른 의미를 갖게 하는 행위를 가리킨다.

(artefact)이라 불리는 것 사이에 왜 구별을 하지 않았는가 하는 점이다. 이 구분은 전통적이고 편리한 것이긴 하지만, 논란에 저항하기 위해 어떻게 동맹을 맺을 것인가 하는 문제를 인위적으로 삭제해 버린다. '사실' 구축자의 문제는 '대상' 구성자의 문제와 동일하다. 타자(다른 것, 사람)들을 어떻게 설득할 것인가, 그들의 행위를 어떻게 통제할 것인가, 충분한 자원을 어떻게 한 장소에 모을 것인가, 주장이나 대상을 어떻게 시공간에 확산시킬 것인가. 양자의 경우에서 모두, 주장이나 대상을 항구적인 전체로 변환시킬 힘을 가지고 있는 것은 타자들이다. 우리가 앞에서(2장) 보았듯이, 하나의 사실이 의심할 바 없는 것이 되려고 할 때마다, 그것은 가능한 한 빨리 다른 연구소로부터 피드백되었다. 그런데 새로운 의심할 바 없는 사실이 피드백되기 위한 유일한 길, 하나의 전체적인 안정된 과학 분야가 다른 분야에 동원되기 위한 유일한 길은, 그것이 자동 장치(automaton), 장치(machine), 실험실의 한 개의 추가 장비, 또 다른 블랙박스로 되는 것이다. 기술과 과학은 그렇게도 동일한 현상이기에 나는 그들의 소산물을 느슨하게라도 지칭하기 위해 블랙박스라는 동일한 용어를 사용한 것이다.

과학과 기술을 구분하는 것이 이렇게 불가능함에도 불구하고, 동맹자를 가입시키고 그들의 행동을 통제하는 과정에서, '과학'과 '기술' 사이의 약간의 차이점을 존속시킴으로써 독자가 상식에 더 근접해 있게 허락하는 두 가지 계기(moment)를 가려내는 것도 가능하긴 하다. 첫 번째 경우는 새로운, 그리고 예상치 않은 동맹자가 모집될 때다. 이 경우는 실험실에서, 과학적·전문적 문헌에서, 가열된 토론에서 가장 자주 보인다. 두 번째 경우는 모인 모든 자원이 하나의 깨질 수 없는 전체로서 행동할 때다. 이 경우는 기계 장치, 장치, 그리고 하드웨어의 부품에서 더 자주 보인다. 이런 점이, 과학자와 기술자가 그들의 미묘하고 다용도인 동맹 관계를 구축하고 있을 때 우리가 그들을 뒤쫓아 보고자 한다면, '과학'과 '기술' 사이에 그어질 수 있는 유일한 구분이다.

3. 확산 모델(model of diffusion)과 번역 모델(model of translation)

사실 구축자의 임무가 무엇인지에 대해 이제 분명하게 그 요지를 말할 수 있다. 인간 행위자를 징병하고(enlist) 관심을 유발하는(interest, 이해관계를 갖게 하는) 첫 번째 전략들이 있고, 그 첫 번째를 유지하기 위해, 비인간 행위자를 징병하고 이해관계를 갖게 하는 두 번째 전략들이 있다. 이들 전략이 성공적일 때, 구축된 사실은 불가결한 것이 된다. 이것은 자신의 이해관계를 추구하고자 하는 모든 이에게 필수 통과 지점(obligatory passage point)이다. 몇 개의 취약 지점을 점유하고 있는 소수의 무력한 사람들에서 출발했으나 결국 그들은 통제하는 요새(strongholds)를 결국 일구어 낸다. 모든 사람은 성공적인 주창자들로부터 주장과 시제품 원형을 기꺼이 차용한다. 그 결과 주장들은 살 확립된 사실이 되고, 원형들은 일상적으로 사용되는 장비 부품들로 된다. 주장은 또 한 명의 사람에 의해 믿어지고, 제품은 또 한 명의 고객에 의해 팔리고, 논쟁은 또 하나의 논문이나 교과서에 통합되고, 블랙박스는 또 하나의 기계 장치라는 캡슐에 싸이기 때문에, 그것들은 시공간에 확산된다.

모든 것이 잘 돌아가면, 블랙박스들이 마치 그 자신의 추진력의 결과로써 힘들이지 않고 공간을 미끄러지는 것처럼, 즉 그들 고유의 내부 힘에 의해 영속성이 있게 된 것처럼 보이기 시작한다. 마침내 모든 것이 아주 잘 돌아가게 되면, 멀리 떨어진 몇몇 나라들과 소수의 얼간이들에 의해서만 속력이 늦춰졌을 뿐 인간 정신, 공장, 세대들에 널리 확산되는 사실들과 장치들이 존재하는 것처럼 보인다. 블랙박스 구축에서의 성공은 UFO와 같은 것을 낳는 기이한 결과를 빚는다. '과학의 되돌릴 수 없는 진보', '기술의 저항할 수 없는 위력'은 우주에 에너지 없이 떠 있고 노화되거나 부식되지 않고 영원히 존속하는 비행접시보다 더 신비스럽다! 이것이 기이한 결과인가? 우리에게 그렇지 아니한 것은, 우리가 이미 앞의 장들에서 기성 과학(ready made science)과 형성 중인 과학(science in the making)을 구분해 주는 커다란 차이를 인지해 왔기 때문이다. 다시 한 번, 우리가 잘 아는 야누스가 동시에 두 가지 언어로 말하고 있다. 오른쪽 얼굴은 아직 판가름 나지 않은 논쟁들에 관한 **번역**(translations)에 대해 말하고, 왼쪽 얼굴은 **확산**(diffusion)의 언어로 확립된 사실과 장치에 대해 말한다. 우리가 과학의 건설 현장을 관통해 지나온 것으로부터 무슨 이익을 얻고자 한다면, 야누스의 이 두 가지 음성을 분간해 내는 것이 아주 중요하다.

3.1 관성(Vis inertia)

앞의 사례들에서 우리는, 주장들을 차용했던 사람들의 사슬이 시시각각 변하는 것을 발견하는데, 그것은 그 주장이 연결된 많은 요소들 때문이다. 사람들이 그 블랙박스를 열고, 사실을 다시 교섭하고, 그것들을 재전유하고자 원하면, 층층으로 정렬해 있던 많은 동맹자들이 그 주장을 구조하기 위해 올 것이고 반대자들을 동의하도록 압박할 것이다. 그러나 동맹자들은 주장을 놓고 논쟁하는 것을 생각조차 안 하려 들 텐데 그것은, 새 대상들이 그렇게 깔끔하게 번역한 그들의 이해관계에 거스르는 일이 되기 때문이다. 불찬성은 생각조차 불가능한 일이 되었다. 이 시점에서 이 사람들은 대상들을 전달하고 재생산하고 구매하고 믿는 일 이외에는 어떤 것도 더 하지 않는다. 그런 순조로운 차용의 결과는 동일 대상들의 더 많은 복제품들만이 있다는 사실이다. 이것이 1952년 이후 이중 나선에, 1982년 이후 이클립스(Eclipse) MV/8000에, 1914년 이후 디젤의 증기 기관에, 1900년 이후 퀴리 부인의 폴로늄에, 1881년 이후 파스퇴르의 백신에, 1982년 이후 기유맹의 성장 호르몬 분비 인자 GRF에 일어났던 일들이다. 많은 사람들이 받아들인 결과, 그것들은 알렉산더 벨의 목소리가 수천 마일 길이의 새로운 대륙 횡단 회선을 통해 흘러나온 것처럼 별 수고 없이 나온 듯 보인다. 실로 그의 목소리는 13마일마다 증폭되었고, 완전히 끊겨 버렸고, 여섯 차례나 거듭 재조성되었는데도 불구하고 말이다! 또한 모든 일이 이제 종료된 듯이 보이기도 한다. 몇 개의 센터와 연구소들로부터 스며 나와, 새로운 대상들과 신념들이 부상하고, 사람들의 마음과 손을 거치며 자유롭게 떠다니고, 그 복제품들로 세계를 채우고 있다.

나는 움직이는 사실과 장치들에 대한 이러한 묘사를 확산 모델(diffusion model)이라 부르겠다. 이 모델은 심각하게 받아들이면, 이 책의 논증을 파악하기 지극히 어려운 것으로 만들 그런 이상한 특성을 여럿 갖고 있다.

첫째로, 사람들이 대상(objects)을 전파하는 데 너무나 쉽게 동의하기 때문에, 그들이 동의하도록 압박하는 것은 대상 그 자체인 듯 보인다. 그러면 사람들의 행위가 사실과 장치의 확산에 의해 야기되는 듯이 보인다. 사람들의 순응 행동이 주장을 사실과 장치로 바꾼 것이라는 사실은 잊혔다. 신중한 책략이 대상에게 동의를 제공할 형세를 준 것이라는 사실 역시 잊혔다. 이번 3장에서 다룬 여러 가지 권모술수를 헤치고 나가서 확산 모델은 과학적 결정론(scientific determinism)과 병행하는 기술 결정론(technical determinism)을 꾸며 낸다. 디젤의 증기 기관은 자신을 트럭과 잠수함에 저항할 수 없게 몰아붙임으로써, 소비자의 목을 세게 조른다. 퀴리 부인의 폴로늄은 학계의 열린 마음을 마치 꽃가루처럼 아낌없이 수분(受粉)해 준다. 이제 사실들은 독자적 관성(vis inertia)을 지닌다. 그것들은 심지어 사람 없이도 움직이는 것처럼 보인다. 더 놀랍게도, 사람이 전혀 없었어도 존재해 왔을 것처럼 보인다.

두 번째 결과는 첫 번째 것만큼 기묘하다. 이제는 사실이 사람들의 행동에 의존하지 않거나 많은 비인간 동맹자들에 의존하지 않는 관성을 부여받았으므로, 무엇이 그들을 추진시키겠는가? 이 문제를 해결하기 위해 확산 모델의 열렬한 신봉자는 새로운 짝짓기 시스템을 고안해야 한다. 사실들은 서로 번식(재생)하는 것으로 상정된다! 사실들을 손에서 손으로 나른 많은 사람들, 또 사실을 형성하고 또 사실에 의해 형성되는 수많은 존재들, 어떤 결합(association)이 더 강하거나 더 약한가를 결정하는 복잡한 협상도 전부 망각되었다. 앞의 세 장도 잊히고, 이제부터는 마치 우리가 아이디어를 낳는 아이디어를 또 낳는 아이디어의 영역에 도달한 듯하다. 짝짓기를 통해 스스로 번식하는 디젤의 기관이나 자전거나 원자력 설비를 그려 보이는 것이 힘들기는 하지만, '순수하게 기술적인' 후손의 가계, 계보도처럼 보이는 궤도(trajectories, 214쪽 참조)가 그려진다. 사상사 또는 과학의 개념사 또는 인식론과 같은 학문 분야 명칭은, 순수한 혈통의 감춰진 번식 습성을 설명해 주는 것으로서 가끔 미성년자 관람 금지 등급이 되어야 한다.

독자적 힘을 통해 확산해 가는 사실들의 짝짓기 시스템이 지닌 문제는 새로운 것(신제품, novelty)의 문제다. 사실과 장치는 계속 변화하고, 단순히 번식되지 않는다. 누구도 시초에서 이외에는 과학과 기술을 구성할 수 없다. 따라서 확산 모델에서 새로운 것에 대한 유일하게 합리적인 설명은 창시자, 과학의 첫 번째 남성과 여성에게 달려 있다. 그러므로 관성과 새로운 것을 화해시키기 위해 발견(discovery)이라는 개념이 고안되었다. 그곳에 계속 있는 것들(미생물, 전자, 디젤의 기관)은 그것을 형성할 사람이 아니라, 그것이 대중에 출현하게 도울 사람을 약간 필요로 한다.* 이 기묘한 '유성 생식(sexual reproduction)'은 반은 사상사에 의해, 또 반은 디젤, 파스퇴르, 퀴리 부부 같은 위대한 발명자나 발견자들의 역사에 의해 이뤄졌다. 그런데 이제 새로운 문제가 생겨난다. 이제껏 말해 온 모든 이야기에서 창시자는 다수 중 몇몇 요소에 불과하다. 그들은 그렇게 일반적인 움직임의 원인이 될 수 없다. 특히 창시자들이 그들을 믿고 그들의 주장에 이해관계를 갖는 사람들의 원인이 될 수 없다! 파스퇴르는 그의 백신을 세상에 내세울 만큼 충분한 힘을 갖지 못했고, 디젤도 그의 엔진을, 이스트먼도 코닥 카메라를 내세울 힘이 없었다. 이것이 '확산론자'에게는 문제가 되지 않는다. 확산론자들은, 창시자들이 아주 위대한 나머지 그들이 이런 모든 것을 추진할 거인의 힘을 깄고 있다고 꾸며 낼 뿐이다! 지나칠 정도로 부풀려진, 과학의 위대한 남성과 여성은 이제 신화적 차원의 천재들이다. 실제 파스퇴르나 디젤이 할 수 없던 것을 '파스퇴르'와 '디젤'이라 이름 붙인 이 새 인물들이 해낸다. 가공할 힘을 지니기에 사실을 강고하게, 그리고 장비를 유효하게 만드는 것은 이 슈퍼맨들에게는 쉬운 일이다.

위대한 창시자들이 확산 모델에서는 아주 중요하게 되기 때문에, 확산

---

* 발견의 개념에 대한 비판적 소개는 A. Brannigan(1981)을 보라.

모델의 주창자들은 이제 그들의 광적인 논리에 사로잡혀, 누가 진짜로 첫 번째 창시자였는지를 탐색한다. 아주 부차적인 이 물음이 여기에서 중요하게 되는 이유는, 승자가 독식하기 때문이다. 위대한 과학자들에게 영향력, 우선성, 독창성을 어떻게 할당할 것인가 하는 문제는 왕국의 적법한 후계자를 찾는 문제만큼 심각하게 여겨진다. '선구자' 또는 '알려지지 않은 천재' 또는 '난 외의 인물' 또는 '촉진제' 또는 '원동력'과 같은 말은, 루이 14세 시대 베르사유 궁에서의 예식만큼 화려한 격식의 명칭이다. 역사가들은 앞다퉈 계보도와 문장을 제공하려 한다. 이차적 기작은 일차적 기작보다 더 우위를 누려 왔다.

이런 꾸며 낸 이야기에서 가장 웃긴 것은, 위인들의 명칭이 얼마나 정교하게 붙여지건 간에, 과학의 위대한 남성과 여성은 확산 모델의 가장 열렬한 주창자들마저 무시할 수 없는 여러 가지 것들(군중) 중에 불과 몇몇 이름들이라는 사실이다. 우리가 살펴보았듯이 디젤은 그의 이름을 담은 증기 기관의 전모를 만들지 않았다. 파스퇴르는, 무균법을 실행할 수 있는 관행으로 만들었거나, 수백만 명의 경멸을 중단시켰거나, 백신을 배포시켰던 사람이 아니다. 가장 광적인 확산론자마저 그 사실은 인정해야 한다. 어쨌든 그 점이 그들을 괴롭히지는 않는다. 그들은 환상 속에 점점 깊이 빠져들어 모든 일을 다 해낸 천재들을 꾸며 내는데, 사실 그 천재들은 단지 '개괄적으로', 단지 '발전성 있는 씨앗 역할'처럼, 단지 '이론상으로'만 그런 일을 했던 것이다. 수많은 행위자들을 쓸어내 버리고 확산론자들은 아이디어를 가진 천재들을 그려 보인다. 나머지는 발달일 뿐이고, 진짜로 중요한 '독창적 원리들'의 전개에 불과하다고 그들은 주장한다. 수천 명의 사람이 작업하고, 수십만에 이르는 새 행위자들이 그 작업에서 가동되었는데, 그중 불과 몇 개만이 전체를 움직인 모터로서 지칭된다. 그러나 그들이 그렇게나 많이 행한 것은 아님이 분명하기에, 그들은 '씨앗이 되는 아이디어'라는 명칭을 부여받을 수 있다. 디젤은 그의 증기 기관의 '아이디어를 소유'했고 파스퇴르는 '무균법의 아이디어를 소유'했고 등등. 사람들이 과학과 기술을 논할 때 그렇게 가치를 두는 '아이디어'가 실은 아이러닉하게도, 확산 모델의 불합리한 결과를 벗어나기 위한 방책이며, 모든 것을 해낸 소수의 사람이 사실은 어찌 그렇게도 적게 기여했는지를 설명하기 위한 방책이라는 것을 알게 된다.

확산 모델은 그 마지막 결과만 아니라면 아주 색다르고 사소한 것으로 치부될 것이다. 그 결과는 과학 기술의 내부 작동을 연구하고자 하는 사람들에게도 심각하게 받아들여진다.

우리가 이제까지 논의해 온 것을 받아들이는 주의 깊은 독자라면 확산 모델을 의문시하는 일이 쉽다고 생각할 것이다. 그 모델에 의해 주어진 해석이 우습다 한다면, 그 해석이 나오는 원천인 인상은 진짜다. 사실과 인공물이 사람들을 설득하고, 그 이유에서 유포되는 듯할 때, 몇 개의 경우에 그 인상이 작용하는 듯하다. 그러므로 독자들은 사실이 중단되고, 빗나가고, 무시되고, 더럽혀질 때, 확산 모델은 붕괴될 것이라고 생각한다. 많은 사람들의 행동이 부득이 그림의 전면에 갑작스레 등장하게 되는데, 그것은 사실을 '확산시킬' 사람이 가까이에 더 이상 없기 때문이다. 어쨌든 만일 독자들이 그렇게 생각한다면, 그것은 그들이 여전히 너무나 순진하다는 뜻이며, 모든 상반된 증거들에 맞서면서 버티는 그 해석의 능력을 과소평가한다는 뜻이 될 뿐이다. 어떤 사실이 신뢰되지 않을 때, 어떤 혁신이 채택되지 않을 때, 어떤 이론이 완전히 다르게 쓰일 때, 확산 모델은 '어떤 그룹이 저항한다'라고 말할 뿐이다.

예를 들면 파스퇴르에 대한 이야기에서 확산 모델의 신봉자는, 의사들이 파스퇴르의 실험 결과에 크게 관심 갖지 않았다고 주장해야 한다. 의사들은 그것이 설익고, 비과학적이고 별 소용도 없다고 생각했다는 것이다. 정말로 그들은 백신이 크게 쓸모가 없었는데, 예방 의학(preventive medicine)은 그들의 일거리를 앗아 갈 것이기 때문이었다. 파스퇴르가 있던 연구소의 연구 프로그램이 거의 모든 의사를 설득하기 위해 많은 사람들에 의해서 어떻게 끊임없이 수정되어 왔는가를 살펴보는 대신, 확산 모델은 그저 파스퇴르의 아이디어가 멍청했거나 더 예전의 기술에 '기득권(vested interests)'을 가진 특정 그룹들에 의해 차단당했다고 말할 뿐이다. 확산론자들은 파스퇴르의 아이디어 확산을 의사들이 한 세대 동안 늦춰 왔을 만큼 협동조합주의자이고, 이기적이고, 역행적이고 반동적인 그룹이라고 묘사한다. 그러므로 확산 모델은, '아이디어'가 따라야만 하는 경로를 따라 점선을 긋고 나서 그 아이디어가 아주 멀리, 그리고 매우 빨리 가지 못하기 때문에, 저항하는 그룹을 설정하는 것이다. 이 저항 그룹을 마지막으로 꾸며 냄으로써, 관성의 법칙과 그것을 처음에 촉발하는 환상적인 힘 두 가지가 유지되고, 전체에 추진력을 준 위대한 남성과 여성의 거대한 재능은 증폭된다. 확산론자들은 그들이 그린 전체 그림에 수동적인 사회 그룹을 덧붙일 뿐인데, 그 고유의 관성 때문에 그 그룹은 아이디어의 진로를 더디게 하거나 기술의 충격을 흡수한다는 것이다. 다르게 표현하면, 확산 모델은 이제 아이디어와 장치의 고르지 않은 확산을 설명하기 위해 어떤 사회(a society)라는 개념을 꾸며 낸다. 이 모델에서 사회는 아이디어와 장치가 그것을 통과해 가는 상이한 저항들의 매체(medium of different resistance)일 뿐이다. 예를 들어 디젤에 의해 부여된 추진력 때문에 선진국에서 확산된 디젤의 엔진은 일부 후진국에서는 가동이 느려지거나 아예 중단될 수도 있고, 그곳에서는 열대성 호우 속에서 부두에서 녹슬게 된다. 확산 모델에서 이런 일은 저항, 지역 문화의 수동성 또는 무지에 의거해 설명될 것이다. 사회 또는 '사회적 요인들(social factors)'이, 무엇인가 잘못되었을 때 궤도(trajectory) 끝 부분에서야 나타날 것이다. 이것은 비대칭(asymmetry)의 원칙이라고 불려 왔다. 이성의 참된 경로가 직선일 때가 아니라, 오직 '왜곡되었을' 때에만 사회적 요인들에 대한 호소가 나온다.[*]

확산 모델을 유지하기 위해 고안된 사회는 또 하나의 이상한 특성을 지닌다. 사회를 구성하는 '집단들(groups)'은 사상의 정상적이고 논리적인 경로를 항상 방해하거나 빗나가게 하지는 않는다. 그것들은 저항자나 준지도자에서 지도자로 돌연 바뀔 수도 있다. 예를 들어 1894년까지만 해도 파스퇴르와 그리 잘 지내지 못했던 그 동일 의사들이 파스퇴르주의자들의 연구에 갑자기 관심을 갖게 되었다. 이 점이 확산 모델에서 난점은 아니다. 집단들은 그저 자기네 입장을 바꾼 것이다. 그들은 개방적으로 전환했다. 저항자들이 지도하기 시작했고, 반동주의자들은 전진을 시작했고, 그들이 뒤를 향해 있다가 갑작스레 앞을 향해 나아간 것이다! 이 꾸민 이야기에 한계가 없다는 것을 우리는 알게 된다. 새로운 대상, 즉 예방적 백신과 달리 종국적으로 디프테리아에 대한 치료를 돕는 혈청을 생산하면서 파스퇴르주의자들과 의사들 사이에 있었던 용의주도한 협력은 이 이야기 속에는 누락되어 있다. 말, 디프테리아, 병원, 그리고 의사들로 하여금 이 새로운 대상을 놓고 상호 결합하도록 설득하는 데 필수적인 긴 번역들 역시 이 속엔 누락되어 있다. 확산 모델은 결합(association)의 복잡한 체계들을 잘라내 버리고, 최소한 '원칙상'으로 내내 존재해 왔던 혈청만을 끄집어내

---

[*] 이것은 데이비드 블루어가 그의 고전적 저서 David Bloor(1976)에서 정의했다. 이에 대해 그는 자기의 '대칭의 원칙(principle of symmetry)'을 맞세우는데, 이것은 승자와 패자에게 동일한 말로 적용시킬 수 있을 설명을 요구한다.

고, 그러고 나선 '집단들'이란 것을 고안해 내고, 그 집단들이 처음엔 저항했으나 마침내 그 발견을 수용해 주는 것으로 "결국 끝난(turned out)" 것이란 식으로 말한다.

3.2 더 약하거나 강한 결합(associations)

확산 모델과 번역 모델의 차이를 이해하기 위해 디젤에게로 다시 돌아가 보자. 우리가 보았듯이 디젤의 기관은, 특허를 내려는 하나의 밑그림이었고, 그 다음 청사진이 나왔고 하나의 원형(prototype)이 나온 후 여러 개의 원형들이 나왔고 모두 무위로 끝났고, 다시 단 하나의 새로운 원형이 나온 후 더 이상은 원형이 아니라, 여러 복제품으로 재생산 가능한 유형(type)이 나왔고 그 다음 서로 다른 하위 유형들의 수많은 기관들이 나왔던 것이다.[29] 그러므로 정말로 증식(proliferation)이 있었던 것이다. 첫째 번역에 따르면, 복제품 수에서의 이러한 증가는 그 운명에 이해관계를 가진 사람들의 수에서의 증가에 의해 벌충되어야만(증가를 그 벌, 답으로 치러야만) 함을 알게 된다. 둘째로, 복제품과 사람의 증가는 엔진의 디자인과 원칙에 대한 깊은 변형을 통해 얻어져야만 한다는 것을 깨닫게 된다. 엔진은 시동했지만, 그것은 같은 엔진이 아니었다. 셋째로, 번역 중 엔진은 너무나 크게 변형되어서, 그것이 실로 누구의 엔진인지에 대한 논쟁이 있었다는 것도 알게 된다. 넷째로, 사람들이 그 엔진을 원형으로서가 아니라 하나의 복제품으로 수용할 수 있었던 시점, 그리고 그것을 크게 변형시키지 않고

---

29) 프로토타입은 양산에 앞서 제작해 보는 시험 제작 원형을 말한다.

도 또는 수십 명의 기계공과 특허 변호사(변리사)들을 함께 끌어들이지 않고도 엔진을 아우크스부르크의 매장으로부터 가져와 수용할 수 있었던 그런 시점이 대략 1914년경에 시작되었음을 우리는 알게 된다. 그 엔진은 마침내 팔려고 내놓은 블랙박스가 되었고, 기술자와 연구자뿐 아니라, '단순 고객들(simple customers)'까지도 이해관계를 갖게 할 수 있었다. 이 지점에 이르러 우리는 이야기를 마무리할 수 있지만, 또한 바로 이 지점에서 확산 모델이 번역 모델보다 나아 보이기도 하는데, 그것은 블랙박스를 형성하기 위해 이제 누구도 더 이상 반드시 필요치는 않기 때문이다. 그것을 사는 고객만이 있을 뿐이다.

'단순 고객들'은 어떻게 단순한가? 고객이 단순한 것은 그 또는 그녀가, 기체 연료 분사에서 고체 연료 분사로 도로 바꾸거나 밸브를 회전시키거나, 새 실린더를 뚫고 시험대 위에서 엔진을 돌려 봄으로써 엔진을 재디자인할 필요가 없기 때문이다. 그러나 고객은 엔진을 돌보는 일, 즉 기름과 연료를 공급하고 식히고 또 규칙적으로 정비하는 일을 하지 않을 정도로 '단순할' 수는 없다. 발전과 혁신의 단계가 끝난 경우에도 가장 강고한(darkest) 블랙박스조차 여전히 그리 단순하지는 않은 고객에 의해서 유지 보수되어야 한다. 어떤 잘못된 정보를 들었거나 멍청한 소비자가 엔진 하나를 멎게 하거나 이상을 보이게 하거나 파열케 만드는 끝없는 상황을 우리는 쉽게 그려 볼 수 있다. 기술자들이 말하듯, 어떤 장치도 바보에게 견디도록(idiot-proof) 만들어져 있진 않다. 이때 그 엔진의 특정한 복제품은 좌우간 더 이상 가동되지 않고, 천천히 녹슬 것이다.

'단순한' 고객과 관련해 또 다른 문제가 있다. 이스트먼의 코닥 카메라를 회고해 보자. 그것은 이전의 어떤 제품보다 더 작동이 단순했다. "버튼만 누르세요, 나머지는 알아서 됩니다"라고 그들은 말했다. 그들이 나머지 일을 해야 했지만, 그것은 상당히 많은 일이었다. 무수히 많은 복제품을 보급시켜서 모든 이와 이해관계를 갖는 것을 가능케 했던 카메라의 단순화는, 이스트먼의 거래망의 확장과 복잡화를 통해 획득되어야만 했다. 우리가 버튼을 누를 때, 셀룰로이드 필름의 긴 띠를 만든 장치들과 세일즈맨, 그리고 현상액 코팅을 마침내 적절하게 부착되도록 만든 고장 수리원은 보이지 않는다. 그것들은 보이지 않지만, 그럼에도 불구하고 그것들은 거기 존재했어야 한다. 만일 그들이 아니었다면, 우리가 카메라 버튼을 눌렀어도 아무 일도 일어나지 않는다. 블랙박스가 더 자동적이고 더 확고한 것일수록 더욱더 그것은 사람을 **동반해야만** 한다. 많은 상황에서, 우리 모두가 너무나 잘 알고 있듯이, 블랙박스가 유감스럽게도 정지해 버린다. 그 이유는 판매자가 없거나 수리자가 없거나 교환 부품이 없기 때문이다. 후진국에서 살아 왔거나 새로 개발된 장치를 사용해 본 독자라면 모두, 아직껏 알려지지는 않았지만 얼마만한 수의 사람들이 있어야만 가장 간단한 장비마저도 작동될 수 있는지를 알 것이다! 그러므로 가장 우호적인 경우에, 즉 그것이 일상적인 장비 부품인 경우에도, 블랙박스는 활동적 고객을 필요로 하며, 그 존재가 유지되려면 다른 사람들을 동반해야 할 필요가 있다. 블랙박스는 혼자서는 관성(inertia)을 갖지 않는다.

　이 점을 이해했다면, 이번 장의 처음 두 절로부터 다음과 같은 결론을 끌어낼 수 있다. 블랙박스는 공간을 움직이고, 오직 많은 사람들의 행동을 통해서만 시간 속에서 내구력을 갖게 된다. 만일 그것을 채택하는 사람이 없다면, 과거 얼마나 오랫동안 얼마나 많은 사람들이 그것을 택해 왔건 간에, 그것은 정지하고 흩어진다. 그러나 연쇄 사슬에서 사람들의 유형, 숫자와 특성은 변경될 것이다. 디젤이나 이스트먼 같은 고안자, 기계공, 판매원, 그리고 맨 끝에는 아마도 무지한 소비자가 있다. 요약하자면 **대상들**

을 옆에서 움직이게 하는 사람들이 항상 존재하지만, 그들은 줄곧 동일한 사람들은 아니다. 왜 그들은 동일인이 아닌가? 왜냐하면 처음 사람들이 엔진의 운명을 다른 요소들에 연결시킴으로써 그 엔진은 다른 사람들의 손에 넘겨져 더 쉽게 확산될 수 있었기 때문이다. 그러면 우리는, 디젤 엔진의 몇몇 복제품이 시험대에서 천천히 규칙적으로 다시 설계되는 것을 볼 수 있고, 또 같은 디자인의 여러 복제품이 많은 사람들에 의해 사고 팔리는 것을 돌연 목격할 수 있게 된다. 언제나 거기엔 사람들이 있지만, 그들은 동일하지 않다. 그러므로 디젤 엔진 관련 이야기는, 서로 다른 사람들에 연결되어 있는 엔진의 변화하는 모양을 들여다보거나 또는 엔진에 연결되어 있는 사람의 변화하는 유형을 들여다봄으로써 분석될 수 있다. 동일한 이야기가 1절에서처럼 가입된 사람들의 관점에서 또는 2절에서처럼 가입하는 대상들의 관점에서 조망될 수 있다.

마찬가지로 퀴리 부부의 폴로늄도 1898년 파리의 유일한 한 곳 실험실에서 모든 시험을 거친 후 다시 고안된 하나의 주장이었다. 이것이 정말로 새로운 물질임을 반대자들에게 설득하기 위해 퀴리 부부는 시험을 변경하고, 그들의 대상에 대한 정의를 재협상해야만 했다. 폴로늄이 가공물일 것이라는 의혹에 대해 그들은 물리학에서 더 먼, 그리고 덜 논쟁적인 부분에 그 물질의 운명을 연결시키는 시험을 고안해 냈다. 이 이야기에서 주장이 하나의 새로운 대상이 되고, 심지어 자연의 일부가 되는 순간이 있다. 이 시점에서, 사실에 내구력과 확장을 제공하는 데 필수적인 사람들의 유형이 바뀌게 된다. 폴로늄은 이제 퀴리 부부의 손에서 더 많은 사람, 그러나 정보는 훨씬 적게 가진 사람들 손으로 떠나간다. 그것은 이제 견고한 납 용기에 담겨 있는 상례적인 하나의 방사성 요소이며, 정기 학술물의 최신 인쇄본들을 가득 채울 또 하나의 블랙박스다. 그것은 더 이상 몇몇 실험실에서의 명민한 소수에 의해서만 믿어지지 않고, 수백 명의 열광적 물리학자에 의해 신봉되며, 곧 '단순한 학생들'에 의해 습득될 것이다. 폴로늄을 사용하고, 시험하고, 믿는 사람들의 연속적인 연쇄는 폴로늄의 존재를 유지시키기 위해 필수적이다. 그러나 그들이 동일하지도 않고, 그들의 자질이나 성격이 동일하지도 않다. 그러므로 폴로늄의 이야기는 이제까지 이 책에서 다룬 다른 모든 것과 마찬가지로, 설득된 사람들을 들여다봄으로써 또는 그들을 설득하려고 만든 새로운 결합(associations)을 들여다봄으로써 말하여질 수 있다. 이것이 두 개의 다른 각도로부터 얻어진 동일한 분석인 이유는, 이러한 결합이 해체될 수 없다고 확신하는 이러한 사람들에 의해 폴로늄이 줄곧 구성되기 때문이다.

우리가 알게 된 것으로부터 이제 약간 일반화를 할 수 있겠다. 우리가 어떤 블랙박스를 취해 그로부터 일시적 정지 화면(freeze-frame)을 만들면, 그것이 얽혀 있는 동맹 시스템(system of alliances)을 두 가지 다른 방식으로 고찰할 수 있다. 첫째는 그것이 누구를 가입시키려고 고안하고 있는가를 봄으로써, 둘째는 그것이 가입을 불가피한 것으로 만드는 그 무엇에 연결되어 있는가를 고려함으로써 고찰이 가능하다. 한편으로 그 소시오그램(社會書, sociogram)을, 다른 한편으로 테크노그램(技術書, technogram)을 그려 볼 수 있다.[30] 한 시스템에서 우리가 얻은 모든 정보 쪼가리는 다른 편

---

30) 소시오메트리(sociometry)는 인간관계나 집단의 구조 및 동태(動態)를 경험적으로 기술(記述)·측정하는 이론과 방법의 총칭인데, 좁게는 J.모레노가 체계화한 방법을 가리킨다. 이들 방법 중 많이 사용되는 소시오메트릭 테스트(sociomatric test)는 특정한 상호 작용 사태에 관해서, 개인의 다른 성원에 대한 선택(choice)과 거부(rejection)의 행동(정서 관계에서는 선호)을 테스트에 의해 타진하는 방법이며, 데이터는 일정한 약속[선택 관계는 실선(實線), 거부 관계는 파선(破線)]에 따라 공간적으로 도표화된다. 이를 소시오그램(社會書)이라고 하며, 개인의 행동 특성과 집단의 구조 특성이 시각적으로 명시된다.

에서 얻은 정보이기도 하다. 만일 당신이 디젤의 엔진은 이제 안정된 형태를 갖는다라고 말한다면 나는 당신에게, MAN사의 얼마나 많은 사람들이 그것을 놓고 작업해야만 했는지를, 또 엔진이 '단순 소비자'에 의해 구매되는 결과를 낳도록 하기 위해 그들이 고안해야 했던 고체 연료 분사의 새로운 시스템에 대해 언급하겠다. 만일 당신이 폴로늄은 실제로 비스무트(bismuth)라고 생각한다고 말한다면(179쪽 참조), 당신은 1900년경 파리에 있던 퀴리 부부의 실험실에서 작업하고 있는 셈이라고 나는 말할 수 있다. 만일 당신이 혈청을 디프테리아 치료제라고 내게 보이면, 백신을 만들려던 원래의 연구 계획으로부터 당신이 얼마나 멀리 표류해 나왔는지를 나는 이해할 것이며, 이에 이해관계를 가질 의사가 누구일지를 당신에게 말해 줄 것이다. 만일 당신이 연료 전지로 달리는 전기 자동차를 보여 준다면, 나는 그 회사에서 누가 승리를 거뒀는지 알게 될 것이다. 만일 당신이 DEC사의 VAX11/780 장비와 경쟁할 16비트 컴퓨터를 만들자고 제안하면, 나는 당신이 누구고 언제 어디 있는지 알 수 있다. 당신은 1970년대 후반 데이터 제너럴사의 웨스트(Tom West)다. 내가 이것을 알 수 있는 까닭은, DEC사가 조립했던 블랙박스를 분해하고 완전 새로운 컴퓨터 제작에 이를 민한 자원과 직감을 가진 그 누군가가 있을 만한 장소기 지구상에는 극히 제한되어 있기 때문이다. 당신이 만일 애플 컴퓨터를 고쳐 줄 수리공을 기다리는 중이라고 하거나, 또는 달이 녹색 치즈로 만들어졌다고 믿는다고 하거나, 또는 GHRH 구조에서 두 번째 아미노산이 히스티딘(histidine)이라고 생각지는 않는다고 내게 설명한다면 나는 마찬가지로 당신에 대해 많은 것을 알 수 있다.

블랙박스는 이러한 두 가지 동맹 시스템 사이의 **중개물**(in between)이라는 것, 또 두 개를 같이 유지시키는 필수 통과 지점(OPP)이라는 것을 유

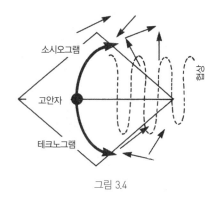

소시오그램

고안자

테크노그램

현실

그림 3.4

넘해야 한다. 또 블랙박스는 성공적일 때, 특히 만일 그것이 자동 장치 (automaton)로 전환되었을 경우에는, 그 자체가 최대 숫자의 최고로 강력한 결합(associations)들을 집결시킨다는 점을 유념해야 한다. 바로 이 이유에서 우리는 그러한 블랙박스들을 '견고한 사실(hard facts)' 또는 '고도로 정교한 장비(highly sophisticated machines)' 또는 '강력한 이론(powerful theories)' 또는 '명백한 증거(indisputable evidence)'라고 부른다. 힘과 능력을 암시하는 이런 모든 형용사는 이들 블랙박스에 모여 있는 결합들의 수가 불균형적임을 제대로 지적하고 있다. 그 결합들이 실로 어울리지 않게 불균형을 이루고 있고, 그렇기 때문에 그것이 다수의 동맹들을 제 위치에 유지시켜 준다. 어쨌든 이 불균형은, 다른 모든 책략이 성공적인 한에서만 그것들이 사물들과 사람들을 꽉 연결해 줄 수 있다는 사실을 우리가 때로 잊게끔 만들기도 한다. 과학과 기술의 이러한 산물들이, 예컨대 지배 관계를 조종하는 복잡한 동맹 시스템으로부터 벗어날 수 있겠는가? 그것들은 사람들이 종종 순진하게 말하듯이 덜 '사회적인(social)' 것일까? 거의 그렇지 않을 것이다. 만일 과학과 기술의 산물들이 실상과 다르게 그런 술어로 평가되어야 했다면 그것들은 더욱, 훨씬 더 '사회적인' 것으로 묘사되었어야 할 것이다.

만일 당신이 일시 정지 화면을 다시 움직이게 하면, 자기를 구성하는 것들과 자기가 설득하고 있는 자들을 동시에 변화시키고 있는 블랙박스를 목격할 것이다. 하나의 동맹 관계 시스템에서 일어난 모든 수정은 다른 시스템에서도 가시적이다. 테크노그램에서의 모든 변경은 소시오그램에서의 어떤 한계를 극복하기 위한 것이거나 또는 그 반대인 경우다. 우리가 추종해야 하는 사람들이 제한 조건들의 두 가지 집합 사이에 마치 끼워져 있는 것처럼, 그리고 협상이 정체될 때면 언제나 그들이 한쪽에서 다른 쪽으로 변화해 마치 호소를 하는(appealing) 듯이, 그렇게 모든 일이 일어난다. 한쪽에는 사람들이 있는데, 그들은 같은 방향으로 가려 하거나, 반대하거나, 무관심하거나 또는 일부는 비록 무관심하고 적대적이지만 자기들의 마음을 바꾸기로 설득되었을 수 있다. 다른 쪽에는 각양각색의 비인간 행위자들이 있는데, 그들 일부는 적대적이고, 다른 것들은 무관심하고, 일부는 이미 다루기 쉽고 편리하며, 또 다른 것들은 비록 적대적이거나 쓸모없지만 다른 길을 따라서 나아가기로 설득되었을 수 있다. 책에 표시하는 노란 점착성 종이인 포스트잇은 오늘날 아주 널리 사용되는데, 그 고안자는 멋지게 성공을 거두었다.[*] 붙지 않는 풀을 발견한 것은, 매우 잘 달라붙는 풀을 만드는 일을 통상 업무로 하는 3M사에서는 하나의 실패로 여겨졌다. 고안자가 그 풀이 『시편(詩篇, Psalms book)』[31]을 더럽히거나 닳게 하지 않고도 거기에 표시를 해 줄 수 있다는 사실을 깨달았을 때, 이 풀의 실패는 강

---

[*] 이 예와 다른 많은 예들이 T. Peters and N. Austin(1985)이 쓴 비전문적인 책에 묘사되고 있다.

31) 『구약성서』의 한 책으로, 성서 전체를 통해 가장 길며 다윗 왕, 솔로몬 등에 의해 쓰였다고 알려져 있다.

점으로 변했다. 불행하게도 이 강점은, 이 발명이 어떤 시장도 어떤 미래도 갖지 않는다고 결정해 버린 마케팅 부서로부터는 인정받지 못했다. 테크노그램과 소시오그램의 딱 중간에 위치해서, 고안자는 선택을 해야 한다. 고안물을 바꾸거나 마케팅 부서를 바꿔야 한다. 고안물을 원상 그대로 유지하기로 선택했다면, 마케팅 부서를 움직일 교묘한 책략을 쓸 텐데, 그것은 자기 고안물의 원형을 모든 비서에게 분배하고, 그리고는 그들이 더 원할 때 마케팅 부서에 직접 전화하도록 요청하는 수법이다! 점착성이 없는 풀을 발명했을 때 또는 마케팅 부서가 팔고 싶어 하지 않는 것을 팔도록 만들 때 작동하는 것이 이와 동일한 교묘함이다. 좀 더 정확히 말하면, 포스트잇은 두 가지 전략의 조합을 통해 형성되었다고 말할 수 있는데, 하나는 다른 것(사람)들을 가입시키는 전략, 다른 하나는 그들의 행동을 통제하는 전략이다.

여기에서 약간 더 나갈 수 있다. 우리는 모두 다중 관리자(multi-conductors)이며, 확산되고 지속되기 위해 우리의 도움이 필요한 주장들을 탈락시키고, 전이시키고, 편향시키고, 수정하고, 무시하고, 개악하거나 전유할 수 있다. 매우 드문 경우이지만, 관리자로서 행위하는 다중 관리자가 어떤 신념을 지연시키거나 개악하지 않고 전달만 한다면, 이때 이것은 무엇을 의미하는가? 그렇게 많은 요소들은 움직이는 주장들이나 대상들을 동반하며, 그들 계보의 생존에 필수적인 후속 계승자를 말 그대로 유지시킨다. 더 흔한 경우이지만, 다중 관리자가 그전까지만 해도 모든 이에 의해 거리낌 없이 통과되어 온 주장의 확산을 방해한다면, 이때 이것 역시 우리에게 무엇인가를 일러 준다. 그들이 방해할 수 있기 때문에, 이 사람들은 상대방을 좌절시키는 새로운 이해관계와 새로운 자원들에 연결되어 있음이 틀림없다. 또한 거의 대부분의 경우이지만, 사람들이 블랙박스를 무시하고 편향시키고 수정하고 전유한다면, 이때에도 같은 교훈이 도출된다. 이제 독자들은 결론을 알아보겠는가? 사실과 장비가 무엇인가를 이해하는 일은 사람들이 누구인가를 이해하는 일과 동일한 과업이다. 함께 모아진 통제 요소들을 당신이 기술한다면, 통제되는 그룹들을 이해할 수 있을 것이다. 역으로 함께 연결된 새 그룹들을 관찰해 보면 어떻게 장비들이 작동하고 왜 사실들이 견고한지를 알 수 있을 것이다. 공통된 유일한 문제는, 어떤 결합(associations)이 더 강하고 어떤 것이 더 약한지를 알아내는 일이다. 우리는 결코 과학, 기술, 그리고 사회를 대면할 수 없고, 더 약하고 더 강한 온갖 결합을 대면한다. 따라서 사실과 장비가 무엇인가를 이해하는 일은 사람들이 누구인가를 이해하는 일과 동일한 과업이다. 이러한 본질적 교의가 우리의 세 **번째 원칙**(third principle)을 구성할 것이다.

3.3 네 번째 방법의 규칙(the fourth rule of method)

두 가지 모델에서 서로 다른 모든 특징 중에서도 각별히 중요한 것이 있는데, 그것은 바로 사회다. 확산 모델(diffusion model)에서 사회는 이해관계를 갖는 그룹들로 이루어져 있다. 이들 그룹은 자기들의 독자적 관성을 가진 사실과 장치 이 양자에 저항하거나 수용하거나 또 무시한다. 그 결과 우리는 한편에 과학과 기술을, 다른 편에 사회를 갖는다. 그러나 번역 모델(translation model)에서는 그런 구분이 존재하지 않는데, 때때로 필수 통과 지점(OPP)을 창조해 내는 이질적인 결합의 사슬들만이 있기 때문이다. 좀 더 살펴보도록 하자. 사회가 테크노사이언스에서 분리되어 존재한다는 믿음은 확산 모델의 결과다. 일단 사실과 장치가 그 고유의 관성을 부여받으면, 또 함께 묶인 인간과 비인간 행위자들의 집단적 행동이 망각되거나 간과되면, 사실과 장치가 왜 확산되지 않는지를 설명하기 위해 사회라는 것을 꾸며 내야만 할 것이다. 더 약하거나 강한 결합들 사이에 인위적 구분선이 그어진다. 사실은 사실에 연결되고, 장치들은 장치에 묶인다. 반면 사회적 요인들은 사회적 요인과 묶인다. 바로 이런 까닭에 우리는 과학, 기술, 그리고 사회라는 세 영역이 존재한다는 생각, 그리고 그 각각이 다른 것에 미치는 영향과 충격이 연구되어야 한다는 생각에 이르게 된다.

그렇지만 더 나쁜 일은 이제부터다. 결합과 번역을 인위적으로 삭제함으로써, 그리고 사회적 요인들을 작은 고립 지구(ghettos)에 쑤셔 넣음으로써 이제 하나의 사회가 고안되었으므로, 어떤 사람들은 이런 사회적 요인들의 영향력을 통해 과학과 기술을 설명하고자 나선다! 사회적 또는 문화적 또는 경제적 결정론이 이제 앞의 기술 결정론(technical determinism)에 덧붙여진다. 이것이, '과학의 사회학적 연구(social studies of science)' 또는 '기술의 사회적 구성(the social construction of technology)'과 같은 표현 속에서 '사회적'이란 단어가 갖는 의미다. 분석가들은 어떻게 어떤 아이디어가 확산되고 어떤 이론이 수용되고 또는 어떤 장치가 거부되는지를 설명하기 위해 이해관계를 갖는 그룹들을 사용한다. 그때 자신들의 설명에서 원인으로서 그들이 사용한 바로 그 그룹과 그 이해관계들이 사실은, 이런 아이디어, 이론 또는 장치들로부터 무수한 연관 관계들을 인위적으로 추출하고 정제해 낸 **결과**라는 사실을 그들은 깨닫지 못한다. 사회 결정론은 기술 결정론에 용감하게 맞서 싸우지만, 그것들 어느 것도 확산 모델에 의해 제안된 공상적인 서술 속에서 말고는 **결코 존재하지 않는다.**

확산 모델에 대해 너무 많이 시간을 허비하는 것은 바람직하지 않겠지만, 만일 우리가 테크노사이언스에 대해 계속 논의해 나가고자 한다면, 순수 과학과 순수 기술을 형성하고 영향을 주고, 그 행로를 유도하거나 더디게 할 수 있는 사회, 그리고 '사회적 요인들'이란 것이 존재한다는 생각에 면역되어야 한다는 점은 아주 중대하다. 2장의 끝에서 나는 우리의 세 번째 방법의 규칙을 제안했었다. 자연은 논쟁의 해결에 관해 보고하기 위해 사용될 수 없는데, 논쟁이 먼저 해결되고 난 이후에야 자연이 어느 쪽 편이었는지를 알 수 있기 때문이다. "자연은 오직 해결된 주장을 해결한다"라고, 모순을 감지하지 못한 채로 야누스의 왼쪽 얼굴은 말할 것이다. 야누스의 오른쪽 얼굴이 다루고 있는 아직 미해결된 주장에 관해 무엇이 논쟁을 해결해 줄지 알 수 없지만, 그것이 자연은 아니다. 그러므로 자연은 일단 사실이 만들어지면 그 배후에 있는 것이지, 만들어지고 있는 사실 뒤에 놓여 있지는 않다.

확산 모델에 의해 성가시게 되지 않고 우리 논의를 계속하려면, 네 번째 방법의 규칙을, 세 번째 방법의 규칙에 대해 기초가 되며 또 그에 대칭적인 것으로서, 그러나 이번에는 사회에 대해 적응되는 것으로서 제시해야만 할 것 같다.

이 책의 첫 페이지에서부터 곧바로 독자들은, 전통적으로 사회를 구성해 왔던 존재자들이 여기에서는 놀랍게도 선혀 보이시 않는다는 사실을 깨달았을 텐데, 그 부재는 2장의 끝에서야 뒤늦게 나타나는 자연보다 더 놀라운 것일 수 있다. 세 개의 장이 지나도록 사회적 계급, 자본주의, 경제적 하부 구조, 독점 자본, 젠더에 대해 한마디 언급도 없고, 문화에 대한 간단한 논의도 없고, 기술의 사회적 충격에 대한 암시조차 없다. 이것은 나의 실수가 아니다. 내가 말했듯이 우리는 작업 중인 과학자들과 기술자들을 쫓는데, 그들은 자연의 본성에 대해 사전에 알지 못하는 것과 마찬가지로, 사회가 무엇으로 이루어져 있는지를 알지 못함이 드러난다. 이것은,

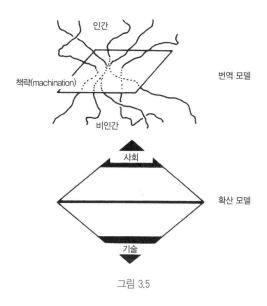

인간

책략(machination)

번역 모델

비인간

사회

확산 모델

기술

그림 3.5

과학자들과 기술자들이 새로운 결합 관계를 **시험해 보고**, 그 속에 들어가 작업할 내부 세계를 창조하고, 이해관계들을 바꿔 놓고, 사실들을 협상하고, 그룹들을 다시 섞고, 새 동맹을 모집하는 일에 그토록 분주하다는 것을 그들 자신도 전혀 모르기 때문이다.

연구를 하면서 그들은 어떤 결합이 유지될지 또 어떤 결합이 무너질지 결코 잘 알 수가 없다. 디젤은 모든 연료가 고온에서 점화할 것이며, 또 모든 사용자 그룹이 자기의 더욱 효율적인 엔진에 이해관계를 가지리라고 처음엔 확신했다. 그러나 대부분의 연료는 그의 엔진을 퇴짜 놓고 대부분의 소비자들은 이해관계를 갖지 못했다. 자연(Nature)과 사회(Society)의 안정된 상태에서 출발해서 디젤은 등유, 기체 분사, 그리고 소수의 사용자를 함께 묶는 다른 엔진으로 고투를 계속해 나가야 했다. 마찬가지로 위생학자들도 계급 투쟁이라는 고정된 사회 상태와 전염성 질환이라는 확정

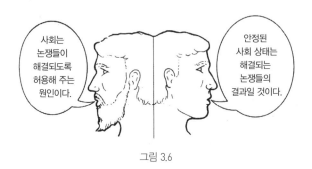

사회는 논쟁들이 해결되도록 허용해 주는 원인이다.

안정된 사회 상태는 해결되는 논쟁들의 결과일 것이다.

그림 3.6

된 자연 상태에서 출발했다. 파스퇴르주의자들이 그들에게 미생물을 제공했을 때, 그것은 자연과 사회 양자에 대한 새롭고 또 예측할 수 없는 하나의 정의였다. 새로운 사회적 연결, 미생물이 사람과 동물을 함께 묶고, 또한 다르게 묶었다. 사회나 자연의 안정적인 상태 중에서 그 어떤 것도, 벨사의 독점 자본이 전자(electrons)와 맺는 동맹 관계를 필수적이거나 예측 가능한 것으로 만들지는 않는다. 벨사는 밀리컨(Millikan)의 물리학과 동맹 관계를 맺음으로써 크게 변형되었기에 이전과 **동일한** 벨사가 아니었는데, 물리학도 밀리컨도, 그리고 실로 전자도 그전의 것들과 각각 동일하지 않았다. 동맹 관계의 융통성과 이질성이야말로 사실 구축자가 맞는 곤경, 즉 어떻게 사람들의 이해관계를 유도하고 그들의 행위를 통제할 것인가 하는 문제에서 연구자들이 벗어날 수 있게끔 해 주는 것들이다. 우리가 현장 과학자와 기술자들을 연구할 때 물어보아서는 안 될 물음은 딱 두 가지뿐이다. 자연은 실제로 어떠한가? 사회는 실제로 무엇으로 이루어져 있는가?

이런 물음을 던지기 위해 우리는, 사회 과학자들도 물론 포함해서 과학자들과 그 동맹들이 그들의 작업을 완료할 때까지 기다려야만 한다! 일단 논쟁들이 종료되면, 하나의 안정된 사회 상태가 그 구성원들의 이해관계에 대한 안정적 표현(묘사)과 더불어 출현할 것이다. 만일 우리가 구축이 완료된 사실들과 그룹들을 연구하면, 그때 야누스의 왼쪽 얼굴에 의해서 이해관계와 자연이 명확하게 표명될 것이다. 우리가 구축 중인 사실들을 쫓을 때에는 그러하지 않다. 이 점은 기이한 결과처럼 보일지 모르지만 피할 수 없는 사항이다. 과학자와 기술자를 쫓기 위해 (대)사회가 무엇으로 이루어져 있는지, 그리고 (대)자연은 무엇인지를 알아야 할 필요는 없다. 아니, 더 정확히 말하자면 우리는 그들을 알지 **않아야** 할 필요가 있다. 안정된 (대)사회 상태는 세 개 장 이후만큼 멀찍이 떨어진 주제다. 어엿하게 제몫을 할 (대)사회를 섣불리 끌어들이고자 하는 일은, (대)자연에 대한 완벽한 그림을 그리고자 하는 일과 마찬가지로, 우리의 여정에 해를 끼칠 것이다. 더 정확히 말해 (대)자연에 대해 제시된 것과 동일한 논변이 (대)사회에 대해서도 **대칭적으로** 제시되어야 한다. 과학자와 기술자가 객관성과 주관성에 대해 말하는 것을 곧장 믿거나, 다른 과학자(즉 사회 과학자)가 사회와 문화, 그리고 경제에 대해 말하는 것을 쉽게 믿는 그런 우를 범하지 않으려면, 우리가 그 많은 예방 수단을 어떻게 강구하면 좋겠는가? 우리는 이 지점에서, (대)자연에게 주지 않았던 특권들을 (대)사회에도 허락하지 않는다는 대칭 규칙(rule of symmetry)을 절실히 필요로 한다. 그러므로 우리의 **네 번째 방법의 규칙(fourth rule of method)**은 세 번째 규칙과 완전히 똑같이 읽히며, 단지 '(대)자연(Nature)' 대신 '(대)사회(Society)'라는 단어를 대체시키고 나서 두 개를 융합하는 것이다. 어떤 논쟁의 종식은 (대)사회의 안정성의 원인이기 때문에, 한 논쟁이 어떻게 또 왜 종식되었는지를 설명하는 데 (대)사회를 사용할 수가 없다. 인간 자원과 비인간 자원들을 가입시키고 통제하는 노력들을 **대칭적으로** 고려해야만 한다.

4장
내부자의 외부 활동

전문적 문헌과 실험실에 의해 세력이 보강되는데, 이를 유관한 것으로 만들기에 충분할 정도의 강한 요새를 확보하려면 어느 정도의 작업이 예비적으로 필요할지에 대해 이제 우리는 좀 더 잘 알 수 있게 되었다. 다른 많은 사람들을 가입시키지 않고서는, 그리고 인간과 비인간 자원들을 균형 있게 조절하는 미묘한 책략 없이는 과학의 레토릭은 무력하다. 사람들은 회피하고, 관심을 잃고, 다른 일을 도모하고, 냉담해진다. 그렇지만 앞의 장들에서 논의된 일화들은 모두, 과학자와 기술자들을 끌어 넣는 관점에서 제기되었다. 비록 우리가 맨 처음 다른 세 가지 ―포기하기, 같이 가기, 관통해 나가기― 보다 더 많은 결과를 쫓았다고 했을지라도, 과학자와 기술자는 모든 것의 중앙(centre)[1]에 있다는 인상을 받았을 것이다. 이 인상은 다른 어려움을 새로 빚어낼 수 있다. 우리의 첫 번째 방법의 규칙은, 과학자들이 과학을 행하는 그 작업에 종사하고 있는 동안에 그들을 그림자처럼 붙어 다닐(shadow) 것을 우리에게 요구한다. 문자 그대로 의미에서는 이 계

---

1) 5장에서 연결망, 그리고 6장에서 계산 '센터'의 개념이 등장하기 이전이므로, '중앙'으로 번역한다.

율을 실행하기 쉬운 듯 보인다. 왜냐하면 이제까지의 모든 장에서 우리가 탐구를 시작하기 위해 과연 어디에서 그 백의를 걸친 전문적 주창자를 발견할 것인가는 최소한 알고 있는 체해 왔기 때문이다. 그렇지만 웨스트, 크릭과 왓슨, 기유맹, 모 교수, 디젤, 미드 또는 파스퇴르가 자원을 모으고, 권위를 갖고 말하고, 다른 이들에게 그들의 힘을 확신시키고, 실험실이나 부서에 장비를 갖출 수 있었다고 내가 당연하게 상정했던 것은, 우리의 여정을 단순화하기 위해서였다. 그럼으로써 다른 사람들이 진지하게 경청하고, 돈과 신용(confidence)을 부여할 만큼 출중한 과학자나 기술자들로부터 여러 가지 이야기들을 시작할 수 있었다. 편리한 출발점을 제공하기 위해 나는, '반대자(dissenter)'라고 부르는 캐릭터를 고안해 활동 현장에 있는 과학자들을 그림자처럼 붙어 다니는 어려운 기술을 실천하는 것을 도우려 했다. 그리고 실로, 이 반대자는 탐지되기 쉬운 존재이기 때문에 또 그의 집요함이 그들을 쫓기 쉽게 만들기 때문에, 전문 문헌과 실험실을 관통해 나가는 우리의 여정을 용이하게 했다. 나중에는 '사실 구축자(fact-builder)'라는 캐릭터가 여러 가지 유형의 번역을 그려 보이는 데 매우 편리했다.

어쨌든 실제 과학자와 기술자들을 쫓는 일이 위의 멍청한 반대자나 멍청한 사실 구축자를 쫓는 것만큼 쉬운 일인지, 특히 우리가 발견한 바로 그 원칙들이 그 정반대를 시사하고 있을 상황에서 그러할지를 확인해 주는 바는 없다. 첫 번째 기본 원칙(first principle)은 사실이 집단적으로 만들어진다는 것을 밝힌다는 점을 기억하자. 두 번째 원칙(second principle)은, 과학자와 기술자가 예기치 않은 힘겨루기(trials of strength)에 의해 형성된 새로운 대상들의 이름으로 말하고 있다는 것을 나타낸다. 그리고 세 번째 원칙(third principle)은, 사실과 장치를 기술하는 것은 그것들이 가입시키고 지배하는 사람들을 기술하는 일과 동일하다는 점을 나타낸다. 이런 원칙들로부터 다음과 같은 여러 가지 새로운 질문이 생겨난다. 징병한 사람과 징병된(모집된) 사람 사이의 차이가 그다지 크지 않은데, 왜 우리는 과학자들에 집중해야 하는가? 사실 구축에 집단적으로 협력하는 사람들은 누구인가? 그들은 모두 과학자와 기술자들인가? 만일 그렇지 않다면, 그들이 하고 있는 것은 도대체 무엇인가? 만일 과학자가 대변인이라면, 그들은 누구에게 말하는 것인가? 다른 대표자들은 누구인가? 그들은 논쟁을 어떻게 해결하는가?

이런 질문이 제기될 때 우리는, 누가 과학자이고 기술자인지를 결정하는 일, 그리고 우리의 첫 번째 방법의 규칙에 의해 요구되는 바와 같이 누구를 쫓을 것인지 결정하는 일이 그다지 쉽지는 않으리라는 것을 절감하게 된다. 어쨌든 우리에게 다른 선택의 여지는 없으며, 설상가상으로 이제 우리의 안내자가 여러 가지 혼란스런 가면들을 쓰고 다양한 경로를 동시에 쫓으려 하기에, 우리는 여느 때처럼 완강하게 전념해야 한다.

1. 실험실에 이해관계 유발하기

1.1 과학자와 기술자 없이도 잘되어 가던 시절

어떤 강한 지점(요새)도 확보하지 못한 과학자와 기술자들에게 무슨 일이 일어날까? 그들의 레토릭은 얼마나 강력할까? 그들은 이해관계자 그룹을 얼마나 용의주도하게 의견 일치시킬 수 있을까? 두 가지 예를 들어 보겠다. 하나는 과거 과학자의 사례이고, 다른 하나는 현재 기술자의 사례다. 이들 예에서 보면, 그 누구도 신출내기 연구자들에게 무엇인가를 부여할 태세는 되어 있지 않으며, 그들의 과학이 **없이도** 모두가 아주 잘해 나가고 있다.

(1) 특정 분야에 과학자라는 직업이 없던 시절

1820년대 후반, 찰스 라이엘(Charles Lyell)[2]은 변호사 시험 준비를 하면서, 중상류 계층이던 자기 아버지로부터 1년에 400파운드의 용돈을 받아 살고 있었다.[*] 라이엘은 '지구의 역사'를 연구하고 싶었다. 그가 지질학자가 되고자 했다고 건너짚지 말자. 지질학자가 될 수 있다는 것은, 라이엘과 같은 많은 사람들이 한 작업의 **결과로서** 나중에서야 가능해졌다. 당시 영국에서는 '지질학자'라는 호칭으로 불릴, 정규직에 안정된 직업과 같은 것이 아직 없었다. 더욱이 '지질학'도 존재하지 않았다. 지구의 역사는 신학과 성서의 주석에 부속되어 있었고, 또한 고생물학과 다른 전문 분야에 관련되어 있었다. 달리 말해 지질학이라는 학문 분야도, 지질학자라는 직업도 존재하지 않았다. 그와 관련 있고 확고하게 확립된 분야 중 하나는 '천지 창조의 이성적 역사' 분야였다. 또 관련된 직업이라 할 수 있는 것은, 적어도 케임브리지에서는 독신 생활이 의무였던 대학의 목사직이었는데, 그것은 생긴 지 600년 된 직업이었다.

라이엘이 연구를 시작할 때, 그가 들어갈 실험실 같은 건 없었고, 그가

---

[*] 나는 여기에서 Roy Porter(1982)의 설명을 따랐다. 지질학이라는 새 분야의 형성에 대해서는 그의 책(1977)을 참조하라.

2) 스코틀랜드 출생의 순회 변호사로 각지를 여행하며 지질학 연구를 했다. 자연 작용의 제일설(uniformitarianism)을 주장하여 근대 지질학의 기초를 이룩했다. 프랑스 파리 분지의 제3기층 패화석(貝化石)을 연구, 현생종과 절멸종(絶滅種)의 백분율에서, 신생대를 에오세·마이오세·플라이오세로 3분하는 지질 연대 구분을 제창했다.

따를 커리큘럼도 신청할 연구 보조비도 없었다. 다른 사람들이 있으면 라이엘이 새롭고 더 확고한 사실들을 구축하는 데 도움이 되었겠지만, 이 '다른 이'들은 다른 트랙을 쫓고 있었다. 그렇다면 라이엘은 지구의 역사를 가르치고 도서관과 권위와 종신 재직권을 소유한 옥스퍼드의 목사와 연구원들에게 의지할 수 있었을까? 그것이 전혀 그렇지 못한 까닭은, 예를 들어 지구의 연대에 대해 논쟁이 촉발되는 경우, 그의 동료들은 신의 말씀이나 교회의 영속적 가르침에 호소함으로써 그의 논변을 아주 잘 **방해할** 것이기 때문이다. 만일 라이엘이 말을 건넨 연구원들이 지구의 이성적 역사에 관심을 가지면서, 에덴 동산의 위치나 노아의 방주의 크기 또는 대홍수의 날짜 등을 끌어들이지 않으면서도 암석과 침식 작용에 대해 논의하기로 동의한 경우일지라도, 그 논쟁이 약간 가열된다면 어떤 일이 벌어질까? 별다른 일은 안 생길 것이다. 왜냐하면 이 동료들은 주교가 되거나 윤리학같이 좀 더 칭송받는 분야의 교수가 되기 위한 첫 번째 단계로 자기들의 직책을 유지하고 있기 때문이다. 라이엘이 자신의 입장을 방어하면서 얼마나 많은 논증을 모을 수 있었건 간에, 그의 반대 측 사람들은 라이엘의 논점을 억지로 받아들여야 할 입장이 전혀 아니다. 그들은 그저 그를 무시하거나, 논증들을 간과해 버리거나, 아니면 당혹해 하며 듣고, 자기들의 통상 교과목을 가르치는 일을 계속하거나 할 것이다. 반대자가 존재하려면, 더 많은 업적이 이뤄져야만 한다.

만일 라이엘이, 비주류 쪽에서 '지구의 이론들'을 써낸, 하지만 지질학으로 생계를 이어 가지는 않는 그런 잡다한 집단의 사람들, 즉 **아마추어들**과 논쟁을 벌이는 경우에도 같은 일이 일어날 것이다. 당시 많은 아마추어들이 암석과 화석을 모으고, 외국의 경관을 탐방하러 가고, 새로운 채집물들을 모으기 위해 그 무렵 창설된 여러 협회에 온갖 종류의 보고서를 보내느라 분주했었다. 정의상 아마추어는 아무리 헌신적이고 열정적이라 해도, 자기에게 흡족하면 언제든 토론을 중도에 그만둬 버린다. 그러므로 라이엘로서는 논쟁에서 이기는 일, 그리고 특히 아마추어들이 자기의 느낌과 관심과 감정에 상치되는 경우에는 그들로 하여금 자기의 주장을 블랙박스로 차용하게 만드는 일이 매우 어려웠다. 아마추어들은 확신하지 않기에, 라이엘이 자기의 입장을 지지하기 위해 모아 왔을 많은 동맹자들에 의해서도 관심이 끌리거나 위협을 받지 않고 평소처럼 계속해 나갈 것이다. 상당수의 지질학자들이 아마도 갈 수 없을 그런 많은 지역에서 암석과 화석을 모으기 위해서는 아마추어들이 필요하겠지만, 라이엘이 새로운 사실들을 산출하게 하는가에 관련된 한에서 그들은 가장 훈련되지 못한 군중을 이룰 뿐이다.

대학의 목사들이 그들의 직위를 포기하고, 남은 평생 지질학 안에 머물며 그것을 계속하는 것 외에는 다른 야심을 갖지 않은 사람들에게 그 자리를 넘긴다면, 상황은 라이엘에게 훨씬 나아졌을 것이다. 그러면 지질학은 하나의 전문적 경력이 될 수 있을 것이다. 라이엘이 논점을 세우면, 그의 동료들은 달리 취할 방도가 없을 것이기 때문에 그의 주장을 반박하거나, 아니면 수용해야 할 것이다. 이제 더 이상 그들이 라이엘을 무시하거나 주교가 되는 것 같은 다른 짓을 할 수가 없을 것이다. 아마추어들이 증거물들을 수집하고 조사 보고서를 쓰느라 여전히 바빠서 토론에 참견을 하지 않는다면 그것도 역시 라이엘로서는 더 좋은 일이다. 아마추어들이 컬렉션(채집물)을 제공하려면 표본을 가져와야 할 압박을 받게 되겠지만, 그들은 여전히 독자적 논평이나 이론을 덧붙이지 못하고 지질학 외부에 머물게 될 것이다. 그때 무질서한 일군의 조력자들은 훈련된 작업 요원이 되어서, 지질학자들이 증거 서류로 입증된 사실을 산출하는 것을 돕게 될 것이다. 순전히 지질학적인 문제들로 이루어진 내부의 아성이 서서히 외부 세계로부터 조성되고, 1장과 2장에서 말한 저자-반대자(author-dissenter)의 맞싸움이 출현한다.

비록 라이엘이 오직 지질학만을 하는 동료들로 이루어진 집회를 조성하는 데 성공했다 할지라도, 문제는 그들 중 누구도 봉급을 확보하거나, 아니면 최소한 그에게 봉급을 줄 수 없었다는 사실이다. 그래서 라이엘은 아버지로부터 받은 용돈이 가족을 부양하고 채집물을 모으기에 충분치 않았기 때문에, 다른 것으로 생계를 유지해야만 했다. 그가 명민한 강사인 데다가 상류 계층의 여유 있는 삶을 선호하기 때문에 한 가지 해결책은 계몽된 상류 계급에게 강연을 하는 일이었다. 하지만 이것은 그를 새로운 곤경에 빠뜨렸다. 첫째로, 그는 이 백작, 저 남작 부인에게 선(先) 캄브리아대 암석의 신비에 대해 설명하면서 속인들 무리 안에서 자기 시간을 축낼 수 있을 것이다. 비록 그가 그런 일에 성공을 거두고, 비용을 대는 상류 계급의 청중들을 많이 모은다 할지라도, 새로운 사실을 생산해 낼 여유 시간을 갖지 못하게 될 것이다. 그러므로 현 상태의 지질학을 **강의하는** 데 그칠 뿐, 지질학을 갱신하지는 못할 것이다. 실로 라이엘은 자원을 모으면서 외부에 머물게 될 것이며, 그것들을 지질학의 내부로 결코 끌어들일 수 없게 될 것이다!

라이엘이 자기의 가르침을 수용 가능하고 이해할 만한 것으로 만들기 위해서, 자기 강의의 내용 자체를 우호적이나 변덕스럽고 비전문적인 무리들과 협상해야만 했다면, 상황은 더욱 나빠질 것이다. 예컨대 라이엘이 지구의 유래에 대해 산정해 매긴 연대를 듣고 청중은 충격을 받았을 터인데, 왜냐하면 라이엘이 자신의 지질학을 위해 최소한 수백만 년이라는 기틀을 필요로 하는 반면, 청중은 수천 년 된 세계에 자기들이 살고 있다고 생각하기 때문이다. 만일 라이엘이 사실의 생산에 청중이 참여할 수 있도록 허용한다면 그는 새로운 딜레마에 부딪힌다. 자신의 청중을 잃지 않으려면, 지구의 연대를 젊게 잡아야 한다. 연대를 제대로 매기면, 강의에 참석할 청중을 잃게 될 것이다! 아니, 만일에 관심이 끌리고 교양 있는 청중이 외부에서 라이엘을 기다려 주면서 지질학에 비용을 대 줄 수 있다면, 그리고 라이엘의 동료들은 그들이 적합하게 보는 바대로 지질학을 발전시키고 나중에는 사실들에 관해 타협하려 할 필요 없이 지구의 연대가 얼마인지를 배울 수 있게 된다면, 그 상황이 이상적이라 할 수 있다. 하지만 그것조차 충분치는 않을 것이다. 이런 신사 숙녀들은 너무나 경박한 사람들이라, 수천 개의 화석이 모여 거대한 채집물을 이루게 될 정도로 충분히 오랫동안 기다려 줄 만큼 진중하지 않기 때문이다. 그들의 관심은 급속히 사라지고, 전기나 자기 또는 인류학을 쫓는 새로운 유행에 의해 대체될 것이다. 아니다! 이상적인 상황이 되려면, 기분이나 유행에 좌우되지 않고 규칙적이면서 역행할 수 없게, 즉 세금처럼 규칙적이고 또 강제적인 것으로서 자금이 흘러나와야 한다.

라이엘이 그러한 결과를 얻으려면, 상류 계급뿐 아니라 정부 고위 관리의 관심을 끌고(이해관계를 부여하고), 지질학이 그들 목적에 관련이 있고 유용할 수 있는 기관들을 설득해야만 한다. 3장의 1절에서 보았듯이 이런 이해관계의 번역은, 만일 지질학이 수많은 새롭고 예기치 않은 사실들을 생산해 낼 수 있다면 가능하다. 그때 이들 사실은, 새로운 석탄 매장물(광상)을 발견하고, 전략상 중요한 광물들을 다른 것으로 대용케 하고, 새 땅을 개척하고, 새 영토를 측량하는 등등의 일과 같은 정부의 문제에 대한 자원으로서 간주될 수 있다. 어쨌든 결집된 이해관계들(assembled interests)은 오직 라이엘이 많은 새 대상들의 이름을 대고 이야기할 수 있는 경우에만 제자리를 차지할 수 있다. 또 그렇게 한다는 것은 이미 하나의 과학이 존재함을 상정하고 있다. 거꾸로, 견고한 사실들(hard facts)의 생산은 많은 정규 과학자들과 헌신적인 아마추어들의 협업이 없이는 불가능하다. 파리에서 당시 프랑스 지질학자들이 했던 것처럼, 그 아마추어들은 암석을 캐고, 단층 계곡과 협곡을 탐방하고, 토지를 측량하고, 암석과 화석의 거대한 채집물들을 국립 역사 박물관에 옮기는 작업을 수행했다.

이 과학의 시초에 라이엘은 악순환에 대면해 있었다. 연구 기금이 제대로 충당되지 않는 지질학은 정부의 관심을 끌지 못하고 다른 연구 분야나 우선권들과의 경쟁에서 버티기에 너무 취약한 상태로 남아 있게 될 것이다. 이것은 이제까지 우리의 모든 이야기의 출발점, 즉 모든 사람이 과학자와 기술자의 실험실을 강고하게 하는 데 조력했던 상황과 정반대를 이룬다. 고위 관료와 언론인, 대학의 목사, 학생과 회사의 사주들의 환영을 받는 대신, 라이엘은 그저 무시당할 수 있다. 말하자면 그 학문 분야가 결과를 이루어 내기 前에 그것을 과도하게 판매하려고 그가 노력을 하는 경우조차, 그는 새로운 위험에 빠질 수 있다. 지질학자라는 직업을 체계화하고, 소장 학자들의 양성에 엄중한 기준을 부과하고, 논쟁들을 해결하는 새로운 방식과 새 학회, 그리고 새 박물관을 추진하고, 아마추어들을 내쫓고, 정부에 로비를 하고, 이 연구 분야의 미래 성취를 선전하는 그런 모든 일에는 시간이 든다. 그 많은 시간을 앗김으로써 라이엘은 다시금, 그가 목표로 하는 지구를 새롭게 규정하는 데 공헌할 수 없게 될 것이다.

물론 그는 저술로써 더 많은 공중에게 호소할 수도 있는데, 이는 그가 『지질학의 원리(*Principles of Geology*)』를 통해 했던 것과 같다. 이 책이 베스트셀러가 되었더라면, 라이엘은 새로운 자원을 모으고 새로운 사실을 생산할 돈을 가질 수 있었을 것이다. 하지만 이는 또 다른 모험을 하는 일이다. 그가 공중에게 어떻게 호소해야 할까? 만일 그의 『지질학의 원리』가 모든 사람의 관심을 끌려면 그는 책에서 전문적인 세부 사항을 **빼야만** 할 텐데, 그렇게 되면 그는 더 이상 지질학자가 아니라, 위 지질학 아마추어 중 한 사람, 인기에 뇌동하는 사람 또는 팸플릿에 끼적거리는 사람이 되고 만다. 하지만 만일 라이엘의 책이 논쟁에 휩싸이고, 새로운 자원들을 가져 옴으로써 모두의 신념을 개조한다면, 우리는 무슨 일이 일어나게 될지 알 수 있다.(1장) 그 책은 전문적이 될 것이며, 너무나 전문적이어서 그것을 읽을 사람이 없게 될 것이다. 라이엘은 여전히 자기 연구를 진행할 돈을 갖지 못한 채로 남을 것이다.

이 문제를 해결할 만큼 라이엘이 영리하다 해도, 그는 또 다른 문제에 걸려들 것이다. 만약에 지질학이 지구의 역사, 크기, 구성물, 그리고 나이를 새롭게 규정하는 데 성공을 거둔다면, 마찬가지로 그것 또한 극도로 충격적이고 유별난 것이 된다. 신의 의지에 따라 6000년 전 창조된 세계에서 이야기를 시작해 놓고선, 노아의 홍수가 수백 번 일어난 후 또 수십만의 상이한 종들이 생존한 후, 몇 명의 가엾은 영국인이 무한히 긴 시간 동안 매몰되어 있는 것으로 앞뒤 다른 이야기를 하는 셈이다. 이 충격은 아주 강력한 것이 될 수 있어서, 영국인 전체가 아마도 지질학자에 반대하는 데 손을 들 것이며, 지질학 전체의 평판을 떨어뜨릴 것이다. 반면에 라이엘이 너무나 부드럽게 솜방망이를 휘두른다면, 그의 책은 새로운 사실에 대한 것이 아니고, 상식과 지질학자의 의견 사이의 조심스러운 절충안에 불과할 것이다. 이런 협상은, 새로운 학문이 교회의 가르침에 어긋날 뿐만 아니라 라이엘 자신의 소신에도 어긋날 때 한결 더 힘들어진다. 라이엘은 자기의 다른 이론에도 불구하고, 지구의 역사에서 인간이 등장한 것을 최근의 일로, 그리고 기적적인 것으로서 놔두고 싶어 했는데, 이 경우가 그에 해당한다. 새 학문이 모두에게 유용하다고 말하면서 동시에, 그것이 모든 사람의 신념에 어긋난다고 말하는 것이 어떻게 가능하겠는가? 상류 계급을 납득시키면서 또 동시에 상식의 권위를 파괴하는 것이 어떻게 가능하겠는가? 이럭저럭 하는 동안에 내밀하게는 (대)자연 속에서의 인간의 위치에 대해 번민을 하면서도, 지질학을 발전시키는 것이 도덕적으로 필수적이라고 어떻게 주장할 수 있겠는가?

아직 그 직업이 생겨나기 전에 과학자가 된다는 것은 쉬운 일이 아니다! 다른 사람들이 지질학 내부에 접근하기도 전에 라이엘은 동시에 모든 전선에 걸쳐 외부와 싸워야만 한다. 그는 아마추어들을 제거해야만 하지만, 그들을 훈련된 작업 요원으로서 유지할 필요가 있고, 상류 계층을 즐겁게 하고 그들에게 기금을 받아 써야 하지만, 그들과 의견을 교환하면서 시간을 낭비하지 않기 위해 그들을 가까이 두지는 말아야 한다. 지질학이 지구상에서 가장 중요한 것이고, 그들 상류 계층이 하고자 하는 것을 위한 필수 통과 지점(OPP)이고, 바로 그 이유에서 그들은 보수가 훌륭한 직업을 제공해야만 한다라고 할 형세로까지 라이엘은 증명을 해야 한다. 그러나 라이엘은 또한, 상류 계급의 기대를 유예시키고, 그들이 엄밀히 들여다보지 못하게 하고, 그들이 전혀 공식적으로 개입하지 않게 회피하면서, 그들이 그 대가로 너무 많은 질문을 하지 않게끔 만들어야만 한다. 그는 교회와 대학의 학감(dons)을 상대로 끝없이 싸워야 하고, 그러면서도 정년 보장 교수직을 얻을 수 있을 오래된 대학의 정규 교육 과정 내부에 지질학자들을 슬쩍 들어가게 할 방도를 발견해야 한다. 마지막으로 그는, 대중에게 열정적 지지를 호소해야만 하겠지만, 그들의 세계관을 산산이 부수어 그들을 충격에 빠뜨리는 일은 없어야 한다! 물론, 그가 그런 모든 투쟁 이외에 해야만 하는 다른 일이 하나 있다. 즉 지질학 연구가 그것이다. 위의 전투들이 부분적으로 성공을 거두었을 때에야 비로소, 라이엘이 동료들을 설복시켜 지구

에 대한 새로운 논변들을 집단적으로 구축하는 일을 할 수 있을 것이다.[*]

(2) 비필수 통과 지점(Non-Obligatory Passage Point)

라이엘은 지질학의 외부와 내부를 동시에 만들어 내야 했다. 라이엘이 시작한 초기에는 라이엘 없이도 아무 상관없었다. 19세기 말에 이르러 지질학은 다른 많은 과학, 직업, 산업, 그리고 국가의 벤처 사업에 필수 불가결한 것이 되었다. 라이엘보다 한 세기 후에 작업 중인 지질학자들은 다른 장에서 다뤘던 반대자와 사실 구축자들과 매우 흡사해 보일 것이며, 그들처럼 다른 사람들의 이해관계에 응해야만 할 것이다. 비록 그들이 영리하고 흥미로워야만 하지만, 그들의 연구 분야가 갖는 기본적 중요성에 관해서는 의심할 여지가 없을 것이다. 필수 불가결한 것이 될 대부분의 기본 원리는 이미 완성되어 있을 것이다.

위의 것과 상파울루의 브라질 전자 작업장에 있는 주앙 델라크루즈(João Dellacurz)와의 거리는 무한해 보이고, 또 관련성은 미심쩍어 보인다.[**] 델라크루즈는 외로웠고 정말로 필요 없는 존재처럼 느꼈고 그의 상황은 라이엘보다 훨씬 나빴다. 지금 그는 8년째 새로운 전자 MOS 칩[3]의 디자인을 직업 중인데, 그 일은 브라질이 컴퓨터 제작의 국산화를 모두 원하는 기업, 군사 정부, 그리고 대학의 합동 벤처 사업에서 이익을 얻고 있었다.

---

[*] 과학 연구 직업에 대한 역사적 연구의 훌륭한 예로 D. Kevles(1978) 참조.
[**] 이 예는 단편들을 모아 콜라주한 것이다.

3) MOS는 금속 산화막 반도체(Metal-Oxide Semiconductor)의 약자다. MOS-IC는 반도체 소자의 하나로, 실리콘 등 반도체 표면을 산화시켜 절연물로 하고 그 위에 금속 등 전극을 입힌 것이다.

당시 주앙과 그의 상관은 집적 회로의 제조에서도 브라질의 독립이 필요하며, 이전 세대의 칩들을 뛰어넘으려면 가장 앞선 디자인으로부터 시작하는 것이 더 낫다고 주장했다. 작업장의 장비를 갖추고 또 미국과 일본의 대학에서 고안된 다른 MOS 칩의 설계 구조를 조사하기 위해 그들에게 약간의 돈이 주어졌다.

1~2년 동안 그들이 생각하기에, 100퍼센트 브라질 국산 컴퓨터를 제조하겠다는 거대한 애국주의 운동의 중심에 자신들이 있는 것 같았다. 그들의 작업장은 기술자, 학생, 군부, 기업의 전자 공학 기술자에게 필수 통과 지점이 되었다. 그들이 경구로 표현하곤 했듯이, '칩을 통제하는 자가 컴퓨터 산업을 지배할 것이다.' 불운하게도 그들은 이런 우선 순위(order of priority)를 확신했던 유일한 사람들로 그쳤다. 군부는 망설였고, 외국산 칩 수입에 대한 제한은 부과되지 않았고, 외국산 컴퓨터의 수입에만 제한이 가해졌다. 주앙의 실험실은 더 이상 벤처 산업이 일어날 수 있는 중심지가 아니었다. 수입 칩의 가격은 더 저렴했고, 그들이 만들어 낼 수 있는 어떤 것보다 성능이 좋았다. 더욱이 그것들은 천 개 단위로 매매된 데 반해, 기업과의 어떤 동맹 가능성도 없어진 이제는, 주앙과 그의 상사는 고작 몇 개의 시제품 원형 장치만을 고안해 낼 수 있었고, 결함 제거(debugging)를 도와 달라는 어떤 고객도 갖지 못했다.

그래서 두 명의 전자 공학자는 기업의 중심이 아니라 대학 연구의 중심이 되고자 했다. 주앙은 목표를 바꿔 박사 학위를 위한 연구를 결심했다. 문제는, 브라질에는 MOS 칩에 대해 연구하는 교수들이 없다는 사실이었다. 그러나 다행스럽게도 주앙은 자기 상사가 공부했던 벨기에로 가는 특별 연구원 장학금을 얻었다. 매우 적은, 2년 이후에는 상파울루로 돌아가야만 할 정도로 적은 연구 수당으로 그는 열심히 일했다. 일단 돌아오자,

상황은 정말로 악화되었다. 그가 벨기에의 루뱅에서 칩을 연구할 때 사용한 도구들은 그가 브라질의 작업장에서 소유한 것들보다 훨씬 더 좋았기 때문에, 벨기에에서 얻은 결과물 중 어떤 것도 상파울루에서 재현할 수 없었다. 복잡한 회로 설계는 비가시적인(invisible) 것이었을 뿐이다. 더욱 상황이 나쁘게도, 주앙은 자기 논문의 지도 교수이기도 했던 상사가 브라질의 연구 조건에 너무나 넌더리가 난 나머지 벨기에로 이직하려고 결심했다는 소식을 듣게 되었다. 연구가 시작되고 5년 후에도 주앙은 논문을 한 페이지도 쓰지 못했다. 그의 유일한 보물은 MOS 공정에 따라 만들어진 몇 개의 귀중한 회로판으로 이루어져 있었다. 그는 '이것으로, 만일 운만 바뀌면, 나는 언제나 조그마한 기업을 출범시킬 수 있을 것이다'라고 생각했다. 그러는 동안 일본인들이 그의 것보다 백 배나 더 강력한 MOS 칩을 팔기 시작했다. 더욱이 국가위원회는 새로운 자동화 칩 설계자를 위해 그가 신청한 연구 기금을 각하했다. 그 이유는 경비 소요를 정당화할 만큼 그 분야에 충분한 연구자가 없다는 것이었다. 안 그래도 적었던 봉급은 한 학기에 단 한 차례 조정될 뿐인 데 비해, 당시 인플레이션율은 300퍼센트에 이르렀다는 것을 알게 되면 독자들은 주앙의 절망적 상태가 어떠했을지 짐작할 수 있을 것이다! 주앙은 너무나 쪼들리게 되었고, 자기의 연구 이외에 많은 개인 교습에 이어, 세 번째 시간제 일을 하려고 계획하고 있었다. 이제 그는 작업장에 아주 드물게만 나타났기 때문에, 어쨌든 뒤떨어진 것이긴 하지만 그의 장비들은 인근 대학에서 교육용으로 사용되었다. 여전히 그가 자부심을 갖는 것은 그들이 정부에 의해 선발되었다는 것이었다. 그런데 그것은 결과적으로 브라질 북부 어디쯤에 자동화된 MOS 칩 공장을 설립하는 데 어떤 일본 회사가 선호되는지를 그들에게 알려 주었다.

이것은 실로 슬픈 이야기지만, 앞의 여러 장에서 말한 성공 스토리보다 확실히 더 자주 일어나는 일이다. 주앙은 그가 연구 분야 외부에서 얼마나 멀리까지 진전을 이루었건 간에, 하나의 전공을 창안할 수 없었다. 그의 작업장은 어느 것의 중심에 있지 않았고, 교습 기관의 부속물이 되었다. 그의 논문은 모든 다른 연구자들이 인용해야만 하고 고려해야만 하는 텍스트가 아니었다. 그의 칩은 기업, 정부, 군부, 고객, 그리고 언론인들의 결집된 이해관계를 묶을 수 있는 유일한 디자인이 아니었다. 그것은 기술의 낡은 부품, 어느 누구도 사용해 보려 하지 않을 무의미한 원형이 되었다. 셀 수 없이 많은 사람들에게 필수 통과 지점이 되는 실험실로서 확립되기는커녕, 주앙의 작업장은 그 누구도 통과할 필요가 없는 장소가 되었다. 그것은 누군가의 목표와 그 목표의 충족 사이에 전략적으로 자리 잡지 못하였고, 전장인 3장에서 우리가 살펴본 바에 따르면, 이 사실은 주앙이 그 **누구에게도 이해관계를 부여하지 못했음**(interests no one)을 나타낸다.

주앙과 이야기해 보면 더 슬픈 이야기가 드러난다. 이제껏 내가 제시해 온 인물들은 모두 반대자에게 저항해야 했다. 그렇게 하기 위해 그들은 더 전문적인 논문을 써야만 했고, 더 거대한 실험실을 지어야 했고, 아니면 많은 조력자들과 제휴해야 했다. 그러나 주앙이 도전해야 했던 사람들 또는 주앙의 증명을 의문시할 수 있을 사람들은 대체 누구인가? 정부? 군부? 국가의 거대 위원회? 아니다. 그들이 반대자가 아닌 것은, 이 모든 사람이 주앙의 작업에 대해 알지 못했고, MOS 칩 회로의 복잡한 디자인 외부에 모두 위치해 있었기 때문이다. 그럼 그들이 그의 동료라 할 수 있을까? 역시 아니다. 주앙이 동료를 갖지 않았기 때문에, 또 멀리 일본과 북미에 있는 사람들은 주앙의 작업에 관심을 보이기에는 너무나 한참 앞서 있었기 때문이다. 관심을 기울일 유일한 사람은 그의 논문 지도 교수였지만, 이제 그는 벨기에로 가 버렸고, 주앙을 브라질에서 그 전공을 가진 유일한 존재로 남겨 두고 떠났다.

단 한 명으로 꾸려진 전공의 내부에는 무슨 일이 일어나겠는가? 이것이 주앙을 그렇게나 낙담케 했던 문제로, 내부도 또한 사라져 버린다는 사실이다. 주앙은 자기 논문의 초고를 같이 토론할 사람도 없었고, 칩 설계의 여러 부분 사이에 그가 만든 고리들을 시험해 줄 사람도 갖지 못했고, 힘겨루기에 대한 자기의 제안을 제출할 사람도 없었고, 자기의 시제품의 오류 제거를 해 줄 사람도 없었기 때문에, 그는 MOS 테크놀로지에서 무엇이 실재이고 무엇이 허구인지 알지 못한 채로 끝이 났다. 2장에서 내가 정의한 용어를 사용하자면, 주앙은 무엇이 객관적이고 무엇이 주관적인지 알지 못한다.[4] 무인도의 로빈슨 크루소처럼 백일몽과 지각 사이의 경계가 모호해지는데, 그것은 그에게 반대하고 그럼으로써 사실과 인공물 사이에 차별을 둘 그런 인물을 그가 갖지 못했기 때문이다. 내가 이 책의 1부에서 보여 준 과학의 레토릭은 다른 방향으로 흘러간다고 주앙은 느낀다. 그의 논문은 점점 더 비전문적이 되어서, 그는 이제 뉴스 잡지에만 기고하고, 그의 논변은 점점 더 시시한 것이 되고, 그는 다른 외국 전문가들과 토론을 기피한다. 주앙은 자신이 증명 경쟁에서 밀려났고, 매일 점점 더 그렇게 된다고 느낀다. 새로운 연구를 시작한다는 것은 이제 거의 불가능하다. 그의 장비들은 너무 낡았고, 일본인들은 너무나 앞서 가고, 자신의 지식 역시 확인되지 못한 것이다. 단 한 사람의 구성원으로 이루어진 전공은 곧 그 안에 아무런 전문화된 것을 지니지 못하게 된다. 주앙은 가르치거나 대중적인 과학 기사를 쓰면서 근근이 살아가는 '전직 기술자'가 될 것이다. 그는 자기 전공이 최소한 브라질에서는 곧 아무런 외부 지원도 또 아무런

---

4) 2장 1절 끝부분인 1.3 참조.

내부 실존도 갖지 못하게 될 것임을 정말로 염려한다.

이 불운한 사례로부터 이끌어 낼 수 있는 첫 번째 교훈은 외부에서의 자원 모집의 규모와 내부에서 수행될 수 있는 작업의 양 사이에는 직접적인 관계가 존재한다는 사실이다. 더 적은 사람들이 주앙의 작업장에 이해관계를 가지면 가질수록, 주앙이 알고 배우는 양도 더 적어진다. 그러므로 주앙이 새로운 대상들을 시험함으로써, 그것이 또 이해관계 그룹들을 결속시킬 수 있게 만드는 대신, 주앙은 위축되었고 빈손으로 자기 실험실을 나와야 했던 것이다.

이 예에서 배우는 두 번째 교훈은 **고립된 전문가**(isolated specialist)라는 것은 용어상 모순이라는 점이다. 누가 고립되어 있다면 그것은 전문가가 되기를 바로 당장 그만두게 된다는 것이고, 아니면 전문가로 남아 있다면 그것은 고립되지 않는다는 뜻이다. **전문가로서 특화된** 다른 사람들은 전문가의 물질적 자원을 아주 맹렬하게 시험함으로써 그 결과, 전문가의 모든 자원이 그와의 대결에서 거의 이길 수 없을 정도로까지 증명 경쟁을 밀고 나갈 것이다. 어떤 전문적인 논문은 하나의 대항-논문이고(1장), 어떤 실험실은 하나의 대항-실험실인(2장) 것과 동일한 방식으로, 어떤 전문가는 한 명의 대항-전문가다. 많은 대항-전문가들이 모집되고 서로 겨루게 되는 것은 자원의 양이 충분히 커지는 때다. 이 반대자들도 또 증명 경쟁의 비용을 올리고 힘겨루기를 증폭시키고 새로운 대상들을 고안해 낸다. 이것이 이번에는 또 더 많은 외부의 이해관계를 번역하는 데 사용될 수 있는 등, 그런 식이다. 하지만 내부 연소 기관(internal combustion engine), 신경 내분비학(neuroendocrinology), 지질학, 칩 디자인 연구와 같은 것이 하나의 직업으로서 아직 존재하지 않는 한, 내부의 전문가나 외부의 이해관계 그룹은 없다.

1.2 실험실을 불가결하게(indispensable) 만드는 것

예비적인 토대가 아직 만들어져 있지 않을 때, 만들어지고 있는 과학 (science in the making)에 무슨 일이 일어나는가를 이제 우리는 이해하기 시작했다. 그럼 이제, 캘리포니아에 위치한 실험실의 수장 —앞으로는 '보스'라고 부르겠다— 을 그림자처럼 붙어 다니기로 결심한 어떤 헌신적인 비전문가의 업무 일지를 들여다보기로 하자.*

- 3월 13일: 모든 것이 더할 나위 없이 괜찮고, 보스는 자기 작업대에서 판도린(pandorin)에 대한 실험을 하면서 있기 십상이다.
- 3월 14일: 보스는 자기의 새로운 판도린에 대해 써 보낸 12명의 동료로부터 잇따라 전화를 받느라 사무실에서 대부분의 시간을 보냈다.(넷은 샌프란시스코, 둘은 스코틀랜드, 다섯은 프랑스, 하나는 스위스로부터다.) 그가 말하는 것을 듣지는 못했다.
- 3월 15일: 하마터면 비행기를 놓칠 뻔했다. 판도린이 실재하고, 어떤 생리학적 중요성을 가진 독립적 물체라는 것을 부정한 동료를 만나러 보스는 애버딘(Aberdeen)으로 날아 갔다. 애버딘에 머무는 동안 그는 유럽 전역으로 계속 전화를 했다.
- 3월 16일 아침: 남부 프랑스로 또 비행기를 탔다. 대형 제약 회사의 대표로부터 보스는 환대를 받는다. 하마터면 택시를 못 탈 뻔했다. 그들은 어떻게 판도린과 다량의 다른 물질들에 대한 임상 시험을 시작하고 생산

---

* 비록 모든 요소가 정확하긴 하지만, 이것은 하나의 이상형(ideal-type)이며, 실제 사례는 아니다.

하고 특허를 얻을 것인지 하루 종일 토론했다.

- 3월 16일 저녁: 뇌 펩티드 연구를 촉진하기 위해 프랑스에 새 실험실을 건립하는 문제를 보건부 장관과 논의하기 위해 파리에 들른다. 보스는 프랑스의 과학 정책과 관료적 형식주의(red tape)에 대해 불평한다. 그는 이 새로운 실험실에 어쩌면 끌릴 수 있을 사람들의 명단을 만든다. 그들은 공간, 봉급, 취업 허가증에 대해 상의한다. 장관은 이 프로젝트에 대한 규제 완화를 약속한다.

- 3월 17일: 보스는, 자신의 새로운 장비가 쥐의 뇌에서 판도린의 위치 추적을 어떻게 할 수 있는가를 보여 주고자 스톡홀름에서 찾아온 과학자와 아침 식사를 한다. 사진들이 멋지다. 보스는 그 장비를 사려는 생각을 피력한다. 그 과학자는 그것이 아직은 시제품 원형임을 말한다. 그 둘은 어떤 기업의 관심을 끌어 그것을 제작하게 할 계획을 짠다. 보스는 그 장비를 광고할 것을 약속한다. 보스는 상대방 과학자가 추후 더 시험을 할 수 있도록 판도린 샘플을 몇 개 건네준다.

- 3월 17일 오후: 나는 지친 나머지, 보스가 명예 박사 학위를 받는 소르본 대학의 수여식을 놓쳤다. 식후 기자 회견에는 제시간에 도착했다. 보스가 프랑스의 과학 정책에 대해 맹폭을 가했기 때문에 기자들은 매우 놀랐다. 그는 뇌 연구 분야의 새로운 혁명에 대비할 것을 모두에게 주문했다. 혁명의 첫 번째 전조는 판도린이다. 과학의 부정적 이미지를 만들고 언제나 큰 화제와 혁명적 발견에 뒤늦기만 하는 기자들을 그가 공격한다. 회견 후 술잔을 건네면서 그는 과학위원회를 설립해 기자들이 제대로 행동하고 멋대로 엉뚱한 주장을 전파시키지 않도록 압박하자고 몇 명의 동료들에게 제안한다.

- 3월 17일 밤: 우리는 워싱턴에 도착했다. 보스도 나와 마찬가지로 피곤

한 걸 볼 수 있다니 기쁘다.

- 3월 18일 아침: 대통령 집무실에서 대통령과 당뇨 환자 대표자들과 대규모 회합. 보스는 매우 감동적인 연설을 하고, 연구가 곧 돌파구를 찾을 것이며, 대개 연구는 더디게 진척되며, 관료적 형식주의가 주요 문제점이며, 더욱 많은 기금이 젊은 학자들을 훈련시키기 위해 필요하다고 설명했다. 당뇨 환자들의 부모는 거기에 응해서, 이 연구에 우선권을 주고 보스의 연구실에서 나온 신약의 시험을 가능한 한 가장 용이하게 해 줄 것을 대통령에게 재촉했다. 대통령은 최선을 다할 것을 약속했다.

- 3월 18일 점심: 보스는 국립과학원에서 운영 오찬회가 있다. 그는 자기 동료들을 설득해서 새로운 분과를 만들려고 애쓰는데, 그렇지 않고서는 이 새로운 분야에서 그의 동료들 모두가 생리학이나 신경학으로 빠져나갈 것이며, 그들의 기여는 응당 받아야 할 보상을 받지 못할 것이라고 설명한다. "우리는 시계(視界)를 더 확보해야만 합니다"라고 그는 말한다. 다른 동료가 낸 안건을 어떻게 부결시킬까를 그들은 논의하는데, 내 자리는 세 테이블이나 떨어져 있어서 그게 누구를 말하는지 들리지 않았다.

- 3월 18일 오후: 학회지 《내분비학(Endocrinology)》의 이사회에 약간 늦었다. 나는 회의실에 몰래 들어갈 수 없다. 보스가, 자기 연구 분야가 잘 반영되고 있지 않다는 데 대해, 또 나쁜 심사자들이 많은 우수한 논문들에 대해 게재 불가 판정을 내리는데, 그 까닭은 그들이 새 분야에 대해 아무것도 모르기 때문이라고 불평하고 있다는 것을 비서로부터 들었을 뿐이다. 보스는 "더 많은 뇌 과학자들을 데려와야만 한다"라고 말한다.

- 3월 18일 기내에서: 보스는 뇌 과학과 신비주의의 관계에 대해 써 달라고 예수회 친구가 요청한 논문을 수정 중이다. 보스는 기독교의 사도 요한(Saint John of the Cross)에게 '활력(kick)'을 불러일으킨 것이 아마도

판도린일 것이라고 설명한다. 또 정신 분석학은 종말을 고했다고 지나가면서 덧붙인다.

- 3월 18일 늦은 오후: 우리는 보스의 강의 시간에 맞춰 대학에 도착했다. 새로운 발견들에 대해 조명함으로써 강의를 끝냈고, 또 기회로 가득 찬 이 신생 분야에 총명한 젊은이들이 들어오는 것이 얼마나 중요한지를 말했다. 강의 후 그는 자기 조수들과 간단한 업무 회의를 했고, 그들은 새 교육 과정에 분자 생물학을 더 넣고, 수학은 덜 넣고, 컴퓨터 과학을 더 넣는 것을 논의했다. 보스는, "중요한 것은 우리가 사람들을 올바르게 훈련시키는 것이고, 이제껏 우리가 갖고 있던 것들은 이제는 쓸모없다"라고 말한다.

- 3월 18일 저녁: (공백. 따라가기 너무 지쳤다.)

- 3월 19일: 내가 도착했을 때 보스는 이미 나와 있었다! 오늘이 그의 연구 기금 중 하나인 100만 달러 건에 대한 현장 방문날인 것을 깜박 잊었다. 방문자들은 모든 이들과 토론을 하고 모든 프로젝트를 시험하고 있었다. 보스는 "방문자나 직원들에게 영향을 주지 않기 위해서" 그의 사무실에서 멀리 떨어져 있었다. 나는 공식 만찬을 놓쳤다.

- 3월 20일 아침: 보스는 정신 분열증 환자에게 판도린을 처음으로 임상 시험해 보도록 의사들을 설득하기 위해서 정신 병원에 갔다. 불행하게도 환자들이 약물을 너무나 잔뜩 먹고 있어서 판도린의 효과를 구분해 내는 것이 어려울 것이다. 그는 의사들에게 자신과 공저로 논문을 쓰자고 제안한다.

- 3월 20일 오후: 우리는 도살장 여기저기를 돌아다닌다. 보스는, 내가 전문 용어를 모르겠는데, '손도끼 담당자'의 우두머리에게 시상하부가 손상되지 않도록 양의 머리를 잘라 내는 방식을 써 보라고 설득하려고 애쓴다. 논의가 거칠어졌다. 나는 너무나 메스꺼워서 한마디도 들리지 않았다.

- 3월 20일 늦은 오후: 보스는 자신의 부재 중 판도린에 대해 쓰기로 예정된 논문의 초고 작업을 하지 않은 젊은 박사후 과정생에게 상당한 꾸지람을 내린다. 보스는 차세대의 고압 액체 크로마토그라피(HPLC) 중 어떤 것을 구매해야 할지에 대해 공동 연구자들과 결정한다. 보스는 더욱 정화된 판도린 시료에 대해 오늘 오후에 얻어진 새로운 수치들을 계속 정독하고 있다.

우리는 이 지점에서 일지를 읽는 것을 중단할 수 있다. 분주한 한 주였긴 해도, 그렇다고 유별났던 것은 전혀 아니다. 과학자를 수행해 돌아다니는 일은 지치게 하는 일일 수 있고, 수행자들로 하여금 세계 각지, 그리고 예상했던 것보다 훨씬 많은 사회의 그룹을 **방문하도록** 억지로 강제할 수 있다. 즉 고위 관료, 단체, 대학, 기자, 종교인, 동료 등등이다.

3월 13일에서 18일까지 보스가 연구를 수행한 방식을 어떻게 정의할 수 있을까? 이 물음에 답하기 위해서는, 같은 일주일 동안 보스가 아니라 보스의 공동 연구자 한 사람을 그림자처럼 붙어 다닌 또 한 명의 헌신적인 비전문가에 대해 살펴봐야 한다. 앞의 시찰자와 반대로, 이 사람은 실험실에서 이동하지 않았다. 보스의 공동 연구자인 여성은 일주일 내내 하루에 12시간, 판도린을 우리가 2장에서 기술했던 종류의 시험에 회부하면서 작업대에 앉아 있거나 사무실에 머물렀다. 몇 번의 전화를 받았다면, 그것은 보스에게서 온 것이거나 다른 기관에서 동일한 일을 하는 동료들에게서 온 것이거나 제품 제조업자로부터 온 전화다. 보스의 출장에 대해 질문하면 그녀는 짐짓 겸손하게 군다. 자기는 법률가나 기업 또는 정부를 가까이 하고 싶지 않다는 것이다. "나는 과학, 기초 과학, 엄밀 과학을 하고 있을 따름입니다"라고 그녀는 말한다.

그녀가 실험실에 머무는 동안 보스는 세계를 돌아다녔다. 보스가 작업대에 앉아서 하는 일에 단지 싫증이 난 것일까? 아니면 그가 가치 있는 연구를 하기엔 너무 늙은 것일까? 이것은 실험실 내부에서 휴게 시간에 사람들이 종종 투덜거리는 이야기 아닌가? 키더(Kidder)가 말해 주는 일화에서, 웨스트(West)의 계속적인 정치 활동에 대해서도 동일한 불평이 들려온다.[*] 웨스트는 본사에서 마케팅 회사로, 또 거기에서 전자 전시장으로 늘 빙빙 돌아다녔다. 그가 자리를 비우는 동안 컴퓨터 천재들은 어떤 경제적 또는 정치적 장애물로부터 완전히 절연된 채로 맹렬히 일하고 있다. 그들 각자는 바로 딱 하나의 마이크로코드에 따라서 일한다.

위 사례는, 누가 연구를 할 사람인지를 결정하는 것이 얼마나 중요한가를 보여 준다. 어느 과학자를 수행했는가에 따라, 테크노사이언스에 대한 완전히 다른 그림들이 떠오를 것이다. 웨스트나 앞의 보스를 단지 밀착 수행한 경우, 과학에 대한 비즈니스맨의 조망(정치, 계약 협상, 공공적 관계의 혼합)이 나올 것이다. 컴퓨터 천재들이나 앞의 연구자를 밀착 수행하면, 자기의 실험 장치들에 둘러싸여 흰 실험복을 입고 열심히 일하는 과학자에 대한 전통적인 조망이 나올 것이다. 첫 번째 경우 우리는 실험실 외부에서 계속적으로 이동할 것이다. 두 번째 경우, 실험실 내부에서 깊이 침잠해 있을 것이다. 정말로 연구를 하는 것은 누구인가? 연구가 진짜로 수행되는 것은 어디인가?

첫 번째 물음에 대한 답은, 보스의 연구실을 살펴보기 위해 갔던 두 명의 관찰자가 1년에 걸친 관찰이 끝날 즈음 그들의 일지를 한데 모아 볼 때 나온다. 그들은 다음과 같은 사실을 알아차리게 된다. 공동 연구자는 학회

---

[*] T. Kidder(1981) 참조.

지 《내분비학》의 새 섹션에 논문을 게재했는데, 그 섹션은 보스에 의해 만들어진 것이다. 그녀는 당뇨병환자협회로부터 특별 연구원 연구비를 받은 덕에 새로운 기술자를 고용할 수 있었는데, 그것은 백악관에서 보스가 연설한 후에 가능했다. 그녀는 이제 도살장으로부터 이전보다 훨씬 깨끗하고 신선한 시상하부를 공급받는데, 그것은 보스의 불평이 거둔 성과다. 그녀의 작업에 흥미를 가진 두 명의 대학원생이 그녀에게 왔는데, 그것은 대학에서 보스의 강좌를 그들이 수강한 이후의 일이다. 그녀는 프랑스 보건부 장관이 프랑스에 새로운 실험실을 만들려고 그녀에게 제안한 자리를 놓고 목하 고려 중인데, 그것은 보스가 프랑스의 고위 관리와 오랜 시간 협상한 덕분이다. 그녀는 스웨덴 회사로부터 뇌 펩티드의 미세한 양이 있는 곳을 추적하는 완전히 새로운 실험 기구를 받았는데, 그것은 부분적으로는 그 회사를 설립하는 데 보스가 관여했기 때문이다.

요약하면, 보스가 외부에서 계속적으로 새로운 자원과 지원을 끌어왔기 때문에, 그녀는 실험실에서의 작업에 깊이 몰두할 수 있었던 것이다. 그녀가 "오로지 과학"을 하고자 더 원할수록, 그녀의 실험이 더 비용이 들고 더 오랜 시간이 들수록, 보스는 더욱더 전 세계를 순회하면서 모두에게 지구상에서 가장 중요한 일이 그녀의 연구라고 설명해야만 한다. 마찬가지의 분업이 웨스트와 그의 팀에도 일어났었다. 웨스트가 이글(Eagle) 프로젝트를 시도하게 해 달라고 회사를 설득할 수 있었기 때문에, 그 젊은이들이 그들 경력에서 최초로 완전히 새로운 컴퓨터를 발명해 낼 수 있었다. 그들이 "오직 기술적인 문제에만" 집중하기를 더 원하면 원할수록, 웨스트는 더 많은 사람들을 부추겨야만 한다.

이런 이중 행보의 귀결은, '외부에서' 사람들의 관심을 유발하도록 몰아대는 추진력의 강도와 '내부에서' 행해지는 작업의 강도 사이에서 맞교환되는 거래다. 전 장에서 보았듯이, '관심이 끌린' 모든 사람의 이해관계는 오직, 예컨대 새 컴퓨터와 새 판도린이 그들 모두를 묶을 수 있고, 그들의 통상적 작업을 추구하는 데 필수 통과 지점이 되는 경우에만 지속될 것이라는 사실에 기인해 이 맞교환이 성립한다. 그렇게 하려면, 반드시 이글 컴퓨터는 완전히 오류가 제거되어야 하고, 반드시 판도린은 의문의 여지가 없는 사실이 되어야 한다. 웨스트의 강매와 보스의 허세 부리기가 필요해 청해진 순간, 그들이 보여 주는 모든 데이터는 힘겨루기를 잘 견뎌야만 한다. 외부에서 약속된 것과 내부에서 유지되는 것 사이의 이러한 맞교환 때문에, 엄청난 압력이 이제 연구자들을 향해 다시 돌려진다. 연구자들은 모두 열심히 일해야 하고, 이글과 판도린을 모든 가능한 시험에 회부해야 한다. 최고의 장비를 사야 하고 또 최고의 대학원생들을 모집해야 한다. 자신들이 이런 거대한 압력을 받는 동안에 그들은 "우리는 오로지 과학을 할 뿐이다"라고 말한다.

이들 예로부터 이끌어 낼 수 있는 첫 번째 교훈은 오히려 악의가 없어 보이는 편이다. 테크노사이언스는 그것에 외부가 있기 때문에 내부가 있다. 이런 무해한 정의에는 하나의 긍정적인 피드백 고리가 다음과 같이 존재한다. 내부에서 과학이 더 크고, 더 엄밀하고 더 순수할수록, **다른 과학자들은 외부에서 더 멀리 나가야만 한다.** 이런 피드백 때문에, 만일 당신이 어떤 실험실 내부에 들어가면 당신은 그 어떤 공공적 관계도, 어떤 정치도, 어떤 윤리적 문제도, 어떤 계급 투쟁도, 어떤 변호사도 보지 못한다. 당신은 과학이 사회로부터 고립되어 있는 것을 본다. 그렇지만 이런 고립이 존재하는 것은 오직, 다른 과학자들이 끝없이 투자가를 모으고 사람들의 관심을 끌고 설득하는 데 분주한 한에서다. 순수한 과학자란, 어미 새들이 부지런히 둥지를 짓고 먹이를 주는 동안 무력하게 있는 새끼 새와 같은 존재다. 웨스트나 보스가 외부에서 그렇게 활동적이었기 때문에, 컴퓨터 천재들이나 공동 연구자가 순수 과학 내부에서 그렇게 참호에 잘 에워싸여 있을 수 있다. 만일 우리가 이러한 내부와 또 이러한 외부 측면을 갈라놓는다면, 우리가 테크노사이언스를 관통해 살펴보는 일은 완전히 불가능할 것이다. 각각의 교차로마다 우리는 누구를 쫓아가야 할지 알 수 없을 것이다. 반대로, 이제 분명한 것은 우리가 키더가 한 방식으로 해야만 하고, 이제부터는 우리의 주의력을 분할해 1장, 2장, 3장에서 우리가 했던 것처럼 순수하게 기술적인 것을 쫓아가고 또한 말하자면 '순수하지 않게' 기술적인 것도 쫓아가야 한다. 1, 2장에서 나온 우리의 오랜 친구인 반대자 또는 3장의 사실-구축자는 외부에서 다른 사람들이 부지런히 일하고 있었기 때문에 오직 바로 그 이유로 그렇게 완강했던 것이다. 이제부터 우리는 미처 쫓아가지 않았던 이 외부의 사람들을 쫓아가 보아야겠다.

1.3 테크노사이언스는 무엇으로 이루어져 있는가?

나는 세 가지 매우 대조적인 상황을 기술했었다. 바로 앞의 경우에서, 고찰되는 과학은 명확하게 양분되어 있다. 하나는 실험실이라는 거대한 내부, 하나는 모집 운동(recruitment drive)을 조직적으로 획책하는 거대한 외부다. 그보다 더 앞의 두 사례에서 과학자들은 두 가지 사이에 **차별을 두**기 위해 애쓰고 있었다. 내부의 전공은 그 안에서 그들이 일할 수 있는 기반이었고, 외부의 상충하는 이해관계들의 혼합은 그들의 전공을 헤치고 들어와 그것을 완전히 파괴하려고 위협했다. 세 가지 경우가 얼마나 다르건 간에, 두 가지 특징은 불변이다. 첫째, 실험실에서 헌신적인 동료들과

일하는 능력은 다른 과학자가 얼마나 성공적으로 자원을 모집하느냐에 달려 있다. 둘째, 이 성공은 거꾸로, 얼마나 많은 사람들이 이미 과학자들에 의해 이미 설득되어서, 실험실을 통과해 우회하는 것이 그들 자신들의 목표를 진전시키는 데에도 필수적이라는 점을 받아들이냐에 의존한다.

(1) "대체 누가 실제로 과학을 하는가?"

'그들의 목표'란 말이 무엇을 의미하는가? 우리가 알기로, 그것은 과학자의 이해관계와 다른 사람들의 이해관계에 대한 애매한(중의적) 번역을 지칭한다. 예를 들어 만일 보스가 총리, 대통령, 당뇨병환자협회, 자기 학생들, 변호사, 제약 회사 대표, 언론인, 동료 학자들과 이야기할 때 그렇게나 성공적이었다면, 이것이 의미하는 바는 그들이 보스를 도와 그의 연구실을 확장하게 할 때 그들은 자신들의 목표를 진전시키고 있다고 자기들은 생각했다는 것이다. 같은 이야기가 웨스트의 경우에도 분명히 해당된다. 그의 그룹은 새로운 컴퓨터를 만들고 노스캐롤라이나의 연구 센터를 앞서려는 데 있어 열광적이었다. 이를 위해 그들은 일주일에 7일, 하루에 12시간을 일할 태세가 되어 있었다. 하지만 맨 마지막에는, 상승한 것은 데이터 제너럴(Data General)의 시장 점유율이었고, 다른 사람보다 더 기뻐한 것은 웨스트의 최고 상사인 데 카스트로(De Castro)였다. 젊은 컴퓨터 천재들의 이해관계, 웨스트의 이해관계, 데 카스트로의 이해관계, 그리고 데이터 제너럴 이사회의 이해관계는 적어도 몇 달간은 모두 한 줄로 정렬해 제휴를 이루고 있다. 바로 이런 제휴(alignment)야말로 다른 두 사례에서는 보이지 않았던 것이다. 교회, 대학 당국, 상류 계급, 국가, 공중, 아마추어, 동료 지질학자, 이 모두는 라이엘이 독립 분과인 지질학을 개발하는 것에 대해 복합적인 감정을 갖고 있었다. 라이엘이 그의 관심에 대해 말할 때, 처음에는 어느 누구도 그가 '자기들의 이해관계'를 같이 의미한다고 느끼지 않았다. 이 모든 상충된 의향을 한 줄로 정렬시키기 위해 지난한 협상이 계속 진행되었다. 주앙의 경우에, 이해관계들은 모두 서로 다투고 있는 것이 분명하다. 주앙이 그의 목표들에 대해 말할 때, 이 세상의 어느 누구도 그것들이 자기들의 것이기도 하다고 생각하지 않았다. 군대도 기업도 그의 동료도 그러했다. 주앙과 다른 사람들의 관계는 중의적이 아니라 너무나 명백해서 이해의 일치가 불가능했다.

그러므로 요약하자면, 과학자와 기술자들이 거대한 내부 세계를 창조하는 데 성공적일 때, 그것이 의미하는 바는 **다른 사람들**이 다소간 동일한 목표들을 향해 일하고 있다는 것이다. 그들이 성공적이지 못할 때, 그것이 의미하는 바는 과학자와 기술자들이 그들의 방향을 추구하는 데 있어 **홀로** 남겨져 있다는 것이다. 이것은 역설처럼 들린다. 과학자가 자기네 과학에 대해 강박적으로 생각하는 동료들로만 둘러싸여 있어 완전히 독립적인 것처럼 보일 때, 그것은 그들이 아주 많은 사람들의 이해관계에 정렬되어 있어 완전히 의존적임을 의미한다. 거꾸로, 그들이 진짜로 독립적일 때, 그들은 실험실을 꾸리고 생계를 유지하고 그들이 하고 있는 것을 이해해 줄 다른 동료들을 모집하게 해 줄 자원들을 갖지 못한다. 이런 역설은 내가 앞의 두 절에서 제시한 피드백 기작의 귀결일 따름이다. 테크노사이언스의 일부가 더 **내밀한**(esoteric) 것일수록, 사람들의 모집은 더욱 **개방적인**(exoteric) 것이 되어야만 한다. 이것이 역설처럼 들리는 이유는 우리가 이 두 측면을 갈라놓기 때문이다. 그래서 우리는 빈약한 기금이 조달된 작업장이 기금이 잘 조달된 것보다 외부의 이해관계에 더 매여 있다고 생각하는 경향이 있는데, 실상은 그것이 덜 매여 있기 때문에 빈약한 것이다. 거꾸로, 우리가 거대한 사이클로트론[cyclotron, 하전(荷電) 입자 가속 장치]을 보면, 그것이 그 누구의 직접적인 이해관계와도 더 멀리 떨어진 것이라 생각하는 경향이 있지만, 실상은 수백 명의 사람들과 밀접한 연관을 갖고 있기 때문에 비로소 멀리 떨어진 것이다. 우리가 내부와 외부의 과학자들을 동시에 쫓는 것을 잊을 때, 이러한 실수가 발생한다. 그것은 또한 내부의 과학자들이 어쨌든 존재할 수 있도록 외부의 과학자들이 이끌어야만 했던 수많은 협상을 우리가 잊을 때다.

이 역함수 관계(inverse relationship)에 대해 잠시 숙고해 보자. 우리가 '누가 실제로 과학을 하는가?'라고 묻는다면, 테크노사이언스를 관통하려는 우리의 여정을 중단시킬 수 있는 커다란 난관에 빠져드는 것이 아닐까? 만일 우리가 '당연히, 실험실에서 일하는 사람들'이라 답한다면, 라이엘과 주앙의 예에서 보듯이 그들은 스스로 생계를 꾸려 나가거나 논쟁을 만들어 내지도 못했기 때문에 그 대답은 전반적으로 불완전한 것임을 우리는 안다. 그러므로 우리는 과학을 행하는 사람들의 명단을 채워 넣어야만 한다. 그러나 만일 우리가 명단 속에, 고립되고 무력한 과학자들을 웨스트나 보스 같은 사람들로 변형시키는 데 필수적인 모든 조력자를 포함시킨다면, 우리는 명백한 불합리에 봉착한다. 데 카스트로, 보건부 장관, 이사회, 대통령이 모두 과학을 한다라고 말하여야 할 것인가? 확실히, 그렇기도 하다. 왜냐하면 웨스트나 보스가 자기들이 실험실을 위해 그렇게 열심히 일했던 것은 그들을 설득하기 위해서였기 때문이다. 확실히, 어림없는 대답이기도 하다. 이들 확신을 가진 조력자들 누구도 작업대에서 일하지 않았기 때문이다. 그러므로 우리는 두 가지의 똑같이 어리석어 보이는 대답을 놓고 곤경에 처해 있다. 우리 목표가 테크노사이언스를 행하는 사람들을 쫓는 것이기 때문에, 만일 우리가 실제로 누가 일을 하는지를 더 이상 결정할 수 없다면 우리의 탐구는 저지된다!

물론, 과학을 실제로 하는 사람은 실험실의 과학자라는 처음 답변의 논리에 따르면 난관에서 벗어날 수 있다. 이 방법은 대부분의 분석가들에 의해 수용되는데, 틀림없이 우리는 사용할 수 없는 것이다. 실험실을 후원한 사람들의 긴 명단은 테크노사이언스가 순수한 지식의 저장소로서 존재하기 위한 필수적인 전제 조건을 구성한다라고 그것은 말하는 셈이다. 달리 말하면 비록 그 모든 사람이 자원을 제공하기 위해 필수적이지만, 그들은 만들어진 과학의 바로 그 내용 자체를 형성하지는 않는다. 이 견해에 따르면 내부와 외부 사이에 그어져야 하는 실제 경계가 존재한다. 외부자들을 쫓아간다면 우리는 정치인, 기업가, 선생들, 변호사 등등의 무리를 만나게 된다. 내부에 머무른다면, 과학의 본질적 핵심만을 얻게 될 것이다. 이런 구분에 따르면, 앞의 무리들은 두 번째 무리인 과학자들이 조용히 일하게 하기 위한 일종의 필요악으로 간주된다. 이런 관점의 결과는, 당신이 첫 번째 무리에 대해 얻을 어떤 지식도 과학자들에 대해 아무것도 가르쳐 줄 수 없다는 점이다. 그들 무리가 말려들어 간 책략이나 인물들의 유형은 완전히 다를 것이다. 맥락과 내용 사이의 이러한 절연은 내적·외적 구분(internal/external division)이라고 종종 불린다. 과학자들은 내부에 있고, 외부 세계는 안중에 없으며, 외부 세계는 그들의 작업 조건과 그 발전 비율에만 영향을 미칠 수 있다.

만일 독자들이 이런 구분을 받아들이고자 한다면, 그것은 우리 여정의 종말이 될 것이라는 점이 독자들에게 명확해졌으면 한다. 우리의 모든 예들은 외부 세계와 실험실 사이에 서로 오가는 부단한 뒤섞임을 그려 보여 줬다. 지금 하나의 통행할 수 없는 방벽이 양자 사이에 급조되어 있다. 이제껏 암암리에 제안해 왔지만 이제부터 나는 테크노사이언스의 골격, 다른 해부학적 구조를 제시하고자 한다. 거기에서 내적·외적 구분은, '외부에서의' 이해관계의 모집 — 소시오그램(sociogram)과 '내부에서의' 새로운 동맹자의 모집 — 테크노그램(technogram) 사이에 있는 역함수 관계로부터 오는 잠정적 결과다.[5] 행로를 따라 진행되는 각 단계에서 무엇이 '내부'이며 무엇이 '외부'를 구성하는지는 변화한다.

과학에 대한 전반적으로 불충분한 정의가 엄청나게 넓은 것이 되어 버리는 문제점과 관련해 두 가지 해결책이 있다. '내부'와 '외부' 사이에 이론적이고 통행할 수 없는 장벽을 서둘러 급조하는 것, 아니면 그 둘 사이에 경험적이고 변화무쌍한 경계를 더듬어 조사해 보는 것. 첫 번째 해결책은 어디에서 출발하는가에 두 가지 다른 이야기를 낳으며, 이 책이 계속될 필요가 없게끔 종료시켜 버린다. 두 번째 해결책은 외부와 내부 어디에서 출발하든 상관없이 종국적으로는 동일한 이야기를 제공하며, 이 책이 계속 진행되게 허락한다!

(2) 모두가 조력하게 된다

위의 두 가지 방안 중 어떤 것으로 할지 결정하기 위해 앞의 두 번째 절로 돌아가 보스의 출장의 단순화된 지도를 추적하기로 하자. '과학을 함'이 실험실 내부에서 일하는 연구자와 외부에서 여행하는 보스에게 서로 다른 두 가지를 의미했다는 것을 기억하자. 예에서 분명한 것은 그들 둘 다 과학을 했다는 것인데, 보스에 의해 돌려진 자원들이 연구자에 의해 이제 활성화되었기 때문이다. 역으로, 연구자에 의해 실험실에서 쥐어짜 낸 새로운 대상들 각각은 보스에 의해서, 후원을 받기 위한 더 새롭고 더 싱싱한 원천을 확보하기 위해서 즉각 자원들로 전환되었다. 연구자와 보스에

---

5) 이 두 개념에 대해서는 3장 3절의 3.2와 그림 3.4 참조.

의해 동시에 수행된 이 과정은 고리 모양이나 순환 형태를 갖는다. 어쨌든 우리가 첫 번째 절에서 보았듯이, 이 고리 모양은 **안쪽으로** 또는 **바깥쪽으로** 돌 수 있다. 과학이 아주 축소되어 연구자와 보스 사이의 구별이 없게 되고 곧 이어서 새 대상도 후원자도 없게 될 수 있다. 반면 과학을 성장시키는 방향으로 고리가 돌 수도 있다. 이것은 무엇을 의미할까? 그림 4.1에 보이듯이, 더욱더 많은 요소가 사이클의 일부가 된다는 의미다. 나는 이들 요소를 인위적으로 자금(money), 작업 요원(workforce), 도구(instrument), 새 대상들(objects), 논변(arguments)과 혁신(innovations)으로 나누었고, 세 개의 완전한 사이클만을 그려 놓았다.

자금(money)을 대는 사람들에서 출발해 보자. 맨 처음에 보스는 기금을 받기만 한다. 중간 원에서 그는, 누가 자금을 받아야 하는지를 결정하는 수많은 국가위원회의 선두에 선다. 마지막에 그는, 얼마나 많은 돈을 주어야 할 것인가, 또 어떤 과학에, 그리고 어떤 시스템을 통해 기금을 할당하

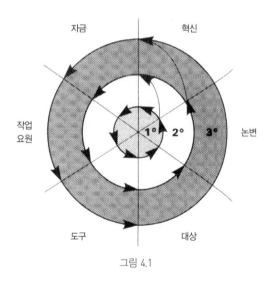

그림 4.1

고 통제할 것인가에 대한 법규를 제정하는 국가 기구의 일원이다. 처음에는 보스의 모험적인 기획에 자신들의 운명이 연결된 사람들이 거의 없었지만, 마지막에는 꽤 많은 사람이 연결된다.

그림에서 시계 반대 방향으로 진행해 가면, 보스가 일단 자금을 확보한 후 모집할 필요가 있는 작업 요원(workforce)과 마주친다. 처음에 보스는 전체 일을 완전히 자기 혼자서 해냈다. 중간에 그는 대학의 학과와 공업 학교에서 이미 훈련된 젊은이들을 모집했다. 마지막에 그는 새로운 학과와 새 대학을 이끄는 선두에 서고, 교육 체제 전반에 걸쳐 훈련과 우선권에서 전면적 변화를 주창한다. 그는 더 나아가서 교과서를 쓰고, 대중 강연을 하고, 자기의 과학에 대한 열정으로 청중을 열광시킬 수도 있다. 시작에서 끝까지 보스는 점점 더 많은 사람들을 모집하고 자기의 기획을 점점 더 많은 학교의 기획에 갖다 붙이면서 더더욱 멀리 밖으로 나아가야만 했다.

원을 더 돌면 우리는, 새로운 대상(new objects)들을 만드는 데 아주 중요한 도구들(instruments)과 마주친다.[6] 전체 과정이 아주 소규모일 때, 보스는 입수할 수 있는 또는 그가 서투르게 수선할 수 있는 도구만을 사용한다. 중간에 그는, 새 도구를 고안하거나 시제품에 대해 기업에 조언을 하고 있을 수 있다. 마지막에서 그는, 도구를 만드는 여러 회사의 이사로 있으면서 그것들을 병원에서 사용해 달라고 고취하고, 도구의 확산을 제한하는 법령과 싸울 수 있다. 아니면 다른 과학의 경우에는, 거대한 새 도구를 설계하는 데 지원을 해 달라고 의회 청문회에서 그가 강변하는 것을 발견할 수도 있을 것이다. 여기에서도 마찬가지로, 보스의 사이클에 관심을 갖는 사람들이 처음에는 거의 없었지만, 마지막에서는 기업의 한 부문 전

---

6) 라투르가 사용하는 도구의 의미는 앞 2장 1절 1.1에 나온다. 도구는 소프트웨어로 이루어질 수도 있다.

체가 그의 운명과 연결된다.

원을 더 돌면 우리는, 도구를 사용하는 연구자들에 의해 생겨난 시험들에 대면한다. 처음엔 아주 적은 동맹자들이 끌려들어 온다. 중간에는 예기치 않은 더 많은 동맹자가 등장한다. 마지막에는, 혹독하고 예기치 않은 시험을 받고 있는 거대한 연구소 내부에서, 새로운 대상들이 수천의 동맹자들에 의해 만들어진다. 2장에서 보았듯이 연구소가 더 커질수록, 과학자들이 대변하는 비인간 요소를 동원하는 과정도 더 광범위해진다.

다음으로 우리는 논변(arguments)을 만난다. 2장과 3장에서 이미 보았듯이 보스는 처음에는, 하여간 출판하기 어려울 뿐인 그런 약한 비전문적 주장을 내놓는다. 중간에는, 점점 더 전문적이 되어 가는 그의 논문들이 더 높은 지위를 갖는 더욱더 많은 전문 학회지에 의해 점점 더 빠르게 게재가 허락된다. 종국에는, 보스가 새 학회지들을 만들고, 출판사에 자문을 해 주고, 새로운 자료 은행의 창설을 주창하고, 동료들에게 전문가 협회, 학술원 또는 국제 기구를 설립하도록 권고한다. 소심하고 논쟁의 여지가 있는 하나의 주장으로 출발한 것이, 부정할 수 없고 잘 확립된 지식 체계 또는 존경할 만한 공언으로서 끝을 맺는다.

나음에 우리는 혁신(innovations)을 대면하게 된다. 출발점에서 보스는 자기 논변, 자기 실물들 또는 그의 시제품을 사용하도록 그 누구도 거의 설득할 수가 없었다. 그것들은 주앙의 침처럼 그의 작은 실험실 내에 국한해 있었다. 중간에 점점 더 많은 사람들이 보스에 의해서 관심(이해관계)이 충분히 끌려진 결과, 그의 프로젝트에 자기들의 세력(force)을 빌려준다. 많은 병원, 다른 많은 학문 분야가 보스의 논변을 잘 활용하게 되고, 혁신을 더욱 확산시킨다. 끝에서 보스는 여러 회사의 이사이자 많은 위원회의 의장이고, 여러 협회의 창설자인데, 그것은 모두 혁신의 확산을 최대한으로 촉진해 주고 있다. 한 사람의 실험실에 국한되었던 것이 이제는 세계의 모든 곳에서 긴 연결망을 통해 유통된다.

마침내 우리는 원을 한 바퀴 돌아 다이어그램의 시작 지점에 이른다. 처음에 보스는 더 많은 연구비, 더 넓은 공간, 더 큰 신용(credit)을 그의 이전 활동에 기반해서 획득하기엔 너무나 허약했다. 중간에 그의 작업이 인정받게 되고 그의 논문과 동료 연구자의 논문들이 읽히고 인용되고, 그의 특허권이 집행된다. 연구비, 공간, 명성은 더욱 쉽게 확보될 것이다. 끝에서, 그 과정을 통해 가입된 모든 세력은 그들의 전반적 변동의 원인이 그와 그의 실험실 또는 그의 연구 분야를 신뢰하는 탓이라고 그 책무를 돌릴 태세가 되어 있다. 처음에 고립된 장소였던 것이 끝에서는 필수 통과 지점(OPP)이 된다. 이때가 되면 다른 사람들이 무엇을 하거나 원하든 간에, 보스의 실험실은 커진다. 이것이 3장에서 말한 번역 5다.

이 전반적인 그림이 얼마나 단순화된 것이든, 그 속에서 한 가지는 명확하다. 성장이란, 점점 더 적게 예상되는 원천들에서 나오는 더욱더 많은 요소들을 같이 묶는 데서 온다. 앞 2절 어디에선가 우리가 본 것은 도살장, 프랑스의 보건부 장관, 백악관 대통령 집무실, 그리고 이들 각자에게 관련이 있는 뇌 펩티드였다. 과학의 '맥락'만이 대면되는 외부 변두리와 '기술적 내용'만이 산출되는 내부 핵심을 그 그림 속에 그려 넣는 것은 완전히 불가능한 일이다. 반면에 아주 여러 가지이고 갖가지로 다른 요소들을 서로 붙이기 위해 실험실이 어떻게 해서 점점 더 전문적이 되어야 하는지를 살펴보는 일은 쉽다. 앞에서 말한 두 방안 중 첫 번째 방안에서 명백히 분리된 것, 즉 외부와 내부는 두 번째 방안에서 그렇게 밀접하게 붙여져야 할 바로 그것이다.

첫 번째 것보다 두 번째 방안이 우월하다고 인정한다면, 위 예에서 또 하나의 교훈을 끌어낼 수 있다. 많은 사람들, 기관, 도구, 기업, 그리고 새 대상들이 보스의 기획에 연결되어 있다고 내가 말할 때 이것은 동시에 두 가지를 의미한다. 첫째로, 그것들은 그들에게 필수 통과 지점이 된 실험실을 갖는 보스에게 매여 있을 뿐 아니라, 또한 그가 그것들에게 매여져 있다는 점이다. 그는 그들을 나오게 하기 위해 그의 길에서 벗어나 멀리 가야만 한다. 그는 그것들을 모집하기 위해 필사적으로 애써야 한다. 그렇지 않다면 그는 어쨌든 부상하지 못했을 것이다. 그러므로 우리가 그림 4.1을 흘긋 볼 때 보스의 이야기도 징병된 요소들의 이야기도 보지 못한다. 우리가 보는 것은, **그것들 모두가 같이 모이고 공동 운명을 나눌 때** 그때의 그들의 이야기다. 실제로 과학을 행하는 사람들이 전부 작업 의자에 앉아 있는 것이 아니다. 반대로, 작업 의자에 사람들이 있는 것은, 더욱 많은 사람들이 어디에선가 과학을 하고 있기 때문이다. 이제 우리의 주의를 그런 다른 사람들에게로 돌려야 할 시간이 왔다.

2. 동맹자와 자원을 세어 보기

앞 1절에서 우리는 두 가지 난점을 해결했다. 첫째로, 테크노사이언스를 관통하려는 여정에서 우리는, 실험실 내부에 머무르는 사람과 외부로 이동하는 사람을, 그 두 집단이 얼마나 달라 보이건 상관없이 동시에 쫓아가야만 한다는 점을 알게 되었다. 둘째, 우리가 테크노사이언스를 구축하는 데 있어서, 모집되었거나 모집을 행하는 모든 사람과 모든 요소를, 그것이 일견 얼마나 낯설고 예기치 않은 것으로 보이든 상관없이 포함시켜야만 한다는 것을 배웠다. 테크노사이언스를 만들고 있는 사람들은 누구인가에 대해, 또 어떻게 다양한 역할이 그들에게 배정되는가에 대해 파악하는 것이 가능할까?

이 물음에 답하기 위해, 전문가 집단이 연구(research)와 개발(development)을 통제하거나 발전시키기 위해 여러 나라, 특히 미국에서 수집한 통계치를 사용하고자 한다.* 이 통계치가 얼마나 조악하든 때로 얼마나 치우치거나 부정확하든 간에, 그것은 그보다 최소한 1의 승수(an order of magnitude), 즉 10배를 제공한다. 그것들은 테크노사이언스의 강한 지점, 즉 요새(strongholds)와 약한 지점(weak points)을 나타내 보여 준다. 내가 이제껏 해 왔던 것과 같이 개별적 사례들을 제시하는 대신, 많은 과학자들을 관리하는 여러 기관의 통계치를 간단히 사용함으로써 테크노사이언스의 규모(scale)에 대해 이제 파악해 보고자 한다.

2.1 과학자와 기술자 집계

가장 일반적인 통계치에서 가장 두드러진 숫자들이 나온다. 인구 통계 조사(census)에서 자신들을 과학자와 기술자로 답한 사람들은 그들에 의해 관심이 유발된, 그리고 사실과 장비를 만들 때 그들을 가입시킨 사람들보다 훨씬 그 수가 적다. 미국에서는 그들이 어떤 학위를 갖고 어떤 일을 하건 상관없이 집계해도 330만 명에 불과하다.[『과학 지표(Science Indicators)』, 1982, (SI) 1983, p. 249] 오직 330만 명이 어느 블랙박스든 그것에 대해 어느 정도 친숙하다고 말한다. 2억 5000만 명의 다른 사람들은 초중등 학교에서 제공된, 그것에 대한 아주 빈약한 지식만을 갖고 있다고 생각할 수 있다.

---

* 이 부분에서 사용된 대부분의 수치는 국립과학재단(National Science Foundation)이 워싱턴에서 격년으로 발간하는 『과학지표(Science Indicators)』에서 나온 것이다.

만일 우리가 어떤 블랙박스들의 정의와 협상에 참여했다고 일컬어지는 사람들을 고려하고자 하면, 그 수는 급격히 감소한다. 과학과 공학에서 훈련받은 대부분의 사람들은 연구나 개발을 하지 않는다. 예를 들어 우리가 가진 대부분의 숫자가 산출된 미국의 경우, 전체 과학자와 기술자의 4분의 1보다 약간 많은 수가 연구 및 개발에 종사한다.

표 4.1은 3장의 끝부분에서 비판한 확산 모델(diffusion model)이 불합리함을 보여 준다. 만일 우리가 작업대에서 일하는 사람만이 '실제로 과학을 하는' 유일한 사람이라고 믿고자 한다면, 미국에서 약 90만 명의 사람만을

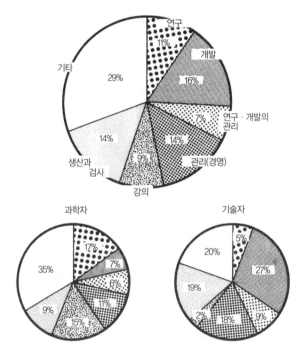

Science Indicators 1982, Figure 3.6, pp.66.

표 4.1

작업 요원 대비 연구·개발에 종사하는 과학자와 기술자의 수		
	과학자와 기술자의 수	작업 요원 수에 대한 과학자와 기술자의 수(비율)
미국(1981)	890,000	0.59%
영국(1978)	104,000	0.4 %
프랑스(1979)	73,000	0.32%
독일(1977)	122,000	0.46%
일본(1981)	363,000	0.65%
소련 연방(1981년 추산)	1200,000	0.90%

Science Indicators 1982, table 1.3, p.193.

표 4.2

고려해야 할 것이다.(표 4.1에서 원형 도표의 첫 번째 두 개 검은 영역이 이에 해당된다.) 다른 모든 사람, 즉 모든 과학자와 기술자의 4분의 3은 빠뜨린 것이다! 어쨌든 번역 모델(translation model)에 따르면, 연구자들은 분명히 빙산의 일각에 불과하다. 내부가 가능하게 하기 위해서는, 외부에서 일하는 더 많은 사람들이 필요하다. 그리고 정의, 협상, 관리, 규제, 조사, 강의, 판매, 수선, 사실의 신봉과 확산을 돕는 사람들은 '연구'의 중요한 부분이다.

테크노사이언스를 정규직 연구자에만 국한시키는 것이 불가능함은 표 4.2에 의해 명백하게 증명된다.

250만 명의 과학자와 기술자들은 7억 명의 다른 사람들이 테크노사이언스의 모든 견고한 사실(hard facts)을 믿고 수용하게 만들 수 없다. 이 불균형이 확산 모델에서는 받아들여지지만, 번역 모델에서는 아무 의미가 없다. 그리고 이 우스울 정도로 적은 숫자도 가장 유리한 경우에서 얻어진 것이다. 우리는 북반구의 가장 산업화되고 부유한 나라들만을 고려했고, 연구와 개발 사이에 또 다른 구분을 하지 않고서 모든 연구 분야를 함께 합쳐서 숫자를 산출했다. 더욱이 선진국들은 세계의 모든 연구·개발의 90

퍼센트가량을 차지하기 때문에[경제협력개발기구(OECD)에 따르면 자금의 94
퍼센트, 작업 요원의 89퍼센트[*]], 숫자의 불균형이 의미하는 바는 광대한 세
계를 여행할 때 우리가 신념과 기술을 만드는 데 활동적인 역할을 한 누군
가를 만나는 것은 1500번 중에서 1번의 확률이라는 것이다. 오직 300만의
사람만이 신념과 장치를 유포하고, 지구상의 50억 인구를 소집(징병)한다
는 의미다. 그렇다면 아주 엄청난 위업을 이룬 셈이며, 그것은 이 소수의
사람들이 슈퍼맨이거나, 아니면 우리가 사실 구축을 과학자에게만 제한하
는 것이 잘못되었다는 의미다. 공식적으로 그렇다고 인정되는 소수의 과
학자들보다 훨씬 많은 사람들이 테크노사이언스를 만드는 일에 종사하고
있어야만 한다.

　소수의 과학자들에 의해 빚어지는 외견상의 역설을 훨씬 더 밀고 나가
는 것도 가능하다. 연구 · 개발에 종사하는 것으로서 통계치에 반영된다는
것이, 그만큼의 수의 사람들이 내가 1장과 2장에서 묘사한 것과 같은 종류
의 경험을 해 왔다는 것을 의미하지는 않는다. 즉 전문적 논문을 쓰는 일,
논쟁을 세우는 일, 새로운 동맹을 형성하는 일, 새 실험실을 고안하는 일
등과 직접적인 친숙성을 갖는다는 의미는 아니다. 만약 우리가 박사 학위
소지를 만들어지고 있는 테크노사이언스(technoscience in the making)와의
밀접하고 긴 친숙성의 표시라고 여긴다면, 그리고 만약에 과학자와 기술
자의 수를 연구 및 개발에 종사하는 박사들의 수로 제한한다면, 우리가 얻
을 수치들은 훨씬 더 적다.[**] 만일 사실의 구축이 박사들에 의해 수행된 연
구에 국한된다면 이는, 미국에서는 고작 12만 명이 2억 5000명을 믿고 행

---

[*] OECD(1984) 참조.
[**] 미국에서 박사의 수: 전체: 360,000. 연구 분야: 100,000. 개발 분야:18,000(*Science Indi-
　　cators*, 1983, p. 254).

동하게 만들어야 하고, 더 새롭고 더 견고한 사실들을 받아들이도록 그들을 가입시키고 통제해야 함을 의미한다. 한 사람이 2000명을 가입시키고 통제할 수 있어야 한다. 게다가 이 숫자는 연구와 개발 사이에 아무 구분도 않고 모든 과학과 모든 테크놀로지를 합산해 얻어진 것이다.

확산 모델에 의해 빚어진 역설은 남아 있는 작은 숫자들 안에서 직업과 분야를 구별하려 할 때 거대한 비율로 자라난다. 표 4.1에서 미국의 전체 과학자와 기술자들의 단 34퍼센트만이 연구와 개발 또는 그것을 관리하는 일에 종사하며, 연구와 개발을 하는 전체 과학자와 기술자 중 70퍼센트 이상이 기업에서 일하고 있다.[*] 그러므로 보통 '과학'이라 불리는 것에서 빙산의 일각조차 만들어지지 않는다. 만일 우리가 순수하고 사욕이 없는 과학에 대한 상투적 문구에 더 가까이 가고자 한다면, 대학이나 다른 공공 기관에 고용되고 연구를 하는 박사 학위 소지자만을 고려해야만 할 것인데, 그것은 테크노사이언스를 대학에만 국한시키는 일이다. 우리가 그렇게 한다면, 숫자는 아주 더 줄어든다.[**] 미국에서 보통 '과학'이라 불리는 것, 즉 비영리 기관에서의 기초 연구를 가장 가까이 닮고 있는 사람의 수는 5만

---

[*] 미국에서 직업과 고용자의 유형을 기준으로 할 때, 연구 및 개발에 종사하는 과학자와 기술자의 수:

연구 종사자: 355,000. 이 중 98,000이 기업에, 나머지는 대학이나 연방 정부 실험실에 있다.

개발 종사자: 515,000. 이 중 443,000이 기업에, 나머지는 대학이나 연방 정부 실험실에 있다.

연구·개발 관리직 종사자: 224,000. 이 중 144,000이 기업에, 나머지는 대학이나 연방 정부 실험실에 있다(*Science Indicators 1982*, 1983, p. 277).

[**] 사업을 하거나 회사에 있는 사람들을 제외하고, 연구·개발을 하는 미국의 박사 학위 과학자 수:

기초 과학: 48,000

응용 연구: 24,500

개발: 2,900

연구·개발의 관리: 13,800

(*Science Indicators*, 1983, p. 311)

명 정도다.(정규직으로 보면) 이 숫자는 모든 과학을 합해서 하나로 만듦으로써 얻어진다. 이것은 더 이상 빙산의 일각도 아니며, 바늘의 첨단이다.

우리가 '과학'에 대해 말하면 독자들은 아주 명성이 높은 분야와 대학에 있는 유명한 과학자들을 생각할 것이다. 그들은 새로운 혁명적인 생각들과 산물을 만들어 왔고, 그것들은 이제 신봉되고, 수백만의 사람들에 의해 사용되고 구매된다고 생각할 것이다. 라이엘, 디젤, 왓슨, 크릭과 같은 사람들이 마음에 떠오른다. 어쨌든 테크노사이언스가 이런 사람들에 의해 구성된다고 여기는 일은, 쿠푸(Cheops)의 피라미드를 거꾸로 뒤집어 균형을 잡게 하는 것만큼 불가능하다.[7] 명성이 생겨나는 위대한 남녀 과학자들은 그들이 산출한다고 생각되는 거대한 효과들을 설명하기에는 그 숫자가 너무나 적을 뿐이다.

하지만 우리는 테크노사이언스의 규모를 계량하기 위해 최석 조선을 골랐었다. 만일 우리가 더 적은 **임시적 미봉** 가설들(ad hoc assumptions)을 적용하면, 그 규모는 더욱 줄어들 것이다. 예를 들어 이 모든 숫자는 연구 및 개발 지출에서, 그리고 과학자와 기술자의 훈련에서 오랜 기간 동안의 급격한 성장을 겪은 **이후에** 산출된 것이다.[*] 테크노사이언스의 공식적 크기는, 만일 우리가 그것을 이 붐(boom) 이전에 측정한다면 훨씬 더 적은 숫자로 국한될 것이다. 갈릴레오 같은, 뉴턴(Newton)과 같은, 파스퇴르와 같은, 그리고 에디슨과 같은 과학자들이 얼마나 명성이 있건 간에, 그들은 오늘날의 전문 연구자들로 이루어진 상대적으로 커다란 군대보다 훨씬 더 고립되어 있을 뿐이며 그들의 시대와 사회에 흩어져 있다. 그들의 과학은,

---

[*] 이 장기간, 대규모의 트렌드에 대해서는 D. de S. Price(1975)와 N. Rescher(1978) 참조.

7) 쿠푸는 기자(Giza)의 대피라미드를 건설한 이집트 제4왕조의 왕이다.

그들이 가입시키고 통제한다고 주장하는 사람들의 수효에 비교해 볼 때 아주 작아 보이지만, 그럼에도 불구하고 그들에게 거의 **아무런 과거도 없었**다고 말할 수 있을 만큼 너무나 자신들의 과거를 왜소하게 한다. 수에 관련된 한 테크노사이언스는 불과 몇십 년 된 것일 뿐이다. 과학 사가들이 그렇게 많이 연구했던 저명한 과학자는 모두, 급격히 증가한 곡선 커브의 잠깐 동안의 끝부분에 나온다. 뉴턴의 말을 패러디하자면, 테크노사이언스는 난쟁이 어깨 위에 올라선 거인이라고 말할 수 있다![8]

우리에게 테크노사이언스의 과장된 모습을 제공하는 두 번째 가정이 있다. 그것은 과학자에 대한 상투적 문구를 가장 **빼다 박은** 모든 학구적인 과학자가 모두 **동등하게 훌륭할** 것이라는 가정이다. 만약 과학이 작은 집단들의 모자이크로 이루어졌다고 해도, 그 모든 집단은 동등할 것이라고 가정했다. 하지만 이것은 실제와는 완전 다르다. 소수의 학구적인 과학자들 내부에서조차 커다란 불평등이 존재한다. 과학자들 사이에는 **성층**(stratification, 成層)이라고 불리는 것이 있다.* 이 불균형은 어떤 과학자나 어떤 주장의 가시성(visibility)이라 불리는 것을 수식한다.** 논쟁들, 반대, 증명 경쟁(proof race)과 번역에 대해 말하면서 나는 각각의 주장과 각각의 반대 주장이 고도로 가시적이며 논쟁을 자극했다고 언제나 가정해 왔다.

---

* 성층의 개념에 대해서는 J. and S. Cole(1973)에 의한 고전적인 연구를 참조하라.

** 이 책에서 대부분 사용되고 있는 과학 기술 사회학(sociology of science and technology)과 대비하여, 전미 과학자 기술자 사회학 학파(the American School of sociology of scientists and engineers)에 의해 개발된 다른 많은 개념, 그리고 가시성에 대해서는 고전인 K. Merton(1973)을 참조하라.

8) "내가 더 멀리 봤다면, 그것은 거인들의 어깨 위에 서 있었기에 가능했다(If I have seen further, it is by standing on the shoulders of giants.)"라고 한 뉴턴의 말을 거꾸로 빗댄 것이다.

이것은 너무나도 호의적인 표현이었다. 아주 대다수의 주장, 논문, 과학자들은 비가시적일(invisible) 뿐이다. 어느 누구도 그들을 거들떠보지 않고, 어느 누구도 반대조차 않는다. 대부분의 경우에, 찬성하거나 반대하는 과정이 아예 시작조차 되지 않은 것처럼 보인다.

과학자들의 생산성에서만 성층이 있는 것이 아니라, 과학을 만드는 수단에서도 성층이 있다. 2장과 주앙의 예에서 우리는 모든 실험실이 신 앞에서 대등하지 않다는 것을 알았다. 논쟁을 속행시키는 능력은, 자기편으로 모을 수 있는 자원에 결정적으로 의존한다. 이들 자원은 매우 소수의 사람들에게 집중되어 있다. 첫째로, 이것은 동일 국가 내에서도 가시적이다.[*] 정상 기관 외부에서 사실에 대해 논의하고, 논쟁을 개시하고, 논문을 제안하는 것은 훨씬 더 어려워지고, 당신이 그것들로부터 더 멀리 떨어져 있으면 더욱 그러하다. 왜 그리한지는 2장과 3장에서 살펴보았다. 논증의 비용이 논쟁의 각 국면마다 증가한다. 자기의 독자적 실험실에서 증명 경쟁을 펼칠 수 없는, 그러면서도 논쟁을 계속하고자 하는 사람들은, 정상 기관으로 따라 들어가든가 게임을 모두 중단해야만 한다.

이런 성층은 동일한 국가 내부에서도 가시적이지만, 선진국 사이에서는 한층 가시적이다.[**] 테크노사이언스의 절반은 미국의 사업이다. 다른 선진

---

[*] 미국 개발 연구 예산에서 연구 기관의 상대적인 비율:
상위 10 기관 20%, 상위 100 기관 85%(*Science Indicators 1982*, 1983, p. 125)

[**] 연구·개발 예산, 문헌, 특허권, 인용에서 상위 6개 서방국의 비교 비율
전 세계의 과학 기술 논문 중 미국이 차지하는 비율: 37%
(가장 낮은 부문은 화학으로 21%, 가장 높은 것은 생의학으로 43%)(*Science Indicators*, 1982, p. 11)
서방 세계의 연구·개발 소요 예산 중 미국의 비율: 1979년 48%
(일본 15%, 유럽 공동체 30%)(OECD 1983, p. 21)
서방 세계의 연구·개발 인력 중 미국의 비율: 1979년 43%

국 모두는 더 적은 과학 집단에 작용한다. 견고한 새로운 사실들이 자원을 모으고 동맹자를 제휴시킴으로써 만들어지기 때문에 인적 자원과 자금과 학회지에서의 성층이 의미하는 바는, 어떤 나라들은 가입시키고(enrol), 다른 나라들은 가입된다(enrolled)는 것이다. 만일 작은 국가가 어떤 이론을 의심하고, 특허권을 거부하고, 논변의 확산을 방해하고자 한다면, 또 독자 실험실을 개발하고, 고유 화제를 선택하고, 어떤 논쟁에서 출발할 것인가를 결정하고, 독자적 요원을 훈련시키고, 독자적 학회지를 출간하고, 고유의 데이터베이스를 찾고, 자기들의 언어로 말하고자 원한다면, 그 나라는 이런 일이 불가능하다는 사실을 발견하게 될 것이다. 내가 1장에서 아무개 씨(Mr. Anybody)와 다중 씨(Mr. Manybodies) 사이에 기술했던 그 동일한 상황이, 연구 · 개발에 큰 지분을 차지하는 나라들과 아주 작은 지분만을 가진 나라들 사이에서 발견될 수 있다. 아무개 씨처럼, 조그마한 과학 체계를 가진 나라는 사실들을 믿고, 특허 물건을 사고, 전문 지식을 빌리고, 자기네 사람들과 자원을 빌려줄 테지만, 논쟁하거나 반대하거나 또는 토론하고 괄목상대하게 성장하지는 못한다. 사실의 구축이 관련되는 한 그런 국가는 **자율성**(autonomy)을 결여한다.[*]

테크노사이언스의 규모를 보여 주는 수치들을 빠르게 살펴본 후 우리는, 그것을 '내부자'에게만 국한시키면 완전한 불합리에 이를 것임을 분명

(일본 26%, 유럽 공동체 27%) (*Science Indicators*, 1982, p. 125)

[*] 이런 의존 상황은 정상에 있는 산업 국가들뿐 아니라 더 작은 나라들 또는 후진국들을 고려하면 더욱 악화된다. 우리가 가장 빈곤한 나라들까지 고려해 보면, 테크노사이언스라고 공식적으로 정의되었던 것이 시야에서 사라져 버린다. 그 규모를 결정하는 것은 더 이상 올바른 표현이 아니다. 이제는 궤적(traces)이라는 말로써 이야기해야 한다. 선진국에서 온 과학자들로 대부분 직원이 채워진 몇몇 기관은 거의 볼 수가 없고, 내부의 사실이나 장비에 대해 아무것도 모르는 수억 개 가운데 흩어져 있다. UNESCO(1983)에 실린 숫자들을 참조하라.

히 알게 된다. 그렇다면 우리한테는 몇백 명의 생산력 있고 가시적인 과학자들만이 있는 셈이며, 그들이 풍부한 기금을 수여받은 몇 개의 실험실에서, 이 행성에 사는 50억 사람들에 의해 사용되는 모든 장비, 또 신봉되는 모든 사실의 총체를 산출해 낸다는 말이 된다. 확산 모델에 의해 만들어진 역할의 분배도 정말로 불평등한 것이었다. 주장의 창안, 토론, 협상은 행복한 소수에게 예약된 것이며, 반면 나머지 수십억 명은 주장들을 그렇게 많은 블랙박스들처럼 빌려오거나 지독하게 무지한 상태로 남아 있는 것 이외에는 달리 할 일이 없다. 과학자와 기술자들이 다른 모든 이들을 가입시키고 통제하기에는 너무나 소수이고, 너무나 흩어져 있고, 너무도 불평등하게 분배되어 있다. 그들만의 세력에 제한되어 있어서, 자기들의 레토릭을 적절한 것으로 만들기에 너무나 필요한 요새(strongholds)를 확보할 수가 없다. 확산론사들(diffusionist)에게는 이런 결론이 3장에서 우리가 보았듯이 아무 문제가 아니다. 그들은, "정반대로, 과학자가 그렇게 소수이고 그렇게 비범한 일을 한다면, 그것은 단지 그들이 최고이고 가장 명민하기 때문이다. 이 소수의 고립된 정신은 (대)자연이 무엇인지 알며, 또 그들이 옳기 때문에 다른 모든 사람으로부터 신용을 받는다"라고 주장한다. 그러므로 확산론자들에게, 위의 모든 숫자는 아무런 큰 문제도 일으키지 않으며, 그토록 커다란 어두움과 무지 한가운데에서 고립되어 있는 소수의 과학자들에게 명성을 더하여 줄 뿐이다.

2.2 과학자와 기술자만을 집계하지 않기

앞 절의 내용은 두 개의 반대 방향으로 해석될 수 있는 한 가지 그림을 보여 주었다. 정말로 훌륭한 소수의 과학자들이 수백만 명을 믿게 하고 행동하게 하는 조물주적인 힘을 부여받았거나,[9] 아니면 덜 유념하고 있지는 않은 군중들의 한가운데서 보이지 않게 되어 버리고, 주변적인 지역에 흩어져 있다. 어쨌든 우리는 1절로부터 이 대안은 **역시** 과학자들 자신의 것이기도 함을 알았다. 웨스트, 디젤, 보스 또는 주앙은 그들이 무엇을 하는지, 그리고 누구를 모집하느냐에 따라서, 모든 이가 그들의 실험실을 통과해야 하는 점으로 보아 조물주적 능력을 부여받은 것일 수도 있고, 그 누구의 작업에도 영향을 미칠 수 없는 주변인들로 남을 수도 있을 것이다. 앞 절에서 우리가 알게 된 것은, 조물주로의 해석과 주변인으로의 해석 사이에 결정을 내리기 위해 우리는 자신을 과학자로 부르는 사람들, 즉 빙산의 일각만을 고려해서는 안 되며, 비록 외부에 머물지라도, 그럼에도 불구하고 과학을 형성하며 빙산의 대부분을 이루는 사람들도 반드시 고려해야만 한다는 사실이다. 이제 우리는, 과학자와 아이디어와 시제품이 과학에서 유일하게 중요한 부분들이었다고 주장해 온 확산 모델을 그의 수로 되레 해치웠기에, 실제 연구에 대한 공식적 정의에서 배제되어 온 모든 참여자를 다시 그림 속에 도입하는 데 더 이상 망설여서는 안 된다. 하지만 정의상, 인력에 대한 통계치들은 공식적으로 과학을 행한 사람들만을 셈했는데, 어떻게 그런 재도입이 이뤄질 수 있을까? 다행스럽게도 같은 통계치 속에는 과학자들을 가입시키는(enrolling) 군중을 측정하는 간단한 방법이 있다. 그들은 인력을 가장하여 나타나지 않고 **자금**이라는 변장을 하고 나타난다. 통계에서 왜곡되긴 했지만, 예산은 과학자들이 자신들의 작업을 위해 확보할 수 있는 이해관계(관심)의 총계에 대한 공정한 견적(개산)이다.

9) 여기에서 저자가 말하는 demiurgic power의 데미우르고스(Demiourgos)는 '제작자'를 뜻하는 그리스 어에서 유래했고, 플라톤의 우주 생성론(宇宙生成論)에서는 창조신의 별칭이다.

만일 우리가 인원에 대한 것이 아니라 자금에 대한, 입수 가능한 최고의 총계 수치를 고려한다면, 우리는 10배 효과를 볼 수 있다.(표 4.3)

표 4.3은 총 개산(gross estimates)을 보여 주지만, 그 일반적 규모는 흥미롭다. 그것이 의미하는 바는, 수십만 명의 과학자들이 가장 부유한 선진 국가들의 GNP의 2.5%에 해당하는 것과 연관을 가질 수가 있었다는 점이다.

이 상대적으로 상당한 숫자는, 과학에 대한 공식적 정의에 따르면 '진짜 과학자들'이라고 간주될 소수의 사람들을 위해 그 모든 돈이 얻어진 것임을 의미하겠는가? 전혀 그렇지 않다. 왜냐하면 표 4.3에는 모든 종류의 연구가 합산되어 있기 때문이다. 통계치를 분석하는 전통적인 분류표는 기초 연구, 응용 연구, 그리고 개발과 같은 것들이다. 이런 용어 사이의 정확한 경계에 대해서는 끝없는 논의가 가능하겠지만, 이 책에서 우리는 그 용어들을 우리 목석을 위해 정의하는 것을 충분히 배웠다. 3장에서 보았듯이 새로운 동맹을 얻는 것은 좋은 일이나, 그 많은 동맹이 하나의 훈육된 전체처럼 행동할 수 있는 한에서만 그러하다. 따라서 새로운 동맹(자)의 모집에서 두 가지 계기를 구분할 수 있다. 하나는 동맹의 수를 증식시키는 것이며, 다른 하나는 그것들을 하나의 전체로 전환시키는 것이다. 우리는 연

연구 · 개발에 충당된 GNP 퍼센트

미국(1981)	2.6%
영국(1978)	2.2%
프랑스(1978)	2.6%
독일(1981)	2 %
일본(1981)	2.4%
소련 연방(중앙값 계산)	3.6%

Science Indicators 1982(SI 1983, p.7)

표 4.3

구를 첫 번째 계기라 일컬을 수 있다. 개발은, 하나의 블랙박스를 블랙으로 만드는 데 필수적인, 즉 장비의 한 가지 일상 부품으로 간주되는 하나의 자동 기계로 그것을 변모시키는 데 필수적인 모든 작업을 일컬을 수 있다. 만일 우리가 연구에 대해 말하면 우리는, 1장과 2장에서 기술된 것과 같은 상황, 즉 전문적 논문들, 토론, 논쟁, 훈련이 안 된 새로운 대상들이 있는 상황에 점점 더 이끌려 간다. 만일 개발에 대해 말하면 우리는 3장의 문제들과 씨름하게 될 것이며, 하드웨어를 더 강조하고 또 어떻게 새 대상들과 그것들을 이동시킬 사람들을 훈련할 것인가 하는 문제를 더 강조할 것이다. 하지만 구분은 종종 논의의 여지가 있는 것이고, 단 한 개의 전략적인 문제의 두 가지 측면들로서 여겨져야만 한다.

이런 모든 구분이 얼마나 모호하든 간에, 그것들을 사용해 얻은 통계치는 표 4.4에서 보이는 바와 같이 충분히 명확하다.

확산 모델은 오직 기초 과학만을 주목할 가치가 있는 것이고, 나머지는 그것으로부터 손쉽게 흘러나오는 것으로 간주한다 하더라도, 우리가 알기로는 대체로, 과학자와 기술자는 그들이 기초 연구를 하지 않을 때에만 후원을 받을 수 있다. 소비된 9달러 중에서 오직 1달러만이 고전적으로 '과학'이라 불리는 것에 소비된다. 테크노사이언스는 대체로 개발의 문제다.

더 나아가 테크노사이언스가 성공적일 때 그 후원자는 누구인가를 생각해 볼 수 있을까? 우리가 기억해야 할 것은, 한편으로는 우리의 첫 번째 원칙에 따라서 과학자와 기술자가 그들의 모든 블랙박스를 만들기 위해 다른 많은 사람들을 필요로 한다는 사실이다. 다른 한편으로, 특히 그들이 수백만 명을 믿고 행동하게 만들고자 원한다면 그 사람들을 정렬시키기에 그들 자신의 숫자가 너무 적다는 사실을 기억해야 한다. 이 문제를 해결할 유일한 방법은 과학자들이 자신의 운명을 다른, 더 큰 규모에서 **동일한 문제**

전체 연구 · 개발		
개발		연구

응용(연구)	기초 (연구)

Science Indicators 1982(*SI* 1985, p.40)

표 4.4

를 이미 해결했던 훨씬 더 강력한 집단의 운명에 연결시키는 것이다. 그 집단은 특정 이슈에서 모든 이에게 어떻게 이해관계를 부여할 것인가, 그들을 어떻게 정렬시키고 훈련시키고 복종케 할 것인가를 배워 왔던 집단이다. 그 집단들에게는 돈은 문제가 아니며, 그들은 자기들의 고유한 투쟁에 영향을 미칠 수 있을 새롭고 예기치 않은 동맹들을 끝없이 눈을 번뜩이며 찾고 있다. 이들은 어떤 집단인가? 미국에서 수집된 통계치를 달리 들여다 보면 답이 나온다.

그 수치들은 너무나 대규모적이라서 자금의 가장 중요한 이동에 대해 파악하게 해 주고, 또 그래서 이해관계의 주된 번역들에 대한 개요를 그려 준다.(표 4.5) 본질적으로 연구와 개발(R&D)은, 세금으로부터 재성 지원을 받은(미국에서 47%에 해당하는), 기업 사업이다.(그 4분의 3이 회사 내부에서 수행된다.)(*Science Indicators*, 1983, p. 44) 이것이 이해관계의 첫 번째 대량 이동이다. 과학자들은 스스로의 운명을 회사와 연결시킨 한에서만, 그리고/ 아니면 회사가 자기 운명을 국가의 운명과 연결시킨 한에서만 성공을 거둬 왔다. 이런 이중의 이동이 없다면 테크노사이언스는, 오직 기초 과학만이 고려될 때 우리가 본 그 하잘것없는 규모로 오그라든다. 이제 그것은 대학과 국가 사이의 사업이 된다. 대학들은 연방 정부 예산에서 거의 완전히 지출되는 기초 연구의 10분의 1을 수행한다. 예측할 수 있듯이 응용 과학은 중간 위치를 점한다. 50%가 정부와 기업으로부터 지불되며, 대학에 의해 수행된다.

어떤 종류의 주제들이 그 많은 납세자의 돈을 기업과 대학에 고갈시키는가? 그 답은 표 4.6에서 발견할 수 있다.

외부인들이 그림에 등장한다. 방위가 모든 공적 연구·개발 지출의 약 70% 정도를 차지한다. 테크노사이언스는 군사 문제다. 유일한 예외는 독

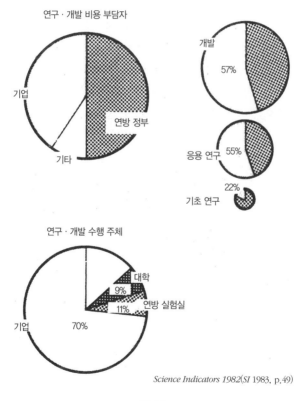

Science Indicators 1982(*SI* 1983, p.49)

표 4.5

일이고, 일본의 경우 예외는 그 자체가 또 다른 과학-군사적 벤처 사업(scientifico-military venture)에 기인한다. 1945년의 원자 폭탄 투하는 일본을 항복시켰고, 대부분의 군사적 연구를 포기하게 했다.

군대의 발전과 테크노사이언스를 그렇게 단단히 달라붙게 하는 것은 이상한 우연이나 원하지 않은 진화가 아니다. 명백히 군대는 책임을 아주 잘 떠맡고 있다. 수 세기 동안 군대는 사람들을 징병해 왔고, 군대의 행동에 이해관계를 갖게 그들을 유도하여 왔기에, 우리 대부분이 만일 필요하다면 우리의 삶을 포기하고 군대에 맹목적으로 복종할 각오가 된 정도다. 가입시키고, 훈련시키고, 정렬하는 연습을 시키는 일이 관련되는 한, 과학자들이 이제껏 시도했던 것보다 훨씬 큰 규모로 군대는 자기들의 기개를 입증해 왔다. 과학자들의 사실을 유포하기 위해 필요한, 이해관계가 부여되고 복종적인 일반인들은, 자신을 기꺼이 희생하려 하는 훈련된 군인보다 훨씬 쉽게 훈련을 받는다. 게다가 군대는 새로운 자원과 무기로써 힘의 균

미연방 정부의 연구 · 개발 채권
(1972년 고정 달러 기준/단위: 10억 달러)

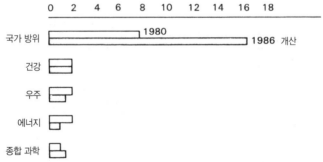

Science Indicators 1984(SI 1985, p.40)

표 4.6(a)

연구 · 개발에 대한 정부 지원 배당 – 1980년 국가별, 국내 목표별(퍼센트)

	미국	일본	서독	프랑스	영국
방위	63.7	16.8	24.4	49.3	64.8
건강	15.2	11.2	15.3	7.5	3.9
지식 증진	3.0	4.1	14.2	15.0	12.9
에너지와 기간 시설	14.2	34.4	30.9	16.0	10.1
농업	2.7	25.4	2.9	4.3	4.5
산업 성장	.3	12.2	12.4	7.9	3.8

Science Indicators 1982(SI 1982, p. 199 and OECD 1982, p. 202)

표 4.6(b)

형을 예기치 않게 변화시키는 데 관심을 가져 왔다. 그렇다면 힘의 균형을 변화시킬 수 있는 새롭고 예기치 않은 동맹을 제공할 능력이 있는 소수 과학자들과 기술자들이 새 무기의 생산을 진척시키기 위해, 역사의 행로에서 빈번하게 군대와 회담을 했다는 사실은 놀라운 일이 아니다.

증명 경쟁(proof race)과 군비 경쟁(arms race) 사이의 유사성은 하나의 은유(metaphor)가 아니며, 문자 그대로의 의미에서 승리(winning)라는 공통의 문제다. 오늘날 어떤 군대도 과학자들 없이 이길 수 없고, 오직 극소수의 과학자와 기술자만이 군대 없이 그들의 논변에서 승리를 거둘 수 있다. 내가 군사적 함의를 지닌 그 많은 표현을 왜 사용해 왔는지를 이제야 독자들은 이해할 수 있을 것이다.(힘겨루기, 논쟁, 투쟁, 승패, 전략과 전술, 힘의 균형, 세력, 수, 동맹 등이 그것이다.) 그 표현들은 비록 과학자들에 의해 끊임없이 사용되어 왔지만, 순수 과학의 평화로운 세계를 기술하고자 하는 철학자들 사이에서는 거의 사용되지 않았다. 내가 위의 용어들을 사용한 것은, 대체로 테크노사이언스가 하나의 전쟁 장치(war machine)의 일부이며, 그것으로서 연구되어야 하기 때문이다.

전쟁과 테크노사이언스의 이러한 연관은 무기 체제의 발전에 국한되어서는 안 된다. 그것을 충분히 파악하기 위해서는 더 일반적으로, 자원의 **동원**(mobilization)*을 고려하는 일이 필요하다. 그 단어로써 내가 의미한 것은, 최대한의 수의 동맹 군단을 한 장소에서 하나의 전체로서 행동하게 만드는 능력이다. 새 무기를 향한 연구는 한 가지 분명한 초점이나, 새로운 항공기와 수송기, 우주, 전자 공학, 에너지, 그리고 물론 커뮤니케이션을 향한 연구도 마찬가지다. 대부분의 테크노사이언스는 자원에 대한 이러한 동원을 손쉽게 하는 데 관계가 있다.(6장 참조)

표 4.6에서 보이는 민간 연구의 다른 유일한 커다란 덩어리는 건강이다. 과학자들이 자신의 일을 이 화제에 연결시키는 데 성공을 거두어 온 이유는 무엇일까? 비록 군대처럼 요구를 잘 충족시키지는 않지만, 보건 체계는 유사한 기초 직업을 해 왔다. 정치체(body politic)[10]의 생존과 같이 신체(body)의 생존은 모두가 직접적으로, 그리고 긴요하게 관심을 가지는 주제다. 왜냐하면 양쪽 경우에서 돈은 아무래도 좋으며, 지출이 한계가 없이 이루어지는 곳에서 보건 예산은 방어 예산에서처럼 거대한 보물 금고다. 두 경우에서 이해관계와 지출은 세금이나 사회 보장 제도(social security system)에 의해 강제적인 것이 되는데, 후자는 대부분의 산업화된 나라에서 국가 예산만큼 크다. 모집하고 훈련시키고, 모든 사람으로 하여금 동시에 관심을 가지면서 복종하게 만드는 일을 하면서 군대에 의해 수행된 역할은, 수 세기 동안 물리학자, 외과 의사, 보건 요원들에 의해서도 수행되었다. 아마추어들은 배제되었고, 돌팔이나 협잡꾼은 실행이 금지되었

---

* 동원(mobilization)이라는 개념에 대해서는 6장과 W. McNeill의 주저(1982)를 참조하라.

10) 통치체라고도 번역된다. 국가, 정치적으로 조직된 국민의 총체를 뜻한다.

고, 모든 사람은 건강 문제에 관심을 갖게 되었고, 법률 제정이 통과되었다. 생명 과학자들이 자신의 운명을 건강의 운명에 연결시켰을 때, 대부분의 작업은 이미 다 완료되었다. 그러므로 그렇게 많은 연구가 보건 체계에 관해 행해지는 것은 놀라운 일이 아니다. 과학자와 기술자가 위의 두 가지 예산 중 어느 하나에 자신의 연구를 연결시킬 수 없다면, 그들은 잘 지내기 어렵다. 나머지의, 공적으로 재정 지원을 받은 모든 연구와 개발은 전체 중 보잘것없는 비율이다.

증명 경쟁을 계속할 자원을 찾는 문제는, 신진 과학자들이 전반적 목표가 개략적으로 동일해 보이는 사람들의 운명에 자기들의 운명을 연결시켰을 때, 역사적으로 해결되었다. 남들을 동원하고, 정렬시키고, 훈련시키고, 이해관계를 유발하는 일이 그것이다. 이런 조건이 충족되지 않으면 과학자 집단은 존속할 수는 있겠지만, 그들은 증명의 비용을 상당히 증가시키거나 그들의 동료의 숫자를 결코 늘릴 수는 없을 것이다. 어떤 일에 있어서건, 그들은 세계를 재형성하는 조물주적인 능력(예를 들어 원자 물리학이 갖는 능력)을 인정받지는 못할 것이다. 그들은 더 예전의, 전문적인 학자 역할에 더 가까워질 것이다. 과학자들이 강력한 지위를 가질 때에는, 대부분의 기초 작업을 했던 다른 많은 사람들이 이미 거기 존재한다.

2.3 다섯 번째 방법의 규칙

과학자와 기술자는 누구인가를 물음으로써 이 장을 시작했다. 우리는 과학의 형성에 더욱더 많은 외부 사람들을 **덧붙임으로써**, 답을 찾으려 했다. 그 다음 우리는 과학의 내밀한(esoteric) 측면과 개방적인(exoteric) 측면들을 연결시킨 역함수 관계(inverse relationship)에 마주쳤다. 그 다음엔, '학구적인 과학자'라고 공식적으로 불리는 소수의 사람들은 과학을 하는 사람들의 무리 가운데서는 단지 작은 그룹일 뿐임을 이해해야 했다. 우리는 마지막으로, 정치체 또는 신체를 방어하는, 문자 그대로의 의미에서의 그 거대한 군대들이 과학자들을 배후에서 후원하지 않을 때, 과학자들은 대체로 비가시적인 것으로 남겨진다는 사실을 깨닫게 되었다. 이번 장의 시작에서 이 지점까지의 이동이, 경청하는 독자들의 눈에는 명료하기를 기대한다. 수백만 명을 가입시키고 통제하는 조물주적인 능력을 타고난, **징병하는**(enlisting) 과학자들은 이제, 군사 문제에 대해 기업에서 일하는 **징병된**(enlisted) 피고용자로서 보이게 된다. 두 개의 그림 중 어떤 것이 더 정확한가, 그리고 어떤 것이 테크노사이언스에 대해 더 많이 배우게 해 주는가?

이 질문에 내해 가능한 유일한 답변은, 그 질문이 꽤 정확하지 못하기 때문에 두 가지 모두가 옳지 않다고 하는 것이다. 우리가 다룬 일부 사례는, 과학자들이 웨스트나 보스와 같이 막대한 능력을 갖는다는 인상을 주었다. 다른 사례들은 주앙(João)이나 경력을 막 시작한 라이엘(Lyell)처럼 정반대의 인상을 주었다. 이러한 힘의 인상 또는 약함의 인상은 무엇에 의존하는가? 이미 제휴한 이해관계 집단의 현존 또는 부재에. 이 말은 우리가 1절에서 처음 들었을 때처럼 지금도 역설적으로 들리겠지만, 그것을 잘 이해해야만 한다. 과학자와 기술자라고 공식적으로 불리는 소수의 사람들은, 다른 사람들에 의해서 대부분의 기초 작업이 이미 다 되어 있을 때가 되어야 승리를 거두는 것으로 보인다. 이를 증명해 주는 것은, 만일 다른 사람들이 거기 없거나 너무 멀리 떨어져 있다면, 소수의 과학자와 기술자들은 수가 더욱 줄고, 덜 유력하고 덜 관심을 끌고, 덜 중요해진다는 사실이다. 그러므로 모든 경우에서, 작업대에서 과학을 하는 사람들보다 더 많은 사람의 현존이나 부재가 연구되어야만 하며, 그것은 작업대의 사람들이 누구인가, 그리고 3장에서 보았듯이 그들이 무엇을 하는가를 이해하기 위해서다.

실험실에 힘을 제공해 줄 때는 그렇게나 셈에 포함되는 그 많은 사람들이, 과학의 인원을 명부에 올리는 시간이 다가오면 어떻게 에누리해서 셈에서 깎이는 것일까? 내가 이제껏 말한 모든 스토리에서 그들은 테크노사이언스의 가장 중요한 부분을 이루는데, 그렇다면 어떻게 그들이 그렇게 쉽게 그림 바깥으로 밀려나게 된 것일까? 이 물음에 대답하기 위해서는 앞에서 정의된 책임 귀속의 시험(trials of responsibility)을 기억해야 한다. 이 시험을 쫓으려면, 사람들을 징병하는 일차적인 기작(primary mechanism)과 징병된 동맹자 가운데 몇 개의 요소를 보편적 이동의 원인으로 지정하는 이차적 기작(secondary mechanism) 사이에 구분이 만들어져야 한다.

책임에 있어서 이런 시험들의 결과는 테크노사이언스에 대한 그림을 완전히 뒤집어 놓게 한다. 과학자에 의해 징병되었거나 과학자를 징병한 수백만 사람들 중에서, 그리고 방위나 회사를 위해 응용 연구와 개발을 하는 수백 명의 과학자들 중에서 오직 수백 명만이 고려되며, 그들에게만 다른 모든 사람을 믿고 행동하게 만드는 힘이 귀속된다. 과학자들이 군중을 따를 때에만 그들이 성공적임에도 불구하고, 그 군중은 이 소수의 과학자들을 쫓을 때에만 성공적인 것으로 보인다! 바로 이런 연유로, 과학자와 기술자는 좋은 것이든 나쁜 것이든 조물주로서의 능력을 달리 갖고 태어난 듯, 아니면 어떤 강한 영향력도 결여하는 듯 보이는 것이다.

이제 우리는 두 가지 상이한 기작에 대한 이런 오해를 간파할 수 있게 되었으므로, 서문에서 착수했던 '과학과 기술'이란 우리의 상상의 산물이며, 또는 더 적절하게 말하자면 사실을 산출하는 전체 책임을 행복한 소수에게 귀속시킨 **결과**라는 점을 알게 된다. 과학의 경계선은 일차적 기작이 아니라 이차적 기작에 의해서만 그려져야 한다. 모집 운동은 비가시적이다. 그렇다면 우리가 '과학과 기술'이라는 개념을 수용한다면, 책임을 정하고, 외부자의 작업을 배제하고, 소수의 리더들을 유지하기 위해 과학자에 의해 만들어진 패키지를 수용하는 것이 된다. 우리가 이 책의 처음부터, 과학이 무엇으로 이루어지는가에 대해 과학자나 철학자가 내린 정의가 아니라, 과학을 만드는 **활동**(activity of making science)에 대해 연구하기로 결정한 것은 다행이다. 디젤, 파스퇴르, 라이엘, 그리고 보스의 힘든 모집 운동과 주앙의 여러 가지 실패는 우리의 주의를 전혀 끌지 못할 뻔했다. 한편에는 과학의 존재, 다른 편에는 사회의 존재를 믿었을 텐데, 그랬다면 정말 요점을 모를 뻔했다. 여기에서 다시 야누스가 동시에 두 가지 상반된 말을 한다. 왼쪽 얼굴은, 과학자들이 과학과 기술의 모든 프로젝트를 수행했던 원인이라고 말한다. 오른쪽 얼굴은, 과학자들은 다른 많은 사람들에 의해 수행된 프로젝트 내부에 자리 잡기 위해 애쓴다고 말한다.

이 중요한 구분을 상기시키기 위해 이제부터 나는, 그 얼마나 더럽고 예기치 않고 낯설어 보이는 것들이든 간에, 과학적 내용과 연결된 모든 요소를 기술하기 위해 **테크노사이언스**(technoscience)라는 단어를 쓰겠다. 그리고 따옴표를 한 '**과학과 기술**(science and technology)'이라는 표현은 일단 책임 귀속의 시험들이 모두 처리되고 난 후, 테크노사이언스에 **보존된 것**(what is kept of technoscience)을 지칭하는 데 쓰겠다. '과학과 기술'이 내밀한 내용을 더 가질수록, 그것들은 외부로 더 멀리 확장해야 한다. 그러므로 '과학과 기술'은 단지 착시 때문에 우선하는 것으로 보이는 하나의 부분 집합일 뿐이다. 이것이 우리의 네 번째 원칙(fourth principle)을 이룬다.

테크노사이언스의 규모를 확장하는 데 있어서, 그 안에 지지자, 동맹,

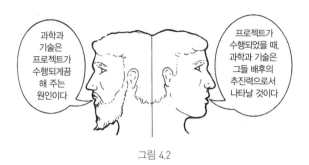

그림 4.2

고용자, 조력자, 신봉자, 후원자와 소비자를 포함하도록 하는 것은, 그들이 과학자들을 인도하는 것으로 이번에는 보일 수도 있기 때문에, 어쨌든 위험이 있는 것으로 보인다. 만일 과학이 과학으로 구성되어 있지 않고 과학자에 의해 인도되지 않는다면, 그것은 모든 이해 집단으로 구성되어 있고, 그들에 의해 인도된다는 결론을 이끌어 낼 수도 있을 것이다. 이런 대안이 이른바 '과학 사회학'이라 불리는 것에 의해 제공되는 바로 그것이므로 위의 위험은 더욱더 커진다. '과학과 기술'이 그 내부적 추력에 의해 설명되지 않을 때, 외부적 추진력이나 요구에 의해 설명된다. 그러면 테크노사이언스를 관통해 가려는 우리의 여정은 세균, 방사성 물질, 연료 전지, 약품이 아니라, 사악한 장군, 교활한 다국적 기업, 간절한 소비자, 착취된 여성, 배고픈 아이, 왜곡된 이데올로기로 가득 차 있어야 할 것이다. 우리가 이쪽으로 내내 온 게 맞고, '과학'이라는 카리브디스(Charybdis)에게서 달아나서 결국 '사회'라는 스킬라(Scylla)에 난파해 버린 것인가?[11]

과학의 활력을 사회적 요인의 탓으로 돌리는 것을 **포함해서**, 모든 귀속 시도(attribution trials)가 제거되어야만 한다는 것을 우리가 안다면, 이런 위

---

11) 카리브디스는 그리스 신화에서 바다의 소용돌이를 의인화한 여자 괴물이고, 스킬라는 해안의 큰 바위에 사는 여자 괴물이다. 이 두 가지는 진퇴유곡을 의미할 때 사용된다.

험은 다행히도 실재하는 것이 아니다. 만약에 우리가, 과학자들이 자기들의 과학에 대해 말한 것을 의심할 각오가 되어 있다면, 장군, 은행가, 정치인, 언론인, 사회학자, 철학자나 경영자들이 과학의 한계, 형태, 유용함 또는 성장의 이유에 대해 말한 것을 믿을 정도가 되지는 않을 것이다. 우리의 네 번째 방법의 규칙에 진술되어 있듯이 우리는 균형을 잡아야 하고, 과학적 직업의 경계선을 '과학과 기술'의 경계선과 같은 정도로 의심해야 하며, 더도 덜도 아니어야 한다.

이제부터 제일 중요한 일은 경계선을 열어 두는 것이고, 우리가 따라가는 사람들이 그것을 닫으려 할 때만 그것을 닫는 것이다. 그러므로 우리는 어떤 요소들이 서로 묶여질지, 그들이 언제 공통 운명을 갖기 시작할지, 어떤 이해관계가 어떤 이해관계를 종국적으로 이길지에 대해 가능한 한 미결정인 채로(undecided) 있어야 한다. 달리 말해 우리는 우리가 따라가는 행위자와 마찬가지로 **미결정이어야**(어떻게 될지 몰라야) 한다. 예를 들어 보스가 그의 사무실로 들어가기 전에 보건부 장관은 신경 내분비학에 투자하는 것이 가치가 있을지 여부를 아직 확실히 모른다. 보스 역시, 완전히 새로운 실험실의 재정 지원에 대해 그의 법률 고문이 만든 약속을 장관이 지켜 줄지 여부에 대해 알지 못한다. 또한 그는, 판도린이 그토록 혁신적인 물질이어서, 약물 중독자들을 치료하는 데 대한 확고한 약속을 장관에게 해 줄 수 있을지 여부를 확신하지 못한다. 보스의 공동 연구자는 자신의 실험실에 깊이 파묻혀, 판도린이 이전에 공표된 다른 물질과는 생물학적으로 다르다고 자기 논문에서 주장할 수 있을지 여부를 알지 못한다. 그녀가 두 가지 물질을 시험했던 쥐들은 복용량이 과다해, 어떤 해답을 주기 전에 죽을 수 있다. 연구자의 쥐, 약물 중독자, 보스, 법률 고문, 장관과 하원 의원들 모두 서로 제휴가 맺어져서, 마침내 실험실의 작업이 국가의 보건 정책에 연관을 갖게 되는 일도 가능하다. 하지만 이들 연결 중 어느 하나 또는 그들 모두가 갈라 떼어져 쥐는 죽고, 판도린은 가공품이 되어 버리고,[12] 하원 의원들은 예산을 부결시키고, 보스는 그의 법률 고문을 위압한 장관을 자극하고 … 이런 일도 역시 가능하다.

과학자들을 밀착해 쫓는 우리에게 문제는, 이들 연결 고리 중 어떤 것이 '사회적'이고 어떤 것이 '과학적'인가를 결정하는 것이 아니다. 우리가 쫓는 사람에 있어서와 마찬가지로 우리에게서도 문제는, 오직 이것이다. 이들 연결 중 어떤 것이 유지되고 어떤 것이 떼어질 것인가? 우리의 **다섯 번째 방법의 규칙**(fifth rule of method)은 그러므로 다음의 것이 될 것이다. 우리는 테크노사이언스가 무엇으로 구성되어 있는지에 관해, 우리가 쫓는 여러 행위자와 마찬가지로 결정내리지 말고(undecided) 있어야만 한다. 그렇게 하기 위해, 내부/외부 구분이 그어질 때마다 우리는 양쪽을 동시에 쫓아야 하며, 작업을 하는 모든 사람의 리스트를, 그것이 얼마나 길고 이질적이건 간에 작성해야 한다.

어떻게 약한 레토릭이 더 강한 것으로 될 수 있는지를 살펴보고 나서 그 다음, 이 부가된 힘을 유관한 것으로 되게 하려면 얼마나 많은 강한 입장들이 먼저 획득되어야 하는가를 살펴보았다. 이제, 가입하지도 않고 과학자와 기술자에 의해 가입되지도 않는 사람들, 즉 테크노사이언스의 작업에 참여하지 **않는** 모든 사람에 대해 살펴볼 시간이 되었다.

---

12) artifact(인공물)로 동일 단어이나, 여기 맥락에서만 약간 뉘앙스를 달리해 '가공품'으로 번역했다.

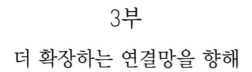

3부

더 확장하는 연결망을 향해

5장
이성의 법정

이 책의 1부에서 우리는 약한 레토릭에서 더 강력한 레토릭으로 어떻게 진행되는지를 살펴봤다. 2부에서는 과학자와 기술자들이 약한 지점(weak point)으로부터 더 공고한 요새(strongholds)를 점령하기까지 어떤 전략을 사용하는지를 추적해 보았다. 앞의 네 장을 요약해 본다면 어떤 주장의 운명과 결부되어 있는 요소들의 숫자가 —논문, 실험실, 새로운 대상(object), 직업(professions), 이해관계 그룹, 비인간 동맹자들— 엄청나게 증가했다는 것이다. 그것들은 너무 많기 때문에 만약 우리가 사실들에 대해 문제시한다거나 인공물을 우회해 가려 한다면, 너무나 많은 블랙박스를 만나게 되어, 결국 그런 일은 수행 불가능한 것이 된다. 주장들은 당연한 것으로 차용될 것이며, 장치(machine)와 도구들(instrument)은 더 이상 따지지 않고 사용된다. 실재라고 하는 것은 모든 수정을 향한 노력에 저항하는 것인데, 그것은 최소 당분간은 규정된 셈이고, 어떤 사람들이 어떤 행위를 할지도 최소 어느 정도는 예측이 가능해졌다.

위 네 장을 요약하는 다른 방식은 동전의 다른 면을 보여 주는 것이다. 주장에 결부되어 있는 요인들의 수적 증가는 **대가를 요구한다.** 그 때문에 신뢰할 만한 사실, 효율적인 인공물(artefact)의 생산은 대단히 비싼 사업이 된다. 이때 소요되는 비용은 금액으로만 평가되지 않는다. 관련된 사람의 수, 실험실과 장치들의 크기, 데이터를 모으는 기관들의 숫자, '중요한 아이디어'를 활용 가능한 생산물로 전환하는 데 소요되는 시간, 블랙박스들을 상호 연결시키는 메커니즘의 복잡성 등도 관련 있다. 4장에서 상세히 살펴보았듯이, 이런 식으로 실재를 만든다는 것은 아무나 할 수 있는 일이 아니다.

증명 경쟁(proof race)을 하면 많은 비용이 들기 때문에 소수의 사람, 국가, 기관, 전문가들만이 거기에 참여할 수 있다. 그리고 이는 곧 사실과 인공물 생산이 아무데서나 이뤄질 수 없음을 뜻한다. 그것은 특정한 시점, 특정한 장소에서만 발생할 수 있다. 이 책을 통해 이제까지 우리가 알게 된 것들을 요약하는 세 번째 방식, 앞의 두 가지 방식을 하나로 묶어 주는 방식이 나타난다. 테크노사이언스는 상대적으로 새롭고 드물고 값비싸고 쉽게 손상될 수 있는 장소에서 만들어진다. 그곳은 막대한 양의 자원을 긁어모으는 곳이며, 스스로 하나의 전략적 위치를 점유하며, 다른 많은 전략적 위치들과 연관된다. 그리하여 테크노사이언스는 동맹의 수를 급증시키는 조물주 같은 기획인 동시에 모든 동맹자가 존재할 때에만 모습을 드러내는 드물고 부서지기 쉬운 성취다. 만일 테크노사이언스가 강력한 동시에 약한 것으로, 또는 집중화된 것이면서도 분산된 것으로 묘사된다면, 이는 테크노사이언스가 **연결망**(network)의 특성을 갖는다는 뜻이다.[1] 연결망은 자원들이 몇 개의 지점 —매듭(knots) 또는 결절(nodes)— 에 집중되어 있으며, 그 매듭

---

[1] 연결망은 아직 성격이 결정되지 않은 실체들 사이의 구체화되지 않은 관계들의 집합인데, 인간과 비인간이라는 두 가지 동맹 체계를 묶는 역할을 한다. 연결망에는 사실이나 인공물의 발명, 구성, 분배, 사용에 관여한 모든 사람이 포함되고 또 사람들을 연결하기 위해 소환되어야 했던 사물들도 포함된다. 행위자(actor)와 연결망은 서로를 구성한다. 김환석, 앞의 책, p. 72-73 참조.

또는 결절들은 그물코와 그물눈으로 서로 연결되어 있다는 것이다. 이 연결 구조가 산재되어 있는 자원들을 모든 곳까지 확장되어 있는 하나의 망(net)으로 전환시킨다. 예를 들어 전화선은 대단히 미세하고 연약한 것이다. 너무나 미세해서 지도상에는 나타나지도 않으며 너무나 연약해서 쉽게 절단될 수 있다. 그럼에도 불구하고 전화 연결망은 전 세계를 뒤덮는다. 연결망 개념이 테크노사이언스의 두 가지 모순적 양상을 함께 수용할 수 있게 해주며, 소수의 사람들이 어떻게 전 세계를 감당할 수 있는지도 알려 준다.

이 책 마지막 3부의 과제는 연결망으로서의 테크노사이언스라는 정의가 함축하는 모든 귀결을 탐색하는 것이다. 따져볼 첫 번째 문제는 연결망의 부분이 아닌 사람들, 다시 말해 망의 그물눈에 걸려 있지 않은 사람들에 관해서다. 지금까지 우리는 작업 중인 과학자와 기술자들을 따라다녔다. 잠시 동안 우리의 관심을 과학을 하지 않는 대다수에게 돌려 보자. 그 목적은 과학자들이 그들 다수를 가입시키는(enrol) 것이 얼마나 어려운지를 알아보기 위해서다. 사실 생산(fact production)이 그토록 작은 크기에 불과한데, 그렇다면 나머지 인류는 '실재'와 어떤 관계에 있을까? 역사상 대부분의 시기에 지금과 같이 독특한 설득의 시스템이 존재하지 않았는데, 그렇다면 사람들은 어떻게 그런 것 없이 오랫동안 지낼 수 있었을까? 현대 산업화된 사회에서조차 사람들 대다수는 사실과 인공물의 협상 과정에 접근하지 못한다. 그렇다면 그들은 어떻게 믿고 증명하고 주장하는가? 대부분의 기업에는 필수 통과 지점(obligatory passage point)을 점유하는 과학자나 기술자가 없는데, 그렇다면 일반 대중은 과학 없이 어떻게 그들의 일상 업무를 처리하는가? 간단히 말해 이 장에서 내가 따져 보고자 하는 문제는 연결망의 그물눈 사이에는 무엇이 있는가 하는 것이다. 그런 다음 6장에서는 연결망이 어떻게 유지되는지를 살펴볼 것이다.

1. 합리성에 대한 재판

1.1 비합리적인 사람들이 사는 세상

연결망 밖에 남겨진 다수의 사람들은 과학자와 기술자를 어떻게 볼까? 그리고 그들이 연결망 바깥에 있다는 것에 대해 어떻게 생각할까?

기상 예보의 경우를 예로 삼아 보자. 매일, 하루에도 몇 번씩 수많은 사람들이 날씨에 대해 이야기한다. 날씨를 예측하거나, 흔한 속담을 인용하기도 하고, 어떤 때는 직접 하늘을 살피기도 한다. 그들 대다수는 기상 예보를 듣거나 TV 지방 방송과 신문에 실려 있는 위성 사진을 본다. 그러면서 종종 예보관에 대해서 "항상 틀리는" 사람들이라고 조롱한다. 사업 성패가 기상학자의 능력에 더 일찌감치 연결되어 있는 사람들 다수는 예보를 애타게 기다린다. 작물 파종과 관련해 결정을 앞뒀거나, 비행기를 출발시키려 할 때, 전투가 시작되거나 피크닉을 가려 할 때 등등. 기상국 내부는 소란스럽다. 수신된 위성 신호를 처리하는 거대한 데이터 뱅크가 돌아가고, 세계 곳곳에 나가 있는 수많은 비상근 기상원(weatherman)들의 리포트가 취합되고, 구름을 탐색하기 위해 관측용 기구를 띄워 올리며, 기후 (climate)[2]에 대한 컴퓨터 모델들을 계속 테스트한다. 그 안에서 수천 명의 기상학자들이 오늘의 기상은 어떤지 어제는 어땠는지 내일은 어떨지를 정의하느라 분주하다. "내일 기상은 어떨까?"라는 질문에 대해 우리는 두 종류의 답변을 얻을 수 있다. 하나는 사방에 흩어져 있는 엄청난 양의 코멘트들, 다른 하나는 국제기상협회(International Meteorological Association)의

---

2) 기후와 기상을 구분해서 사용한다. 기후(climate)는 한 지방의 연간에 걸친 평균적 기상 상태를 뜻하며, 기상(weather)은 특정의 때·장소에서의 날씨를 말한다.

텔렉스를 통해 수신되는 몇 개의 의견들. 이 두 종류의 의견은 공통적인 근거를 갖고 있는가? 전혀 그렇지 않다. 일반인들의 수많은 농담, 속담, 평가, 직감, 세밀한 징후 해석들 앞에서 기상학자들의 의견은 사라져 묻혀 버린다. 반면 지금까지의 기상이 어땠는지를 정의할 시간이 되면 일반인들의 수많은 의견은 아무 쓸모도 없다. 오직 수천 명의 전문가들만이 기상이 어떤지를 정의할 수 있다. 컴퓨터 연결망, 기구, 위성, 탐침, 비행기, 배 등 데이터를 수집하기 위한 시설을 위해 막대한 자금을 분배해야 할 때도 그들 전문가의 의견만이 중요하게 여겨진다.

조금은 기묘한 결산 계정(balance account)이 만들어진다. 기상 상태와 그 변화는 지구상 모든 이에 의해 정의된다. 이들 수많은 의견 앞에 소수의 기상 관계자들은 일부분의 영역 —군대, 해양 운송 업계, 항공 회사, 농업 관계자들, 여행자들— 에서만 심각하게 받아들여지는 몇 개의 의견을 내놓는다. 그러나 저울의 한쪽에 일반인들의 수많은 의견을 올려 두고, 다른 쪽에는 기상학자들의 몇 안 되는 의견을 올려 놓으면, 기상학자들의 쪽으로 저울이 기운다. 기상에 대해 아무리 많은 의견이 난무해도, 기상 예보관에 대해 아무리 조롱해도, 기상 예보관이 말해 주는 기상에 대한 의견이 다른 모든 의견을 압도할 만큼 강력하다. "올해가 정상적인 여름이었는가, 특별히 더운 여름이었는가?"라는 질문에 대해 모든 일반인이 유난히 더운 여름이었다고 느낀다 하더라도, 국제기상협회의 연결망 안에서는 그런 의견들을 무시할 수 있다. "그렇지 않다. 평년보다 단지 0.01도 높은 여름이었다." 수많은 사람들의 확신은 근거 없는 의견에 불과했으며, 기상의 실체는 수천 명에 불과한 기상학자들이 결정한다. "당신들은 더운 여름이라고 **믿었지만**, 그것은 **사실** 평균적인 여름이었다."

힘의 균형이 어느 쪽으로 기우는가는 기상 관계자들의 연결망 안에 있느냐 밖에 있느냐에 달려 있다. 안정된 위치에 있는 소수의 과학자들이 무수한 사람들을 패퇴시킬 수 있다. 그러나 이는 그들이 그들 자신의 연결망 안에 있을 때에만 유지된다. 기상학자들이 뭐라고 하든 일반인들은 여전히 더운 여름이었다고 말하며, "언제나 그랬듯이 또 틀렸다"고 예보관을 조롱할 것이다. 바로 여기가 연결망의 개념이 필요한 지점이다. 기상학자들은 전 세계의 기상을 다룰 수 있다. 그러나 그들의 연결망 밖에 수많은 일반인들을 남겨 놓는다. 기상학자들의 과제는 그들의 연결망을 확대해, 더 이상 그들의 예측이 논박 불가능해지고, 기상국의 메시지들이 기상에 대해 궁금해 하는 모든 일반인의 필수 통과 지점이 되도록 하는 것이다. 만약 그것이 성공적이라면 그들은 지구 기상의 유일한 공식적 대변인, 기상 이변과 기후 변화에 대해 유일하게 신뢰할 만한 대변자가 될 것이다. 얼마나 많은 사람들이 연결망 밖에 남겨지든 간에 그들은 기상 관계자들만큼 신뢰받을 수 없다. 어떻게 그런 결과에 이를 수 있을까 하는 부분은 지금의 관심사가 아니다.(그것은 다음 장에서 다룬다.) 여기에서는 기상학자들이 기상에 대한 유일한 대변인이 되었을 때, 기상에 대한 일반인들의 의견은 어떤 처지에 놓이는가를 살펴본다.

과학자들의 눈으로 보아 다른 모든 예측은 기상에 대한 합법적이지 않은 주장들이다. 그들 생각에는 이렇다. 기상학이 과학으로 등장하기 전에는 모든 사람이 어둠 속에서 더듬거리고 있었다. 드물게는 유용한 실천적 처방도 있었지만, 대부분은 구름 모습이나 제비의 도래와 연관된 근거 박약한 말을 퍼뜨리거나, 다양한 종류의 미신을 믿는 식이었다. 좀 더 관대하게 해석하자면 그들은 기상의 전체 모습을 알 수 없었으며, 단지 특정 지역에 한정된 징후에만 민감했던 것이다. 이제 우리는 한편에는 기상에 대한 믿음(belief), 다른 한편에는 기상에 대한 지식(knowledge)을 갖고 있다. 지금이 이 책에서 우리가 이들 단어, '믿음과 지식'에 주목하는 첫 번째 순간임을 주목해야 한다. 왜 이들 단어가 이렇게 늦게 나타났는지를 깨닫는 것, 그리고 어떤 강력한 연결망 내부의 과학자들이 그 외부를 어떻게 볼 것인가를 규정하고자 하는 것이 중요하다. 그들 과학자의 눈에는 믿음이란 주관적인 것이다. 즉 기상보다 기상에 대해 말하는 사람에 대해 더 많은 것을 알려 준다. 반면에 지식은 객관적이다. 그것은 기상에 대해 말하는 사람보다 기상에 대해 더 많은 것을 알려 준다. 믿음은 종종 지식과 합치하기도 하지만, 그것은 우연일 뿐이며 그렇다고 믿음이 덜 주관적이 되는 건 아니다. 연결망 내부의 사람들이 보기에 기후와 그 변화에 대해 아는 유일한 방법은 기상학자들이 발견한 것을 배우는 것이다. 기후에 대해 여전히 믿음만을 유지하는 사람은 못 배운 것일 뿐이다.

비과학자들의 의견을 이렇게 해석함으로써 미묘한, 그러나 아주 근본적인 변형이 발생한다. 우리가 맞닥뜨리는 것은 더 이상 원래의 비대칭성, 연결망 내부와 외부 사이의 비대칭성 또는 위성 사진, 데이터뱅크, 측정 기구와 탐침에 접근하는 사람들과 밭의 미묘한 징후들이나 전승된 속담 등에 접근하는 사람들 간의 비대칭성이 아니다. '기상에 관한 신뢰성 있는 주장을 하기 위해 어떤 자원들이 필요한가?'라는 물음은 무대에서 사라졌다. 여전히 비대칭성은 존재하지만 그것은 변질되어 전혀 다른 성격의 것이 되었다. 이제 비대칭성은 사안에 대해 왜곡된 의견을 가진 사람들과 그에 대해 진리를 아는 (또는 조만간 알게 될) 사람들 사이에 성립된다. 현상의 본질에 접근할 수 있는 사람들과 배우지 못해 현상에 대한 왜곡된 관점에만 접근할 수 있는 사람들 간에 칸막이가 세워진다.

지금 떠오른 문제는 내가 원래 제기한 문제와 다르다. 원래의 문제는 이것이었다. 상충하는 무수한 의견에도 불구하고 기상학자들이 그들의 연결망을 확대하여 기상에 대한 그들의 정의를 관철시키는 것은 어떻게 가능한가? 지금 나타난 문제는 이것이다. 기상이 진실로 어떤지에 대해서 우리 과학자들로부터 배우는 것이 어렵지 않음에도 불구하고, 여전히 기상에 대해 불합리한 생각을 유지하는 사람들이 존재한다는 것은 어떻게 가능한가? 이제 궁금한 것은 어떻게 소수의 잘 정비된 실험실이 수십억의 사람들을 대신할 수 있냐는 것이 아니다. 어떻게 사람들은 그들이 제대로 알 수 있는 것에 대하여 단지 **믿으려** 하냐는 것이다.

우리가 연구해야 할 것, 놀랍게 생각해야 할 것이 극적으로 변했다. 여러 학문 분야의 학자들이 연결망 밖의 사람들에 대해 제기하는 물음이 달라졌다. 어떻게 **여전히** 이것을 믿을 수 있을까? 또는 그것이 잘못되었다는 걸 깨닫는 데 왜 그렇게 **오랜 시간**이 걸리는가? 예를 들어 천문학자는 현대의 교육받은 미국인들이, 존재하지 않는 것이 확실한 비행접시를 여전히 믿는 이유가 무엇인지 궁금해 한다. 현대의 사회 생물학자들은 예전 생물학자들이 다윈 진화론을 받아들이는 데 그렇게 오랜 시간이 걸린 이유를 알고 싶어 한다. 심리학자들은 이미 수십 년 동안 틀린 것으로 증명된 초심리학(parapsychology)을 여전히 믿는 사람들이 있는 이유가 무엇인지 궁금해 한다. 지질학자들은 1985년의 시점에서 여전히 노아의 홍수를 믿는 사람들이 있다는 사실에 분노한다. 엔지니어들은 왜 아프리카 농부들이 훨씬 저렴하면서도 효율적인 태양열 양수기를 사용하려 하지 않는지에 대한 설명을 듣고 싶어 한다. 프랑스의 물리학 교사는 학생들 부모의 90%가 태양이 지구 주위를 돌고 있다고 믿는다는 사실에 황당해 한다. 이 모든 예는 암묵적으로 다음을 가정한다. 우리 모두가 가야 할 방향은 하나인데도 불구하고 일반인들은 불행히도 무엇인가에 미혹되고 있다. 그것이 무엇인지 설명이 필요하다. 우리 모두가 따라야 할 직선의 길은 **합리적**

그림 5.1

(rational)이라고 불린다. 일반인들이 불행하게도 따라가는 구부러진 길은 비합리적(irrational)이라고 불린다. 이 두 개의 형용사는 과학적 담화의 징표 같은 것인데, 이제까지는 여기에서 사용되지 않았었다. 비과학자들이 왜 존재하는가에 대해 과학자들이 어떤 판단을 내릴 때, 이들 형용사는 비로소 나타난다. 그 판단이란 그림 5.1처럼 시각적으로 표현될 수 있다.

과학자들이 알고 싶은 것은 일반인들이 가야 할 올바른 길로부터 밀려나는 이유이며, 그들은 이 이탈을 어떤 특별한 힘(그림 5.1의 수직 화살)에 의해 설명하려고 한다. 외부의 어떤 것이 그들을 방해하지 않는다면 일반인들도 실재가 어떤지 곧바로 이해할 수 있다는 것이다. 예를 들면 이렇다. 미국인들이 여전히 비행접시를 믿는 이유를 설명하기 위해 '선입견(prejudices)'을 사용해 볼 수 있다. 아프리카 사람들이 태양열 양수기를 사용하지 않는 이유에 대해서는 '문화적 차이'로 설명해 볼 수 있다. 어떤 동료의 비합리적인 행위를 설명하기 위해서는 '명백한 아둔함'을 사용할 것이다. 성적 또는 인종적 차이를 원용할 수도 있다. 다윈 진화론을 거부했던 생물학자들의 태도를 설명하기 위해서는 '사회적 설명'을 동원해 볼 수 있다. 그 생물학자들은 진화론이 19세기 노동자들에게 사회적 동요를 불러일으킬 가능성을 염려했을 것 같다는 식으로 말이다. '심리학적 문제'라는 설명도 유용하다. 왜냐하면 열정은 사람들로 하여금 이성에 눈감게 하고, 무의식적 동기들은 가장 정직한 사람들마저 비틀어지게 할 수 있기 때문이다. 이런 설명의 범위는 계속 확장될 수 있지만 지금 우리는 그 리스트를 만드는 데에는 관심이 없다. 외부 힘을 동원하는 이러한 설명에서 정작 흥미로운 것은 다른 것이다. 그러한 설명은, 우리가 믿음과 지식을 구분해 내는 과학자의 위치를 받아들일 때에만 가능하다는 것이다.

이런 논변에 따르면 설명이 필요한 것은 오직 직선으로부터 이탈해 나간 부분이다. 직선 자체, 즉 '합리적 지식'은 설명될 필요가 없다. 분명히 우리는 기상관이 기상에 대해 정확히 아는 이유, 생물학자가 진화에 대해 최종적으로 알고 있는 이유, 지질학자가 대륙 표류를 발견한 이유 등에 대해서도 답을 발견할 수도 있다. 그러나 그것은 지식의 내용과는 아무 상관이 없다. 그것들은 다만 그 내용에 이르는, 또는 이르는 데 도움이 된 **조건들**일 뿐이다. 합리적 지식 —직선— 은 현상이 무엇인지에 대한 것이며 그것을 기술하는 사람에 대한 것이 아니니, 그들 주장에 대한 유일한 설명은 **현상 자체**일 뿐이다.(2장 3절 참조) 이런 행복한 상황이 비합리적 주장들에 대해서는 성립하지 않는다. 비합리적 주장들은 현상에 대해서보다 그 주장을 고집스럽게 믿는 사람들에 대해 더 많은 것을 말해 주기 때문에, 이 고집을 이해하기 위한 특별한 설명이 필요하다. 이것이 바로 블루어(David Bloor)가 비대칭적 설명(asymmetrical explanation)이라고 불렀던 것이다.*

그림 5.1에 대한 더욱 비대칭적인 해석이 연결망 내부의 과학자에 의해

---

* David Bloor(1976) 참조. 이 논쟁과 관련해 M. Hollis and S. Lukes(1982)와 E. Mendelsohn and Y. Elkana(1981)를 참조하라. 이 논쟁에 대한 가장 흥미로운 논문 두 개는 의심할 여지 없이 R. Horton(1967; 1982)이다.

만들어진다. 현상 자체가 합리적 지식에 대한 유일한 설명이라는데, 그것을 얻기 위해서는 무엇이 필요했던가? 자원? 동맹들? 실험실? 이해관계 그룹? 아니다. 앞선 4개 장에서 우리가 연구했던 이들 요소, 어떤 주장을 신뢰할 만한 것으로 만들어 주는 이들 요소는 이제 그림에서 완전히 제외된다. 그것들은 더 이상 과학의 내용과 아무 관계도 없다. 올바른 길을 따르기 위해 필요한 것은 바로 **건전한 정신과 건전한 방법**이다. 한편 어떤 일반인들이 왜곡된 길을 택했다는 사실을 해명하기 위해 필요한 것은 무엇인가? '문화', '인종', '뇌의 이상', '심리적 현상', '사회적 요인들', '성별 요인' 등을 포함하는 긴 리스트로부터 선택된 여러 요인들. 과학자들이 상정하는 비과학자들의 세계는 황폐하다. 소수의 정신들만이 실재가 어떤지 발견한다. 반면 많은 일반인들은 비합리적 관념을 갖는다. 그들은 사회적·문화적·심리학적 요인들의 죄수이며, 그 때문에 이미 폐기된 편견에 고집스럽게 집착한다. 이 그림에서 그래도 좋아 보이는 유일한 부분은 일반인들을 선입견의 죄수로 만드는 이들 요인을 제거할 수만 있다면, 그들 모두는 즉각적으로, 그리고 아무런 대가도 지불하지 않고 바로 과학자처럼 건전한 정신을 가지며, 별도의 수고 없이 현상을 파악할 수 있다는 것이다. 우리들 모두의 내면에는 잠들어 있는, 사회적·문화적 조건들이 배제되기 전에는 깨워지지 않는, 과학자가 들어 있다.

이제까지 우리가 추적해 온 테크노사이언스의 그림은 사라지고, 비합리적 정신을 가진 사람들 또는 합리적 정신을 가졌지만 더 강력한 지배자들의 희생양이 된 사람들로 가득한 세계가 대신 들어선다. 증명 경쟁이 그랬듯이 논쟁(argument)을 생산하는 비용도 사라진다. 현상을 직접 보는 것은 아무런 비용이 들지 않는다. 선입견에서 벗어난 건전한 정신만 있으면 된다. 지상의 모든 이들에게 지식을 확산시키는 일은 불가능하지 않다. 그것은 왜곡된 믿음들을 제거해 내는 문제일 뿐이다. 지금껏 우리 논의가 믿음, 지식, 합리성, 비합리성의 개념들을 피해 온 이유가 이제 이해될 것이다. 그것들이 사용될 때마다 활성(활동) 과학(science in action)의 그림이 전부 지워지고, 대신 정신, 현상, 왜곡 요인들이 들어선다. 우리가 계속 테크노사이언스의 연결망을 연구하려면 위와 같은 왜곡된 생각을 교정해야 하고 합리적/비합리적이라는 대립적 구획 없이 해 나가야 한다.

1.2 비합리성 재판의 결과를 뒤집기

앞 절에서 나는, 우리가 묻지 말아야 할 물음들이 있다고 말했다. '그 사람들이 어떻게 그런 진술들을 믿게 되었나?'가 그런 물음인데, 그것은 그 물음이 비과학자들이 어떤 유형의 사람인지를 과학자 스스로 결정해 버린 비대칭적 관점의 귀결이기 때문이다. 이런 물음에 답하려는 것은 당신이 빌려주지도 않은 돈에 대해 당신 친구가 그걸 왜 갚지 않는지 궁금해 하는 것과 다름없다. 또는 헤르메스라는 신의 존재 여부가 분명해지기도 전에 헤르메스가 그렇게 작은 날개를 가지고 어떻게 날 수 있었는지 설명하려는 것과 같다. 결과의 존재가 증명되지 않았을 때, 원인에 대한 물음은 답할 가치가 없다. 만약 사람들의 비합리성이 —연결망이 정립되고 확장, 유지되기 위해 소요되는 모든 자원을 괄호 쳐 감춰 버린 채— 연결망 안에서 바깥을 보는 관점의 귀결일 뿐이라면, 그 사람들의 비합리성에 책임 있는 특별한 요인이 있다고 말할 수 없다. 비합리성에 대한 물음이 그 물음을 제기하는 곳에서 만들어진 **가공물**(artefact)에 불과하다면, 비과학적 믿음들을 설명하려고 하는 지식 사회학 같은 분과도 무의미하다.

비대칭성을 피하는 한 가지 방법은 '비합리적 믿음' 또는 '비합리적 행위'가 언제나 기소(accusation)의 결과라고 간주하는 것이다. 기괴한 믿음에 대한 기괴한 설명을 찾으려 돌진하기보다는 누가 고발하고 있는가, 증거는 무엇이며 증인은 누구인가, 배심원들은 어떻게 선발되었는가, 어떤 종류의 증거들이 적법한가 등을 따져 비합리성의 기소가 이뤄질 법정을 완전하게 구성해야 한다. 합당한 심리도 없이 누군가를 비난하기보다는 비합리성의 재판을 제대로 진행시켜야 한다. 그 결과 유죄 판결이 불가피해질 경우, 그제야 그들 믿음을 설명해 줄 특별한 이유들을 찾아야 한다.

이 법정의 배심원은 서구의 계몽된 대중으로 이뤄진다. 임의로 임명된 검사는 배심원 앞에 오가며 합리성의 규칙(그림 5.1의 직선)을 위반했다는 기소 이유를 설명할 것이다. 처음에는 끔찍한 기소 내용에 놀란 배심원들이 크게 격앙하며, 비난을 주저하지 않을 것이다.

소송 사건 1: 잔데(Zande) 사회에는 어떤 이가 마녀라면, 그의 마녀적 특질은 그의 자손들에게 전달된다는 유전 규칙이 있다.[*] 이 규칙은 마녀에 대한 고소를 새로운 차원으로 전개시킬 것이 당연하다. 첫 번째 마녀의 가계도를 따라 그의 아들, 손녀, 부모 등 모두를 재판에 소환해야 한다. 그러나 여기에서 인류학자 에번스프리처드(Evans-Pritchard)는 당혹하게 된다. 아잔데 족(Azande)[3]은 그러한 논리 대신 마녀의 가계에는 무고하고 고소

---

[*] E. E. Evans-Pritchard의 고전적인 저서(1937)에서 가져온 이 예는 David Bloor(1976)에 의해서 과학의 인류학(anthropology of science)을 위한 표준적 화제로 바뀌었다.

3) 아프리카의 남수단에서 중앙아프리카 콩고 자이르 북동부에 이르는 지역에 거주하는 원주민이다.

당할 필요가 없는 '차가운' 마녀들이 있고, '따뜻한' 마녀들은 위험한 존재로서 가계로부터 격리되어야 한다고 본다. 그에 따라 배심원들에게는 서로 모순되는 합리성 법칙들이 제시된다. 아잔데 족은 이들 모순적 법칙을 동시에 적용한다. 규칙 1: 마녀성은 가계를 따라 유전된다. 규칙 2: 가계 내의 한 사람이 마녀로 고소된다는 것이 가계의 다른 이들도 마녀임을 뜻하지는 않는다. 아잔데 족은 이 모순을 직시하고 해소하려 하기보다는 **그냥 내버려 둔다.** 그러한 무관심은 너무나 충격적이며, 에번스프리처드로 하여금 아잔데 족을 비합리적이라고 기소하게 만든다. 그러나 그는 구형과 함께 참작 사유를 덧붙인다. 만약 아잔데 족이 마녀 가계의 모든 사람을 마녀로 간주한다면, 그 가계는 아예 절멸할 것이다. 그것은 잔데 사회 전체를 위협할 것이다. 아잔데 족은 그들의 사회를 지키기 위해 합리적 추론을 따르지 않기로 한 것이다. 이것은 분명 비논리적이지만 양해할 수 있는 일이다. 사회적 압력이 이성을 압도한 것이다. 처벌이 너무 엄해서는 안 된다. 아잔데 족은 우리와 같지 않으며, 그들은 합리성 대신 그들 사회의 안정성을 지키기로 선택한 것뿐이다. 1절에서 말한 것처럼, 어떤 사람들이 왜 올바른 길에서 이탈해 나갔는지에 대한 한 가지 설명이 발견되었다.

소송 사건 2: 그러나 트로브리안드 섬(Trobriand) 주민들에게는 자애로운 구형이 가능치 않다.* 이 부족은 믿을 수 없을 만큼 복잡한 토지 소유권 제도를 가지고 있으며, 종종 그들을 법정으로 데려가는 토지 관련 소송에서는 가장 기본적인 논리 원칙마저 계속 위반된다. 그들의 언어는 비분절적이어서 명제들을 이어 줄 단어들이 거의 없다. 그들은 '만일 …, 따라서 …' 류의 말을 할 수가 없다. 그들은 인과율도 이해하지 못한다. 어떤 명제의

---

* 이 예는 Edward Hutchins(1980)에서 가져왔다.

이전과 이후를 구분하지도 못한다. 그들은 비논리적이며, 결국 전논리적(preloical)이라기보다는 무논리적(alogical)이다. 법정은 연결되지도 않는 진술들의 혼란스러운 잡탕이라고 할 수밖에 없는 그들의 논쟁으로 가득 찬다. 그들의 진술에는 '그러니까', '왜냐하면', '따라서' 등의 표현이 양념처럼 맥락도 없이 나타나곤 한다. 의미 없는 말들이 잔뜩 섞인 그들의 장광설은 이런 식이다.

> 그래서 내가 테야바(Teyava)에서 살게 됐다. 다른 쪽 베란다에 있는 누이를 봤다. 엄마를 위해 함께 열심히 일했는데, 그런데 내 누이가 아무것도 없으니, 나는 혼잣말로 "이건 옳지 않아. 내가 카이바탐(kaivatam)을 약간 해야겠어." 투콰우콰(Tukwaukwa) 사람들아 내가 너희들 똥을 먹는다. 너희들 밭들에 비교하면 내가 엄마를 위해 만든 건 너무 작다. 나는 엄마가 필요한 걸 해 줬다. 와와와(Wawawa)를 한 거지. 나는 캅왈렐라마우나(Kapwalelamauna)를 지킨다. 거기에서 보다위야(Bodawiya)의 작은 고구마를 재배했다. 나는 베사카우(Bwesakau)를 지킨다. 나는 쿨루보쿠(Kuluboku)를 지킨다.(Hutchinson 1980, p.69)

트로브리안드 족에게 유리한 경감 사유를 찾아내기는 거의 불가능하다. 그들의 무질서한 정신 상태를 설명해 줄 사회적 압력을 찾는 것 역시 마찬가지다. 이들 부족에 대해서는 강력한 처벌이 내려져야 한다. 그들이 자신들의 오류를 완전히 제거하고 생각하는 방법, 행동하는 방법을 새로이 배우기 시작하지 않는 한, 합리적 인간들로부터 차단되어 평생 그들의 섬에서만 살도록 말이다.

소송 사건 3: 다음 소송 사건은 앞의 것들만큼 드라마틱하지는 않지만,

그럼에도 이성의 똑바른 길로부터 이탈하는 방식을 보여 준다. 1870년대 엘리셔 그레이(Elisha Gray)는 전화기 발명을 두고 알렉산더 그레이엄 벨을 바짝 뒤쫓고 있었다. 그러나 실상 그레이는 전화가 아니라 다중 송신용 전신기에 골몰하던 중이었다.[*] 사실 그레이는 연구 중에 여러 차례 전화기 발명에 근접했었다. 그러나 특허를 위해 설계에 착수할 때마다 전신기에 대한 열정이 그를 산란하게 만들었다. 그레이만 그랬던 게 아니었다. 그의 장인, 재정 후원자, 심지어 벨의 아버지 등에게도 미래의 기술은 전신이었고, 전화는 나쁘게는 '아이들 장난감'이었고, 좋게 봐서 '신기한 발명품' 정도였다. 1876년 벨이 특허를 신청했을 때, 그레이는 '특허 보호 신청(caveat)'이라 불리는 예비 특허를 제출했다. 그러나 이때까지만 해도 그레이는 벨의 우선권에 대해 법정에서 신랄하게 싸울 생각은 없었다. 벨이 자신의 특허를 10만 달러에 팔려고 했을 때에도 웨스턴 유니언의 경영자와 조언자들 ―그레이가 그중 가장 저명했다― 은 아무런 관심이 없다고 일갈했다. 그들이 벨의 특허에 대해 법적 쟁투를 시작하기로 결정한 것은 그로부터 11년 후, 1877년이었다. 그때쯤에는 웨스턴 유니언의 모든 사람이 전화가 바로 미래이며, 이 미래가 웨스턴 유니언의 발전에 최대 장애가 되리라고 깨닫고 있었다. 버스는 이미 떠나갔다. 벨에 덤벼들었던 모든 사람들처럼 그레이도 벨의 우선권에 대한 심리에서 패소했다. 여기에서 구형은 약간의 설명을 동반해야 한다. 그레이는 당시 전신 기술 전문가였으며, 웨스턴 유니언의 책임자 중 한 명이었고, 유명한 발명가였다. 이에 반해 벨은 철저히 외부인으로서 이 분야에서는 완전한 아마추어였다. 당시 벨의 직업은 말을 못하거나 소리를 듣지 못하는 장애인들을 재교육시키는 것이었

---

[*] 나는 여기에서 D. A. Hounshell(1975)을 따랐다.

다. 벨은 편견에 휩싸이지 않고 올바른 길을 직시했다. 반면 동일한 길을 밟아서 거의 전화 발명에 이르렀던 그레이는 자신의 고집스런 관심사 때문에 길을 잃었다. 마지막 배심원 평결은 비합리성의 그것이 아니라 개방성의 결여였다. 알려져 있듯이 혁신에서는 전문가보다 아마추어가 훨씬 낫다. 내려진 처벌은 처음에는 가볍게 보이지만 시간이 갈수록 무거운 그런 것이었다. 모든 사람이 벨의 이름을 기억하지만, 아무도 '전문가라는 불이익'을 겪은 그레이를 기억하지는 못한다.

이런 이야기들은 계속 전해지면서 더 많은 내용이 첨가되어, 사람들로 하여금 크게 웃거나 분개하여 벌떡 일어서게 만든다. 비합리성은 모든 곳에 있는 것 같다. 원시 부족들이나 아이들의 마음속에서, 그리고 대중들의 허드레 믿음이나 과학 기술 분야의 과거에서도, 또는 시기를 놓쳐 갈피를 못 잡는 여타 분야 전문가들의 이상한 행동에서도 발견된다. 이런 이야기들이 전해질 때마다 비합리성의 배심원 평결은 항변의 여지도 없이 내려진다. 남겨지는 유일한 문제는 경감 사유를 고려해 어떤 처벌이 내려질 것인가다.

그러나 이러한 결과를 뒤집는 것은 아주 쉽다. 피고 측의 반대 주장을 제시하기만 하면 된다.

피고 측 주장 1: 현대 사회에는 다른 사람들을 죽여서는 안 된다는 매우 강력한 법이 존재한다. 이 법을 위반한 사람은 '살인자'라고 불린다. 그러나 동시에 적국의 인민들 위로 폭탄을 떨어뜨리는 드물지 않은 관행 또한 존재한다. 이들 조종사는 당연히 '살인자'라고 불려야 하며 재판을 받아야 한다. 그러나 그렇지 않다. 영국에 온 잔데 족 인류학자라면 황당해 할 일이다. 영국인들은 논리적 귀결을 따르기보다는 그들 조종사를 '의무에 따른 살인자들'로 간주한다. 다른 '고의적 살인자들'은 위험하니 재판 후 투옥되어야 한다고 보는 반면, 그들 조종사는 무죄이며 재판받을 필요도 없다고 여겨진다. 이제 비합리성의 명백한 소송 사건이 잔데 족의 판단력 결여를 판정했던 동일한 배심원들에게 제시된 것이다. 아프리카 출신 인류학자 관점에서 볼 때 영국인들은 두 가지 규칙을 동시에 적용하고 있다. 규칙 1: 사람을 죽이는 것은 살인이다. 규칙 2: 사람을 죽이는 것은 살인이 아니다. 영국인들은 이 모순을 직시하고 해결하지 않고 그냥 내버려 둔다. 이 수치스러운 무관심이야말로 '이성 대(對) 영국인들'이라 불릴 비합리성 재판의 명백한 정당 근거다. 이 비합리성에 대해서도 경감 사유가 없지는 않다. 만약 조종사들이 법정에 불려 나온다면, 군대의 권위가 위협받게 되고 그 결과 영국 사회의 조직 체계가 위협받게 될 것이다. 말하자면 그들의 사회 체제를 유지하기 위해 영국인들은 논리적 엄정성을 포기했다. 여기에서 다시 논리 규칙과 일치하지 않는 행위를 설명하기 위해 사회적 이유가 동원된다.

이렇게 정확하게 동일한 구조를 가졌으면서도 정반대의(대칭적인) 구형을 받는 이야기를 제시할 때, 비합리성의 판정이 의외로 명료하지 못함이 드러난다. 이제 배심원들은 영국인들이 아잔데 족처럼 비합리적이지 않은지, 아니면 그들의 소중한 사회 체제를 보호하기 위해 논리에 무심한 것 아닌지 의심하게 된다.

피고 측 주장 2: 피고의 변호인 에드윈 허친스(Edwin Hutchins)가 트로브리안드 주민들을 위해 일어서서 구형에서 조롱당한 '종잡을 수 없는 장광설'에 대한 해설을 제시한다.

모타베시(Motabesi)는 법정에서 그가 소유하지 않은 밭을 재배할 권리를 탄원한다. 그의 누이는 밭을 갖고 있었지만 그걸 가꿀 사람이 없었다. 따라서 모타베시가 그녀의 밭을 대신 가꾸는 것은 의무다. 모타베시는 정말로 투콰우콰(Tukwaukwa) 사람들의 똥을 먹었는가? 그는 정말로 작은 밭을 만들었는가? 아니다. 자신과 자신의 밭을 낮추어 말하는 것이 그의 탄원을 들어주는 사람들에 대한 예의다. 법정 레토릭에서 '매력 있게 말하기(captatio benevolentiae)'라고 불리는 그것이다. 모타베시는 그에게 주어진 모든 밭에 대한 권리를 주장한다. 논란의 중심에 놓인 밭은 '쿨루보쿠(Kuluboku)'라 불리는 것이다. 그중 하나는 캅왈렐라마우나(Kapwalelamauna)'라고 명명된 것이며, 바로 이것이 논쟁 중인 밭의 소유주인 숙녀 일라오쿠바(Ilawokkuva)에 의해 그에게 주어진 것이다. 이것은 강력한 추론은 아니다. 소송 당사자도 그렇게 주장하지 않는다. 그러나 그에게는 유리한 사항일 뿐이다. 모타베시가 비합리적으로 말하고 있는가? 아니다. 그는 자신의 입장을 옹호할 일련의 연관된 조건들을 진술하고 있는 것이다. 그들 부족이 문서화되지도 않은, 극단적으로 복잡한 토지 소유권 제도를 갖고 있으며, 우리 서구인들이 '소유권'이라 부르는 것을 다섯 개의 다른 등급으로 구분하고 있다는 사실을 감안할 때, 그의 말은 완전히 분별 있는 것이다.(Hutchins, 1980, p.74에서 추린 내용)

합리성의 법정에서 변호인은 논쟁의 맥락과 토지 소유 제도를 덧붙임으로써 트로브리안드 사람들의 무논리성에 대한 배심원들의 의견을 변화시킨다. 이런 것들이 그림 안에 놓일 때, 기소 당시에는 부인되던 모든 인지적 능력들이 복원된다. 트로브리안드 족은 법정에서 우리와 다르지 않다. 다만 그들이 다른 토지 소유 제도를 가졌고 우리에게 친숙하지 않은 언어로 말할 뿐이다. 간단한 일이다. 비정상적인 것은 없다. 여기에서 누군가를 비합리성으로 고소하거나 처벌을 내릴 근거는 전혀 없다.

피고 측 주장 3: 공인된 전문가 그레이를 능가해 버린 아마추어 외부인 벨의 이야기는 감동적이지만 액면 그대로 받아들여져서는 안 된다고 변호인은 항변한다. 만약 이야기를 계속 이어 간다면 완전히 다른 결과가 나타날 것이다. 1881년 초창기 벨 회사가 웨스턴 일렉트릭을 매입하여 전화 하드웨어의 독점 생산 기업으로 만들지 않았다면, 그 결과로서 전화 연결망의 표준화를 이루지 못했더라면 우리가 아는 벨은 존재하지 않았을 것이다. 그러나 웨스턴 일렉트릭의 설립자는 누구인가? 전화와 전기 장비에 관련된 수많은 발명을 해낸 그레이였다. 또한 창의적인 외부인 벨은 자신의 회사를 전기, 물리학, 수학, 경영, 재무 등의 수많은 분야별 전문가들에게 맡겼다. 그렇지 않았더라면 벨 회사는 금세기 초 미국 전역을 수많은 케이블로 감쌌던 6000개가 넘는 전화 회사들의 정글 속에서 사라져 버렸을 것이다. 아마추어는 잠깐 승리했지만 곧 패배했다. 만약 1876년 그레이가 전화를 놓치고 벨이 그걸 잡아챈 이유를 알고 싶은 사람은 똑같이 10년 후 벨이 자신의 회사를 놓치고 전문가들에 의해 정중하게, 그러나 확고하게 배제당한 이유도 알려고 해야 한다. 벨의 승리와 뒤따른 실패를, 전화 시스템과 그 확산의 논리에 대한 이해라는 한 가지 이유로 설명할 수는 없다. '혁신에서 외부자의 우월성'이라는 이유 또한 사용될 수 없다. 왜냐하면 그것은 1876년에는 긍정적으로 기능했지만 10년 후에는 부정적으로 기능했기 때문이다. 마찬가지로 그레이가 전화에서 실패했지만 전화 발전에 결정적으로 기여한 웨스턴 일렉트릭을 만드는 데에는 성공했다는 사실을 하나의 이유, 즉 전통과 오래된 관심에 의해 설명할 수도 없다. 패턴은 같다. 그것 또한 혁신에 대해서는 부정적으로 기능했지만 확산에서는 긍정적으로 기능했다.

이제 배심원들은 그레이에 대한 평결을 뒤집어야 한다. 변호인이 이야기를 조금 더 연장시켜, 한때는 이성의 올바른 길로부터의 이탈을 설명해 주던 요인들이 이후에는 그 반대를 설명해 준다는 것을 보였으니 말이다. 이 모든 고찰은 치명적 결함이 다름 아닌 '이탈의 원인'을 발견한다는 과제 자체에 있었음을 시사해 준다.

어떤 사람들의 비합리성에 대한 이야기를 들을 때, 해야 할 첫 번째 일은 이상한 믿음을 보유하는 이유를 찾는 것이 아니라 판정 결과를 뒤집어 보는 것이다. 그것은 다음의 여러 가지 방법을 통해 언제나 가능하다.

(1) 동일한 구조를 가졌으면서 말하는 사람의 사회에 적용되는 다른 이야기를 해 줘라.(예를 들어 아프리카에 간 영국인 인류학자로부터 영국에 간 아프리카 출신 인류학자로의 관점 전환 같은 방식.)

(2) 동일한 이야기를 다시 말해 줘라. 단 추론에 허점이 있어 보일 때마다 맥락에 대해 주의를 환기시켜, 그 추론이 얼마나 낯선 주제를 다루고 있는지를 보여 줘라.(예를 들어 트로브리안드 사람들의 레토릭과 그들의 복잡한 토지 소유 제도.)

(3) 동일한 이야기를 다시 말해 주는데, 단 시기를 더 늘려서 이야기의 틀을 바꿔라. 틀 바꾸기는 통상 대부분의 '설명들'을 무용한 것으로 만들어 버린다. 왜냐하면 적절한 시간대를 설정하면 원래 설명이 오히려 반대의 사례에 맞아 들어가기 때문이다.

(4) 논리 규칙이 위반되는, 그러나 그 위반이, 믿음이 아니라, 화자가 갖고 있는 지식과 관련되는 다른 이야기를 해 줘라. 그럴 경우 청자들은 그들의 판단이 규칙 위반에 대한 것이 아니라 믿음의 낯설음에 대한 것임을 깨닫게 된다.

이들 방법이 제대로 동원되기만 하면, 비합리성의 고발은 역전된다. 솜씨 좋은 변호사라면 어떤 경우이든 배심원들로 하여금 다른 이들이 비논리적이 아니라 단지 우리와 크게 다른 거라고 믿게 할 수 있다.

1.3 뒤틀린 믿음을 바로잡기

비합리성의 재판을 경청해야 하는 배심원들의 임무는 점점 어려워진다. 처음 봐서는 모든 소송 사건이 아주 명료했다. 믿음과 지식의 **구획**을 찾아내는 데 전혀 어려움이 없었다. 믿음의 항목들에 대해서는 경멸적 형용사들 —비합리적인, 순진한, 편견 많은, 불합리한, 왜곡된, 맹목적인, 폐쇄적인 등등— 을 배치하고, 지식의 항목과 관련해서는 상찬의 형용사들 —합리적인, 회의적인, 절조 있는, 신뢰할 만한, 솔직한, 논리적인, 개방적인 등등— 을 배치하는 데 거리낌이 없었다. 변론의 첫 번째 공방에서는 이런 유의 형용사들로써 과학과 비과학을 정의하는 데 아무런 문제가 없었다. 그들 형용사에 '순수하게', '완전하게', '엄격하게', '전체적으로' 등의 부사를 덧붙임으로써 구획은 더욱 강고해지곤 했다. 그러나 변호인이 항변하기 시작하자 명료하던 구획은 점차 흐릿해졌다. 한쪽 편의 형용사들이 구획의 반대편 진영으로 달아나곤 했다.

'회의적'이라는 형용사를 예로 삼아 보자. 일견 그 단어는 과학과 법적 문제에서 좋은 방법론을 적용할 것을 요구했던 장 보댕(Jean Bodin)의 태도를 잘 포착해 준다.[*] 그러나 이야기를 좀 더 끌고 나가 보면 그의 회의론이란 용어는 마법을 의심하는 사람들에게 적용되었으며, 그렇다면 결국 보댕

---

[*] 이 모순되는 기소들의 연속에 대해서는 B. Easlea(1980)를 참조.

에게 과학의 자유로운 탐구는 회의론자들에 맞서서 마법의 존재를 확고하게 **입증하는** 방편이었음을 알게 된다. 한편 과학 방법론 창시자의 한 사람인 데카르트는, 그가 '방법적 회의(methodic doubt)'라고 불렸던 것을 저지시킬 수 없는 모든 믿음 —당연히 마법에 대한 믿음도 그중 하나다— 에 대해 확고히 반대한다. 그러나 데카르트조차 구획의 오른편에 오래 남아 있을 수는 없다. 왜냐하면 데카르트는 공간을 기이한 소용돌이(vortex)로 채웠을 뿐 아니라 중력과 같은 원격 작용을 완고하게 부정했기 때문이다. 데카르트는 뉴턴의 빈 공간, 매개 없는 중력의 개념을, 마법이나 '초자연적 성질(occult quality)'에 대한 믿음과 똑같이 혐오스러운 것으로 여겼으며, 그리하여 뉴턴을 정면에서 부정하고 있었다. 결국 우리는 뉴턴, 오직 뉴턴만이 구획의 오른편에 해당되고, 그 이전의 모든 사람은 비과학의 암흑 속에 살고 있었다고 결론짓게 될 것이다. 그러나 이 또한 불가능한 결론이다. 왜냐하면 뉴턴은 회의적이고 편견 없는 마음을 가진 대륙의 과학자들에 의해서 신비한 인력을 다시 이론 속으로 도입하여 과학 방법론의 기본 원리를 위반한 반동적 과학자로 조롱받았기 때문이다. 더불어 뉴턴은 『프린키피아 마테마티카(*Principia Mathematica*)』를 쓰는 당시에도 연금술을 믿고 있었다.[*] 결국 형용사들이 이편저편으로 마구 옮겨 다니는 것을 막는 유일한 방법은 **올해의** 과학자만이 옳고, 회의적이며, 논리적이라고 믿고, 그래서 배심원들에게 이들을 **마지막**이라고 믿게끔 하는 것이다. 그러나 당연히 이것 또한 순식간에 비논리적 믿음이 될 수밖에 없다. 다음 해, 그들의 선배 과학자들 모두가 과학적 방법의 규칙들을 위배했다고 비난하는 새로운 과학자들이 나타날 테니 말이다! 이 비논리적 추론의 유일한 논리적 귀결

---

[*] 이 점에 대해서는 B. J. T. Dobbs(1976)를 참조.

은 지구 위 어떤 사람도 지속적으로 합리적일 수는 없다는 것이다.

　배심원들은 이제 낙망할 뿐이다. 만약 충분히 영리한 변호사만 있다면, 종교, 과학, 기술, 정치사의 어떤 불합리해 보이는 에피소드라도 구획 다른 편의 합리적인 것만큼 이해 가능하게 만들 수 있으며, 거꾸로 어떤 건전해 보이는 에피소드도 구획 반대편의 불합리한 에피소드만큼 기괴하게 만드는 것이 가능하다. 앞 1.2절의 네 가지 레토릭적 전술 외에도 올바른 부사, 형용사를 선택하는 전술도 가능하다. 예를 들어 보댕은, 단지 편견에 의해 광적으로 마법을 믿었던 반계몽주의자로 간주된다. 보댕에게 어떤 노파가 마녀라는 증명은 그녀의 자인, 그리고 마법사들의 연회(Sabbath)에 날아서 다녀왔다는 자백의 기록들이다. 그러한 증명은 고문에 의해, 그리고 가장 기초적인 과학적 원리도 위배하면서 얻어진다. 왜냐하면 마녀들은 고문대 위에 누워서도 동시에 악마들과 춤추고 있다고 판정되니 말이다. 그 노파가 잠들어 있는 모습을 잠깐만 봐도 이 모든 증명이 얼마나 엉터리인 줄 바로 알 수 있는데도 말이다. 반면 갈릴레오는 용감하게 권위의 속박을 거부하고, 오직 과학적 근거에 의거해서 자유 낙하의 수학적 법칙을 발견했다. 아리스토텔레스 물리학의 온갖 '증명'을 물리치고, 그의 실험에서는 불충분하게 나타나는 것들을 이론에 의해 연역해 냈다. 그로써 교회가 우주의 모습이라고 믿어 왔던 모든 것을 뒤집어 버렸다. 분명히 보댕은 구획의 어두운 편에 속하고, 갈릴레오는 밝은 편에 속한다. 그러나 부사와 형용사를 바꿔 본다면 어떻게 될까? 어찌 보면 보댕은 순전히 이론적 근거에 입각해 마법의 존재를 추론해 낸, 용감한 신념의 투사다. 고문받고 있는 마녀들의 몸이 겪는 다양한 경험들을 토대 삼아 외삽하는 동시에, 자백을 회피하는 악마적 트릭들에 현혹되지 않으며, 또한 몸이 고문대에 누워 있으면서 동시에 어딘가로 날아갈 수 있다는 새로운 과학 원리를 발견하기도 했다. 반면 갈릴레오 갈릴레이는 신교에 지나치게 우호적인 사람으로서, 추상적 수학에 기반하여 모든 물체는 그 속성과 무관하게 같은 속도로 낙하한다는 불합리한 귀결을 함축하는 자유 낙하의 비과학적 법칙을 도출해 냈다. 일상의 경험들을 단지 눈여겨 보기만 해도 그 결론의 불합리성을 확인할 수 있는데도 갈릴레오는 고집스럽게, 그리고 맹목적으로 상식, 경험, 학문, 교회의 오래된 권위에 저항하였다! 도대체 누가 구획의 어두운 쪽에 있으며, 누가 밝은 쪽에 있어야 하는가? 종교 재판소의 그 누가 감히 갈릴레오를 방면하고 보댕을 가택 연금할 수 있겠는가?

이 상황을 벗어나는 두 가지 방법이 있다. 하나는 경멸하고 찬미하는 형용사들과 그들에 수반하는 부사들을 좋을 대로 아무 때나 사용하는 것이다. '엄격하게 논리적인', '전적으로 불합리한', '순수하게 합리적인', '완전히 비효율적인' 등의 단어는 찬사나 저주가 된다. 그것들은 더 이상 주장의 본성에 대해 뭔가를 말하지 않는다. 그것들은 사용하는 사람들의 논변을 더 강하게 만들어 줄 뿐이다. 맹세의 말이 사람들로 하여금 힘든 일을 해내게 만들거나, 고함 소리가 전사들로 하여금 상대방을 기죽게 만드는 것처럼 말이다. 사실상 이것이 대부분의 사람들이 이들 단어를 사용하는 방식이다. 또 하나의 방법은 이들 형용사가 전혀 신뢰할 만한 것이 아니어서, 주장의 본성과 전혀 무관하다고, 다시 말해 구획의 이쪽은 저쪽만큼 합리적이거나 비합리적이라고 깨닫는 것이다.

그렇다면 명료한 동시에 불명료했던, 합리적 정신과 비합리적 정신을 나누던 이 구분 없이 우리는 어떻게 지낼 수 있는가? 우리의 단계들을 거슬러 가 보면 된다. 우리가 비합리적 정신의 개념을 만들어 낸 것은 겨우 이 장의 첫 번째 절에서였음을, 그리고 과학 연결망의 내부와 외부를 달리 취급함으로써 시작됐음을 기억해라. 그것은 그림 5.1에 잘 묘사되어 있다.

먼저 어떤 직선을 가정한다. 그런 다음 그것을 준거 삼아서, 이성의 올바른 길에서 벗어난 어떤 굽어짐을 주목한다. 그러고는 발생하지 않았어야 했을 그 굽어짐을 설명하기 위해 특별한 요인들을 찾기 시작했다. 최종적으로 도착한 곳이 바로 이성의 법정이었으며, 거기에서 우리는 변호사의 궤변에 휘말리게 되었다. 이 모든 사건의 계열들은 단 하나의 출발점에서 시작되었다. 그림 5.1의 직선 그리기. 우리가 그것을 지워 버리면 합리성과 비합리성에 관한 혼란스럽고 소득도 없는 논란이 모두 사라질 것이다.

앞서의 첫 번째 소송 사건과 그에 대한 논박으로 돌아가 보자. 영국인 인류학자는 아잔데 족이 그들 사회의 평화를 위해 직면한 모순을 회피했다고 지적했다. 이에 대해 잔데 인류학자는 영국인들 또한 사람을 죽이는 것은 살인이라고 주장하는 동시에 폭탄을 투하하는 조종사는 살인자가 아니라고 주장할 때 모순을 무시하고 있다고 지적한다. 그림 5.2에서 나는 이 두 소송 사건을 양쪽에 나눠서 그려 둔다. 두 개의 점선이 인류학자들에 의해 추적된 이유로서, 이 점선은 각각 상대편 사회의 비틀린 믿음을 설명하는 **미봉적인(ad hoc)** 사회적 요인을 제공한다.[*]

여기에서 우리는 서구 문화에 대해 잔데 인류학자가 엄청난 실수를 저지르고 있다고 지적하고 싶어진다. 그는 우리가 '사람을 죽이는 것은 살인이다'라는 규칙을 적용할 때, 우리가 **암묵적으로** '사람을 죽인다'는 관념 속에 전쟁의 상황도 포함시키고 있다고 가정했다. 그런 다음 우리가 **명시적으로** 그렇게 말하기를 거부할 때, 인류학자는 의기양양하게 우리가 논리적으로 추론하지 않는다고 결론짓는다. 그러나 이것은 맞지 않다. 살인에 대한 우리의 관념은 절대로 전쟁의 상황을 **함축하지 않기** 때문이다. 물론 뉘

---

[*] 이것은 D. Bloor의 그림(1976, p. 126)을 개작한 것이다.

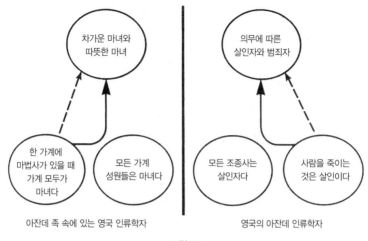

차가운 마녀와   의무에 따른
따뜻한 마녀   살인자와 범죄자

한 가계에   모든 가계   모든 조종사는   사람을 죽이는
마법사가 있을 때   성원들은 마녀다   살인자다   것은 살인이다
가계 모두가
마녀다

아잔데 족 속에 있는 영국 인류학자   영국의 아잔데 인류학자

그림 5.2

른베르크 재판(Nuremberg trials)[4]처럼 아주 진귀한 경우들은 예외로 하지 만.(그 재판은 '단지 명령에 복종했을 뿐인' 군인들을 심판한다는 것이 얼마나 어 려운지를 잘 보여 줬다.) 추론의 전제가 인류학자의 머리 속에만 있으며 우리 에게는 없는 것이니, 따라서 우리는 논리적 결론을 거부했다고 고소될 수 없다. 인류학자가 '살인'이라는 단어의 의미를 이해하지 못했고, 서구에서 의 그 정의에 익숙하지 못했다는 것은 우리의 잘못이 아니다. 그림 5.2의 오른편 그림에서 잘못된 것은 우리의 '비틀린 믿음'이 아니라, 오히려 잔데 인류학자가 추적한 점선이다.

그러나 우리가 이렇게 생각하고 나면, 상황은 대칭 면의 다른 편에서도 동일할 거라고 생각지 않을 수 없게 된다. 아잔데 족은 '마법의 유전(trans-mission)' 정의에서 전체 집단을 감염시킬 가능성을 절대 포함시키지 않았

---

4) 제2차 세계 대전 후 미국·영국·프랑스·소련 4개국이 실행한 나치스 독일의 전쟁 지도자에 대한 국제 군사 재판(International Military Trial at Nuremberg)이다.

다고 말할 수 있다. 그렇다면 잘못은 아잔데 족이 논리를 이해 못해서가 아니라, 잔데 마법의 정의를 이해하지 못한 에번스프리처드에게 있다.* 결국 양쪽 인류학자들이 상대편 문화에 대해 가한 고소들은 각각 자신들에게 되돌아온다. 그들 각자는 그들이 연구하는 문화에 대해 친숙지 않았던 것이다. 사회 전체가 저질렀다고 고소된 논리 위반은 이제 낯선 땅에 보내진 고립된 소수의 인류학자들이 가졌던 친숙함의 결여로 판명된다. 결국 이것이 훨씬 더 납득 가능하다. 무지가 두 인류학자들로 하여금 상대방의 믿음들을 뒤틀어 버렸다고 생각하는 것이, 사회 전체가 이성을 잃었다고 생각하는 것보다 훨씬 낫다.

만약 인류학자들의 잘못을 지워 본다면 그림 5.2는 어떻게 달라질까? 먼저 뒤틀린 믿음들이 바로잡힐 것이다. 인류학자들의 무지에 의해 만들어진 점선들도 지워지고, '논리의 결여', '비합리성의 고발', 그리고 비틀림을 설명했던 '사회적 요인들'도 모두 지워질 것이다. 아잔데 족이 마녀의 오염(contamination)을 정의했을 때, 그들은 '차가운' 마녀와 '따뜻한' 마녀를 구분했다. 살인을 정의할 때, 우리는 '의무에 의한' 살인과 '고의의' 살인을 구분했다. 그렇다. 여기에서 누구도 비논리적이지 않다. 단어와 관행의 정의를 추적해 봐야 한다. 그게 전부다. 비합리성의 고발을 위한 어떤 근거도 여기에서는 발견되지 않는다.

앞에서 제시된 모든 소송 사건에 대해 동일한 곧게 펴기가 가능하다. 트로브리안드 사람들의 논리와 우리 것 사이에 과연 차이가 있는가?(앞의 두 번째 소송 사건과 항변 참조) 없다. 그들의 법체계가 우리와 다르고, 그들의

---

* 물론 나는 여기에서 에번스프리처드에 의해 제공된 바로 그 미묘한 해석이 아니라, 블루어에 의해 제공된 표준적 예를 따랐다.

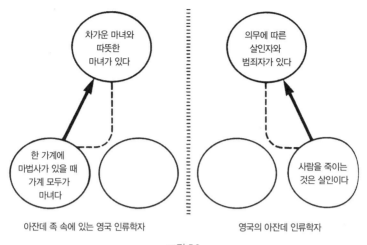

차가운 마녀와 따뜻한 마녀가 있다

의무에 따른 살인자와 범죄자가 있다

한 가계에 마법사가 있을 때 가계 모두가 마녀다

사람을 죽이는 것은 살인이다

아잔데 족 속에 있는 영국 인류학자

영국의 아잔데 인류학자

그림 5.3

토지 소유 체계가 우리에게 낯설 뿐이다. 그레이와 벨에게는 어떤 차이가 있는가? 전혀 없다. 그들은 동일한 것에 관심을 두지도 않았다. 한 사람은 전신에, 다른 사람은 전화에 관심을 가졌다. 보댕과 갈릴레오의 방법론에서는 어떤 차이를 발견할 수 있는가? 마찬가지로 없을 것이다. 그들은 모두 '실험실 조건(laboratory condition)'을 정교화하고 있었다. 그러나 그들은 동일한 것을 믿지 않았으며, 동일한 요소들을 같이 묶지 않았다. 인지 능력, 방법, 형용사, 부사 그 어떤 것도 믿음과 지식을 다르게 만들지 않는다. 모든 사람은 다른 모든 사람만큼 똑같이 논리적이고 똑같이 비논리적일 뿐이다. 결국 재판정은 스스로 이들 소송 사건을 심리할 자격이 없다고 선언하고, 체포된 모든 사람을 석방하기로 결정한다. 재판관, 배심원, 증인, 경찰 모두가 퇴정한다. 모든 이가 비합리성의 혐의로부터 결백하며, 더 정확하게 말해 어떤 이도 그에 관해 유죄로 입증되지 않는다. 세상에는 왜 과학자 아닌 사람들이 그렇게 많을까 하는 순진한 물음으로부터 세상의 많은 사람들을 비합리적이라 예단해 본 연후에야, 비로소 문제의 발단은 우리의 순진한 물음 그 자체였음을 깨닫게 되었다. 우리의 세상은 사람들이 거의 따르지 않는 점선, 그리고 편견과 열정 때문에 대부분의 사람들이 택하는 비틀린 길들로 이뤄진 곳이 아니다. 우리는 **충분히 논리적인 세상**에 살고 있다. 사람들은 각자 자신들의 일을 해 나갈 뿐이다….

2. 사회 논리학(sociologics)

우리의 변호사들은 충분히 용감하고 똑똑해서 다음과 같이 법정을 설득시킨다. (a) 명백한 비합리성의 표식을 가진 모든 소송 사건이 충분한 참작 사유를 가지며, (b) 대부분의 합리적 행위도 명백한 비합리성의 표식들을 드러내며, (c) 선고의 근거가 될 만한 형식적 법 조항이 없기 때문에 법정은 판결할 자격이 없으며 해산되어야 한다. 이런 변호사들은, 합리주의자(rationalists)라고 불리는 검사와 대조적으로, 상대주의자(relativists)라고 불린다.* 비합리성의 비난이 제기될 때마다 상대주의자들은 그것이 배심원들의 상대적인 관점에 따른 겉모습(appearance)일 뿐이라고, 그리고 그들 비합리적인 추론이 올바른 것으로 보이게 하는 새로운 관점이 있다고 논변한다. 이러한 입장은 대칭적(symmetric)이라고 불린다. 그것은 올바른 길로부터의 이탈을 설명할 사회적 요인들을 찾는 비대칭적 설명 원리(asymmetric principle of explanation)와 명백히 다르다. 상대주의자들은 우리로 하여금 과학적 연결망의 그물눈 사이로 빠져나가는 것들을 이해하게 해

---

* 이 점에 대해서는 윌슨이 편집한 고전적인 저서 B. Wilson(1970)을 참조하라.

주며, 그리하여 우리에게 비합리성의 의심 없이 우리의 여행을 재개하도록 허용해 준다.

2.1 다른 사람들의 주장에 반대하기

이들 상대주의자의 문제점은, 만약 그들이 옳다면 우리의 여행은 여기에서 중단되어야 한다는 것이다. 모든 이가 무죄라는 은총을 누리면서 말이다. 묵직한 재판 진행 문서 모두와 이 책 자체를 모닥불에 던져 버릴 수도 있다. 왜냐고? 앞의 네 장을 통해 우리는 그들의 주장을 다른 사람들 것보다 더 신빙성 있게 만들려고 애쓰는 과학자들을 추적해 왔기 때문이다. 만약 이 막대한 작업이 아무런 차이도 발생시키지 않는다면, 그들은 그들의 시간을 낭비하는 것이고, 나와 독자들도 각자의 시간을 낭비한 것이다. 비대칭성의 입장에 설 때, 작은 크기의 과학 연결망들은 무시된다는 것은 사실이다. 왜냐하면 과학과 기술은 아무 비용도 들이지 않고 모든 곳으로 확장된다고 여겨지며, 충격적인 비합리성 지역들(pockets of irrationality)만은 더 좋은 교육과 더 건전한 방법론에 의해 소탕해야 할 것으로 제쳐 놓기 때문이다. 그러나 대칭성의 입장에 설 때, 완전히 무시되고 있는 것은 과학 연결망, 그것의 자원, 세력의 균형을 때로 뒤엎는 그 능력의 존재 자체다. 기후에 대해 말해야 할 때, 우리가 불과 수천 명의 사람들이 수억 개의 의견을 대신하는 데 **성공**하고 있다는 것을 부인하는 것은, 기상학자들이 수억 명의 사람들을 기후에 관한 뒤틀린 믿음에 집착하고 있다고 불공정하게 비난한다고 보기 때문은 아니다.(1절, 1.1) 분명히 대칭성의 입장은 더 공감적이고 더 공정하게 보일 수 있다. 그러나 우리에게 그것은 1절의 비대칭성 입장만큼이나 위험하다. 왜냐하면 양쪽 입장이 모두 테크노사이언스의 본성을 부정하고 있기 때문이다. 그것은 아주 클 수도 아주 작을 수도 있으며, 또한 아주 성공적일 수도 아주 성공적이지 못할 수도 있다.

자신의 고객이 무죄임을 믿고 그것을 배심원들에게 설득시키는 것은 분명히 변호사의 직업적 의무다. 그러나 변호사는 정의(justice) 시스템의 일부일 뿐이다. 우리가 상대주의자를 믿어서는 안 되는 것처럼, 결국 능력 있는 변호사가 그의 고객을 석방시킬 테니 어떤 죄도 저질러지지 않았다고 믿어서도 안 된다. 결국 모든 변호사, 상대주의자, 과학자, 엔지니어들은 각기 주장 간의 비대칭성, 누구도 쉽게 되돌릴 수 없는 비대칭성을 창출하려고 부단히 싸우고 있다. 이것이 변호사 레토릭의 근간이다. 우리는 1절에서 상대주의자들의 탄원 덕분에 이 비대칭(asymmetry)이 믿음(또는 비합리성)을 한편에, 그리고 지식(또는 합리성)을 다른 편에 놓음으로써 설명되어서는 안 됨을 배웠다. 여전히 비대칭성을 설명하는 문제는 그대로 남아 있다. 차이를 설명해 주는 것이 더 이상 논리의 형식적 규칙들의 존재 여부가 아니라면, 도대체 그것은 뭘까? 차이가 창출된다는 것을 부정하는 것은 '나는 절대로 아니라고 말하지 않을 거다'라는 말처럼 무의미하다.

요약하건대 상대주의의 긍정적 메시지는 형식(form)이 문제라면, 추론들 간의 어떤 비대칭성도 인정될 수 없다는 것이다. 비난의 해소(dismissal of the charge)는 언제나 동일한 패턴을 따른다. '단지 네가 그 사람의 믿음들을 공유하지 않는다는 이유만으로, 그 사람이 너보다 속기 쉬운 사람이라는 부가적 전제를 만들어서는 안 된다.' 설명되어야 할 것은, 여전히 우리가 동일한 믿음을 공유하지 못하는 이유다. 고발은 형식에서 내용으로 전환된다.

소비에트 연방에서 이뤄진 무학력 농부에 대한 유명한 연구에서 루리아

(Luria)는 단순한 삼단 논법을 이해하는 그들의 능력을 이렇게 테스트했다:[*]

'북극의 모든 곰은 흰색이다. 노바야 제밀랴(Novaya Zemyla)는 북극에 있다. 그곳의 곰 색깔은 뭘까?'

'모르겠다. 거기 있었던 사람, 그걸 본 사람에게 물어야 할 거다.'

우리가 여전히 1절의 단계에 있었다면 우리는 이를, 논리를 파악하지 못한 명백한 사례로 간주했을 것이다. 농부는 추상할 줄도 모르고, 전제들로부터 귀결을 이끌어 내지도 못했다.[논리학에서는 이를 긍정식(modus ponens)이라고 부른다.][5] 이 연구는 콜(Cole)과 스크라이브너(Scribner)에 의해 리베리아에서 재현되었는데, 거기에서 그들은 내가 1절에서 제시한 책략 중 두 가지를 사용하여 루리아의 결론을 뒤집었다. 이야기를 더 길게 끌어갔고, 맥락을 추가했다. 그러고 나면 테스트에 실패했던 농부들은 그들의 추론 방식을 설명해 낸다. 예를 들어 어떤 것의 색깔을 알기 위해서는 먼저 그것을 봐야 하며, 그리고 어떤 것을 보기 위해서는 보려는 것과 가까이 있어야 한다고 논변할 수 있다. 그들이 거기에 없었고, 그 동물을 볼 수 없었기 때문에 그들은 대답을 할 수 없었다. 이런 추론은 논리학에서 말하는 후건 부정식(modus tollendo tollens, 귀결로부터의 추론)[6]이라 알려진 것이고, 그것은 앞에서의 추론(전건으로부터의 추론)보다 더 다루기 어렵다고 여겨진다! 물론 테스트를 통해 기대한 것과 농부들이 대답한 것 사이에는 차이가 있다. 그렇지만 그 차이가 사용된 논리의 형식(form)에서는 발견되지 않

---

[*] 여기에서 나는 M. Cole and S. Scribner(1974)를 따랐다. A. R. Luria에 의한 다른 사례들은 M. Cole이 편집한 그의 책(1976)에 나와 있다.

5) 'p라면 q다. 그리고 p다. 따라서 q다'라는 구조의 논증을 말한다.
6) 전제에 있는 조건문 중 후건을 부정함으로써(tollendo), 전건을 부정하는(tollens) 논증 형식으로 보통 modus tollens라 불린다. p라면 q다. 그런데 q가 아니다. 따라서 p가 아니다.

는다. 콜과 스크라이브너는 이 농부들이 학교에 간 적이 없었고, 바로 그것이 큰 차이를 만들어 냈다고 판단한다. 왜냐하면 대부분의 학교 공부는 교실 밖의 어떤 맥락과도 연관되지 않는 문제들에 대해 답하는 능력에 기반하기 때문이다. '동일한 것에 대해서 생각하지 않음'이란 것이 '논리적이지 않음'과 동일한 뜻은 아니다. 이 예로부터 주목되어야 할 차이는 주장의 형식 —'삼단 논법을 해내는 능력'— 으로부터 내용 —'학교에서 수학한 햇수'— 으로 전환된다. 농부들은 비논리적이라는 이유로 고발될 수 없다. 그들은 고도로 복잡한 후건 부정식을 사용한다. 그들은 대신 학교에서 가르치는 논리를 사용하지 않는다고 고발될 수는 있다. 간단히 말해 그들은 학교에 간 적이 없다고 고발되는 것이다. 당신은 나를 비논리적이라고 고발할 수 없다. 당신은 다른 그룹에 속해 있고 내가 당신의 길을 방해하지 않기를 원할 뿐이다.

이제 우리는 '정신'과 '형식'에 대한 물음들로부터 다른 세계에 사는 사람들 간의 충돌이라는 문제로 옮겨 왔다. 지금까지 따져 왔던 모든 에피소드들의 한 가지 특징이 분명해진다. 즉 모든 경우에서 고소인의 길과 피고인의 길이 교차하는 순간 고발이 이뤄진다. 이렇게 상대주의자들을 그들의 직업적 의무, 피고 측 변호사로서의 의무로 해석하는 법을 알게 되었으니, 이제 우리는 과학 연결망이 그들의 그물망 안에 포획하는 것과 남겨 두는 것이 무엇인지를 이해하는 과제로 되돌아갈 수 있다. 전체 지역에 대한 기상 예측은 특정 지역에 대한 기상 예측을 알고 싶은 지역민들과 계속 충돌할 수밖에 없다. 그렇게 기상학자와 지역민들 간의 상호 고발은 생겨난다.(1절, 1.1) 두 명의 인류학자들 —첫 번째 소송 사건과 그에 대한 반박을 보라— 은 외국 문화를 돌아본 다음 고향에 있는 그들 동료에게 그들의 여행 일기를 제출했다. 그걸 자료 삼아 합리성에 대한 중요한 논쟁을 마무리하려는 목적이었다. 트로브리안 족의 소송 당사자들은 그들 밭의 소유권을 되찾으려는 싸움을 하고 있었다. 그들의 논쟁은 모두 녹음되었고, 원시인들에 대한 인류학자들의 견해를 변화시킬 학위 논문을 가지고 고향으로 돌아가려는, 캘리포니아 출신 인지 인류학자인 허친스에 의해 연구되었다. 이에 대해서는 두 번째 소송 사건과 그 반박들을 참고하라. 그레이와 벨은 서로 경쟁 중인 다른 연결망을 확장 중에 있었다. 그들의 이야기는 전신 또는 전화를 확장하는 데에는 관심 없는, 대신 혁신이 사회적 요인에 의해 지지되거나 저지되는 방식에 관한 주장을 논박하고 싶어 하는 기술 사학자들에 의해 전해졌다.(1절, 1.2의 소송 사건 3)

　1절에서 강조했듯이, 이들 에피소드 모두는 인간 정신의 합리성 내지 비합리성에 대해 논박 불가능한 어떤 것도 증명할 수 없다. 대신 그것들은 기상 예측, 밭의 소유권, 예언의 성공, 논리의 성격, 전화에 대한 전신의 우월성 등에 관한 여러 논란이 있음을 알려 준다. 이들 논란은 과학적 직업(기상학자, 인류학자, 역사가, 사회학자) 내부에서 일어난다. 그것들은 그들 외부(밭, 폭풍에 대해 등등)에서 생겨난다. 그것들은 두 가지 조합(인류학자와 '야만인', 농부와 기상학자, 기술자와 기술 사학자 등등)의 교차점에서 생겨난다. 이들 예는 또한, 때로 이들 논쟁 중 일부는 오랫동안 해결되어 있었음을 보여 주기도 한다. 즉 모타바시는 자기 밭을 돌려받았고, 아잔데 족 마법에 대한 에번스프리처드의 정의는 수십 년간 도전받지 않았고, 허친스는 박사 학위를 받았고, 벨은 벨 아줌마(Ma Bell)[7]란 이름의 시조가 되었고 등등 …. 이제 우리는 이성에 대한 논쟁에서, 다른 사람들의 세계가 무엇으로 이루어져 있는가, 그들은 어떻게 그들의 목표를 이루는가, 무엇이 그들의

---

7) 미국 AT&T 사의 애칭.

길을 가로막고 훼방 놓는가, 그 길을 열기 위해 어떤 자원들을 들여와야 할까 등에 대한 논쟁으로 이동했다. 사실상 우리는 1장의 시작으로 돌아왔다. 어떤 주장을 더 강력하게 하기 위해 그것에 무엇을 묶을 수 있는가? 그것과 상충되는 주장들은 어떻게 묶인 것을 풀 수 있을까? 누구도 다른 이를 비합리성의 이유로 기소할 수 없으며, 우리는 그저 다른 세상 속에서 살기 위해 고투하고 있을 뿐이다.

2.2 무엇이 무엇에 연결되어 있는가?

우리는 이성이나 논리에 대해 아무것도 말할 수 없고, 우리가 다른 사람의 주장과 충돌할 때마다, 다른 것들이 그것에 연결되어 있고, 우리가 그 연결부(links)를 시험에 부쳐야 한다는 것을 깨닫는다. 어떤 요소가 어떤 조합에 관련되는가, 하는 물음에 사람들이 상이하게 답하려고 할 때 생기는, 분류법(classification)을 둘러싼 충돌 중에서 세 가지 표준적인 예를 살펴보자.

분류법 1: 어떤 엄마가 자기의 딸과 함께 시골에서 걷고 있었다. 어린 딸은 무엇이든 매우 빨리 날아서 시야에서 사라지는 것을 '날날(flifli)'이라 부른다. 비둘기는 그러므로 '날날'이지만 공포에 빠져 도망가는 토끼도 그렇고, 또 그 아이가 공을 못 봤을 때 누군가 그것을 세게 차면 그것도 '날날'이다. 연못을 내려다보다가 어린 소녀는 멀리 헤엄쳐 나가는 잉엇과의 모샘치를 보고 '날날'이라고 말한다. 엄마는, "아니야, 저것은 '날날'이 아니야. 저것은 물고기야. 저기 '날날'이 있다. 저쪽에"라고 하면서 날아가는 참새를 가리킨다. 엄마와 딸은 두 개의 결합 사슬(chains of associations)의 교차점에 있다. 하나는 공, 토끼, 비둘기, 모샘치를 '날날'이라는 단어에 묶는다. 다른 하나는 위의 여러 사례에 —공은 빼고— 적용될 수 있는 '달아나다(flee)'라는 동사와 비둘기나 참새에게만 적용될 '새'라는 명사를 구별한다. 엄마는 상대론자는 아니므로 '날날'이란 단어를 딸이 사용할 때, "틀렸다"라고 말하는 데 주저하지 않는다. "이거거나 저거야. 동사거나 명사야"라고 엄마는 말한다. '날날'은, 엄마의 언어 속에서는 통상 결합되지 않는 많은 사례를 상기시킨다. 딸은 '날날'이란 단어 아래에 이제껏 수집되었던 사례들을 '새', '물고기', '공', '달아나다'라는 새 표제 아래 개편해야만 한다.

  분류법 2: 뉴기니의 카람 족(Karam)은 '약트(yakt)', '카인(kayn)', '카지(kaj)'도 아니고, 그것들을 부를 다른 이름도 없는 동물을 '콥티이(kobtiy)'라 부른다.* 이 동물은 그 범주 안에서 혼자서도, 이상한 짐승이다. 숲에서 사는 야생이며, 양족이고, 모피가 있으며 알을 낳고, 커다란 두개골을 지녔다. 사냥할 때, 피 흘려 죽게 해서는 안 된다. 그 동물은 그것을 사냥하는 카람 족의 누이이며 고종사촌이다. 그것은 무엇인가? 이런 식의 열거는, 한동안 카람 족의 문화와 교차하고 있던 인류학자 랠프 벌머(Ralph Bulmer)에게 수수께끼처럼 들렸다.[8] 그 자신은 이 동물을 '화식조(cassowary, 火食鳥)'라 불렀는데, 알을 낳고 양족이며 날개를 지녔기 때문에 비록 그것이 깃털이 없고, 날지 못하며 매우 크지만, 조류로 분류했다. 전형적으로 비대칭적인 양식으로 벌머는, 이 화식조가 **실로** 새인데도, 왜 카람 족은 새와 별도로 분

---

* 또 하나의 이 표준적 예는 R. Bulmer(1967)에서 가져왔는데, B. Barnes(1983)에서 길게 다뤄지고 있다.

8) Bulmer(1928~1988)는 20세기 민속 생물학자(ethnobiologist)다. 파푸아 뉴기니의 카람족의 새에 대한 믿음, 새와의 상호 작용을 연구했다.

류하는지에 대한 설명을 찾으려 했다. 우리가 이것을 불공정한 기소로 삭제하면, 어쨌든 우리가 여기에서 보는 것은 충돌하고 있는 두 개의 분류법이다. 하나는 카람 족이, 다른 하나는 뉴질랜드 인이 만든 것이다. 하나는 카람 족에 특유한 것이므로 민속 분류법(ethnotaxonomy) 또는 민속 동물학(ethnozoology)이라 불린다. 다른 하나는, 채집물들이 모아지고 이름 붙여지는 연결망 내부의 모든 자연주의자에게 특유한 것으로서, 그냥 분류학이나 동물학이라 불린다.* 벌머는 뉴기니에 머무르는 동안은 최소한 화식조를 사냥한 적도 없고, 그 고종사촌과 짝짓기를 하는 위험을 무릅쓰지도 않았다. 카람 족은 그렇지 않았다. 그들은 이 큰 사냥감에 매우 관심이 있었고, 이것과 상피(incest) 붙는 데 매우 관심을 가졌다. 그러므로 벌머는 자기의 분류법(화식조는 새다)과 자기의 연구 프로그램(카람 족에게 왜 화식조가 새가 아닌지를 동료에게 설명하려는)을 고수했다. 카람 족 역시 자기들의 분류법(콥티이는 약트가 될 수 없고, 그것 뿐이다)을 고수했고, 그들의 사냥과 짝짓기 습관(야생은 위험하고, 상피도 그렇다)을 고수했다. 새의 사례들 사이에 맺어지는 결합들은 벌머와 카람 족이 연결되어 있는 두 개의 세계만큼이나 확고했다. 한쪽에는 인류학 학회, 학회지 《맨(Man)》, 그리고 뉴질랜드의 오클랜드 대학(Auckland University)이, 다른 한쪽에는 뉴기니의 슈래더 산맥(Schrader Mountains)의 북부 카이롱크 계곡(upper Kaironk Valley)이 있다.

　　분류법 3: 유명한 고생물학자 오스트롬(Ostrom)은, 가장 유명한 화석의 하나인 **시조새(Archaeopteryx)**가 새인지 아닌지에 대해 의문을 가졌다.** 분명히 그것은 깃털을 가졌지만, 날 수 있었을까? 파충류에서 조류로 진화

---

* 민속 과학(ethnoscience)에 대한 가장 철저한 작업은 H. Conklin(1980)에서 발견할 수 있다. 유감스럽게도 서양의 산업화된 공동체에 대해서는 이에 견줄 만한 연구가 없다.

** 여기에서 나는 A. Desmond의 근사한 책(1975), 특히 6장을 사용했다.

하는 것과 관련된 문제는, 이 동물이 깃털, 날개, 비상근(flightmuscle, 飛翔筋), 흉골을 발전시키는 데 필요한 긴 중간 단계에 있다. 이런 특징 중 어느 것도 그것이 날기 이전에는 유용하지 않다는 점이 문제다. 이것은 전적응(preadaptation, 前適應)이라 불린다.[9] 고생물학자들에 따르면 전혀 날거나 날개를 퍼덕거리지도 못했고, 활강했다 하더라도 몇 분 후엔 추락했었을, 시조새와 같은 동물에게 날개나 깃털이 무슨 소용이었단 말인가? 오스트롬은 자신의 대답을 갖고 있었지만, 그것은 약간 과격한 것이었다. 왜냐하면 화석의 분류법의 상당 부분을 개편하는 것을 의미했고, 또 유명한 공룡들의 생리학을 재고하는 것을 의미했기 때문이다. 시조새의 깃털을 제거한다면, 그것은 어느 모로나 작은 공룡처럼 보이고, 전혀 새 같지는 않아 보인다. 하지만 그것은 깃털을 갖고 있다. 무엇에 쓰려고? 오스트롬의 답은, 이 작은 동물이 너무 많은 열을 잃지 않도록 보호하기 위해서라는 것이다. 하지만 공룡은 냉혈 동물(변온 동물, cold-blooded)이므로, 두꺼운 보온이 있으면 그들은 외부로부터의 열을 충분히 빨리 흡수할 수 없게 되어 그것이 그들을 해칠 수가 있다! 오스트롬은 그렇지 않다고 말한다. 공룡은 온혈 동물(정온 동물, warm-blooded)이고, 시조새가 그 최고 증명이라고 말한다. 깃털이 있는 것은 날기 위해서가 아니고 열 손실로부터 온혈 동물인 공룡을 보호하기 위한 목적이며, 매우 작은 생물로 남아 있게 허락해 주는 역할을 한다. 시조새는 새가 아니고, 비상에 전적응되었을 뿐인 작은 깃털 달린 공룡이기 때문에, 이것은 공룡이 온혈 동물임을 입증한다. 익수룡(Pterodactyls, 翼手龍)이나 악어 가운데서 새의 조상을 찾는 일은 더 이상 필요하지 않다. 새가 자리 잡아야 하는 위치는 공룡 가운데다! 다른 두 명

---

9) 생물이 현재 처해 있는 환경과는 다른 환경에 처하거나 생활 양식을 바꿀 필요가 생겼을 때 이미 그것에 적합한 형질을 가지고 있어 적응과 같은 효과를 나타내는 현상을 말한다.

의 고생물학자들은 《네이처》에 보낸 글에서 조류를 모두 없애 버리자는 제안하기까지 했다. 이제 포유동물과 공룡이 존재하는 것이며, 조류는 공룡의 현생 대표다! 참새는 나는 공룡이고, 새가 아니다. 시조새는 뭍의(육서, 陸棲) 공룡이고 새가 아니다. 공룡의 생리학을 놓고 고생물학자들 사이에 벌어진 논쟁의 와중에, 깃털 화석이 결정적인 위치를 점하게 된다. 그것은, 냉혈 동물 공룡의 투사로 하여금 시조새를 나무 위에, 그리고 조류에 올리게 허락하거나, 아니면 온혈 동물인 공룡의 투사에게는 조류라는 것을 없애고 시조새를 지상에 놔두게 허락할 것이다.

위의 예에서 무엇이 무엇에 결합되는가에 관한 각각의 충돌은, 다른 사람들의 세계가 무엇으로 이루어져 있는가를 규명해 보여 준다. 우리는 한 손에 '지식'을 다른 손에 '사회'를 갖고 있지 않다. 우리는 여러 가지 힘겨루기(trials of strength)를 갖고 있고, 그것을 통해 어떤 연결이 강하고 어떤 것이 약한가가 드러난다.

위의 첫 번째 이야기에서 아이는, 자기 엄마가 '새'와 '달아나다'라는 단어의 정의에 얼마나 강하게 집착하는가를 미리 알지 못했다. 아이는 날아가는 모든 것을 섞을 새로운 범주를 만들려고 하지만, 그 범주를 깨트리는 엄마 앞에서 매번 실패한다. 어린아이는 엄마의 세계의 일부가 무엇으로 이루어져 있는지를 배우는 중이다. 참새, 공, 모샘치는 다 같이 '날날'이 될 수는 없다. 이 점은 협상이 될 수 없다. 그러면 딸의 선택은 자기의 범주를 포기하거나, 아니면 자기 엄마의 것과 최소한 하나가 다른 요소로 이루어진 세계에서 사는 것이다. '날날'을 고수하는 것은, '새'와 '달아나다'를 고수하는 것과 동일한 삶으로 이끌지 않는다. 그러므로 아이는, 자기 엄마가 고수한 것을 시험해 봄으로써 언어 구조의 일부를 배운다. 더 정확히, 우리가 '구조

(structure)'라고 부르는 것은 소녀의 시험에 의해 천천히 밝혀지는 형태다. 이 사항은 협상 가능하고, 이것은 그렇지 않고, 이것은 이 다른 것에 연결되고 등등이다. 이런 구조에서 확실한 한 가지 요소는, 만일 소녀가 영어 사용자와 같이 살려고 한다면, '날날'은 살아남을 기회를 갖지 못한다는 것이다.

두 번째 이야기에서 벌머는, 어린 소녀와 꼭 같은 일을 하고 있다. 카람 족이 화식조를 새로 여기는 것을 불가능하게 만드는 결합의 강도를 시험함으로써, 카람 족의 언어와 사회를 모두 배우고 있다. 벌머가 화식조는 새라고 말한다면 그들이 신경을 쓰겠는가? 그렇다. 그들은 매우 신경을 쓰리라 보인다. 역겨워서 손을 흔들어댈 것이다. 터무니없다고 말할 것이다. 만일 벌머가 고집하면, 왜 그것이 새가 될 수 없는지에 대해 많은 논변들을 끌어올 것이다. 화식조는 화살로 사냥할 수 없고, 고종사촌이고, 황야에서 살고 …. 벌머가 더욱 시험할수록, 콥티이(kobtiy)가 약트(yakt)가 되는 것을 막을 더욱 많은 요소들을 그의 원주민 정보 제공자들이 끌어올 것이다. 최후에 벌머는, 자신의 선택이 화식조를 새와 결합시킨 것을 포기하거나, 아니면 카람 족의 사회 외부에 영원히 머물러야 한다는 것을 깨닫는다. 실제로는, 그가 이들 시험을 통해 배운 것은, 카람 족 **문화**의 형태 일부다. 더 정확히 우리가 '문화(culture)'라고 부르는 것은, 우리가 어떤 주장을 부정하려고 하거나 어떤 결합을 흔들려고 할 때, 그리고 오직 그때만이 같이 연결된 것으로 드러나는 일련의 요소들이다. 콥티이를 모든 새로부터 따로 떨어지게 만드는 이유들이 얼마나 강력한 것인지 벌머는 사전에 알지 못했다. 그것은 특히, 다른 뉴기니 족들은 모든 서양의 분류학자들과 마찬가지로 그것을 조류 범주에 넣고 있기 때문이다. 하지만 그가 천천히 알게 된 것은, 카람 족에 의해 이 동물에게 너무나 많은 것이 부착되어 있어서, 그들은 자기들의 삶의 방식에 커다란 변동 없이는 그 분류법을 바꿀 수 없다는 사실이다.

　세 번째 이야기에서 오스트롬이 시조새와 현생 조류 사이의 연관을 약하게 하려고 꾀했을 때, 그는 자기의 반대자들이 진화 노선으로 가장 유명한 이것이 부서지는 것을 막기 위해 얼마나 많은 요소들을 끌어들일까를 미리 알지 못했다. 시조새가 사실은 보호하는 깃털을 가진 온혈 공룡이라는 것을 그가 더욱 보여 주려고 할수록, 그 주장은 다른 사람들에는 더욱 더 터무니없는 것으로 보인다. 그의 논변이 받아들여지기 위해서는 고생물학, 분류학, 직업의 구성에 커다란 변동이 필수적이게 마련이다. 그러면 오스트롬은 선택에 직면한다. 자기 논변을 포기하거나, 아니면 고생물학자로서의 **직업에 속하지 못하게 되거나**. 세 번째 가능성이 있다면 그것은 고생물학자가 된다는 것이 무엇인가를 재정의해서 그의 주장이 그 일부가 되도록 하는 길이다. 실제로 오스트롬의 시험은, 어떤 결합이 부서져 버리거나 어떤 새로운 결합이 새로 확립되려면 반드시 수정되어야만 하는 일련의 요소들인 패러다임의 한계를 밝혀 준다. 오스트롬은 패러다임이 어떤 형태를 지니는지를 미리 알지 못했다. 그러나 그는 무엇이 단단히 유지되고, 무엇이 쉽게 무너지며, 무엇이 협상 가능하고 무엇은 그렇지 않은지를 탐구함으로써 그것을 배우고 있다.

　'언어의 구조', '분류법', '문화', '패러다임' 또는 '사회'라고 종종 불리는 것들은 서로를 정의하기 위해 모두 사용될 수 있다. 그것은 논쟁에 회부된 어떤 주장에 연결되어 있는 것으로 보이는 일련의 요소들을 개괄하는 데 사용되는 단어 중 일부다. 이들 용어는 언제나 매우 모호한 정의를 갖는데, '문화', '패러다임' 또는 '사회'가 정확한 의미를 부여받을 수 있는 것은, 오직 어떤 논쟁이 있을 때, 논쟁이 **지속되는 한**, 그리고 반대자들에 의해 발휘된 힘에 의존해서다. 어린 소녀도, 벌머도, 오스트롬도, 만일 그들이 반대하지 않았거나 외부에서 오지 않았고, 어떤 그룹에 속할 것인가 또는 어떤 세계에 살 것인가에 대한 선택에 직면하지 않았다면, 다른 사람들의 결합의 체제를 폭로하지 않았을 것이다. 달리 말해 어느 누구도 그나 그녀가 다른 사람들과 충돌하기 이전에는, 한 '문화' 속에 살지 않으며, 어떤 '패러다임'을 공유하는 것이 아니며, 한 '사회'에 속하지도 않는다. 이런 단어들의 출현은, 더 긴 연결망을 건설하고 다른 사람들의 경로를 교차해 지나간 한 가지 결과다.

우리가 만일 신념들 사이의 수많은 작은 충돌에 덧붙이는 것에 더 이상 관심이 없다면, 어린아이 대 어른, 원시 대 문명, 전과학 대 과학, 낡은 이론 대 혁신적 이론 등과 같은 웅대한 이분법(dichotomy)을 세우는 데 더 이상 관심이 없다면, 결합의 사슬들 사이의 수많은 작은 차이를 설명하기 위해 우리에게 남겨진 것은 무엇일까? 오직, 연결된 접점의 수, 연결의 강도와 길이, 장애물의 본질—이것뿐이다. 이들 사슬 각각은 논리적이다. 즉 그것은 한 점에서 다른 점으로 나간다. 그러나 어떤 사슬들은 그렇게 많은 요소들과 결합하지 않거나 동일한 전위(displacements)에 이르지도 않는다. 요컨대 우리는 논리(logic)에 대한 물음들(이것은 직선인가, 아니면 비틀어진 길인가?)에서부터 사회 논리학(sociologic, 이것은 더 약한가 아니면 더 강한 결합인가?)으로 이동하게 되었다.

2.3 결합에 대한 지도 그리기

우리는 어떤 주장의 비합리성에 대한 신념으로부터 어떻게 벗어날 수 있는지(1절), 모든 주장은 동등하게 신뢰할 수 있는 것이라는 대칭적 믿음으로부터도 역시 어떻게 벗어날 수 있는지(2절의 2.1과 2.2)에 대해 살펴보았다. 우리는 계속해서, 자기들의 주장을 남의 것보다 더 신뢰할 만한 것으로 만들기 위해 애쓰는 사람들을 쫓아갈 수 있다. 그렇게 하면서 그들은, 자기들의 사회 논리학을 꾸리고 있는 결합의 사슬들을 우리와 자신들을 위해 지도로 그려 보인다. 이들 사슬의 주요 특징은 관찰자에게는 예측할 수 없다. 왜냐하면 그것들이 관찰자의 독자적인 분류법에 따르면 완전 이질적인 것이기 때문이다. 벌머는 자기가 생각하기에 순전히 분류법상의 문제인 것을 추적해 나갔고, 고종사촌에 대한 어두운 이야기 속에 억지로 끌려들어 갔다. 오스트롬은 자기로서는 단지 고생물학의 문제인 것을 다루었으나, 시조새에 대한 그의 재해석을 어렵게 하는 거대한 패러다임 전환으로 이끌려 갔다. 논쟁의 강도가 커질 때 드러나는 이런 예측할 수 없고 이질적인 결합들에 대해 우리는 어떻게 연구해야 할까? 그것들을 '지식'과 '맥락'으로 양분하거나, '원시적인' 또는 '근대적인'으로 분류하거나, 그것들을 '더 합리적인' 것에서 '가장 불합리한' 것으로 순위를 매김으로써는 분명 아니다. '나누고', '분류하고', '순위를 매기는' 것과 같은 행동은 모두, 결합이 지니는 예측할 수 없고 이질적인 본성을 정당하게 취급하지 못한다. 우리가 할 수 있는 유일한 것은, 그 주장들에 연결되어 있는 것은 무엇이든 좋는 일이다. 단순화해 보면, 다음과 같은 것을 연구할 수 있다.

(1) 원인들과 결과들이 어떻게 귀속되는가,
(2) 어떤 지점들이 다른 어떤 것에 연결되는가,
(3) 이 고리들은 어떤 크기와 강도를 지녔는가,
(4) 가장 정당한 대변인은 누구인가,
(5) 그리고 이 모든 요소는 논쟁 동안에 어떻게 수정되는가.

이런 물음에 대한 답변을 나는 사회 논리학(sociologics)이라고 부른다. '자유 연상(결합, free association)'이라고 부를 것에 대한 세 가지 새로운 예를 들어 보겠다—관찰자의 관점에서 볼 때, 자유로운 것이다.

자유 연상(결합) 1: 1976년 성탄절 전야 브르타뉴(Brittany)의 생브리외 만(Bay of St Brieuc) 해저에서, 해양학자들이 따로 떼어 놓은 보존물을 약탈하려는 유혹을 이기지 못한 어부들에 의해서, 수천 개의 가리비(scallops)가 야만스럽게 남획되고 있었다.[*] 프랑스의 미식가들은 특히 성탄절에 가리비를 먹는 것을 좋아했다. 어부들도 가리비, 특히 산호 빛의 가리비를 좋아했는데, 그것은 (여섯 달 일하고 봉급을 잘 받는) 대학교수들과 유사하게 생계를 꾸릴 수 있게 해 주었다. 불가사리도 마찬가지 탐욕을 가지고 가리비를 좋아했는데, 이것은 다른 이들의 마음에 들지 않는 일이었다. 가리비에 대해 더 알아보기 위해 생브리외 만에 파견된 세 명의 소장 과학자들은 가리비를 사랑했고, 불가사리는 좋아하지 않았고, 어부들에 대해서는 복합적인 감정을 가지고 있었다. 세 명의 소장 과학자들은 자기네 소속 기관, 그들을 어리석다고 생각하는 해양학자들, 또 그들을 위협으로 간주하는 어부들로부터 위협을 받자, 만에서 천천히 밀려나 브레스트(Brest)에 있는 자기들의 사무실로 돌아갔다. 그들이 쓸모없어 보이는 데 저항하려면, 그들은 누구와 동맹을 맺어야 할까? 어부들은 과학자들에게 비웃음을 받고, 불가사리와 경쟁하고, 탐욕스런 소비자와 새 어부들 사이에 끼여 있다. 어부들은, 점차 감소하는 군서(群棲)를 찾아 끊임없이 새로 오고 있고, 또 자기들이 최근에야 잡기 시작한 이 동물에 대해선 아무것도 모르는 새 어부들로 인해 서서히 일자리

---

[*] 이 예는 M. Callon(1986)에서 가져왔다.

에서 밀려난다. 어부들은 누구에게 저항해야 할까? 불가사리와 어부에게 위협을 받고, 그들이 이동할 수 있는지 없는지조차 알지 못하는 해양학자들에 의해 수년간 무시받아 온 이 동물은 만에서 서서히 사라져 가고 있다. 가리비의 유생(幼生, larvae)은 적에 대항하기 위해 누구와 동맹해야 할까?

이 세 가지 물음에 대한 해답은 일본 과학자다. 가리비 유생이 자신들을 채묘기(採苗機)에 연결시키고, 준보호 피난처에서 1000단위로 증식하는 것을 세 명의 과학자가 그들 눈으로 본 것은 일본에서였다.[10] 그래서 그들은 채묘기라는 아이디어를 갖고 돌아와, 생브리외 만에서 시도해 보기로 했다. 하지만 브르타뉴의 유생이 일본의 유생만큼이나 채묘기를 매개로 해서 관심을 끌 수 있을까? 그것들은 같은 종일까? 과학, 양식장, 가리비, 불가사리, 그리고 일본의 운명을 생브리외의 운명에 연결시키는 것은 정녕 약한 고리다. 게다가 채묘기는 비싸기 때문에, 궁극적으로 가리비 유생이 좋아할 그런 모든 종류의 재료로 만들어진 새 채묘기를 위한 돈을 내게 하기 위해서, 동료들과 고위 공무원들을 설득해야만 했다. 그런데 과학자들이 관청을 설득했을 때, 그리고 가리비 유생이 그들의 채묘기에서 잘 자라기 시작할 때, 어부들은 기적적인 어획의 유혹을 이겨 내지 못하고, 과학자들의 가리비를 잡고야 말았다! 그래서 새로운 모임이 준비되어야 했고, 새 협상이 시작되었는데, 이번에는 가리비에 대한 것이 아니었고 어부에 대한 것이었다. 누가 과학자들의 명의로 말을 하는가? 그들에게는 큰 힘을 발휘하지 못하는 몇 명의 대리인이 있다. 과학자들이 일을 하게 만드는 데 동의한 바로 그 대변인은 1976년 성탄 전야에 가리비 비축물을 훑어 잡은

---

10) 가리비 양식은 종묘를 채묘하여 인공적으로 기르고 증식시키는 것이다. 성숙한 가리비가 방란을 한 후, 부유하는 유생이 부착할 시기에 채묘기를 설치해 채묘하거나 인위적으로 산란을 유발시켜 채묘하는 방법이 있다.

첫 번째 사람이었다!

자유 연상(결합) 2: 1974년 6월에 우리 일행은 프랑스 인류학자 마르크 오제(Marc Augé)의 박사 학위 수여를 축하하기 위해, 코트디부아르(Côte d'Ivoire)의 해안 원주민들이 살고 있는 알라디안(Alladian) 연안에서, 그의 중요한 정보 제공자인 보니파스(Boniface)가 개최한 파티에 참석 중이었다.* 우리는 밀짚으로 지은 오두막 아래에서 바다를 보면서 먹고 마시고 있었고, 보니파스가 수면 밑의 역류가 너무나 위험하다고 경고했기 때문에 수영은 하지 않고 있었다. 이 경고에도 불구하고, 우리 친구 중 하나가 살짝 취해서 수영하러 갔다. 그는 곧 밀려오는 파도에 멀리 끌려갔다. 흑인들과 백인들인 우리 모두는, 어찌할 도리 없이 보기만 했다. 연장자였던 보니파스는 자기 손님에게 책임을 느껴서, 다른 젊은 친구들과 함께 바다에 뛰어들었다. 한참 후 파도는 우리 친구를 해안에 떠밀어 놓았지만, 우리는 오랜 시간 동안 보니파스의 시신이 파도에 흔들거리는 것을 봐야 했다. 마을 사람 모두가 집결했고, 그의 친척인 부족민들은 외치고 부르짖었지만 어쩔 수 없었다. 나는 백인으로서 책임을 느꼈고, 파티 호스트의 비극적인 익사를 초래한 다른 백인인 내 친구가 미웠다. 동일한 집단적 해석을 공유할 마을사람들이 우리에게 적대하고 습격할까 봐 나는 두려웠다. 내 어린 딸을 보호하려고 나는 딸에게 착 달라붙었다. 어쨌든 누구도 우리를 쳐다보거나 어떤 식으로 위협을 가하지 않았다. 마을의 원로들이 누가 보니파스의 죽음을 초래했는지를 알고 싶어 했을 뿐이고 매우 신중한 조사를 시작했다. 어느 순간에도 그들은 우리에 대해서는 생각조차 하지 않았다. 책임은 보니파스의

---

* 그의 고증은 M. Augé의 책(1975)의 주요 부분을 이룬다. 명백한 이유로, 오제는 자기 친구의 시체 검사의 결과를 출판하지 않았다.

혈통 내 어딘가에 있어야만 했다. 그날 밤 늦게, 바닷물이 그의 시체를 해안에 내려놓았을 때, 사체 검시가 이루어졌고, 거기에 마르크 오제는 증인이었다. 보니파스의 부채, 병, 재산, 대가족, 이력을 검토하는 긴 토론을 거쳐 그의 죽음에 대한 많은 해석이 심리되었고, 보니파스의 숙모 중 하나가 그의 죽음을 초래했다는 것이 모두에게 명백해질 때까지 그것은 계속되었다. 그녀는, 보니파스를 그의 운명에 묶었던 그의 긴 사슬 중에서 약한 고리였던 것이다. 주인의 경고에 따르지 않았던 내 친구는 말 그대로 그의 죽음과 무관해졌다. 나는 원인과 결과를 분배하고, 불명예와 죄와 책임을 귀속시켰고 해안에 모인 사람들 사이의 고리를 정의했지만, 흔들리는 시체 주위에 모인 연장자들은 완전히 다른 분배, 귀속, 정의를 내렸다. 같은 만큼의 걱정, 증오, 분노, 그리고 같은 만큼의 회의, 정밀한 검사, 믿음이 두 개의 연결망을 순환하지만, 같은 지점 중간에 선이 그어지지는 않는다.

자유 연상(결합) 3: 미국에서 매년 자동차 사고로 죽는 4만 명 내외를 누가 죽이는가? 차? 도로 체제? 내무부? 아니다. 음주 운전이다.[*] 누가 이러한 알코올 폭음에 책임이 있는가? 와인 소매상? 위스키 제조업자? 보건부? 술집소유주협회? 아니다. 과음을 한 당사자들이다. 모든 가능성 중에서 단 하나가 사회 논리학적으로 유지되었다. 과음을 한 개개인들이 대부분의 교통 사고의 원인이다. 이 인과적 고리는, 문제 속의 모든 더 나아간 추리를 위해 하나의 블랙박스거나 전제다. 일단 이것이 해결되면 그 다음에는 왜 그 운전자 개인이 과음을 했는가, 하는 문제에 대해 논쟁이 있다. 그들은 치료를 받아야 하고 병원에 보내져야 할 **병든** 사람인가, 아니면 처

---

[*] 이 예는 J. Gusfield의 책(1981)에서 가져왔다. 그 책은 근대 서구 사회에서의 믿음/지식의 인류학에 대한 유일한 사례다.

벌받고 감옥에 보내져야 할 **범죄자인가?** 이것은 자유 의지에 대해 어떤 정의를 하는가, 뇌의 작동이 어떻게 해석되는가, 어떤 효력이 법률에 부여되는가에 달려 있다. 대학의 사회학과, 임의 단체, 법학 교수들, 생리학자 협회들로부터 공식 대변인들이 자리를 차지하고, 첫 번째나 두 번째 가능성을 입증하는 입장을 취하고 숫자를 획득한다. 자기들의 입장을 방어하기 위해 그들은 통계, 교회의 가르침, 상식, 후회하는 음주 운전자, 법률의 원칙들, 뇌 신경학, 또한 어떤 반대자가 그들의 주장을 부정하면 마찬가지로 그 주장을 지지하는 복잡한 증거들과도 논쟁해야만 하도록 그 주장을 꾸려 줄 그 무엇이든 동원한다. 개인의 음주와 교통 위반 사이의 연결에 관해서는, 누구도 그것을 따지지 않기 때문에, 그 연결은 알라디안 연안의 부락민들이 보니파스의 죽음을 그의 가계의 일원에게 귀속시킨 것만큼 곧게 펴진 직선이고 필연적이다.

이러한 '자유 연상(결합)'들로 내가 보여 주려는 바는, 이들 결합이 결코, 인류학을 '미개인(savage minds)'에게 한정시키는 것과 같이 특정한 부류의 사람에 제한되지 않고, 인류학을 과거에 대한 연구로 한정시키는 것과 같이 특정한 시기에 제한되지 않고, 또 인류학을 세계관이나 이데올로기에 대한 연구로 한정시키는 것과 같이 특정한 종류의 결합에 제한되지 않는다는 점이다. 원인, 결과, 고리와 대변인에 대한 동일한 물음이 어느 곳에서건 제기될 수 있고, 따라서 인류학을 위한 제한되지 않는 연구 영역을 연다. 여기에 포함될 수 있는 것은, 벌머와 그의 화식조, 카람 족과 그들의 콥티이(kobtiy), 오스트롬과 그의 나는 공룡, 보니파스의 부모와 그 부족민, 가리비 유생(幼生)과 그들의 과학자들, 그레이와 벨과 그들의 연결망, 음주 운전자들과 죄와 알코올이 들어간 그들의 뇌, 모타바시와 그의 밭,

허친스와 그의 논리적인 트로브리안드 족이다. 뒤틀린 세계관에 대한 어떤 가정도 만들 필요가 없고, 이 모든 결합이 대등하다고 가정할 필요도 없다. 왜냐하면 그것들이 이질적인 요소들을 연결시켜서 대등하지 않게 되려고 애쓰고 있기 때문이다.

관찰자의 관점에서 보면, 이 사람들 중 누구도 비논리적으로 또는 논리적으로 생각하지 않으며, 항상 사회 논리적으로 생각할 뿐이다. 즉 어떤 논쟁이 촉발되기 전까지는 요소들에서 요소들로 곧게 나아간다. 논쟁이 시작되면 그들은 더 강하고 더 저항적인 동맹을 찾으며, 그렇게 하기 위해 가장 이질적이고 먼 요소들을 동원하는 것으로 결국 끝맺는다. 따라서 그들은 그들 자신과 그들의 반대자들과 관찰자들을 위해서, 자기들이 가장 중요시하는 것과 그들이 가장 긴밀하게 소속되어 있는 것을 지도에 표시한다. "너희 보물 있는 곳에는 너의 마음도 있으리라."(누가복음 12장 34절) 이질적인 결합의 체제를 지도에 표시하는 데 주요한 어려움은, 그것들이 얼마나 실재하는 것인가에 대한 하등의 부가적인 가정을 하지 않는 데 있다. 이것이, 그들이 허구라는 뜻이 아니라, 그들이 특정 시험에 견뎌 냈고, 다른 시험들은 그들을 흩뜨릴 수도 있다는 뜻이다. 연쇄를 '좋은' 것과 '나쁜' 것으로 왜곡하지 않고 결합의 지도를 그리기에 충분한 자유를 관찰자에게 주기 위해 한 가지 은유가 이 지점에서 도움이 될 것이다. 즉 사회 논리학은 도로 지도와 아주 비슷하다. 모든 길은 어떤 장소로 향하고, 그것이 오솔길, 작은 길, 간선 도로, 또는 고속 도로든 상관없지만, 그것들이 모두 동일한 장소에 이르지는 않으며, 같은 교통량을 받치고 있지도 않고, 개통되고 유지 보수되는 데 동일한 비용이 들지도 않는다. 어떤 밀수업자의 통로를 '비논리적'이라 하고 고속 도로를 '논리적'이라 부르는 것이 의미가 없는 것과 마찬가지로, 어떤 주장을 '불합리'하다고 또는 어떤 지식을

'정확'하다고 칭하는 것은 의미가 없다. 이러한 사회 논리적 경로들에 대해 우리가 다만 알고 싶은 것은, 그것들이 어디로 가는지, 얼마나 많은 사람들이 무슨 차를 타고 그 길을 따라가는지, 또 그 사람들이 얼마나 쉽게 여행을 하는가이지, 그것들이 그른지 옳은지 여부가 아니다.

3. 누가 견고한 사실(hard facts)을 필요로 하는가?

1절에서 우리는 개방성, 정확성, 논리, 합리성과 같은 특성들, 그리고 폐쇄성, 모호함, 어리석음, 불합리성과 같은 결함들을 모든 행위자 가운데 동등하게 분배함으로써 주장들 간에 대칭성을 도입했다. 2절에서는 이러한 동등한 분배가, 반대를 하고 있는 어떤 행위자가 다른 사람에 대해 '전반적으로 잘못된', '부정확한', '불합리한' 등등의 비난을 하는 것을 막지 못한다는 점을 보였다. 분명히 이런 비난은, 공격받고 있는 주장의 형식에 대해 더 이상 아무것도 말해 주지 않는데, 그것은 이제는 모든 사람들이 다른 어느 사람만큼 논리적이기 때문이다. 그 비난들은 그럼에도 불구하고, 서로 충돌하고 있는 상이한 결합들의 **내용**을 점차로 드러내고 있다.

다른 말로 합리성과 비합리성에 대한 이런 일 전반은, 중간에 방해가 되는 결합들에 대한 누군가의 공격 결과다. 그것들은 연결망의 정도를 드러내고, 또 연결망 내부에 머물게 될 것과 그물눈을 빠져나올 것 사이의 갈등을 드러낸다. 그 중요한 결말은 우리가 논쟁의 종말에 대해 2장 끝에서 내린 것과 동일하다. 공격받지 않은 주장에 대해 상대주의자가 되어도 소용없다. 자연은 어떤 간섭이나 편향 없이 곧게 이야기하는데, 이는 송수관들 사이에 틈이 없다면 물이 수천 개의 송수관 체계를 통해 규칙적으로 흘러가는 것과 똑같다. 이런 결과는 모든 주장에로 확장될 수 있다. 공격 받지 않는다면 사람들은 자연이 무엇인지 정확히 안다, 그들은 객관적이다, 그들은 진리를 말한다, 그들은 그들이 사태를 파악하는 데 영향을 줄 수 있는 사회나 문화 속에 살고 있지 않다. 그들은 사물들 자체(things in themselves)를 파악할 뿐이다. 그들의 대변인들은 현상을 '해석'하지 않고, 자연이 그들을 통해 직접 이야기한다. 모든 블랙박스가 봉인되어 있다고 여기는 한, 사람들은 과학자와 마찬가지로 허구, 재현, 기호, 근사, 규약의 세계에 살고 있지 않다. 그들은 단지 옳을 뿐이다.

그러면 제기될 수 있는 물음은, 다른 누군가의 경로를 거스르는 어떤 공격, 교차점에서 전체 기소의 범위를 발생시키는 공격(1절), 한 주장이 어떤 다른 예기치 않은 요소들에 연결되어 있는가를 차례차례 드러내 주는(2절) 그런 공격은 언제, 그리고 왜 가능한가 하는 것이다.

3.1 소프트한 사실로 대신하면 왜 안 되는가?

우리가 이해해야 할 첫 번째 것은, 주장들 사이의 충돌을 위한 조건들이 그다지 자주 충족되지 않는다는 점이다. 예를 들어 보자.

"하루 한 알 사과를 먹으면, 의사 볼 일이 줄어든다"라고 말하면서 엄마는 강렬하게 붉은 빛의 사과를 아들에게 건네고, 아들이 싱긋 웃기를 기대한다. 아들은 분연히 대꾸를 한다. "엄마, 국립보건원(NIH)의 세 가지 연구가 입증한 바에 의하면, 모든 연령층으로 구성된 458명의 미국인 표본에서, 가정의들이 왕진하러 간 숫자에 있어서 아무런 통계적으로 유의미한 감소치가 보이지 않았대요. 아니, 저는 이 사과를 먹지 않겠어요."

이 일화에서 무엇이 조화가 되지 않고 있는가? 아이의 대답이 그러한데, 그것은 필요하지도 않은 상황에서 너무나 많은 요소들을 동원하고 있기 때문이다. 기대된 것은 무엇인가? 답변이 아니라 미소, 경구, 이 금언의 반복 또는 더 좋은 것은 문장의 완성.(엄마가 "하루 한 알 사과를 먹으면 …"이라고 말하면, 아들은 "의사 볼 일이 줄어든다"라고 농담하듯 말한다.) 국립보건원의 통계가 대화 속에 끼어든 것이 왜 그렇게 어색해 보일까? 그것은 아들이, 우리가 1장에서 살펴보았던 것들과 유사한 논쟁 상황에 자신이 처해 있는 것처럼 행동했기 때문이고, 자기 엄마에게 대항하고, 엄마가 더 많은 통계를 들며 반박하기를 기대하고, 그래서 증명 경쟁을 피드백하고 있기 때문이다! 엄마는 대신 무엇을 기대했는가? 대답조차 필요 없었고, 증명이나 반박 증명이 있는, 토론과 조금이라도 연관된 것은 전혀 아니었다. 아들과 엄마 사이의, 더 견고한 사실과 더 소프트한 사실 사이의 엄청난 거리를 우리가 재어 보지 못한다면, 우리는 테크노사이언스에 대해 아무것도 이해하지 못할 것이다.

3장의 시작에서 나는 사실 구축자의 곤경에 대해 말했다. 사실 구축자는 많은 다른 사람들을 가입시켜야 하고, 그래서 그들이 계속되는 사실 구축에 참여하도록 해야 한다.(그 주장을 블랙박스로 전환시킴으로써) 하지만 또한 사실 구축자들은 이 사람들 각각을 통제해야만 하고, 그럼으로써 그들이 그 주장을 어떤 다른 주장이나 다른 사람의 주장으로 변형시키지 않고 그 주장을 다음으로 전달하게 만들어야 한다. 그것은 어려운 과제라고 나는 말했었는데, 잠재적인 조력자 각각이 한 명의 '지휘자'가 되는 대신, '다중-지휘자'로서 행동하면서 가지각색의 방식으로 활동할 것이기 때문이다. 그들은 주장에 대해 조금도 이해관계를 갖지 않을 수 있고, 그것을 어떤 관련 없는 화제로 돌려놓고, 그것을 하나의 인공물로 바꾸고, 다른 것으로 변형하고, 전부 버리거나, 그것을 다른 저자에게 귀속시키고, 있는 그대로 다음에 전달하고, 확증하는 등등을 할 수 있다. 독자들이 기억하듯이, 이런 과정의 중심성은 그 위에 모든 것이 세워지는바, 이 책의 첫 번째 원리다. 사실 구축자의 패러독스는, 주장이 확산되기 위해 활동에 참여할 사람의 숫자를 늘려야만 한다는 것, 그러면서도 동시에, 주장이 있는 그대로 확산되기 위해서는 참여할 사람의 숫자를 줄여야만 한다는 점이다. 3장과 4장에서 나는 이해관계들을 번역함으로써, 그리고 그것을 비인간 자원들과 연결시킴으로써, 그 결과 장치와 메커니즘을 산출해 냄으로써, 이 역설이 해결되는 사례들을 상세히 다루었다. 이 장의 마지막 부분에 이르러서 이제 우리는, 연결망 내부의 규칙인 테크노사이언스의 이런 특징들이 그들 그물망 중간에 낀 예외라는 것을 이해할 수 있다.

그러면 규칙은 무엇이 될 수 있는가? 주장은 동시에 이전되고 변형될 수 있다. 앞의 금언의 경우를 살펴보자. 이것은 여러 나라에 입에서 귀로 확산되었다. 그 금언의 저자는 누구인가? 저자는 알려져 있지 않고, 금언은 공통 지혜이며, 누구도 개의치 않을 것이며, 문제 자체가 무의미하다. 그 금언은 객관적인가? 즉 그것은 사과, 건강과 의사를 지시하고 또는 그것을 말하는 사람을 지시하는가? 그 물음은 무의미하다. 이 금언은 다른 주장들과 결코 충돌하지 않고, 위의 일화에서만 충돌하는데, 바로 그 이유에서 그것은 이상하게 보였다. 그러면 그것은 틀린 것인가? 그렇지 않다, 아마도. 누가 상관하겠는가? 그러면 그것은 참인가? 아마도 그럴 것이다. 왜냐하면 그것은 비판의 말이 없이 수 세대를 거쳐 전해 내려왔기 때문이다. "그렇지만 그것이 만일 참이라면, 아들의 반대 논증 시험에 왜 견디질 못했는가?"라고 합리론자는 물을 수 있다. 엄밀히, 그것이 그렇게 오랫동안 신빙성 있는 것으로 전해 내려온 것은, 사슬을 따라 모든 이들이 자기들의 특별한 맥락에 그것을 적응시켜(adapted) 왔기 때문이다. 이 금언의 오랜 역사 어느 지점에서도, 그것이 반대 논증과 싸우는 논증이었던 적이 없다. 그것은 두 명의 이방인 사이의 논쟁에서 사용되기에는 적합지 않다. 금언을 말하는 사람과 그 청취자들이 어떤 집단에 속하는지를, 우리를 부드럽게 가격하여 상기시켜 주는 데 적합할 뿐이다. 그리고 덧붙여서 그것은 꼬마들이 사과를 먹도록 만들 것이다.(그리고 그들의 건강에 아마도 좋기도 할 것이다.)

규칙을 위반하는 아들의 행동은 주장이 다른 주장을 만나는 각도를 한정하고 충돌의 효과로서의 비합리성을 촉발한다. 이런 위반(breaching)은 술집, 파티, 가정 또는 직장에서의 아둔한 말, 군소리, 더듬거리는 말, 수다 등에 의해 제공되는 대단히 많은 사례에 의해 반복될 수 있다. 이 금언과 같은 문장이 아들의 것과 같은 반대 논증에 의해 대답될 때마다, 커뮤니케이션에는 똑같이 거대한 틈새가 벌어진다. 친구, 부모, 연인, 동료, 파티에 자주 가는 사람들은 즉시 소원해지게 되고, 상대방을 당황해서 바라본다. 버스에서 이웃이 "날씨 좋네요, 그렇죠?"라고 말을 했는데 당신이, "그건 우스운 말입니다. 왜냐하면 오늘 평균 기온이 통상 평균보다 4도 낮기 때문인데, 이 수치는 콜런(Collen) 박사와 그의 동료들이 55개나 되는 기상 관측소를 사용해서 그리니치 관측소(Greenwich Observatory)의 100년간의 자료를 기준으로 산정한 것입니다. 《기상 기록(*Acta Meteorologica*)》에서 그들의 방법론을 확인해 보시죠, 얼간이 양반"이라고 말했다고 해 보자. 당신의 이웃은 당신이 이상하다고 생각할 것이며, 그래서 아마도 다른 좌석으로 옮겨 갈 것이다. "날씨 좋네요, 그렇죠?"는 우리가 이 책에서 이제껏 보아 온 바와 같은 것들에 적합한 문장이 아니다. 그 문장의 유통 체제(regime), 여러 사람의 손을 거쳐 전달되는 방식, 그것이 만들어 낸 효과는 우리가 '과학적'이라 부른 진술들과 완전 달라 보인다. 위반의 실행은, 완전히 다른 체제로 유통되고 있는 주장들에 의해 갑자기 공격받은 많은 문장들에게 최근 역사에서 일어났던 일들을 반복한다. 과학적 연결망의 내부에서 고려해 보면, 사람들이 말한 것, 그리고 말하곤 하던 것들 대부분은 무엇인가 모자라는 것으로 급작스레 비춰진다.

그러므로 앞의 1, 2절에서 말한 바에도 불구하고, 과학과 나머지 사이에는 결국 어떤 근본적인 차이가 아마도 존재하지 않을까?

3.2 사실의 견고화

그렇다. 양자 사이에는 차이가 있고, 위반하는 실행이 그것을 분명히 보여 준다. 하지만 어떤 부가적인 구분 없이 그 점을 이해해야만 한다. 그것을 이해하기 위해 우리는 첫 번째 원리와 사실 구축자의 곤경을 환기해야만 한다. 어떤 진술을 확산시키는 가장 간단한 방법은, 각 행위자에게 협상의 여지(a margin of negotiation)를 남겨 주어 그 진술을 그가 적합하게 보는 대로 변형하게 하고, 국지적 상황에 그것을 적응케 하는 것이다. 그러면 그들에 대한 통제가 덜 가해질 것이므로, 더 많은 사람들을 그 주장에 관심 갖게 하는 것이 더 용이할 것이다. 따라서 그 진술은 여러 사람을 통해 전달될 것이다. 어쨌든 이런 해법에 대해서는 치러야 할 대가가 있다. 그런 기획을 통해 진술은 모든 사람에 의해 수용되고, 통합되고, 협상되고, 채택되고 적응되는데, 이것은 여러 가지 결과를 초래하게 된다.

첫째로, 진술이 모든 사람에 의해 변형되겠지만 이 변형은 눈에 띄지 않을 것이다. 왜냐하면 협상의 성공이 원래 진술과 비교하지 않음에 달려 있기 때문이다.

둘째, 그것은 한 명의 저자가 아니라, 사슬을 따라서 구성원들이 있는 만큼 많은 저자들이 있다.

셋째, 그것은 **새로운** 진술이 아니라, 더 옛것으로 필연적으로 보일 터인데, 모든 사람들이 그것을 자기들의 과거 경험, 취향, 맥락에 따라 적응시키기 때문이다.

넷째, 비록 새로운 진술을 채택함으로써 전체 사슬은 의견을 변화시키고 있다 할지라도, 밑의 다른 체제에 따라서 행동하는 외부의 관찰자에게만 해당되어 새로운 것이고, 그 변화는 결코 눈에 띄지 않을 것이다. 그것은, 더 예전 것과 더 새로운 주장들 사이의 차이를 감지하는 비교 기준이 될 어떤 측량 가능한 기준선이 없기 때문이다.

마지막으로, 협상은 사슬을 따라서 연속적이고 충돌을 무시하기 때문에, 얼마나 많은 자원이 주장을 강화하기 위해 끌어들여졌건 상관없이, 그 주장은 통상적인 행위 방식을 깨트리지 않는 더 **소프트한** 주장으로 언제나 보인다.[*]

그러한 체제 아래에서 대다수의 주장이 새로운 연결망 외부에서 유통한다. 이것이 사실 구축자의 곤경에 대한 한 가지 완벽하게 합리적인 해결책이나, 두 번째 해결책에 비교했을 때 소프트한 사실들만을 산출하는 것이다. 곤경에 대한 이 다른 해결책은 우리가 앞 장에서 보았듯이 과학자와 기술자라고 불리는 사람들에 의해 선택되는 것이다. 그들은 통제를 늘리

---

[*] 이것이, 왜 '구두 문화(oral cultures)'가 혁신이 없고 완고한 것으로 생각되어 왔는가에 대한 이유다. 이에 대해 J. Goody의 선도적인 저작(1977)을 참조하라.

고자 하고, 협상의 여지는 줄이려고 한다. 진술을 변형하게 허락함으로써 남들을 가입시키는 대신, 그들은 남들에게 억지로 있는 그대로의 주장을 채택하게 시킨다. 하지만 우리가 본 바와 같이 치러야 할 대가가 있다. 즉 사람들이 거의 관심을 갖지 않을 것이며, 더 많은 자원이 사실을 견고하게 하기 위해 끌어들여져야 한다. 그 결과는 다음과 같다.

첫째, 진술은 변형됨이 없이 전달될 것이다—모든 것이 계획에 따라 움직일 때.

둘째, 원래 주장의 소유자는 지명된다—그가 속았다고 느낀다면, 누가 그 주장에 공적을 인정받아야 하는가를 놓고 냉혹한 투쟁이 일어난다.

셋째, 주장은 모든 사람의 과거 경험의 구조에 적합하지 않은 **새로운 것**이다—이것은 협상의 여지를 감소시키는 원인이자 결과이고, 공적 인정을 위한 냉혹한 싸움의 원인이자 결과다.

넷째, 각각의 주장은 이전 주장과의 비교에 의해 측정되므로, 새로운 주장 각각은 배경과 명백히 대조된다. 그러므로 끊임없이 더 이전 것을 흔드는 새 믿음들의 특징인, 어떤 **역사적**(historical) 과정이 작용하고 있는 것으로 보인다.

마지막으로, 사람들에게 동의하도록 강요하기 위해 들여온 모든 자원은 명백히 정렬되고, 그 주장을 더 **견고한**(harder) 사실들로 만드는데, 이 견고한 사실들은 행동하고 믿는 통상적이고 더 소프트한 방식을 위반하는 것으로 보인다.

이것이 **동일한** 역설에 대한 상반되는 두 가지 해결책임을 이해하는 것이 결정적으로 중요하다. '더 견고한' 사실이 '더 소프트한' 사실보다 자연적으로 더 나은 것은 아니다. 견고한 사실은, 다른 사람이 어떤 흔치 않은 것을 믿게 하려고 누군가가 원할 때의 유일한 해결책이다. 이들 차이에 어떤 것도 부당하게 첨가되어서는 안 되며, 비록 두 개의 명부에 올라서 사용된 일부 단어들이, '일상적 추론', '미개인', '통속 믿음', 그리고 '고대 및 전통 과학'을 근대의 문명화되고 과학적 추론에 대조시키는 데 종종 사용되어 온 구분들(divides)과 중첩되는 듯 보일지라도 그렇다. 이런 논변에서는 정신이나 방법에 대해 어떤 가정을 해서는 안 된다. 첫 번째 해결책이 닫히고, 영구적이고, 부정확하고, 완고하고 반복적인 신념들을 제공하고, 반면에 두 번째는 정확하고, 확고하며 새로운 지식을 제공한다고 구분해 당연시해서는 안 된다. 단지, 동일한 역설이 두 가지 다른 방식으로 해결될 수 있고, 하나는 긴 연결망을 전개하고 다른 하나는 그러하지 않다는 사실만이 주장된다. 만일 첫 번째 해법이 선택된다면, 사실 구성자는 낡고, 영원하고, 안정되고 전통적인 방식으로 곧바로 **보이는** 것들을 위반하는 낯선 사람으로 즉시 **나타난다**. 비합리성이란 언제나, 방해가 되는 누군가에 대하여 연결망을 만들고 있는 사람이 가하는 기소다. 그러므로 마음들 사이에 격차(대분할, divide)는 없으며, 단지 더 짧은 그리고 더 긴 연결망만이 있다. 더 견고한 사실(harder facts)은 규칙(rule)이 아니라 예외(exception)다. 왜냐하면 그것들은 아주 드문 경우들에서, 다른 사람들을 그들의 통상적 길에서부터 대규모로 쫓아내기 위해 필요하기 때문이다. 이것은 우리의 **다섯 번째 원칙(fifth principle)**이 될 것이다.

만일 편견, 미신, 그리고 열정과 같은 세력들이 극복될 수만 있다면, 지상의 누구도 깊이 마음속으로는 과학자가 될 수 있다고 말하는 것이 불가능하다는 점이 이제 명백해졌다.(1절 참조) 그런 말은, 이 지구상의 50억 주민 모두가 롤스로이스 자동차를 가져야만 한다고 말하는 것만큼 무의미하다. 견고한 사실이란 그것을 평가하는 모든 수단에 의해서, 발생하는 일이 드물고 또 비용이 든다. 그것은, 어떤 사람이 다른 사람을 그들의 정상 경로에서 벗어나게 만들려고 시도하면서 또한 그들이 자기 일에 충실히 참여하기를 바라는 때와 같이 드문 사례에서나 만날 수 있다. 설득하고자 하는 사람의 **숫자**(number), 주장이 다른 주장과 충돌하는 **각도**(angle)와 **사실의 견고화**(hardening of the facts), 즉 데려와야 하는 동맹자의 숫자 사이에는 직접적인 관계가 있다. 더 견고한 사실들에 대하여, 우리는 그것들에 어떤 본유적이고 신비한 우위를 더 이상 부여하지 않는다. 우리는 단지 누가 공격을 받을 것인지, 누가 쫓겨날지 물을 뿐이며, 사실의 특성을 자기네 길로부터 치워진 사람의 숫자와 연결시킨다. 이는, 우리가 고무총과 칼을 무장한 탱크에 비교할 때 또는 작은 시냇가에 세운 조그마한 진흙 댐을 테네시 강의 거대한 콘크리트 댐에 비교할 때 우리가 할 수 있는 것과 정확히 같다.

3.3 여섯 번째 방법의 규칙: 단지 규모의 문제

이 장의 마지막에 이르러 우리는 기소 과정이 계기가 되어서 두 가지 사이에 많은 차이점이 있다는 것을 이해해 볼 입장에 놓인다. 그 두 가지란, 사물들을 믿는다는 죄목으로 기소된 이른바 '전통적' 문화와, 모든 곳에서 성장하기 위해 이제껏 사람들에 의해 사용된 모든 문장이 허약하고 부정확하고 유약하거나 그릇된 것임을 발견해야 하는 협소한 과학적 연결망이다. 이들 차이점을 이해하기 위해 우리는 작업 중인 과학자들을 단지 쫓기만 하면 된다.

자기들의 주장을 강화시키기 위해 어떤 사람들은 자기들의 길에서 벗어나야만 하고, 그들이 자기네 본거지에서 마주친 설득하고 싶은 사람들을 이기기 위해서는 새롭고 **예기치 않은** 자원들을 갖고 **돌아와야** 한다. 그러한 이동 중 무엇이 일어나겠는가? 여행자는 다른 많은 사람들의 경로를 **가로지를**(cross) 것이다. 우리는 1절과 2절을 통해, 비합리성에 대한 기소가 생겨날 계기가 될 것은 이 가로지르기라는 점을 알게 되었다. 모든 교차 지점에서 사물들, 단어들, 사회적 관행과 사람들 사이의 새롭고 예기치 않은 결합들이 드러난다. 어쨌든 이것이 문화 사이의 거대한 차이를 낳기에는 아직 충분치 않다. 해적, 상인, 군인, 외교관, 선교사, 모든 종류의 모험가들은 수 세기 동안 전 세계를 여행했고, 문화와 종교와 신념 체계의 다양성에 익숙해졌다.

하지만 더 견고한 사실들이 문제가 될 때, 다른 사람의 경로를 가로지르는 일이 갖는 특유한 성질을 고려해 보자. 뉴기니로 간 벌머, 아프리카로 간 에번스프리처드 또는 트로브리안드 섬에 간 허친스를 생각해 보자. 화석 뼈를 찾아 네바다 사막을 걸어가는 고생물학자를 생각해 보자. 태평양 연안의 지도를 그리기 위해 파견된 지리학자에 대해 생각해 보자. 모든 종류의 식물, 과일, 허브를 갖고 되돌아오라고 명령받은 식물학자를 생각해 보자. 이들 모든 여행자는 그들이 관통해 지나간 해양, 숲, 관습, 경관, 사람들에 대해 관심을 가졌는가? 어떤 의미에서는 그렇다고 할 수 있다. 왜냐하면 그들은 더 많은 자원을 갖고 돌아오기 위해 그것들을 사용하기를 원했기 때문이다. 다른 의미에서는 아니라고 할 수 있다. 왜냐하면 그들이 이 모든 외국의 장소에 정착하고 싶지 않았기 때문이다. 만일 벌머가 떠나서 뉴기니에 영원히 머물러 카람 족의 일원이 되었다면, 그의 여행은 견고한 사실이 관련되는 한 낭비된 것이다. 하지만 만일 그가, 자기 주장을 관철하기 위한 기사나 논문에서 사용될 수 있을 어떤 정보도 없이 빈손으로 돌아왔다면, 그가 얼마나 배우고 이해하고 경험을 했건 상관없이 그의 전체 여행은 마찬가지로 낭비된 것이다. 이들 모든 여행자는 '관심이 끌렸기(interested)' 때문에 길을 따라서 할 수 있는 모든 것을 배우려 할 참이었다. 하지만 그들은 특별히 어떤 장소에 남아 있는 것에 관심이 끌리지 않았고 오직 집으로 돌아오는 것만 관심이 끌렸기 때문에, 그들이 들은 모든 이야기에 대해 회의적이 될 참이었다. 이 역설 때문에 대분할(the Great Divide)의 드라마가 펼쳐진다. 대분할이라는 말은, 과학적 연결망의 내부로부터 그 외부에 대해 가해지는 모든 기소 과정의 요약을 의미한다. 복귀하기 위해 떠났던 이 특별한 여행자들에 의해 가로질러진 모든 사람들의 사회 논리학은 비교에 의해 '국지적인', '닫힌', '안정적인', '문화 결정적인' 것으로 나타나려고 한다. 이 그림에서 관찰자의 이동이 제거되면, 한편으로는 사물들을 '믿는' 모든 문화, 다른 한편으로는 사물들을 '아는'(또는 곧 알게 될) 하나의 우리 문화 사이에, 즉 '그들(Them)'과 '우리(Us)' 사이에 절대적인 구분이 있는 듯 보인다.

합리주의자들이 대분할의 존재를 믿는 것, 또 상대론자들이 그 존재를 부정하는 것은 모두, 집을 떠났다가 사실을 강화하기 위해 무겁게 장착을

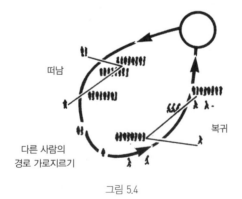

떠남

다른 사람의
경로 가로지르기

복귀

그림 5.4

하고 복귀하는 관찰자의 **이동(movement)**을 망각한 데 의존한다. 그들과 우리의 특성과 결합에 대한 완벽한 오해는 그림 5.4에 그려져 있다. 고소인의 이동이 그림 속에 돌려 넣어지자마자 차이가 나타나지만, 그것은 신념과 지식 사이의 구분과는 아무 관계가 없다. 사람들에 대한 통제와 가입이 일어나는 **규모(scale)**와 관계가 있을 뿐이다.

우리는 예를 들어, 세계를 움직이는 과학자들이 길을 따라가다 그들이 만나는 사람보다, 더욱 '사심이 없고', 더 '합리적'이고, 사물 '자체'에 더 관심 있고, 덜 '문화 결정적'이고, 더 '의식적'이다라고 말할 수 있을까? 어떤 의미에서는 분명히 그럴 것이다. 그들은 그들이 만나는 사회의 구성원 자신들보다는 그 사회를 구성하는 데 덜 관심이 끌린다! 따라서 거리를 유지하고, 더 냉담하려고 하고, 불신자가 되려 한다. 하지만 다른 의미에서 그들은 다른 모두와 마찬가지로 원주민들의 독자적인 사회를 유지해서 귀국할 때 집으로 가져오는 데 관심이 있다. 이것이, 한 개 이상의 정확한 정보로 과학의 가치를 높이려고 그들이 그렇게나 원하는 이유다. 만일 그들이 완전히 무관심하다면, 그들은 일지를 쓰지도 않았을 터이고, 빈둥거리고, 몇 년을 보내고, 멀리 가서, 결코 돌아오지 않았을 것이다.

주요한 오해의 모든 조건이 이제 채워졌다. 예를 들어 벌머는 아주 관심이 있었기에, 자기의 노트에, 또 모든 정보의 재확인에, 나무 상자를 자료로 채우는 일에, 달리기 전 그가 할 수 있는 모든 것을 수집하는 일에 미친 듯이 사로잡혔을 것 같다. 분류법에 대한 카람 족의 믿음과 관련된 한, 벌머는 냉정했고, 그들의 이방적 해결책을 그들의 지역 문화의 영향으로 '꿰뚫어 보았다(see through)'. 반면 인류학에 대한 벌머의 신념이 관련된 한, 카람 족은 정말로 매우 냉정했고, 노트와 정확한 정보에 대한 그의 강박을, 그가 그렇게도 유지하고 확장시키고 싶어 한 그 이방 문화의 영향으로 간파했다. 벌머와 같은 '무관심한 광신자들(disinterested fanatics)'은 그들이 만나는 모든 사람의 모든 주장을 특별한 설명이 필요한, 세계에 '대한 믿음(beliefs about)'으로 변형시키려 한다. 벌머는 카람 족이 옳다고 믿을 수 없었는데, 그것은 그가 그들과 영원히 머물 예정이 아니었기 때문이다. 그로선 카람 족의 잘못을 묵인하는 아량은 없었지만, 카람 족의 믿음 체계에 대한 보고서를 가지고 복귀해야만 했기 때문에, 그는 다른 사람이 생각하는 바에 대해 조금도 염려하지 않는 일종의 온건한 상대론을 선택했다. 그래서 그는 분류법에 대한 **그들의 신념을 문자로 써 가지고** 자기 학과로 복귀하려고 했다.[*] 일단 뉴질랜드에서 카람 족의 분류법은 다른 인류학자들이 가져온 모든 분류법들과 비교될 것이다. 이 지점에서 오해가 완성된다. 카람 족은 세계를 보는 단 한 가지 방식을 가진 것으로 일컬어질 것이며, 인류학자들은 여러 개를 가진 것으로 일컬어진다. 카람 족이 분류 패턴 중 선택하는 특유의 방식은, 그들이 사회에서 발견되는 설명을 구한다. 반면 모든 패턴을 포괄하는 인류학자들의 견해는 그들의 사회에 의해 설명되지 않는다. 그것들은 올바른 방식이다. 국지적인 카람 족의 신념 체계는 민속 동물학(ethnozoology)이라 불릴 것이며, 보편적인 과학적 연결망의 지식은 동물학(zoology)으로 불릴 것이다. 각각의 사회 논리가 새, 식물, 암석을 사람에게 같이 통합시킴으로써 세계를 구축하고 있음에도 불구하고, 외국으로의 많은 탐사가 끝난 후에는 오직 '그들(They)'만이 **의인화된**(anthropomorphic) 신념 체계를 가지며, 반면 '우리(We)'는 우리의 '문화'에 의해 미미하게만 편향된, 세계에 대한 사심 없는 견해를 갖는 것으로 보일

---

[*] 다른 사람의 믿음에 대한 이런 변형(transformation)과 수송(transportation)에 대해서는, P. Bourdieu(1972/1977), J. Fabian(1983), 그리고 G. W. Stocking(1983)이 편집한 야외 연구 조사 여행(field trips)에 대한 최근 책을 참조하라.

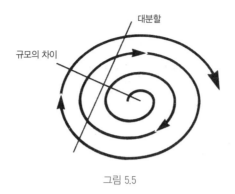

대분할

규모의 차이

그림 5.5

것이다. 그림 5.5에서 나는 차이점에 대한 두 가지 가능한 묘사를 그려 보았다. 첫 번째는 그들과 우리 사이의 하나의 분할(격차)을 따라감으로써 얻어진다. 두 번째는 연결망들의 크기에서 여러 가지 변양을 측정함으로써 얻어진다. 대분할(Great Divide)은, 오른편에는 사회에 파묻힌 지식이, 그리고 왼편에는 사회에서 독립적인 지식이 존재한다는 가정을 하고 있다. 우리는 그런 가정을 하지 않는다. 지식과 사회의 포괄적인 융합은 모든 경우에서 동일하며 —이는 그림의 나선이 나타낸다— 다만 곡선의 길이가 서로 간에 다를 뿐이다.

'관심(이해관계, interest)'과 '무관심함(이해관계 없음, disinterestedness)'은 '합리적' 또는 '비합리적'이란 말과 같다. 그것들은 과학자들이 세계를 도는 이동을 고려하지 않는 한에서는 무의미하다. 이것은 우리의 여섯 번째 방법의 규칙(sixth rule of method)을 이룬다. 비합리성에 대한 기소 또는 단순히 무엇에 대한 믿음에 대면해, 사람들이 사물을 믿는다거나 그들이 비합리적이라고 우리는 생각하지 않을 것이며, 어떤 논리 규칙이 어겨졌는지를 찾지 않을 것이며, 다만 관찰자의 전위(displacement)의 각도, 방향, 이동, 그리고 규모(scale)를 고려할 것이다.

물론 이제 우리가 '합리성', '상대주의', '문화', 그리고 대분할의 정도에 대한 이런 모든 논쟁에서 자유롭게 되었으므로, 가장 어려운, 남은 한 가지 문제를 다뤄야 하겠다. 규모의 차이는 어디에서 오는가?

6장
계산 센터들

프롤로그: 야만적인 정신의 순치

1787년 7월 17일 새벽녘, 라스트롤라베(L'Astrolabe) 호의 선장 라페로즈
(Lapérouse)는 동태평양의 알려지지 않은 어떤 곳, 그가 가져갔던 옛날 여
행 책에서 '세갈리엔(Segalien)' 또는 '사할린(Sakhalin)'이라 불렸던 지역에
상륙했다. 이곳이 반도인가 섬인가를 그는 알지 못했다. 또 루이 16세의
베르사유 궁전의 어떤 이, 런던의 어떤 이, 서인도 회사의 본부가 있는 암
스테르담의 어떤 이도, 태평양 지도를 보고 사할린이라고 불리는 그곳이
아시아에 붙어 있는지, 아니면 해협으로 분리되어 있는지 특정할 수 없었
다. 어떤 지도들은 반도로, 어떤 지도들은 섬으로 그렸다. 여행 책들이 얼
마나 정확하고 믿을 만한지, 지형 조사가 얼마나 정확한 것인지에 대해서
유럽 지리학자들 사이에서 격렬한 논쟁이 벌어졌다. 왕이 라페로즈에게 두
척의 배를 주고 태평양의 완전한 지도를 그려 오도록 명했던 것은 태평양
에 관련된 많은 논쟁이 있었던 까닭이기도 했다.[*]
두 척의 배는 마치 오늘날의 과학 위성처럼 사용 가능한 과학적 도구들

과 기술들로 무장하고 있었다. 시간을 측정할 아주 좋은 시계를 받았는데, 그것으로 경도(longitude)를 훨씬 정확하게 잴 수 있었다. 위도(latitude)를 측정할 좋은 나침반도 받았다. 시계를 잘 관리하고 도구들을 맡을 천문학자들도 징병되어 있었다. 표본을 모으기 위한 식물학자, 광물학자, 자연학자들이 승선해 있었다. 너무나 무겁거나 파괴되기 쉬워서 돌아오는 배에 신고 올 수 없을 표본들을 스케치하고 그림으로 남길 화가들도 모집되어 있었다. 태평양에 관해서 썼던 모든 책, 여행 설명서들이 배의 도서관에 실려 있었다. 두 척의 배에는 그 외에도 많은 상품과 거래용 동전(chips)이 실려 있었다. 그것들을 가지고 금, 은, 가죽, 물고기, 돌, 검 등 거래할 수 있는 모든 것의 상대적 가격을 평가하기 위해서였다. 프랑스 선단을 위한 어떤 상업적 루트가 가능한지를 조사해 보려는 속셈이었다.

7월의 어떤 아침, 라페로즈는 매우 놀라면서도 만족스러웠다. 해변에 머물며 금속 조각 대신 연어를 교환해 준 야만인은 모두 남자였는데, 그들은 그가 지난 2년간 항해에서 만난 어떤 이들보다 훨씬 덜 '미개한(savage)' 사람들이었다. 그들은 사할린이 섬이라고 확인해 줬을 뿐 아니라, 이 문제에 대한 항해자들의 관심뿐 아니라, 조감도의 형태로 땅의 지도를 그린다는 것이 무엇인지도 이해하는 듯했다. 나이든 중국인이 모래 위에 만주, 즉 중국과 자기네 섬을 그렸다. 그러고는 두 개를 가르는 해협의 크기를 몸짓으로 그려 보였다. 물론 지도의 축적은 분명치 않았다. 그때 밀물이 모래 위의 그림을 지우려 했다. 젊은 중국인은 라페로즈의 노트에 연필로 다른 지도를 그렸다. 조그만 점들을 이용해 축적을 표현하였는데, 그 점들 각각은 카누로 하루 여행하는 거리를 의미했다. 그들은 해협의 깊이를 표현하

---

* 이 일화와 관련해 J.-F. Lapérouse(출판 연도 미상)와 F. Bellec(1985) 참조.

지는 못했다. 왜냐하면 중국인들은 배의 흘수(draught)[1]에 대한 개념이 없었고, 항해자들은 주민들이 절대적 거리, 상대적 거리를 말하는지 확신할 수 없었기 때문이다. 이런 불확실성 때문에 라페로즈는 자신을 도와준 정보 제공자들에게 감사의 보상을 한 연후, 다음날 아침 직접 가서 해협을 보기로 결정했다. 가능하다면 해협을 건너서 캄차카(Kamchatka)까지 가 보려 했다. 그러나 안개, 나쁜 기후 등이 그것을 불가능하게 했다. 여러 달 후에, 그들이 마침내 캄차카에 도달했을 때 그들은 해협을 볼 수 없었고, 중국인들의 말을 따라 사할린이 섬일 거라고 판단했다. 라페로즈는 드레셉(De Lesseps)이라는 젊은 관리에게 2년간 수집했던 지도와 노트를 가지고 베르사유로 돌아가도록 명령했다. 드레셉은 걸어서, 그리고 말을 타고 러시아 인들의 보호 아래 여행을 계속해서 그 귀중한 노트들을 운반했다. 노트는 사할린 섬의 문제는 이제 해결됐다고, 그리고 해협의 예상 가능한 방위는 이러이러하다고 알려 주고 있었다.

이것은 5장 초반부에서 대분할(Great Divide)을 분명히 하기 위해 사용될 수도 있었을 에피소드다. 얼핏 보기에 라페로즈의 모험과 원주민의 모험 간의 격차는 너무 커서, 그들의 인지적 능력에서의 차이를 정당화할 수 있을 정도인 것처럼 보인다. 이후 3세기도 안 되어 새로 태동한 지리학(geography)은 지구 모습에 대해 과거 1000년 동안 쌓였던 것보다 더 많은 지식을 모았다. 원주민들의 암묵적(implicit) 지리학은 지리학자들에 의해서 명시적(explicit)인 것이 되었다. 야만인들의 국지적(local) 지식은 지도 제작자들의 보편적(universal) 지식이 되었다. 지역 주민들의 모호하고 불확실하며 근거가 박약했던 믿음들(beliefs)은 정확하고 확실하며 정당화된 지식

---

1) 흘수(吃水)는 배가 떠 있을 때 선체가 가라앉는 깊이, 즉 수면에서 물에 잠긴 배의 가장 밑부분까지의 수직 거리를 말한다.

(knowledge)으로 바뀌었다. 대분할을 열성적으로 지지하는 사람들에게 민속지학(ethnography)에서 지리학으로 넘어가는 것은 유아기에서 성인으로, 열정에서 이성으로, 야만에서 문명으로, 일차적 직관에서 이차적 반성으로 넘어가는 것과 유사했다.

그러나 우리가 여섯 번째 방법론적 규칙을 적용하면 즉시 대분할이 사라지고, 작은 차이들만이 남게 된다. 내가 앞 장에서 보여 주었듯이 이 규칙은 우리에게 합리성에 대한 어떤 입장을 취하지 않도록, 대신 관찰자의 움직임, 각도, 방향, 규모(scale)를 고려하도록 요구한다.

라페로즈는 중국 어부들의 항로를 직각으로(at the right angle) 횡단했다. 그들은 이전에 서로 본 적이 없었으며, 그렇게 거대한 배는 거기에 정박할 수도 없었다. 중국인들은 기억할 수 있는 모든 기간 동안 거기에 살고 있었으며, 프랑스 선단은 단 하루 동안 거기에 머물렀다. 중국인 가족들은 수년 동안, 아마 몇 세기 동안 거기에 계속 머물 것이다. 라스트롤라베 호와 라 부솔(La Boussole) 호는 여름 전에 러시아에 도착해야만 했다. 약간의 지연에도 불구하고 라페로즈는 해변가의 사람들을 무시하면서 경로를 가로지르지 않았다. 반대로 그는 그들로부터 최대한 많은 것을 배웠다. 그들은 단 하루 머물면서도 그들의 문화, 정치, 경제를 기록하고 자연학자들을 숲에 파견하여 표본을 채취했으며, 별과 행성의 방위를 측정했다. 그들 모두는 왜 그리 서둘렀을까? 그들이 섬에 관심 있었다면 왜 더 머물지 않았을까? 그것은 그들이 이 장소에 관심이 있다기보다는 이 장소를, 첫째로는 그들의 배로, 둘째로는 베르사유로 갖고 돌아오는 데 관심 있었기 때문이다.

그들은 서둘렀을 뿐 아니라 신빙성 있는 흔적들을 모아야 한다는 막대한 압력 또한 받고 있었다. 왜 프랑스로 그들의 일지, 기념품, 전리품을 보내는 것만으로는 충분치 않았을까? 왜 그들은 정확한 기록을 얻으려 했고, 원주민들의 말을 거듭 확인했으며, 밤늦게까지 그들이 듣고 본 모든 것을 써 뒀던가? 표본들을 정리하고 천문 시계 작동을 무수히 체크하는 등. 왜 그토록 커다란 압박감을 느꼈을까? 왜 그들은 태양 아래에서 쉬면서 즐기고 쉽게 잡히는 연어를 해변에서 요리하며 쉬지 못했을까? 왜냐하면 그들을 보낸 사람은 그들의 귀환보다는 **이후 다른** 선박을 보낼 수 있는지 여부에 더 관심이 있었기 때문이다. 라페로즈가 그의 임무에 성공한다면 다음 배는, 사할린이 반도인지 섬인지, 그리고 해협은 얼마나 깊은지, 우세한 해풍은 무엇인지, 더 중요한 것으로, 원주민들의 자원과 문화가 어떠한지를 직접 보기도 **전에** 알게 될 것이다. 1787년 7월 17일 라페로즈는 그들 원주민보다 약했다. 그는 그 지방의 모습을 알지 못했으며 어디로 가야 할지도 몰랐다. 원주민의 안내를 따를 수밖에 없었다. 10년 후 1797년 11월 5일 동일한 만에 상륙한 영국 배 넵튠(Neptune)은 원주민들보다 훨씬 강했다. 그들은 지도, 설명서, 일지, 항해 지침을 가지고 있었다. 그것들을 통해 그들은 여기가 과연 동일한 곳인지부터 판단할 수 있었다. 만에 들어선 새로운 항해자들에게 그 땅의 가장 중요한 특징은 두 번째로 보는 것이다. 첫 번째는 런던에서 라페로즈의 노트를 읽고 드레셉이 베르사유로 가져온 자료에 근거해서 만들어진 지도를 보면서 이뤄졌다.

라페로즈의 임무가 실패했다면 어떤 일이 벌어졌을까? 드레셉이 살해당하고 그의 값진 유품들이 시베리아 동토(tundra) 속에 흩어져 버렸다면, 또는 해상 시계의 스프링 몇 개가 고장 났다면 그래서 경도 측정을 믿을 수 없게 되었다면, 그렇다면 원정은 무의미한 것이 된다. 수년 동안 해군 본부에서는 그 지점에 대해 계속 논쟁하고 있었을 것이다. 다음 배 역시 라**스트롤라베만큼 약**할 것이다. 세갈리엔(또는 사할린?) 섬을 **처음** 보면서 다시

금 원주민과 안내자들을 찾을 수밖에 없게 만드는 그 구분(격차, divide)은 그대로 남아 있을 것이다. 넵튠 호의 연약하고 불안정한 승무원들은 그들만큼 빈약하고 연약한 원주민들에게 의존할 수밖에 없을 것이다. 반대로 임무가 성공함으로써 유럽 항해자들과 원주민들 간에 애초에 존재했던 작은 격차는 점차 커지고, 결국 넵튠의 승무원들은 원주민들로부터 배울 것이 훨씬 적어졌다. 애초에 프랑스 인의 능력과 중국 항해자들의 능력은 거의 차이가 없었지만, 라페로즈가 태평양에 대한 민속지적 지식의 연결망에 포섭되면서 그 차이는 점점 커져 갔다. 이 비대칭성은 서서히 '국지적(local)' 중국인들과 '움직이는' 지리학자 사이의 형태를 띠기 시작한다. 만약 라페로즈의 노트가 베르사유에 도착하지 않았더라면 중국인들은 (유럽 사람 눈에는) 야만인으로 남아 있었을 것이며 넵튠의 승무원만큼 강인했을 것이다. 반대로 그 노트가 도착했다면 넵튠은 원주민들을 더 잘 순치시킬 수 있었다. 왜냐하면 그들의 땅, 문화, 언어와 자원의 모든 것이 누가 한마디 하기도 전에, 이미 그 영국 배 안에 알려져 있기 때문이다. 야만과 순치의 상대적인 정도는, 야생성(wilderness)을 미리 아는 또는 예측하게 하는 많은 도구들에 의해서 얻어지는 것이다.

기입(inscription)에 대한 이해관계만큼 이 두 그룹의 참여자들이 공유하는 목적을 찾아보기는 어렵다. 비대칭성을 발생시키는 축적(accumulation)은 그 탐험을 출발시켰던 장소로 여행의 궤적들(traces)을 얼마나 잘 되돌려 보내는지에 달려 있다. 이것이 관리들이 그토록 베어링, 시계, 일지, 분류 표식, 사전, 식물 표본, 광물 표본들에 집착하는 이유다. 모든 것이 거기에 달려 있다. 기입들이 살아남아서 베르사유에 도착하기만 한다면 라스트 롤라베는 침몰해도 괜찮다. 태평양을 횡단한 이 배는 2장의 정의에 따르면 도구(instrument)다. 반대로 중국인들은 지도와 기입에 관심을 갖지 않았다.

그들이 그릴 줄 몰라서가 아니고(반대로 그들의 능력은 라페로즈를 매우 놀라게 했다), 그들에게는 기입이 그들 여행의 **최종 목적**이 아니었기 때문이다. 그들에게 그린다는 것은 그들 상호간의 교환을 위한 **매개물**(intermediary), 교환을 위해서일 뿐 그 자체로는 중요하지 않은 매개물이었을 따름이다. 어부는 모래나 종이 어디에라도 기입을 만들어 낼 수 있다. 사할린에서 단 하루를 보내면서 이후 도착할 미지의 사람들을 위해 모든 것을 빠른 시간 내에 알리고 하는 어리석은 이들을 만났을 때, 그들은 그려 줄 수 있다. 중국인 항해자와 프랑스 인 항해자들 사이에 어떤 인지적 차이가 있다고 가정할 필요는 없다. 그들 사이에 있었던 오해는 5장에서 이해된 엄마와 아이의 그것과 동일하다. 한편에는 아무 중요성이 없는 매개물이었던 것이 자본화(capitalization) 사이클의 시작과 끝이 되었다. 그들은 이동에서 충분히 차이가 나며, 기입에 대해 서로 다르게 강조하기 시작한다. 모래 위에 그린 지도는 중국인들에게 별 가치가 없었다. 파도가 그것을 지운다 해도 걱정되지 않았다. 그러나 라페로즈에게 그것은 보물이었다. 이 오랜 여행에서 선장은 그의 노트를 고향으로 가져갈 충실한 전달자를 두 번이나 발견했다. 드레셉이 첫 번째였고, 1788년 1월 오스트레일리아 보타니 만(Botany Bay)에서 만났던 필립 선장(Captain Phillip)이 두 번째였다. 세 번째는 없었다. 두 배는 사라졌고 19세기에 가서나 발견된 흔적들은 지도나 광물 표본이 아니라 야만인의 오두막 입구에 걸려 있던 칼의 손잡이, 백합무늬(fleur-de-lis)[2]가 그려진 배의 고물 파편 등이었다. 그 여행의 세 번째 단계에서 프랑스 항해자들은 야만인들을 순치시킬 수 없었다. 결과적으로 그들 항해의 이 부분에 대해 확실히 알려진 것은 아무것도 없다.

---

2) 1147년 이래 프랑스 왕실의 문장(紋章).

1. 원격 행위

1.1 축적의 사이클(cycles of accumulation)

라페로즈가 만난 중국 뱃사람들이 그들의 해안의 모양을 몰랐다고 말할 수 있는가? 그렇지 않다. 그들은 그것을 매우 잘 알았고, 그들이 그곳에서 태어났기 때문에 또 그래야만 했다. 그들은 대서양과 해협, 센 강, 베르사유 공원의 모양에 대해 몰랐다고 말할 수 있을까? 그렇다, 그렇게 말할 수 있다. 그들은 그것들에 대한 개념이 없었고, 아마도 조금도 개의치 않을 것이다. 라페로즈는 거기 도착하기 전에 사할린의 이 지역을 알았다고 말할 수 있을까? 아니다. 그것은 그의 첫 번째 대면이었고, 해안을 따라 두드려 조사해 가면서 어둠 속에서 더듬어 찾아야만 했다. 넵튠 호의 승무원은 이 해안을 알았다고 말해도 좋을까? 그렇다. 그들은 라페로즈의 노트를 볼 수 있었고, 부두에 대한 그의 그림을 그들이 직접 본 것과 비교할 수 있다. 어둠 속에서 두드려 조사하는 일, 더듬어 찾는 일도 덜 한다. 그러므로 중국 어부들이 갖고 있고 라페로즈는 소유하지 않았던 지식은, 더 한층 신비로운 방식으로, 영국 배의 선원들에게 제공되었다. 이 작은 삽화 덕분에, 우리는 지식이란 단어를 정의해 볼 수 있다.

우리가 어떤 사건을 처음 조우할 때, 우리는 그것을 알지 못한다. 우리가 그것을 조우한 것이 최소 두 번째일 때, 즉 그것이 우리에게 낯익을 때, 우리는 그것을 알기 시작한다. 일어난 일이 이미 통달된 다른 사건들의 한 가지 사례일 뿐인 경우, 즉 같은 족의 구성원인 경우, 누군가는 그에 대해 지식이 있다(knowledgeable)고 말해진다. 어쨌든 이런 정의는 너무 일반적이고 중국 어부에 대해 너무 많은 이점을 제공한다. 그들은 사할린을 두 번 보았을 뿐인 게 아니라, 더 연장자에게는 수백, 수천 회 본 것이다. 그러므로 그들은, 새벽에 도착해 해질 무렵 떠나가는 백인, 면도를 잘 못한, 변덕스러운 외국인들보다 언제나 더욱 많은 지식을 갖고 있을 것이다. 외국인들은 도중에 죽을 것이고, 태풍에 난파되고, 안내자에게 배신당하고, 스페인이나 포르투갈 배에 파괴되고, 황열병으로 죽고 또는 게걸스런 식인종에게 잡아먹히고 … 아마도 라페로즈에게 일어났을 일을 당한다. 다른 말로 해서, 외국인은 그가 세계를 돌며 만난 어떤 사람들, 땅, 기호, 암초들 중 하나보다도 언제나 더 약할 것이며, 언제나 그들의 처분대로일 것이다. 그들이 태어난 땅에서 떠나서 다른 사람들의 경로를 가로지른 사람들은 흔적도 없이 사라진다. 이 경우 대분할이 그어질 시간조차 없었다. 어떤 기소도[3] 일어나지 않았고, 상이한 사회 논리학(sociologics) 사이의 힘겨루기(trial of strength)도 없었다. 왜냐하면 이 게임에서 움직이는 요소는 외국인인데, 첫 대면에서 사라지기 때문이다.

우리가 지식을 여러 차례 거듭 본 사건, 장소, 사람들과의 친숙함으로 정의한다면, 외국인들은 언제나 전체 중 가장 약한 것이 될 것이다. 예외가 있다면, 만일 어떤 특별한 수단에 의거해서 그에게 일어난 일이 최소 두 번 일어난 경우다. 넵튠 호 항해사의 경우처럼, 만일 그가 이전에 상륙해 본 적 없는 섬이 이미 가 보고 주의 깊게 연구해 본 것이라면 그 경우, 즉 그러해야만 비로소, 움직이는 외국인은 지역 주민보다 더 강해질 수 있을 것이다. 무엇이 이 '특별한 수단(extraordinary means)'이 될 수 있을까? 우리는 서문에서 외국인이 다른 한 명 또는 두 명 또는 수백 명의 전임자가 있는 것만으로는 충분치 않다는 것을 알았다. 그 전임자들이 흔적 없이 사

---

3) 비합리성에 대한 기소를 뜻한다.

라졌거나, 분명치 않은 이야기와 함께 복귀했거나, 오직 그들만이 읽을 수 있는 안내서를 스스로 지니고 있거나 하는 한에서는 그러하다. 왜냐하면 이 세 가지 경우에, 새 항해자는 그의 전임자들의 여행으로부터 아무것도 얻지 않기 때문이다. 그에게는 모든 것이 처음으로 발생할 것이다. 아니, 그가 유리한 점을 취득하는 유일한 경우는, 다른 항해자가 그 땅을 **자기들과 함께 갖고 돌아올** 방안을 발견해서, 그가 자기 집에서 한가하게 또는 파이프 담배를 피우면서 해군 본부(Admiralty) 사무실에서 사할린 섬을 처음으로 볼 수 있게 하는 경우다.

우리가 보듯이 '지식'이라 불리는 것은 지식을 **얻음**(gaining)이 무엇을 의미하는가를 이해하지 않고서는 정의될 수 없다. 달리 말해 '지식'은 홀로 또는 '무지'나 '믿음'에 대조해서 기술될 수 있는 무엇이 아니다. 그것은 축적(accumulation)의 전체 사이클을 고려해야만 기술될 수 있다. 사물들을, 누군가가 그것을 처음 보도록 어떤 장소로 갖고 돌아와서, 그래서 다른 사람들이 다른 사물들을 갖고 돌아올 수 있게 다시 보내어지게 하는 기술(how to)이다. **떨어져 있는**(distant) 사물, 사람, 그리고 사건에 친숙하게 되는 기술(how to)이다. 그림 6.1에서 나는 그림 5.4와 동일한 움직임을 그렸는데, 교차 지점에서 일어나는 기소에 초점을 맞추는 대신 축적 과정에 초점을 맞추었다.

원정대 1은 흔적도 없이 사라져서, 첫 번째와 두 번째 사이에 '지식'에 있어 아무런 차이가 없다. 두 번째는 어둠 속에서 그 길을 더듬어 찾고, 그 경로가 가로질러지는 사람들 각각의 처분에 늘 놓여 있다. 첫 번째보다는 더 운이 좋아서, 이 두 번째 원정대는 복귀할 뿐만 아니라 무엇인가(그림에서 X_2에 표시됨) 갖고 온다. 이로 인해 세 번째 원정대는 해안선에 아주 친숙해지고, 다른 섬으로 신속하게 움직일 수 있어서 **새로운 영토에 대**

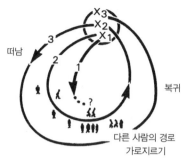

그림 6.1

한 지도 일부를 집으로 갖고 돌아온다.(x_3) 이런 축적 사이클의 매번의 운행마다, 더 많은 요소들이 센터(위쪽의 원에 의해 표시됨)에 모인다. 매번 운행에 외국인과 원주민 사이의 비대칭(바닥의 원)이 커지고, 오늘날에는 정말로 대분할처럼 보이는 것으로 끝난다. 또는 적어도, 휴스턴에 있는 냉방 장치된 방을 떠나지도 않고서 그들의 컴퓨터 지도 위에 '지방'을 국지화해 주는 인공위성을 갖춘 사람들과, 그들의 머리 위로 지나가는 위성을 본 일조차 없는 무력한 원주민 사이의 불균형 관계처럼 보이는 것으로 결국 끝이 난다.

이 '특별한 수단'이 무엇인가, 그림에 X로 표시된 것, 즉 항해자들이 갖고 돌아온 것들이 무엇인가를 서둘러서 결정해서는 안 된다. 먼저 우리는 어떤 조건 아래에서 항해사들이 해외로 항해하고 되돌아 올 수 있는가, 즉 어떻게 한 사이클이 여하튼 그려질 수 있는가를 이해해야만 한다. 이것을 하기 위해서 우리는, 이런 해외 여행들이 아직은 더 위험하던 훨씬 더 이전의 사례들을 취해야만 한다. 라페로즈보다 3세기 전인 1484년, 포르투갈의 왕 존 2세(John II)는 항해사들이 인도 제국(the Indies)으로 가는 길을 발견하는 것을 돕기 위해 과학소위원회를 소집했다.*

이때 첫 번째 조건이 충족된다. 포르투갈 사람에 의해 디자인된 무겁고 튼튼한 무장 상선들(carracks)은 폭풍이나 긴 해상 체류에서도 더 이상 붕괴되지 않는다. 재료가 되는 목재와 배를 기울여 배 밑을 수리하는 방식이 파도나 조수보다 배를 더 강하게 만들었다. 3장에서 내가 용어를 정의한 대로, 그것들은 단일 요소(one element)로서 활동한다. 그것들은 저항을 시도한 여러 세력을 통제하는 영리한 간계(machination)가 되었다. 예를 들어 모든 종류의 풍향은 배의 속도를 늦추는 대신, 큰 삼각돛(lateen)과 가로돛 의장(艤裝, square rigs)의 독특한 조합(combination)에 의해서 동맹으로 바뀌었다. 이 조합은 더 적은 수의 승무원을 더 큰 배에 배속시키는 것을 허락했고, 이 것은 승무원들이 영양실조나 전염병에 덜 취약하게, 그리고 선장은 반란에 덜 취약하게 했다. 무장 상선의 더 커진 크기는, 원주민들의 수많은 작은 통나무배들과 군사적으로 대면한 결과를 더욱 예측 가능하게 해 주는 더 큰 대포들을 배에 실을 수 있게 해 줬다. 이 크기는 또한 (만약 회항이 있다면) 더 큰 화물을 싣고 되돌아오는 것이 실제로 가능할 수 있게 해 줬다.

과학소위원회가 소집되었을 때, 무장 상선은 이미 매우 기동성 있고 변통이 자재로운 도구였고, 파도, 바람, 선원, 총과 원주민으로부터 승낙을 짜낼 수 있으나 암초와 해안선으로부터는 아직 그렇지 못했다. 암초와 해안선은 무장 상선보다는 언제나 더 강력한 것이었는데, 예기치 못하게 나타나서 배들을 하나씩 난파시켜 버리기 때문이었다. 말하자면 경고도 없이 암초들에 의해 국지화되는(localised) 대신, 미리 모든 암초를 어떻게 국지화할 수 있겠는가? 위원회의 해결책은 모든 가능한 조력자 중에서도 가장

---

* 이 일화에 대한 J. Law의 설명(1986)을 따랐다. 원거리 네크워크에 의해서 자본주의(capitalism)에 대해 이렇게 재정의하는 데 대한 가장 중요한 저작은 물론 F. Braudel의 책 (1979/1985)이다.

멀리 있는 것을 활용하는 것이었다. 즉 해와 별이었는데, 그것들이 더디게 지는 것은 각도를 결정해 주는 도구의 도움으로, 계산을 하게 하는 표의 도움으로, 수로 안내인을 준비시키는 훈련의 도움으로, 위도에 대한 그다지 부정확하지 않은 추산으로 바뀔 수 있었다. 몇 년간의 자료 수집을 거쳐, 위원회는 『천문 관측의와 상한의(象限儀)의 규정(Regimento do Astrolabio and do Quadrante)』을 집필했다. 모든 배에 실린 이 책은 상한의를 어떻게 사용하는지, 또 날짜, 시간, 수평선에 대한 해의 각도를 입력해서 어떻게 위도를 측량하는지에 대한 매우 실제적인 지침을 주었다. 여기에 덧붙여 위원회는, 신빙성 있는 것들을 체계적으로 덧붙여 여러 위도에서 만들어진 양질의 방위(方位) 자료를 수집했다. 이 위원회가 있기 전에 곶(cape), 암초, 그리고 모래톱은 모든 배보다 더 강했으나, 위원회가 생긴 후 무장 상선 더하기 위원회, 더하기 상한의, 더하기 태양은 세력의 균형을 포르투갈 무장 상선에 유리하게 기울였다. 위험했던 해안선은 믿을 수 없게 우뚝 솟아오르거나 배의 이동을 방해할 수 없게 되었다.

바람, 숲, 해안선, 선원, 태양이 통제되고, 제휴되고 잘 훈련되고 명백히 존 왕의 편이었지만, 리스본(Lisbon)에 있는 그로부터 시작해서 그에서 끝나는 그런 축적의 사이클(cycle of accumulation)이 그려질 것이라는 보장은 없었다. 예를 들어 스페인 배들이 포르투갈 무장 상선의 경로를 이탈시킬 수 있고, 진귀한 향신료가 실린 배의 선장이 왕을 배반하고 그것을 자기 이익을 위해 팔아 버릴 수 있다. 아니면 리스본의 투자자들이 대부분의 이익을 자기들을 위해 보관하고 사이클을 계속하기 위해 새로운 함대에 장비를 갖추는 것을 망설일 수 있다. 그러므로 배 디자인, 지도 제작, 항해 지침에서의 그의 모든 노력에 덧붙여 왕은 투자가, 선장, 세관원으로부터 승낙을 짜낼 새로운 방법을 많이 고안해 내야 한다. 그는 서명, 증인과 엄숙한 서약을 가지고서, 그의 수로 안내인과 해군 제독을 얽맬 법적 계약을 최대한 강력히 주장해야 한다. 그는 돈을 모으고 이익을 나눌 새로운 틀에 대해, 준수해야 할 회계 장부에 대해 단호히 주장해야 한다. 항해 일지가 주의 깊게 기록되어야 하고, 적의 눈에 띄지 말아야 하고, 정보의 수집을 위해 그의 집무실에 반납되어야 할 것을 강력히 주장해야 한다.

이 장의 앞에 있는 프롤로그와 더불어 위의 예는, 해양이 아니라 테크노 사이언스를 관통해 가야 하는 우리의 긴 여정에서 가장 어려운 단계를 소개해 준다. 과학의 누적적 성격은 언제나 과학자와 인식론자들에게 가장 영향을 준 것이었다. 그러나 이런 특성을 파악하기 위해 우리는 축적의 사이클이 일어나도록 허락하는 모든 조건에 유의해야만 한다. 그런데 이들 조건이 경제사, 과학사, 기술사, 정치, 행정이나 법 사이에 통상 그어지는 구분들에 **저촉되기** 때문에, 이 지점에 이르러 난점들이 매우 커 보인다. 이는 존 왕에 의해 그어진 사이클이 그 모든 솔기에서 누출이 일어나기 때문이다. 법적 계약이 법정에 의해 무효로 되거나, 변화하는 정치적 동맹이 스페인을 우세하게 만들거나, 배의 목재가 태풍에 견디지를 못하거나, 『천문 관측의와 상한의 규정』의 계산 착오가 함대를 좌초해 뭍에 닿게 하거나, 가격을 잘못 매겨서 물품 구입이 쓸모없는 일로 되거나, 향신료가 들어올 때 세균이 전염병을 가져오거나 … 이런 연관을 범주로 깨끗이 정리할 방법은 없다. 왜냐하면 그것들은 서로 간의 약점을 보충하기 위해서, 매듭실 레이스의 여러 줄기처럼 모두 서로 얽혀 있기 때문이다. (경제학, 정치학, 과학, 기술, 법 과 같은) 영역 사이에 그려 보고자 하는 모든 구분은, 이 모든 영역을 동일한 목표를 향해 협력하게 만드는 유일한 움직임보다 덜 중요하다. 축적의 사이클은 원격에서 다른 많은 지점에 작용함으로써, 어떤 한 지점을 센터(centre)가 되도록 허락하는 것이다.

우리의 여정을 끝맺기를 원한다면 우리는, 이 이질적인 혼합물을 좇도록 해 주고, 또 사이클 구축자가 한 영역에서 다른 영역으로 방법을 바꾸어 갈 때마다 매번 방해받거나 당황하지 않도록 해 주는 단어를 정의해야만 한다. 센터에 축적되어 있는 것을 우리는 '지식(knowledge)'이라고 불러야 할까? 명백하게도 그것은 나쁜 단어 선택이 될 것이다. 왜냐하면 먼 사건들과 익숙해진다는 것은, 위 예에서는 왕, 사무실, 선원, 목재, 삼각돛, 향신료 무역, 통상적으로 '지식'에는 포함되는 않는 한 무리의 사물들을 요구하기 때문이다. 그러면 그것을 '권력(power)'이라고 불러야 할까? 그것역시 실수가 될 터인데, 육지를 셈에 넣고, 일지를 채워 쓰고, 배를 기울여 타르를 바르고, 돛에 장비를 갖추는 일들을 그 단어의 표제 아래에 넣는 것은 우스꽝스러운 일이 될 것이기 때문이다. '돈(money)' 또는 더 추상적으로 사이클이 더해 주는 것인바, '이익(profit)'을 말해야 할까? 마찬가지로 그것은 나쁜 선택일 것이다. 왜냐하면 드레셉이 베르사유로 가져온 숫자들의 작은 뭉치나 존 왕의 수중에 들어온 안내서를 이익이라 부를 수 없기 때문이다. 라페로즈를 위한 주요 유인 자극, 그의 자연주의자들, 지리학자들, 언어학자들도 이익이 아니다. 그러면 갖고 돌아온 것을 어떻게 부를 수 있겠는가? 다른 기능은 지니지 않지만, 또 다른 축적 사이클로 즉시 재투자되는 [돈, 지식, 신용(credit), 권력과 같은] 무엇인가를 '자본(capital)'으로 말할 수 있을 것이다. 이것은 잘못된 단어는 아닐 터인데, 특히 왜냐하면 그 단어가 caput, 즉 머리, 우두머리, 센터, 한 나라의 수도에서 유래했고, 그런 사이클의 시작과 끝에 합류할 수 있는 모든 장소, 리스본, 베르사유의 특성을 묘사하는 말이기 때문이다. 어쨌든 이 표현을 사용하는 것은, 자본화한 것은 필연적으로 자본으로 전환된다는 말이므로 순환 논법이 될 것이며, 그것이 무엇인지를 말해 주지 않는다. 게다가 '자본주의(capitalism)'

는 너무도 혼란스러운 이력을 가진 단어다 ….

우리는 권력, 지식, 이익 또는 자본과 같은 모든 범주를 제거해야 할 필요가 있는데, 우리가 선택한 대로 연구하기 위해서 솔기가 없기를 바라는 하나의 천을 그것들이 분할해 버리기 때문이다. 다행스럽게도 일단 우리가 이런 모든 전통적인 용어에 의해 도입되는 혼란을 벗어 버리면, 물음은 오히려 간단하다. 멀리서 어떻게 낯선 사건, 장소, 사람들에 작용할 수 있는가? 답: 이 사건, 장소, 사람을 집으로 어떻게든 가져옴으로써 멀리 떨어져 있는데 어떻게 이게 성취 가능한가? 다음과 같은 수단을 창안함으로써 가능하다. (1) 그것들을 이동성 있게(mobile) 만들어 그것들이 옮겨질 수 있도록 한다. (2) 그것들을 안정적으로(stable) 유지해 추가적인 왜곡, 타락, 부패가 없이 왔다갔다 이동될 수 있게 한다. (3) 조합 가능하게(combinable) 해서 그것들이 무슨 재료로 만들어졌건 간에 마치 한 팩의 카드들처럼 쌓이고 모이고 뒤섞일 수 있게 한다. 그러한 조건들이 충족되면, 처음에는 여느 장소들처럼 허약했던 작은 시골 마을, 또는 컴컴한 실험실, 또는 창고에 차린 보잘것없는 작은 회사가, 멀리서도 다른 많은 장소들을 지배하는 센터가 될 것이다.

1.2 세계의 동원(mobilization)

이동성(mobility), 안전성(stability) 또는 조합 가능성(combinability)을 개선하게 해 주는 수단들은 멀리서 원격 지배하는 것을 가능케 하는데, 이에 대해 이제 고찰해 보자. 지도는, 내가 그 논변을 소개하려고 선택한 한 가지 극적인 보기다. 땅 자체를 유럽에 옮겨 올 방법도 없고, 항해자들에게 어디로 가고 무엇을 해야 할지 자기네 여러 언어로 말해 줄 수천 명의 원주민 키잡이들을 리스본이나 베르사유에 모을 수도 없다. 반면, 설화나 전리품 외에 아무것도 가져오지 않는다면 모든 항해는 낭비된 것이다. 고안되어야만 할 '특별한 수단(extraordinary means)' 중 하나는 항해 중인 배를 여러 가지 도구로, 즉 새로 부닥뜨린 땅의 형태를 종이 위에 그리는 사도기(寫圖器, tracer)로 사용하는 것이다. 이 결과를 얻기 위해 선장을 훈련시켜야만 하고, 그 결과로 선장은 자기에게 무슨 일이 일어나든 자기의 방위를 확인하고, 모래톱을 묘사하고 그 정보를 돌려보내게끔 되어야 한다. 하지만 이것조차 충분치는 않다. 왜냐하면 상이한 통관 시간과 통관 장소에 따라서 서로 다르게 쓰인 이 모든 일지를 모으는 센터(centre)는, 경험 많은 선장과 키잡이들도 해석하기가 불가능할, 상충하는 모양들이 혼란스레 있는 모습을 지도 밑그림으로 그릴 것이기 때문이다. 그 결과 눈금을 정하고 또 위도와 경도를 추출하는 연습을 할 수 있도록 (해상 시계, 상한의, 6분의, 전문가, 사전 배포 일지, 더 예전의 지도 등) 더 많은 요소가 배에 실려야 한다. 항해 중인 배는 값비싼 도구(instruments)가 되지만, 그들이 가져오거나 보내 준 것들은 거의 곧바로 해도 위에 옮겨 써진다. 어떤 땅에 대한 모든 시각적 관찰을 경도와 위도(두 숫자)로 코드화하고, 이 코드를 센터에 보냄으로써, 관찰된 땅의 모양은 그것을 본 적이 없는 사람에 의해 다시 그려질 수 있다. 드레셉과 넵튠 호의 마틴 선장에 의해 세계를 빙 돌아 옮겨진 한 묶음의 숫자들이 갖는 결정적인 중요성을 우리는 이제 이해할 수 있다. 그것들은, 센터가 먼 땅을 지배할 수 있게끔 해 주는 안정되고(stable), 이동성 있고(mobile), 조합 가능한(combinable) 요소들(elements) 중 일부다.

센터에 남아 있어서 아무것도 못 보았기 때문에 가장 약한 자였던 사람들이 이 지점에 이르러서는 가장 강한 사람이 되기 시작하고, 어떤 토착민

뿐만 아니라 항해 중인 선장보다도 더 많은 장소와 친숙해지게 된다. '코페르니쿠스적인 혁명(Copernican revolution)'이 일어났다. 이 표현은, 그때까지는 불확실하고 위태로웠던 고대의 한 학문이 누적적이 되고, '과학의 확실한 경로로 입장한' 때에 발생한 일을 기술하기 위하여 철학자 칸트(Kant)가 만들었다. 사물 주위를 회전하는 과학자들의 마음 대신, 사물들이 마음 주위를 회전하도록 되어 있는 것임을 칸트는 설명하였고, 그것은 코페르니쿠스가 촉발시켰다고 말해지는 것처럼 근본적인 혁명이다. 매일 목숨을 걸었던 불행한 라페로즈와 같이 토착민에 의해, 그리고 자연에 의해 지배되는 대신, 유럽의 지도 제작자는 18세기 후반까지는 가장 중요하고 비싼 실험실이었던 자기들의 해도실(chart rooms)에서 모든 대륙의 방위 자료를 모으기 시작한다. 그들의 해도실에서 지구는 얼마나 큰 것이 되었을까? 그 구성 도판들이 마음 내키는 대로 평평하게 펴지고, 조합되고(combined), 뒤섞이고, 겹쳐지고, 다시 펼쳐지는 **지도책**(atlas)보다 크지는 않았을 것이다. 이러한 규모의 변화의 결과는 무엇인가? 지도 제작자는 라페로즈를 지배했던 시계를 **지배한다**. 과학자들과 지구 사이의 세력의 균형은 역전되었다. 지도 제작이 과학의 확실한 경로에 들어왔다. 센터(유럽)는, 나머지 세계가 자기 주위를 돌게 만들도록 조직되기 시작했다.

동일한 코페르니쿠스적 혁명을 가져올 다른 방식은 **수집품**을 모으는 것이다. 땅들의 모양은 이동성 있는 것이 되기 위해 코드화되고 그려져야 하지만, 암석, 새, 식물, 인공물, 예술품의 경우는 그렇지 않다. 그것들은 그들 맥락에서 추출되어 **원정** 중 반출될 수 있다. 그러므로 과학의 역사는 대개, 이런 전반적인 개체수 조사(census)를 위해 옮겨지고 선적될 수 있는 것들의 동원(mobilization)의 역사다. 어쨌든 그 결과는 많은 경우에 안정성이 한 가지 문제가 된다는 사실이다. 인류학자들이 싫증 내지 않고 계속 유럽으로 보냈던 '행복한 야만인(happy savages)'과 마찬가지로, 이 많은 요소들이 죽었기 때문이다. 아니면, 동물학자들이 너무 성급하게 속을 채워 박제를 했던 회색 곰처럼 구더기 천지가 되었다. 아니면, 자연학자들이 너무 척박한 토양이 담긴 화분에 옮겼던 진귀한 곡물들처럼 말라붙었다. 화석, 암석, 유골처럼 여행을 견딜 수 있는 요소들의 경우에도, 센터에 세워지고 있는 몇 개의 박물관의 지하에 일단 들어가면, 빈약한 맥락들만이 그것들에 부착되기 때문에 무의미한 것이 된다. 그래서 수집된 물건들의 이동성, 안정성, 조합력을 증진하기 위해 많은 발명이 이뤄져야만 한다. 전 세계로 파견된 사람들에게는, 동물의 박제를 어떻게 하는지, 식물을 어떻게 건조시키는지, 표본에 어떻게 표식을 붙이는지, 어떻게 명명하는지, 나비 표본을 만들 때 어떻게 핀으로 고정시키는지, 누구도 옮겨 온 적 없고, 길들이거나 순치시키지 못한 동식물에 대해 어떻게 그림을 그리는지에 대한 지령들이 많이 전달되었다. 이것이 이행되고, 커다란 컬렉션이 시작되고 유지될 때, 다시 동일한 혁명이 일어난다. 수백 미터 이상 여행한 적 없고, 수십 개의 서랍 이상을 열어 본 적 없는 동물학자들이, 자기네 자연사 박물관에서 모든 대륙, 기후와 시기를 두루 여행한다. 이 새로운 노아의 방주(Noah's Arks) 안에서는 그들은 목숨을 걸 필요가 없고, 파리(Paris)의 벽토에 의해 만들어진 먼지와 얼룩만 겪을 뿐이다. 그들이 다른 사람들 모두의 민속 동물학을 **지배하기** 시작한다면, 어떻게 놀랄 수가 있겠는가? 실로 놀라운 것은 그 반대다. 멀리 떨어진 시공간의 위험한 동물들 사이에서는 눈에 보일 수 없었던 많은 공통 특징이 한 사례와 그 다음 사례 간에 쉽사리 나타날 수 있다! 동물학자들은 **새로운** 사물을 보는데, 그렇게 많은 동물들이 누군가의 눈앞에 같이 그려져 있는 최초의 순간이기 때문이고, 과학의 이러한 신비로운 시초에 존재하는 것은 그게 전부다. 5장에서 말한 바와 같이, 이것은 단순히 규모의 문제다. 우리가 놀라야 할 것은 인지적 차이에 대해서가 아니라, 큐가든(Kew Gardens)[4] 어딘가에서 프록코트 정장을 입고 있는 몇 명의 과학자들에게 세계의 모든 식물을 시각적으로 지배할 능력을 부여하는, 이런 일반적인 세계의 동원(mobilization of the world)에 대해서다.[*]

안정되고 조합 가능한(combinable) 궤적들의 동원을, 원정 중 사람이 살아서 몸소 갈 수 있는 그런 장소들로 국한할 이유는 없다. 탐침(probes)이 대신 보내질 수 있다. 예를 들어 유정 굴착 장치를 파내고 있는 사람은 그들 발 아래 얼마나 많은 배럴(barrels)의 석유가 있는지 알고 싶어질 것이다. 그러나 땅속으로 들어가 볼 방법은 없다. 프랑스의 기술자 콘라드 슐럼버거(Conrad Schlumberger)가 1920년대 초반, 여러 곳에서 암석 층의 전기적 저항을 측정하기 위해 흙을 통과해 전류를 보내자는 아이디어를 가졌던 것도 이런 이유에서다.[**] 처음에 신호는, 첫 번째 안내서가 초기의 지도 제작자에게 전달되었을 때만큼이나 혼란스러운 모양만을 송신자에게 전달했다. 하지만 그 신호는, 지질학자들이 새로운 전자식 지도에서부터 그들이 더 초기에 그렸던 퇴적물 해도(수로도)로 왔다갔다하는 것을 나중에는 허용할 만큼 안정적이었다. 단순히 유정을 파는 것 이외에, 지도들 위에 궤적을 모으는 것이 가능해졌고, 이것이 이번에는 기술자들이 탐사를 지휘할 때 덜 맹목적이 되도록 해 주었다. 축적 사이클이 시작된 것은, 석유, 자금, 물리학과 지질학이 상호간에 축적을 도와주던 곳에서다. 몇십

---

[*] 원정과 컬렉션에 대한 문헌은 아주 광범위하지는 않지만 몇 가지 흥미로운 사례 연구들이 있다. 그중 L. Brockway(1979)와 L.Pyenson(1985)이 있다.
[**] 이 예는 L. Allaud et M. Martin(1976)에서 따왔다.

4) 영국 런던 리치몬드에 있는 영국 왕실 정원, 식물원이다.

년 안에 수십 가지 다른 도구들이 고안되어 쌓여서, 보이지 않고 접근 불가했던 석유 매장량(reserves)을 소수의 사람들이 알아 지배할 수 있던 로깅(loggings)으로 서서히 변형시켰다.[5] 오늘날에는 모든 유정탑(油井塔)이 석유를 굴착하는 데 쓰일 뿐 아니라, 모든 종류의 센서를 땅 안으로 깊이 운반하는 데 쓰인다. 지상에서는 **슐럼버거사**의 기술자들이 컴퓨터로 가득한 이동 트럭 안에서, 수백 피트 길이의 밀리미터 눈금 종이 위에 기입된 이 모든 측량치(measurements)의 결과를 판독하고 있다.

이런 로깅의 주요 장점은 그것이 지반의 심층 구조에 제공하는 이동성에만 있는 것도 아니고, 그 구조와 지도 사이에 확립시키는 안정된 관계에만 있는 것이 아니고, 그것이 허락하는 **조합**(combination)에 있다. 처음에는 자금, 배럴, 석유, 저항, 열 사이에 어떤 단순한 연결도 없었다. 월스트리트(Wall Street)의 은행가, 엑손(Exxon)사 본부의 탐사 경영자, 파리 근교의 클라마르(Clamart)[6]에 머물며 약한 신호 분석을 전문으로 하는 전자 공학자, 리지필드(Ridgefield)의 지구 물리학자를 함께 묶을 어떤 간단한 방식도 없었다. 이런 모든 요소는 실재의 다른 영역들, 즉 경제학, 물리학, 테크놀로지, 컴퓨터 과학에 속하는 것으로 보였다. 대신에 만일 우리가, 안정되고 조합 가능한 이동 장비들의 축적 사이클을 고려한다면, 그것들이 어떻게 연합하게 되는지를 문자 그대로 볼(see) 수 있다. 예를 들어 북해의 석유 굴착용 플랫폼(oil platform) 위에서의 '훑어보기 로깅(quick look

---

5) 데이터를 기록하는 일을 말함. 정보 통신 용어로는, 시스템을 작동할 때 그 작동 상태의 기록·보존, 이용자의 습성 조사 및 시스템 동작의 분석 등을 하기 위해 작동 중의 각종 정보를 기록하여 둘 필요가 있는데, 이 기록을 만드는 것을 로깅(logging)이라 한다. 또 기록 자체는 로그(log)라고 한다.

6) 파리 남서부 교외에 있는 공동 생활체(commune)다.

logging)[7]에 대해 생각해 보자. 모든 판독 기록은 처음에는 2진법의 신호로 기록되고 미래의 더 정교한 계산을 위해 비축되다가, 컴퓨터상에서 재해석되고 재기록되는데, 옴(ohm), 마이크로세컨드(microsecond), 마이크로일렉트로볼트(microelectrovolt)라는 축척으로 기록되지 않고, 석유 배럴 숫자로 직접 기록되는 프린터 기록으로서 쏟아져 나온다. 이 지점에 이르면, 석유 굴착용 플랫폼 경영자가 어떻게 그들의 생산량 비율 곡선을 계획할 수 있는지, 어떻게 경제학자들이 이 지도에다 자기들의 몇 가지 계산을 덧붙일 수 있는지, 어떻게 은행가들이 나중에 회사 가치를 평가하는 데 이 차트들을 활용하는지, 어떻게 그 모든 것이 집적 자료로 되어서 정부가 매우 논쟁적 이슈인 석유 매장량 추정치를 계산할 수 있도록 해 주는지를 이해하는 일은 어렵지 않다. 세계로써 직접 수행될 수 없었던 많은 일들이 이 지면 세계로써 수행될 수 있다.

코페르니쿠스적 혁명이 일어나기 위해서는, 만일 이 목표가 이뤄진다면, 그를 위해 어떤 수단이 사용되었는가는 중요하지 않다. 그 목표란 무엇이 센터로, 그리고 무엇이 주변부로 여겨지는가에서의 전환이다. 예를 들어 별보다 우리를 더 지배했던 것은 없다. 축척을 바꾸거나 우리 천문학자들이 머리 위의 하늘을 지배할 수 있게 할 방법은 없는 듯했다. 이 상황은, 우라니엔부르크(Oranenbourg)에 그를 위해 지어진, 장비를 잘 갖춘 **천문대(observatory)**에 있던 티코 브라헤(Tycho Brahe)에 의해 **빠르게 뒤바뀌었다.[8]** 그는 행성의 위치를 동일한 동질적 차트 위에 기록하는 일에서 그친 것이 아니라, 유럽 전역의 다른 천문학자들에 의한 관찰 사례(sighting)를

---

7) 훑어보기는 애플이 개발한 빠른 미리 보기 기능이다.
8) Uraniborg의 오기로 보임. 덴마크와 스웨덴 사이의 프벤(Hveen) 섬(지금의 벤 섬)에 1576년 건립한 천문대로서, 티코 브라헤는 천문학을 관장하는 뮤즈 여신인 우라니아의 이름을 따서 지었다.

모으기 시작했는데, 이는 그가 그들에게 보낸 동일한 배포 양식 위에 기록해 달라고 그들에게 요청했던 것이다.[*] 상이한 시간과 장소에서 이루어진 모든 관찰 사례가 한데 모이고 종관(綜觀)적으로 전시된다면, 다시 여기에서 하나의 고결한 축적 사이클이 전개되기 시작한다. 브라헤 동일인이 동일 장소에서, 그와 그 동료에 의해 수행된 새로운 관찰들뿐 아니라 인쇄술이 저가에 입수 가능하게 해 준 모든 천문학의 예전 문헌을 모을 수 있다면, 선순환 고리는 더욱더 빠르게 일어난다. 그의 마음이 변환을 겪은 것은 아니었고, 그의 눈이 갑자기 예전의 편견에서 자유롭게 된 것은 아니었고, 그가 이전 어떤 사람보다 더 주의 깊게 여름 하늘을 관찰한 것도 아니다. 하지만 그는 여름 하늘 더하기, 그의 관찰 더하기, 그의 동료들의 관찰 더하기, 코페르니쿠스의 책 더하기, 프톨레마이오스(Ptolemy)의 『알마게스트(Almagest)』의 여러 판본을 일견하여 고려하고자 한 최초의 사람이다. 그는 불변적이고 조합 가능한 이동 장비(immutable and combinable mobiles)라고 부를 것을 발생시키는 긴 연결망의 시작과, 그리고 끝에 앉아 있는 첫 번째 인물이다. 이 모든 도표, 표, 궤적은 그것이 2000년 묵은 것이었든 단 하루 지난 것이었든 상관없이 편리하게 수중에 놓이고 뜻대로 조합 가능하다. 이 각각의 것은 10억 톤 무게에 수십만 마일 떨어진 천체 물체를 종이 위의 한 점의 크기로 가져온다. 티코 브라헤가 천문학을 '과학의 확실한 경로'로 더 밀고 나갔다면 우리는 놀랐을까? 그렇지 않다. 하지만 우리는 별과 행성들을, 곧 유럽 각지에 지어질 천문대 내부의 종잇장들로 전환시킨 그 여러 가지 자그마한 수단들에 놀랄 것이다.

---

[*] 나는 여기에서 E. Eisenstein(1979)의 설명을 따랐다. 그 책은 저자의 말대로, "코페르니쿠스의 혁명을 위한 단계를 재설정"하기를 원하는 사람들 모두를 위한 필수 서적이다.

지구나 하늘을 지배하려는 임무는 한 나라의 경제를 지배하려는 임무와 그 어려움에서 비등하다. 하늘을 볼 망원경도 없고, 그 정보를 모을 수집물도, 지도로 그리기 위한 탐험도 없었다. 다시 여기에서 경제학의 경우를 보면, 어떤 과학의 역사는 사람들이 행하고 팔고 사는 모든 것을 움직이고 모이고 기록으로 보관되고 코드화되고 다시 계산되고 전시될 수 있는 무엇으로 변형시키는 여러 가지 영리한 수단들의 역사다. 그런 수단 중 하나는 나라들에 걸쳐 여론 조사원을 보냄으로써 조사 연구(enquiries)를 출범시킨다. 그들은 채워 넣어야 할, 사전에 결정된 동일 질문지를 갖고 가서 회사 경영자들에게 그들 회사에 대한 동일한 질문들, 그들의 손실과 이익, 미래의 경제 건전성에 대한 그들의 예측을 묻는다. 그러고 나서 일단 모든 답변이 모아지면, 한 국가의 회사들을 요약하고, 재조립하고 단순화시키고 순위를 매기는 다른 표들이 채워질 수 있다. 마지막 완성 도표를 보는 사람은, 어떤 방식으로 경제를 고려하고 있는 것이다. 물론 우리가 앞의 장들에서 알았듯이, 이들 도표의 정확성에 대한 논쟁들, 그리고 누가 경제의 이름을 빌려 발언한다고 일컬어질 수 있는가에 대한 논쟁들이 시작될 것이다. 하지만 우리가 알다시피, 다른 그래픽 요소들이 축적 사이클을 가속화시키면서 논쟁 속으로 충원될 것이다. 세관원은 질문지에 덧붙여질 수 있는 통계치를 갖고 있다. 징수원, 노동조합, 지리학자, 언론인들은 모두 방대한 양의 기록, 득표 집계, 도표를 산출한다. 많은 통계국 내부에 자리하는 사람들은 이들 숫자를 연결하고, 뒤섞고, 겹쳐 놓고 재계산할 수 있고, 결국 '국민 총생산액(gross national product)' 또는 '평균 임금(balance of payments)' 등을 마침내 내놓는다. 이는 다른 사람들이 다른 사무실에서 '사할린 섬', '포유류의 분류법', '추정 석유 매장량' 또는 '새로운 태양계'를 마침내 내놓는 것과 같다.

이러한 모든 대상은 유사한 축적 사이클의 시초와 끝에 자리한다. 그것들이 멀든 가깝든, 무한히 크든 작든, 무한히 오래되었든 새롭든 간에, 그것들은 모두 마침내, 소수의 남성이나 여성이 보고 알아서 그것들을 지배할 수 있을 그런 스케일로 된다. 한 지점 또는 다른 곳에서 그것들은 모두 기록으로 보관될 수 있고, 벽에 핀으로 꽂힐 수 있고 다른 것과 연결될 수 있는 종이 평면의 형태를 취한다. 그것들은 모두, 지배하는 자와 지배되는 자 사이의 세력의 균형을 뒤엎는 것을 돕는다.

확실히, 원정, 채집, 탐침, 천문대, 조사 연구는 어떤 센터가 원격 행위하는 것을 허용하는 많은 방식 중 일부일 뿐이다. 무수한 다른 방식들이 우리가 활동 중인 과학자들을 쫓자마자 나타나지만, 그것들은 모두 동일한 선택압에 따른다. 요소들의 이동성, 안전성 또는 조합 가능성을 증진시켜 줄 수 있는 모든 것은, 그것이 축적 사이클을 가속화시킨다면 환영되고 선택된다. 텍스트의 이동성과 믿을 수 있는 사본 제작을 증가시킨 새로운 인쇄기, 아쿠아포르치(aquaforte, 強水)에 의해 과학 텍스트 속에 더욱 정확한 인쇄 도판을 파서 인쇄하는 새로운 방법, 형체가 덜 변형되어서 지도가 그려질 수 있게 하는 새로운 투영법, 라부아지에가 더 많은 요소들의 화합물을 써 내려가도록 허용한 새로운 화학 분류법이 여기에 해당된다. 뿐만 아니라 동물 표본을 클로로포름으로 마취시키는 새로운 약물병, 배양 조직의 세균을 염색하는 새 염료, 도서관에서 문서를 더 빨리 찾게 하는 새로운 분류 체제, 망원경의 약한 신호를 증폭시키는 새 컴퓨터, 동일 심전도에 더 많은 매개 변수를 기록하게 하는 더 날카로운 스타일러스(styluses)도 해당된다.[*] 전 세계에 걸쳐 나온 숫자, 이미지, 텍스트를 컴퓨터 안의

---

[*] 이 문제에 대한 일반적 개요는 J. de Noblet(1985)가 프랑스 어로 편집한 1권을 참조하라.

동일한 이진법 코드로 변환하는 발명이 이뤄진다면, 그러면 그야말로 궤적들의 처리, 조합, 이동성, 보존과 전시는 모두가 굉장히 손쉬워질 것이다. 누군가가 자기가 어떤 문제에 더 잘 '숙달하게' 되었다고 말하는 것을 당신이 들으면, 그것은 그의 마음(mind)이 확대되었다(enlarged)는 뜻이며, 그 궤적들의 이동성, 불변성 또는 변통성에 관계된 발명이 무엇인지 당신은 먼저 살펴보아야 한다. 만약 특별한 우연에 의해, 무엇인가가 아직도 해명되지 않았다고 한다면, 그제야 당신은 인간의 마음에 대해 조사해 볼 수 있을 것이다.(일단 한 가지 결정적인 요소를 덧붙인 후, 나는 2절의 끝에서 이것을 방법의 규칙으로 제시할 것이다.)

1.3 공간과 시간의 구성

과학의 누적적 성격은 관찰자들에게 매우 인상적인 것이다. 그런 이유로 그들은 우리의 과학 문화와 다른 모든 것 사이에 대분할(Great Divide)이라는 개념을 고안했다. 지도 제작법, 동물학, 천문학, 경제학과 비교할 때 민속 지리학, 민속 동물학, 민속 천문학, 민속 경제학은 마치 시공간의 작은 구석에 영원히 붙박이인 채로 남아 있는 듯이, 각각 한 장소에 특유하고 이상하게도 비누적적인 것처럼 보인다. 어쨌든 축적 사이클과 그것이 촉발시킨 세계의 동원(mobilization)을 일단 고려해 보면, 센터에 대조적으로 주변부로 보이는 것에 대해 어떤 센터가 갖는 우월성은 문화, 마음 또는 논리 사이의 부가적인 구분 없이 보도될 수 있다. 과학과 테크놀로지를 이해할 때 우리가 갖는 대부분의 어려움은, 사건들과 장소가 그 안에서 일어나는 하나의 고정된 준거틀로서 공간과 시간이 독립적으로 존재한다는 우리의 신념으로부터 기인한다. 이들 신념이, 세계를 동원하고(mobilise) 축적하고(cumulate) 재조합하려고(recombine) 구축된 연결망 내부에서(inside the networks), 얼마나 상이한 공간들과 상이한 시간들이 산출될 수 있는지를 이해하는 일을 불가능하게 한다.

예를 들어 중국 어부가 지녔던 사할린 섬에 대한 지식이 라페로즈에 의해 정교화된 과학적 지도 제작법에 포함된다고 우리가 생각한다면, 정말로 그것은 비교해 보면, 국지적이고 암묵적이고 불명확하고 약한 것으로 보인다. 하지만 날씨에 대한 견해들이 기상학의 부분 집합이 아닌 것과 마찬가지로 어부들의 지식은 지도 제작법에 포함되지 않는다.(5장, 1절 참조) 지도 제작법은 그 자체로서는 라페로즈, 쿡 또는 마젤란이 가로지른 각각의 점들만큼 국지적인 몇 개의 센터(centres)에서 궤적들을 축적한 하나의 연결망이다. 유일한 차이점이라면 이 센터 내부에서 지도의 느린 구성에 있는데, 그 지도는 주변으로 가는, 그리고 주변에서 오는 양방향의 이동을 정의한다. 달리 말하면, 우리가 중국인의 국지적 지식을 유럽 인의 보편적 지식에 대조시킬 필요가 없으며, 단지 두 개의 국지적 지식을 대조해야 하는데, 그중 하나는 원격으로 활동할 수 있게 하는 불변의 이동 장비들(immutable mobiles)을 앞뒤로 이동시키는 연결망의 형체를 가졌다는 점이다. 앞의 프롤로그에서 말했듯이, 누가 포함시키고 누가 포함되고, 누가 국지화하고 누가 국지화되는가는 인지적이거나 문화적 차이가 아니라, 끝없는 투쟁의 결과다. 라페로즈는 사할린을 지도에 넣을 수 있었지만 그의 여행을 중단시킨 남태평양의 식인종들은 그를 자기들의 지도에 넣었다!

축적의 연결망들을 중요하지 않은 것으로 치부하는 한, 국지적 민속 분류법과 '보편적' 분류법 사이에도 동일한 대분할이 일어나는 듯 보인다. 예를 들어 식물학이 모든 민속 식물학을 대신하고 그렇게 많은 부분 집합으로서 그것들을 삼킬 수 있겠는가? 하나의 보편적이고 추상적인 공간 속에서, 식물학이 모든 곳에서 구성될 수 있겠는가? 분명히 그렇지 않다. 왜냐하면 건조되고 수집되고 표식이 붙은 식물들이 주의 깊게 보호된 수천 가지 사례들이 필요하기 때문이다. 또한 살아 있는 표본들이 교차 수정이 안 되도록 싹 틔워지고, 재배되고 보호되는 영국 황실의 큐가든(Kew Garden)이나 파리의 식물원(Jardin des Plantes)과 같은 주요 기관이 역시 필요하다. 대부분의 민속 식물학은 수백 가지, 그리고 때로는 수천 가지 유형의 식물들과의 친숙성을 요구한다.(이는 우리 대부분이 다룰 수 있는 것을 이미 넘어선다.) 하지만 큐가든 안에서, 유럽 각국의 원정에 의해 전 세계로부터 가져온 인접 식물 표본집의 많은 종잇장들이 지명하는 새로운 친숙성은 수만 가지, 때로는 수십만 가지 유형의 식물을 다룰 것을 요구한다.(이는 누군가가 다루기에 너무 많다.) 그래서 새로운 기입과 라벨 부착 과정이 이 숫자를 다시 제한하기 위해 고안되어야 한다.(2절 참조) 식물학은 파리 식물원이나 큐가든과 같은 집적 기관들 내부에서 발생한 **국지적 지식(local knowledge)**이다. 그것은 그보다는 더 확장할 수 없다.(또는 만일 그렇다면, 우리가 3절에서 보게 되듯이, 연결망을 마찬가지로 확장함에 의해서다.)[*]

우리는 여정을 계속하기 위해 지질학, 천문학, 현미경 검사 등에 의해 만들어진, 공간과 시간의 이런 광대한 범위를 그들의 연결망 안으로, 페노그램(phentogram),[9] 무수한 전기 볼트, 절대 영도(absolute zero), 영구 시간(eons)과 같은 것들로 다시 집어넣어야만 한다. 그것들이 얼마나 무

---

[*] 식물학자와 민속 식물학자 사이의 이러한 비교에 대해서는 H. Conklin(1980)을 참조하라.

9) phenogram의 오기로 보인다. 수리 분리학(수리 계통학)에서 결론을 나타내는 나무 모양의 도식으로서 표현적 수상도, 표현도 등으로 번역된다.

한히 크고 길고 또는 작든 간에, 이런 척도들은 지질학 또는 천문학의 지도의 몇 미터 사각형보다 결코 더 클 수가 없고, 시계를 보는 것이 어려운 일이 아닌 것처럼 전혀 판독이 어렵지 않다. 독자인 우리는 그 안에 무수한 은하계를 가진 공간 내부에 살지 않는다. 거꾸로 이 공간은, 예를 들어 감광판에 작은 점들을 세어 나가는 컴퓨터를 가진 천문대 내부에서 발생했다. 예를 들어 하나의 종합으로 그림을 같이 그리는 것이 가능하다고 생각하려면 천문학, 지질학, 생물학, 영장류 동물학(primatology), 인류학(anthropology)의 시간들은 물, 가스, 전기, 전화와 텔레비전의 파이프나 케이블들 사이에 하나의 종합을 만드는 만큼의 의미를 대략 갖는다.

수백만 광년에 대해 이야기하는 것이 무엇인지를 파악하지 못함에 대해 당신은 창피를 느끼는가? 창피할 필요가 없다. 천문학자가 그것에 대해 갖는 확고한 이해란, 당신이 캠핑 여행을 하러 갈 때 도로 지도에 대해 하는 것과 마찬가지로, 그가 천체의 지도(map)에다 확고하게 적용하는 작은 자(ruler)로부터 나오기 때문이다. 천문학은 사진, 스펙트럼, 무선 신호, 적외선 사진, 그리고 다른 사람들이 쉽게 지배할 수 있는 궤적을 만드는 모든 것을 모으는 이런 센터의 내부에서 산출되는 국지적 지식이다. 살아있는 세포의 나노미터(nanometre)[10]가 당신을 당황시켜서 언짢은가? 하지만 그것이 사람의 마음을 당황스럽게 하는 한, 그것은 우리에게 아무것도 의미하지 않는다. 그것이 무엇인가를 의미하기 시작하는 때는, 세포에 대한 확대된 전자 사진 위에서 나노미터가 센티미터(centimetres)일 때, 즉 눈이 친숙한 눈금과 거리에서 그것을 볼 때다. 궤적들(traces)을 축적하는 센터에서는 어떤 것도 낯설거나 무한하거나 거대하거나 멀리 떨어져 있지 않

10) 기호 nm으로 표시하며 1nm은 10^{-9}미터다.

다. 거꾸로 센터는 너무나 많은 궤적을 축적해서 모든 것이 친숙하고 유한하고 가까이 있고 편리하다.

공간과 시간이 국지적으로 구성될 수 있을 것이라는 주장은 일견 이상해 보일 테지만, 그것들은 모든 구성물 중에서도 가장 흔한 것이다. 공간은 가역적인(reversible) 전위(displacements)에 의해, 시간은 불가역적인(irreversible) 전위에 의해 구성된다. 모든 것은 전위된 요소들을 가짐에 의존하므로, 어떤 새로운 불변의 구동 장비의 발명은 각각 다른 시공간을 좇아간다.

프랑스의 생리학자 마레(Marey)가 19세기 말에, 사진총(photographic gun)을 만들어, 그것을 가지고 사람들은 어떤 이의 움직임을 포획하고 그것을 멋진 시각적 디스플레이로 변형시킬 수 있었는데, 이때 그는 시-공간의 이 부분을 완벽하게 뒤섞은 것이다. 이전에 생리학자들은 달리는 사람, 질주하는 말과 날아가는 새의 움직임을 지배할 수 없었고, 죽은 시체나 사슬에 묶인 동물만을 지배할 수 있었다. 새로운 기입 도구가 살아 있는 대상들을, 한 가지 결정적인 변화를 가해서 그들의 책상 위로 가져왔다. 비가역적인 시간의 흐름은 이제 그들의 눈에 종관(綜觀)적으로 제시된다(synoptically presented). 사실상 그것은 잣대, 기하학, 초급 수학이 적용될 수 있는 하나의 공간이 되었다. 마레의 유사한 발명 각각은 생리학이 새로운 누적적 분포 곡선을 그리며 발전하게 했다.

앞에서의 예를 선택하자면, 포르투갈의 무장 상선이 도중에 사라지는 한 보자도르 곶(Bojador Cape)을 넘어선 공간은 그려질 수가 없다. 무장 상선들이 가역적으로 왔다갔다하기 시작하자마자, 늘 증가하는 공간(ever-increasing space)이 리스본 주변에서 추적되었다. 새로운 시간도 마찬가지였다. 전에는, 유럽의 다른 쪽 끝인 이 조용하고 작은 도시에서 한 해를 다른 해와 쉽게 구별해 줄 수 있는 것은 없었다. 그 안에서는 시간이 얼어붙은 듯이 '아무 일도 일어나지 않았다.' 그러나 무장 상선이 전리품, 노획품, 금, 향신료를 갖고 돌아오기 시작했을 때, 정말로 리스본에서는 일들이 '발생했고', 작은 지방 도시를 로마 제국보다 더 큰 제국의 수도로 변형시켰다. 아프리카, 인도, 그리고 몰루카 제도(Moluccas)의 해안선을 모두 따라서, 새로운 역사가 마찬가지로 구성되는 것도 감지된다. 하나의 새로운 누적적 연결망이 카이로(Cairo) 대신 리스본에 향신료를 가져온 이상, 어떤 것도 전과 동일하지 않을 것이다. 새로운 공간-시간에 대한 이런 구성을 제한하는 유일한 방법은, 무장 상선의 이동을 막는 것, 즉 다른 정향을 지닌 다른 연결망을 구성하는 일이 될 것이다.

이런 구성의 다른 예, 포르투갈의 팽창주의(Portuguese expansion)보다는 덜 웅대한 예를 살펴보자. 바이커(Bijker) 교수와 그의 동료가 네덜란드의 델프트 하이드러릭스 연구소(Delft Hydraulics Laboratory)에 들어갔을 때, 그들은 세계에서 가장 큰 무역항인 로테르담 항구(Rotterdam harbour)에 세워질 새로운 댐이 갖출 형태에 대해 열중하고 있었다. 그들의 문제는, 강의 담수(fresh water)와 해수의 균형을 잡는 것이었다. 많은 댐이 강의 유출량을 제한해 와서, 값비싼 화훼 재배에 위험한 소금이 내륙 깊이 침입하고 있었다. 새 댐은 소금에 영향을 줘야 할까, 담수에 영향을 줘야 할까? 이것을 어떻게 사전에 알 수 있을까? 바이커 교수의 답은 극단적인 것이다. 기술자들은 댐을 세우고, 소금과 담수의 유입량을 상이한 날씨와 조류 조건에서 수년간 측정한다. 그 다음 댐을 부수고 다른 댐을 짓고, 다시 측정을 시작하고, 그리고 그들의 능력의 최대 한도로 해수의 흡입량을 제한할 때까지 수십 번 계속한다. 20년이 지나고, 그리고 수백만 플로린 화폐(florins)를 쓴 후에, 하이드러릭스 연구소는 로테르담 항구 당국에 대해 댐이 어떤 모양을 가져야만 하는지에 대하여 고도의 신빙성을 갖고서 말할 수 있다. 관리자는 정말로 20년을 기다려 주려고 할까? 그들은 정말로 부두를 짓고 부수고, 그래서 번잡한 항구의 교통을 봉쇄하면서 수백만 플로린을 쓰려고 할까?

그들은 그럴 필요가 없다. 왜냐하면 햇수, 강, 플로린의 양, 부도, 그리고 조류는 거대한 차고에서 축소되었고(scaled down), 그것을 교수는 현대판 걸리버(Gulliver)처럼 몇 걸음으로 가로지를 수 있었다. 하이드러릭스 연구소는 항구를 이동성 있게(mobile) 만들 방법을 발견했고, 집이나 사람들같이 관련이 없는 것으로 간주되는 특징은 무시하였다. 또 축소 모형(scale model)의 일부 요소와 실물 크기 항구의 일부 요소 사이에, 예를 들어 수로의 넓이, 조수의 지속과 유입의 강도 등에 대해 안정된 양방향의 연관성을 수립했다. 물이나 모래처럼 축척을 줄일 수 없는 다른 특징들은 바다와 강에서 석고 물동이로 이송되었을 뿐이다. 2미터마다 포획과 감지 장치가 부착되었고, 이것들은 모두 소인국 항구의 모든 부분에 있어서 소금과 담수의 양을 밀리미터 눈금의 종이에 적어 내려가는 커다란 대형 컴퓨터에 연결되어 있다. 이 센서들과 실규모 항구에 장착된 더 적은 수의, 그리고 더 크고 더 비싼 센서들 사이에 양방향 연관 관계가 수립된다. 축소 모형은 한눈에 관찰하기에는 여전히 너무 컸으므로, 비디오카메라들이 설치되어 조수 패턴, 파도를 만드는 장비, 그리고 여러 개 수문들이 제대로 작동하는지를 확인할 통제실이 마련되었다. 그러면 거인 바이커 교수는 1미터 길이의 석고 모델 새 댐을 택해 장소에 고정시키고, 12분으로 단축된 한 차례 조수를 발진시키고, 그리고 그것을 떼어 내고, 다른 것을 시험해 보고 또 계속한다.

틀림없이 또 하나의 '코페르니쿠스적 혁명'이 일어났다. 어떤 상황에 숙달하기 위해 아주 많은 방식이 있는 것은 아니다. 당신이 그것을 물리적으로 지배하거나, 아니면 굉장히 많은 동맹자를 당신 편으로 당기거나 해야 한다. 아니면, 다른 사람이 가기 전에 당신이 거기에 있도록 노력해야 한다. 이것이 어떻게 가능하겠는가? 간단히 시간의 흐름을 뒤집음으로써 가능하다. 바이커 교수와 동료들은 문제를 지배하고(dominate), 비가 오는데 밖에 나가 있고 현장 풍경보다 훨씬 작은 항구 관리들보다 더 쉽게 문제에 숙달한다(master). 실규모 시공간에서 어떤 일이 일어나든, 기술자들은 이미 그것을 보았을(already seen it) 것이다. 그들은 모든 가능성에 천천히 정통해졌을 테고, 각각의 시나리오를 한가하게 시연해 보고, 가능한 결과들을 종이에 인쇄했을 텐데, 이 모든 것은 다른 사람들보다 더 많은 연륜을 그들에게 제공한다. 시공간의 순서는 완전히 섞였다. 그들은 밖에서 실제 댐을 건설하는 인부들보다 더한 권위와 확실성을 가지고 이야기하는가? 물론 그렇다. 왜냐하면 그들은 모든 가능한 실수와 착오를 이미 겪어 보았는데, 단지 델프트 연구소 안에 있는 목조 홀 내에서 안전하게, 그동안 약간의 봉급과 석고만을 소비하면서, 그리고 수백만의 열심히 일하는 네덜란드 인들이 아니라 수십 미터의 콘크리트 바닥을 부주의로 침수시키기도 하면서 겪어 왔기 때문이다. 이것이 얼마나 인상적이든 간에, 바이커 교수가 댐의 모양과 관련해 관리, 건축가, 석공 들에 대해 누렸던 우월성은, 마레(Marey)와 포르투갈 인과 천문학자의 우월성과 마찬가지로 초자연적이 아니다. 그것은 상이한 시공간을 구축할 가능성에 의존할 뿐이다.

이제 우리는 활동 중인 과학자와 기술자를 쫓는다는 것이 무엇인지에 대해 훨씬 명확한 개념을 갖게 되었다. 마치 서구인의 보편적 지식과 나머지 모두의 국지적 지식 사이에 대분할이 존재하는 듯이 그들이 '모든 곳에(everywhere)' 뻗쳐 있지 않다는 것을 우리는 안다. 흰개미가 보금자리를 보급소에 연결시키기 위해 만든 통로를 닮은 좁고 약한 연결망 내부에서 과학자와 기술자가 움직인다는 것을 우리는 안다. 이 연결망 내부에서 그들은, 모든 종류의 궤적의 이동성(mobility), 속도, 신빙성, 다른 것과 상호 조합할 능력을 증대시킴으로써 그것들을 잘 순환되게 만든다. 이들 연결망은 동질적인 소재로 구성되는 것이 아니라는 것을 우리는 역시 안다. 거꾸로 연결망들은, 구성 요소가 '과학적'인가 '기술적'인가 '경제적'인가 '정치적'인가 또는 '경영적'인가 하는 물음을 무의미한 것으로 만드는, 다수의 이질적 요소들의 엉켜 짜임(weaving together)을 필요로 한다. 우리는 마지막으로 이들 연결망을 만들고, 확장하고, 유지한 결과는 원격으로 활동하는 것임을 안다. 그것은, 즉 연대순으로와 마찬가지로 공간적으로 주변부를 지배하는 것을 때로 가능케 하는, 센터에서 일을 하는 것이다. 이제 이런 연결망들이 원격으로 활동하는 일반적 능력을 그렸고, 궤적들의 동원과 축적을 묘사했으므로, 다뤄야 할 두 가지 문제가 남아 있다. 거기에 사는 사람들에게 명확한 우위를 제공하는 바, 센터 안에서(in), 그리고 축적된 궤적 위에서(on) 행해진 것(2절)이 첫 번째 문제다. 센터에서 얻어진 이점이 떨어진 곳에서 일어나는 일에 어떤 관련을 갖게끔, 연결망을 존속시키기 위해 행해져야 하는 것이 두 번째 문제다.(3절)

2. 계산 센터들

원정, 채집, 조사 연구를 쫓아 왔고, 새로운 천문대, 새로운 기입 장치, 그리고 새로운 탐침이 설치되는 것을 관찰해 왔으니 이제 우리는, 이런 사이클들이 시작되는 지점인 센터(centres)로 돌아가게 된다. 이런 센터 내부에는 표본, 지도, 다이어그램, 로그, 질문지, 그리고 모든 종류의 서류 양식들이 축적되어 있고, 증명 경쟁을 상승시키기 위해 과학자와 기술자에 의해 사용된다. 모든 영역은 그 대변인이 자기들 편에 그렇게 많은 동맹을 소유할 때 '과학의 확실한 경로'로 진입한다. 자그마한 수의 과학자들은, 그들이 모을 수 있는 커다란 수의 자원들에 의해 대조적으로 견주어지고도 남는다. 지질학자들은 몇 개 암석과 이국적 경치의 멋진 수채화들만이 아니라, 지구의 다른 부분에 대한 수백 평방미터의 지질학 지도들을 자신들을 위해 이제 동원할(mobilize) 수 있다. 분자 생물학자들은 옥수수의 돌연변이를 이야기할 때, 몇 가지 야생 옥수수 속대뿐만 아니라 수천의 잡종 교배 결과로 가득한 실험 규정집도 이제 자기편에 둘 수 있을 것이다. 인구 통계국의 관리자는 이제, 자기들 나라가 얼마나 크고 부유한가에 대한, 오려낸 신문 기사 외에도, 마을 주민들을 나이, 성, 인종, 재산에 따라 정렬시킨, 모든 마을에서 추출한 통계치 더미를 자기 책상 위에 갖고 있다. 천문학자의 경우, 함께 작동하는 전파 망원경의 사슬들이 전 지구를 하나의 단일 안테나로 변형하고, 그 안테나는 전산화된 카탈로그를 통해 수천 전파원(源)을 그들의 사무실로 전달할 수 있다. 하나의 도구가 무엇인가에 연결될 때마다, 다량의 기입들이 쇄도해 들어오고, 세계를 센터로 오도록 ―최소한 종이 위에서― 강요함으로써 다시 한 번 **축척**(scale)을 건드린다.(저울의 한쪽을 무겁게 한다.) 기입될 수 있고 앞뒤로 옮겨질 수 있는 모든 것을 동원하는(mobilization) 일은 테크노사이언스의 주요 소재이며, 우리가 센터 내부에서 무엇이 진행되는가를 이해하고 싶다면 이에 대해 유의해야 한다.

2.1 모든 동맹자를 단단히 묶기

안정되고 이동성 있는 궤적들이 모이는 여러 장소에 들어가면, 우리가 부딪히는 첫 번째 문제는 어떻게 그것들을 제거할 것인가다. 이것은 역설이 아니라 도구들의 설치의 결과일 뿐이다. 각각의 탐험 여행, 각각의 원정, 각각의 새로운 프린터, 하늘을 관찰한 각각의 밤, 각각의 새로운 인구 조사는 수천 개의 상자들이 표본 또는 수천 장의 종이의 생성에 기여하려고 할 참이다. 자연사 박물관, 지질 조사국, 인구 통계국 또는 다른 연구소에 앉아 있는 어떤 남녀도 특별히 거대한 두뇌를 가지지 않음을 기억하라. 처리해야 할 요소들의 스케일이나 수가 증가하자마자, 그들은 여느 사람처럼 어찌할 바를 모른다. 동원의 성공 자체, 도구의 질 자체가, 그들이 기입(inscriptions)과 표본(specimens)의 홍수에 빠져 버리는 첫 번째 결과를 낳는다. 자원의 동원은 혼자 힘으로는 성공을 보장하지 못한다. 반면, 미분류 화석들로 가득 찬 수백 개 상자들에 둘러싸인 지질학자는 그가 파타고니아나 칠레에 있을 때보다 지구를 지배하기에 더 유리한 입장에 있지 않다. 연구자가 기입들에 의해 이렇게 홍수에 빠지는 것은, 말하자면 동원된 세계의 복수다. "내가 세계로 가는 대신, 세계를 내게 오게 하라"라고 코페르니쿠스적 혁명을 일으킨 지질학자는 말한다. 지구는 "좋다, 여기 내가 있다!"라고 대답한다. 그 결과는 지질 조사국 빌딩 지하의 완전한 혼란이다.

이런 상황 때문에, 기입들을 소탕하고 세력의 균형을 다시 한 번 뒤집는 부가적인 작업이 센터 내부에서 수행되어야만 한다. 나는 앞에서 궤적의 안정성을, 센터에서 주변부로 앞뒤로 움직일 가능성으로 정의했다. 이 특징은 첫 번째 궤적에서 이것의 처리를 가능하게 해 줄 두 번째 차수의 궤적(second degree traces)으로 옮아갈 때 더더욱 긴요하다.

(1) 몇 가지 병참(logistical) 문제의 해결

예를 들어 인구 조사 관리자는 여론 조사원들이 가져온 1억 개 질문지를 동시에 다룰 수가 없다. 그는 오직 다량의 서류만을 볼 것이며, 먼저 시작할 때 거기에 얼마나 많은 질문이 있는지 알 수가 없을 것이다. 한 가지 해결책은 질문지에 대해 그것이 사람들에게 한 바를 행하는 것인데, 즉 그것들로부터 어떤 요소들을 추출해 내고, 그것들을 또 다른 더 이동성 있고 더 조합 가능한 서류 양식(paper form) 위에 올려놓는 일이다.[11] 연필을 가지고 행(row, 가로줄)과 난(column, 세로칸)에 체크 표시(ticking)를 하는 조작은 작지만 중요한 일이다. 사실상 이것은, 사람들이 조사원에게 말한 것을 질문지의 네모 상자로 변환되게 하고, 사할린 섬이 라페로즈에 의해 지도 위의 위도와 경도로 변환되게 한, 동일한 작업이다.

모든 경우에서 같은 문제가 부분적으로 해결된다. 당신의 정보 제공자가 멀리 떨어져 있을 때 어떻게 그들을 당신 편에 놓을 수 있겠는가. 그들을 인구 조사국으로 데려올 수는 없지만, 질문지를 가져올 수 있다. 당신이 모든 질문지를 펼칠 수는 없지만, 성이나 나이 등을 묻는 난에 체크 표시로 대답을 함으로써 표시되는 기표(tally)를 보여 줄 수 있다. 이 기표가 주의 깊게 행해졌다면 또 새로운 문제 하나가 떠오를 것이다. 최고의 능력자도 그것들을 단번에 포용하기엔 너무나 많은 난에 너무나 많은 표시들이 주어져 있다. 그러므로 당신은 질문지에 대해, 그리고 일찍이 사람들에 대해 했던 것과 똑같이 또다시 서류 형식 속에 잠겨 버릴 것이다. 세 번째 차수의 서류 양식이 이제 필요해지는데, 그것은 표시를 기록하기 위해서가 아니라 각 행과 난의 맨 끝에서 **총계(totals)**를 기록하기 위해서다. 숫자(numbers)는

---

11) 두 번째 차수의 서류 양식에 해당된다.

셈하고(sum up), 요약하고(summarise), 합계하는(totalise) 여러 방식 중 하나다. '합의(total)'라는 말이 지적하듯이, 그럼에도 불구하고 그곳에 존재하지 않는 요소들을 같이 묶는 방식이다. '1,456,239명의 아기'라는 구절은 '개'가 짖는 개가 아닌 것과 마찬가지로, 울고 있는 아기들에 대한 것이 아니다. 그럼에도 불구하고, 인구 조사에서 일단 계수가 기록되면 그 구절은 인구 통계학자의 사무실과 나라의 우는 아기들 사이에 **모종의 관계**를 수립한다.

어쨌든 (기입과 표본의) 홍수는 인구 조사국의 딴 곳 어디론가에로 옮겨져야 할 것 같은데, 그 이유는 난의 수천 개 마크로부터 또는 펀치 카드의 구멍으로부터 너무 많은 총계가 흘러들어 오기 때문이다. 새로운 네 번째 차수의 기입(예를 들어 백분율 또는 그래프나 원형 도표)이 다시 총계를 소탕하기 위해, 그 특징 일부를 보유하면서도 전시 가능한 형태로 그것들을 동원하기 위해 고안되어야만 한다. 네 번째, 다섯 번째, 그리고 n번차(nth order) 기입이라는 캐스케이드(cascade)는, 특히 만일 인구, 컴퓨터, 인구 통계학자라는 직업, 통계학과 경제학, 인구 조사국 모두가 같이 성장한다면 끝없이 계속될 것이다.[12] 이 모든 경우에서 n번차 기입은, 위의 것들이 바로 아래 레벨을 **나타냈으므로**, n번-1차 서류 양식을 이제 **나타낼** 것이다. 앞의 장들을 통해 독자들은 이들 번역과 재현이 논쟁이 될 것임을 알겠지만, 그것은 여기에서의 요점은 아니다. 요점은, 논쟁의 경우, 다른 기표(tally), 부호군(code words), 지표(indicators), 계량기(meters)와 계수기(counters)는, 앞장에 나온 반대자들(dissenter)이 n번차 마지막 기입에서부터 보관소에 있는 질문지로 거슬러 가고, 또 그것에서 땅에 있는 사람들에게로 거슬러 가도록 허락할 것이라는 사실이다. 즉 관리자의 책상과 사

12) 여기에서 'cascade'는 여러 어휘, 즉 직렬, 종속 접속, 단폭, 층계형 어느 것으로도 번역하기 마땅치 않고, 또 우리 사회 여러 분야에서 '캐스케이드'로 사용되고 있어서 그대로 표기한다.

람들 사이에 일종의 양방향 관계가 수립되었다. 이 관계는, 만일 반대자가 없다면, 관리자가 마치 수백만 가지의 잘 정렬되고 멋지게 전시된 동맹자들의 이름으로 이야기하는 것처럼 논쟁에 참여할 수 있게 허락한다.

이 예는 기입을 변형하는 데 필수적인 부가적인 작업을 정의하기에 충분하다. 이 작업을 무엇이라 불러야 할까? 이 과업은 많은 활동을 하나로 만드는 것이라 말할 수 있고, 또는 더 긴 연결망을 만드는 일, 또는 기입을 다시 한 번 단순화시키는 일, 또는 연속적인 대표자들의 캐스케이드를 건설하는 일, 또는 다수의 궤적들을 '결절화(punctualise)'하는 일, 또는 요소들을 원격에 둔 채로 그것들을 동시에 동원하는 일이라 말할 수 있다. 무엇으로 부르건, 그 일반적 형태는 파악하기 쉽다. 센터에 있는 사람들은, 누가 마지막 요소들을 갖고 있을 때, 그는 어떤 방식으로는 다른 요소들도 역시 갖고 있게 하는 그런 성질들을 지닌 요소들을 구축하느라, 즉 사실상 센터 내부의 센터(centres inside centres)를 구축하느라 분주하다.

또 하나의 예가, 연결망 구축의 나머지들로부터 절단되어서는 안 될 이 부가적 작업에 대해 더 정확히 이해하는 것을 도울 것이다. 유럽의 화학자들이 1860년 독일의 카를스루에(Karlsruhe)에서 그들의 첫 번째 국제 회의를 조직할 때, 그들은 내가 위에서 묘사한 것과 비슷한 혼란 상태에 빠졌다. 모든 새로운 화학 연구소, 모든 새로운 도구가 새로운 화학 원소들과 수백 가지 새로운 화학 반응을 산출했기 때문이다.[*] 라부아지에는 33개의 단일 물질 목록을 만들었는데, 전기 분해(electrolysis)와 스펙트럼 분석(spectral analysis)의 도입으로 그 리스트는 국제 회의 무렵 70개로 늘어났

---

[*] 나는 여기에서 B. Bensaude-Vincent의 설명(1986)을 따른다. 그녀의 논문(1981), 또 멘델레예프(Mendeleev)의 작업에 대해 F. Dagognet(1969)를 참조하라.

다. 분명히 변형의 캐스케이드는 이미 잘 진행되고 있었다. 각 물질은 새로 명명되고, 공통적인 기표(그 원자량, 카를스루에 회의에서 표준화되었다)가 붙어 분류되었다. 이것은 화학자들이 다양한 방식으로 물질의 리스트를 써 내리고 순위를 매길 수 있게 해 주었으나 화학 반응의 다양성을 지배하기에는 충분하지 않았다. 그 결과 새롭게 전문화된 화학의 입문 과정은 화학 반응에 대한 길고 다소 혼란스러운 리스트로 이루어져 있었다. 이 혼돈을 고치고자 수십 명의 화학자들이 그 당시 화학 물질을 부지런히 분류하였다. 그 분류 방식은 난(세로칸, column)을 지닌 표를 그려 그것들을 종관(綜觀)적으로(synoptically) 볼 수 있게 고안하는 것인데, 그로써 화학은 지구가 지도 위에서 개관되고 한 국가가 통계치를 통해 개관되는 것과 동일한 방식으로 한눈에 볼 수 있게 되었다. 화학 교과서 집필 요청을 받은 멘델레예프(Mendeleev)는 그중 한 사람이었다. 참된 분류법을 발견해 내서 단순히 우표 수집 식으로 적어 가지 않는 것이 가능하다고 믿고서 그는 '물질(substance)'을 '원소(element)'와 구분했다. 그는 각각의 원소를 한 장의 카드 위에 적었고, 어떤 되풀이되는 패턴을 발견하려고 하면서, 인내심 게임(patience game)에서처럼 카드 한 벌을 뒤섞었다.[13]

과학자들이 실험실 안에서 일하거나 전 세계를 돌며 탐구하는 대신에 종이와 연필을 다루고 있다고 해서, 그들을 쫓는 것을 포기할 이유는 없다. n번차 서류 양식의 구성은, 비록 때로는 더욱 알기 어렵고, 훨씬 덜 연구되는 것이긴 해도 n번-1과 다르지 않다. 멘델레예프에 의해 고안된 이 새로운 인내심 게임의 난점은 가로선과 난에 의지해 모든 원소를 포함할 어떤 패턴을 찾는 것이 아니었다. 다른 사람들도 그것은 전에 이미 했었

---

13) 인내심 게임은 카드를 특정 방식으로 분류할 목적으로 카드 배치를 조작하는 게임인데, 미리 규정된 제약 조건에 따라 카드의 장소를 이동시키면서 진행된다.

다. 어떤 원소들은 표의 네모 칸에 들어맞지 않고, 또 어떤 칸에는 들어갈 원소가 없는 경우들이 있기에 이때 난점은, 초벌로 그려진 표를 버려야 하는가, 아니면 빠진 원소들을 다른 곳에서 데려올 것인가, 아니면 나중에 발견될 것인가의 여부를 결정하는 문제였다. 서로 다른 표들과 많은 반례들 사이에 긴 투쟁이 있은 후, 멘델레예프는 1869년 봄에 그를 만족시킨 타협안을 확정지었다. 그 표는, 원소들을 그 원자량에 의해 리스트를 만들고, 그들의 원자가(valences)에 의해 수직으로 순서를 매기고, 오직 몇 개의 원소들만 전위시키고 여러 개는 나중에 발견될 것으로 규정하는 것이었다. 경선(經線, 날줄, longitude)과 위선(緯線, 씨줄, latitude)이 교차하는 새로운 서류 양식 위에서 각각의 원소들은 이제 자리를 잡았다.[14] 동일한 수평 직선 위에 있는 원소들은 그들의 원자량으로는 가깝고, 그들의 화학적 성질에 의하면 관계없다. 동일한 수직 직선상에 있는 원소들은 그들의 성질에 의하면 유사하고 그들의 원자량에 의하면 점점 더 멀다. 새로운 구역도 국지적으로 마련되었고, 거리와 근접의 새로운 관계, 새로운 인접성, 새로운 원소족(family)이 고안되었다. 화학의 무질서 속에서 그때까지는 비가시적이었던 주기율표(periodicity, 그의 표의 이름에서 나왔다)가 나타났다.

  궤적을 새로운 것으로 각각 번역할 때 무엇인가가 획득된다. 베르사유 궁의 루이 16세(Louis XVI)는 중국인 어부도 라페로즈도 할 수 없었던 것(예를 들면 태평양을 구분하는 선을 그리는 일)을 지도를 가지고 할 수 있다. 바이커(Bijker) 교수는 관리, 어부, 북해에 앞서서, 로테르담 항구의 미래와(예컨대 북해의 수면 상승에 대한 저항력을 확인하는 일) 친숙해질 수 있다. 인류 통계학자들은 인구 조사를 요약하는 최종 곡선 도표에 의거해 사물들을(예를

14) 세로줄은 동족(family)으로 비슷한 성질을 가진 원소가 배치되며, 가로줄은 주기(period)로 원자 번호 증가 순서다.

들어 인구 피라미드) 볼 수 있는데, 그것은 여론 조사원, 정치인, 인터뷰한 사람들 그 누구도 전에는 볼 수 없었던 것이다. 멘델레예프는 빠진 원소들을 발견했던 바로 그 사람들[eka-aluminum이란 이름 아래 표에서 빈 채로 남겨져 있던 네모 칸을 차지할 갈륨(gallium)을 발견한 르코크 드 부아보드랑(Lecoq de Boisbaudran) 같은]보다 앞서서, 자기 표의 빈 네모 칸과 모종의 **친숙성**을 미리 획득할 수 있다.[*]

센터에서 진행되는 이 부가적 작업의 교묘함을, 과장 없이 또 그 진면목을 망각하지 않고 공정하게 평가하는 것이 우리로서는 중요하다. 부가적(additional) 작업은 기입의 세 가지 특성, 즉 이동성(mobility), 안전성(stability) 또는 조합 가능성(combinability) 중 하나를 약간 증대시키는 일이다. 첫째로, 이익은 한 형식을 다른 형식으로 번역할 때 수반되는 손실을 항상 상쇄하지 않는다.(3절을 보라) 베르사유 궁에서 지도를 갖고 있다는 사실은 루이 16세의 재산이 영국에 접수되는 것을 막지 못했다. 델프트 하이드러릭스 연구소의 축소 모형의 경과가 다음 세기에 로테르담 항구에 의해 되풀이해 모사될 것이라는 보장도 없다. 인구 통계국에서 출생률 증가를 계획하는 것은 신생아들을 임신하는 것과 똑같지 않다. 멘델레예프의 표는 그가 배열하지 못한 방사성 화학 괴물(radioactive chemical monster)의 출현에 의해 곧 분열된다.[15] 둘째로, 이익이 있을 때 그것은 천

---

[*] 실제로 표의 위력은, 분류법과 그것을 소급해서 설명했던 원자론 사이의 예기치 않은 상응 관계로부터, 나중에야 오는 것이다.

15) 현대의 주기율표는 모즐리(H. G. J. Moseley)가 제안한 것인데, 원자량이 아니라 원자 번호, 즉 원자가 가진 양성자 수의 순서로 수정되었다. 대다수의 경우, 원자 번호가 높은 원자들이 원자량도 더 크다. 몇 가지 드문 경우에만 추가로 중성자 쌍이 있어서 원자량에 의한 원소의 서열이 원자 번호에 의한 서열과 아주 약간 다르다.

상에서 곧바로 보내진 천사에 의해 과학자가 갖게 된 초자연적 힘이 아니다. 이득은 서류 형식 자체에서(on) 온다. 예를 들어 지도에 의해 제공되는 보충은, 눈에 의해 쉽게 지배되는 종이의 평평한 표면에서(on), 여러 가지 다른 요소들이 색칠해지고 그려지고 겹쳐지고 새겨지는 종이와 접촉해 이뤄진다. 계산된 바에 의하면, 200개 마을이 있는 영국 지도를 그리면(400개 세로줄과 가로줄을 넣는 것), 한 마을에서 다른 마을로 2만 개의 여정을 추적할 수 있다.(따라서 1당 50의 산출 비율이다!)* 유사하게, 멘델레예프의 주기율표에서 빈칸은 행(rows)과 난(columns)의 기하학적 패턴에 의해서 그에게 제공된 것이다. 네모 칸에 채워질 미지의 원소들을 예측하는 데 성공한 것은 분명 인상적인 일이다. 또한 놀라운 사실은, 유럽 전역에서 약을 담는 작은 단지들과 증류기(stills)에서 발생한 화학 반응들이 어떻게, 번역이라는 긴 캐스케이드를 통해 행과 난으로 이루어진 단순한 패턴에 관련이 있는 것으로서 돌려질 수 있었을까 하는 점이다. 달리 말해 불변의 이동 장비(immutable mobiles)들의 **병참(logistics)**은[16) 우리가 감탄하고 연구해야 할 바이며, 사무실에서 열심히 생각하는 과학자들에 의해 획득된, 불가사의한 세력 보강으로 볼 것이 아니다.

---

* 이 예는 M. Polanyi(p. 83)에 정교하게 나와 있다.

16) logistics의 본래 의미는 병참(兵站)이지만 유통 합리화의 수단으로 채택되어 원료 준비, 생산, 보관, 판매에 이르기까지의 과정에서 '물적 유통'을 가장 효율적으로 수행하는 종합적 시스템을 가리키게 되었다. logistics의 다른 의미로 기호 논리학, 계산 등이 있으나, 라투르의 주장의 맥락을 살펴보면 그런 번역어는 부적절하다고 본다. 기입의 변형, 요소들의 동원과 관련되므로, 물류 수행 및 관리라는 상업적이고 군사 전략적 함축을 갖는다고 생각하며, 물류(物流)라고 번역되어도 무방하리라 생각한다.

(2) 종국의 계산

센터 내부에서 병참은, 최대 숫자의 요소들에 대한 가장 빠른 동원과 그들의 최고치의 가능한 융합을 요구한다. 기표, 총계, 그래프, 표, 목록과 같은 것은 기입에 대한 부가적 처리를 가능하게 해 주는 도구 중 일부다. 너무 많은, 그리고 너무 적은 관심을 받아 온 다른 몇 가지 것들이 있다. 너무 많다고 함은 그들이 숭배(cult)의 대상이기 때문이고, 너무 적다고 함은 그것들을 침착하게 연구해 온 사람들이 너무 적기 때문이다. 그 결과 우리가 다른 장에서 할 수 있었던 것과 같이, 우리의 여정을 안내하기 위해 의지할 수 있는 경험적 문헌의 전체 수가 많지 않다. 계산과 이론의 영역에 우리가 도달할 때, 우리는 거의 빈손으로 남겨진다. 이 절의 나머지 부분에서 나는, 남은 것은 결과의 축적이 아니라 연구 프로그램(programme of research)이라는 것을 고백해야만 하겠다. 남은 것은 자원들(resources)이 아니라 고집(obstinacy)이다.

앞에서 제시한 캐스케이드의 위험은 약간의 다루기 쉬운, 그러나 무의미한 숫자로 결국 끝날 것이라는 점이다. 사실상 중간에 동맹자들이 자리를 떴기 때문에 논쟁을 할 경우 어쨌든 불충분한 숫자가 될 수 있다. 자본으로 축적되는(capitalization) 대신, 센터는 순수 손실(net loss)로 끝을 맺을 것이다.[17] 가능한 한 많은 요소들을 보유하면서도 그것들을 다룰 수 있어야 이상적일 것이다. 통계(statistics)는 두 가지 문제를 동시에 해결하는 그런 도구들에 대한 좋은 보기다. 예를 들어 내가 나라의 **평균** 인구 증가를 인구 조사 관리자에게 제시했다면, 그는 흥미로웠겠지만 편차(dispersion) 처리에서 어쩔 수 없이 동시에 실망하기도 할 것이다.(동일한 평균이 소수

---

17) 라투르는 앞 1절 1.1 끝부분에서, 센터에 축적되는 것을 지칭하는 용어로서 지식, 권력, 이익 이외에 '자본'에 대해 말한 바 있다.

의 8자녀 가정 또는 다수의 2.5자녀 가정에 의해 얻어질 수 있다.) 단순화의 결과로, 관리자는 인구 조사의 무력한 버전만을 가질 수 있다. 만약에, 여러 가지 단순화를 통해서도 평균과 데이터의 편차를 모두 유지하고 있는 새로운 계산법이 발명된다면, 일부 문제는 해결된다. 분산(variance)의 발명도 기입의 중요한 문제들, 즉 이동성(mobility), 조합 가능성(combinability), 충실성(faithfulness)을 계속해서 해결해 주는 그런 고안 장치 중 하나다. 표본 추출(sampling)의 발명도 그렇다. 가장 큰 숫자의 특징들을 대표한다고 인정될 최소 표본은 무엇인가? 통계학은, 그 이름과 역사가 가리키듯, 빼어난(par excellence) 대변인과 정치인의 과학이다.[*]

또 다른 예로, 레이널즈(Reynolds)의 작업을 들 수 있는데, 그는 세기 전환기에 난류(turbulence)라는 복합적인 문제를 연구한, 유체 역학(fluid mechanics)을 전문으로 하는 영국 기술자다.[**] 축소 모형에서 또는 강을 따라서 관찰되는 난류의 많은 사례들을 어떻게 연결시킬 수 있을까? 이 사례들은 '더 … 할수록, 더욱더(the more … the more)', '더 … 할수록, 더욱 덜(the more … the less)'이라는 형태의 문장 속에 이미 요약되어 있다. 흐름이 더 빠를수록, 난류는 더욱더 많아진다. 흐름이 만나는 장애물이 더 클수록, 난류는 더욱더 많아질 것이다. 유체가 더 밀도가 높을수록, 난류는 더 생기기 쉽다. 마지막으로 유체가 더 점성이 있을수록, 난류는 더욱 덜 생길 것이다.(기름은 물속에서 소용돌이를 유발한 장애물 주위를 부드럽게 선회한다.) 이들 문장은 n+1 기입에서 좀 더 확고하게 서로 묶일 수 있겠는가?

---

[*] 이와 관련한 흥미로운 연구로서, 프랑스의 통계치 수집 기관인 INSEE의 구성에 대한 F. Fourquet(1980)의 연구를 참조하라.

[**] P. S. Stevens(1978)를 참조하라. 축소 모형, 모형과 계산 사이의 관계 문제에 대해 아마도 최고의 책은 여전히 M. Black(1961)이다. 덜 유명하나 매우 유용한 것은 F. Dagognet의 연구다. 특히 최근 저서(1984)를 참조하라.

표의 네모 칸에 체크 표시를 하는 대신 우리는 위의 관련 단어들 각각에 문자를 부여하고, '더', '덜' 같은 비교급을 곱셈과 나눗셈으로 바꾸려고 한다. 새로운 요약은 이제 이런 형태를 띤다.

T(난류)는 S(유속)에 비례한다.
T는 L(장애물의 길이)에 비례한다.
T는 D(밀도)에 비례한다.
T는 V(점성률)에 반비례한다. 또는 T 1/V

이 새로운 번역이 많이 덧붙이는 것 같지는 않다. 더 짧은 형태로 종관(綜觀)적으로(synoptically) 나타낼 수 있다는 점만 제외하고는.

$$T \text{ (는)} \quad SLD/V \quad \text{(에 관련 있다.)}$$

아직 어떤 커다란 이익이 있는 것은 아니다. 새로운 요약은 이들 요소 사이에 밀접한 관계가 있다는 것을 기술하고 있을 뿐이며, 그 관계가 어떤 종류의 것인지를 대강 가리키고 있을 뿐이다. 단위들이 상호 보충하고 비차원수(nondimensional number, 非次元數)가[18] 나오도록 만지작거린 후, 레이널즈는 결국 새로운 공식을 내놓았다.

$$R = SLD/V$$

---

18) 시간과 공간의 차원을 가지지 않도록 물리적 변량을 조합하여 만든 수로서 물리계의 기본 특성을 기술하는 데 유용하다.

레이널즈의 공식을 따르면 얻어지는 것이 있는가? 아니면 모든 경우에 대한 단순히 요약된 개요에 불과한가? 멘델레예프의 주기율표, 그리고 이 절에서 관찰된 모든 다시쓰기의 경우처럼, 각 번역은 요소들 사이의 관계를 뒤섞었기 때문에(그래서 새로운 시-공간을 창조했기 때문에), 무엇인가가 얻어졌다. 돌멩이를 거슬러 빨리 흘러내리는 작은 시내, 그리고 댐에 막혀 천천히 흘러가는 강, 또는 공중에서 내려오는 깃털, 그리고 당밀에 빠져 헤엄치는 어떤 동물의 몸뚱이처럼 서로 멀리 떨어져 있는 듯 보이는 상황들은, 그들이 '동일한 레이널즈 수(same Reynolds)'(이제 이렇게 불린다)를 지닌다면, 똑같이 보이는 난류를 만들어 낼 수 있다. R는 이제 하늘의 은하수이든 나무의 옹이든, 모든 가능한 난류를 분류할 수 있는 하나의 계수(coefficient)이고, 실로 그것은 '공동 작용의(coefficient)'라는 그 이름이 상기시키듯, 모든 난류가 물리학자의 실험실에서 하나로서 활동하게(act as one) 만들어 준다. 더 좋은 것은, 레이널즈 수(數)는 실험실에 있는 바이커 교수 또는 모의 실험용 풍동(風洞, wind tunnel)에 있는 항공 기술자가 주어진 상황의 비율을 어떻게 축소할 것인지를 결정할 수 있게 한다. 실물 크기의 상황과 마찬가지로 축소 모형도 동일한 레이널즈 수를 갖는 한, 그것이 완전히 다른 것으로 '보일'지라도, 우리는 그 모델을 갖고 작업할 수 있다. 우리가 다른 것들보다 더 믿어야 하는 그런 유형의 기입들과 마찬가지로, 차이와 유사성은 다시 조합된다.

이것이 방정식(equation)이라고 적절히 불리는 것에 의해 제공된 결정적 이득임에도 불구하고(서로 다른 것들을 같이 묶고, 그것들을 동등하게 해 주기 때문에), 이 이득은 과장되지 말아야 한다. 첫째로 방정식은, 요소들을 모이게 하고 동원하고 정렬하고 전시하는 다른 모든 도구와 그 본성에서 다르지 않다. 표, 질문지, 목록, 그래프, 컬렉션과 다르지 않다. 단지 그것은, 긴 캐스케이드의 끝 지점처럼, 궤적의 이동성을 더욱더 가속시키는 수단일 뿐이다.

사실상 방정식은 **번역의 부분** 집합이고 다른 모든 번역과 같이 연구되어야 한다. 둘째, 방정식은 모든 연결망 구축으로부터 분리될 수 없고, 단지 그것의 작은 한 부분이다. 예를 들어 레이널즈 수는 과학자들이 한 축소 모형에서 다른 모형으로 옮겨 가게 해 주고, 한 가지 난류 사례에서 시공간에 멀리 떨어진 다른 사례로 빨리 움직이게 해 준다. 다 좋은 일이지만, 이것은 난류에 대해 작업하고 있는 수백 명의 수역학 기술자들이 존재하는 한에서만 작동한다.(그들은, 이번에는 자기들의 실험실이 항구, 댐, 파이프, 항공기 등의 건설에 연루될 수 있었던 한에 있어서만, 축소 모델을 위해 작업을 한다.) 일단 연결망이 그 자리에 있을 때에만 비로소 레이널즈 수의 발명은 차이를 만들어 낼 수 있다. 비유를 하자면, 그것은 예전 철도 체계에서 **전차대(轉車臺, turntable)**와 같은 역할을 한다. 그것은 중요하긴 하지만 전체 체계를 그것으로 환원시킬 수는 없다. 동원(mobilization)이 진행 중이기 때문에, 그리고 그런 한에 있어서, 그것이 그렇게 중요한 역할을 하는 것이기 때문이다.(예컨대 턴테이블은 전기 견인이 엔진을 양방향으로 가게 허용하면 무관한 것이 된다.)

방정식은 자본화된(capitalized) 궤적들의 이동성을 증가시키는 데 능란할 뿐 아니라, 그것의 조합 가능성(combinability)을 증진하고 센터를 내가 축적의 센터(centres of calculation)라 부를 것으로 변형시키는 데에도 능란하다. 그런 센터는 1870년대 말에 그 유명한 백열등이 발명된 멘로파크(Menlo Park)에서 에디슨(Edison)에 의해 구축되었다.[19]* 에디슨의 연구 노트 덕분에, 그의 전략을 재구성하는 것, 또 그의 실험실이 어떻게 구축되

---

* 나는 여기에서 T. Hughes(1979)의 모범적인 논문을 따랐다.

19) 에디슨이 캘리포니아의 도시, 멘로파크에 세운 연구소인데, 그는 이것을 '발명 공장(invention factory)'이라고 불렀다.

없는지를 추적하는 것이 가능할 뿐 아니라, 그가 n번차 기입에서 종이와 펜으로 한 작업을 관찰하는 것도 가능하다. 다만 존 왕의 이야기(1절을 보라)와 다른 경우에서 '지적' 작업은 에디슨이 종사한 연결망 구성과 분리되어야 한다. 그의 전략은 자기 회사가 가스등 회사를 대체하는 것이었는데, 그것은 가스등과 동일한 소비자 가격으로 모든 곳에서 전기를 생산하고 배달하는 완전한 체제를 공들여 만드는 것을 의미한다. 일찍이 1878년에 에디슨은 가장 고전적인 계산법에서, 즉 회계와 기초 경제학 위에서 일을 시작한다. 증기 기관, 발전기, 기술자, 보험, 구리 등등의 가격을 감안할 때, 그가 계획한 체계는 얼마만큼 비용이 들까? 그의 첫 번째 서류 견적의 한 가지 결과는 가장 비싼 항목이 전도체에 필수적인 구리였음을 보여준다. 구리의 가격은 너무 높아서, 처음부터 전기가 가스와 경쟁하는 것을 불가능하게 했다. 그래서 구리에 관해 무슨 일인가가 일어나야만 했다.

모든 기입을 방정식 형태로 써 내려감으로써 제공되는 중요한 병참상의 이점(logistical advantage)이 이제 드러난다. 얼마큼의 구리가 필요한지를 계산함으로써 에디슨은 회계뿐 아니라 줄(J. P. Joule)의 방정식 하나도 사용한다.(레이널즈에 대해 내가 서술한 것과 유사한 과정을 통해 일찍이 얻어진 방정식이다.) 에너지 손실은, 모두가 도관의 횡단면에 의해 나뉘고, 한 상수에 의해 곱해진 도관의 길이에 의해 곱해진, 전류의 제곱과 같다.[20]

물리학과 경제학의 관계는 무엇인가? 만일 당신이 한편으로는 줄의 연구소를, 다른 한편으로는 물질 제조 공장을 고려한다면, 관계랄 게 아무것

---

20) 1840년 줄은 전류가 열을 발생시킨다는 점에 주목하여, 저항을 통과하는 전류가 발생시키는 열은 흘려 준 전류의 제곱에 비례한다는 법칙을 발견하였다. 즉 전류에 의해 생기는 열량 Q는 전류의 세기 I의 제곱과, 도체의 전기 저항 R와, 전류를 통한 시간 t에 비례한다. $Q = 0.24 I^2Rt$.

도 없다. 에디슨의 연구 노트에서는 어쨌든, 그 두 가지는 솔기 없는 한 천으로 점차 합쳐지는데, 그것은 그들이 다소간 동일한 형식으로 적히고, 그의 눈에 종관(綜觀)적으로(synoptically) 제시되기 때문이다. 에디슨이 작업한 결합의 그물(web of association)은 방정식들에 의해 같이 끌어내어진 것이다. 방정식을 조작함으로써 그는 다음과 같은 문장을 생각해 냈다. 배전에서의 손실을 줄이기 위해 횡단면을 더 증가시킬수록, 더 많은 구리가 필요하게 된다. 이것이 물리학인가, 경제학인가, 공학인가? 그것은 중요치 않고, "어떻게 구리의 값을 낮출 것인가" 하는 물음을 "어떻게 물리학의 고전 방정식을 만지작거릴 수 있겠는가" 하는 물음으로 번역한 한 개의 연결망이다. 에디슨은 이제 일련의 이질적인 제약 사항들에 둘러싸여 있다. 그는 어떤 부분이 더 강하고 어떤 부분이 더 약한지를 찾아내려고 애쓴다.(5장을 참조하라) 소비자 가격은 가스등의 가격과 같아야 하고, 이것은 절대적인 요구 사항이다. 시장에서의 현재 구리 시세도 그렇다. 줄의 법칙도 그렇다. 전류에 의해 나뉜 전압으로서 저항을 정의한 옴(Ohm)의 법칙도 마찬가지다.

$$저항 = 전압 / 전류$$

물론 전류가 줄어들 수 있다면, 횡단면도 마찬가지로 줄어들 수 있고, 구리 비용도 그럴 것이다. 그러나 옴의 법칙에 따르면, 그것은 필라멘트의 저항을 증가시킴을 의미하게 된다. 그렇다면 이것은 고저항(high-resistance) 전등을 찾는 셈인데, 당시에는 모든 사람이 타 버리지 않을 필라멘트를 찾는 어려움으로 인해 저저항(low-resistance) 전등을 찾고 있었다. 이 제약 사항은 다른 것들처럼 절대적인가? 에디슨은 이제 이 연결의 사슬을 시험해 보고 그것이 얼마나 절대적인지를 평가한다. 위의 방정식은 에디슨이 배치되어 있는 연결망으로부터 사라지지 않는다. 우리가 갑자기 다른 세계로 인도되는 이유는, 그것이 수학 용어로 적혀 있기 때문이 아니다. 거꾸로 그것은 연결망을 구성하는 한 지점, 그 강하고 약한 지점에 **집중시킨다**(concentrates). 다른 것들에 비해, 저항의 양은 가장 약한 고리인 것으로 보인다. 그것이 물러나야 한다. 에디슨은, 그것이 아무리 어려워 보일지라도 고저항 전등을 우리가 찾아내야 할 것이라 결심하는데, 그것만이 다른 요소들을 제자리에 유지시킬 유일한 길이기 **때문이다**. 일단 결정이 내려지자 에디슨은, 타지 않고 저항할 필라멘트를 찾아 1년에 걸쳐 시행착오를 거칠 탐색에 그의 병력을 보낸다. 위의 계산의 최종 결과가 고저항 백열등(incandescent high-resistance lamp)이다.

이 예는 어떻게 낯선 영역들이, 일단 공통된 계산 형식을 갖게 되면, 서로 관계를 맺고 조합되는지를 보여 준다. 뿐만 아니라 방정식의 마지막, 그리고 중요한 이점을 드러낸다. 이 책의 처음부터 나는 계속해서, 커다란 숫자의 동맹자들을 동원하고, 그들의 상대적 힘을 평가하며, 세력의 균형을 기울게 하고, 약하고 강한 결합(association)을 시험하고, 사실과 기작(mechanism)을 묶는 존재로서 과학자와 기술자를 그려 왔다. 사실상 나는 각각의 전통적인 구분들을 더 강하고 더 약한 결합 사이의 상대적 구분에 의해 대체시켰다. 이제 우리는 우리의 긴 여정의 끝에 가까이 왔는데, 그것은 자본화(capitalisation)의 끝머리에서 생산되는 방정식들이 이런 모든 동원(mobilization), 평가(evaluation), 시험(tests), 유대(ties)의 **총계(sum)**를 문자 그대로 구성하기 때문이다. 방정식들은 무엇이 무엇에 결합하는지 말한다. 그것들은 관계의 본성을 정의한다. 최종적으로, 그것들은 각 결합이 붕괴에 저항하는 수단을 자주 표현하고 있다. 물론 그것들은 동원 기작(mobilization process) 없이는 이해하기가 완전히 불가능하나(내가 그것들에 대해 좀 더 일찍 언급하지 않은 이유가 바로 이것이다), 그럼에도 불구하고 방정식들은 과학적 연결망의 진정한 핵심이며, 사실이나 기작들보다 더, 왜냐하면 그것 모두를 계산법의 센터 안으로 함께 끌어가고 있으므로, 더 중요하게 관찰하고 연구하고 해석해야 한다.

2.2 형식주의(formalism)가 왜 문제인가?

과학자에 의해 그려진 기입의 캐스케이드를 따라서 우리는 우리 여정에서 가장 수월한 부분이 될 지점에 도달했다. 더 약하고 더 강한 결합(associations)에 대해 우리가 앞에서 한 작업의 이득을 이제 거둘 수 있기 때문이다. 유감스럽게도, 이곳 역시 앞선 연구자들에 의해 어느 정도 모호하게 된 부분인데, 이는 우리가 무엇을 연구해야만 하며 또 누구를 쫓아야만 하는지를 정하는 데 있어 여전히 매우 조심해야만 한다는 것을 의미한다. 계산 센터에서 일어난 것을 설명하기 위해 전에는 두 가지 혼란스런 말이 사용되어 왔다. 추상 작용(abstraction)과 이론(theory)이 그것이다. 그것들이 무엇을 의미하는지 살펴보기로 하자.

(1) '추상적 이론들' 없이 지내기
우리가 위의 절에서 쫓았던 캐스케이드에서 우리는 언제나 하나의 실천적이고 국지화된 활동에서 다른 것으로 옮겨 갔다. 확실히, 번역의 각 단계는 바로 아래의 단계를 단순화(simplified), 결절화하고(punctualised), 요약했다(summarised). 하지만 지지자들의 이런 재-재현(re-representation) 활동은 정말로 매우 구체적인 것이다.* 이것은 몇 장의 종이, 실험실, 도구, 기표, 표, 방정식을 필요로 한다. 무엇보다도 이것은 동원과 원격 행위의 필요성에 의해 부과되며, 그것을 가능하게 한 좁은 연결망을 결코 버리지 않는다. 만일에 '추상 작용'이란 말이, 가능한 한 많은 자원들을, 아주 잘, 한 장소에 모으기 위하여 각 단계가 아래 단계에서 요소들을 추출하는 과정을 의미한다면, 원유를 더 순수하고 순수한 석유로 분류(分溜)하는 정유 공장(refinery)을 우리가 검사하는 것과 똑같게, 우리는 추상 작용의 과정을 연구해 왔던 (또 계속 연구할) 것이다. 슬프게도, '추상 작용'이란 단어의 의미는 생산물(product, n번차 기입)에서부터, 과정(process)으로뿐만 아니라 생산자의 마음(producer's mind)으로까지 바뀌었다. 그래서 계산의 센터에 있는 과학자들이 '추상적으로' 생각할 것이고, 또는 최소한 다른 사람들보다는 더 추상적으로 생각할 것이라 함축되었다. 라페로즈가 위도와 경도를 다룰 때, 그는 중국인 어부보다 더 추상적으로 일한다고 말해질 것이며, 멘델레예프가 카드를 뒤섞을 때 경험적 화학자보다 더 추상적으로 생각한다고 말해질 것이다. 비록 이 표현은 정유 공장이 정유(petrol)를 '정제시키게' 정제한다고 말하는 만큼의 의미를 갖지만, 논점을 흐리게 하기에 충분하다. 추상 작용을 하는 구체적 작업은 충분히 숙고될 만한 것이다. 하지만 만일 그것이 마음에서 진행되는 어떤 신비한 특징이 된다면, 이건 정말이지 말도 안 되고, 그것은 그 누구도 접근할 수 없는 게 된다. 정제된 생산물과 구체적인 정제 활동 사이의 이러한 혼돈은 실질적 '추상 작용'을 사용하고 형용사나 부사를 결코 사용하지 않음으로써 쉽게 명료하게 된다.

어쨌든 이 간단한 예방 조처 규칙은 '이론(theories)'에 대한 숭배(cult) 때

---

* 이 유용한 단어는, 내가 여기에서 '캐스케이드'라고 명명한 것과 아주 동일한 기작을 기술하기 위해서, E. Gerson과 L. Star에 의해 제안되어 왔다. 이 장은 캘리포니아에 있는 그들의 Tremont Institute의 작업에 큰 빚을 지고 있다.

문에 적용하기 더 어렵다. 만일 '이론'이, 계속 확장하는 연결망을 통해 얻어진 모든 궤적을 센터가 동원하고(mobilize), 조작하고(manipulate), 조합하고(combine), 다시 기록하고(rewrite), 연결하는(tie together) 것을 허용하는 교차로를 의미한다면, 우리는 이론을 충분히 공부할 수 있을 것이다. 내가 말했듯 이론들은, 기입들의 이동성과 조합 가능성에 대한 또 한번의 가속화를 제공하는, 센터 내부의 센터들이다. 그것들을 연구하는 일은, 미국의 고속 도로 체계를 연구할 때 클로버형 인터체인지의 역할, 또는 벨사(社)의 연결망을 관찰할 때 디지털 전화 교환국의 기능을 이해하는 것보다 더 어려워서는 안 된다. 만일 동원이 규모에서 증가하면, 그러면 필연적으로 모든 연결망의 교차로에서 생산물이 증대되어야 할 것이다. 이들 교차로에서 일어나는 모든 혁신은 센터에 결정적인 우세를 부여할 것이다.

　만일 '이론'이라는 단어의 의미가 바뀌어 형용사나 부사가 되면(어떤 사람들은 그러면 더 '이론적인' 문제를 다루거나 '이론적으로' 생각한다고 일컬어진다) 이 상황은 변화하지만, 더욱 나쁜 경우는 '이론'이 그것들이 연결하는 요소들로부터 분리되어서 '추상적' 대상들로 변형되었을 때다. 이 경우는 예컨대, 항해 지도에 대한 새로운 기하학적 투영법을 발견하려는 메르카토르(Mercator)[21]의 작업이 항해자의 여행에서 절연되어 있다면 발생한다. 또는 멘델레예프의 표가, 그가 하나의 정합적 체제로 연결시키려고 노력했던 화학자들의 원소 다수에서 끊겨져 있다면 발생한다. 또는 만일 레이널즈의 수가, 그가 단 하나의 계수를 가지고 분류하려고 노력했던, 난류 시험들에서 분리되어 있으면 발생한다. 이론들과 그들이 그것에 대한(of) 이론인 것 사이에 구분이 만들어지자마자, 테크노사이언스의 정상은 즉시 안개에 싸

21) 16세기 네덜란드의 지리학자로 메르카토르 도법의 창시자다.

인다. 이제 추상적이고 자율적인 대상이 된 이론은, 그와 대조적으로 '실험적' 또는 '경험적'이 되는 과학의 나머지 위에 비행접시처럼 떠 있다.[*]

최악은 이제부터다. 어떤 대상에서도 독립적인 이들 추상적 이론이 그럼에도 불구하고 훨씬 아래쪽 경험 과학에서 일어나는 것과 모종 관계를 갖는 일이 때로 발생하기 때문에 — 이것은 기적(miracle)임에 틀림없다! 클로버형 인터체인지가, 그 교통량을 재분배시켜야 할 고속 도로와 정확히 맞아떨어지는 것을 본다니 정말로 기적이다! 합리론자들이 순교자, 회교 금욕파의 수도사, 창조설 신봉자들을 비웃으면서도 그런 종류의 기적에 경탄하는 것을 보는 일은 우습다. 그들은 이 신비에 너무나 매혹되어서, "세상에서 가장 적게 이해 가능한 것은 세계가 이해 가능하다는 사실이다" 라고 말하곤 한다. 이론에 대해 말하고, 그러고 나서 그 '응용'을 멍청히 바라보는 일은, 꺾쇠가 무엇을 붙들어 맸는지 전혀 말하지 않으면서 꺾쇠에 대해 말하는 것과 마찬가지로 또 매듭을 그물의 그물코(눈)에서 떼 내는 것과 마찬가지로 의미가 없다. 과학적 '이론'의 역사를 연구하는 일은 못, 널빤지, 집, 목수, 그리고 거주할 사람들을 고려하지 않고 쇠망치의 역사를 연구하는 것, 또 은행 체계 없이 수표의 역사를 연구하는 것처럼 무의미한 일일 것이다. 어쨌든 우리가 3장과 4장에서 배운, 책임 귀속의 시험(trials in responsibility)에 의해 그것들이 보강되지 않는다면, 이론에 대한 신념은 혼자 힘으로는 별로 동감을 불러오지 못한다. 독자들도 기억하겠지만, 이 시

---

[*] 이것은, '이론들'이 단순히 '데이터'의 축적을 쫓는다는 의미가 아니다. 반대로 '단순한 우표 수집하기'는 대개 '참된 과학'에 반대된다. 내 말은, 두 가지 사이의 어떤 선험적·인식론적 구분도 연구를 불가능하게 만든다는 점을 의미한다. '데이터'와 '이론들' 사이의 이 대조가 형성된 것에 대해 독립적인 연구가 부족하다는 사실이 문제다. 물리학과 화학 사이의 관계에 대해 이뤄진 그런 연구 시도에 대해 I. Stengers(1983)를 참조하라.

험의 결과는 동원 과정의 끝에 있는 소수의 과학자들로 하여금 전체 이동에 대해 책임을 지우는 것이다. 두 가지 과정이 합성되면 우리는, '과학자들이 세계를 이끈다'라는 주장뿐 아니라, '과학자들의 이론이 세계를 이끈다'라는 주장을 하게 된다! 쿠푸(Cheops)의 피라미드가 이제 그 꼭대기로 거꾸로 서 있는 셈이어서, 세계를 이해하기 더 어렵게 만든다.[22)

몇 가지 상식적인 계율이 피라미드를 다시 제대로 돌려놓기에 충분하다. 첫째로, '추상 작용'과 '이론'이란 단어를 형용사와 부사적 형태로 사용하는 일을 삼갈 것이다. 둘째로, 추상 작용이나 이론을, 그들이 그것에 대한(of) 추상 작용이고 이론인 것으로부터 분리시키지 않을 것인데, 이것은 우리가 연결망들을 관통해 지나갈 때 항상 그 최고의 길이를 따라갈 것임을 의미한다. 셋째로, 우리는 계산의 센터(centres)를 연구하지 않고서는 계산법을 연구하지 않을 것이다.(그리고 우리가 앞에서 배운 대로 물론, 귀속 과정의 결과와 일을 실제로 한 사람의 명단을 혼돈하지 않을 것이다.)

(2) 왜 형식이 그렇게 중요한가: 일곱 번째 방법의 규칙

'추상 작용'과 '이론'이라는 오염된 단어를 모두 사용하지 않는 것이 아마도 최선일 것이다. 어쨌든 그것들 없이 또 그것들을 가능케 한 숭배 없이 지내는 것이 손쉬운 일이긴 하지만, 그것들이 그렇게 서투르게 가리키고 있는 그 현상에 대해서는 설명을 해야 하겠다.

앞 2.1에서 보았듯이 센터의 구성에는 멀리 떨어진 곳으로부터 도입되는 요소들(elements)이 필요하고, 이것은 센터가 원격으로 지배하는 것을 허용해 주는데, 센터가 범람하는 것을 피하려면, 요소들을 좋다고 해서

---

22) 4장 2절 2.1에서도 쿠푸의 피라미드에 비유했다.

다 받아들여서는 안 된다. 이 패러독스는 가능한 한 적은 것을, 그리고 동시에 가능한 한 많은 것을 보유하는 기입들을, 그들의 이동성, 안정성, 조합 가능성을 높임으로써, 고안해 냄으로써 해소된다. 현존(presence)과 부재(absence) 사이의 이 타협은 가끔 정보(information)라 불린다. 당신이 한 조각의 정보를 가질 때 당신은 사물 자체 없이, 어떤 것의 형식(form)을 갖는다.(예를 들어 사할린 없이 사할린의 지도, 화학 반응들 없이 주기율표, 항구 자체 없이 로테르담 항구의 모형을 갖는다.) 알다시피 이런 정보 조각들(또는 형식, 또는 서류 양식, 또는 기입들—이 모든 표현은 동일한 움직임을 지시하고, 동일한 패러독스를 해결한다)은 센터에서 축적되며 조합될 수 있다. 그러나 정보의 축적은 또 하나의 예기치 않은 부산물(by-product)이다. 재기록(rewriting)과 재-재현의 캐스케이드에는 제한이 없기 때문에, 완전히 다른 영역에서 오는 다른 n번차 형식과 결합되는 n번차 형식을 얻을 수 있다. 왜 형식이 그렇게 중요한가, 그리고 왜 과학에 대한 관찰자들이 그것에 그렇게 열광하는가를 설명해 주는 것은, 이런 새롭고 예기치 않은 연관들이다.

첫째로, 한 가지 작은 수수께끼를 풀어야 하겠다. 수학의 '추상적' 형식이 '경험 세계'에 적용되는 것이 어떻게 가능한가? 많은 책들이 이 '잘 알려진 사실'에 대한 설명을 찾기 위해 집필되었지만, 거의 그 누구도 그런 사실의 존재를 증명하려고 애쓰지 않았다. 어쨌든 만일 과학적으로 실행해 본다면, 그런 일은 일어나지 않는다는 게 곧바로 드러날 것이다. '추상적' 수학은 결코 '경험적 세계'에 적용되지 않는다. 실제 일어나는 것은 훨씬 더 솜씨 있고, 훨씬 덜 신비하고 훨씬 더 흥미롭다. 캐스케이드의 어떤 지점에서 도구들은, 예를 들어 그래프 용지 위에 형식을 기입하기 시작한다. 인구 조사에서 얻어진 한 떼거리의 점들이 여러 가지 변형을 거쳐, 몇 번의 추가적인 통계적 재배열 후, 그래프에 선으로서 끝이 난다. 흥미롭게도 아미노산 분석기도 분석 결과를 그래프 용지에 그려 보인다. 더욱 기묘하게도 낙하 물체에 대한 갈릴레오의 연구 역시 그래프의 형식을 취하고(오늘날 되풀이될 때), 그의 연구 노트 속에는 삼각형 모양을 가졌다.* 수학은 세대, 아미노산, 그리고 경사면을 따라 굴러 내려오는 나무 공과는 한참 떨어진 것이다. 그렇긴 하지만 일단 세대, 아미노산과 경사면이 위의 병참(물류 이동, logistics)을 통해 흰 종이 위로 옮겨지면, 그리고 자신을 형식과 숫자로써 내려가도록 요청되면, 그들의 수학은 아주아주 가깝게 된다. 문자 그대로 한 권의 책에서 종이 한 장이 그 다음 장에 가까운 만큼이나 가깝다. 수학이 경험 세계를 충족시킨다는 점은 깊은 수수께끼다. 종이 위의 한 가지 수학적 형식과 어떤 도구에서 인쇄 출력된 것에 그려진 다른 수학적 형식이 중복됨은 깊은 수수께끼가 아니라, 모두 동일한 한 가지 성취다.**

실험실의 도구들이 어떻게 기하학적이고 수학적인 형식으로 위대한 자연의 책(Great Book of Nature)을 써 내려가는가를 우리가 추적해 볼 수 있다면, 왜 형식이 그렇게나 큰 우월성을 누렸는지를 이해할 수 있을 것이다.[23] 계산법의 중심에서 당신은 완전히 무관한 영역으로부터, 그러나 동일한 모양의 서류 형식을 얻을 것이다.[예를 들어 동일한 데카르트 좌표(Cartesian coordinates)와 동일한 함수들][24] 이것은, 재기록의 캐스케이드에

---

* 이와 관련해서는 A. Koyré(1966)와 S. Drake(1970)를 참조하라.
** 이 점은 에누리해서 받아들여야 한다. 왜냐하면 이 문제를 다루는 과학의 인류학(anthropology of science)에 관한 연구가 없기 때문이다. E. Livingston의 최근 저서(1985)에서 이와 관련된 시도를 찾을 수 있다.

23) 'Book of Nature'란 개념은 원래 중세 시대의 철학적·종교적 개념으로서, 자연을 지식과 이해를 위해 읽어야 할 책으로 보는 견해였다.

의해 만들어진 모든 수직적 결합(vertical associations)에 덧붙여서 **횡단적 연관**(transversal connections)이 수립되고 있음을 의미한다. 그러므로 함수에 대해 작업을 하고자 하는 사람은, 그것이 처음 데카르트 좌표계에서 나타난 것인 한, 탄도학, 인구 통계학, 행성의 공전, 카드 게임, 그리고 다른 어떤 것들에도 몇 년 내에 개입할 수 있어야 할 것이다.

센터가 성장한다는 바로 그 사실은 도구들의 증식을 함축하고, 이것은 또 정보가 문서 위에 더욱더 수학적 모양을 취하게 만든다. 이것은, 계산자(calculators)가 누구이든 간에, 센터 내부의 중심적 지점에 위치하고 있음을 의미하는데, 그것은 모든 것이 그의 손을 통과해야만 하기 때문이다.

예를 들어 사할린이 일단 지도에 올라가면, **평평한** 종이 면에 눈금자와 제도 컴퍼스를 적용할 수 있고 가능한 항로를 계산할 수 있다. "배가 이 지점으로부터 오면, 350° 침로를 유지해 120해상 마일의 운항 노선을 지나, 20° 북북동에 육지를 볼 수 있을 것이다." 아니, 할 수 있겠는가? 글쎄, 이것은 라페로즈가 보냈던 방위(bearings) 꾸러미가 어떻게 지도 위에 올려놓아지느냐에 달려 있다. 라페로즈가 중국인 어부들의 말을 일련의 두 숫자 표시(two-figure readings, 경도와 위도)로 변형시켰던 것과 꼭 같이, 이 리스트는 이제 지구를 나타내는 **곡면의** 표면 위에서 점들로 변형된다. 하지만 더 이상의 변형 없이 어떻게 곡면에서 평면으로 넘어갈 수 있을까? 이 모든 변형을 통해 정보는 어떻게 유지시킬까? 이것이 매우 구체적이고 실천적인 문제인데, 라페로즈도 중국인 정보 제공자도 그것을 풀지 못했다. 이런 종류의 문제는, 어디에서 왔건 간에 n번차 형식들에 대해 작업하고 있는 사람들에 의해서 센터에서만 풀릴 수 있다. 위의 문제는 이제 다른 것

---

24) 교차하는 축에 대한 위치에 의해서 위치가 결정되어 있는 평면(2차원) 또는 공간(3차원)상의 점. 17세기에 이 좌표계를 도입한 프랑스의 수학자 R. 데카르트의 이름을 따서 불린다.

으로 번역될 수 있다. 구를 어떻게 면에 투영할 것인가? 투영(법)에서 무엇인가가 소실될 것이므로, 무엇을 유지시킬 것인가? 각도 아니면 면? 메르카토르의 선택은 배의 항로를 결정하는 데 아주 중요했던 각도를 유지하고, 육상 생활자들에게만 흥미로울 면의 정확한 표현을 포기하는 것이었다. 라페로즈의 여행과 지도 제작자의 사무실을 어떤 방식으로 한데 묶는 연결망이 일단 제자리에 있게 되면, 투영 기하에서의 제일 적은 변화도, 행성 전역에서부터 모든 항해자에게 오는 형식의 흐름이 변화할 것이기 때문에, 막대한 결과를 가져올 수 있다는 것이 요점이다. 작은 투영 체제가 지리학의 방대한 연결망을 위한 필수 통과 지점(obligatory passage point)이다. 메르카토르처럼 이 지점을 차지하고 있는 사람이 승리를 거둔다.

사람들이 '추상적' 기하학이나 수학이 어떻게 '실재'와 어떤 관계를 가질 수 있는가를 이상하게 생각할 때, 그들은 센터에서 형식의 형식에 대해 작업을 하는 사람들이 누리는 **전략적 지위**(strategic position)를 정말로 존경하게 된다. 이들은 어떤 '응용'에서 가장 면(그렇다고 자주 말해지듯이) 사람들이기 때문에 가장 약한 부분이 될 것이다. 거꾸로 마찬가지 증거에 의해, 그들은 가장 강한 부분이 될 수도 있는데, 센터가 결국 시간과 공간을 지배하게 되기 때문이다. 이들이 몇 개의 필수 통과 지점들로 서로 연결되어 있는 연결망을 디자인한다. 일단 모든 궤적이 문서에 기록될 뿐만 아니라, 기하학적 형식으로 재기록되고 또 방정식 형식으로 재기록되면, 기하학과 수학을 관리하는 이 사람들이 거의 모든 곳에서 개입할 수 있는 것은 더 이상 놀라운 일이 아니다. 그들의 이론이 더욱 '추상적'일수록, 그것이 더욱 센터 내부의 센터를 더 잘 차지할 수 있다. 시계들이 서로 아주 멀리 떨어져 있어서, 한 시계의 관찰자가 다른 관찰자에게 정보를 보내는 데 시간이 걸리는 그런 경우, 그 시계들의 표시들을 어떻게 조화시킬 것인가 하는 문제에 아인슈타인(Einstein)이 열중하고 있을 때, 그는 추상 세계에 있지 않고, 모든 정보 교환의 중심에 침잠해 있는 것이고, 기입 도구(inscription device)의 가장 물질적인 측면에 주의를 기울이고 있는 것이다. 어떻게 나는 지금 몇 시인 것을 아는가? 시곗바늘들이 겹치는 것을 어떻게 내가 아는가? 큰 속도, 큰 질량, 큰 거리의 경우에 관찰자들의 모든 신호의 동치를 무엇보다 유지하고자 한다면, 나는 무엇을 버려야 하는가? 만일 계산 센터가, 배에 탄 모든 여행자들이 그들에게 가져오는 모든 정보를 다루고자 한다면, 그들은 메르카토르와 그의 '추상적' 투영이 필요하다. 그러나 만일 그들이 광속으로 움직이는 계(系)들을 다루고자 하고, 그러면서도 그것들의 정보의 안정성을 유지하기를 바란다면, 그들은 아인슈타인과 그의 '추상적' 상대성이 필요하다. 시공간에 대한 고전적 재현들을 버리는 일은, 그로써 얻을 이득이 궤적들을 놀랍게 가속시키고 그들의 안정성, 충실성, 그리고 조합 가능성(combinability)을 증진시킨다고 한다면, 너무 큰 대가를 치르는 것은 아니다.

극단적으로, 만일 수학자들이 방정식과 기하학에 대해 말하는 것을 멈추고, '수' 그 자체(per se), 일반적 '집합', '근접(proximity)', '결합(association)'을 고려하기 시작한다면, 그것들이 계산 센터에서 진행되었던 것을 더욱더 집중시킬 것이므로, 그들의 작업은 더욱 **중심적**(central)이 될 것이다. n번차 서류 양식들의 순전한 축적이, 특징들을 유지시키면서 동시에 관련된 것('물질'에 대한, of the 'matter')을 제거할 수 있는 여느 n번+1 형식을 만들어 낸다. 센터가 더욱더 이질적이고 지배적일수록, 단지 그들이 같이 머물고 또 통치권을 유지하기 위해 그것들은 더욱더 형식주의(formalism)를 요구한다. 형식주의와 수학은 센터에 끌리고, 이 비유를 감히 쓰자면, 그것은 쥐와 벌레들이 곡물 창고에 끌리는 것과 같다.

우리가 과학자와 기술자를 끝까지 쫓기로 한다면, 신성 불가침의 것

(the Holy of Holies)으로 되어 왔던 것을 한 지점 또는 다른 지점에서 반드시 꿰뚫어야만 할 것이다. 이 지점에서는 오직 몇 가지 특징이 분명하다. 첫째, 형식주의는 동원을, 센터를, 연결망 구성을 모면한다고 선험적으로(a priori) 상정해서는 안 된다. 그것들을 전개하는 사람에게 제공되는, 믿을 수 없는 세력 보충을 설명하는 것은 철학자들의 말처럼 선험적인(transcendental) 것이 아니다. n번차 형식을 조작함으로써 얻어지는 이 보충은 센터 내부에서 온전히 오는 것이고, 그것이 허락한 새롭고 많은 횡단적 연관들(transversal connections)에 의해 아마도 더 잘 설명될 것이다. 둘째, 센터 바깥에서 수행되는 것과 유사한 단순하고 실천적인 조작들에 의거해서 이들 형식을 설명해 줄 경험적 대응물(empirical counterparts)을 찾으려고 우리 시간을 낭비해서는 안 된다. 사할린 섬의 해안에서 자갈을 다룬다고 집합론이나 위상론이 나오지 않는다. 분명히 기입들의 캐스케이드는 처음부터 내내 서류 양식들의 실천적이고 구체적인 조작이지만, 각각의 최종 산물들은 아래 단계의 그 어떤 것도 닮지 않은 하나의 양식이다. 만약 닮았다면, 사다리의 이 단이 쓸모없다는 뜻이고, 번역의 그 부분이 최소한 실패했다는 뜻이다. 셋째, 이런 형식들에 대한 '사회적 설명(social explanation)'을 찾느라고 우리가 시간을 허비해서는 안 된다. 만일 거기에서 사회적이란 말로서, 사회의 특징들이 수학에 의해 일그러지게 반영된다고 의미할 때는 그렇다. 형식이란 무엇을 일그러뜨리거나 잘못 표시하지 않으며, 축적과 자본화 움직임을 더욱더 가속화시켜 준다. 처음부터 암시해 왔듯이, 사회와 수학의 고리는 예상했던 것보다 훨씬 더 멀고 동시에 훨씬 직접적이다. 명백히 그들은 모든 가능한 동맹자들에 단단히 같이 부착해 있고, 사회의 아마도 가장 견고하고 또 가장 '사회적'인 부분인 것을 사실상 구성하고 있다. 넷째, 다른 어느 것과도 관련이 없는(unrelated) 것으

로 보이는 이런 형식들의 기괴한 존재를 설명하기 위해 과학자들이 서로 동의하고 있을 규약들(conventions)에 의지할 이유는 없다. 형식들은, 세계를 동원하여 그 센터에 옮겨 가게 하려고 고안된 다른 기입들과 마찬가지로 단조롭지도 융통성 있지도 않고, 다른 기입들 못지않게 실재하는 것이다. 뭔가가 있다면, 그것은 다른 것들보다 더 저항한다는 것인데(실재에 대한 우리의 정의에 의거해), 이는 연결망의 모든 다른 요소의 관계를 그것들이 증진시키고 증식시키기 때문이다. 다섯째, 우리가 길을 찾으려면, 형식에 대한 이런 네 가지 전통적인 해석[선험주의(transcendentalism), 경험주의(empiricism), 사회 결정론(social determinism), 규약주의(conventionalism)] 각각에 의해 제공된 일말의 진리를 받아들여야만 한다. n번차 형식은 마치 다른 세계에서 나오는 듯한, **예상치 않은** 보충을 준다. 그것들은, 마치 실천적 문제에 연결된 듯한, 정화(purification)라는 **구체적인** 작업의 결과다. 그것들은, 마치 사회보다 **더욱 사회적인** 듯이, 결합을 더욱더 집중시킨다. 그것들은, 마치 사람들 사이에 통용되는 다른 어느 규약보다 더욱 **실재하**는 듯이, 더 많은 요소들을 묶는다.

솔직히 나는 이 다섯 개 요구 사항을 충족하는 연구를 단 하나도 본 적이 없다. 이런 부재 사실로부터, 형식은 계산 센터에서 일어나는 일을 언제나 모면하기 때문에, 내가 이 책에서 묘사한 것과 같은 종류의 탐구를 통해서 연구될 수는 없다고 결론을 내리려 할 수 있다. 그러나 나는 다른 결론을 내린다. 거의 어느 누구도 형식주의에 대한 주의 깊은 인류학적 연구를 할 용기를 갖지 못했었다고. 이렇게 배짱이 부족한 이유는 간단하다. 선험적으로, 즉 연구가 시작조차 되기 전에, 형식에 대한 설명을 찾는 것은 마음을 향해, 그리고 그 인지적 능력을 향해 초점이 맞춰졌기 때문이다. 수학, 계산, 이론과 형식 일반에 대한 모든 탐구는 그 반대가 되어야 한다. 우선 관찰자가 시공간에서 어떻게 움직이는가를 살피고, 기입들의 이동성(mobility), 안전성(stability) 또는 조합 가능성(combinability)이 어떻게 증진되는지, 어떻게 연결망이 확장되는지, 어떻게 모든 정보들이 재-재현의 캐스케이드 속에서 한데 묶이는지를 찾아야 하고, 그리고 만일 어떤 예외적인 경우에 의해 아직도 설명되지 않은 것이 존재한다면, 오직 그 경우에 특별한 인지적 능력(cognitive abilities)을 찾아야 한다. 내가 여기에서 일곱 번째 방법의 규칙(seventh rule of method)으로 제시하는 것은, 과학과 기술에 관한 인지적 설명에 대한 사실상 하나의 지급 정지 (moratorium)다.

3. 도량형

세계를 연결망의 센터를 향해 번역하는 일은 하나의 일이고(1절), 이 센터 내부에서 n번차 기입에 관해 작업함으로써 세력이 예기치 않게 보강되는 일은 또 별개의 일이다.(2절) 아직 또 하나의 남은 장애가 있는데, 이것은 마지막 기입(final inscriptions)이 세계가 아니기 때문이다. 그것들은 세계의 부재중에 그것을 재현할 뿐이다. 새로운 무한 공간과 시간, 거대한 블랙홀, 아주 작은 원자, 거대한 경제, 깜짝 놀랄 만큼의 무수한 해(년), 번잡한 축소 모형, 복잡한 방정식, 이 모든 것은 전체 모집단(母集團)의 몇 퍼센트(4장을 보라)가 지배하고 있는 몇 평방미터만을 겨우 차지할 뿐이다. 확실히 여러 가지 영리한 함정과 계책들이 발견되어 왔는데, 그것들은 세력의 균형을 뒤집고 센터를 그때까지 지배해 왔던 사물들보다 센터를 더 크고 더 현명하게 하기 위한 것이었다. 어쨌든 과학자들의 진영에 유리하게 되어 온 힘의 관계를 되돌려(back) 번역할 방법이 없다면, 이 지점에서 뒤집을 수 없게 획득되는 것은 아무것도 없다. 더 부가적인 작업이 이제부터 이뤄져야 한다. 센터에서 주변부로의 이런 움직임은, 우리가 과학자들을 끝까지 쫓길 바란다면, 똑같이 잘 탐구되어야 하는 것이다. 우리 여정의 마지막 이 구간은 다른 두 가지만큼 중요한데도, 과학에 대한 관찰자들에 의해 종종 잊혀져 왔고, 그것은 '과학과 기술'이 '보편적(universal)'이라는 이상한 관념 탓이다. 이 관념에 따르면 이론과 형식이 일단 발견되면, 그것들은 부가 비용 없이 '모든 곳에' 확산된다. 추상적인 이론들이 모든 곳에, 그리고 모든 시간에 이렇게 적용된다는 것은 또 하나의 기적으로 보인다. 여느 때처럼, 작업하고 있는 과학자와 기술자를 쫓으면 더 세속적인, 그러나 더 흥미로운 답변을 받게 된다.

3.1 연결망을 더욱더 확장시키기

1961년 5월 5일에 앨런 셰퍼드(Alan Shepard)가 미국의 첫 번째 유인 우주선 머큐리(Mercury)에서 우주 비행을 시작했을 때, 그것은 **최초(first time)**였을까?[*][25] 어떤 면으로는 그렇다고 할 수 있는데, 어느 미국인도 그곳에

---

* 나는 여기에서 울프(T. Wolfe)의 훌륭한 저서(1979)를 사용한다. 우리 직업에 창피한 일이지만, 예를 들어 키더(Kidder), 왓슨, 그리고 울프의 책과 같이 테크노사이언스에 대한 최고의 책 중 일부는 전문 학자에 의해 저술되지 않았다는 점을 우리는 고백해야만 하겠다.

25) 미국은 첫 인공위성을 발사한 주피터 C 로켓을 개량한 레드스톤 로켓 위에 우주선 프리덤 7호를 싣고 우주 비행사 셰퍼드를 태워 우주로 보냈다. 이것이 종 모양의 캡슐형 우주 여행선인 머큐리로, 이는 미국 최초의 유인 우주선 발사였다. 셰퍼드는 15분간 지속된 탄도 비

실제 가 본 적이 없기 때문이다. 다른 의미로는 그렇지 않다고 할 수 있는데, 그것이 (n+1) 번째이기 때문이다. 그는 다른 종류의 축소 모형인 **모의 조종 장치**(simulator) 안에서 이전에 수백 번째 모든 가능한 동작을 해 봤었다. 마침내 그가 모의 조종 장치 밖으로 나와 로켓 안으로 갔을 때 그의 주된 인상은 무엇이었을까? "원심 분리기(centrifuge) 안에서 보였던 것과 똑같았다" 또는 "모의 조종 장치와는 달랐다. 더 쉬웠다" 아니면 "이런, 원심 분리기 같진 않고, 더 급작스러웠다" 같은 것 중 하나였을 것이다. 짧은 비행 동안에 그는 모의 조종 장치 안에서의 n번째 비행 예행 연습과 (n+1)번째 실제 비행 사이의 유사점과 경미한 차이들을 계속 비교했을 것이다. 관제탑의 승무원들은 세퍼드가 얼마나 침착한지를 보고 놀랐다. 미지의 우주 공간으로 가게 된 것을 두려워하지 않았기 때문에, 이 사람은 분명 '적절한 소질(right stuff)'을 가졌다. 그러나 요점은, 마젤란이 나중에 그의 이름을 딴 그 해협을 횡단했듯이, 실제로 미지의 곳으로 들어간 것이 아니라는 것이다. 그는 이미 수백 번 거기 가 보았고, 그보다 먼저 원숭이들도 또 수백 번 갔었다. 경탄스러운 것은 어떻게 사람이 우주에 들어갈 수 있느냐가 아니라, 어떻게 완벽한 우주 비행이 미리 모의 조종될 수 있느냐이며, 그리고 나서 무인 비행으로 천천히 확장되고, 원숭이로, 그리고 한 사람으로, 그리고 여러 사람으로 확장되느냐인데, 그 모든 일은 매번의 시도에 의해 센터로 되가져온 **외부의** 특성들을 점점 더 우주 센터(Space Center) **내부로** 통합시킴으로써 이뤄진다. 연결망이 케이프 커내버럴(Cape Canaveral)[26]에서 지구 궤도로 느리고 점진적으로 확장된 것이, 우주 센터 내부에서 이뤄진

행을 하고 바다에 안전하게 착수했다.
26) 미국 플로리다 반도 동쪽 연안에 있는 곳. 항공 우주국 기지, 미사일 실험장, 우주선과 인공 위성 로켓 발사장으로 유명하다.

계산이 외부 세계에 '적용(application)'된 것보다 더한 성취다.

"하지만 실험실 밖에서 과학의 적용이 과학의 효용에 대한, 과학자의 유사-초자연적 능력(quasi-supernatural power)에 대한 최고의 증명이 아닌가? 과학은 외부에서 **작동하고**, 그 **예측**은 충족된다." 우리가 이 장에서 만난 여느 주장들과 마찬가지로 그런 주장은 어떤 독립적이고 상세한 연구에 기반하고 있지 않다. 그 누구도, 어떤 사실, 어떤 이론 또는 어떤 장치가 그것들을 탄생시킨 연결망 **외부**에서 생존할 수 있는 것을 관찰한 바 없다. 흰개미보다 훨씬 더 허약한 사실들과 장비들은, 확장된 회랑(지하 통로)을 따라 이동할 수 있겠지만, 과학 철학자들이 허풍을 떨었던 이 유명하고 신비한 '바깥(외부)에 있음(out-thereness)' 상태에서는 단 한순간도 생존할 수 없다.

크레타 섬에서 프랑고카스텔로(Frangocastello) 태양열 주택 프로젝트를 맡은 건축가, 도시 계획가, 에너지 전문가(energeticians) 들이 1980년 초반 그들의 계산을 마쳤을 때, 그들은 마을의 완전한 종이 축소 모형을 아테네에 있는 그들 사무실에 갖고 있었다.*[27] 그들은 크레타에 대해 입수 가능한 모든 것, 즉 태양 에너지, 기후 패턴, 지역 인구, 수자원, 경제적 동향, 콘크리트 구조물과 온실 농업 등에 대해 알고 있었다. 그들은 세계 최고의 기술자들과 모든 가능한 전체 형태에 대해 예행 연습하고 토론했으며, 최적이고 독창적인 원형 모델을 정함으로써 많은 유럽, 미국, 그리스의 개발

---

* 이 사례는 M. Coutouzis(1984)에 의해 수행된, 현대의 대규모 기술 프로젝트에 대해 드물게 장기간에 걸친, 경험적 연구 중 하나로부터 뽑은 것이다. 우리의 공저 논문 Coutouzis and Latour(1986)도 참조하라.

27) 프랑고카스텔로는 Castle of the Franks의 의미로, 그리스의 크레타 섬 서해안에 있는 성과 흩어진 주거지 지역이다.

은행의 열광을 유발하는 계기가 되었다. 케이프 커내버럴의 기술자들처럼 그들도 단지, '바깥으로(out there)' 나가 계산을 적용해야 했고, 그럼으로써 다시 한 번 과학자들의 유사-초자연 능력을 증명해야 했다. 그들이 기술자를 아테네에서 프랑고카스텔로로 보내 소유지를 수용하고 세부 사항을 원활히 진행시키려 했을 때, 그들은 완전히 예상치 못한 '외부'에 직면했다. 거주민들은 새로운 마을의 주택과 교환해 자기들 토지를 포기할 태세가 안 되어 있을 뿐 아니라, 태양 에너지 주택이라는 위장을 한 새로운 미국의 원자력 군사 기지라고 그들이 간주한 것에 맞서 오히려 총을 들고 싸울 태세가 되어 있었다. 교황과 사회당을 가입시키면서 반대 세력의 동원(mobilization)이 강성해져 감에 따라 이론의 적용은 매일 더 난감해졌다. 크레타 사람들이 미래의 원형 모델을 기꺼이 사용하도록 강요하기 위해 군대를 보낼 수 없었기에, 내부와 외부 사이에 협상이 시작되어야만 한다는 것이 곧 명백해졌다. 그렇지만 완전히 새로운 태양열 주택 단지와 그저 3킬로미터의 포장 도로와 주유소를 원했던 몇 명의 양치기들 사이에 어떻게 그들이 타협을 이뤄 낼 수 있었겠는가? 타협안은 태양열 단지를 완전히 포기하는 것이었다. 에너지 전문가들의 모든 계획은 연결망 내부로 되돌려졌고, 종이로 된 축소 모형, 기술자들이 자기들 서랍에 간직하고 있는 많은 프로젝트 중의 또 한 개로 국한되고 말았다. '바깥에 있음'은 과학의 이번 사례에 치명적인 일격을 가했다.

그러면 도대체 어떻게, 어떤 경우에는 과학의 예측이 충족되고 다른 경우에는 처량하게 실패하는 것일까? 여기에서 적용될 방법의 규칙은 오히려 간단하다. 과학의 성공적 적용에 대해 당신이 들을 때마다, 한 연결망의 진보적 확장을 살펴봐라. 과학의 실패에 대해 당신이 들을 때마다, 어떤 연결망의 무슨 부분에 구멍이 뚫렸는지 살펴봐라. 당신이 그것을 언제나 발견할 것이라 장담한다.

파스퇴르가 1881년 6월 2일에 실제 사건보다 한 달 앞서 엄숙하게 예측했던 것보다 그때 더 드라마틱했던 것은 없었다. 당시 파스퇴르는, 푸이르포르(Pouilly-le-Fort)의 작은 마을의 농장에서 백신 접종을 받지 않은 모든 양은 끔찍한 탄저병으로 죽게 될 것이며, 백신 접종을 받은 양들은 완벽한 건강 상태에 있을 것이라고 예측했다. 파스퇴르가 보스(Beauce) 지방의 작은 농장에서 무엇이 일어날지 한 달 전에 미리 예언하면서, 때를 맞춰, 그리고 외부의 광대한 세계를 마치 여행했다는 듯한데, 그렇다면 이것은 기적이 아니겠는가?* 이 기적을 입을 벌리고 멍청하게 보는 대신, 어떤 연결망이 어떻게 확장되는지를 우리가 살펴본다면, 우리는 분명 파스퇴르와 농장 대표자들 사이에 어떻게 그 농장을 하나의 실험실로 변형시킬 것인가에 대한 매혹적인 협상이 있었음을 발견할 것이다. 파스퇴르와 그의 협력자들은 이 시험을 그들의 실험실에서 여러 차례 수행했고, 인간과 질병 사이의 세력 균형을 뒤집으면서, 그들 실험실에서 인공적인 가축 유행병(epizootics)을 만들어 냈다.(3장을 보라) 하지만 그들은 실물 규모의 농장 조건에서 해 본 적은 없었다. 그러나 그들은 바보가 아니고, 수백 명의 구경꾼이 몰려든 더러운 농장에서는 그들에게 그토록 유리했던 그 상황을 똑같이 되풀이할 수 없을 것이라는 사실을 안다.(그러면 자기들의 마을을 크레타 섬에 옮기려던 에너지 연구가들과 동일한 종류의 실패를 맞이할 것이다.) 반면에, 만일 그들이 사람들에게 자기들의 실험실로 오라고 요청하면, 아무도 설득되지 않을 것이다.(셰퍼드가 원심 분리기에서 한 번 더 돌았다고 케네디 대통령에게 말한다고 해서, 미국인이 우주에서 최초가 됨으로써 러시아 인에게 설욕을 했다고 미국인들

---

* 이 일화에 대해서는 J. Geison(1974)을 참조하라.

을 설득할 수 없는 것과 마찬가지다.) 그들은 현장 테스트를 마련하는 사람과 타협안을 만들어 내야만 하는데, 이는 농장의 충분한 특성들을 실험실 같은 조건으로 변형함으로써 동일한 세력 균형이 유지될 수 있는 결과를 낳아야 하고, 그러면서 또 충분한 위험을 감수케 함으로써 테스트가 외부에서 이뤄진 시험으로서 간주될 수 있을 만큼 충분히 현실적이 되도록 해야 한다. 결국 예측은 충족되었으나 그것은 사실상 회고 추리(retro-diction)였고, 그것은 로테르담 항구의 미래에 대한 바이커(Bijker) 교수의 선견이 사실상 지난 일에 대한 혜안(hindsight)이었던 것과 똑같았다.(1절 참조) 이렇게 말하는 것이 로켓을 타고 있는 셰퍼드, 농부들이 떼를 지어 습격한 에너지 연구자들, 끔직한 실수의 위험을 무릅쓴 파스퇴르의 용기를 감소시키는 일이 아니다. 이것은 연극 끝에서 햄릿이 죽을 것이라는 것을 미리 안다는 것이 그 배우의 재능을 감소시키지 않는 것과 같다. 어떤 양의 예행 연습도 재능 있는 연기자를 무대 공포로부터 면제시켜 주지는 않는다.

테크노사이언스의 예측 가능한 성격은 연결망을 더 멀리 확장시키는 그 능력에 전적으로 의존한다. 외부와 진짜로 만나자마자 완전한 혼란이 일어난다. 테크노사이언스의 모든 특징 중에서, 연결망을 확장시키는 이 능력, 또 그 내부에서 나아가는 이 능력이, 추적하기에 가장 흥미로운 것임을 나는 발견한다. 그것은 모든 것 중에서 가장 독창적이고 또 가장 간과된 것이다.[3장의 끝에서 묘사된 관성 모델(inertia model) 때문이다.] 사실(facts)과 장치(machines)는 기차, 전기, 컴퓨터 바이트(bytes)의 패키지 또는 얼린 채소와 같다. 그들이 따라 여행하는 궤도가 조금도 방해받지 않는 한 그것들은 어느 곳에든 갈 수 있다. 이런 의존성과 허약성은 과학에 대한 관찰자에 의해 감지되지 않았는데, 그것은 '보편성(universality)'이 그들에게 물리학, 생물학 또는 수학의 법칙들을 원칙상(in principle) 모든 곳에 적용할 가능성을 제공하기 때문이다. **실제로는**(in practice) 그것은 아주 다르다. 보잉 747기를 원칙상 어느 곳에든 착륙시키는 것이 가능하다고 당신은 말할 수 있겠지만, 실제로 한 대를 뉴욕 5번가에 착륙시키려 해 보라. 전화기가 당신에게 원칙상 어디든 도달할 수 있는 유효 범위(reach)를 준다고 말할 수 있을 것이다. 샌디에이고(San Diego)에서 실제로 전화기를 갖고 있지 않은 케냐 중부의 어떤 사람에게 전화를 걸어 보라. 당신은 옴의 법칙(Ohm's law, 저항 = 전압/전류. 470쪽 참조)이 원칙상 보편적으로 적용 가능하다고 주장할 수 있지만, 전압계(voltmeter), 전력계(wattmeter), 전류계(ammeter) 없이 실제로 그것을 입증하려고 해 보라. 해군의 헬리콥터가 원칙상 어느 곳이든 날 수 있다고 당신은 아주 잘 주장할 수 있을 테지만, 항공모함으로부터 수백 마일 떨어져서 사막 폭풍에 의해 엔진이 멎었을 때 이란의 사막에서 그것을 고치려고 해 보라. 이런 모든 사고 실험에서 당신은 원칙과 실제 사이의 막대한 차이를 느낄 것이며, 모든 것이 계획에 따라 작동할 때 그것은 당신이 잘 유지되고 주의 깊게 봉인된 연결망에서 단 1인치도 벗어나지 않았다는 것을 의미한다는 사실을 느낄 것이다.

사실이 검증되고 장치가 돌아갈 때마다, 그것이 의미하는 바는, 실험실이나 작업장의 조건들이 **어떤 쪽으로** 연장되었다는 것이다. 한 세기 전에 의사의 방은 안락의자, 책상, 그리고 진료 테이블이 비치되어 있었을 것이다. 오늘날 의사의 방은 수십 개 도구와 진단 장비들로 채워져 있다. 그것들 각각은 (온도계, 혈압 측정 장비, 임신 진단 장비처럼) 의료 기기 산업을 통해 실험실에서 진료실로 나왔다. 만일 당신의 의사가 생리학 법칙의 적용을 입증했다면 잘된 일이나, 정글 한가운데 텅빈 오두막에서 그것들을 입증하라고 요구하지는 말라. 아니면 그 의사는 "우선 내 도구들을 돌려다오!"라고 말할 것이다. 사실과 장치의 순조로운 운행에 감탄하면서 도구들의 확장을 잊는다는 것은, 그 모든 빨리 달리는 트럭과 자동차를 갖춘 도로 체제에 감탄하면서 토목 공학, 자동차 수리소, 자동차 정비공과 예비 부속품을 간과하는 것과 같을 것이다. 사실과 장치는 독자적인 관성을 갖지 않으며(3장), 왕들과 군대들처럼 수행원이나 보급물 없이는 여행할 수 없다.

3.2 몇 가지 도량형의 사슬에 의해 묶이기

사실과 장치가 센터에서 주변으로 되돌아 나가기 위해 연결망에 의존하는 것은 우리 작업을 훨씬 쉽게 만든다. 경고도 없이 모든 곳에 적용 가능했었을 그런 과학의 '보편적' 법칙을 우리가 쫓는 것은 불가능했을 일이다. 그러나 실험실의 적용 영역의 점진적 확장은 연구하기 매우 간단하다. 이 적용이 만들어 내는 궤적들(traces)을 쫓기만 하라. 2절에서 보았듯이 지면 상의 계산이 외부 세계에 적용될 수 있는 경우는 이 외부 세계가 그 자체, 같은 형식의 또 다른 서류 종이일 때뿐이다. 처음에는 이런 요구 사항은 계산법에 대한 막다른 길을 표시하는 것으로 보인다. 사할린, 로테르담, 난류, 사람들, 세균, 전자 격자, 그리고 외부에(out there) 있는 모든 현상을 내부에(in there) 있는 것과 유사한 서류 세계로 변형하는 것은 불가능하다. 그것은, 이 서류 세계를 산출하는 도구들을 모든 곳에 확장시킴에 있어서 과학자들의 창의력을 인정하지 않는 일이 된다. 도량형(metrology)이란 외부의 것에서, 사실과 장치가 생존할 수 있는 내부의 세계를 만들어 내는 거대한 기획의 이름이다. 흰개미들은 진흙과 그들의 똥을 섞어서 희미한 회랑(지하 통로)을 건설한다. 과학자들은 외부에, 그들의 내부 도구의 것과 동일한 서류 양식을 부여함으로써 그들의 계몽된 연결망을 건설한다. 두 가지 경우에 결과는 같다. 그것들은 본거지를 떠나지 않고서도 매우 멀리 나갈 수 있다.

과학의 매우 순수하고 추상적이고 보편적 세계 속에서는 실험실에서 창조된 새로운 대상들의 확장은 전혀 비용이 안 든다. 테크노사이언스의 실제적이고 구체적이고 지역적인 세계에서는 가장 간단한 물리적 매개 변수를 안정적으로 유지하는 것만도 몹시 비싸다. 간단한 예로써 충분할 것이다. 내가 만일 '몇 시요?'라고 묻는다면 당신은 시계를 쳐다봐야 할 것이다. 이 과학적 도구의 창에서 어떤 판독을 하지 않고는 이 물음에 답할 방법이 없다.(태양을 활용하는 것도 방법이겠지만, 기차를 탈 필요가 있을 때는 도움이 안 된다.) 얼마나 사소한 것이든 간에, 시계는 모든 과학적 도구 중에서 가장 길고 가장 영향력 있는 역사를 지닌 것이다. 라페로즈가 해상 시계를 12개나 가지고 가고 그 시계의 움직임을 확인하고 비교하기 위해 여러 명의 과학자들을 승선시켰다는 것을 기억하자. 만일 그가 시계를 일정하게 유지시킬 수 없었다면, 그의 전체 여행은 쓸모없는 것으로 여겨졌을 것이다. 이제, 만일 우리의 시계 두 개가 불일치한다면, 우리는 심판으로 작용해 줄 세 번째 것(라디오 방송국 시계, 교회의 시계)으로 갈 것이다. 심판으로 사용된 시계의 질에 대해서도 불일치가 여전히 있으면, 우리는 '전화 시간안내(speaking clock)'에 전화를 걸어 볼 것이다. 만일 우리 중 하나가 1장과 2장의 반대자처럼 완강하다면, 그는 원자 시계, 레이저, 위성 통신 등의 대단히 복잡한 미궁에 빠져들 것이다. 국제시간국(International Bureau of Time)이 전 세계에 걸쳐 시간이 몇 시인지를 조정하고 있다.[28] 시간은

---

28) 국제시간국 본부는 파리에 있는 프랑스 국립천문대 건물에 있다. 원자시(atomic time, 原子時)는 천문학적 방법, 즉 지구의 자전과 태양에 대한 공전의 측정에 의한 것보다 시간을 더

보편적이지 않다. 매일 시간은, 전 세계의 모든 기준 시계를 가시적이고 만질 수 있는 연결부(link)를 통해서 한데 묶고, 그리고 나서는 내가 손목에 차고 있는 약간은 부정확한 시계로까지 이르는 제2의, 제3의 준거 사슬들의 계통을 세우는 국제적 연결망의 확장에 의해서 약간씩 더 보편적으로 되어 간다. 표시, 체크리스트, 서류 양식, 전화선의 연속적인 줄이 있고, 이것들은 모든 시계를 함께 묶는다. 이 연속 줄을 당신이 떠나자마자, 당신은 몇 시인지에 대해 **불확실해지기** 시작하고, 확실성을 회복하는 유일한 길은, 도량형의 사슬과 다시 접촉하는 길뿐이다. 물리학자들은 실험실에서 기록될 가장 간단한 방정식에 필요한 이런 기본적 매개 변수를 지칭하는 데 **상수(常數, constant)**라는 멋진 단어를 사용한다. 어쨌든 이런 상수는 아주 일정치 않아서, 국가표준국(National Bureau of Standards)에 따르면 미국은 그 국민 총생산(GNP)의 6퍼센트, 즉 연구 · 개발(R&D)에 소요되는 액수의 세 배를(4장을 참조하라) 그것들을 안정적으로 유지하는 데 쓴다!*

   과학을 하는 것보다 확장하는 데 훨씬 많은 노력이 투자되어야 한다는 사실은 과학이 당연히 보편적이라고 생각하는 사람을 놀라게 할 것이다. 내가 4장에서 말한 인물들 중에서 연구 · 개발의 관리, 경영, 검사, 생산 등등(p. 328 참조)에 종사하는 일단의 과학자와 기술자들에 대해 처음에 우리는 그 뜻을 이해할 수 없었다. 이제 그것은 더 이상 우리를 놀라게 할 필요가 없다. 이제 우리는 과학자들이 생산했다고 가정되는 막대한 결과를 설

   정확하게 측정할 수 있는 원자시계를 이용한 시간 단위다. 국제 원자시 —이 명칭이 유래된 프랑스 어에서 TAI로 약함— 는 연구소에 설치되어 있는 약 6개의 1차 세슘-빔 원자시계와 상업적으로 제작된 다수의 2차 세슘 원자시계 체계에 바탕을 두고 있다. 이들 원자시계의 신호가 국제시간국에 전송되면 여기에서는 이 신호를 이용하여 TAI를 만들게 된다.

---

* P. Hunter(1980)의 논문을 참조하라.

명하기에는 그 과학자들의 수가 너무 적다는 것을 알고, 그들의 성취는 약하고 새롭고 비싸고, 그리고 드문 통로를 순환한다는 것을 안다. '과학과 기술'은 훨씬 더 커다란 과정의 일부 추상된 끝부분(abstracted tip)일 뿐이며, 그것과는 아주 모호한 유사성만을 지닌다는 것을 안다. 도량형이 지니는 최고의 중요성은(개발과 산업 연구의 중요성과 같이), 말하자면 우리 무지의 척도를 우리에게 제공한다.

가장 간단한 실험실이 존립하기 위해 필요한 이 긴 도량형의 사슬은 오직 공식적인 상수들(시간, 무게, 길이, 생물학적 기준 등)에 관여하나, 이것은 만들어진 모든 측량(법)의 작은 부분일 뿐이다. 계산 센터를 가능케 하고 있는 이 모든 미터, 계수기, 서류 양식, 그리고 기표들이 널리 존재하고 있다는 사실에 우리가 너무 익숙해져서, 그것들 각각을 하나의 과학적 직업에 의한 더 이전의 침입(invasion)의 확실한 궤적으로서 생각하는 것을 우리는 잊곤 한다. 다음 질문들에 당신이 어떤 답을 할지를 생각해 보라. 이번 달에 나는 얼마나 벌었나? 내 혈압은 정상보다 높은가, 아니면 낮은가? 내 할아버지는 어디에서 태어나셨나? 사할린 섬의 첨단은 어디인가? 내 아파트(flat)는 몇 평방미터인가? 당신은 얼마나 살이 쪘나? 우리 딸은 얼마나 좋은 성적을 받았나? 오늘은 기온이 몇 도인가? 특가로 산 이 맥주 팩은 싸게 산 것인가? 누가 이런 질문을 하느냐에 따라 당신은 더 소프트한(softer) 또는 더 견고한(harder) 답변을 할 것이다. 후자의 경우에 당신은 서류 양식에 의지해야만 할 것이다. 은행에서 보낸 계정 전표, 주치의 사무실의 혈압 측정기에서 뽑은 숫자 표시, 시청에 보관된 출생 증명서 또는 가계도, **천측력(天測曆, Nautical Almanac)**[29]에 인쇄된 발광 등대의 목록,

---

29) 항해력(航海曆)이라고도 한다. 선박이 대양을 항해할 때, 그 위치를 확인하기 위하여 천문(天文)을 관측하는 데 필요한 정보를 수록한 천문 항법 전용의 수로 서지(水路書誌)를 말한

당신 아파트의 기하학적 도형, 체중계, 당신 딸의 대학 행정실에 보관된 학교 성적표, 온도계, 맥주 팩에 기재된 수십 가지 도량형 표식들.(내용물, 알코올 도수, 방부제 양 등) 논쟁을 할 때 우리가 '정확성을 갖고 사유하기(thinking with accuracy)'라고 부르는 것은 언제나 이들 형식 중 하나를 표면에 부상시킨다. 그것들이 없다면 우리는 그저 **알지 못하는** 것이다.

만일 어떤 이유나 다른(범죄, 사고, 논쟁) 이유에서 논의가 이 지점에서 종결이 안 된다면, 당신은 서류 양식들을 n번째(nth) 순으로 쌓아 올리는 여러 가지 도량형 사슬의 하나로 이끌려 갈 것이다. '당신은 누구인가'라는 물음조차 어떤 극단적인 상황에서는 해소가 안 될 수 있다. 여권에, 지문에, 출생 증명서에 사진을 덧붙여 놓지 않으면, 즉 여러 가지 기원을 가진 아주 여러 가지 서류 양식들을 함께 모으는 파일(file)을 구성하지 않고서는 해소가 안 될 수 있다. 물론 **당신**은 당신 자신이 누구인가를 아주 잘 알 것이며, 이런 바보스런 질문에 아주 소프트한 답변으로 족할 것이지만, 센터의 견지에서 질문을 제기한 경관은 그보다는 더 견고한 답변을 갖기를 원한다. 이것은 라페로즈가 중국 어부들에게 그들이 어디에 있는지를 경도와 위도로써 계속 물었을 때와 동일한 상황이다. 이제 우리는 5장의 3절에서 다룬, 사실 구축자의 패러독스를 해결하는 더 소프트한 방식과 더 견고한 방식 사이에 생겨나는 오해를 이해할 수 있다. 지식에 부과되는 요건들은, 그것을 어떤 국지적 논쟁을 종식시키는 데 사용하고자 하는지, 아니면 멀리 떨어진 어떤 연결망의 **확장**에 참여하는 데 사용하고자 하는지에 따라 완전히 달라진다. 첫 번째 경우에는 모든 매개물로 충분하다.(나는 내가 누구인지 알고, 몇 시인지 알고, 날이 더운지 차가운지 알고, 내 아파트가 큰지 작

다. 당해 연도의 매일에 대한 행성과 항성의 위치 및 고도, 해와 달의 출몰 시각 등을 수록하고 있으며, 우리나라에서는 국립해양조사원에서 간행하고 있다.

은지 알고, 내가 충분히 버는지 알고, 내 딸이 잘해 나가는지 알고, 사할린이 섬인지 아닌지를 안다.) 그것들은 모두, 두 번째 경우에는 **부족한**(wanting) 것으로 밝혀진다. 이때의 오해는, 태평양의 섬에 B52 폭격기를 착륙시킬 임무를 띤 공군 기술자가 몇백 야드 길이의 진흙투성이의 긴 땅만을 발견한 상황과 같은 종류이며, 그와 같은 구체적 의미를 지닌다. 그는 정말로 실망하고 활주로가 부족한 것을 발견할 것이다.

사실과 장치를 위한 '활주로'를 도처에 준비하기 위한 유일한 방법은 외부 세계의 가능한 한 많은 지점을 도구로 변형시키는 것이다. 과학적 회랑(통로)의 벽들은 말 그대로 **벽지를 발라 가리워진다.**(호도된다, papered over)

예를 들어 장치는 구성되기 전에 그려지고 적혀지고 논의되고 계산된다. '과학'에서 '기술'로 가는 것은 서류 세계에서 너절하고 더러운 실재 세계로 가는 것이 아니다. 그것은 서류 작업에서부터 더욱더 서류 작업으로 가는 것이고, 하나의 계산의 센터에서부터 더욱더 이질적인 기원을 지니는 더 많은 계산들을 모으고 처리하는 다른 센터로 가는 것이다.[*] 그것들이 더 근대적이고 복잡할수록, 장치들은 존재하기 위해서 더 많은 서류 양식들을 필요로 한다. 이에 관해서는 간단한 이유가 있다. 장치의 구성 과정 그 자체에서 그것들은 시야에서 사라지는데, 그 까닭은 그것들이 점점 더 검게 블랙박스로 되어 감에 따라 각 부분이 다른 부분을 숨기기 때문이다.(3장) 이글(Eagle) 컴퓨터를 다룬 그룹은 오류를 제거하면서, 각각이 원형에 대해 가해지는 변형들을 추적하기 위해, 또 이글이 무엇에 대한 것인지를 단지 기억하기 위해, 그리고 그것이 점점 더 불명확하게 되어 가는 동

---

[*] 이 화제에 대한 적은 분량의, 그러나 매혹적인 문헌 중에서 최고의 입문은 P. J. Booker(1979)와 Baynes K. and Pugh F.(1981)다. 더 짧은 입문을 위해서는 E. Ferguson(1977)을 참조하라.

안에 그들의 눈으로 종관(綜觀)적으로 지켜볼 수 있게 하기 위해 컴퓨터 프로그램을 구성해야만 했다.(서문 참조) 테크노사이언스의 모든 부분 중에서, 기술자의 그림과, 기술자, 제도공, 물리학자, 경제학자, 회계사, 마케팅 요원과 경영자들에 의해 동시에 생산되는 궤적들의 구성과 관리는 가장 뜻깊게 드러내 주는 것이 많다. 그것들은 과학, 기술, 경제학과 사회 사이의 구분이 가장 불합리해지는 곳이다. 장치를 만드는 주요 기업의 계산 센터는, 모든 기원을 지닌 동일한 탁상용 서류 양식들을 집결시키는데, 어떤 서류들이 구성될 부분의 형태를 같이 묶는(조목별로 요약된 기하학적 공간 안에서 그려져서) 그런 방식으로 그것들을 재조합한다(recombining). 그 구성에 필수적인 오차 허용(tolerance)과 눈금 조정(calibration, 형식의 내부와 외부의 모든 도량형 사슬들), 물질적 저항에 대한 물리 방정식, 부분을 담당하는 작업자의 이름, 작업을 실행하는 데 필요한 평균 시간[수십 년의 생산 라인 자동화(taylorisation)의 결과], 재고 관리를 가능하게 하는 수십 가지 코드들, 경제적 계산법 등등이 그것이다. 이러한 계산 센터의 공통 역사를 과학, 기술, 경영의 깨끗하고 분명한 역사로 대체시키려고 하는 사람은 화제를 망쳐 놓는 것이다.

장치를 만드는 데 관련된 수십 가지 과학 중 어느 하나가 여하간의 관련성이라도 갖기 위해서는 이들 서류 양식 각각이 필수적이다. 예를 들어 회계학(accountancy)은 우리 사회에서 중요하고 또 널리 보급된 과학이다. 어쨌든 그 확장은 정확한 회계 장부 기록(book-keeping)을 가능하게 하는 소수의 서류 양식에 의해 극도로 제한된다. 당신은 어떻게 상품, 소비자, 회사라는 혼란스러운 세계에 회계 장부 기록을 적용하겠는가? 대답: 이 복잡한 활동들 각각을, 한 지점에서 다른 지점으로 변형시킴으로써 그들은 회계 장부 기록에 쉽게 적용할 수 있는 서류 양식을 만들어 낸다. 미국에서 팔린 각각의 햄버거, 커피 잔, 버스 티켓에 주문 개수가 적힌 종이쪽지가 동반될 때 또는 이 조그만 하얀 기표 종이들 하나가 각 계산대에서 토해져 나올 때, 정말로 회계사, 경영인, 경제학자들은 그들이 기술을 계산하는 데 펼칠 수 있다. 레스토랑, 슈퍼마켓, 상점, 상품 조립 라인은 마치 실험실처럼 많은 도구들로부터 많은 표식들을 생산해 내고 있다.(체중계, 시계, 계산기, 주문서에 대해 생각해 보라.) 경제학자가 확장하는 직업의 일부가 되는 것은, 경제학(economics)을 모방하기 위해서 경제(economy)가 이 서류 양식들을 충분히 생산하게 된 이후다. 과학에 대한 연구를 (대)자연의 책(Book of Nature)을 쓰는 데 국한할 이유는 없으며, 다른 것보다 우리 일상생활에 더욱 포괄적인 영향을 갖는 '(대)문화에 대한 위대한 책(Great Book of Culture)'을 연구하는 것을 잊을 까닭도 없다. 예를 들어 은행에서의 단순한 정보도 과학적 커뮤니케이션보다 몇십 배(several orders of magnitude) 더 중요하다.

'외부'에 쉽게 적용되는 것으로 보이는 지리학조차 일단 지도가 만들어지면, 쓸모없게 되지 않고서는 연결망으로부터 아주 멀리 도망칠 수 없다. 우리가 지도를 사용할 때 우리는 지도 위에 쓰인 것을 경관과 거의 비교하지 않는다. 그런 재주를 부리려면 당신은 잘 훈련된 지형학자(topographer), 즉 지리학자의 직업에 더 가까운 사람이 되어야 할 것이다. 아니, 우리는 지도 위의 표식을 **동일한** 언어로 적힌 도로 **표시**와 더 자주 비교한다. 외부의 세계는 그 모든 관련된 특징이 그 자체 산, 경계표, 표지판, 화살표, 도로명 등등에 의해 적히고 표시되어 있는 경우에만 지도를 적응시키기에 적합하다. 이것에 대한 가장 쉬운 증명은, 아주 좋은 지도를 가지고서 표시가 되지 않은 해안을 따라서 항해를 하려고 하는 경우 또는 모든 도로 표지판이 부숴져 버린 나라에서 이동하는 경우다.(1968년 체코슬로 바키아를 침공한 러시아군에게 일어났던 일이다.) 당신은 곧 좌초하거나 길을 잃을 것이다. 외부에 있음(out-thereness)에 진짜로 대면하면, 즉 저기 밖에 있는 사물들을 처음 본 경우면, 과학적 우월성을 주는 본질적 원인이 사라져 버린 것이기 때문에 이것은 과학의 종말인 것이다.

테크노사이언스의 역사는 대체로, 연결망을 따라 만들어진 모든 작은 발명품에 대한 역사다. 이들 발명은 궤적들의 이동성(mobility)을 가속화하고, 그들의 충실성(faithfulness), 조합(combination), 그리고 응집(cohesion)을 증진시키기 위해, 그럼으로써 원격 행위를 가능하게 하기 위한 것들이다. 이것이 우리의 여섯 번째 원칙(sixth principle)이다.

3.3 서류 뒤섞는 사람들 몇몇에 대해

우리가 도량형의 의미를 확장해서, 기본적 물리 상수의 유지만이 아니라 서류 양식으로 된 외부의 특징을 가능한 한 많이 변형시키는 것도 포함시킨다면, 테크노사이언스의 모든 측면 중 가장 혐오스러운 것을 결국 연구하게 되는 데 이른다. 즉 서류 뒤섞는 사람(paper-shufflers), 관료적 형식주의 구더기들(red-tape worms), 관료(bureaucrats) 들이다. 아, 이 관료들은 얼마나 증오의 대상인가! 이들은 오직 종잇장, 파일과 양식들만을 다루며, 실제 세계에 대해서는 아무것도 모르며, 양식에 다른 양식을 겹쳐 놓기만 하며, 그것들이 바르게 채워 기록되었는지를 확인할 뿐이다. 이들 흥미로운 광신도 족속은 어떤 다른 정보의 원천보다도 서류장들을 믿는 것을 선호하는데, 심지어 그것이 상식, 논리, 그리고 심지어 자기 감정에 반할 때에도 그러하다. 이런 종류의 경멸을 공유하는 것은 어쨌든 활동 중인 과학을 끝까지 쫓기를 원하는 우리로서는 중대한 실수일 것이다. 첫째, 서류 뒤섞는 사람들의 경우에 결함으로 보인 것은, 과학자나 기술자라고 불리는 다른 종이 뒤섞는 사람들을 고려하면 고귀한 특성으로 간주되기 때문이다. 상식보다는 n번째(nth order) 서류 양식을 더 믿는 것은 천문학자, 경제학자, 은행가, 또 정의상 부재하는 현상들을 계산법의 센터에서 취급하는 모든 사람의 특징이다.

둘째, 과학의 결과가 가장 멀리 여행할 수 있는 것은 관료제를 통해서, 그리고 파일들 안에서이기 때문에, 그들을 경멸하는 것이 실수가 된다. 예를 들어 석유 굴착용 플랫폼 위에 있는 슐럼버거 회사의 기술자들에 의해 산출된 로깅들(데이터 기록하기, loggings)은(1절, 1.2 참조) 지질학, 경제학, 전략과 법을 조합한(combine) 월스트리트의 은행 내부에 한 파일의 부분이 된다. 이 모든 서로 관련 없던 영역은 그것들이 모든 대상 중 이 가장 경멸스러운 종잇장, **기록물**, 먼지투성이 기록이 되었을 때 같이 엮인다. 그것이 없다면 로깅은 원래 있던 자리, 즉 슐럼버거 회사의 가옥, 트럭 안에, 다른 화제들과 아무 관련이 없는 채로 머물러 있을 것이다. 세균학자가 만든 미생물학적 수질 검사도 실험실 내부에만 머물러 있다면, 아무 관련성을 갖지 못할 것이다. 이제 그것들은, 예컨대 시청의 다른 복잡한 기록에 통합되기에, 또 그 기록은 건축가의 도면, 도시 규제안, 여론 조사 결과, 투표 기표 용지, 그리고 예산안을 병렬해 놓기 때문에, 그 수질 검사들은 이러한 다른 기능과 기술들 각각으로부터 이득을 취한다. 세균학이 '사회'에 갖는 관계를 이해하는 것은 어려운 일이 될 수 있다. 하지만 세균학이 얼마나 많은 법적·행정적, 그리고 재정적 작용들을 동원해 왔는가를 추적하는 일은 실행 가능하다. 그저 궤도를 쫓으면 된다. 우리가 4장에서 보았듯이 한 과학의 내밀한(esoteric) 성격은 그것의 개방적인(exoteric) 성격에 반비례한다. 우리가 이제 깨닫는 것은 관청, 관료제, 그리고 일반적인 경영이 정말로 멀리 확장하기 위해 입수 가능한 유일하게 큰 자원이라는 점이다. 정부는 모든 결정이 만들어지기 위한 필수 통과 지점(OPP)이 되어 온 세균학 실험실을 지원한다. 이 책의 시작에서 과학이라는 광대하고 절연된 고립지대로 보였던 것이, 만일 그것이 계산의 센터를 통해 흩어져 있는 것으로 간주된다면 아마도 가장 잘 이해된 것이다. 또 그것은 파일들과 기록들에 분산되어 있고, 모든 연결망을 통해 씨가 뿌려져 있고, 사람들을 큰 규모로, 그리고 원격으로 관리하는 데 필수적인 특정 자원들을 국지적으로 동원하는 것을 가속화해 주기 때문에 가시적임이 알려질 때, 아마도 가장 잘 이해된 것이다.[*]

왜 우리가 관료, 경영자, 서류 뒤섞는 사람들을 경멸해서는 안 되는가에 대한 세 번째의, 그리고 마지막 이유가 있는데, 이것은 그렇지 않으면 요컨대, 테크노사이언스의 크기가 성장하는 것을 완전히 방해하는 세 번째 부문이기도 하다. 그 이유는, 그것들이 비록 '과학과 기술'에 관련된 것으로서 간주되지는 않았지만, 내가 이 책에서 제시해 온 것과 **동일한** 방법으로 연구가 되어야만 하는 다른 분과 학문들의 혼합을 그것이 구성하고 있기 때문이다. 사람들이 '과학과 기술'의 발전을 '사회적'으로 설명하고자 한다고 주장할 때, 그들은 국가 정책, 다국적 기업의 전략, 계급, 세계의 경제 동향, 민족 문화, 직업적 지위, 성층(成層, stratification), 정치적 결정, 그리고 기타 등등의 실재(entities)를 사용한다. 이 책의 어느 지점에서도 나는 그런 실재들을 사용하지 않았다. 반대로 나는, 자연에 대해서와 마찬가지

---

[*] 권력의 여러 가지 극소 기술(microtechnics)에 대해서와 마찬가지로, 과학의 이와 같은 분산 (dispersion)에 대해서도 M. Foucault의 작업, 특히 (1975)를 참조하라.

로 우리는 사회에 대해서도 불가지론자가 되어야 할 것임을, 그리고 사회적 설명을 한다는 것이 어떤 '사회적'인 것을 의미하지 않으며, **결합**(associations)의 상대적 견고성(solidity)에 대해 무엇인가를 의미할 뿐임을 누차 설명해 왔다. 나는 또한 3장의 말미에서는 어쨌든 우리가 어느 지점에서는 사회의 안정 상태를 대면하게 될 것임을 약속했었다. 여기가 그 지점이다. 사회의 안정된 상태는, 블랙홀에 대한 안정된 해석이 천문학에 의해 제공되고, 미생물이 세균학에 의해, 추정 석유 매장량이 지질학에 의해 제공되는 것과 꼭 같이 잡다한 행정 과학들(administrative sciences)에 의해서 산출된다. 그 이상도, 그 이하도 없다. 이제 몇 가지 예를 더 들고 끝내기로 하자.

예를 들어 경제 상태는 과학을 설명하는 데 아무 문제없이 사용될 수는 없다. 왜냐하면 그것 자체가 다른 소프트 사이언스, 즉 경제학의 매우 논쟁적인 결과이기 때문이다. 우리가 앞에서 보았듯이, 그것은 수백 개의 통계 기관, 질문지, 여론 조사(polls)와 실지 답사(surveys)로부터 추출된 것이며, 계산 센터에서 처리된다. 국민 총생산(GNP)과 같은 것은 n번째의 시각적 디스플레이인데, 이것은 분명히 다른 서류 양식들에 조합되고, 그러나 별, 전자 또는 플레이트 구조 지질학(plate tectonics)이 그렇지 않듯이 경제학자들에 의해 구성된 그 연약하고 작은 연결망들 **외부**에 결코 있지 않다. 정치학의 많은 측면에 대해서도 같은 말이 적용된다. A당이 B당보다 강하리라는 것을 우리는 어떻게 아는가? 이 당들의 상대적 강점에 대해 우리 각자는 의견을 가질 수 있다. 정말로 우리가 문제를 해결하기 위해 거대한 과학적 실험을 구성할 수 있는 것은, 우리 각자가 그것에 대해 한 가지 견해를 갖고 있기 때문이다. 과학적 견해? 물론이다. 매우 비싸고 성가신 도구를 통해, 투표 용지 위의 표식으로, 그러고 나선 집계되고, 합산되고 (커다란 주의를 기울여 또 큰 논쟁을 겪으며) 비교되어서, 종내는 A당 51%, B당 45%, 무효 4%라는 n번째 시각적 디스플레이에 이르게 되는 표식으로 모든 견해를 변형시키는 것이 아니라면, 국민 투표는 무엇이겠는가? 과학을 정치학과 경제학에서 구분하거나 또는 맞서게 하는 것은 우리의 관점에서는 무의미한 일이다. 왜냐하면 크기, 관련성, 비용에 의하면, 국민 총생산액이나 정치적인 세력 균형을 결정하는 몇 명의 인물들이 훨씬 더 중요하고, 그들은 더 많은 이해관계, 더 많은 조사, 더 많은 열정, 그리고 새로운 입자나 새로운 방사 에너지원보다 훨씬 많은 과학적 방법을 유발하기 때문이다. 과학과 정치학, 경제학 모두는, 기입 장치의 눈금을 조정하고, 마지막 시각적 디스플레이에 대한 논쟁을 집중시키고, 도구의 유지에 필수적인 자원들을 확보하고, 수집 보관된 기록 위에서 n번차 이론들을 구성하는 것과 같은, 동일한 기본 기작들에 의존한다. 두 가지 사이에 조금만큼의 차이도 없으며, 그 두 가지는 같은 방식으로 연구되어야 한다. 그들 어느 것도 더 많이 신봉되어서는 안 되며, 그것이 구축하는 연결망 바깥으로 도약하는 신비한 능력을 부여받아서도 안 된다.

경제학, 정치학, 그리고 경영학에 분명한 것은 사회학 자체에 대해서도 더욱더 분명하다. 활동 중인 과학자를 쫓기로 결정한 사람이 어떻게 사회학자들에 대해 간과할 수 있겠는가? 사회학자들은 사회가 모두 무엇에 대한 것인가, 우리를 서로 밀착시키는 것은 무엇인가, 얼마나 많은 계급이 존재하는가, 사회에서 삶의 목표는 무엇인가, 사회 진화의 주요 방향은 무엇인가를 정의하려고 애쓰는데, 이들에 대해 연구하는 것을 어떻게 망각할 수 있겠는가? 사회가 다른 것들보다 더 어떤 무엇에 대한 것이라고 말하는 이런 사람들을 어떻게 믿을 수 있겠는가? 어떻게 천문학자들을 하늘에 대한 대변인으로 변형시키고, 그러면서 사회학자들은 사회가 실제로(is)

무엇인지 말해 준다고 받아들일 수 있겠는가? 한 '사회'에 대한 정의 자체는 사회학과 통계 기관들, 학회지들 안에서 나온 실지 답사, 질문지, 보관 기록, 모든 종류의 기록을 모으고, 서로 논의하고, 논문을 출판하고, 다른 미팅들을 주선하는 데 있어 바쁘게 일하고 있는 다른 과학자들이 이뤄 낸 최종 산물이다. 어떤 합의된 정의도, 우리가 이 책에서 연구해 온 다른 문제 해결과 마찬가지로 논쟁의 행복한 종결을 나타낸다. 그 이상도 그 이하도 아니다. 사회가 무엇으로 이루어져 있는가에 대한 결과는 경제학, 위상학 또는 입자 물리학의 결과들보다 더 많이 또는 더 빨리 확산되지 않는다. 그것들이 그들의 생존에 필수적인 작은 연결망 외부로 나간다면 이 결과들 역시 사멸할 것이다. 사회에 대한 어떤 사회학자의 해석은, 우리 모두가 사회에 대해 생각하는 것으로 대체되지는 않을 것이다. 그런 일은, 부가적인 투쟁이 없이는, 교과서와 대학의 직위, 정부의 자리, 군대의 통합 등등 없이는 일어나지 않고, 그것은 지질학, 기상학 또는 통계학의 경우와 꼭 같다.

아니, 월스트리트에서, 펜타곤에서, 대학 학과의 방 내부에서, 세력의 상태가 어떤지, 우리 사회의 본질, 군사 균형, 경제 건전성의 본질이 무엇인지, 러시아 탄도 미사일이 네바다 사막에 도달할 시각이 언제일지에 대해 덧없는 또는 안정적인 재현들을 산출하는 행정적인 연결망들을 우리는 절대 간과해서는 안 된다. 자연 과학보다 사회 과학에 더 의존하는 것은 우리의 전체 여정을 위험에 빠트릴 수도 있다. 왜냐하면 한 과학에 의해 어떤 연결망 내부에서 정교화된 시공간은 외부로 확산되고 다른 모든 것들을 포함한다는 점을 받아들여야만 하기 때문이다. 우리는 (자연사 박물관에 의해 천천히 정교화된) 지질학의 시간에 포함되지 않는 것처럼, 또 (신경 과학자에 의해 조심스럽게 확장된) 신경 과학의 영역에 포함되지 않는 것처럼,

(그렇게나 많은 논쟁을 통해 사회학자들에 의해 구축된) 사회라는 공간에 포함되지 않는다. 더 정확히, 이 포함 관계는 부가적인 작업 없이 자연스레 제공되는 것이 아니다. 그것이 국지적으로 획득되는 때는 사회학자, 지질학자, 그리고 신경 과학자들의 연결망이 확장되는 경우이며, 만일 우리가 그들의 실험실을 관통해 가거나 그들의 도량형 사슬을 관통해 가는 경우이며, 그 학자들이 우리의 여행에 자기들이 불가결하다고 자신들을 간주할 수 있게 된 경우다. 이 상황은 가스, 전기, 케이블 TV, 물 공급, 전화 등에 관해 과학자들이 취하는 것과 똑같은 것이다. 이런 모든 경우에서 당신은 유지되어야 하고 확장되어야 하는 비싼 연결망들에 열중할 필요가 있다. 이 책은, 이런 모든 연결망의 확장을 독립적으로 연구하고자 하는 사람들에게 생기를 불어넣을 공간을 제공하려고 썼다. 그런 연구를 하기 위해서는, 사실이나 장치에 대해 그것들이 그 안에서 생산되고 순환되는 협소한 연결망들을 떠나는 마술적 능력을 결코 인정하지 않는 것이 절대로 필요하다. 이 조그만 숨 쉴 공간은, 만일 동일하게 공정하고 대칭적인 처우가 사회 과학과 행정 과학들(administrative sciences)에 같이 적용되지 않는다면, 즉시 손상되어 버릴 것이다.

방법의 규칙(rules of method)

규칙 1 First rule of method(서문)

우리는 활성 상태의(만들어지고 있는, in action) 과학을 연구하며 기성 과학이나 기술을 연구하지 않는다. 그렇게 하기 위해 우리는, 사실과 장치가 블랙박스로 닫히기 전에 도래하거나, 아니면 그것을 다시 개봉하는 논쟁들을 쫓는다.

규칙 2 Second rule of method(1장)

어떤 주장의 객관성이나 주관성, 어떤 기작의 효율이나 완성을 결정하기 위해, 우리는 그것들의 본래적인(intrinsic) 성질을 구하지 않으며 다른 사람들의 손을 거치면서 그것들이 나중에 겪는 모든 변형(transformation)을 살펴본다.

규칙 3 Third rule of method(2장)

어떤 논쟁의 해결은 (대)자연(Nature)의 재현의 원인(cause)이지 그 결과가 아니기 때문에, 한 논쟁이 어떻게, 그리고 왜 해결되었는가를 설명하는 데 이 결과, 즉 (대)자연을 절대 사용할 수 없다.

규칙 4 Fourth rule of method(3장)

어떤 논쟁의 종식은 (대)사회(Society)의 안정성의 원인이기 때문에, 한 논쟁이 어떻게 또 왜 종식되었는지를 설명하는 데 (대)사회를 사용할 수가 없다. 인간 자원과 비인간 자원들을 가입시키는 노력들을 대칭적으로 고려해야만 한다.

규칙 5 Fifth rule of method(4장)

우리는 테크노사이언스가 무엇으로 구성되어 있는지에 관해, 우리가 쫓는 여러 행위자와 마찬가지로 결정내리지 말고(undecided) 있어야만 한다. 내부·외부 구분이 그어질 때마다 우리는 양쪽을 동시에 연구해야 하며, 작업을 하는 모든 사람의 리스트가 얼마나 길고 이질적이든 간에 그것을 작성해야 한다.

규칙 6 Sixth rule of method(5장)

비합리적이라고 비난하는 주장과 대면하게 되면, 거기에서 어떤 논리 규칙이 어겨졌는지 또는 사회의 무슨 구조가 그 왜곡을 설명할 수 있을지를 찾지 않으며, 다만 관찰자의 전위(displacement)의 각도와 방향, 그리고 구축된 연결망의 길이(length)를 고려한다.

규칙 7 Seventh rule of method(6장)

사람들의 마음이나 방법에 어떤 특별한 성질을 귀속시키기 전에, 기입(inscriptions)들이 모이고, 조합되고(combined), 함께 묶이고 되돌려지는 여러 방식을 먼저 조사하자. 일단 연결망이 연구되어, 무엇인가 설명되지 않는 것이 존재하는 경우에만, 우리가 인지적 요인들에 대해 말하기 시작하게 된다.

원칙(principles)

첫 번째 원칙 First Principle(1장)

사실(facts)과 장치(machines)의 운명은 나중 사용자의 손에 달려 있다. 그것들의 특성은, 그러므로 집단적 활동의 원인이 아니라 결과다.

두 번째 원칙 Second Principle(2장)

과학자와 기술자는 그들이 형체를 부여했고 가입시켰던 새로운 동맹의 이름으로 발언한다. 다른 대표자들 중에서의 대표자들인 그들이 자기들에게 유리하게, 세력의 균형을 기울게 하는 이런 예기치 못한 자원들을 덧붙인다.

세 번째 원칙 Third Principle(3장)

우리는 결코 과학, 기술, 그리고 사회를 대면할 수 없고, 더 약하고 더 강한 온갖 결합(associations)을 대면한다. 따라서 사실과 장비가 무엇인가를 이해하는 일은 사람들이 누구인가를 이해하는 일과 동일한 과업이다.

네 번째 원칙 Fourth Principle(4장)

과학과 기술이 내밀한 내용을 더 가질수록, 그것들은 외부로 더 멀리 확장해야 한다. 그러므로 '과학과 기술'은 단지 테크노사이언스의 부분 집합일 뿐이다.

다섯 번째 원칙 Fifth Principle(5장)

비합리성이란 언제나, 방해가 되는 누군가에 대하여 연결망을 만들고 있는 사람이 가하는 기소다. 그러므로 마음들 사이에 어떤 대분할(Great Divide)은 없으며, 단지 더 짧은, 그리고 더 긴 연결망만이 있다. 더 견고한 사실(harder facts)은 규칙(rule)이 아니라 예외(exception)다. 왜냐하면 그것들은 아주 드문 경우들에서, 다른 사람들을 그들의 통상적 길에서부터 대규모로 쫓아내기 위해서 필요하기 때문이다.

여섯 번째 원칙 Sixth Principle(6장)

테크노사이언스의 역사는 대체로, 연결망을 따라 흩어져 있는 자원들, 원격 행위를 가능케 하는 궤적들의 이동성(mobility), 충실성(faithfulness), 조합(combination), 그리고 응집(cohesion)을 가속시키는 자원들의 역사다.

| 참고문헌 |

Allaud, L. and M. Marttin (1976). *Schlumberger, Histoire d'une Technique*. Paris, Chez Berger-Levrault.

Augé, Marc (1975). *Théorie des pouvoirs et idéologie*. Paris, Hermann.

Barnes, Barry (1974). *Scientific Knowledge and Sociological Theory*. London, Routledge & Kegan Paul.

_____ (1982). *T. S. Kuhn and Social Science*. London, Macmillan.

_____ (1983). 'on the conventional character of knowledge and cognition'. In K. Knorr and M. Mulkay (eds), pp.19–53.

Bastide, Francoise (1985). *The semiotic analysis of scientific discourse*. Paris, Ecole de mines, miméo.

Baynes, Ken and Pugh, Francis (1981). *The Art of the Engineer*. Guildford, Lutherwood Press.

Bazerman, Charles (1984). 'Modern evolution of the experimental report of physics: spectroscopic articles in *Physical Review*'. *Social Studies of Science*, vol. 14, no. 2, pp.163–97.

Bellec, Francois (1985). *La Généreuse et tragique expédition de Lapérouse*. Rennes, Puest France.

Bensaude-Vincent, Bernadette (1981). *Les Pièges de l'élémentaire. Contribution à l'histoire de l'élément chimique*. Thèse de Doctorat. Université de Paris I.

_____ (1986). 'Mendeleev's periodic system of chemical elements'. *British Journal for the History of Science*, vol. 19, pp. 3–17.

Black, Max(1961). *Models and metaphors*, Ithaca, Cornell University Press.

Bloor, David (1976). *Knowledge and Social Imagery*. London, Routledge & Kegan Paul.

Booker, P.J. (1979). *A History of Engineering Drawing*. London, Northgate.

Bourdieu, Pierre (1972/1977). *Outline of a Theory of Practice*. Cambridge. Cambridge University Press.

Brannigan, Augustine (1981). *The Social Basis of Scientific Discoveries*. Cambridge University Press.

Braudel, Fernand (1979/1985). *The Perspective of the World. 15th to 18th Century*. New York, Harper & Row.

Broad, William and Wade, Nicholas (1982). *Betrayers of the Truth: Fraud and Deceit in the Halls of Science*. New York, Simon & Schuster.

Brockway, Lucile H. (1979). *Science and Colonial Expansion: The Role of the British Royal Botanic Gardens*. New York, Academic Press.

Brown, Lloyd A. (1949/1977). *The Story of Maps*. New York, Dover.

Bryant, Lynwood (1969). 'Rudolf Diesel and his rational engine'. *Scientific American*, vol. 221, pp.108–17.

_____ (1976). 'The development of the Diesel Engine'. *Technology and Culture*, vol. 17, no. 3, pp.432–46.

Bulmer, Ralph (1967). 'Why is a cassowary not a bird? A problem of zoological taxonomy among the Karam'.

Callon, Michel (1981). 'Struggles and negotiations to decide what is problematic and what is not: the sociologic'. In K. Knorr, R.K. Krohn & R. Whitley (eds). pp.197–220.

Callon, Michel and Law, John (1982). 'On interests and their transformation: enrolment and counter-enrolment'. *Social Studies of Science*, vol. 12, no. 4, pp.615-26.

Callon, Michel (1986). 'Some elements of a sociology of translation: domestication of the scallops and the fisherman'. John Law (ed.), pp.196-229.

Callon, Michel, Law, John, and Rip, Arie (eds) (1986). *Mapping the Dynamic of Science and Technology*. London, Macmillan.

Cole, J. and Cole, S. (1973). *Social Stratification in Science*. Chicago, University of Chicago Press.

Cole, M. and Scribner, S. (1974). *Culture and Thought: A Psychological Introduction*. New York, Wiley.

Collins, Harry (1985). *Changing Order: Replication and Induction in Scientific Practice*. London and Los Angeles, Sage.

Conklin, Harold (1980). *Ethnographic Atlas of Ifugao: A Study of Environment, Culture and Society in Northern Luzon*. London and New Haven, Yale University Press.

Coutouzis, Mickès (1984). *Sociétés et techniques en voie de déplacement*. Thèse de 3⁰ cycle, Université Paris-Dauphine.

Coutouzis, Michès and Latour, Bruno (1986). 'Pour une sociologie des techniques: le cas du village solaire de Frango-Castello'. *Année Sociologique*, No. 38, pp.113-167.

Dagognet, Francois (1969). *Tableaux et langages de la chimie*. Paris, Le Seuil.

_____ (1984). *Philosophe de l'image*. Paris, Vrin.

Dubos, René (1951). *Louis Pasteur, Freelance of Science*. London, Golmez.

Dubos, René and Dubos, J. (1953). *The White Plague: Tuberculosis, Man, and Society*. Boston, Little Brown and Co.

Dauben, J. W. (1979). *Georges Cantor: His Mathematics and Philosophy of the*

Infinite. Cambridge, Mass., Harvard University Press.

Desmond, Adrian (1975). *The Hot-Blooded Dinosaurs: A Revolution in Paleontology*. London, Blond & Briggs.

Dobbs, Betty, J.T. (1976). *The Foundations of Newton's Alchemy or 'The Hunting of the Greene Lyon'*. Cambridge, Cambridge University Press.

Drake, Stillman (1970). *Galileo Studies: Personality, Tradition and Revolution*. Ann Arbor, University of Michigan Press.

_____ (1978). *Galileo at Work: His Scientific Biography*. Chicago, Chicago University Press.

Duclaux, Emile (1896). *Pasteur: Histoire d'un Esprit*. Sceaux, Charaire.

Easlea, Brian (1980). *Witch-Hunting, Magic and the New Philosophy: An Introduction to the Debates of the Scientific Revolution*. Brighton, Sussex, Harvester Press.

Eisenstein, Elizabeth (1979). *The Printing Press as an Agent of Change*. Cambridge, Cambridge University Press.

Elzen, Boelie (1986). 'The ultracentrifuge: interpretive flexibility and the development of a technological artefact'. *Social studies of science* (forthcoming)

Evans-Prichard, E.E. (1937/1972). *Witchcraft, Oracles and Magic Among the Azande* (translated from the French). Oxford Clarendon Press.

Fabian, J. (1983). *Time and the Other. How Anthropology Makes its Object*. New York, Columbia University Press.

Farley, J. and J. Geison (1979). 'Science, Politics and Spontaneous generation in 19th century France, the Pasteur-Pouchet Debate', *Bulletin of the History of Medicine*, Vol. 48, No. 2, pp.161–198.

Ferguson, Eugene (1977). 'The mind's eye: Nonverbal thought in technology'. *Science*, vol. 197, pp.827–836.

Foucault, Michel (1975). *Discipline and Punish: The Birth of the Prison* (translated by A. Sheridan). New York, Pantheon.

Fourquet, Francois (1980). *Les Comptes de la puissance*. Paris, Encres.

Freeman, Derek (1983). *Margaret Mead and Samoa: The Making and Unmaking of an Anthropological Myth*. Cambridge, Mass., Harvard University Press.

Garfield, Eugene (1979). *Citation Indexing: Its Theory and Application in Science, Technology and Humanity*. New York, Wiley.

Geison, J. (1974). 'Pasteur' in *Dictionary of Scientific Biography*, 11: 351–415, New York, Scribners & Son.

Gille B. (1978). *Histoire des Techniques*, Paris Gallimard, Bibliothèque de la Pléïade.

Goody, Jack (1977). *The Domestication of the Savage Mind*. Cambridge, Cambridge University Press.

Greimas, A.J. and Courtès, J. (1979/1983). *Semiotic and Language an Analytical Dictionary*. Bloomington, Indiana University Press.

Gusfield, Joseph R. (1981). *The Culture of Public Problems: Drinking-driving and the Symbolic Order*. Chicago. University of Chicago Press.

Hindess, B. (1986). 'Interests' in political analysis' in J. Law (ed.), pp. 112–131.

Hoddeson, Lilian (1981). 'The emergence of basic research in the Bell telephone system, 1875–1915'. *Technology and Culture*, vol. 22, no. 3, pp. 512–45.

Hollis, M. and S. Lukes (eds.) (1982) *Rationality and Relativism*, Oxford, Blackwell.

Horton, R. (1967). 'African traditional thought and Western science' (complete version). *Africa*, vol. 38, no. 1, pp. 50–71. and no. 2, pp. 155–87.

_____ (1982). 'Tradition and modernity revisited', in M. Hollis and G. Lukes (eds.), pp. 201–60.

Hounshell, David A. (1975). 'Elisha Gray and the telephone or the disadvantage of being an expert'. *Technology and Culture*, vol. 6, pp. 133–161.

Hughes, T.P. (1971). *Elmer Sperry: Inventor and Engineer*. Baltimore, Johns

Hopkins University Press.

_____ (1979). 'The electrification of America: The System builders'. *Technology and Culture*, vol. 20, no. 1, pp. 124–62.

_____ (1983). *Networks of Power: Electric Supply Systems in the US, England and Germany, 1880–1930*. Baltimore, Johns Hopkins University Press.

Hunter, P. (1980). 'The national system of scientific measurement', *Science*, vol. 210, pp. 869–74.

Hutchins, E. (1980). *Culture and Inference: A Trobriand Case Study*. Cambridge, Mass., Harvard University Press.

Jenkins, R. (1975), 'Technology and the market: Georges Eastman and the origins of mass amateur photography'. *Technology and Culture*, vol. 15, pp. 1–19.

Kevles, Daniel J. (1985). *In the Name of Eugenics: Genetics and the Use of Human Heredity*. New York, Knopf.

Kevles, David J. (1978). *The Physicists: The History of a Scientific Community in Modern America*. New York, Knopf.

Kidder, Tracy (1981). *The Soul of a New Machine*. London, Allen Lane.

Knorr, Karin (1981). *The Manufacture of Knowledge: An Essay on the Constructivist and Contextual Nature of Science*. Oxford, Pergamon Press.

Knorr, Karin, Krohn, Roger and Whitley, Richard (eds.) (1981). *The Social Process of Scientific Investigation*. Dordrecht, Reidel.

Knorr, Karin and Mulkay, Michael (eds.) (1983). *Science Observed: Perspectives on the Social Study of Science*. London and Los Angeles, Sage.

Koyré, Alexandre (1966/1978). *Galileo Studies* (translated from the French by J. Mepham). Atlantic Highlands, Humanities Press.

Kuhn, Thomas (1962). *The Structure of Scientific Revolutions*. Chicago, University of Chicago Press.

La Pérouse, Jean-Francois (no date). *Voyages autour du monde*. Paris, Michel de l'Ormeraie.

Latour, Bruno and De Noblet, Jocelyn (eds.) (1985). *Les Vues de l'esprit: visualisation et connaissance scientifique*. *Culture Technique*, numéro 14.

Law, John (1986). 'On the methods of long-distance control: vessels, navigation and the Portuguese route to India'. in J. Law (ed.), pp. 234–63.

Law, John (ed.) (1986). *Power, Action and Belief: A New Sociology of Knowledge?* Sociological Review Monograph no. 32(University of Keele). London, Routledge & Kegan Paul.

Leroi-Gourhan, André (1964). *Le Geste et la parole*, vols 1 and 2. Paris, Albin Michel.

Livingston, Eric (1985). *The Ethnomethodological Foundations of Mathematics*(Studies in Ethnomethodology). London, Routledge & Kegan Paul.

Luria, A.R. (texts edited by M. Cole) (1976). *Cognitive Development: Its Cultural and Social Foundations*. Cambridge, Mass., Harvard University Press.

Lynch, Michael (1985). *Art and Artifact in Laboratory Science: A Study of Shop Work and Shop Talk in a Research Laboratory*. London, Routledge & Kegan Paul.

MacKenzie, D.A. (1978). 'Statistical theory and social interests: a case study'. *Social Studies of Science*, vol. 8, pp. 35–83.

_____ (1981). *Statistics in Britain, 1865–1930*. Edinburgh, Edinburgh University Press.

MacKenzie, D.A. and J. Wajcman, (eds.) (1985). *The Social Shaping of Technology*. Milton Keynes, Open University Press.

MacRoberts M.H. and MacRoberts B.R. (1986). 'Quantitative measures of communication in science: a study of the formal level'. *Social Studies of Science*, vol. 16, pp. 151–172.

McNeill, William (1982). *The Pursuit of Power Technology: Armed Forces and*

Society Since A.D. 1000. Chicago, University of Chicago Press.

Mead, Margaret (1928). *Coming of Age in Samoa: A Psychological Study of Primitive Youth for Western Civilization*. New York, William Morrow.

Mendelsohn, Everett and Elkana, Yehuda (1981). *Science and Cultures (Sociology of in Sciences: A Yearbook)*. Dordrecht, Reidel.

Merton, R.K. (1973). *The Sociology of Science: Theoretical and Empirical Investigations*. Chicago, University of Chicago Press.

National Science Foundation (various dates). *Science Indicators*. Washington, DC. NSF.

Nye Mary—Jo (1980). 'N—Rays: An Episode in the History and Psychology of Science'. *Historical Studies in the Physical Sciences*. vol. 11, pp. 125—156.

_____ (1986). *Science in the Province. Scientific Communities, and Provincial Leadership in France*. California University Press, Berkeley.

Organisation for Economic Co-operation and Development (1984). *Indicators of Science and Technology*. Paris, O.E.C.D. Press

Perelman, C. (1982). *The Realm of Rhetoric* (translated by W. Kluback). Notre Dame, Indiana, University of Notre Dame Press.

Peters, Thomas and Austin, Nancy (1985). *A Passion for Excellence*. New York, Random House.

Pinch, Trevor (1986). *Confronting Nature: The Sociology of Solar Neutrino Detection*. Dordrecht, Reidel.

Polyani, Michael (1974). *Personal Knowledge: Towards a Post-Critical Philosophy*, Chicago, University of Chicago Press.

Porter, Roy (1977). *The Making of Geology: Earth Science in Britain 1660—1815*. Cambridge, Cambridge University Press.

_____ (1982), 'Charles Lyell: The public and private faces of science', *Janus*, vol. LXIX, pp. 29—50.

Price, Derek de Solla (1975). *Science Since Babylon*. New Haven, Conn., Yale

University Press.

Pyenson, Lewis (1985). *Cultural Imperialism and Exact Sciences.* New York, Peter Lang.

Rescher, Nicholas (1978). *Scientific Progress: A Philosophical Essay on the Economics of Research in Natural Science.* Oxford, Blackwell.

Rozenkranz, Barbara (1972). *Public Health in the State, Changing Views in Massachusetts, 1862–1936,* Harvard University Press.

Shapin, Steve (1979). 'The politics of observation: cerebral anatomy and social interests in the Edinburgh phrenology disputes'. in R. Wallis (ed.). pp. 139–78.

_____ (1982). 'History of science and its sociological reconstruction'. *History of Science,* vol. 20, pp. 157–211.

Stengers, Isabelle (1983). *Etats et Processus.* Thèse de Doctorat, Universitè Libre de Bruzelles.

Stevens, Peter S. (1978). *Patterns in Nature.* Boston, Little Brown.

Stocking, G.W. (ed.) (1983). *Observers Observed: Essays on Ethnographic Fieldwork.* Maison, University of Wisconsin Press.

Stokes, T.D. (1982). 'The double-helix and the warped zipper: an exemplary tale'. *Social Studies of Science,* vol. 12, no. 3, pp. 207–40.

Szilard, Leo (ed. S. Weart and G. Szilard) (1978). *Leo Szilard: His Version of the Facts: Selected Recollections and Correspondence.* Cambridge, Mass., MIT Press.

Tolstoy, Leo (1869/1983). *War and Peace* (translated from the Russian by R. Edmunds). Harmondsworth, Penguin.

UNESCO (1983). *Statistical Yearbooks.* Paris, UNESCO.

Wade, Nicholas (1981). *The Nobel Duel.* New York, Anchor Press.

Wallis, Roy (1979). *On the Margins of Science: The Social Construction of Rejected Knowledge.* Sociological Review Monograph, no. 27(University of

Keele). London, Routledge & Kegan Paul.

Watkins, D. (1984). *The English Revolution in Social Medicine 1889–1911*, London, PhD Thesis, University of London.

Wilson, B. (ed.) (1970). *Rationality*, Oxford, Blackwell.

Watson, James (1968). *The Double Helix*. New York, Mentor Books.

Wolfe, Tom (1979/1983). *The Right Stuff*. New York, Bantam Books.

Woolgar, Steve (1981). 'Interests and explanations in the social study of science'. *Social Studies of Science*, vol. 11, no. 3, pp. 365–97.

또 하나의 전장
— 행위자-연결망으로서의 테크노사이언스

이것은 과학이라는 전장에서 벌어지는 이야기다.

*Science In Action*은 과학 기술학(STS) 분야의 대표적인 학자인 브뤼노 라투르(Bruno Latour)가 1987년 저술한 책이다. 그는 20여 년간 과학과 기술, 또 과학 기술과 사회의 관련을 이해하는 데 새로운 지평을 열었다고 평가받고 있고, 특히 급진적이고 이단적인 주장으로 학계의 주목을 받고 있다. 라투르는 초기의 공저 『실험실 생활(*Laboratory Life*)』(1979)에서 '실험실 연구(laboratory studies)'라는 새로운 주제를 과학 기술학에 도입했다. 이후 사회 구성주의와 의견을 달리하게 되는데, 이때 그의 입장이 개진된 저서가 바로 *Science In Action*(1987)이다. 이후 근대성의 문제와 생태학의 문제까지 논한 후속 작업들이 *We Have Never Been Modern*(1993)과 *Pandora's Hope*(1999), *Politics of Nature*(2004)로 출판되었다.

이 저서의 타이틀인 'Science In Action'은 '실제 만들어지는 과정 중인 과학(science in the making)'을 의미하고, 이미 만들어져 있는, 즉 '기성 과학(ready made science)' 또는 블랙박스화된 과학에 대비되는 라투르의 용어다. 라투르는 실험실이 과학 지식의 현장이고, 현대 사회의 변동을 낳는 산실이라는 인식을 이 책에서도 강력하게 드러내고 있다. 그의 글쓰기는 실험실 안에서 일어나는 일상적 활동을 인류학적 방법으로 접근하여, 있는 그대로의 과학 지식 생산 과정을 분석하려는 작업이다.

라투르는 이 책을 통해, 기술의 궤적이 사회적으로 결정된다는 사회적 구성론과 결별하였다. 그렇기 때문에 이 책은 라투르의 연구 작업에 큰 의미를 갖는다. 그는 과학과 기술의 개념을 분리해서 사용할 수 없다는 견지에서 '테크노사이언스(technoscience)'라는 개념을 도입했고, 행위자 연결망 이론(actor-network theory)의 틀을 정립하고 있다. 실험실 공간에서 일어나는 과학적 사실(fact)의 구축과 실험 과정에서 사용되는 도구와 같은 인공물(artifact)의 안정화 과정은 동시에 일어나며, 그런 이유로 사실과 인공물은 서로 얽히고 연결되어 있다. 기술과 같은 비인간(nonhuman)이 인간에 영향을 미쳐 우리의 행동을 바꾸며, 이런 의미에서 비인간은 인간과 같은 행위자로서, 인간에 대칭적으로 볼 수 있다는 것이다. 비인간 행위자의 중심에 놓인 기술의 실험실 내 역할, 과학적 사실이 구성되는 생생한 장면들이 이 책에 펼쳐져 있다.

역자로서는 번역 작업 중 가장 어려운 문제가 역서 제목을 결정하는 일이었다. 이 책의 타이틀은 『만들어진 과학』이나 『과학의 (생산) 과정』 등으로 번역되어도 무방하나, 트리비얼하거나(야누스로 표현되는 두 개의 과학이 실상 다 '만들어진' 것이기 때문에) 밋밋할 수 있다. 또한 『만들어지고 있는 과학』이라는 길고 어색한 이름을 붙이기에도 난처함을 느꼈다.

역자는 이미 만들어져 고착된 것이 아니라, 활동성이면서 역동적이고 변화하는 테크노사이언스의 이미지를 살리는 단어를 선택하고자 하였다.

'기성' 과학과 대비시킨다면 '(현재) 만들어지고 있는(중인)(in the making)', 즉 '미성(未成)의 과학'이라고 해야 하겠지만, 후자의 표현은 낯설고 많이 사용되는 표현은 아니다. '과학의 현장'도, '과학의 실행'도 'practice로서의 과학'을 강조하는 의미는 살지만 역시 무엇인가 부족한 점이 느껴졌다.

인적 자원과 비인적 자원이 모두 동원되는 연결망 속에서, 그 안의 많은 이질적인 행위자들이 일으키는 변형의 역동성을 살리는 표현이 바람직하다고 역자는 생각한다. 원제목은 'science in the making'이 아니며, 'science in action'이다. 즉 '생성 중(인 과학)'보다는, 동맹자들과 그들의 활동 행위(activity in the making, actors in the network)에 초점을 맞춰야 한다. 역자는 세 가지 대안을 놓고 고심하였다.

처음에는 'in action[활동하는, 활동 중인(active working)]'의 의미를 살려 『활동 과학』으로 번역하면 어떨까 생각하였다. 과학 지식의 생산 과정, 활동(activity in the making)을 분석하려는 라투르의 의도를 살리기 위해서였다. 이때 '활동 과학'의 '활동'은, '활동 사진(motion picture)'이나 '활화산(active volcano)' 같은, 일상적으로도 우리에게 친숙해진 의미의 '활동'이다. 뿐만 아니라 '활동'이라는 용어는 과학에서 '활동 은하(active galaxy)', '활동 전류(action current)', '활동 전위(action potential)' 등에서 보듯 이미 여러 맥락에서 사용되고 있다. '활동'만큼이나 '비활동(비활성)', '불활동(불활성)'도 수식어로 빈번히 사용되며, 친숙한 용어들이라 생각했다.

다음에는 완전 새로운 개념어를 제시하는 의미에서 『활성 과학』이라고 번역하고자 하였다. '굳어지고 고착된 기성의 것'이 아닌, '활동성이며 형성 중의 것'이라는 뉘앙스를 반영하기 위해 이 조어가 적절한 대안으로 생각되었다. '활성'이란 수식 어구는 활성 단층, 활성 금속, 활성 산소의 예에서 보듯이 무엇인가 '에너지를 방출하고 작용하는 것, 불안정하고 반응력이 있는' 것들을 지칭하는 데 쓰인다. '활성(活性)'은 "물질이 빛이나 다른 에너지의 작용에 따라 활동이 활발해지거나 반응 속도가 빨라지는 일을 가리킨다"고 사전에 정의되어 있다. '활성'이란 단어는 물질뿐 아니라 사회, 조직에도 적용 가능하다. 무엇보다 라투르가 말하는 '연결망의 특성을 갖는 테크노사이언스'의 반응성, 활력, 동맹이라는 세력 규합과 힘겨루기, 생산 과정의 지식이 겪는 끝없는 변형의 이미지에도 부합된다고 생각한 것이다.

하지만 활동 과학, 활성 과학이 독자들에게 낯설고 무슨 의미인지 와닿지 않을 수 있기에, 마지막으로 역자는 고심 끝에 완전히 새로운 제목을 붙이기로 하였다. 'in action'의 사전적 의미는, "작동하여, 활동하여, 실행하여, 움직여, 또 교전(전투) 중에"다. 군사적 비유를 즐기는 라투르에게는, 과학이라는 현역 활동의 전선(front)에서, 아직 확립되어 블랙박스화되지 않은, 비확정적인 상태와 측면을 가리키는 용어라고 생각된다. 라투르는 테크노사이언스를 하나의 전쟁 장치(war machine)로 규정하고 있고, 이 책에서도 과학의 증명 경쟁과 군비 경쟁 사이의 유사성을 강조하고 있다. 그것은 유비로서가 아니라, 문자 그대로 승리라는 공통 문제에 대한 유사성이다. 이미 늙은 과학, 즉 블랙박스로 닫힌 과학이 아닌, 신생 과학의 시점 또는 블랙박스가 재개봉되는 논란의 와중은 이미 전장과 같은 것이다. 그 전장에서 테크노사이언스를 이루는 인간, 사물의 동맹들은 레토릭을 강화하고, 요새를 공고히 하고, 연결망을 확산시키기 위해 노력한다.

라투르의 science in action은 기성 과학, 즉 old 사이언스와 대조되는, 생성 중인 과학, 즉 분쟁기에 이질적인 자원을 동원해 동맹을 늘려 구축되는 young 테크노사이언스의 전투 활동(action)을, 그 최전선(frontline)을 나타내는 것이다.

이런 의미에서, 역자는 『젊은 과학의 전선』이라는 전쟁의 어휘를 차용하기로 하였고, 부제로서 '테크노사이언스와 행위자-연결망의 구축'을 붙여 여기에서 그의 유명한 ANT 이론이 개진됨을 표시하였다. 이는 라투르의 취지와도 부합하리라 기대한다.

이제 중요한 몇 가지 번역어에 대해 아래에서, 좀 길지만 꼭 필요한 설명을 하고자 한다. 전문가들 사이에도 번역어에서 엇갈리며, 저자의 이름에 대해서도 마찬가지다. '브루노 라투르'로 표기된 서적도 많지만 최종적으로 역자는 '브뤼노 라투르'로 결정했다.

machine은 기계(장치), 과학 장비뿐 아니라 백신 등도 포함하므로 '장치'로 번역하였고, 특별한 경우, 즉 문맥에 따라 장비 또는 기관[(Carnot machine, 카르노 (열)기관)]으로 번역했다. instrument는 대부분의 맥락에서 (실험) 기기로 번역하는 것이 자연스러웠겠지만, 라투르는 소프트웨어도 이에 포함되는 것으로 말하고 통계국, 연구자도 instrument라 말하기 때문에, 용어를 일치시키기 위해 '도구'라고 번역했다.

outsider, outside 등은 라투르가 마지막 순간까지 빈번하게 사용하는데, 과학자가 실험실 바깥으로 가서 정치적 활동 등을 하는 것을 내부자의 외부 활동으로 기술하기 때문에, '이방인'이나 '시민/비과학자' 등의 용어를 피하고, '외부자', '외부'로 일치시켰다. 이방인은 종교적·지역적 뉘앙스가 있기 때문이다. interest는 관심이 아니라 '이해관계'로 옮겼고, 문장 번역상 불가피한 경우에는 '관심'으로 번역했다. 즉 '이해관계'로 번역 후 한글 문장이 우스꽝스럽게 보일 경우, 또 관심 끌기(유발) 등으로 더 자연스럽게 표현될 때, 그야말로 '관심'에 불과한 단순한 맥락에서는 '관심'으로 놔두었다.

사실의 '구성(construction)'은 철학에서는 통용되는 번역어이나, 더 구체적인(비추상적인) 느낌이 들도록, 사실의 '**구축**'으로 바꾸었다. 연결망, 진리, 사실(의 구축)의 경우에는 '**구축**'으로, 그 외의 맥락에서, 예를 들어 구성 요소, 실재, 자연법칙, 과학과 기술의 구성의 경우 '**구성**'으로 옮겼다. actor는 당연히 '**행위자**'로 번역하였고, actant는 다른 연구자의 기존 번역어를 차용하여 '**행위소**'로 번역하였다.

'enrol'의 경우, '역할 부여'도 좋은 번역이 될 수 있지만, 역할(이, 을) 부여라는 단어, 구절을 넣어서 문장이 매끄럽게 되지 않는 경우가 많았다. '등록'이란 단어도 생각해 봤지만 최종적으로 '**가입**'으로 일치시켰다. 'trial of strength'는 처음 '강도 시험'이라고 번역하려 했으나 어감이나 라투르의 여러 사용 맥락에서 '**힘겨루기**'가 더 나은 번역어로 보여 차용했다. 그러나 그 표현 앞뒤의 맥락에서 "연관의 강도를 평가하기 위한 …" 등의 표현이 사용되고 있는 부분에서는 '**강도**(strength)'라는 표현을 그대로 살렸다.

'network'는 처음엔 '네트워크'로 옮겼으나 최종적으로는, 다른 네트워크와의 차별성을 부각시키고, 또 행위자라는 한글과의 연결을 매끄럽게 하기 위해 '**연결망**'으로 옮겼다. 'technoscience'는 특별히 라투르가 제안한 용어로, 그대로 '**테크노사이언스**'로 표기했다. mobility는 '기동성' 대신 '**이동성**'으로, combination은 '결합' 대신 '**조합**'으로, displacement는 '치환' 대신 '**전위**(위치 이동)'로 옮겼다.

'rhetoric'은 '**레토릭**'으로 옮겼다. rhetoric은 통상 '수사'로 번역되어도 좋을 것이다. 그러나 예컨대 1장 2에서 "rhetoric은 … 분과 학문의 이름이다"라는 문장과 같은 경우, 이것을 "수사는 … 분과 학문의 이름이다"라고 옮길 수는 없다. 이에 역자는 '수사'나 '수사학'보다는 '수사법'이 더 낫다고 믿는 한편, 자주 사용되기도 하는 '레토릭'으로 옮기는 것도 좋겠다고 판단했다. 단순한 '수사', 즉 말을 꾸미는 것이 아니라, 다른 과학 논문, 선행 문헌을 더욱더 많이 인용하여 입장을 강화하는 책략을 포함하기 때문이다. 라투르가 더 강력한 레토릭을 말할 때 그것은, 논쟁이 가열될 때 말뿐 아니라, 참고 문헌, 도구, 대상 등 모든 이용 가능한 이질적 자원들과 동맹자를 동원하는 기술을 의미한다.

기타 라투르의 수많은 용어들은 시중에 나와 있는 다른 번역서와 연구서를 참조하여 번역어를 선택했다. 예를 들어 '동맹(자)', '동원', '징병(소집)', '모집', '기입', '연결망', '필수 통과 지점' 등 개념에 유의했다. 특히 '결절화[punctualis(z)e]' '(대)사회(Soceity)' 등 번역어는 차용하여 왔다.

라투르 본인의 특수한 용어, 즉 동원(mobilization, mobilize), 기입(inscribe, inscription), 궤적(traces), 경로(path), 동맹(자)(ally, alliance), 인공물(artefact), 요소(elements), 외부자(outsider) 등은 본문에 나올 때마다 보존시켰다. 단어들이 등장할 때마다 전후 맥락과 뉘앙스를 원래대로 확인하고 싶어 하는 전문 연구자들이 있을 수 있어서, 다른 단어로 바꾸거나 쉽게 풀어쓰지 않고 최대한 유지시켰다. 다만 연계(하다), 결합(시키다), 제휴, 동조, 정렬시키다, 소집하다 등의 단어, 특히 동사형은 맥락에 따라 유사 어끼리 약간 변화를 주었다.

마지막 순간까지 번역어 선택을 결정하기 어려웠던 어휘들이 있었다. 예를 들어 'logistics, logistical' 등인데, 6장, 계산(법)의 논의 맥락에 등장했기에 망설였지만, 저자의 신념에 비추어 사실, 자원, 자본 등등 구축된 연결망의 이동성 있는 요소들, 즉 이동 장비(mobiles)를 생산, 동원, 이동시키는 (병참, 상업에서의) '물류' 개념으로 판단되어 '물류'라고 번역하고자 하였으나, 군사적 비유를 라투르가 빈번히 쓰는 점을 감안해 '병참'으로 옮겼다. "최대로 많은 요소들의 가장 빠른 동원" 등의 표현에 잘 어울리리라 생각한다.

'center'도 '중심'으로 하여도 무난하겠으나, 우리가 보통 "중앙에서는 뭐라 (지시)하는가?", "중앙에 보고해야 한다" 등의 일상어에서 본부, 중앙처럼 인적·비인적 동맹으로 이루어진 연결망과 관련된 어떤 것으로서, 비유적 의미를 더 담을 수도 있다고 보아 '중앙'이라고 번역하고자 하였다. 연결망의 한가운데는 계산자(인)(calculators)가 자리 잡고 있는데, 인적 자원의 뉘앙스를 담기에도 '중심'보다는 '중앙'이 낫다고 보았다. 하지만 '센터'라는 말 자체도 이미 우리 사회에서 빈번히 사용되므로 최종적으로는 '센터'로 표기했다.

'cascade'는 다양한 분야에서 그대로 '캐스케이드'로 쓰임을 확인하고 그대로 표기했다. 캐스케이드는 '다음 차수 기입', '재-재현(re-representation)'이라고 저자가 밝히고 있기 때문에 직렬, 층계형, 종속 접속 등 어떤 기존 번역어도 적절치 않다.

hard(er) fact, soft(er) fact는 자연적 사실과 사회적으로 구축된 사실을 의미하겠으나, '견고한(견실한) 사실'(hardening, 견고화하기)로, 또 '소프트한 사실'로 옮기고 영어를 병기했다.

역자는 이 책이 전문가들을 위한 번역서라는 점을 고려해 의역을 삼가고 가독성보다는 정확성을 더 우선시하고, 저자의 미묘하고 복잡한 표현을 살리고자 하였으나, 역량 부족으로 제대로 되지 않은 점이 많은 듯하다.

우선 라투르의 글은 외국인의 영어 문장이라, 단어의 어감과 어순이 통상적 영어와 약간 다르고, 간혹 철자의 오류도 보인다. 표현은 자유분방하고 구어체가 많으나, 문장 구조가 상당히 복잡하고 긴 복합 문장들이 너무 많아서, 또한 내용의 포괄 범위가 과학 전반에 걸쳐 있어, 역자가 당초 예상했던 것보다 번역 작업이 훨씬 힘들었다. 그럼에도 불구하고 내용이 매우 독창적이고 흥미롭고 또한 학술적 가치가 높아, 한편으로 매우 보람 있는 작업이었다.

역자는 라투르 영어 문장의 특징, 즉 요지 파악을 방해하며 한없이 늘어지는 표현, 때로 쓸데없는 듯한 수사법, 그리고 문장 내에 무수히 삽입된 자잘한 형용사, 또 엄청난 수의 부사, 특정 접속사나 비교급 등등, 그의 주장 내용이나 논증과 무관할 수도 있는 요소들을 최대한 살려 번역하려고 하였다. 학문적 문헌, 특히 '과학'에 대한 저술에 이런 문장들이 있을 수 있는지 경이로웠으며, 몇 번 포기하고 싶은 힘든 번역 과정이었다. 독자들이 라투르의 자상하고 재미난 표현들을 접하고, 그 독특한 주장과 내용에 깊은 인상을 받는 데 이 번역서가 약간이라도 도움이 되었으면 하는 마음뿐이다. 명저 번역 과제로서 지원해 주신 한국연구재단에 감사한다. 거친 원고를 공글러 이렇게 멋진 책을 만들어 주신 아카넷의 선생님들께 깊이 감사를 드린다.

지은이

:: 브뤼노 라투르(Bruno Latour) 1947~

프랑스 부르고뉴 지방의 포도주 농장 가문에서 태어났고, 부르고뉴 대학에서 철학과 신
학을 공부한 후, 1975년 투르 대학에서 철학박사 학위를 받았다. 파리 국립광업대학, 런
던 정치경제대학, 하버드대학 교수를 역임했으며, 현재는 파리 정치대학(시앙스포)에 재
직 중이다. 1970년대 초 서아프리카의 코트디부아르에서 군복무를 했으며, 당시 근무한
ORSTROM(개발과 협력을 위한 프랑스과학연구소)에서 과학과 기술에 대한 인류학적 연구
에 관심을 갖게 되었고, 1970년대 중반부터 미국 캘리포니아의 소크 연구소에서 민족지(民
族誌) 연구를 하게 된다. 첫 저서인『실험실 생활』(1979)은 영국의 과학사회학자인 스티브
울가(Steve Woolgar)와의 공저로 출간 이후 학계의 큰 주목을 받았다. 라투르는 프랑스로 돌
아와 파리의 국립광업대학의 혁신사회학센터(CSI)에서 교수로 재직하면서 과학사회학자인
미셸 칼롱(Michel Callon)과 협력하게 되었다. 그와의 지적 교류를 통해 라투르는 1980년대
초부터 '행위자-연결망 이론(Actor-Network Theory, 약칭 ANT)의 기본 틀을 세우기 시작했
고, 이후 영국의 과학지식사회학자인 존 로(John Law)와 더불어 세 사람이 ANT를 정립했
다. 1987년에 출간된 이 책『젊은 과학의 전선(Science in Action)』은 칼롱과의 7년에 걸친
협력을 기념하며 그에게 헌정되어 있다. 라투르의 다른 주요 저서로,『미생물: 전쟁과 평
화』(1984),『프랑스의 파스퇴르화』(1988),『우리는 결코 근대인이었던 적이 없다』(1991),
『자연의 정치학』(1999),『판도라의 희망』(1999),『사회적인 것의 재조립』(2005),『브뤼노
라투르의 과학인문학 편지』(2011) 등이 있다.

옮긴이

:: 황희숙

서울대학교 철학과를 졸업하고 동 대학원에서 박사학위를 받았다. 현재 대진대학교 역사·
문화콘텐츠학부 교수로 재직 중이다. 논문으로「페미니스트 과학론의 의의」(2012),「감정과
지식」(2013),「전문가주의와 젠더 문제」(2013),「토착지식과 생태운동」(2015),「행위자-연
결망 이론(ANT)과 페미니즘의 동맹 가능성」(2015) 등이 있고, 저서로『비트겐슈타인, 두 번
숨다』(2015)가 있다. 공저로『인간본성의 이해』(1998),『인간과 철학』(1998),『여성과 철학
』(1999),『내가 아는 것이 진리인가』(2005),『처음 읽는 영미 현대철학』(2014)이 있다. 역서
로『신경과학과 마음의 세계』(2006), 공역서로『이것이 생물학이다』(2016)가 있다.

∷ 한국연구재단총서   학술명저번역 서양편 **589**

젊은 과학의 전선

테크노사이언스와 행위자-연결망의 구축

1판 1쇄 펴냄 | 2016년 8월 5일
1판 3쇄 펴냄 | 2022년 3월 14일

지은이 | 브뤼노 라투르
옮긴이 | 황희숙
펴낸이 | 김정호
펴낸곳 | 아카넷

출판등록 2000년 1월 24일(제406-2000-000012호)
10881 경기도 파주시 회동길 445-3
전화 | 031-955-9511(편집)·031-955-9514(주문) / 팩스 | 031-955-9519
www.acanet.co.kr

Printed in Paju, Korea.

ISBN 978-89-5733-498-0 94100
ISBN 978-89-5733-214-6 (세트)